KB043354

지역 다양성과 사회 통합

세계 각국의 시민-정당 연계 동향과 쟁점

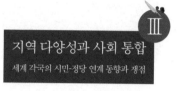

지역 다양성과 사회 통합 Ⅲ
세계 각국의 시민-정당 연계 동향과 쟁점

초판 1쇄 발행 2016년 12월 21일

지은이 윤종빈 · 정회옥 외

펴낸이 김선기
펴낸곳 ㈜푸른길
출판등록 1996년 4월 12일 제16-1292호
주소 (08377) 서울시 구로구 디지털로 33길 48 대륭포스트타워 7차 1008호
전화 02-523-2907, 6942-9570~2
팩스 02-523-2951
이메일 purungilbook@naver.com
홈페이지 www.purungil.co.kr

ISBN 978-89-6291-377-4 93340

*이 도서의 국립중앙도서관 출판예정도서목록(CIP)은 서지정보유통지원시스템 홈페이지
(http://seoji.nl.go.kr)와 국가자료공동목록시스템(http://www.nl.go.kr/kolisnet)에서 이용하
실 수 있습니다.(CIP제어번호: CIP2016029963)

이 저서는 2013년 정부(교육부)의 재원으로 한국연구재단의 지원을 받아 수행된 연구임(NRF-
2013S1A3A2042859).

지역 다양성과 사회 통합

미래정치연구소 학술 총서 시리즈 04

세계 각국의 시민-정당 연계 동향과 쟁점

미래정치연구소 편

윤종빈 · 정회옥 · 김윤실 · 김진주 · 김소정 · 김민석
이송은 · 손현지 · 정하은 · 김지환 · 이지원 · 조현희

푸른길

Regional Diversity and Social Integration

Trends and Issues of Citizens-Parties Linkages in the World

Korea Institute for Future Politics
by Jong Bin Yoon and Hoi Ok Jeong

PURUNGIL

책을 내면서

본 학술 도서는 2013년 한국연구재단의 한국사회과학연구지원(Social Science Korea, SSK) 사업에 선정되어 2016년 중형단계에 진입한 명지대학교 연구팀의 여러 연구 기획물 중의 하나이다. '대의민주주의 강화를 위한 시민-정당 연계모델과 사회 통합'이라는 대주제하에 연구팀은 다양한 연구 활동을 벌이고 있다. 본 연구팀의 핵심 주제는 정당-유권자 연계(linkage)가 대의민주주의 발전의 지름길이며 연계 강화를 통해 궁극적으로 한국의 사회 통합이 달성될 수 있다는 것이다. 본 연구팀이 지난 3년간의 연구 활동을 통해 지속적으로 강조하고자 하였던 것은 바로 경제 또는 문화적 측면에서의 사회 통합뿐만 아니라 정치적 측면에서의 사회 통합에 대해서도 학문적 논의가 이루어져야 한다는 것이다. 그리고 정치적 측면에서의 사회 통합은 우리 정치의 주요 기관인 정당이 본연의 대의제 기능을 회복하고 시민에 대한 책임성과 대표성을 제고함으로써 이뤄질 수 있다는 것이다. 이러한 문제의식하에서 한국적 정당-시민 연계 강화를 위한 실질적인 방안을 고심하던 중 연구진은 다양한 지역과의 비교 분석에 길이 있음을 깨달았다. 즉, 한국에만 국한하지 않고 동유럽, 유럽의회, 미국, 일본 등 세계의 다양한 지역까지 포함한 비교 분석을 통해 한국적 사회 통합 방안을 모색하고자 하는 것이 우리의 합의된 전략이었다. 세계 여러 나라들은 사회 통합의 서로 다른 수준을 보여주고 있으며, 이들 국가들이 사회 통합을 위해 사용한 전략도 각기 다양하기 때문에 이들에 대한 검토를 통해 우리가 본보기로 삼을 좋은 정책적 제안이 도출될 수 있다고 보았기 때문이다.

본 학술 도서 역시 이러한 관점에서 기획되었으며, 동유럽, 유럽의회, 미국, 일본, 한국의 지역별 동향 및 쟁점을 다루고 있다. 제1부에서는 동유럽 사례를 다룬다. 폴란드, 헝가리, 체코를 중심으로 한 동유럽의 국가들은 다른 어느 지역보다 한국의 역사적 경험과 유사한 정치발전 과정을 보여주고 있다. 1980년대 후반 이후 공산당 일당지배체제가 붕괴되면서 단시간에 절차적 민주주의를 달성하였는데, 이러한 국가들에 대한 분석은 한국에게 귀중한 정책적 아이디어를 제공할 수 있으리라 믿는다. 제2부에서는 유럽의회를 살펴본다. 유럽 각국 정당들의 연합으로 구성되는 유럽의회 내 유럽정당(European Political Groups, EPG)의 발전 경로는 우리가 흔히 얘기하는 서구의 그것과는 다른 독특성을 지니고 있다. 유럽의회 내 정당들은 역사적 사회균열에 따라 탄생된 것이 아니라는 한계에도 불구하고 유럽 시민과의 연계성 강화를 위해 노력하고 있는 모습을 보이고 있는데, 이에 대한 동향 분석을 통해 한국적 상황에의 적용가능성을 모색한다. 제3부에서는 미국 정치의 동향과 쟁점을 다룬다. 미국의 정당들은 의회 내 활동뿐만 아니라 각 지역의 풀뿌리 조직을 활성화하기 위해 이민자들이나 소수인종들과의 접촉 강화에 끊임없이 노력하고 있다는 점에서 한국의 정당–유권자 연계 강화를 논의하는 데 유용한 사례이다. 제4부에서는 일본의 동향과 쟁점을 살펴본다. 일본은 선진 민주주의 국가 중 하나이지만 시민과 정당 간의 연계가 강하지 않다는 점에서는 한국과 유사점을 갖는다. 일본 정당이 어떠한 전략을 통해 시민과의 연계 확대를 꾀하고 있는지 살펴보기 위해 일본의 동향과 쟁점을 생생히 분석한다. 마지막으로 제5부에서는 한국의 동향과 쟁점을 소개한다. 민주주의 쇠퇴 위기 속에 있는 한국 정치의 동향과 쟁점을 낱낱이 파헤침으로써 사회 분열과 정당–유권자 연계 약화라는 문제를 해결하는 실마리를 찾고자 노력하였다.

지난 3년간의 연구 기간 동안 참여 연구원 7명은 매달 열린 월례 발표회에 빠짐없이 참석하였으며, 우리가 선정한 지역을 직접 탐방하여 현지 인터뷰를 실시하고 자료를 수집하는 등 치열하게 연구하며 토론하였다. 공동 연구원으로서 박경미(전북대 정치외교학과)·유성진(이화여대 스크랜튼학부)·장승진(국민대 정치외교학과)·한의석(성신여대 정치외교학과)·한정훈(서울대 국제대학원 국제학과) 교수님들의 노고에 깊이 감사드린다. 더불어 본 연구팀은 연구 보조원으로 명지대학교 대학원생 및 학부생들과 같이하였다. 연구 자료 수집과 정리를 담당한 명지대 대학원생 김윤실·김진주·김소정 학생을 포함한 학부생 연구 보조원들에게도 감사의 마음을 전한다.

본 학술 도서는 명지대학교 연구팀이 지속적인 연구를 통해 앞으로 만들어낼 여러 연구 총서의 하나이다. 본 연구 성과물이 한국의 사회 통합을 앞당기는 촉매제가 되었으면 하는 희망으로 머리말을 마무리 짓고자 한다.

2016년 12월

저자들을 대신하여 윤종빈 · 정회옥

차례

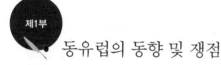

제1부
동유럽의 동향 및 쟁점
- 반 난민 정서와 대의민주주의의 약화

제2부
유럽의회의 동향 및 쟁점
- 테러·난민문제와 유럽통합의 위기

제3부
미국의 동향 및 쟁점
- 대선에서 나타난 민족주의 물결의 위협

제4부
일본의 동향 및 쟁점
- 참의원 선거에서의 야권 단일화 및 신당 창당을 통한 아베정권 저지

집권 자민당의 인재 영입과 진정성 | 아베 정권의 개헌 의지에 맞선 야권과 시민단체 | 선거구 조정을 둘러싼 여야 대립 | 헤이트 스피치 법안 통과와 사회 통합을 위한 길 | 사회갈등을 해결하기 위한 정책선거의 요건

제5부

한국의 동향 및 쟁점
- 신당 창당과 20대 총선이 가져온 변화와 한계

지역 다양성과 사회 통합: 세계 각국의 시민-정당 연계 동향과 쟁점

동유럽의 동향 및 쟁점

반 난민 정서와 대의민주주의의 약화

제1장
동유럽의 동향

1차(2015년 6월 말~7월 말)

김소정

폴란드에서는 대통령 당선자인 안드레이 두다(Andrzej Duda)가 국내에서 가장 신뢰받는 정치인으로 선정되었다(Warsaw Voice 2015. 06. 29). 한편 야당인 법과정의당(Prawo i Sprawiedliwość, PiS)은 폴란드 국민의 약 70%가 유로존에 가입하는 것에 반대한다며, 집권한다면 유로화를 채택하지 않겠다고 밝혔다. 법과정의당은 올 가을 치러질 총선에서 집권할 가능성이 높다(Warsaw Voice 2015. 07. 02). 또한 좌파정당들은 총선에 대비해 연합 여부에 대한 논의를 지속적으로 이어가고 있다(Warsaw Voice 2015. 07. 16).

헝가리에서는 '일요일영업금지법'으로 인해 2천여 명이 일자리를 잃었다는 결과가 발표된 뒤 해당 법안에 대한 폐지 여부가 논의되고 있는 상황이다(bbj.hu 2015. 06. 24; KOTRA 2015. 06. 24 재인용; 주헝가리 대사관 2015. 06. 24 재재인용). 한편 자유민주연합(SZabad Demokraták SZövetsége, SZDSZ)은 동성결혼합법화를 골자로 하는 법안을 의회에 제출했다(politics.hu 2015. 06. 30). 민주연합(Demokratikus Koalíció, DK)을 비롯한 야당들은 난민 문제를 해결하기 위한 방벽 설치 작업을 중단해야 한다고 정부에 강력하게 주장하고 있다(politics.hu 2015. 07. 14).

체코의 동향을 살펴보면 야당 의원들이 보후슬라프 소보트카(Bohuslav So-botka) 총리를 비롯한 체코 정부에 공개서한을 보내 이슬람교도와 이민자를 위협하는 극우세력의 행위에 대해 단호한 태도를 취할 것을 요구했다(CTK 2015. 07. 03). 한편 체코 정부는 2017년까지 1500명의 난민을 수용할 것이라는 결정을 내렸고 이와 관련된 체코의 권리를 유럽연합(European Union, EU)에 요구했다(CTK 2015. 07. 09). 밀로쉬 제만(Milos Zeman) 대통령은 이민자들로 인해 체코 군대가 국경 보호에 나서야 할 수도 있다고 주장하며 이민자 문제에 대해 강경한 발언을 하였다(CTK 2015. 07. 13).

폴란드

06월 29일
• 가장 신뢰받는 폴란드 정치인에 대통령 당선자인 안드레이 두다 선정

(Warsaw voice 06. 29)

– 6월에 실시된 정치인 신뢰도 조사에서 대통령 당선자인 안드레이 두다가 응답자 57%의 '신뢰한다'는 응답을 받아 1위에 선정되었다. 한편 대통령 선거에서 두다의 강력한 경쟁자였던 파블 쿠키스(Pawel Kukiz)와 현직 대통령인 브로니스와프 코모로프스키(Bronislaw Komorowski)는 두다 대통령의 뒤를 이었다. 조사 결과 안드레이 두다는 응답자의 18%가 신뢰하지 않는 것으로 드러났다. 에바 코파츠(Ewa Kopacz) 총리에 대해서는 응답자의 41%가 '신뢰한다'고 밝혔고, 36%는 '신뢰하지 않는다'고 응답했다. 마지막으로 야당인 법과정의당 대표 야로슬라프 카친스키(Jaroslaw Kaczynski)는 가장 신뢰받지 못하는 정치인인 것으로 드러났다.

07월 02일
• 폴란드 야당 "집권하면 유로화 채택 안 해"　　　　　　　　　(연합뉴스 07. 02)

– 폴란드의 보수주의 정당인 법과정의당은 2일, 오는 가을 총선에서 승리하면 폴란드는 유럽 단일 통화인 유로화를 채택하지 않을 것이라고 밝혔다. 법과정의당은 이날 "폴란드가 제2의 그리스가 되지 않으려면 유로화를 채택하려는 잘못된 생각을

버려야 한다"고 강조했다. 최근 여론조사 결과 폴란드 국민의 약 70%는 유로존(유로화 사용 19개국)에 가입하는 것에 반대하는 것으로 나타났다. 법과정의당은 최근 여론조사에서 지지율이 상승하는 추세를 보이며 올 가을 총선에서 집권할 가능성이 높은 것으로 평가되고 있다.

07월 09일

• 대통령 후보였던 파블 쿠키스, 기력이 다한 것인가?　　　(Warsaw voice 07. 09)

– 일간지인 르제츠포폴리타(Rzeczpospolita)는 대선 전후 인기가 높아졌던 파블 쿠키스가 주장한 소선거구제 도입이 실현 불가능한 것으로 보이자, 그의 세력이 힘을 잃어가고 있다고 밝혔다. 더불어 대선에서 그를 지지했던 유권자들마저 쿠키스의 세력이 폴란드의 정당으로 굳어져 활동할 것이라는 희망을 버린 것으로 보인다. 이러한 예측을 방증하듯 최근 이바에르이에스(IBRIS)에서 실시한 여론조사 결과에 따르면 쿠키스를 중심으로 한 세력의 지지율은 7%포인트 감소해 14%에 그쳤다.

07월 16일

• 좌파정당들의 연합 논의　　　　　　　　　　　(Warsaw voice 07. 16)

– 세 좌파정당이 유권자들의 지지를 모으기 위해 고군분투하고 있다. 오는 7월 18일 세 정당은 가을에 있을 총선을 위한 연합 형성 여부를 결정할 것이라고 밝혔다. 최근 여론조사 결과에 의하면 민주좌파연합(Sojusz Lewicy Demokratycznej, SLD)과 투이로흐(Twój Ruch)당 그리고 녹색당(Green party) 모두 하원에 진출하는 데에 필요한 5%의 정당 득표율을 얻지 못할 것이라는 예측이 가능하다. 폴란드의 선거법에 따르면 하원에서 의석을 차지하려면 정당 간 연합을 형성할 경우 8% 이상의 지지율을 얻어야 한다. 민주좌파연합의 대표인 레쉭 밀라르(Leszek Miller)는 "모든 협정은 위험을 수반하지만 정치인은 그 위험을 감수해야 한다"고 말하며 연합에 대해 긍정적인 생각을 내비쳤다. 하지만 민주좌파연합 내부에서는 연합에 대한 찬반이 엇갈리는 상황이다.

07월 20일

• 10월 25일, 폴란드 총선거 치러질 예정 (Warsaw voice 07. 20)

– 브로니스와프 코모로프스키 대통령은 오는 10월 25일 일요일 총선거가 치러질 예정이라고 발표했다. 여당인 시민연단(Plaforma Obywatelska, PO)이 잃어버린 표를 되찾을 시간이 3개월 정도 남은 것이다. 10월 선거에서 유권자들은 하원의원 460명과 상원의원 100명을 선출하게 되며, 선출된 의원들은 모두 4년의 임기를 갖게 된다. 한편 시민연단은 수 개월간 이어지던 지지율 하락세에서 벗어나 7월에는 3%포인트 상승한 23%의 지지율을 보였다. 이는 비록 법과정의당에 뒤쳐져있지만 시민연단에게 희망적인 결과라고 볼 수 있다. 한편 법과정의당의 지지율은 꾸준히 상승하는 모습을 보이고 있다.

헝가리

06월 22일

• 일요일영업금지법으로 인해 2천여 명이 일자리 잃어

(bbj.hu 06. 24, KOTRA 06. 24 재인용, 주헝가리 대사관 06. 24 재재인용)

– 헝가리 뉴스 포털 'blokkk.com'은 22일 월요일, 지난 4월 '대형마트 일요일영업금지법'이 발효된 이후 지금까지 약 2천여 명이 실직했다고 헝가리 통계청(Központi Statisztikai Hivatal, KSH)의 자료를 인용해 보도했다. 작년 12월 일요일영업금지법이 통과된 후 많은 사람들은 직장을 잃게 될 것이라고 우려했으나 이에 대해 헝가리 정부는 평일 영업시간이 늘어나 오히려 더 많은 직원이 필요할 것이라고 밝힌 바 있어 논란이 되고 있다. 사회당(Magyar SZocialista Párt, MSZP)은 일요일영업금지법을 폐지해야 한다고 주장하는 등 정당들이 다양한 입장을 내놓고 있는 상황이다.

06월 30일

• 자유민주연합, 헝가리 내에서의 동성결혼 합법화를 요구 (politics.hu 06. 30)

– 자유민주연합의 대표 가브시 포도르(Gábor Fodor)는 동성결혼 합법화 법안을 의회에 제출했다. 포도르는 기자회견에서 성소수자에게 부여된 권한을 타인이 박탈할

수 없다고 주장했다. 그는 헌법과 가족법(family law)의 차별성을 덧붙이면서, 동성애자 공동체뿐만 아니라 많은 사람들이 오랫동안 동성결혼 합법화를 요구하고 있다고 말했다. 한편 지난주 미 연방대법원은 미국 전역에서의 동성결혼에 대한 합법화 판결을 내렸다.

07월 14일

• 야당들, "방벽 설치 중단해야"   (politics.hu 07. 14)

– 민주연합은 세르비아 국경을 따라 실시되고 있는 방벽 설치 작업이 오직 청년민주동맹(Magyar Polgári Szövetség, Fidesz)의 지지율 하락을 막기 위한 목적으로 사용되고 있기 때문에 즉시 중단되어야 한다고 주장했다. 민주연합의 대표인 처버 몰나르(Csaba Molnár)는 최근 실시된 조사 결과를 인용해 헝가리 국민의 67%가 이민자들을 막기에 방벽이 적합하지 않다고 생각한다고 밝혔다. 그는 또한 내무부 장관의 주장에 의하면 현재에도 방벽 없이 불법 입국자의 98%가 국경에서 차단되고 있다고 말했다. 대화당(Párbeszéd Magyarországért, PM)은 정부의 '신(新) 철의 장막' 건설은 부적절하며 350억 포린트(forints)로 추정되는 방벽 설치 비용은 빈곤을 완화하고 근로자들에게 좀 더 높은 봉급을 보장하는 데 사용되어야 한다고 주장했다. 대화당은 정부에 방벽 설치를 즉각 중단할 것을 요청했으며 비어있는 군용 막사를 이민자들을 수용하는 데 사용해야 한다고 주장했다.

07월 21일

• 요빅의 해체된 준군사조직 대표, 불법 이주자 수송 혐의로 체포돼

(hungarytoday.hu 07. 24)

– 요빅(Jobbik Magyarországért Mozgalom, Jobbik)과 밀접한 관련이 있던, 현재는 사라진 새로운 헝가리 경비대(New Hungaraian Guard)의 전 대표가 헝가리의 수도 부다페스트로 불법 이주자들을 대규모로 수송했다는 혐의로 고소되었다. 로베트 키쉬(Róbert Kiss)와 그의 동료는 화요일 아침 경찰 조직에 의해 붙잡혔으며 인근의 경찰서로 후송되었고 불법 이주를 도운 혐의로 곧바로 고소되었다. 키쉬와 그 일당들은 불법 이민자들의 수송을 통해 수천 유로를 챙긴 것으로 드러났다. 헝가리 경비대는 이민자

들에 대해 가장 강경한 대응을 해오던 요빅의 당 대표인 가보르 보나(Gábor Vona)의 정권 획득을 돕는 단체였다. 이 준군사조직은 2009년 6월 법원의 명령으로 인해 해산되었으며 그 후 2년간 조직을 재건하려는 반복적인 시도를 해오던 중이었다.

체코

07월 03일

• 야당 의원들, "체코 정부는 극우 세력의 위협을 차단해야 한다"   (CTK 07. 03)
- 야당 상원의원들은 보후슬라프 소보트카 총리를 비롯한 체코 정부에 공개서한을 보내 이슬람교도와 이민자를 위협하는 극우세력의 행위에 대해 단호한 태도를 취할 것을 요구했다. 공개서한은 상원의원 12명이 작성하였고, 그 내용을 살펴보면 이슬람교도와 이민자에 우호적인 세력에 대한 공개적인 위협은 절대로 수용할 수 없다는 것이다. 지난 7월 1일 프라하에서 열린 시위에서 몇몇의 참가자들은 이민자 수용에 찬성하는 사람들을 처단하겠다는 의미를 담아 모형 교수대를 가져왔다. 서한에서 의원들은 경찰들이 시위대의 폭력성을 자율적이며 당연한 권리로 여긴 것은 매우 놀라운 것이며 경계해야 할 사안이라고 주장했다. 지난 2일 내무장관 밀라네 쿠바네츠(Milan Chovanec)는 경찰에 폭력적인 시위에 개입하지 않은 것에 대한 해명을 요구했다. 쿠바네츠는 또한 "교수대와 같은 상징에서 비롯된 폭력성이나 죽음을 이용한 위협은 민주주의의 단면이라고 할 수 없다"고 주장했다. 소보트카 총리는 이에 대해 시위에 경찰이 개입하는 것은 황당하고 기괴한 것이라는 입장을 밝혔다.

07월 08일

• 그리스 유로존 탈퇴(Grexit)의 정치적 영향력   (CTK 07. 08)
- 체코 총리인 보후슬라프 소보트카는 유로존 탈퇴와 우크라이나 사태에 대한 그리스의 불명확한 태도로 인해 그리스 사태가 정치적으로 유럽에 주요한 영향을 미칠 것이라고 말했다. 또한 그는 그리스의 유로존 탈퇴가 현실적인 대안이며 그리스 대표단이 유로존에 어떠한 제안을 제시할 것인지가 가장 중요한 사안이 될 것이라고도 말했다. 그리스는 유럽연합(EU)에 지원금을 재차 요청하고 있으며 이를 위해서는

개혁과 변화에 대한 계획과 세금징수, 부패척결과 관련한 개선이 선행되어야 한다고 덧붙였다. 소보트카 총리는 유럽 경제에 대한 그리스의 영향력은 미약하지만 유로존 탈퇴로 인해 정치적으로는 큰 영향을 미칠 것이라고 주장했다. 이와 관련해 체코 재무장관인 안드레이 바비스(Andrej Babis)는 이 위기가 체코 경제에 부정적인 영향을 끼치지 않을 것이기 때문에 걱정하지 않아도 될 것이라고 밝혔다.

07월 09일
• 체코, 2017년까지 1500명의 난민을 수용하길 원해 (CTK 07. 09)
– 체코 정부는 2017년까지 1500명의 난민을 수용할 것이라는 결정을 내리고 밀라네 쿠바네츠 내무장관에게 목요일에 열릴 유럽연합 각료회의에서 그 계획안을 제출할 것을 요청했다. 쿠바네츠 장관은 각료회의에서 체코가 올 해에 400명의 난민을 수용하기를 원하며 2016년에는 700명, 2017년에는 400명을 수용하기를 원한다고 밝혔다. 또한 그들 중 일부로 인해 안보의 위기가 발생할 수 있으며 따라서 난민 수용을 거부할 수 있는 권리를 원한다고 밝혔다. 한편 소보트카 총리는 난민 문제에 대해 유럽연합(EU)이 국경지대의 안보에 대한 대응책과 불법적인 이민자들에 대한 환송 정책의 시행에 중점을 두어야 한다고 주장한 바 있다.

07월 13일
• 제만 대통령, "이민자들로 인해 체코 군대가 국경 보호에 나서야 할 수도 있다"

(CTK 07. 13)

– 밀로쉬 제만 체코 대통령은 이민자들에 맞서 국경을 보호하기 위해 군 병력을 투입해야 할 때가 다가오고 있다고 말했다. 그는 최근 우크라이나 서쪽에서 발생한 경찰과 민족주의자들의 충돌에 따라 우크라이나 난민이 유입될 것이라고 보았다. 덧붙여 "이들이 우리와 문화적으로 매우 가까우며 복지에 의존하기보다는 일 할 준비가 되어있는 사람들"이라고 주장했다. 제만 대통령은 비록 제한된 범위지만 이런 이민자들의 유입에는 동의한다고 밝혔으나 성전이나 지하드의 전사를 비롯한 이슬람주의자들의 이주에 대해서는 동의할 수 없다는 입장을 밝혔다. 이와 관련해 지난 주 정부는 2017년까지 1500명의 이주민을 수용하기로 결정했다.

2차(7월 말~8월 말)

김소정

폴란드에서는 민주좌파연합을 비롯한 좌파정당들이 10월 총선을 앞두고 연합을 형성했다(Warsaw Voice 2015. 07. 27). 한편 안드레이 두다 대통령 당선자가 8월 7일부터 임기를 시작했으며, 공약 실천을 최우선 과제로 삼을 것이라고 밝혔다(Warsaw Voice 2015. 08. 07). 한편 8월 17일에는 좌파정당들의 연합이 두 개의 집단으로 분열되었는데 이는 군소정당들이 거대 정당들의 권력 행사에 반발한 결과이다(Warsaw Voice 2015. 08. 17). 조사에 따르면 에바 코파츠 총리를 비롯한 내각의 지지율이 2~4%포인트 정도 상승하였으며, 안드레이 두다 대통령에 대한 평가는 긍정적인 반응이 대부분인 것으로 드러났다(Warsaw Voice 2015. 08. 27).

헝가리의 동향을 살펴보면 좌파정당들이 정년퇴직과 관련된 국민투표를 지지할 것을 시민들에게 권고하였으나, 정년퇴직에 대한 정당들의 입장이 갈리는 상황이다(politics.hu 2015. 07. 29). 정부는 지역경제를 활성화하기 위한 방안으로 지방에서의 고등교육 확장을 검토하고 있다고 밝혔다(politics.hu 2015. 08. 06). 한편 하루 최대 2천 명의 이주민들이 억류되는 등 헝가리가 홍역을 치르고 있다. 집권당인 청년민주동맹은 이주민의 국경 통과를 범죄로 규정하고 방벽을 훼손하면 누구든지 징역 4년형에 처하는 입법을 추진 중이다(연합뉴스 2015. 08. 26).

체코에서 8월 실시된 설문조사에 따르면 체코 국민의 70% 이상이 시리아와 북아프리카 출신 이민자 수용에 반대한다고 응답했다. 또한 유럽연합(EU)의 난민할당제를 알고 있다고 응답한 사람들 중 79%는 할당제에 반대한다고 응답했다(CTK 2015. 07. 23). 정부는 장기적으로 자금지원이 필요한 비영리 단체를 2020년까지 지원하는 방안을 승인했다(CTK 2015. 07. 30). 한편 체코의 원외정당들이 이슬람교도를 강제 수용소에 보내 관리해야 한다는 등의 과격한 표현을 통해 유권자 동원을 시도하고 있어 논란을 빚고 있다. 이에 대해 정치학자들은 이 같은 정당들은 결국 유권자 동원에 실패할 것이라고 전망하고 있다(CTK 2015. 08. 17).

07월 27일
• 좌파정당들, 총선 앞두고 연합해   (Warsaw voice 07. 27)
– 민주좌파연합 대표인 레쉭 밀라르는 좌파정당들이 연합해 총선에 통합된 좌파로
나갈 것이라고 말했다. 그는 또한 좌파정당은 이제 그들의 자체 조직 내에서 선거 명
부를 작성할 것이며 다른 연합 당원들과의 상의를 통해 다음 선거를 준비할 것이라
고 밝혔다. 밀라르는 좌파정당의 연합은 의회 진출을 위해 필요한 8%의 득표율을
쉽게 획득할 것이라고 믿고 있다고 밝혔다.

08월 07일
• 안드레이 두다 대통령 집권 시작   (Warsaw voice 08. 07)
– 안드레이 두다 대통령은 목요일에 의회에서 보수 정당인 법과정의당의 환영을 받
으며 폴란드 대통령으로서의 선서식을 가졌다. 두다는 지난 5월 24일 치러진 대통
령 선거에서 전직 대통령인 브로니스와프 코모로프스키를 51.55% 대 48.45%로 따
돌리며 승리하였다. 5월 10일 1차 투표에서 코모로프스키가 33.77%의 표를 받은 반
면 두다는 34.76%의 표를 얻어 모두를 놀라게 했었다. 두다의 주요 공약의 기조는,
코모로프스키와 시민연단이 유럽연합(EU)의 정책을 지나치게 수용하여 서유럽과
서유럽으로 떠난 수백만의 폴란드 노동자들에 의해 폴란드 자산이 매점되는 결과를
낳게 된 것을 비판하는 내용이었다. 한편 두다는 많은 정부 지출을 약속했는데 아동
1인당 보조금을 지급하는 것과 은퇴연령을 각각 여성은 60세, 남성은 65세로 낮추
는 것이 주요 내용이었다. 선서를 한 뒤 두다 대통령은 그의 임기 동안 자신의 공약
을 우선적으로 이행할 것을 맹세하였다.

08월 11일
• 법과정의당, 국민투표의 질문 범위를 확대하려는 움직임을 보여
                                          (Warsaw voice 08. 11)
– 폴란드의 제1야당인 법과정의당의 부대표인 베아타 슈드워(Beata Szydlo)는 안드레

이 두다 대통령에게 9월 6일 예정된 폴란드의 선거 제도에 관한 국민투표에서 질문의 범위를 넓힐 것을 제안했다고 밝혔다. 구체적으로 법과정의당은 안드레이 두다 대통령에게 은퇴연령에 대한 안건과 초등학교 취학연령, 국립공원의 소유에 대한 안건도 국민투표에 추가할 것을 요구했다. 한편 좌파야당은 학교와 종교재단에서의 종교 수업에 대한 안건도 국민투표에 부칠 것을 제안했다.

08월 17일

• 좌파 연합의 분열   (Warsaw voice 08. 17)

– 10월에 있을 총선에서 좌파 정당들의 연합이 두 그룹으로 나누어져 경쟁구도를 형성할 것으로 보인다. 사회민주당(Socjaldemokracja Polska, SdPl)을 대표로 하는 8개의 작은 좌파 정당들은, 민주좌파연합을 주축으로 하는 연합에 대한 대안세력이 되겠다고 선언했다. 지난 7월 27일 기자회견에서 민주좌파연합의 레쉭 밀라르 대표는 모든 좌파정당이 연합해 총선을 치를 것이라고 밝힌 바 있다. 연합 이후 정당들은 함께 선거명부를 작성하기 시작하였으나 그 과정에서 사회민주당을 비롯한 군소 정당들이 거대 정당의 압력에 반발하면서 결국 좌파 연합은 분열하게 되었다.

08월 27일

• 총리와 내각의 지지율 상승해   (Warsaw voice 08. 27)

– TNS(Taylor Nelson Sofres)에서 8월에 실시한 설문조사에 따르면 에바 코파츠 총리와 그 내각의 지지율이 2~4%포인트 상승했으나 여전히 그에 대한 평가는 부정적인 것으로 드러났다. 반면 새로운 대통령인 안드레이 두다에 대해서는 대통령직을 잘 수행할 것이라는 의견이 대다수였다. 에바 코파츠 총리의 지지율은 2%포인트 상승해 29%에 머물렀다. 지난 8월 6일 임기를 시작한 안드레이 두다 대통령에 대해 국민의 46%는 잘할 것이라고 응답한 반면 29%는 그렇지 않을 것이라고 응답했다.

07월 29일

• 좌파정당, 유권자들에 국민투표 지지할 것을 권고 (politics.hu 07. 29)

- 좌파정당이 남성도 여성처럼 40년 일하면 정년퇴직이 가능하게 하는 국민투표 안건에 대해 유권자의 지지를 호소했다. 한편 복지위원회의 부대표인 코로즈 러요쉬(Korózs Lajos)는 국민투표가 이점을 살리지 못하고 정부를 전복시킬 것이라고 우려했다. 코로즈는 공정하고 예측 가능한 연금 제도를 만드는 것이 더 현명한 방안이라고 주장했다. 또한 그는 정년퇴직이 현실화되면 2000억 포린트(유로화 6억4600만 유로) 이상의 사회적 비용이 발생할 것이라고 전망하며 정년퇴직안에 대한 비판적인 목소리를 냈다.

08월 06일

• 정부, 농촌지역의 고등교육 확장을 고려 (politics.hu 08. 06)

- 인적자원부 장관인 벤체 리드바리(Bence Rétvári)는 6~8개 지방의 고등교육을 확장하는 것에 대해 정부가 지방자치단체와 지역기관과 협상해왔다고 밝혔다. 교육 확장 목적에 대한 녹색당(Lehet Más a Politika, LMP)의 질문에 리드바리는 최근 진행되고 있는 논의는 지역사회의 요구를 반영하고 시장성 교육을 강화하기 위한 것이라고 대답했다. 이를 위해서 헝가리 대학들의 협조가 필요하다고 말하며, 고등교육 확장은 인재를 양성해 장기적으로 보았을 때 지역경제를 활성화시킬 수 있을 것이라고 밝혔다.

08월 14일

• 야당, 최저임금 상승에 대한 청년민주동맹의 주장에 반대해 (politics.hu 08. 14)

- 좌파정당인 대화당과 녹색당은 지난 5년 동안 헝가리의 최저임금이 43% 상승했다는 청년민주동맹의 주장에 대해 반박했다. 좌파정당들은 통계청의 자료를 인용하며 헝가리의 최저임금은 유럽연합(EU) 국가들 중 가장 낮다고 밝혔다. 좌파정당 의원인 라슬로 바르가(László Varga)는 청년민주동맹의 정책들이 시행된 결과 오늘날 10

명 중 8명의 국민들의 실질임금이 5년 전보다 적다고 주장했다. 대화당은 현재의 최저임금은 2010년 이래로 14.2%포인트 정도밖에 상승하지 않은 반면, 같은 기간 동안 소비자 물가는 16%포인트 상승했다고 밝히며 이는 최저임금을 받는 국민들의 생활이 5년 전보다 더 나빠졌다는 것을 보여준다고 주장했다.

08월 18일

• 녹색당, 정부가 지방자치단체 개발에 지출을 적게 한다고 주장   (politics.hu 08. 18)

– 녹색당은 정부가 지방자치단체 개발에 빈약한 지출을 하고 있다며 강하게 비판했다. 녹색당 대변인인 페레츠 게쉬마르(Ferenc Gerstmár)는 기자회견에서 내무부가 35억 포린트(유로화 1130만 유로)만을 지방자치단체 개발 항목에 배분했다고 밝히며 이 금액은 턱없이 부족하다고 주장했다. 그는 2600여 개의 지방 의회들이 유치원, 건강센터 등을 보수할 계획을 가지고 있다고 주장하며 55억 포린트 정도가 필요할 것이라고 내다보았다. 또한 빅토르 오르반(Viktor Orban) 정부는 지방자치단체에 할당하는 예산을 지속적으로 줄여왔다고 밝혔으며, 현행의 입찰 평가 절차는 조작가능하다고 비난했다.

08월 24일

• '유럽의 관문' 헝가리 난민대란 몸살…하루 최다 2천 명 억류   (연합뉴스 08. 26)

– 이주민들이 쇄도해 몸살을 앓는 유럽 국가들 가운데 이주민의 주요 이동 통로에 있는 중부 유럽의 헝가리가 홍역을 치르고 있다. 유럽에 이주민이 물밀듯 밀려오자 국제연합(United Nations, UN)의 이주민 인권 특별 조사관은 "종합적이고 일관된 이주대책을 세우고 공식 채널을 개설하라"고 유럽연합(EU)에 촉구했다. 휴일 다음날인 지난 8월 24일 헝가리의 부다페스트 경찰은 올해 들어 하루 최다인 2천93명의 난민을 억류하는 기록을 세웠다고 밝혔다. 올해 들어 헝가리에 도착한 이주민은 모두 14만 명으로 이미 작년 한 해 수준(4만 3천 명)을 3배 이상 초과한 상태다. 헝가리 정부는 그리스-마케도니아-세르비아를 거쳐 들어오려는 중동 출신의 이주민을 막고자 세르비아 국경 175km 중 110km에 방벽을 세웠지만 이렇다 할 효과를 보지 못하고 있다. 헝가리 집권당인 청년민주동맹은 이주민의 국경 통과를 범죄로 규정하고, 방벽

을 훼손하면 누구든지 징역 4년형에 처하는 입법을 추진 중이다.

07월 23일

• 대부분의 체코인들, 시리아와 아프리카에서 온 이주민들에 반대해 　　(CTK 07. 23)
− 체코 여론조사 기관인 CVVM(Centrum pro Výzkum Veřejného Mínění)에서 조사한 결과에 따르면 체코 국민의 70% 이상이 시리아와 북아프리카에서 온 난민들을 수용하는 것에 반대하는 반면, 우크라이나의 난민 수용에 대해서는 찬성 53%, 반대 44%라고 한다. 시리아와 북아프리카의 난민을 수용해도 된다는 의견은 각각 26%, 24%에 불과했다. 고등교육을 받은 사람일수록 시리아와 북아프리카 그리고 우크라이나의 난민들을 수용할 준비가 되어있다고 생각하는 비율이 높은 것으로 드러났다. 올해 초 유럽연합집행위원회(European Commission)는 난민할당제를 시행할 것을 제안했으나 지난 6월 유럽연합(EU) 국가들에 의해 그 제안은 폐기되었고, 현재 새로운 형태의 분배방식이 고안되고 있다. 한편 체코 국민의 60%가 난민할당제에 대해 "알고 있다"고 응답했으며 "알고 있다"고 응답한 사람들 중 79%는 반대하는 입장을 밝혔다.

07월 30일

• 정부, 비영리 부문에 장기적인 보조금 지원 방안 승인 　　(CTK 07. 30)
− 체코 정부는 장기적으로 자금지원이 필요한 비영리 단체를 2020년까지 지원하는 방안을 승인했다. 종전까지는 1년 단위로 비영리 단체에 자금을 지원해왔다.

08월 15일

• 만 명 이상의 시민들, 프라하에서의 성소수자 행진에 참가해 　　(CTK 08. 15)
− 만 명 이상의 시민들이 프라하에서 열린 성소수자 시위에 참가했다고 한다. 프라하의 시장인 아드리아나 카르바초바(Adriana Krnacova)를 비롯한 유명 인사들은 행진에 참여함으로써 성소수자들에 대한 지지를 표했다. 행진에 참여한 사람들은 동성

애를 상징하는 무지개 깃발을 들거나 무지개를 상징하는 것들을 소지했다고 한다. 한편 이들이 행진을 시작하기 전 동성애에 반대하는 30여 명의 사람들이 행진에 항의했다. 항의한 사람들은 전통적인 가족 개념과 기독교적 가치를 수호하는 이들이라고 전해졌다.

08월 17일

- 체코의 새로운 정당들, 반이슬람주의에서 비롯된 이익 얻어 　　　　(CTK 08. 17)
  - 체코의 새로운 우익정당들이 과거에는 부패와의 싸움 등을 외쳤다면, 최근에는 이슬람 난민 퇴치 선언을 하거나 가능하다면 유럽연합(EU) 전체에 반대할 수 있다는 등의 공약으로 유권자들을 동원하고 있다고 한다. 일각에서는 그들이 과격한 단어를 사용하는 것을 망설이지 않고 협박하는 것을 두려워하지 않아 사회에 증오를 퍼뜨리고 있다고 비난했다. '체코에서는 이슬람교도를 원하지 않는다'(We Do Not Want Islam in the Czech Republic)라는 집단의 대표 마르틴 코느비츠카(Martin Konvicka)는 자신의 페이스북에 최악의 상황이 도래할 경우 "이슬람교도를 강제 수용소에 모아 관리해야 한다"는 글을 남겼다. 그의 극단적인 표현에 14만 6천 명 정도가 '좋아요'를 눌러 동의를 표했다. 극단적인 원외정당들은 최근 정기적으로 이민자 수용에 반대하는 시위들을 개최해 오고 있다. 한편 새벽당(Úsvit)의 창당자인 토미오 오카무라(Tomio Okamura) 역시 이민자 수용에 대해 부정적인 태도를 보이고 있다. 정치학자인 야논 부레스(Jan Bures)는 이민자에 대해 과격한 표현을 하는 등의 행위는 결과적으로 유권자들을 동원하는 것에 성공하지 못할 것이라고 전망했다.

08월 20일

- 기업인들 최저임금 인상에 불만 표출, 직원 해고 경고 　　　　(CTK 08. 21)
  - 지난 8월 20일 정부는 2016년 최저임금을 700크라운 인상한 9900크라운으로 결정했으며, 장애인 최저임금은 1300크라운 인상해 9300크라운이 될 것이라고 밝혔다. 이에 대해 기업인들은 내년 최저임금이 9900크라운으로 700크라운 인상되면 기업들의 경쟁력은 하락하게 된다며, 최저임금을 받는 근로자들을 해고하겠다고 정부에 경고했다. 사측은 최저임금 500크라운 인상을 제안했으나 정부는 700크라운

을 인상하기로 결정하였다. 체코 상공회의소의 조사에 의하면 기업의 70%는 최저
임금을 700크라운 인상하는 것에 반대한다고 한다.

3차(8월 말~9월 말)

  폴란드에서는 상원에서 소선거구제도의 도입, 정당 보조금 제도 폐지 안건을 다루는 국민투표에 대한 반대 입장을 표명하였으며 안드레이 두다 대통령에게 국민투표 자체를 취소해야 한다고 호소했다(Warsaw Voice 2015. 08. 31). 한편 법과정의당의 총리 후보자는 10월에 있을 총선에서 자신이 승리할 경우 아동수당을 지급할 것이라는 공약을 발표했다(Warsaw Voice 2015. 09. 03). 여당인 시민연단은 법과정의당에 대항하기 위해 이념에 상관없이 각기 다른 정당에서 정치인들을 영입해 후보자로 삼고 있다(Warsaw Voice 2015. 09. 04). 또한 좌파정당들이 형성한 좌파 연합은 여론조사 결과를 토대로 기초연금과 임금 인상, 최저시급 등의 핵심 이슈를 바탕으로 그들의 기조를 재정비하고 있다(Warsaw Voice 2015. 09. 17).

  헝가리의 동향을 살펴보면 사회당의 대표가 헝가리가 신봉건주의(Neo-fuedalism)로 흐르고 있다는 우려를 표명하며, 좌파 세력들은 사회적 위기를 극복할 수 있는 구체적인 해결책을 제시해야 한다고 주장했다(politics.hu 2015. 08. 31). 지난 8월 실시한 여론조사 결과에 따르면 여당인 청년민주동맹-기독민주국민당(KeresztényDemokrata NépPárt, KDNP) 연합과 야당들에 대한 지지율에 큰 변화가 없는 것으로 드러났다(politics.hu 2015. 09. 10). 한편 지난 8월 21일 헝가리 의회는 군에 난민과 이민자를 상대로 비살상무기 사용을 허용하는 등 난민 위기에 군대를 동원할 수 있도록 승인했다(AFP통신 2015. 09. 22; 한국일보 2015. 09. 22 재인용).

  체코에서 실시된 여론조사 결과에 따르면 체코에서 좌파와 우파 진영이 유권자들로부터 비슷한 지지를 받고 있는 것으로 드러났으며, 시민들의 5분의 1은 자신들의 정치성향이 중도라고 응답했다고 한다(CTK 2015. 08. 28). 또한 체코인 87%는 난민 유입을 체코 내부의 큰 문제로 여기고 있으며 이들 중 93%는 난민들을 본국으로 송환시켜야 한다고 응답했다(CTK 2015. 09. 02). 한편 보후슬라프 소보트카 총리는 유럽연합(EU)이 난민할당제 도입을 결정하더라도 제 기능을 하지 못할 것이라고 주장했다. 또한 유럽의 연대감과 자금을 유럽연합 집행위원회의 제안에 동의하지 않는 국가에 압박을 가하기 위한 용도로 사용되어서는 안 된다고 말했다(CTK 2015. 09. 22).

08월 31일

• **상원, 10월에 치러질 국민투표에 반대해**　　　　　　　　(Warsaw voice 08. 31)

- 상원 위원회는 안드레이 두다 대통령에게 의회 선거일이기도 한 10월 25일에 열릴 정년에 관한 국민투표에 반대할 것을 제안했다. 폴란드에서는 또한 9월 6일에 선거제도에 관한 국민투표가 치러질 예정이다. 대부분의 정당들은 소선거구제도의 도입, 정당 보조금 제도 폐지의 안건을 다루는 국민투표에 조금도 열광적인 모습을 보이지 않고 있다. 따라서 국민투표 참여를 장려하는 정당의 활동이 거의 보이지 않고 있다. 야당인 민주좌파연합과 국민당(Polskie Stronnictwo Ludowe, PSL) 모두 안드레이 두다 대통령에게 9월 6일에 열릴 국민투표를 취소해야 한다고 호소했다.

09월 02일

• **법과정의당의 총리 후보자, 자신의 정당이 승리할 시 아동 1인당 500즐로티(złoty) 지불할 것이라고 밝혀**　　　　　　　　(Warsaw voice 09. 03)

- 제1야당인 법과정의당의 총리 후보자인 베아타 슈드워는 가을 선거에서 승리할 시 매달 5억 즐로티의 아동수당을 지불하겠다는 공약을 실천할 것이라고 밝혔다. 그녀는 또한 "둘째 혹은 그 이후 각각의 아동에 대해 매달 500즐로티(한화 15만 원)를 지불할 것이며, 지원이 더 필요한 가정에 대해서는 첫째 아이에게도 이를 적용할 것을 약속한다"고 말했다. 그녀는 이 공약이 우선순위가 될 것이며 만약 자신에게 내각을 형성할 권리가 주어진다면 아동수당 부여가 첫 번째 실행 공약이 될 것이라고 말했다. 이 공약은 자녀가 둘 이상인 가구는 조건 없이 아동 한 명당 500즐로티를 지원받을 수 있으며, 월수입이 인당 800즐로티 이하인 가구에 대해서는 첫 아이도 지원받을 수 있도록 규정되어 있다.

09월 04일

• 시민연단 총선 후보자 명단에 깜짝 놀랄 만한 후보자들 보여 (Warsaw voice 09. 04)

– 자유・보수주의 이념을 가지는 집권당인 시민연단이 총선 후보자 명부에 주요 정적인 보수적 성향의 법과정의당 소속의 전 의원이자 2005년부터 2007년까지 내무장관을 맡았던 루드윅 도른(Ludwik Dorn)을 포함하여 좌우를 가리지 않는 인사들을 포함하는 것을 승인했다. 도른은 시민연단의 하원의원 후보자로 나서게 될 것이다. 또한 시민연단으로의 이전은 좌파 정당에서도 이루어졌다. 민주좌파동맹의 전 대표였던 그제고르츠 나피에랄스키(Grzegorz Napieralski) 역시 폴란드 북서쪽의 자호드니오포모르스키에(Zachodniopomorskie) 지역에서 시민연단 소속의 상원의원 후보 등록을 마쳤다. 또한 시민연단은 비(非)공산주의자였던 타데우시 마조비에츠키(Tadeusz Mazowiecki) 총리의 아들인 미헬 마조비에츠키(Michal Mazowiecki)를 후보로 내세울 것이다. 일간지 가제타 비보르차(Gazeta Wyborcza)는 결과적으로 시민연단이 법과정의당에 맞서 넓은 지지기반을 다지기 위해 각기 다른 정당에서 정치인들을 영입해오는 도날드 투스크(Donald Tusk) 전 총리의 전략으로 돌아가고 있다고 말했다.

09월 08일

• 안드레이 두다 대통령, 의회에 세금과 정년에 관한 법안 제출할 것이라 밝혀

(Warsaw voice 09. 08)

– 새로 선출된 폴란드 대통령 안드레이 두다는 그가 약속했던 소득세 감면의 표준화와 정년감축에 관한 법안을 의회에 제출할 것이라고 밝혔다. 대통령 대변인은 "9월 중일 것으로 생각되지만 가장 가까운 시일 내에 소득세 감면 표준화와 정년감축에 대한 법안을 제출할 것이다. 두 법안을 제정하는 것이 그가 폴란드 국민들에게 한 첫 번째 약속이기 때문이다"라고 말했다. 현 폴란드 의회는 10월 25일 치러질 총선 전에 세 번 더 개회할 것으로 예정되어 있다. 또한 10월 총선 이후 이전 의회에서 발의된 대부분의 법안은 폐기될 것이다.

09월 17일

• 좌파 연합, 더 나은 이미지가 필요한 것으로 드러나 (Warsaw voice 09. 17)

- 민주좌파동맹을 비롯한 좌파정당들이 형성한 좌파 연합이 여론조사회사인 TNS에 의뢰한 조사 결과에 따르면, 좌파 연합이 그들의 이미지를 개선하는 것이 가능하다면 지지율을 20%까지 끌어올릴 수 있을 것이라고 한다. 이 조사에서 응답자의 41%는 좀 더 온건한 좌파나 중도 좌파적 성향을 나타냈다. 이 조사 결과를 바탕으로 좌파 연합은 응답자들이 좌파 연합에 요구하는 정년감축, 기초연금과 임금 인상, 최저시급 등의 핵심 이슈를 바탕으로 그들의 기조를 재정비하고 있다고 밝혔다.

헝가리

08월 31일

• **헝가리 사회당 대표, 헝가리가 신봉건주의로 흐르고 있다고 주장** (politics.hu 08. 31)
- 사회당 대표 요제프 토비야쉬(József Tóbiás)는 헝가리 사회가 신봉건주의화되고 있다고 주장했다. 토비야쉬는 신봉건 사회에서는 출생하는 순간 이후의 운명이 정해져있으며 이는 단지 경제적인 부분만의 문제가 아니라고 말했다. 또한 빠르게 진행되고 있는 사회 변화 속에서 좌파정당들의 미래는 중앙에 진출할 수 있는지 여부가 아닌 시민들의 요구를 수용해 올바른 사회를 만들 수 있는지에 달려있다고 말했다. 극좌 성향의 인물인 아틸라 바흐나(Attila Vajnai)는 헝가리의 좌파정당들은 과거의 공산당과 다르며, 후퇴가 아닌 진보를 향해 열심히 달리고 있다는 것을 증명해야 한다고 말했다. 또한 좌파 세력들은 사회적 위기를 극복할 수 있는 구체적인 해결책을 제시해야 한다고 주장했다.

09월 04일

• **이주 관련 법안, 의회 통과** (politics.hu 09. 04)
- 의원들이 국경 수비와 이주 요건을 강화하는 법안들을 9월 4일에 통과시켰다. 개정된 법에 따라 밀수입자나 국경의 철책을 훼손하는 사람은 형법에 따라 더욱 강력한 형사처벌을 받게 된다. 이 법안은 199명의 의원들 중 140명의 찬성표와 33명의 반대표를 얻어 통과되었다. 사전 토론에서 법무장관은 개정법에 따라 난민관련 절차가 더욱 빠르고 효과적으로 변할 것이며 헝가리의 국경 수비는 더욱 견고해지고

밀수입자들은 개정법 하에서 더욱 강한 처벌을 받게 될 것이라고 말했다. 한편 몇몇의 의원들은 더블린 조약(Dublin Regulations)과 솅겐조약(Schengen Agreement)에 의해 규정된 헝가리의 의무사항들을 고려해야 한다고 말했다. 따라서 개정법상에서도 국제적 조약과 지역사회법에 포함된 절차적 보장은 유지되어야 하며, 그 내용이 헌법과 유럽연합(EU)의 표준에 부합되어야 한다고 덧붙였다.

09월 10일

• 정당 지지율 조사 결과, 큰 변화 없어 (politics.hu 09. 10)

– 지난 8월 실시된 여론조사 결과에 따르면, 여당인 청년민주동맹–기독민주국민당 연합과 야당들에 대한 지지율에 큰 변화가 없는 것으로 드러났다. 여당에 대한 지지율은 7월에 비해 1%포인트 하락해 29%에 머물렀으며, 극우 정당인 요빅은 2%포인트 상승한 15%의 지지율을 획득했다. 사회당과 민주연합은 각각 9%, 6%의 지지율을 보였다. 한편 녹색당은 1%포인트 상승해 5%대의 지지율을 획득하는 것에 머물렀다.

09월 16일

• 표심 노린 유럽의 극우정당 '난민 반대'를 정치브랜드로 (경향신문 09. 18)

– 지난 16일 동영상 공유사이트 유튜브(Youtube)에 '불법 이민자들에게 보내는 메시지'라는 동영상이 올라왔다. 영상에는 헝가리 아소탈롬시의 시장이 등장한다. 그는 "불법으로 철조망을 넘어오면 감옥에 갑니다"라며 "헝가리는 나쁜 선택이에요. 아소탈롬은 그중에서도 최악입니다"라고 말한다. 최근 헝가리 등 유럽 일부 국가들이 국제적 비난을 무릅쓰면서도 난민을 내치는 것은 정치 상황과 무관하지 않다. 난민들에게 빗장을 닫아 건 나라들은 주로 우파·민족주의 세력이 정권을 잡은 곳들이다. 극우 정치인들은 침체된 경제, 무슬림에 대한 편견, 테러 공포 같은 불안과 분노를 이용해 난민 탄압을 정치 브랜드화 하고 있다. 빅토르 오르반 총리가 '반난민 전도사'처럼 연일 강경책을 펴는 것도 비슷한 이유에서다. 극우파의 이런 움직임은 어디까지나 정치적 이해득실에서 나온 것인 만큼, 여론이 난민에게 동정적으로 변하면 언제든 정책이 바뀔 수 있다.

09월 21일

• 헝가리, 군(軍)에 난민 상대 비살상 무기 사용 권한 부여

(AFP통신 09. 22, 한국일보 09. 22 재인용)

– 헝가리 의회가 21일 군에 난민과 이민자를 상대로 비살상무기 사용을 허용하는 등 난민 위기에 군대를 동원할 수 있도록 승인했다. AFP 등 외신은 이날 헝가리 의회가 군과 경찰에 국경의 불법 입국을 저지할 수 있도록 새로 광범위한 권한을 부여한 법안을 표결한 결과 3분의 2 이상 찬성으로 통과됐다고 보도했다. 이 법에 따르면 군은 고무탄과 신호탄, 최루탄 등 비살상무기를 사용할 수 있다. 앞서 헝가리는 지난 15일부터 불법 이민자 입국을 막기 위한 관련 10개 법안(난민법, 국경법, 형법, 형사소송법 등)을 시행했으며 세르비아 접경 2개 주에 이민자 대량 유입에 따른 국가위기 사태를 선포하고 이미 군을 배치했다. 개정 이민 관련 법안은 헝가리–세르비아 국경에 설치한 철책을 훼손하면 최고 징역 5년형에 처하며, 단순히 불법으로 국경을 넘어와도 징역 3년형까지 처벌할 수 있다. 경찰은 시행 첫날 불법 월경과 철조망 훼손 혐의로 난민 258명을 체포했으며 신속처리 절차에 따라 형사재판을 진행해 추방했다. 한편 헝가리 정부는 이날 레바논 일간지에 전면광고를 내고 헝가리에 불법 입국하는 것은 범죄로 징역형에 처할 수 있다고 경고했다.

체코

08월 28일

• 좌파와 우파진영의 세력 동등하게 강해 (CTK 08. 28)

– 최근 여론조사 결과에 따르면 체코에서 좌파와 우파진영이 비슷한 세력을 가지고 있는 것으로 드러났으며, 시민들의 5분의 1은 자신들의 정치성향이 중도라고 응답했다고 한다. 2008년에서 2009년 사이에도 좌파와 우파진영이 비슷한 비율의 지지를 받았다. 2004년부터 2007년, 2010년부터 2011년에는 체코국민들이 우파진영의 손을 들어주었다. 반면 2012년부터 2013년까지는 좌파진영의 세력이 더 강한 것으로 드러났다. 최근의 조사 결과에서 36.6%의 체코국민들이 자신이 진보적인 성향을 가지고 있다고 응답했으며 34.8%는 보수적인 성향이라고 응답했다. 한편 19.4%의

사람들은 중도라고 응답했으며 9.2%의 사람들은 그들의 정치적 이념을 모르겠다고 답했다. 조사 결과를 종합해 여론조사기관에서는 사람들이 나이가 들수록 진보적 성향이 강해진다는 결론을 내렸다. 또한 대학 졸업 이상의 학력을 가진 사람들은 우파진영에 투표하는 경향이 있는 반면, 좌파 정치인들은 교육을 적게 받은 층의 지지를 더 많이 받는다고 한다.

09월 02일
• 대부분의 체코인, 정부의 이민자 대응 방식에 불만족　　　　　　　(CTK 09. 02)
– 최근 여론조사 결과에 따르면, 체코국민의 57%는 현 정부의 이민자에 대한 대응 방식에 불만족하고 있다고 응답했다고 한다. 체코인 87%는 난민 유입을 체코 내부의 큰 문제로 여기고 있으며 이들 중 93%는 난민들을 체코에 머물게 하지 말고 본국으로 송환시켜야 한다고 응답했다.

09월 05일
• 전 체코 대통령 바츨라프 클라우스, 난민에 반대하는 청원 시작해　　　(CTK 09. 05)
– 전 체코 대통령인 바츨라프 클라우스(Vaclav Klaus)가 난민에 반대하는 골자의 청원을 시작했다. 이 청원은 정부에 국내의 안보 강화 및 경찰이나 군대를 포함한 모든 수단을 동원한 국경의 불가침을 확실하게 할 것을 요청하는 것이다. 또한 그는 난민 할당에 대한 어떤 할당량에 대해서도 거절할 것과 유효한 보호시설 협정을 준수할 것, 더 많은 난민을 촉진할 목적으로 가하는 어떠한 압력도 거절할 것을 요청했다. 그는 많은 수의 난민은 유럽과 체코를 포함한 각 유럽연합(EU) 가입국의 안정에 심각한 위협이 될 것이라고 말했다. 그는 "우리가 전쟁이나 재해로 인해 생겨난 수천 명의 고난에 무관심한 것이 아니라는 것을 강조하고 싶다. 그러나 우리는 이런 난민들에 대한 연대감과 같은 잘못된 감정을 만들어 여론을 조작하는 것을 경계해야 한다"고 주장했다.

09월 09일
• 프라하, 자발적으로 더 많은 난민을 수용할 계획 없어　　　　　　(CTK 09. 09)

- 내무장관인 밀라네 쿠바네츠가 국무회의 중 체코 정부는 자발적으로 수용하던 난민들의 숫자를 늘릴 것을 고려하고 있지 않다고 밝혔다. 그는 정부는 사전에 이탈리아와 그리스로부터 수용하기로 약속한 1100명의 난민들 이외에 추가적으로 난민을 더 수용해야 할 이유가 없다고 말했다. 또한 그는 난민들이 체코에 정착하지 않으며 서유럽을 향해 떠나고 싶어 한다고 주장했다. 따라서 체코의 난민 수용 절차는 오직 난민들이 가길 원하는 국가로 이동할 수 있도록 하는 것에 초점이 맞추어져야 한다고 덧붙였다. 프라하가 그리스와 이탈리아로부터 수용하기로 한 1100명의 난민과 별개로 2017년 말까지 유럽연합(EU) 외부에서 유입되는 400명의 난민을 수용하기로 계획되어 있다. 체코 정부는 또한 유럽연합 집행위원장인 장 클로드 융커(Jean-claude Juncker)가 오늘 다시 제안한 난민의 재분배에 따른 수용 할당량에 반대한다고 밝혔다.

09월 22일

• 체코 총리, 난민할당제 승인되더라도 제 기능 하지 못할 것 　　　　　(CTK 09. 22)
- 체코의 보후슬라프 소보트카 총리는 유럽연합(EU) 내무장관이 오늘 난민할당제를 도입하기로 결정하더라도 그것이 제대로 시행되지 못할 것이라고 주장했다. 한편 유럽연합(EU) 내무장관은 오늘 그리스와 이탈리아, 마케도니아에서 발생한 120,000명의 난민을 재분배하기 위한 난민할당제 도입에 대해 토론하기로 되어 있다. 체코를 비롯한 V4(체코, 폴란드, 헝가리, 슬로바키아) 국가들 모두 할당제에 반대하고 있는 입장이며 몇몇 다른 유럽연합(EU) 회원국들도 같은 입장이지만 여전히 그들은 소수에 불과하다. 소보트카 총리는 난민할당제 도입에 반대하는 입장이며, 이러한 의견 불일치를 유럽연합(EU) 자금의 재분배와 연결시키려는 의견에 단호하게 대응하고 있다. 그는 유럽의 연대감과 자금을 유럽연합 집행위원회의 제안에 동의하지 않는 국가에 대한 압박을 가하기 위한 용도로 사용되어서는 안 된다고 말했다.

4차(9월 말~10월 말)

김소정

폴란드에서는 긴 논쟁을 끝내고 정부가 난민할당제에 찬성하는 입장을 밝혔다. 하지만 이에 대한 국민들의 반발이 여전해 논란이 계속될 것으로 보인다(Warsaw Voice 2015. 09. 23). 다가오는 총선에서도 난민문제가 최대 쟁점으로 부상할 것으로 보이며, 난민 문제에 대한 후보들의 입장이 갈려 유권자들의 이목이 집중되고 있다(AFP 2015. 10. 20; 연합뉴스 2015. 10. 21 재인용). 한편 10월 총선을 앞두고 정당들이 정년을 낮추는 방안으로 유권자들을 유인하고 있다고 한다(Warsaw Voice 2015. 10. 12). 또한 올해 1월부터 9월까지 실시된 여론조사 결과에 따르면 폴란드 청년층의 33%가 보수적 정치성향을 가지고 있다고 응답했다(Warsaw Voice 2015. 10. 16).

헝가리의 동향을 살펴보면 사회당 의원들이 지방자치의 자율성을 헌법에 명시해야 한다고 주장했다. 특히 현재는 정부가 지방자치 예산의 독립을 보장하고 있지 않기 때문에 이를 헌법에서 규정해야 한다고 밝혔다(politics.hu 2015. 10. 01). 한편 녹색당 대표는 야당들이 지난 7월 통과된 정보열람의 자유법에 대한 수정을 논의해야 한다고 주장했다(politics.hu 2015. 10. 02). 또한 범죄 피해자가 성범죄와 관련된 사건에서는 동성의 판사를 선택할 수 있게 해주는 등 피해자의 권리 확대를 보장하는 법이 통과되었다(politics.hu 2015. 10. 06). 마지막으로 헝가리 정치권에서는 선거제도 개혁에 대한 논쟁이 뜨거운데, 그 중에서도 재외국민 투표권에 대한 정당들의 논의가 확대될 것으로 보인다(politics.hu 2015. 10. 16).

체코에서는 전통책임번영당(Tradice Odpovědnost Prosperita, TOP 09)의 당 대표가 부총리인 안드레이 바비스의 언론 검열에 대한 의혹을 제기하며 이를 비난했다(CTK 2015. 09. 23). 또한 내무부 장관인 밀라네 쿠바네츠는 체코 정부가 헝가리의 국경 보호를 위해 군인과 경찰을 파견할 예정이라고 밝히며, 이는 동유럽 전체를 지킬 수 있는 첫걸음이라고 주장했다(CTK 2015. 10. 08). 한편 기독민주당 대표는 의회에서 질의응답시간을 폐지하자는 긍정당(Akce Nespokojených Občanů, ANO)의 주장이 민주주의의 가치를 저하시키는 것이라며 비난하며, 이 같은 주장을 하는 정치인은 정치계를 떠나야 한다고 말했다(CTK 2015. 10. 11).

09월 22일

• 폴란드, 유럽연합(EU)의 난민할당제 승인하기로 결정　　(Warsaw voice 09. 23)
- 지역 동맹국들인 체코, 헝가리, 루마니아와 슬로바키아는 강하게 반대하는 상황에서 폴란드가 유럽연합(EU)의 난민할당제에 찬성한다는 결정을 내렸다. 난민할당제 찬성은 향후 2년간 난민들이 유럽연합(EU)의 입구라고 할 수 있는 이탈리아와 헝가리, 그리스를 거쳐 다른 유럽연합(EU) 국가들로 가는 것에 대한 허용을 의미한다. 폴란드가 난민할당제를 승인하기까지에는 많은 어려움이 있었다. 에바 코파츠 폴란드 총리는 폴란드의 국경을 지켜야 한다는 여론의 반발을 떠안고 승인결정을 내렸다. 이 결정을 통해 폴란드는 시리아, 에리트레아, 이라크에서 온 난민 5,082명을 받아들이게 됐다. 에바 코파츠 총리는 오는 수요일 유럽연합(EU) 상임이사회에서 좀 더 구체적인 계획을 협상할 예정이다.

09월 29일

• 법과정의당의 총리후보, 학령 개혁 주장　　(Warsaw voice 09. 30)
- 폴란드의 거대 야당인 법과정의당의 총리 후보인 베아타 슈드워는 법과정의당이 10월 총선에서 승리한다면 초등학교 입학 연령을 7세로 낮추는 법률을 다시 도입할 것이라고 밝혔다. 또한 부모의 동의가 있으면 7세보다 낮은 연령의 아이들이 학교에 입학할 수 있게 할 것이라고 말했다.

10월 12일

• 정당들, 정년 낮추는 방안으로 유권자를 유인　　(Warsaw voice 10. 12)
- 총선거에서 경쟁하는 9개의 정당들 중 적어도 세 정당이 정년을 낮추는 것을 통해 폴란드인들에게 퇴직급여 혜택을 줄 계획이라고 밝혔다. 정년을 낮출 계획이라고 밝힌 정당에는 보수정당인 법과정의당, 좌파정당들이 연합한 좌파 연합, 국민당이

있다. 경제학자들은 현재 정년은 67세인데, 여성이 60세까지 일하면 정년까지 일했을 때보다 40% 적은 연금을 받게 되며 남성의 경우에는 65세까지 일하면 17% 적은 연금을 받게 된다고 주장했다. 그렇기 때문에 노동자들의 의견을 반영해 정년 축소가 필요하다는 입장을 내비쳤다. 폴란드 하원은 지난 5월 11일 연금 개혁을 위해 정년을 67세까지 점차 늘리는 정부안을 승인했다. 당시 하원은 정년 연장안을 노조 세력의 반대에도 불구하고 찬성 268, 반대 185, 기권 2로 의결했다.

10월 16일

- 폴란드 청년층의 보수화   (Warsaw voice 10. 16)

– 여론조사기관인 CBOS(Centrum Badania Opinii Społecznej)의 조사 결과에 따르면 폴란드에서 젊은 사람들 중 스스로 보수적 견해를 가지고 있다고 밝히는 비율이 늘었다고 한다. 이번 조사는 2015년 1월에서 9월 사이에 실시되었는데, 18세부터 24세 사이의 젊은이들 중 자신의 정치적 성향이 보수적이라고 응답한 비율이 33%에 육박한다고 한다.

10월 20일

- 폴란드 총선서도 난민 문제가 최대 쟁점 부상   (AFP 10. 20, 연합뉴스 10. 21 재인용)

– 오는 25일 총선을 앞둔 폴란드에서 난민 문제가 선거의 핵심 쟁점으로 부상하고 있다. 20일 열린 TV 총선 토론회에서 8개 주요 정당 지도자들은 난민 문제를 집중적으로 토론했다. 폴란드는 애초 유럽연합(EU)이 추진했던 난민할당제에 반대했다가 결국 난민 12만 명 중 5천 명을 수용하기로 합의했다. 여당인 시민연단의 에바 코파츠 총리는 "전쟁과 죽음을 피해 온 이들을 도와주는 유럽인의 연대의식이 필요하다"며 "난민과 경제 이득을 노리는 이주민을 구분해야 하는 게 급선무"라고 지적했다. 법과정의당의 베아타 슈드워 후보는 "위험에 처한 이들을 인도주의 차원에서 돕고 지원하는 데 초점을 맞춰야 한다"고 호응하면서도 난민 발생을 근원적으로 해결하는 것을 목표로 삼아야 한다고 강조했다. 최근 여론조사에서는 법과정의당이 지난 8년간 집권한 시민연단보다 최소 12%포인트 높은 32~36%의 지지율을 누리는 것으로 나오고 있다. 지난 5월 대통령 선거에서 낙선했지만 20% 가량의 득표율로 인기

를 끌었던 신인 정치인 파블 쿠키스는 유럽에 몰려드는 난민이 경제 이득을 좇는 '경제적 이주민'이라고 단언했다.

헝가리

10월 01일

• 사회당원들, 자치를 내용으로 하는 헌법 필요하다고 주장   (politics.hu 10. 01)
- 지방자치 도입 25주년을 기념하는 행사에서 사회당 소속 세게드(Szeged) 지역 시장인 라슬로 보트카(László Botka)는 자치권이 헌법에 포함되어야 한다고 주장했다. 그는 현재는 정부가 지방자치 예산의 독립을 보장하고 있지 않기 때문에 이를 헌법으로 규정해야 한다고 말했다. 또한 사회복지사업과 사회부조는 지방자치의 권한으로 돌아와야 하고 중앙정부가 가져갔던 자원들을 돌려줘야 한다며, 현재의 지방자치 예산은 중앙정부의 주관적인 의견을 통해 정해지는데 이 기준이 객관적인 규칙에 의해 대체되어야 한다고 말했다. 마지막으로 지방의회에서 감당할 수 없는 예산들만이 중앙정부에 의해 해결되어야 한다고 주장했다.

10월 02일

• 녹색당, 야당에 정보열람의 자유법과 관련된 협의 요구   (politics.hu 10. 02)
- 녹색당이 야당들에게 정보열람의 자유법(freedom of information law)에 대한 개정을 논의하자고 제안했다. 기자회견에서 녹색당 대표인 언드레 쉬페르(András Schiffer)는 2010년 이후 논의된 적이 없는 정보열람의 자유법 수정에 대한 야당 의원들의 의견이 궁금하다고 이야기했다. 쉬페르는 지난 7월 통과된 법안은 여당인 청년민주동맹이 해외 자본가들에게 기회를 준 것이 되었다고 주장했다. 그는 또한 이 법안에 대해 의원 50인 이상의 서명이 있으면 헌법재판소에 항의할 수 있고 이는 적어도 세 정당이 힘을 합쳐야하는 것이라고 말했다. 녹색당의 이러한 주장에 극우정당인 요빅은 함께하겠다는 의견을 냈지만 사회당 의원들은 정확한 입장 표명을 피하고 있다며, 이번 협의에서 그들의 입장을 분명히 할 것을 요구했다. 한편 지난 6월 민주연합은 정부가 투명성을 회피할 목적으로 법안을 통과시키려한다고 비난했었다.

10월 06일

• 범죄 피해자의 권리 확대하는 법안 통과돼 (politics.hu 10. 06)

– 의회에서 범죄 피해자의 권리를 확대하고 형사소송 기간 동안 피해자에 대한 지원을 보장하는 내용이 포함된 법안이 통과되었다. 새로운 법안이 도입되면 피해자는 소송절차에 대한 정보를 문자 메시지와 우편물 등으로 받을 수 있게 된다. 또한 이 권리는 소송 과정에서 피해자를 대변할 수 있는 가족들에게도 보장된다. 법안은 또한 성범죄와 관련된 사건에서는 피해자가 동성의 판사를 선택할 수 있게 해준다. 그리고 필요하다고 판단되거나 피해자가 요청할 경우 무료로 수화 통역사가 법정에서 도움을 줄 것이다. 이 법안은 법무부 장관이 발의한 것으로, 의회에서 진행된 무기명투표 결과 의원 161명의 찬성으로 통과되었다.

10월 14일

• 미 국무부의 종교의 자유에 관한 보고서, 헝가리에 엇갈린 평가 내려

(politics.hu 10. 15)

– 지난 10월 14일 발표된 미 국무부의 종교의 자유에 관한 보고서에서는 헝가리의 헌법이 종교의 자유를 보장하고 있다고 밝혔다. 그러나 헝가리 정부의 종교단체 해체 결정에 관해서는 비판적인 태도를 보였다. 비록 헌법이 교회와 주에 대해 종교의 자유를 보장하고 있고 종교 집단을 독립된 법적인 실재로 규정하고 있지만, 종교 단체가 그들의 지위를 유지하려는 저항에도 불구하고 2011년 종교법에 따라 350개 이상의 종교 조직이 해체되었다고 말했다. 또한 보고서에서는 소수 종교 집단의 지역 기금과 공공기관에서의 종교 활동에 대한 접근성에 대해 '제한적'이라는 결론을 내렸다.

10월 16일

• 입법위원장, 선거법 개정은 논의대상이 아니라고 주장 (politics.hu 10. 16)

– 입법위원장인 게르게이 구야쉬(Gergely Gulyás)는 헝가리 선거제도에서 가장 중요한 부분이 잘 작동되고 있기 때문에, 선거법 개정은 현재 논의될 사항이 아니라고 주장했다. 또한 그는 전면적인 개혁은 필요하지 않지만 선거운동 자금에 대한 법안과

해외거주 헝가리 유권자들의 선거권 등에 대한 논의는 가치가 있는 것이라고 말했다. 한 청년민주동맹 의원은 주민등록상 거주지가 헝가리가 아닌 국민(재외 헝가리 국민)도 투표할 자격이 있다고 주장하며 선거권 부여에 대한 논의를 해야 한다고 말했다. 그러나 구야쉬는 재외 헝가리 국민의 투표권에 대해 헌법재판소에서 결정을 내리지 않는 이상 정부에서는 이 부분을 개정하지 않을 것이라고 밝혔다. 한편 사회당 의원인 게르게이 바란디(Gergely Bárándy)는 선거구 간의 불균형 등의 부분은 개정될 필요가 있다고 주장했다. 바란디는 선거제도의 결함으로 인해 청년민주동맹이 우편투표에서 90% 이상의 지지율을 얻은 사례를 언급했다. 또한 빠른 시일 내에 헌법재판소가 재외 헝가리 국민의 투표 권리에 대한 판결을 내리길 희망한다고 밝히며, 판결 전에 정당들의 논의가 우선되어야 한다고 말했다.

체코

09월 23일

• 야당 대표, 안드레이 바비스의 검열 비난   (CTK 09. 23)

– 야당인 전통책임번영당의 당 대표 미로슬라프 칼로섹(Miroslav Kalousek)은 자신과의 인터뷰를 싣지 않았다며, 일간지인 믈라다 프론타 드네스(Mlada fronta Dnes)에 대한 검열 의혹을 제기했다. 이 일간지는 부총리이자 긍정당의 대표인 안드레이 바비스가 소유하고 있기 때문에 배후에는 그의 개입이 있었다는 것이다. 칼로섹은 믈라다 프론타 드네스가 자신에게 인터뷰를 요청했고 지난주에 응했으며, 원래대로라면 토요일에 자신의 기사가 실려야 했지만 실리지 않았다고 밝혔다. 또한 월요일과 화요일에도 기사가 등장하지 않았다고 말하며 안드레이 바비스가 압력을 행사한 것이라고 주장했다. 칼로섹은 안드레이 바비스의 주요 정치적 정적이라고 평가되는 인물이다. 칼로섹은 이러한 언론에 대한 검열은 민주주의의 가치를 저하시키는 것이라고 비난했다.

09월 29일

• 체코 정부, 난민할당제에 지속적으로 반대해야   (CTK 09. 29)

- 금일 하원 회의 전에 공산당(Komunistická Strana Čech a Moravy, KSČM)과 시민민주당(Občanská Demokratická Strana, ODS)은 보후슬라프 소보트카의 중도좌파 정부가 난민할당제에 계속해서 반대해야 한다고 말했다. 공산당 의원인 예레 돌레스(Jiri Dolejs)는 체코가 유럽연합(EU)에서 난민할당제 도입에 대해 더 협상해야 한다고 말했다. 돌레스는 "우리는 스스로를 지키려는 체코 정부의 입장을 지지한다. 우리는 정부가 그것을 포기하는 것을 원하지 않는다"고 말했다. 이에 소보트카 총리는 체코 정부는 난민할당제에 반대하는 입장을 유지할 것이지만 다수의 결정을 존중하겠다고 말했다.

10월 08일
• 체코 정부, 헝가리에 경찰과 군인 파견 원해 (CTK 10. 08)

- 내무부 장관인 밀라네 쿠바네츠는 체코 정부가 헝가리의 국경보호를 돕기 위해 50명의 경찰과 100명의 군인을 보낼 것이라고 밝혔다. 지난 월요일에는 난민 위기가 지속되는 동안 헝가리에 25개의 부대와 장비들을 보내는 것에 대해 정부가 승인한 바 있다. 쿠바네츠는 헝가리를 돕는 것은 동유럽 지역을 지켜내기 위한 첫걸음이라고 밝혔다. 또한 슬로바키아나 폴란드가 헝가리를 돕는 것에 동참하지 않는다고 해도 체코는 도움의 손길을 멈추지 않을 것이라는 입장을 밝혔다. 체코에서 파병된 군인들은 10월 중순부터 헝가리에 머물 것이라고 한다.

10월 11일
• 기독민주당 대표, 긍정당 대표가 민주주의 가치를 위반했다고 비난 (CTK 10. 11)

- 기독민주당 대표인 파벨 베로브라덱(Pavel Belobradek)은 그들의 연정 파트너인 긍정당의 태도, 특히 안드레이 바비스의 태도를 더 이상 참을 수 없다고 밝혔다. 베로브라덱은 공영방송에서 긍정당이 민주주의 가치를 배우기 시작한 것은 지난 총선거 이래로 2년도 되지 않는다고 주장했다. 안드레이 바비스는 민주주의에 적합하지 않은 사람이며 민주적 정당과의 연합을 원하지 않는다면 정치계를 떠나야 한다고 말했다. 그는 긍정당이 효율성을 이야기하며 의회에서 질의응답시간을 폐지하자고 주장한 것에 대해 반대한다고 밝혔다. 또한 민주주의 사회에서 시간 단축을 위해 필수

적인 가치인 대화를 없애려 하는 시도는 매우 위험한 것이라고 주장했다.

10월 17일

• 프라하에서 난민 수용에 대한 찬반 시위 동시에 열려　　　　　　　　(CTK 10. 17)

– 프라하에서 약 천 명의 난민 수용에 반대하는 사람들의 시위와 동시에 인종차별
과 외국인 혐오에 반대하며 난민 수용에 찬성하는 250여 명의 지지자들의 시위가
함께 열렸다. 난민 수용에 반대하는 시위대는 체코의 국가를 불렀고, 그 후 체코 국
기를 흔들며 "우리의 문화와 안전한 국가를 위하여"라는 구호를 반복해서 외쳤다.
반대 시위는 야당 의원인 토미오 오카무라와 레지무 피알라(Radim Fiala)가 앞장서서
이끌었다. 오카무라는 체코 국경을 봉쇄해야 한다는 입장을 반복해서 밝혔다. 한편
시위대는 유럽연합(EU)에서 체코가 탈퇴해야 한다고 밝히며 이에 대한 청원을 진행
해야 한다고 주장하기도 했다. 난민 수용에 찬성하는 시위대는 '증오에 반대하는 사
람들'(Against Displays of Hatred)이라는 단체에 의해 개최되었으며, 시위대 중 한사람
은 "체코가 난민들로 넘치는 날은 오지 않을 것"이라고 말하며 난민 수용에 반대하
는 사람들의 주장에 반박하는 모습을 보였다.

5차(10월 말~11월 말)

김소정

폴란드에서는 10월 25일 총선이 치러졌다. 선거 결과 법과정의당이 승리하였고, 1990년 민주화 이후 처음으로 단독으로 정부를 구성할 수 있게 되었다(조선일보 2015. 10. 27). 선거에서 승리한 법과정의당은 유럽연합(EU)이 자금의 흐름 등에 대해 덜 중앙집권화된 모습을 보일 것을 원한다는 입장을 밝혔다(Warsaw voice 2015. 11. 04). 한편 총선 결과 의회에 진출할 수 있는 정당 득표율 5%를 간신히 넘은 국민당의 대표는 지지기반을 넓히기 위해 정당의 전략을 완전히 바꿀 것이라고 밝혔다(Warsaw Voice 2015. 11. 18).

헝가리의 동향을 살펴보면 기독민주국민당이 좌파세력들에게 힘을 실어주는 것이라며, 청년민주동맹이 제안한 아이들의 기아 문제를 해결하자는 논의를 거부해 논란이 되고 있다(politics.hu 2015. 11. 04). 야당인 다함께 2014(Együtt 2014)는 빅토르 오르반 총리가 난민문제와 테러리즘을 연결 짓는 것은 수치스러운 일이라고 비난했다(politics.hu 2015. 11. 17). 한편 급진적 우파 정당인 요빅은 파리 테러 이후 테러에 대한 위협이 급격히 상승했다고 주장하면서 정부에 난민할당제에 대한 구속력 있는 국민투표를 실시해야 한다고 요구했다(hungarytoday.hu, 2015. 11. 19).

체코의 동향을 살펴보면 자이드 라아드 알 후세인(Zeid Ra'ad Al Hussein) 국제연합(UN) 인권최고대표는 체코가 난민들의 입국 및 체류를 저지하기 위해 조직적으로 난민을 학대한다고 지적했고, 이에 대해 체코 정부는 자국의 난민 억류정책은 합법적이며 난민센터의 환경을 개선하기 위해 노력하고 있다고 반박했다(연합뉴스 2015. 10. 23). 10월 28일에는 체코슬로바키아 독립기념일을 맞아 약 1500여 명의 시민들이 난민 문제에 찬성 혹은 반대하는 시위에 참여했다(CTK 2015. 10. 28). 한편 사회민주당(Česká Strana Sociálně Demokratická, ČSSD) 대표는 사회민주당, 긍정당, 녹색당(Strana Zelených, SZ), 기독민주연합(Křesťanská a Demokratická Unie- Československá Strana Lidová, KDU-CSL)으로 이루어진 정당들의 연대가 분열되었다고 밝혔다(CTK 2015. 11. 10).

10월 25일

• 폴란드 우파 8년 만에 정권교체…좌파 몰락   (조선일보 10. 27)

- 25일 열린 폴란드 총선 결과, 보수 법과정의당이 전체 460석 중 242석을 차지해 승리했고 여성 의원 베아타 슈드워가 신임 총리직에 오를 전망이다. 지난 8년간 집권해 온 중도보수 성향의 시민연단은 133석을 차지해 2위에 머물렀다. 한때 공산국가였던 폴란드에서 1990년 민주화 이후 처음으로 법과정의당이 단독으로 정부를 구성할 수 있게 되었다. 정권교체 못지않게 관심을 끄는 것은 좌파의 몰락이다. 폴란드의 총선 결과는 최근 동유럽 지역의 '좌파 몰락'을 상징적으로 보여준다. 흔히 동유럽으로 분류할 수 있는 러시아와 독일 사이 17개국 가운데 좌파 집권은 체코·슬로바키아 등 6개국에 불과하다. 서유럽에서 시작한 극우 돌풍도 동유럽 좌파에겐 악재다. 폴란드의 법과정의당은 이번 총선에서 반이민 정책으로 표심을 공략했다. 특히 동유럽은 가톨릭 중심의 단일민족 성향이 강해 이민자에 대한 반감이 크다.

11월 04일

• 선거에서 승리한 법과정의당, 유럽연합(EU)의 중앙집권화 원하지 않아

(Warsaw voice 11. 04)

- 전직 외무장관이자 법과정의당 의원인 비톨드 바슈트코브스키(Witold Waszc-zykowski)는 폴란드가 유럽연합(EU)에서 탈퇴하기를 원하지는 않지만 유럽연합(EU)의 변화를 원한다는 당의 입장을 밝혔다. 법과정의당은 유럽연합(EU)이 모든 사람이나 자금의 흐름 등에 대해 덜 중앙집권화된 모습을 보일 것을 원한다는 입장이다. 바슈트코브스키는 폴란드의 안보에 있어 유럽과 미국은 모두 중요하지만 동유럽 지역의 위협에 더 세심한 주의를 기울이는 한 곳에 집중할 예정이라고 밝혔다.

11월 14일

• 파리 테러 이후 법과정의당, 난민을 받아들이면 안 된다고 주장

(Warsaw voice 11. 16)

– 폴란드의 유럽 담당 장관은 129명 이상이 사망한 이슬람국가(Islamic State, IS)의 파리 테러 이후, 새로운 정부가 안보의 보장 없이는 유럽연합(EU)의 난민할당제를 받아들여서는 안 된다고 주장했다. 난민 문제는 폴란드 총선에서 핵심 이슈로 작용했는데 법과정의당은 이전 시민연단 정부의 유럽연합(EU) 난민할당제를 받아들여 7천여 명의 난민을 수용하는 중도 우파적인 정책을 비난한 바 있다. 법과정의당 대표인 야로슬라프 카친스키는 폴란드가 난민을 수용하는 것에 반대한다는 입장을 거듭 밝히고 있다. 지난달 카친스키는 난민들이 콜레라나 이질과 같은 질병을 퍼뜨려 폴란드 국민을 위협할 것이라는 발언을 해 논란을 빚었다.

11월 15일

• 폴란드 장관 "시리아인들 귀국해 고향 해방 힘써라"

(AFP 11. 15, 뉴시스 11. 16 재인용)

– 폴란드 신임 외무장관이 유럽행을 택하는 시리아 난민들이 고향으로 돌아가 고국 해방에 힘쓸 수 있다고 강조했다. 폴란드 외무장관은 15일 공영 TV방송에서 "시리아인 수만 명이 최근 유럽으로 유입됐다"고 말하며 "시리아의 젊은 난민들은 손에 아이패드를 들고 소형 보트에 올라 먹을 음식이나 마실 물을 달라고 요구하는 것이 아니라 핸드폰을 충전할 수 있는지를 묻는다"고 주장했다. 또한 "난민의 과거가 조금이라도 의심된다면 자동으로 난민 신청이 거부되게 할 것이다"라고 말하며 난민에 대한 적대감을 적나라하게 표현했다. 한편 프랑스 파리에서 일련의 테러로 최소 129명이 사망하자 콘라드 시만스키(Konrad Szymański) 유럽연합(EU) 관계부 장관은 14일 폴란드에 난민을 할당하려는 유럽연합(EU)의 계획에 대해 정치적으로 가능하다고 판단하지 않는다고 말했다.

11월 18일

• 국민당, 정당의 지지기반을 넓힐 수 있는 전략을 모색 중 (Warsaw voice 11. 18)

– 최근 총선에서 의회에 진출할 수 있는 정당 득표율 5%를 간신히 넘은 국민당의 대표가 지지기반을 넓히기 위해 정당의 전략을 완전히 바꿀 것이라고 밝혔다. 국민당의 새로운 전략은 그동안 소외되었던 당원들을 앞세워 당의 이미지를 젊게 만든

다는 것이다. 또한 국민당은 다른 당과 협력을 증진하는 전략을 세웠다고 밝혔다. 하지만 이번 총선 결과 국민당이 하원 부의장직과 의회위원회 의장직을 빼앗겨 정당의 위치를 재구축하는 것은 힘들 것으로 전망된다. 한편 집권 법과정의당의 의원 중 한 명은 국민당 세력을 주변화 하는 전략을 펼칠 예정이라고 밝혔다.

11월 04일

• 기독민주국민당, 아이들의 기아 문제를 해결하자는 제안 거부   (politics.hu 11. 04)
– 청년민주동맹의 주장으로 제안된 아이들의 기아를 해결하려는 계획이 좌절되었다. 기독민주국민당은 청년민주동맹과 3개의 정당 그리고 무소속 의원들에 의해 복지위원회에 제출된 이 제안을 좌파세력들에게 힘을 실어주는 것이라며 거부했다. 기독민주국민당 대표인 피테르 하라시(Péter Harrach)는 그동안 좌파 야당들이 아이들의 기아 문제를 독점해왔다고 주장하며 이를 끝낼 것이라고 밝혔다. 이에 대해 요빅은 아이들의 기아 문제 해결은 공동으로 해결해야할 국가적인 문제이기 때문에 정당 정치를 뛰어넘어 논의되어야 한다고 주장하며 하라시는 당 대표직에서 사임해야 한다고 비난했다. 야당 또한 제안을 거부한 기독민주국민당을 강하게 비난했다. 한편 요빅은 의회가 기독민주국민당의 거부와는 상관없이 기아 문제 해결을 위한 법안을 추진해야 한다고 주장했다.

11월 16일

• 선거위원회, 일요일 영업 금지법에 대한 국민투표안 승인   (politics.hu 11. 16)
– 헝가리 중앙선거관리위원회가 일요일 영업 금지법에 대한 국민투표안을 승인했다. 승인된 투표안은 지난 10월 20일 가브리엘라 시몬 게르치니(Gabriella Simon Gerc-sényi)라는 시민에 의해 제출되었다. 승인된 국민투표안의 질문은 "소매상점이 일요일에 영업하지 않아야 한다는 것에 동의하십니까?"이다. 사회당은 이 투표안에 앞서 영업금지를 폐지하기 위해 선거관리위원회에 여러 번 국민투표안을 제출해왔으나 모두 절차상의 문제로 인해 거부되었다. 가족들이 식료품 상점을 운영하고 있는

게르치니는 일요일 영업을 허가받기위해 투표안을 제출하고 선거관리위원회의 승인을 받아 사회당 의원들을 앞질렀다.

11월 17일

• 다함께 2014, 빅토르 오르반 총리의 난민문제와 테러리즘 연결은 수치스러운 것이라고 비난 (politics.hu 11. 17)

– 야당인 다함께 2014는 빅토르 오르반 총리가 어떤 방식으로든 파리 테러와 난민문제를 연결시키는 것은 수치스러운 것이며 받아들일 수 없다는 입장을 밝혔다. 당 대표인 빅토르 지게트바리(Viktor Szigetvári)는 유럽연합(EU)의 난민할당제 방안을 따르는 것을 통해 오르반 총리의 잘못된 반 난민 정책을 올바르게 고칠 수 있는 기회가 있다고 주장했다. 앞서 두 명의 의원들은 유럽연합(EU)의 난민할당제 반대안에 대해 반대하는 표를 던질 것이라고 밝힌 바 있다. 또한 다함께 2014는 난민할당제 방안 채택만이 좀 더 강한 유럽을 만들 수 있다고 주장했다. 그리고 당이 이슬람국가(IS)를 비롯한 테러집단에 맞서 싸울 것이지만, 정부의 난민 유입을 막기 위한 방벽설치는 잘못된 방법이라고 말했다.

11월 18일

• 사회당, 즉각적인 군(軍)개혁 요구해 (politics.hu 11. 18)

– 사회당이 정부에 즉각적인 국가의 군대에 대한 개혁을 시행할 것을 요구했다. 사회당 의원인 토마쉬 하랑고조(Tamás Harangozó)와 말터 데메테르(Márta Demeter)는 국방장관이 군 개혁을 미루고 있어 무장 세력의 개입 가능성이 높아지고 있다고 주장했다. 또한 정부의 지속적으로 군대와 장비들을 감축하고 있는 정책은 국가의 안보를 저해하는 것이라고 비난했다. 사회당의원들은 또한 수십억의 포린트가 전투기를 취임행사에 이용하는 등의 의전 행사 등에 쓰여서는 안 된다고 주장하며 정부에 새로운 헬리콥터를 사거나 구식의 군 장비들을 교체할 것을 요구했다.

11월 19일

• 요빅, 난민문제에 대한 구속력 있는 국민투표 요구해 (hungarytoday.hu 11. 19)

- 유럽연합(EU)의 난민 정책에 반대하는 시위에서 급진적 민족주의 정당인 요빅의 대표 가보르 보나는 헝가리가 난민할당제를 수용하는 것을 원하지 않는다는 입장을 확실히 해야 한다고 주장했다. 보나는 파리 테러 이후 테러에 대한 위협은 급격히 상승했다고 주장하며, 따라서 정부에 난민할당제에 대한 구속력 있는 국민투표를 실시해야 한다고 요구했다. 또한 독일의 앙겔라 메르켈(Angela Merkel) 총리와 유럽연합 집행위원장인 장 클로드 융커는 유럽시민들의 의견을 묻는 것을 두려워하고 있다며 국민투표의 결과는 유럽 전역으로 확대되어야 한다고 말했다. 그는 난민할당제 계획을 막기 위해 모든 정당들이 힘을 합해야 한다고 주장하며 요빅이 유럽의 가치를 중요하게 여기고 강한 유럽을 원하는 친 유럽적인 정당이지만, 유럽연합(EU)은 실수와 착취로 가득한 곳이라며 비난했다.

체코

10월 22일

• 국제연합(EU), 체코 조직적 난민 학대 비난…"알몸수색도"　　　　　(연합뉴스 10. 23)
- 지난 10월 22일 자이드 라아드 알 후세인 국제연합(UN) 인권최고대표는 성명을 내고 체코가 난민들의 입국 및 체류를 저지하기 위해 난민들을 난민센터로 보내 최대 90일간 억류하고 알몸수색까지 벌인다고 지적했다. 체코는 자국의 난민 억류정책은 합법적이고 난민센터의 환경을 개선하기 위해 계속 노력하고 있다고 반박했다. 난민 수용 문제로 유엔의 지탄을 받은 체코는 지난달 유럽연합(EU)이 추진했던 난민할당제에 대해 반대 목소리를 내는 등 난민 수용에 부정적 입장을 보여 왔다. 특히 밀로스 제만 대통령은 지난주 "이슬람 난민들은 체코에 들어와 체코법 대신 이슬람법을 따를 것"이라며 "체코에서 신앙이 없는 여성은 돌팔매질을 당하고 절도범은 손이 잘리게 될 것"이라며 이슬람에 대한 적개심을 드러냈다. 이러한 강경한 태도 때문에 체코에는 비교적 적은 수의 난민이 입국했으며 체코 경찰은 올해 들어 9개월간 난민 7천 201명의 입국을 차단했다고 밝혔다.

10월 28일

• 수백 명의 시민들, 난민 수용에 찬성 또는 반대하는 시위에 참여 　　(CTK 10. 28)

– 체코슬로바키아 건국일을 맞아 수백 명의 시민들이 난민 문제와 관련된 시위에 참여하였고 무장한 경찰들은 이를 저지하고자 했다. 약 1500여 명의 사람들이 난민 수용에 찬성 또는 반대하기 위해 시위에 참여한 것으로 추산된다. 양쪽 그룹 모두 경찰이 중재에 나설 때까지 서로를 향해 소리를 지르며 시위를 계속했다. 새벽당의 몇몇 의원들은 이 상황을 개선할 수 있는 보호시설법 개정을 주장하였고, 긍정당의 페트라 보크랄(Petra Vokral) 의원은 국경일에 이와 같은 시위를 여는 것은 받아들일 수 없는 일이라고 주장했지만 그렇다고 이를 금지할 수는 없다고 덧붙였다.

11월 10일

• 4개의 정당으로 이루어진 연대 결국 분열돼 　　(CTK 11. 10)

– 사회민주당 대표는 사회민주당, 긍정당, 녹색당, 기독민주연합으로 이루어진 정당들의 연대가 분열되었다고 밝혔다. 사회민주당의원들은 지난주 회의에서 치러진 투표로 인해 연대에 대한 신뢰를 잃었다고 주장했다. 사회민주당의원 중 한명은 "각 당이 약속한 것과는 다르게 투표했고 이는 분열을 의미하는 것"이라고 말했다. 정당 연대의 대표인 페트르 스테파닉(Petr Stepanek)은 연대의 해체를 승인했다. 연대의 해체 이후에는 각 당의 의석수에 따라 세력이 분열될 것으로 보인다.

11월 19일

• "체코가 지하디스트(성전주의자)의 프랑스로 넘어가는 관문"

　　　　　　　　　　　　　　　　　　　(AFP 11. 20, 헤럴드 경제 11. 20 재인용)

– 지난 11월 19일, 보후슬라프 소보트카 체코 총리는 지하디스트 테러범들이 체코를 거쳐 프랑스로 넘어가고 있다고 밝혔다. 소보트카 총리는 "우리 정보국으로부터 체코 프라하가 환승로로 쓰이고 있다는 정보를 받았다"고 밝혔다고 AFP통신이 보도했다. 그는 테러리스트들이 관심을 상대적으로 덜 받는 나라로 진입하고, 또한 이는 체코에만 국한돼 있지 않다고 국제사회에 이에 대해 경계할 것을 요구했다. 이와 관련 밀란 초바네크 내무장관은 "최근 몇 개월 새 안보 규정을 최고조로 높였고, 입

국하는 외국인들에 대한 관심을 극대화시켰다"고 말하며 총리 발언이 일으킬 파장을 축소했다.

11월 23일

• 체코, 이슬람국가(IS) 척결에 지상군 지원 제안 (YTN 11. 23)

– 체코가 이슬람 급진 무장세력 이슬람국가(IS) 척결을 위해 지상군 지원을 제안했다. 마르틴 스트로프니키(Martin Stropnicky) 체코 국방장관은 이슬람국가(IS) 척결을 위한 국제사회의 지상 작전에 병력 2백 명을 파견할 수 있다고 밝혔다. 스트로프니키 장관은 현지 TV 방송사와의 인터뷰에서 북대서양조약기구(North Atlantic Treaty Organization, NATO)가 지상 작전을 하면 체코가 참전할 것이라며 대부분은 생화학전 부대 병력이고 일부 군의관을 포함할 것이라고 설명했다. 도날드 투스크 유럽연합 정상회의(European Council) 상임의장은 극단주의에 대한 공동 대응은 정치적 의무라며 이 시대의 가장 큰 도전이라고 주장했다.

6차(11월 말~12월 말)

김소정

폴란드의 베아타 슈드워 총리가 유럽연합(EU)으로부터 폴란드가 독립적이길 원하며, 정부는 국민들의 이익을 최대한 보장하는 방향으로 나아갈 것이라는 입장을 밝혔다(Warsaw Voice 2015. 11. 26). 지지율 조사 결과 여당 법과정의당이 선두에 올랐으며 현대폴란드당(NowoczesnaPL)이 시민연단을 추월해 2위에 올랐다(Warsaw Voice 2015. 12. 01). 한편 법과정의당이 헌법재판소 판사를 새로 임명하는 과정에서 도입한 법률 가운데 일부에 대해 헌법재판소에서 폐기 결정을 내렸고 이에 대해 안드레이 두다 대통령이 반발하면서 논란이 되고 있다(AP 2015. 12. 10; 뉴시스 2015. 12. 10 재인용). 또한 수천 명의 시민이 법과정의당의 이러한 행동에 대해 민주주의 가치를 훼손하고 있다고 반발하며 대규모 집회에 참가했다(Warsaw Voice 2015. 12. 21).

헝가리의 동향을 살펴보면 사회당 대표인 요제프 토비야쉬가 지난 5년간 헝가리의 민주주의가 훼손되었다며 빅토르 오르반 정권을 교체하는 것이 사회당의 임무라고 주장했다(politics.hu 2015. 11. 25). 민주연합은 헝가리 국민들의 이주율을 낮추기 위해서는 최저임금을 인상해야 한다는 입장을 밝혔다(politics.hu 2015. 11. 27). 한편 유럽연합(EU)에서는 헝가리 정부가 새로 시행한 망명법이 난민의 망명 신청을 부당하게 제한하고 있다며 조사를 진행할 것이라고 밝혔다(KBS 2015. 12. 11). 사회당은 대부분의 시민들이 일요일에 대형마트에서 쇼핑하는 것을 법으로 제한하는 것에 반대한다며 이에 대한 국민투표를 진행할 것을 정부에 요구했다(politics.hu 2015. 12. 21).

체코에서는 전통책임번영당의 당 대표가 전 세대가 나치즘과 공산주의를 겪었던 것처럼 난민 위기가 현 세대의 가장 큰 문제라고 주장했다(CTK 2015. 11. 28). 한편 여론조사 결과에 따르면 이슬람국가(IS)가 체코에 위협이 된다고 응답한 비율이 77%에 이르렀으며 전 세계에 위협이 된다고 보는 비율이 88%에 육박했다(CTK 2015. 12. 01). 한편 밀로스 제만 대통령을 반역죄로 고소해야 한다는 시민들의 청원에 대해 상원에서는 제만 대통령의 행동이 체코의 민주주의 체제에 부정적인 영향을 미치지 않았다는 결정을 내렸다(CTK 2015. 12. 10).

11월 26일

• 폴란드 정부, 유럽연합(EU)에서의 헝가리의 독립성 강조　　(Warsaw voice 11. 26)
- 새로운 정권인 법과정의당 정부가 총리의 기자회견장에서 사용되던 유럽연합
(EU) 깃발을 없애 논란이 되고 있다. 이러한 변화에 대한 질문에 베아타 슈드워 총리
는 "폴란드는 여전의 유럽연합(EU)의 회원국이며 이에 감사하는 마음을 가지고 있지
만, 폴란드 국민들의 이익을 최대한 보장하는 방향으로 나아갈 것"이라는 입장을 밝
혔다. 이러한 상황에 대해 외신들은 유럽연합(EU)으로부터 보다 독립적이고 싶어 하
는 새로운 정부의 생각을 대변하는 상징적인 행동이라고 평가했다.

12월 01일

• 현대폴란드당의 지지율, 시민연단 따라잡아　　　　　　　(Warsaw voice 12. 01)
- 주간 뉴스에 따르면 폴란드의 여당인 법과정의당은 42%의 지지율을 획득해 오랜
기간 이어온 선두 자리를 유지한 반면, 거대 야당인 시민연단의 지지율은 16%에 그
쳐 선두자리를 빼앗겼다고 한다. 신생정당인 현대폴란드당은 17%의 지지율을 획득
해 시민연단을 추월했다. 앞선 정당들을 제외하면 파블 쿠키스가 만든 정당인 '쿠키
스 15'(Kukiz 15)가 유일하게 8%의 지지율을 획득해 의회에 진출할 수 있는 5%의 지
지율 기준을 넘은 정당인 것으로 나타났다. 한편 국민당은 4%를 얻는 것에 그쳤다.
현대폴란드당의 대표인 르샤르드 페트루(Ryszard Petru)는 여당인 법과정의당의 이념
이 중도우파가 아니라 극우라고 주장하며, 여당의 결정이 폴란드인의 삶에 큰 영향
을 미치지 못한다고 말했다. 한편 시민연단은 현대폴란드당과 협력하고 싶다는 의
도를 내비쳤고 시민연단과 현대폴란드당의 연대가 이루어지지 않을 경우 폴란드 내
에서의 자유의 목소리는 점점 약해질 것이라고 주장했다.

12월 09일

• 파블 쿠키스의 정당, 헌법 개정을 본격적으로 시작해　　　(Warsaw voice 12. 09)

- 일간지인 르제츠포폴리타는 파블 쿠키스가 창당한 야당이 헌법 개정을 위한 초안을 위원회에 제출할 예정이라고 보도했다. 보도 내용에 따르면 하원과 정당 간 이야기가 오고 갔으며, 파블 쿠키스는 헌법 개정이 성공적일 것이라고 전망한다고 한다. 집권 여당인 법과정의당의 간부와 하원 부의장인 르샤르드 테를레스키(Ryszard Terlecki)는 법과정의당이 헌법 개정 계획에 반대하지 않는다고 밝혔다. 하지만 앞을 내다보았을 때 헌법 개정에 필요한 의결정족수를 충족할 수 없을 것이라는 우려를 내비쳤다. 법과정의당과 파블 쿠키스의 당의 의석수를 합치면 275석으로, 헌법 개정에 필요한 307명을 밑도는 수준이다.

12월 09일

• 폴란드 헌재, 정부 입법 법안에 위헌 판결…정부–사법부 정면충돌 초유의 사법 드라마
　　　　　　　　　　　　　　　　　　　(AP 12. 10, 뉴시스 12. 10 재인용)

- 폴란드 헌법재판소가 지난 9일 정부의 보수적인 정책에 동조하는 인물들을 헌법재판소 판사로 임명하기 위해 폴란드 새 집권당인 법과정의당이 도입한 법률 가운데 일부가 헌법에 위배된다며 폐기 결정을 내렸다. 이 관결은 헌법재판소의 영향력에도 변화를 가져올 수 있어 중요하고, 폴란드에서 유례를 찾아볼 수 없는 최초의 사법 드라마라 할 수 있다. 두다 대통령은 이날 법과정의당의 주도로 지난달 의회에서 헌법재판소 판사로 새로 임명된 5명의 판사 모두에 대한 취임 선서를 받았다. 그러나 이러한 취임 선서 한 시간 만에 헌법재판소가 임명 자체를 무효화할 수 있는 판결을 내린 것이다. 많은 헌법 전문가들은 의회가 부적절한 절차를 거쳐 판사들을 임명했기 때문에 임명 자체가 유효하지 않다고 주장해 왔다. 법과정의당은 자신들의 정책에 동조하는 인물들로 교체하기 위해 이전 시민연단 정권이 임명한 5명의 판사 임명 전체를 무효화시켰다. 두다 대통령은 헌법재판소는 의회의 결의에 대해 판결할 자격이 없으며 의회의 결의는 여전히 구속력을 갖는다고 말했다.

12월 21일

• 수천 명의 폴란드 국민, 민주주의 수호 위한 대규모 집회 참가해

(Warsaw voice 12. 21)

– 수천 명의 시위대가 민주주의와 헌법을 수호하기 위해 거리로 나왔다. 이러한 대규모 시위는 이번 달에 들어 두 번째이다. 시위대는 보수 집권당인 법과정의당이 민주주의를 훼손하고 있고 헌법재판소를 비롯한 독립적인 기구들에 앞서려고 한다는 이유로 항의했다. 총선에서 승리한 법과정의당은 의회를 장악하고 있어 야당들의 비난에도 불구하고 5명의 헌법 재판관을 바꾸려고 하고 있다. 한편 시위대는 '민주주의를 수호하는 위원회'라는 시민운동단체를 만들었다. 단체의 설립자는 "우리는 자유를 가지고 있고 자유를 수호하기 위해 싸워야 한다"고 외쳤다. 수도인 바르샤바에서는 약 2만 명의 시민들이 의회 주변 광장에 모여 폴란드와 유럽연합(EU)의 깃발을 흔들며 "민주주의를 파괴하는 것을 멈춰야 한다"는 구호를 외쳤다. 오는 23일에는 독일, 벨기에, 영국, 일본 등 해외에서도 시위가 진행될 예정이다.

헝가리

11월 25일

• 사회당 대표, "빅토르 오르반 정부를 교체하는 것이 사회당의 임무"

(politics.hu 11. 25)

– 사회당의 대표인 요제프 토비야쉬는 유럽연합(EU)의 기관들이 정부의 잘못된 조치들에 제재를 가하기도 하지만, 오직 헝가리의 좌파만이 정권교체를 통해 민주주의를 복원할 수 있다고 주장했다. 그는 지난 5년간 헝가리의 민주주의가 훼손되었다고 말했다. 또한 이 기간 동안 사회당이 집권당인 청년민주동맹에 맞서 민주주의 손상을 최소화하는 데 일조했다고 주장했다. 토비야쉬는 헝가리가 1990년대 초의 헌법체제로 돌아가서는 안 되고 따라서 헝가리의 문제를 극복하기 위해 보다 급진적이지만 합법적인 방안을 찾아야 한다고 말했다. 또한 좌파세력들은 정치 활동이 활발한 세력들이 정당 등 정치체제에 대해 부정적인 것을 인정해야 하고 이 점을 개선해 사회 분위기를 전환해야 한다는 뜻을 밝혔다.

11월 27일

• 민주연합, 국민들의 이주를 줄이기 위한 최저임금 인상을 요구 (politics.hu 11. 27)

– 민주연합은 헝가리 국민들의 이주율을 낮추기 위해서는 지속적으로 최저임금 인상이 이루어져야 한다고 주장했다. 또한 최저임금이 생활임금 수준에 도달할 때까지 정당들이 매년 최저임금을 인상할 수 있는 안들을 준비해야 한다고 밝혔다. 민주연합 대변인 졸트 그레츠(Zsolt Gréczy)는 최저임금을 받는 노동자들에게 부담을 주는 사상최고 수준의 세금은 인하되어야 한다고 말했다. 한편 최근 해외에서 일을 하기 위해 이주하는 헝가리 사람들의 수가 증가하고 있다. 그레츠는 최저임금 인상은 시장에서의 높은 임금으로 이어져 모두에게 더 많은 돈이 돌아가게 될 것이라고 주장했다.

12월 01일

• 헝가리 정부, 12월 중순 난민할당제에 반대하는 진정서 제출 예정

(politics.hu 12. 01)

– 정부는 12월 중순 유럽사법재판소(European Court of Justice, ECJ)에 난민할당제에 반대하는 진정서를 제출할 예정이라고 밝혔다. 유럽사법재판소에서는 진정서가 제출되면 얼마 동안 심의해야 할지 기간을 정해 발표하고 빠르면 6개월 안에 판결을 내릴 것이라는 입장을 밝혔다. 청년민주동맹은 정부의 이러한 계획이 실현 불가능한 것으로 보이며, 진정서 제출은 유럽의 문화적 정체성을 위협하는 계기가 될 것이라고 주장했다. 한편 난민할당제에 대해 체코와 루마니아처럼 헝가리는 반대표를 던졌고 핀란드는 기권했다. 난민할당제에 대한 유럽 국가들의 찬반 논란이 지속되는 가운데, 최근 독일 총리는 유럽 국가들에게 난민할당제를 강제하는 방향으로 결정되지는 않을 것이라는 입장을 밝혔다.

12월 11일

• 유럽연합(EU), 헝가리 망명법 조사···난민 분산 수용 갈등 증폭 (KBS 12. 11)

– 유럽연합(EU)과 헝가리 간에 난민 분산 수용을 둘러싼 갈등이 증폭되고 있다. 유럽연합 집행위원회는 헝가리 정부가 새로 시행한 망명법이 난민의 망명 신청 권한

을 부당하게 제한하고 있다며 이 법이 유럽연합(EU) 규정을 위반했는지에 대한 공식 조사 절차를 시작했다고 밝히며, 유럽연합 집행위는 헝가리 망명법이 망명을 거부 당한 난민들의 재심 신청을 못하게 만들어 이들을 추방하는 구실로 이용되고 있다 고 지적했다. 이에 대해 헝가리 정부 측은 헝가리가 난민 분산 수용을 거부하고 있 는 데 대한 정치적 보복이라며 즉각 반발했다. 지난 9월 유럽연합(EU)에서 난민 16 만 명에 대한 분산 수용안이 통과됐지만 헝가리, 체코, 슬로바키아 등이 표결에서 반대했었다.

12월 21일

• 사회당 의원들, 정부에 일요일 쇼핑 금지법에 대한 국민투표 저지 행위 중지할 것을
요구해   (politics.hu 12. 21)

– 사회당은 일요일 대형마트 쇼핑을 제한하는 것에 대한 국민투표를 저지하려는 정 부의 행위를 비난하며 중지할 것을 요구했다. 사회당 부대표인 롤란드 마르톤(Ro-land Márton)은 이번 달 내에 일요일 쇼핑 금지에 반대하는 시위에 수만 명의 시민들 이 참여할 것이라고 주장했다. 이러한 주장은 한 여론조사 결과를 통해 뒷받침되는 데 73%의 시민들이 일요일에도 대형마트에서 쇼핑하길 원한다고 한다. 또한 그는 헝가리의 가장 큰 문제점은 비참할 정도로 낮은 수준의 임금이라고 주장하며 노동 자들이 추가 근무를 하기 때문에 여가시간이 부족하고, 따라서 가족들이 모두 함께 할 수 있는 유일한 활동은 일요일에 쇼핑을 하는 것이라고 말했다.

체코

11월 28일

• 전통책임번영당 전 대표, "난민 위기는 현세대에게 큰 문제"   (CTK 11. 28)

– 전통책임번영당의 전 대표인 카를 슈바르츤베르(Karel Schwarzenberg)는 체코를 비 롯한 유럽이 난민 위기로 인해 이전 세대가 나치즘과 공산주의를 경험해야 했던 것 처럼, 현 세대가 가장 큰 문제에 직면했다고 주장했다. 그는 "1990년 이후로 25년간 유럽은 황금기를 겪었으나 이제 그 시기는 끝났다. 유럽에는 이제 힘든 시기가 찾아

왔다"고 말했고, 사람들은 그들도 언젠가는 난민이 될 수 있기 때문에 난민들에 우호적인 태도를 보여야 한다고 덧붙였다. 또한 현 시기는 전통책임번영당에 우호적인 상황이 아니라고 말했다. 전통책임번영당은 2년 전 치러진 총선에서 12%의 지지율을 획득해 의회에 진출했다.

12월 01일

• 테러에 대한 체코 국민의 관심 상승해 (CTK 12. 01)

– 여론조사기관인 CVVM의 조사 결과에 따르면 최근 몇 개월간 이슬람국가(IS)에 대한 두려움과 테러에 대한 체코 국민들의 관심이 증가했다고 한다. 체코 국민의 3분의 2가 이슬람국가(IS)에 관심이 많다고 응답해 지난 6월보다 8%포인트 상승한 응답률을 보였다. 하지만 이 조사는 파리 테러 이전에 실시되어 그 이후에 실시되었다면 관심이 많다고 응답한 비율이 더 높았을 것이라고 예측할 수 있다. 한편 파리 테러 사건을 제외하고도, 이슬람국가(IS)가 체코에 위협이 된다고 보는 비율이 77%에 이르렀으며 전 세계에 위협이 된다고 응답한 비율은 88%에 육박했다.

12월 06일

• 밀로스 제만 대통령, 내각 해산하지 못한 것을 후회한다고 밝혀 (CTK 12. 06)

– 생방송으로 진행된 라디오 인터뷰에서 밀로스 제만 대통령은 보후슬라프 소보트카 내각 해산을 요청하는 청원서를 많이 받았다고 밝히며, 그럴만한 힘이 없어 해산하지 못한 것을 후회한다고 말했다. 제만 대통령과 소보트카 총리는 과거에 몇 차례 논쟁을 벌인 적이 있다. 이번 인터뷰에서 제만 대통령은 난민 문제에 대한 소보트카 총리의 대응이 체코의 안보를 위협하고 있다고 또 한 차례 비난했다. 청취자 중 한 명이 제만 대통령에게 소보트카 총리 해임을 요구하자 제만 대통령은 "헌법을 보면 바로 알 수 있지만 불행하게도 대통령은 그만한 권력을 가지고 있지 않다"며 아쉬움을 전했다. 체코에서 대통령은 의회에서 불신임 투표가 이루어졌을 때만 총리를 해임시킬 수 있다.

12월 10일

• **상원, 제만 대통령을 반역죄로 고소할 이유가 없다고 결정 내려**   (CTK 12. 10)

– 상원은 밀로스 제만 대통령이 유럽연합(EU)의 러시아 제재안에 도전한 것이 체코 헌법에 위배되지 않는다는 결정을 내렸다. 이는 제만 대통령을 반역죄로 고소해야 한다는 청원에 대한 결정이다. 상원의 헌법위원회는 "제만 대통령의 행동이 체코의 주권과 통합, 민주주의 체제에 부정적인 영향을 미친 것을 입증할 수 없기 때문에 헌법에 위배된다고 볼 수 없다"고 밝혔다. 만여 명의 시민들이 청원서에 서명했기 때문에 상원은 이 문제를 다뤄야만 했다. 청원은 러시아의 크림반도 병합에 대한 유럽연합(EU)의 제재안을 묵살하려고 한 제만 대통령에 항의하기 위해 제출되었다. 청원을 주도한 사람들은 제만 대통령이 체코와 동맹국들의 이익보다 블라디미르 푸틴(Vladimir Putin) 러시아 대통령의 이익을 위해 행동한다는 의혹을 제기하기도 했다.

12월 17일

• **유럽연합(EU)의 해체에 대해 체코 국민의 20% 미만이 유감 표명**   (CTK 12. 17)

– 사회학 연구기관에서 수행한 여론조사에 따르면 유럽연합(EU)의 해체에 대해 체코 국민의 20% 미만이 유감스러워할 것이고 절반은 이에 대해 중립적이며 22%의 국민은 안도감을 느낄 것이고, 6%의 국민은 적극적으로 환호할 것으로 조사됐다. 유럽연합(EU)의 해체에 대해 젊은 층과 도시에 거주하는 대학 졸업생, 인터넷으로 정보를 접하는 사람들, 정치에 관심이 많은 사람들이 가장 회의적인 것으로 나타났다. 체코 국민의 25%는 유럽연합(EU) 해체가 유럽연합(EU)의 국가들에게 이로울 것이라고 믿고 있으며 반대로 25%는 이에 부정적이며, 절반의 국민들은 명백한 의견을 제시하지 않은 것으로 나타났다.

7차(12월 말~2016년 1월 말)

폴란드 전 대통령인 레흐 바웬사는 헌법재판소의 권한을 제한하는 등 정부의 정책들이 민주주의의 역행을 야기한다고 비난하며, 조기 총선을 실시해 통과된 법안들을 무효화해야 한다고 주장했다(경향신문 2015. 12. 24). 폴란드 정부는 헌재를 무력화한 것에 이어 공영방송 장악에 나서 야권을 비롯한 국민들의 비난을 받고 있다(연합뉴스 2015. 12. 31). 한편 2천여 명의 시민들이 정부의 정책에 반대하고 폴란드의 민주주의와 자유를 수호하기 위한 반정부 시위에 참여했다(Warsaw Voice 2016. 01. 04). 여당 법과정의당은 지난 12월 조사 결과에 비해 5%포인트 하락한 27.3%의 지지율 획득에 그쳐 현대폴란드당에게 선두를 빼앗겼다(Warsaw Voice 2016. 01. 11).

헝가리의 동향을 살펴보면 대화당이 남성과 여성의 동등한 임금을 보장하는 헌법 수정안을 제출했다고 밝혔다(politics.hu 2015. 12. 28). 녹색당은 젊은이들과 고급인력들의 국외 이주가 올해 헝가리의 가장 큰 문제가 될 것이라고 주장하며 이주를 고려하는 국민들에 대한 정부의 지원이 시급한 상황이라고 주장했다(politics.hu 2016. 01. 05). 다함께 2014는 정부의 반 난민 정책들이 헝가리 시민들이 모든 난민들을 헝가리의 전통과 문화를 위협하는 존재로 생각하게 한다고 말하며 이에 대해 정부를 형사고소 했다(politics.hu 2016. 01. 11). 한편 민주연합은 빅토르 오르반 총리가 테러에 대한 위협을 정부의 권력 확대 목적으로 이용하고 있다고 비난했다(politics.hu 2016. 01. 13).

체코에서는 밀로스 제만 대통령이 난민유입은 자연스러운 것이 아닌 조직적 침략이며 난민들은 돌아가 이슬람국가(IS)와 싸워야 하고, 고국을 등지는 것은 수니파 무장세력 이슬람국가(IS)의 세력을 강화해줄 뿐이라는 발언을 해 논란이 되고 있다(AFP통신 2015. 12. 26; 연합뉴스 2015. 12. 27 재인용). 제만 대통령은 또한 무슬림이 유럽 문화에 통합되는 것은 불가능하다는 의견을 발표하는 등 지속적인 극우 성향을 드러내 야당의 강도 높은 비난을 받고 있는 상황이다(아시아경제 2016. 01. 18). 한편 내무부 장관인 밀란 코바네츠(Milan Chovanec)는 토론과 논의를

거쳐 온라인의 특성인 익명성을 제재하기 위한 인터넷 규제를 실시할 것이라는
계획을 발표했다(CTK 2016. 01. 08).

12월 23일

• 우경화 폴란드, 헌재 권한 제한 바웬사 "민주주의 훼손" 비판 　　(경향신문 12. 24)

－ 레흐 바웬사 전 폴란드 대통령이 폴란드의 민주주의가 침해되고 있다고 강력 비
판했다. 바웬사는 23일 라디오 인터뷰에서 "현 정부는 자유와 민주주의에 역행하는
짓을 하고 있다. 세계의 웃음거리가 되고 있다"고 말했다. 그는 특히 폴란드 하원이
지난 12월 22일 헌법재판소의 권한을 제한하는 법안을 통과시킨 것에 대해 목소리
를 높였다. 개정안은 헌재가 헌법 합치 여부를 결정할 때 재판관 3분의 2 이상의 동
의를 받도록 했다. 재판관 과반의 동의만으로 위헌 결정이 가능했던 종전에 비해 법
원의 정부 견제 기능을 약화시킨 것이다. 법과정의당은 또한 이전 집권당인 중도 성
향의 시민연단 정부에서 추천된 재판관의 임명 승인을 거부하고 있다. 야당 측도 이
번 조치로 상·하원을 모두 장악한 여당에 제동을 걸기가 어렵고 민주주의의 근간이
흔들릴 수도 있다며 우려하고 있다. 바웬사는 이에 대해 조기총선을 통해 현 정부를
재신임하는 국민투표를 실시함으로써 법안을 무력화해야 한다고 주장했다.

12월 30일

• 헌재 무력화한 폴란드 정부 이젠 공영방송 장악 나서 　　(연합뉴스 12. 31)

－ 폴란드 정부는 헌법재판소를 무력화시킨 데 이어 공영방송 장악에 나섰다. 지난
28일 제출돼 의회 토론이나 사회적 논의도 없이 처리된 이 법안은 집권 법과정의당
이 다수를 차지한 상원에서도 곧 통과되고 대통령 서명을 거쳐 발효될 것으로 보인
다. 법안은 공영라디오와 TV를 '국가적 문화 기구들로 재편하는 개혁'을 위한 것이
며, 새 체제가 마련되기 전까지 공영방송을 '재무부 장관의 통제하에 둔다'고 되어
있다. 또 기존 중립적 기구인 방송위원회가 아닌 재무부장관이 공영방송사들의 이
사진을 임명하고 해임할 수 있도록 했다. 집권당은 "다수가 지지하지 않는 이념적

정치적 지향을 여론으로 잘못 전달해온 공영 미디어를 국민에게 돌려주려 법안을 만들었다"고 밝혔다. 이에 국경 없는 기자회(Reporters Sans Fronti res, RSF), 유럽방송 연맹(European Broadcasting Union, EBU) 등의 단체는 공동성명을 내어 "폴란드 다수당이 벼락치기로 처리한 이 법안에 분노한다"고 성토했다. 이들 단체는 이 법안이 "공영 미디어 지배구조의 독립성과 다원주의를 보장하는 기존 안전장치들을 폐기하는 것"이라고 지적했다.

01월 04일

• 법과정의당 정부에 경고하는 시위 개최　　　　　(Warsaw voice 01. 04)

－ 2천여 명의 시민들이 "법과정의당에게 레드카드를 주자"라는 구호를 외치며 폴란드의 민주주의와 자유를 수호하기 위한 시위에 참여했다. 이번 시위는 정부가 민주주의 원칙을 약화시키고 있다고 주장하는 진보 야당인 현대폴란드당에 의해 조직되었다. 최근 법과정의당 정부의 헌법재판소 권한을 제한하는 등의 행보에 반발하는 시위인 것이다. 논란이 되고 있는 법안들은 헌법재판소의 권한 축소뿐만 아니라 미디어법을 수정하는 내용을 담고 있어, 많은 정치 비평가들은 이 법안들이 결과적으로 효과적인 정부 견제 활동을 약화시킬 것이라고 주장하고 있다.

01월 11일

• 야당인 현대폴란드당, 지지율 조사에서 선두 차지　　　(Warsaw voice 01. 11)

－ 여론조사기관인 이바에르이에스의 조사 결과에 따르면 여당 법과정의당은 지난달 조사 결과에 비해 5%포인트 하락한 27.3%의 지지율 획득에 그쳐 현대폴란드당에게 선두를 빼앗겼다. 현대폴란드당은 29.6%의 지지율을 보여 여당보다 높은 지지를 받는 것으로 드러났다. 이는 최근 법과정의당 정부가 통과한 법안들에 대해 많은 유권자들이 반발하고 있는 것을 단적으로 보여준다. 한편 지난 정권에서 집권당이었던 시민연단은 16.2%로 3위에 그쳤다. 대선 후보였던 파블 쿠키스가 만든 '쿠키스15'는 7%의 지지율을 획득했으며 여러 좌파정당들이 속해있는 좌파연합은 5.4%를 획득했다.

01월 18일

• 시민연단과 현대폴란드당, 진보적 유권자를 동원하기 위해 노력

(Warsaw voice 01. 18)

– 일간지인 제츠포스폴리타(Rzeczpospolita)는 진보 야당인 현대폴란드당이 중도 성향의 시민연단과 진보적 유권자들을 동원하기 위한 경쟁을 벌이고 있다고 보도했다. 현대폴란드당은 시민연단이 제출했지만 부결된 법안을 통과시켜 진보적인 정당의 이미지를 굳히길 원한다는 입장을 밝혔다. 이 법안은 정당에 지원하는 예산 축소, 노동조합장의 특권 축소 등의 내용을 담고 있다. 이에 대한 대응으로 시민연단은 다수의 법안을 제안했고 법안들의 통과를 원한다고 밝혔다. 현대폴란드당과 시민연단 모두 상대적으로 높은 지지율을 보이고 있어 진보적 유권자들을 동원하는 이들 간의 경쟁은 치열할 것으로 예측된다.

헝가리

12월 28일

• 대화당, 임금의 평등을 헌법으로 보호해야 한다고 주장   (politics.hu 12. 28)

– 대화당 대변인은 대화당이 남성과 여성의 동등한 임금을 보장하는 헌법 수정안을 제출했다고 밝혔다. 가보르 에르시(Gábor Erőss) 의원은 제헌 헌법에서 "동일 노동에 대한 차별 없는 동일 임금은 누구나 가져야 할 권리"라고 규정하고 있지만, 2012년 개정된 헝가리의 헌법은 임금의 평등을 제대로 보장하지 못하고 있다고 주장했다. 또한 그는 정부가 여성에 대한 차별 철폐를 진정으로 원한다면 대화당이 제출한 법안을 지지해야 한다고 이야기했다. 덧붙여 앞으로 대화당은 국제연합(UN) 본부에서 진행하는 양성평등을 위한 캠페인 '히포쉬'(HeForShe)에 헝가리도 참여해야 한다는 제안을 하는 등 여성 인권에 대한 활동을 지속할 것이라고 밝혔다.

01월 05일

• 녹색당, 젊은이들의 이주가 2016년에 가장 큰 문제가 될 것   (politics.hu 01. 05)

– 녹색당은 헝가리 젊은이들의 국외 이주가 지속적으로 증가하고 있어 2016년에 가

장 큰 문제가 될 것이라고 주장했다. 녹색당 대변인은 올해 안에 15만~20만 명의 청년들이 해외 피난처를 찾아 헝가리를 떠날 것이라고 예측하며 위험성에 대해 경고했다. 또한 문제는 젊은이들에만 국한되는 것이 아니라 고급 인력을 갖춘 노동자들과 의료진, 버스 기사, 호텔직종 종사자들의 이주도 해당된다고 밝혔다. 하지만 정부는 이에 대한 근본적인 해결책을 내놓지 못하고 미봉책을 쓰는 것에 그치고 있다고 비난하며, 정부가 이주를 최후의 선택으로 여기는 국민들을 지원해야 한다고 주장했다. 또한 근본적인 해결책으로 즉각적인 임금 인상과 소득세 인하, 고등교육 비용을 폐기 등을 주장했다.

01월 11일

• '다함께 2014', 반 난민 캠페인을 벌이고 있는 정부를 형사고소   (politics.hu 01. 11)
– '다함께 2014'의 당 대표 빅토르 지게트바리는 정부의 난민 정책에 반대하며 정부를 형사고소했다. 그는 난민할당제에 반대하는 것을 비롯한 정부의 반 난민 캠페인은 범죄에 가깝다고 비난했다. 또한 그는 청년민주동맹 정부가 헝가리에 온 모든 난민들을 헝가리의 전통과 생활방식, 문화를 위협하는 사람들로 취급한다고 비난했다. 정부의 이러한 관점은 일반화의 오류를 발생시켜 난민들을 헝가리 법을 존중하지 않고 국가의 가치를 무시하는 사람들로 보게 하며, 국민들의 난민에 대한 반감을 증폭시킬 수 있다고 주장했다.

01월 13일

• 민주연합, "빅토르 오르반 총리, 테러에 대한 위협을 자신의 권력 상승에 이용"

(politics.hu 01. 13)

– 민주연합은 빅토르 오르반 총리가 자신의 권력 상승을 위해 테러에 대한 불안감을 이용하고 있다고 주장했다. 정부는 위급한 상황일시에 군대를 통해 테러 위협을 억제하는 등 정부의 역할을 강화하는 내용을 담은 헌법 수정안을 제출했다. 민주연합 대변인 졸트 그레츠는 헌법 수정 계획은 언론의 정부 비판 역할을 막을 수 있으며 인권단체에 대한 단속을 실시할 수 있기 때문에 적절하지 못하다고 말했다. 그레츠는 정부의 헌법 수정안은 테러에 대비하기 위한 것이 아닌 권력 확대를 위한 수단이

라고 주장했다. 덧붙여 정부의 수정안을 승인하는 것은 민주주의의 마지막 기둥을 파괴하는 것이라고 말하며 사회당이 이를 지지하지 않는 이상 수정안이 통과될 확률은 적을 것이라고 예측했다.

01월 19일

• 헝가리 총리 "난민 위기로 유럽 안보 붕괴돼" (AP통신 01. 19, 뉴시스 01. 20 재인용)
 - 지난 1월 19일, 빅토르 오르반 헝가리 총리는 난민 위기 속에서 유럽의 안보가 무너졌다고 말했다. 오르반 총리는 "문제는 유럽 국가들이 2차 대전 당시 그랬던 것처럼 서로에게 등을 돌리느냐는 것이 아니라 유럽 자체가 존재할 것이냐 존재한다면 미래 세대들에게 어떤 모습의 유럽을 물려줄 것이냐는 점"이라고 말했다. 그는 "우리는 지금 유럽의 안보가 어떻게 해체되고 있으며 기독교의 가치에 입각한 삶의 방식이 어떻게 위협받고 있는지 두 눈으로 똑똑히 보고 있다"고 말했다. 무슬림 이주자들의 유럽 내 정착에 강력한 반대 입장을 고수하고 있는 오르반 총리는 또 유럽 외부의 사람들이 자신들의 고향에 머물 수 있도록 충분히 강력해질 수 있길 바란다는 입장을 전했다.

체코

12월 26일

• 체코 대통령 "난민유입은 조직적 침략, 돌아가 이슬람국가(IS)와 싸워라"

(AFP통신 12. 26, 연합뉴스 12. 27 재인용)
 - 밀로스 제만 체코 대통령이 중동의 난민 가운데 젊은이들은 고국으로 되돌아가 무기를 들고 싸우라는 내용의 발언을 해 논란이 일고 있다. 제만 대통령은 유럽으로의 난민 유입이 "조직된 침략이라고 확신한다"며 이같이 말했다. 이어 "늙고 병 들거나 어린 난민에 대해 박애 정신을 발휘할 필요가 있다"면서도 건강한 젊은이들은 "고국으로 되돌아가 이슬람 성전주의자(지하디스트)와 맞서 싸워야 한다"고 주장했다. 제만 대통령은 고국을 등지는 것이 수니파 무장세력 이슬람국가(IS)의 세력을 강화해줄 뿐이라고 말했다. 한편 제만 대통령은 지난달 극우 정치인들이 조직한 반 이슬

람 집회에 참석하는 등 반 난민 성향을 여러 차례 내보인 바 있다. 초대 민선 대통령인 제만 대통령은 2013년 취임한 이래 거침없는 발언을 일삼았다. 체코 국민 70% 가까이가 난민 수용에 반대하는 가운데 체코와 슬로바키아 등은 유럽연합(EU)이 추진하는 난민할당제를 거부하고 있으며, 유럽에 도착한 100만 명이 넘는 난민들도 체코에 정착하는 것을 꺼리고 있는 상황이다.

01월 08일

• 체코 내무부 장관, 인터넷 규제 원해 (CTK 01. 08)

– 내무부 장관인 밀란 코바네츠는 토론을 통해 온라인의 특성인 익명성을 제재하기 위한 인터넷 규제를 실시할 것이라는 계획을 발표했다. 코바네츠 장관은 "모든 인터넷 사용자의 신원이 확인되어야 할 필요가 있다고 말하면 나는 모두에게 공격당할 것이다. 하지만 익명성을 줄일 수 있는 방향으로 나아가야 할 때가 온 것 같다"며 이에 대한 논의를 시작해야 한다고 주장했다. 그는 또한 온라인에서의 자유를 원하는 사람들일지라도 사이버 공간이 범죄의 온상이 되는 것을 원치는 않을 것이라고 덧붙였다. 이러한 주장의 배경에는 2주 전 보후슬라프 소보트카 총리의 트위터 계정과 이메일이 해킹당한 사건이 있다. 코바네츠 장관은 "의원들과 정부 기관이 해킹의 대상이 된다는 사실을 받아들일 수 없다"며 온라인상의 자유를 원하는 사람들과 적절한 합의점을 찾을 수 있을 것이라고 말했다.

01월 17일

• '체코의 트럼프' 제만 대통령 "무슬림, 유럽 통합 불가" (아시아경제 01. 18)

– 최근 잇단 극우 발언으로 구설수에 올랐던 밀로스 제만 대통령이 이번에는 "무슬림이 유럽 문화에 통합되는 것은 불가능하다"고 말해 논란이 일고 있다. 제만 대통령은 17일 현지 TV와의 인터뷰에서 "서유럽에 있는 무슬림들은 자신들만의 커뮤니티를 만들어 생활하고 있는데 이는 무슬림들이 현실적으로 유럽에 동화되지 못하고 있는 상황을 반영한다"면서 이같이 주장했다. 그는 "무슬림들은 자신들의 나라에서 살아야 하며 이(문화)를 유럽으로 가지고 들어오지 말아야 한다"면서 "그렇지 않을 경우 쾰른과 같은 상황이 또 발생할 것"이라고 말했다. 무슬림을 적극적으로 받아들

일 경우 독일 쾰른에서 지난달 31일 발생한 집단 성폭행과 같은 사건들이 지속적으로 일어날 수 있음을 시사한 것이다. 제만 대통령은 자국에서 우크라이나인들과 베트남인들이 성공적으로 정착한 사례를 들면서 문화가 비슷할 경우에는 통합이 이뤄질 수 있지만 무슬림의 경우 그렇지 않다고 강조했다. 난민 수용을 거부하던 체코는 유럽연합(EU)의 난민할당제도에 따라 유럽으로 들어오는 난민들 일부를 받아들이기로 했지만 정치권을 중심으로 이에 대한 불만이 큰 상황이다.

01월 18일

• 체코, '범유럽 국경경비대 창설' 등 유럽연합(EU) 국경통제안 지지

(AP통신 01. 19, 뉴시스 01. 19 재인용)

- 체코 총리 보후슬라프 소보트카는 18일 내각 회의를 마친 후 유럽연합 집행위원회의 국경통제안을 지지한다고 밝혔다. 유럽연합 집행위는 지난해 12월 난민 위기를 대처하고 유럽연합(EU) 국경 외곽 경비를 강화하기 위해 '국경 패키지'(border package)를 내놓았다. 범유럽 국경·해안 경비대 창설은 그 중 하나다. 이에 따르면 유럽연합(EU)은 셴겐조약 외부 국경인 이탈리아와 그리스 등에 필요시 병력을 즉각 투입할 수 있다. 소보트카 총리는 "난민 위기가 발생한 초기부터 체코는 셴겐조약 국경 외곽에서 강화된 경비가 필요함을 지적해왔다"며 "유럽은 자국 국경을 지킬 수 없는 국가를 지원할 수단이 필요하다"고 말했다. 회원국 스스로 법 집행이 어려운 경우, 유럽연합(EU) 차원에서 이를 지원하는 방안이 있어야 한다는 것이다. 국경통제안은 유럽 주변 보안을 강화하면서도, 여권 확인 없이 국경 간 자유로운 이동을 보장한 셴겐조약을 살릴 목적으로 추진되었다.

8차(1월 말~2월 말)

폴란드에서는 여당 법과정의당이 지방 정부에서 시민연단과 국민당 등 야당의 세력을 억제하기 위해 행정 개혁을 실시하려는 움직임을 보이고 있다(Warsaw Voice 2016. 01. 22). 한편 폴란드 국민들은 정부의 감시법(surveillance law) 수정에 반대하는 시위를 개최했는데 수정이 이루어지면 디지털 데이터에 대한 정부의 접근이 확대되며 경찰에 의한 감시가 가능해지기 때문이다(Warsaw Voice 2016. 01. 25). 미국 상원의원들은 폴란드 정부의 언론 장악 조치 등 비민주주의적인 정책들과 관련해 베아타 슈드워 총리에 민주주의 후퇴를 우려하는 서한을 보내 논란이 되고 있다(워싱턴포스트 2016. 02. 14; 연합뉴스 2016. 02. 15 재인용).

헝가리의 동향을 살펴보면 녹색당이 권력을 획득하면 교육과 의료 관련 분야에 대한 지출을 확대할 것이라는 입장을 밝혔다(politics.hu 2016. 01. 20). 또한 정부의 행정부 구조 조정안에 대해 녹색당과 민주연합은 행정부의 내핍현상을 야기할 것이라고 비난했다(politics.hu 2016. 01. 26). 또한 녹색당의 공동대표인 언드레 쉬페르는 정부의 테러 위협에 대한 헌법 개정안(테러의 위협이 높다고 여겨지면 "테러 위협 사태" 선포 가능, 정부는 TV, 신문, 인터넷 서비스를 정지하거나 폐쇄할 수 있음)에는 명확한 이유가 필요하다고 주장했다(politics.hu 2016. 01. 27). 한편 헝가리의 교사, 학생, 학부모들이 여러 도시에서 중앙집권적인 정부의 교육제도에 반대하는 시위를 벌였다(AP통신 2016. 02. 03; 뉴시스 2016. 02. 04 재인용).

체코에서는 여론조사 결과 체코 국민의 60%가 난민들을 받아들여서는 안 된다고 응답했고, 난민들이 고국으로 돌아가기 전까지 그들을 수용해야 한다는 의견은 약 30% 정도에 그쳤다(CTK 2016. 01. 22). 한편 공산당의 선전요인에 대해 정치 평론가들이 내린 분석을 살펴보면 공산당은 다른 야당들처럼 의정활동에서 여당을 무작정 방해하지 않으며 스캔들에 휘말리지 않아 유권자들의 신뢰를 얻는 것으로 나타났다(CTK 2016. 01. 30). 또한 프라하에서는 난민 수용에 찬성하는 집단과 반대하는 집단의 집회가 동시에 진행되었다(CTK 2016. 02. 06).

01월 22일

• 여당인 법과정의당, 지방 정부를 통제하려고 해 　　　　　(Warsaw voice 01. 22)

– 법과정의당이 지방 정부에서의 시민연단과 국민당의 세력을 억제하기 위해 행정 개혁을 실시하려는 움직임을 보이고 있다. 행정 개혁만이 2014년 지방선거 이후 유지되고 있는 지방 정부의 임기를 종결시킬 수 있는 유일한 방안이라고 언론들은 평가내리고 있다. 16개의 지역 중 15개의 지역을 차지하고 있는 시민연단과 국민당은 행정 개혁은 유럽연합(EU)의 자금동결을 수반할 것이라고 주장하며 여당의 개혁안을 비난하고 있다. 하지만 법과정의당 소속 의원들은 행정 개혁을 단행할 것이라는 입장을 밝혀 이에 대한 논란이 지속될 것으로 보인다.

01월 23일

• 폴란드 국민들, 정부의 감시법 수정에 반대하는 시위 개최 　　(Warsaw voice 01. 25)

– 36개의 도시에서 만여 명의 시민들이 보수 여당인 법과정의당의 감시법 수정안이 사생활과 자유를 침해한다며 이에 항의하며 시위에 참여했다. 감시법에 대한 수정이 이루어지면 디지털 데이터에 대한 정부의 접근이 확대되며 경찰에 의한 보다 큰 감시가 가능해진다. 시위를 주도한 민주주의 보호 위원회(Committee for the Defense of Democracy)의 마테우쉬 키요프스키(Mateusz Kijowski)는 "우리의 사생활이 위협받고 있다. 이를 방관하면 우리가 집에 있을 때조차도 감시받게 될 것이다"라고 시위에 참가한 시민들에게 외쳤다. 헝가리의 운동가인 발라츠 구야쉬(Balazs Gulyas) 또한 시위에 참여해 "헝가리와 비슷하게 폴란드 또한 이번 정권에 들어 경제상황이 악화되고 있으며 정치적으로는 독재 국가로 흐르고 있다"며 폴란드 정부를 비난했다. 시위에 참여한 시민들은 정부가 주장하고 있는 수정안은 헌법재판소를 무력화하고 미디어를 장악하는 등 정부의 통제 강화 흐름의 일부라고 외치며 정부를 강력 비판했다. 한편 유럽연합(EU)은 폴란드 정부의 민주주의 원칙 훼손에 대한 조사에 착수했다.

02월 14일

• 미국 상원의원들 "폴란드 민주주의 후퇴 우려"

(워싱턴포스트 02. 14, 연합뉴스 02. 15 재인용)

– 폴란드 정부의 언론 장악 등의 조치를 두고 논란이 계속되는 가운데 미국 상원의원들이 민주주의 후퇴를 우려하는 서한을 폴란드 정부에 보냈다. 14일 미국 상원 외교위원회 민주당 간사인 벤 카딘(Ben' Cardin) 의원과 존 매케인(John McCain), 리처드 더빈(Richard Durbin) 등 의원 3명은 베아타 슈드워 폴란드 총리에 보낸 서한에서 "최고 헌법기관 및 관영 언론의 독립권을 침해하고 폴란드 민주주의를 저해하는 상황에 대해 우려를 표명한다"고 밝혔다. 의원들의 서한은 폴란드 하원이 작년 말 헌법재판소 권한을 제한하는 법안과 공영방송을 사실상 정부의 선전도구로 만드는 미디어 법안을 통과시킨 것과 관련된 것이다. 의원들은 "폴란드의 민주주의가 부식되면 유럽 지역에 절실했던 평화와 번영, 안정을 뿌리내리게 한 자유 제도들이 훼손될 수 있다"고 지적했다. 미국 의원들의 서한에 대해 슈드워 총리는 미디어 관련 법안은 유럽의 기준을 위반한 것은 아니며 내정에 간섭할 수 없다고 반발했다고 현지 언론들이 전했다.

02월 17일

• "이슬람이 유럽을 강간한다" 폴란드 잡지 표지 논란

(인디펜던트 02. 17, 중앙일보 02. 18 재인용)

– 폴란드의 보수성향 잡지 'wSIECI'가 이번주 호 표지로 '이슬람이 유럽을 강간한다'는 제목과 함께 외국인 남성의 손이 유럽연합(EU) 국기를 두른 여성을 붙잡고 있는 커버 사진을 사용해 논란이 되고 있다. 영국 인디펜던트는 이번 주 이러한 논란을 보도하며 "독일 나치나 이탈리아 무솔리니의 프로파간다 이미지와 비슷하다"고 문제를 제기했다. 앞서 지난해 파리 테러와 새해 독일의 쾰른 성폭행 사태가 발생하며 강간(rape)과 난민(refugee)을 합성한 'rapefugee'라는 단어가 생겨나는 등 유럽에서 보수 세력을 중심으로 반 이슬람 감정이 높아지는 상황이다.

01월 20일

• 녹색당, 권력 얻으면 교육과 의료 관련 분야에 지출 확대할 것   (politics.hu 01. 20)

– 녹색당 공동대표인 언드레 쉬페르는 녹색당이 득세한다면 2008년부터 줄어들고 있는 교육과 의료 분야의 예산을 확대할 것이라고 밝혔다. 그는 또한 소비세 수입의 일부를 할당해 두 분야의 재정을 위해 사용할 것이며 원자력 발전소를 증설을 중지할 것이고, 스포츠 경기장을 짓는 등의 고급 투자는 하지 않을 것이라고 말했다. 또한 녹색당은 정부 부처 간 소통에 드는 비용을 줄일 것이라는 입장을 밝혔다.

01월 26일

• 야당들, 정부의 행정 구조조정 강하게 비난해   (politics.hu 01. 26)

– 녹색당 대변인은 정부의 행정부에 대한 구조 조정안이 관료주의를 약화시키는 것이 아니라 중앙집권, 행정부의 내핍현상을 야기할 것이라고 비난했다. 민주연합 또한 정부의 생각대로라면 관료주의 타파는 힘들 것이며 오히려 일자리를 줄이게 되는 나쁜 방향으로 흘러갈 것이라고 주장해했다. 민주연합 의원 라슬로 바리우(László Varju)는 "수천 명의 공무원들이 총리의 지시 하에 이유도 모른 채 실직하게 될 것"이라며 정부의 계획에 대해 반대하는 입장을 밝혔다. 지난 주 라자르 야노쉬(Lázár János) 대변인은 행정 분야 등에서 형식과 절차에 얽매이는 현상인 레드테이프(red tape)를 방지하기 위해 70여 개가 넘는 국영 기관들을 없애거나 구조조정하고, 기관들의 재정을 중앙 예산에서 제외할 것이라고 밝혀 논란이 되고 있는 상황이다.

01월 27일

• 녹색당, "테러의 위협"에 대한 정부의 헌법 개정안에 대해 명확한 이유를 요구해

(politics.hu 01. 27)

– 녹색당 공동대표인 언드레 쉬페르는 테러의 위협에 대처하기 위한 헌법 개정이 법률적으로 필요한 것인지에 대한 정부의 설명이 필요하다고 주장했다. 또한 그는 현행 헌법상에서도 국가가 테러의 위험에 처했을 때뿐 아니라 국가의 안보를 강화

할 수 있는 특수한 상황을 헌법에서 열거하고 있으며 군대의 배치가 가능하다고 말했다. 반면 사회당과 요빅은 아직 명확한 당의 입장을 밝히지 않은 상황이고 이에 대해 쉬페르는 야당들이 아직까지 입장을 밝히지 않은 것이 이상하다며 의아해했다. 정부가 발표한 개정안에 따르면 테러단체의 공격이 있거나 테러의 위협이 높다고 여겨지면 "테러위협 사태"를 선포할 수 있다. 그러한 상황이 되면 정부는 TV, 라디오, 신문, 우편, 인터넷 서비스를 정지하거나 폐쇄할 수 있으며 도로 및 철도 여행, 공공 집회, 외국인과의 통신 등을 제한할 수 있는 권한을 보유하며 이러한 선포는 의회에서 결의하지 않는 한 60일의 유효기간을 갖는다.

02월 03일

• 헝가리 교사 · 학생 · 부모들, 정부 교육정책에 반대 시위

(AP통신 02. 03, 뉴시스 02. 04 재인용)

– 수천 명의 교사와 학생, 부모들이 헝가리 여러 도시에서 중앙집권적인 정부 교육 제도에 반대하는 시위를 벌이고 있다. 최근 헝가리 정부는 교사와 학생들에 자율성 보다는 과중한 부담을 지우는 정책을 취해오고 있다. 3일 헝가리 동부 미슈콜츠 지역에서 열린 촛불시위에는 빅토르 오르반 총리의 정책에 반대하는 노동조합들이 참석했다. 오르반 총리는 헝가리인 생활 영역에 대한 정부의 통제를 늘리고 있다. 시위자들은 현 교육 제도가 학생들에게 불필요한 의무를 부과하고 있으며, 교사들의 행정책임을 늘리고 있다고 지적했다. 한 역사 교사는 "아이들을 단순히 가르치는 것이 아니라 대화를 하면서 교육하고 싶다"며 "우리 아이들과 헝가리의 미래가 위험에 처해 있다"고 우려했다.

02월 18일

• 사회당 대표, 헝가리의 민주주의가 권위주의 체제에 위협받고 있다고 주장

(politics.hu 02. 18)

– 사회당 대표 요제프 토비야쉬는 헝가리의 자유, 민주주의 그리고 인도주의적인 가치가 권위주의 체제에 의해 위협받고 있다고 주장했다. 따라서 헝가리에서 유권자들의 정치적 선택은 더 이상 진보 혹은 보수, 동쪽 혹은 서쪽이 아니라 민주주의와

권위주의 체제 중 하나를 선택하는 것이라고 말했다. 그는 또한 빅토르 오르반 총리와 블라디미르 푸틴 러시아 총리의 만남을 통해 오르반 총리가 헝가리가 유럽연합(EU)에서 탈퇴하는 것을 원하는 점을 알 수 있다고 주장했다. 덧붙여 오르반 총리는 헝가리가 유럽연합(EU)의 공동체에 속해 부유하고 자유로운 국가가 되는 것을 원치 않는다고 주장했다. 마지막으로 유럽연합(EU)은 현재 붕괴의 위기에 놓여있어 강해질 필요가 있지만 오르반 총리는 연합을 약화시켜 결국 헝가리를 위험한 상황에 처하게 만들 것이라며 비난했다.

체코

01월 22일

• **대부분의 체코 국민들, 정부가 난민을 수용하는 것에 반대해**   (CTK 01. 22)

– 여론조사기관인 CVVM의 조사 결과에 따르면 체코 국민의 60%가 난민들을 받아들여서는 안 된다고 생각하며, 3분의 1의 국민들은 난민들이 고국으로 돌아가기 전까지는 받아들여도 괜찮다고 생각하고 2%의 체코 국민만이 난민들이 체코에 정착하도록 도와야 한다고 응답한 것으로 나타났다. 이번 조사는 2015년 12월 한 달 동안 실시되었다. 조사 결과 9월에서 12월 사이에 난민을 수용해서는 안 된다는 응답 비율이 8%포인트 상승했다. 난민 수용에 대한 태도에 성별과 연령은 유의미한 영향을 주지 못했다. 또한 중도나 중도 보수, 중도 진보라고 응답한 사람들이 난민 수용에 보다 긍정적이라는 결과가 도출되었다.

01월 30일

• **공산당의 선전 요인**   (CTK 01. 30)

– 다른 야당들과는 달리 계속되고 있는 공산당의 높은 인기는 공산당이 유권자들을 화나게 하지 않으며, 다른 야당들처럼 의정 활동을 하는 것에서 여당을 무작정 막지 않는 점 때문이라고 많은 정치 평론가들은 이야기한다. 따라서 중도 좌파 정부는 중요 법안을 통과시킬 때 공산당의 지지를 받아 이에 기댈 수 있다. 또한 공산당은 애국심을 지속적으로 강조해 유권자들의 지지를 쉽게 얻을 수 있다고 평론가들은 분

석한다. 마지막으로 공산당 의원들은 여러 스캔들에 휘말리지 않아 유권자들의 신뢰를 얻으며 언행에 있어 특별히 조심하는 경향이 있다고 밝혀졌다.

02월 06일

• 난민 수용에 반대하는 집회 프라하에서 시작돼 (CTK 02. 06)
– 외국인 혐오와 인종차별주의에 반대하는 사람들이 난민들을 돕는 활동을 하고 있는 동시에 유럽의 이슬람화, 난민 등에 반대하는 시민들이 프라하에서 집회를 시작했다. 극우 활동가들이 수백 명 프라하의 광장에 모인 가운데 원외 단체인 '국가의 민주주의'(National Democracy, ND) 또한 가세해 집회가 시작되었다. 경찰은 집회 참석자를 500여 명 정도라고 추산했다. 참석자들은 "우리는 당신들에게 국가는 말할 것도 없고 우리의 자유도 내어주지 않을 것이다", "우리는 다문화를 원하지 않는다" 등의 구호를 외치며 행진했다. 이와 반대로 인종차별주의에 반대하는 시민들 200여 명 또한 프라하에서 집회를 가졌다. 이들은 "우리의 아름다운 이웃(난민)에게 체코에 인종차별주의자들만 존재하는 것은 아니라고 말하고 싶다"는 등의 집회에 참가한 이유를 밝혔다. 또한 이들은 "난민들을 환영합니다", "파시즘=범죄" 등의 구호가 적힌 깃발을 들고 행진했다.

02월 23일

• 체코 총리, 영국의 유럽연합(EU) 탈퇴는 체코의 탈퇴 논의 야기할 것 (CTK 02. 23)
– 보후슬라프 소보트카 체코 총리는 영국의 유럽연합(EU) 탈퇴는 체코의 탈퇴에 대한 논의를 야기할 것이라고 주장했다. 또한 체코의 유럽연합(EU) 탈퇴는 체코를 러시아의 강한 영향력하에 두는 국민들이 원치 않는 결과를 가져올 것이라는 말도 덧붙였다. 한편 영국 국민들은 유럽연합(EU)에서 영국의 탈퇴 여부를 오는 6월 23일 국민 투표를 통해 결정한다. 유럽연합(EU) 탈퇴에 대해 지지 혹은 반대하는 비율은 비슷한 것으로 드러난 상황이다. 소보트카 총리는 "영국의 탈퇴 결과는 매우 심각할 것"이라며 영국의 탈퇴 이후 민족주의와 분리주의가 유럽 내에 팽배할 것이라고 예측했다. 이어서 그가 속한 사회민주당에 체코가 왜 유럽연합(EU)에 속해야 하는지에 대한 설명을 준비해야할 것이라고 말했다. 그 이유 중 하나로 소보트카 총리는 체코

가 유럽연합(EU)에서 떨어져 나올 경우 러시아의 영향력이 강해져 과거의 체코의 모습과 같이 경제적 안보적으로 위기를 겪을 것이라는 점을 들었다. 한편 체코의 유럽연합(EU) 탈퇴에 대해 시민민주당, 새벽당 등의 정당들이 논의하고 있는 상황이다.

9차(2월 말~3월 말)

김소정

폴란드에서는 여론조사 결과 야당인 현대폴란드당이 20~25% 사이의 유권자의 지지를 받는 것으로 드러났고, 이는 지난 가을 실시된 총선 이후 지속적으로 당에 대한 유권자의 지지도가 상승한 것으로 해석된다(Warsaw Voice 2016. 03. 02). 또한 폴란드의 헌법재판소장은 집권 법과정의당이 통과시킨 헌재 관련법에 대해 "공정한 판단을 내려야 하는 헌재 기능을 훼손하는 것으로 헌법에 위배된다"는 입장을 밝혔다(경향신문 2016. 03. 10). 이러한 일련의 사건에도 불구하고 여론조사기관인 CBOS의 조사 결과에 따르면 36%의 국민들이 정부를 지지한다고 응답한 것으로 드러났다(Warsaw Voice 2016. 03. 16).

헝가리의 동향을 살펴보면 영국의 유럽연합(EU) 탈퇴 찬반 국민투표가 6월로 예정된 가운데, 빅토르 오르반 헝가리 총리 또한 유럽연합(EU)의 난민할당제에 대한 찬반을 묻는 국민투표 실시 계획을 밝혔다(BBC 2016. 02. 24; 국민일보 2016. 02. 26). 녹색당은 국민투표법에 대한 수정안을 제출할 것이라고 밝혔다(politics.hu 2016. 02. 26). 이에 대한 논의를 위해 여당인 청년민주동맹을 비롯한 요빅 등의 정당들이 모여 수정안의 방향성에 대해 토론했다(politics.hu 2016. 03. 09). 한편 샨도르 핀티르(Sándor Pintér) 내무부장관은 국경 지역 6개주에 내려졌던 '이주민 대량 유입에 따른 긴급사태'(state of emergency due to mass immigration)를 전국으로 확대한다고 밝혔고, 이에 대해 시민들은 정부의 조치가 반 난민 정서를 자극해 정부가 추진 중인 유럽연합(EU)의 난민 쿼터 강제배분에 대한 국민투표 실시 계획에 유리한 여론을 조성하기 위한 것이라며 비난했다(주헝가리 대사관 2016. 03. 10).

체코에서는 영국의 유럽연합(EU) 탈퇴 논의가 지속되자 보후슬라프 소보트카(Bohuslav Sobotka) 총리가 "영국의 유럽연합(EU) 탈퇴가 현실화되면 체코에서도 몇 년 이내에 유럽연합(EU) 탈퇴 논의가 격화될 것"이라는 입장을 밝혔다(AFP통신 2016. 02. 24; 조선일보 2016. 02. 25 재인용). 또한 벨기에 브뤼셀에서 테러가 발생된 이후 체코 정부는 테러의 위협 1단계(first degree of threat by terrorism)를 발령했다(CTK 2016. 03. 22). 이는 국경 수비를 강화하는 등의 내용을 담고 있다.

03월 02일

• 현대폴란드당, 여론조사 결과 높은 지지율 획득해 　　　　　　(Warsaw voice 03. 02)
– 여론조사 결과 폴란드의 야당인 현대폴란드당이 20~25% 사이의 유권자의 지지를 받는 것으로 드러났다. 이는 지난 가을 실시된 총선에서 현대폴란드당이 7.60%의 지지를 받아 28석을 차지한 이후 지속적으로 당에 대한 유권자의 지지도가 상승된 것으로 해석할 수 있다. 이러한 상승세는 상대적으로 현대폴란드당이 다른 정당들에 비해 최근에 폴란드 정치권에 등장했기 때문인 것으로 추측된다. 현대폴란드당은 35세부터 45세 사이의 유권자들의 강한 지지를 받고 있는 것으로 나타났으며, 또한 최근 몇 개월 사이에는 60세 이상의 유권자들의 지지 또한 상승한 것으로 드러났다. 한편 현대폴란드당은 자유주의–보수 이념을 내세우고 있지만 지난 총선에서 진보적 이념을 표출하던 다수의 유권자들이 현대폴란드당을 지지하는 모습을 보였다.

03월 09일

• 헌재 힘 빼기, 전 대통령 깎아내리기…폴란드 민주주의 위협하는 우파정권
　　　　　　　　　　　　　　　　　　　　　　　　　(경향신문 03. 10)
– 언론과 사법부를 통제하려다 자국 내 반발을 산 것은 물론 유럽연합(EU), 미국과도 갈등을 빚은 폴란드 정부가 헌법재판소와 또 맞붙었다. 안드레이 제플린스키(Andrezj Rzeplinski) 헌재소장은 집권 법과정의당이 통과시킨 헌재 관련법에 대해 "외부의 힘에서 벗어나 공정한 판단을 내려야 하는 헌재 기능을 훼손하는 것으로 헌법에 위배 된다"고 밝혔다. 지난 12월 통과된 이 법안은 재판관 15명 중 9명 이상의 찬성만 있으면 위헌 결정을 내릴 수 있는 현행법을 바꿔 13명 이상의 동의를 받아야 위헌 결정을 내릴 수 있도록 수정되었다. 여당이 내놓은 법에 위헌 결정을 하기 어렵게 만들어 헌재의 감시·견제 기능을 억죄겠다는 뜻이다. 전국에서 민주주의의 후퇴를 우려하는 시위가 열렸고 레흐 바웬사 전 대통령이 정부를 비판하기도 해 논란이 확대된 상황이다.

03월 16일

• 폴란드 정부의 업무 수행에 대한 여론조사 결과   (Warsaw voice 03. 16)

− 여론조사기관인 CBOS의 조사 결과에 따르면, 베아타 슈드워 총리가 이끄는 폴란드 정부의 업무 수행 평가에 대해 36%의 국민들은 정부를 지지한다고 밝혔고 33%의 국민들은 그렇지 않은 것으로 드러났다. 이러한 응답 비율은 2월에 비해 각각 1% 포인트 상승한 결과이다. 한편 슈드워 총리에 대해서는 44%가 "잘하고 있다"고 응답했고 41%는 "못하고 있다"고 응답한 것으로 나타났다.

03월 23일

• 폴란드 총리, 난민 할당수용 거부…"브뤼셀 테러 때문"

(AFP통신 03. 23, 연합뉴스 03. 24 재인용)

− 베아타 슈드워 폴란드 총리는 벨기에 브뤼셀 테러 사건 때문에 유럽연합(EU)의 회원국별 난민 할당 수용안을 받아들이지 않기로 했다고 밝혔다. 브뤼셀 테러 이후 난민에 대해 이 같은 방침을 밝힌 것은 유럽연합(EU) 회원국 중 폴란드가 처음이다. 슈드워 총리는 이같이 밝히면서 "어제 브뤼셀에서 발생한 테러 사건 이후 지금 당장 '많든 적든 난민을 받아들인다'고 쉽게 말할 수 없다"고 설명했다. 슈드워 총리는 "무엇보다 우리 국민의 안전을 먼저 확보해야 한다"면서 "경제적으로 나은 삶을 좇아오는 수천 명의 난민에 테러리스트가 섞여 있는 만큼 유럽이 이들을 받아들여서는 안 된다"고 강조했다. 폴란드의 이웃 국가인 체코와 헝가리 등은 지난해 9월 총 12만 명을 각국별로 할당 수용하는 유럽연합(EU) 계획에 반대했지만, 폴란드는 찬성하면서도 난민 수용에 신중한 대책 마련을 지지해왔다.

03월 24일

• 폴란드 정부, 테러방지법의 초안 발표   (Warsaw voice 03. 25)

− 지난 3월 24일, 폴란드 정부는 브뤼셀에서 일어난 테러 이후 테러방지법의 초안을 서둘러 발표했다. 이 법안은 테러 용의자를 최대 14일까지 구금할 수 있도록 하는 내용을 담고 있다. 정부는 테러 용의자를 즉시 추방 가능하게 하거나 사법부의 동의 없이도 3개월 동안 용의자를 도청할 수 있게 하는 내용을 추가하는 등 법안이 변화할

수 있는 가능성을 가지고 있다고 밝혔다. 또한 테러의 위협이 커질 경우 국경을 최장 일주일동안 폐쇄할 수 있도록 하는 내용도 검토 중이라고 밝혔다. 하지만 야당들은 이 법안이 테러리스트와 테러리스트의 공격을 정의하는 부분을 명확히 하지 않고 있어 부작용을 야기할 가능성이 있다고 지적했으며, 법안의 내용 중 정부가 테러의 위협 경보를 2단계로 지정할 경우 시민들이 모이는 것을 금지한다는 내용이 적절하지 않다고 주장했다.

헝가리

02월 24일

- 난민할당제, 유럽연합(EU) 분열 뇌관으로… 헝가리 국민투표 선언

(BBC 02. 24, 국민일보 02. 26 재인용)

- 영국의 유럽연합(EU) 탈퇴 찬반 국민투표가 6월로 예정된 가운데 동유럽권 국가들이 난민 문제를 두고 각자의 해법을 노골적으로 드러냈다. 여기에 더해 덴마크, 체코 등이 영국에 이어 '탈 유럽연합(EU)' 카드를 만지작거리면서 유럽의 분열이 가시화되는 것 아니냐는 우려를 낳고 있다. 영국 BBC방송 등은 24일 빅토르 오르반 헝가리 총리가 유럽연합(EU)의 난민할당제에 대한 찬반을 묻는 국민투표 실시 계획을 밝혔다고 전했다. 오르반 총리는 이날 "난민할당제는 유럽의 문화와 종교적 정체성을 바꿔버릴 것"이라며 "유럽연합(EU)의 난민할당 계획에 반대하기 위해 헝가리 정부는 의무 할당제를 국민투표에 부치기로 결정했다"고 말했다. 오르반 총리는 투표일을 명시하지 않았지만 국민투표안을 이미 선거위원회에 제출했다고 말했다.

02월 26일

- 녹색당, 국민투표법에 대한 수정안 제출 발표 (politics.hu 02. 26)

- 녹색당의 공동대표인 언드레 쉬페르는 시민들이 국민투표안을 보다 쉽게 제출하게 하기 위해 이에 대한 수정안을 다시 제출할 것이라고 밝혔다. 쉬페르 대표는 "총리가 시민들을 두려워하지 않는다면" 시민들이 보다 쉽게 국민투표안을 제출할 수 있게 하는 계획에 대해 지지를 표할 것이라고 덧붙였다. 또한 쉬페르는 집권 여당인

청년민주동맹이 이익을 차지하기 위해 국민투표제 실시를 어렵게 한 허점을 지적하고, 녹색당이 이를 해결할 것이고 주장했다. 그는 정부가 시민들이 국민투표안을 제출하는 것을 막고 있다고 주장했지만 정부는 이에 대해 녹색당이 "정치적 왜곡"을 통해 지지율 상승을 노리고 있는 것이라고 비난했다.

03월 09일

• 난민 관련 긴급사태 전국적으로 확대 발표   (주헝가리 대사관 03. 10)

– 헝가리 샨도르 핀티르 내무부장관은 난민 대량 유입 우려 증가에 따라 작년 9월 세르비아, 크로아티아 및 슬로베니아 국경 지역 6개주에 내려졌던 '이주민 대량유입에 따른 긴급사태'를 전국으로 확대한다고 밝혔다. 핀티르 장관은 긴급사태 선포에 따라 1,500명의 군인이 남부 국경에 파견되어 경찰과 함께 국경을 경비할 예정이며 국경에 야간 경비등 설치 등을 위해 73억 포린트(약 2,350만 유로)의 예산을 책정하였다고 밝혔다. 한편 일부 시민들은 이에 대해 정부의 조치는 반 난민 정서를 자극하는 것을 통해 집권 여당이 추진 중인 유럽연합(EU)의 난민 쿼터 강제배분에 대한 국민투표 실시 계획에 유리한 여론을 조성을 위한 것이라며 비난했다. 또한 최근 난민 유입이 크게 줄어들었는데도 긴급사태를 전국적으로 확대한 것은 불법적인 권력남용 조치로, 오르반 정부가 2015년부터 추진해온 이민자 혐오 등 일련의 반 이민정책의 연장선상에서 이루어진 조치라고 주장했다.

03월 09일

• 정당들, 국민투표법안 수정에 대해 논의해   (politics.hu 03. 09)

– 청년민주동맹–기독민주국민당 연합과 야당인 요빅, 녹색당이 국민투표법 수정안에 대해 의견을 나누기 위해 모였다. 지난 주 녹색당은 국민투표법에 대한 수정안을 제출한 바 있다. 한편 사회당은 이 모임에 참여하는 것을 거부했다. 청년민주동맹–기독민주국민당 연합의 대변인인 게르게이 구야쉬는 모든 정당들의 합의를 통해 수정안이 도출되었으면 한다는 입장을 밝혔다. 그는 청년민주동맹–기독민주국민당 연합은 녹색당의 수정안에 긍정적이지만 여러 정당 및 정부 기관들이 이에 대한 의견을 밝힐 때까지 기다릴 것이라고 밝혔다. 한편 녹색당의 공동대표 언드레

쉬페르는 정당들의 의견 교환 이후 하나의 해결책을 도출하는 것을 원하며, 지난 2월의 파행과 같은 일은 피하고 싶다는 의견을 밝혔다. 또한 그는 "청년민주동맹은 2011년 헌법 개정을 통해 국민들을 권력을 행사할 수 없는 인형으로 만들었지만 우리는 국민투표의 권리를 국민들에게 돌려주고 법을 정상화할 것"이라고 밝히며 국민투표법의 내용에 대한 폭넓은 수정을 원한다는 의견을 발표했다. 한편 요빅의 대변인 두라 두로(Dóra Duró)는 녹색당이 제출한 법안 수정은 물론 이와 관련된 헌법 개정 또한 수용할 의사가 있다는 입장을 밝혔고, 국민투표제도를 헝가리 국민들에게 돌려줘야 한다는 의견에 찬성한다고 말했다.

03월 25일

• **헝가리 정부, 테러방지를 위한 헌법 개정안 다시 제출**　　　　　(politics.hu 03. 25)

— 헝가리 정부는 헌법 개정을 포함한 테러방지 법안을 의회에 제출하기로 결정했다. 내무부 장관인 샨도르 핀티르는 정부가 이번 주에 발생한 브뤼셀에서 벌어진 테러의 후속조치로 헝가리의 안보를 강화하는 방법을 고안하고 있다고 밝혔다. 그는 또한 정부는 4월까지 관련 법안을 통과시키는 것을 목표로 하고 있으며 이에 의회는 신속한 절차를 통해 투표를 실시해야 한다고 주장했다. 법안은 안보와 관련된 인력의 증가와 테러 진압을 위한 장비의 강화, 테러 관련 정보의 신속한 처리에 초점을 두고 있다. 핀티르 장관은 또한 정부가 통신 서비스와 관련된 업체들에 경찰과 협력할 것을 요구할 수 있도록 하는 법안과 압수된 암호 해독 통신 장비와 관련된 특별 법안을 제출할 것이라고 말했다. 내무부 장관은 법무부는 부활절까지 관련 법안을 처리해야 할 책임이 있으며 이 법안과 관련해 의회 내에서 법안에 대한 토론을 지속할 것이라는 입장을 밝혔다.

체코

02월 25일

• **'브렉시트' 바람에 체코, 네덜란드도 들썩**　(AFP통신 02. 24, 조선일보 02. 25 재인용)

— 영국의 유럽연합(EU) 탈퇴 찬반을 묻는 국민투표 실시가 체코·네덜란드 등 다른

유럽 국가의 유럽연합(EU) 탈퇴 움직임을 촉발시키고 있다. 보후슬라프 소보트카 체코 총리는 "영국의 유럽연합(EU) 탈퇴가 현실화되면 체코에서도 몇 년 이내에 유럽연합(EU) 탈퇴 논의가 격화될 것"이라고 말했다. 소보트카 총리는 "체코의 유럽연합(EU) 탈퇴, 즉 '첵시트'가 발생하면 체코는 경제와 안보에서 어려움을 겪게 돼, 다시 러시아 영향권으로 편입될 수 있다"고 주장했다. AFP통신은 "지난해 10월 스테마(STEM) 통신이 실시한 여론조사에서 체코 국민의 5분의 3이 체코의 유럽연합(EU) 잔류에 불만을 나타냈다"고 보도했다.

03월 08일
• 체코 총리, 터키로부터 시리아 난민들을 받아들일 준비가 되었다고 밝혀

(CTK 03. 08)

– 보후슬라프 소보트카 총리는 기자회견을 통해 유럽연합(EU)의 난민할당제의 일환으로 체코가 터키로부터 시리아 난민들을 수용할 준비가 되었지만 정해진 수 이상의 난민 수용은 거절할 것이라는 입장을 밝혔다. 또한 그는 터키로부터 난민들을 수용하는 것은 일시적인 것이라고 선을 그었다. 한편 2015년 체코는 자발적으로 이탈리아와 그리스에 있던 1100여 명의 난민들을 수용했다. 지난 9월 유럽연합(EU) 회원국의 과반이 찬성한 유럽연합(EU)의 난민할당제안에 따르면 체코는 이후 1691명의 난민을 더 수용해야 한다. 하지만 체코, 헝가리, 루마니아, 슬로바키아 등의 국가들은 이에 반대하는 태도를 보였다. 따라서 체코의 향후 난민 수용에 대한 입장에 귀추가 주목되는 상황이다.

03월 11일
• 제만 대통령, 의원들에게 국민투표제도에 대한 개정안을 통과시킬 것을 요구해

(CTK 03. 11)

– 체코의 밀로스 제만 대통령은 의원들로 하여금 국민투표제도의 내용을 수정하는 법안을 통과시킬 것을 요구했다. 이 수정안은 하원과 상원을 합하여 3. 5의 찬성이 있어야 통과될 수 있다. 따라서 여당은 법안 통과를 위해 야당의 지지를 확보해야 할 필요성이 있다. 현행 국민투표제도에 대해 제만대통령은 정부가 제안된 국민투표안

에 동의하지 않고도 헌법 재판소로 넘길 수 있다는 점에 대해 비판했고, 또한 법률이 국민투표의 대상이 될 수 없다는 점도 지적했다. 결과적으로 이러한 규정들이 국민투표 실시를 어렵게 만들기 때문에 현행 체코의 국민투표제도는 사실상 무의미하다고 주장했다. 제만 대통령의 주장처럼 국민투표제도는 헌법상으로 보장되어 있지만, 제도의 문제점들로 인해 국민투표가 시행된 것은 체코의 유럽연합(EU) 가입 여부를 결정할 때 딱 한 번뿐이었다.

03월 22일

• 체코 정부, 테러의 위협 1단계 발령　　　　　　　　　　　　　　　(CTK 03. 22)

– 보후슬라프 소보트카 총리는 체코 정부가 550여 명의 군인들이 2개월간 국경 수비를 위해 배치되는 내용을 담은 '테러의 위협 1단계'를 선언했다고 밝혔다. 그는 또한 이 같은 선언은 최근 브뤼셀에서 일어난 테러리스트의 공격에 의한 것이라는 입장을 밝혔다. 소보트카 총리는 체코가 즉각적인 위협에 놓인 것은 아니지만 "정부의 발표가 있었기에 지금 이 순간부터 테러의 위협 1단계는 유효하다"고 말했다. 정부는 이 조치를 통해 550명의 군인들을 동원해 2개월간 국경을 수비하는 것은 물론 경찰들을 도와 치안을 유지하고 안보를 강화하는 데에 최선을 다할 것이라는 입장을 밝혔다.

10차(3월 말~4월 말)

폴란드에서는 지난 12월 통과된 헌법재판소의 권한에 관련된 법률안에 대한 정당들의 논의가 시작되었다. 이에 대해 여당인 법과정의당의 야로슬라프 카친스키는 정당들 간 대화를 통해 야당의 의견을 적극 반영한 방향으로 수정된 법안을 도출할 것이라는 입장을 밝혔다(Warsaw Voice 2016. 04. 01). 한편 폴란드 의회에서 가톨릭계의 입장을 받아들여 낙태를 전면 불허하는 법안이 추진되자 폴란드 주요 도시에서 이에 반대하는 시위가 벌어졌으며, 법안에 대해 폴란드 국민의 66%는 '지지하지 않는다'고 응답해 법안에 대한 논란이 가속화될 전망이다(Warsaw Voice 2016. 04. 03; 연합뉴스 2016. 04. 04 재인용). 또한 폴란드 내에서는 전 국무장관이 정부에 비판적인 기사를 실은 신문사 편집자에 압력을 가해 회사를 떠나게 했다는 의혹이 제기되어 논란이 되고 있다(연합뉴스 2016. 04. 26).

헝가리의 동향을 살펴보면, 과도한 중앙집권화를 추구하는 정부의 교육 정책에 대해 반발하며 교사들이 시위에 참가했다(politics.hu 2016. 03. 31). 한편 헝가리 정부는 난민할당제 찬반에 대한 국민투표를 홍보하는 홈페이지에 유럽연합(EU) 내 안전이 위협된다고 여겨지는 지역을 '가서는 안 되는 곳'으로 지정해 지나친 편향성을 보이고 있다는 우려가 제기되었다(가디언 2016. 03. 31; 연합뉴스 2016. 04. 01 재인용). 한편 의회 연설에서 빅토르 오르반 헝가리 총리는 "헝가리의 이슬람화(Islamization)를 막는 것이 헌법 정신에 맞다"고 주장해 논란이 되고 있다(ABC 2016. 04. 25). 또한 집권여당인 청년민주동맹이 "헝가리 당국이 잠재적인 테러의 위협을 처리할 수 있게 하기 위한" 헌법 개정안을 제출할 예정이라고 밝힘에 따라 이에 대한 야당의 반발이 클 것으로 보인다(politics.hu 2016. 04. 25).

체코에서는 보후슬라프 소보트카 총리가 "이주 정책은 개별 유럽연합(EU) 회원국의 통제권 아래 둬야 한다"며 유럽연합(EU)의 난민할당제에 대해 재차 거부의사를 밝혔다(뉴시스 2016. 04. 07). 소보트카 총리는 또한 영구적 난민 할당 체제에 맞서기 위해 체코와 헝가리, 폴란드, 슬로바키아로 이뤄진 비세그라드(Visegrad) 4개국을 넘어서는 국가 간 연대가 구성돼야 한다고 주장했다(뉴시스

제1부.. 동유럽의 동향 및 쟁점 **87**

2016. 04. 18). 이와 관련해 유럽연합 집행위는 난민 유입을 효과적으로 통제하기 위해 망명 신청 처리 방식에 대한 개혁안 두 가지를 제의했다(뉴시스 2016. 04. 07). 체코 대통령실에서는 국가명을 기존의 '체코공화국'(Czech Republic)에서 '체키아' (Czechia)라는 한 단어의 영문 이름으로 변경한다고 밝혔다(AFP통신 2016. 04. 14; 뉴스1 2016. 04. 15 재인용).

폴란드

04월 01일

• 폴란드 정당들, 헌법 재판소 위기 타개하기 위한 타협 시작해 (Warsaw voice 04. 01)
- 법과정의당의 야로슬라프 카친스키는 폴란드의 주요 정당들이 최근 정치권의 가장 큰 이슈인 헌법 재판소를 둘러싼 갈등을 해결하기 위한 대화를 시작했다고 밝혔다. 카친스키는 정당들 간 활발한 의견 교류 후 야당의 의견을 적극 반영한 방향으로 수정된 법안을 도출할 것이라는 입장도 밝혔다. 국민당 대표와 쿠키스15의 대표는 이번 대화를 통해 법과정의당이 이 문제를 해결하려는 의지가 있는지를 시험해볼 수 있을 것이라고 말했다. 논란이 되고 있는 헌법재판소를 둘러싼 법안은 지난 12월, 법과정의당에 의해 통과되었다. 법안은 헌재가 헌법 합치 여부를 결정할 때 재판관 3분의 2 이상의 동의를 받도록 해, 재판관 과반의 동의만으로 위헌 결정이 가능했던 종전에 비해 법원의 정부 견제 기능을 약화시켜 많은 반발을 일으켰다.

04월 03일

• 폴란드 '낙태 전면불허' 입법안에 시위…"이란보다 못해"

(Warsaw voice 04. 03, 연합뉴스 04. 04 재인용)
- 폴란드에서 가톨릭계의 입장을 받아들여 낙태를 전면 불허하는 법안이 추진되자 폴란드 주요 도시에서 여성주의자들을 중심으로 반대 시위가 벌어졌다. 낙태를 전면 불허하는 법안은 지난해 10월 총선거에서 집권한 우파 정당인 법과정의당이 마련한 것으로 지난 몇 달간 논란이 이어지고 있다. 한편, 좌파 다함께 2014가 제안한 이번 시위에 참가한 한 시민은 "심지어 이란조차 이번 입법안보다 진보적인 낙태법

을 운용 한다"고 비난했다. 법과정의당은 어떤 경우라도 낙태를 불허하고 시험관 인공수정에 대한 정부 지원을 중단하며 사후피임약을 불허하는 내용의 입법을 추진하고 있다. 법과정의당의 야로슬라프 카친스키 대표는 당원들에게 찬성 투표하라고 강제하지 않겠다고 하면서도 "다수가, 아니 거의 모두가 새 입법안을 지지할 것"이라고 밝힌 바 있다. 한편 여론조사기관인 이바에르이에스의 조사 결과에 따르면 66%는 새 입법안을 '지지하지 않는다'고 밝혔고 30%는 찬성, 4%는 입장을 정하지 못한 것으로 나타났다.

04월 13일

• 폴란드 국민의 절반, 대통령의 업무 수행 긍정적으로 평가해 (Warsaw voice 04. 13)
– 여론조사기관인 CBOS의 조사 결과에 따르면, 안드레이 두다 폴란드 대통령의 업무 수행에 대해 폴란드 국민의 49%가 긍정적인 평가를 내린 반면, 37%는 부정적인 평가를 내렸다. 한편 폴란드 하원에 대해서는 국민의 30%만이 긍정적인 평가를 하고 있는 것으로 나타났다.

04월 25일

• 폴란드 전임 대통령 3명, "현 정부 헌법 무너뜨리고 있어"

(Gazeta Wyborcza 04. 25, 뉴시스 04. 25 재인용)

– 폴란드의 전임 대통령 3명을 비롯한 저명한 전 지도자들이 현 우파 정부가 폴란드의 민주주의와 국제적 위상을 무너뜨리고 있다고 비판하고 나섰다. 이 같은 비판은 25일 일간지 가제타 비보르차지 1면에 실렸으며 레흐 바웬사, 알렉산드르 크바니예프스키(Aleksander Kwaniewski) 및 브로니스와프 코모로프스키 전 대통령들과 7명의 전임 장관들이 서명했다. 이들은 넓은 정치적 스펙트럼을 대변하고 있다. 이에 베아타 슈드워 총리는 지난해 말 총선 승리로 집권당은 전면적인 개혁에 관한 전권을 위임 받았다고 반박했다. 이날 호소문을 통해 정치가들은 "집권 법과정의당은 헌법적 질서를 파괴하려는 의지를 포기할 뜻이 추호도 없다"면서 "이들은 헌법재판소를 비롯한 모든 사법 당국의 기능을 마비시켜 왔다"고 지적했다. 총선으로 행정부는 물론 입법부를 장악한 우파 정당은 현재 신규 판사 임명에 관한 법률을 개정해 영향력을

행사하려는 의도를 드러냈다. 또 입법 절차 및 국영기업과 예산 법규도 대폭 뜯어 고 쳤다.

04월 26일

• "폴란드 전 장관이 비판 신문 편집자 해고토록 압력"　　　　　(연합뉴스 04. 26)

– 폴란드 전 장관이 당시 총리에 비판적인 신문의 편집자에 대한 불평을 재계 유력 인사에게 털어놓은 지 6주 만에 이 편집인이 신문사에서 쫓겨났다는 폭로가 나와 폴란드 정계가 뒤숭숭하다. 도날드 투스크 유럽연합(EU) 정상회의 상임의장이 폴란 드 총리로 재임한 2014년 4월 당시 파벨 그라스(Pawel Gras) 국무장관 겸 정부대변인 은 폴란드 재벌인 얀 쿨치크(Jan Kulczyk)에게 타블로이드(tabloid) 신문 '팍트'(FAKT)의 비평적 보도에 불평을 털어놨다. 이에 쿨치크는 팍트를 소유한 미디어 재벌의 부인 에게 이 문제를 제기하며 그라스 전 장관의 불평을 전했다. 그라스 전 장관이 불평을 제기한 지 한 달 반 만에 팍트지 편집자는 회사를 떠났다. 이에 베아타 슈드워 총리 는 법무부 장관에게 이 이 사건에 대해 조사할 것을 지시했다. 슈드워 총리는 "민주 적 법치 국가에서 이런 일이 일어날 것이라고 상상조차 할 수 없다"고 말했다. 신문 을 소유한 악셀 스프링거(Axel Springer) 폴란드 지사는 "죄다 어이없는 음모 이론"이 라고 주장했다. 한편 폴란드에서는 2014년 정부 고위 관리와 사업가에 대한 비밀 녹 음이 폭로돼 장관 6명이 사임한 바 있다.

헝가리

03월 30일

• 정부의 교육 정책에 대해 교사들, 전국적으로 항의해　　　　　(politics.hu 03. 31)

– 지난 3월 30일, 과도한 중앙집권화를 추구하는 정부의 교육 정책에 대해 반발하 며 200여 개의 학교 소속 교사들이 시위에 참가했다. 시위에 참여한 한 교사는 다른 교사들에 시위에 참여할 것을 호소하였고 정부의 정책 방향을 바꾸기 위해 노력해 야 한다고 주장했다. 교사들은 행정적 업무의 감소, 공립학교 운영에 관한 의사 결 정에 있어 분권화를 요구했다. 덧붙여 그들은 정부가 교육 분야에 재정 지원을 확대

해 학생들의 부담을 덜어줘야 한다고 주장하였다. 교사들의 이러한 반발에 대해 녹색당은 정부의 책임이 크다는 입장을 밝히며 "교사들이 파업할 권리를 박탈당했기 때문에" 이러한 방식으로 불만을 표출하는 것이 당연하다고 주장했다. 한편 극우정당인 요빅은 교사들의 요구 사항에 대해 지지하는 바이며, 이에 대한 심도 깊은 토론이 필요하다는 입장을 밝혔다. 또한 이러한 교사들의 반발은 정부의 교육 정책의 실패 측면에서 보아야 한다고 주장했다.

03월 31일

• 헝가리 정부 "유럽연합(EU) 내 '가서는 안 되는 곳' 900곳"

(가디언 03. 31, 연합뉴스 04. 01 재인용)

– 난민 수용에 반대하는 헝가리 정부가 유럽연합(EU) 주요 도시들에 국가권력의 통제가 미치지 않는 곳이 900곳 있다고 주장했다고 영국 일간 가디언이 31일 보도했다. 보도에 따르면 헝가리 정부는 유럽연합(EU) 난민 의무 할당 찬반을 묻는 국민투표 홍보 홈페이지에서 "우리는 난민 의무 할당에 반대한다"면서 서유럽에 "900개의 '가서는 안 되는 곳(no-go zones)'이 있다"고 적었다. 정부는 가서는 안 되는 곳이란, 국가권력의 통제 아래 있지 않거나 통제가 거의 안 되는 지역으로 주류 사회 규범이 전혀 스며들지 않은 곳으로 설명했다. 그러면서 지도에 파리, 런던, 베를린, 브뤼셀, 스톡홀름 등 서유럽 도시들에 'no-go zones' 표시를 했다. 빅토르 오르반 헝가리 총리는 유럽연합(EU) 차원에서 12만 명의 난민을 할당 수용하는 방안을 거부한 뒤 오는 가을 이에 대한 찬반 여부를 묻는 국민투표에 부쳤다. 헝가리 정부가 난민들을 수용하면 자국 내 '가서는 안 되는 곳'이 생긴다는 논리를 펴고 있는 것이다. 프랑스 파리 연쇄 테러와 브뤼셀 테러 등의 상황을 난민 수용 거부 캠페인에 마구잡이로 활용하려는 셈이다.

04월 12일

• 헝가리 의회, 일요일 상점 영업금지법 폐지 결정 (주헝가리 대사관 04. 12)

– 헝가리 의회는 집권당인 청년민주동맹의 제안에 따라 상정된 '일요일 소매점 영업금지법'을 폐지하는 법안을 통과시켰다. 일요일 상점 영업금지법은 청년민주동맹

의 연정파트너인 기독민주국민당의 로비에 따라 제안되었으며 2014년 12월 통과되었다. 동법 시행에 따라 슈퍼마켓, 백화점 등의 일요일 영업이 금지되었다. 이 같은 배경에서 헝가리 의회는 찬성 163표, 반대 2표, 기권 11표로 일요일 상점 영업금지법을 폐지하기로 결정했다. 청년민주동맹은 시민들의 60%가 일요일 영업금지법에 반대하고 있고 최근 헌법재판소의 결정에 따라 사회당이 동법 폐지를 위한 국민투표 서명운동을 개시함에 따라 국민투표가 실시될 경우 패배할 가능성이 높으며, 이 경우 청년민주동맹이 큰 타격을 입을 것으로 전망하여 폐지에 힘을 실었다. 한편 법안 폐지에 대해 녹색당, 민주연합 등의 야당들도 정부의 조치에 환영하였으며, 극우 정당인 요빅은 일요일에 근무하는 직원들에 대한 적정한 보상이 이루어져야 한다고 주장했다.

04월 25일

• 빅토르 오르반 총리, "헝가리의 이슬람화를 막는 것이 헌법 정신에 맞아"

(ABC 04. 25)

– 헝가리의 빅토르 오르반 총리가 새 헌법 수립 5주년을 맞아 헝가리 의회에서 축하 연설을 하였다. 유럽연합(EU) 국가들 중 가장 강경하게 이주 시도자들의 입국을 막았던 오르반 총리는 이날 "헝가리의 이슬람화를 막는 것이 헌법 정신에 위배되지 않는다"고 강조했다. 그는 또한 "우리는 누가 우리와 함께 살 수 있는지 없는지를 결정할 권리가 있다"고 덧붙였다. 오르반 총리는 유럽의 정신과 문화를 지키기 위해 무슬림 이주자의 유입을 막아야 한다고 역설해왔으며, 동유럽 국가에 단 한 명의 난민이 수용되는 것도 원치 않는다고 밝힌 바 있다.

04월 25일

• 청년민주동맹, 의회에 "테러의 위협"에 대한 헌법 개정 법안 제출 (politics.hu 04. 25)

– 집권여당인 청년민주동맹이 "헝가리 당국이 잠재적인 테러의 위협을 처리할 수 있게 하기 위한" 헌법 개정안을 제출할 예정이라고 밝혔다. 입법위원장인 게르게이 구야쉬는 헌법 개정안이 2주간의 논의 과정을 거칠 것이라고 기자회견을 통해 이야기했다. 또한 의회에서는 이미 개정안에 대한 논의가 진행 중이며, 헝가리 당국이

잠재적인 테러의 위협을 효과적으로 감지하기 위한 방향으로 개정안이 도출될 것이라는 입장을 밝혔다. 그는 또한 "경찰이 테러의 위협을 해결할 수 있는 충분한 힘이 없다고 판단되는 경우 군의 배치를 허용하는 방향으로 나아가기 위해 헌법 개정이 필요하다"고 주장했다. 덧붙여 헌법 개정안에 대해 반대하며 정당 간 대화에 참여하지 않고 있는 사회당을 비롯한 야당들이 국가의 안보를 위해 헌법 개정에 찬성해야 한다고 주장했다.

체코

04월 06일

• 체코 총리, 유럽연합(EU) 난민 분산수용안 반대　　　　　　　　　(뉴시스 04. 07)

– 보후슬라프 소보트카 체코 총리는 트위터를 통해 "이주 정책은 개별 유럽연합(EU) 회원국의 통제권 아래 둬야 한다"며 "유럽연합 집행위원회가 제안한 난민 분산 방안은 결코 받아들일 수 없다"고 강조했다. 한편, 유럽연합 집행위는 난민 유입을 효과적으로 통제하고 그리스, 이탈리아 등 난민 도착지 국가가 겪는 어려움을 해결하기 위해 망명 신청 처리 방식에 대한 개혁안 두 가지를 제의했다. 두 가지 방안은 모두 난민 재분배를 다루고 있다. 첫 번째 안은 기존 체제(더블린 조약)를 유지하면서 영구적 재분배 할당을 도입하는 것이다. 이를 위해 유럽연합(EU)은 망명 신청을 하려는 난민들을 각국으로 분산하는 공정한 메커니즘을 마련하고, 난민 첫 도착지와는 상관없이 유럽연합(EU) 회원국들이 골고루 분산 수용하는 시스템을 갖춘다. 두 번째 안은 난민들을 최초 도착한 유럽연합(EU) 회원국으로 송환하는 현 더블린 체제를 없애고, 즉각적인 재분배 시스템으로 교체하는 것이다. 이 경우 각국의 규모, 경제적 여건, 난민 수용능력 등을 종합적으로 고려해 난민들을 배치하게 된다.

04월 14일

• 체코공화국 "이제부터 체키아로 불러주세요" (AFP통신 04. 14, 뉴스1 04. 15 재인용)

– '체코공화국'이 국가명을 '체키아'로 통일한다고 AFP통신이 14일 보도했다. 체코 대통령실, 총리실 등은 이날 성명을 통해 "스포츠 경기, 마케팅 목적 등을 위해 국가

명을 표기할 때 기존의 국가명으로 부를 필요 없이 한 단어의 영문 이름으로 부르는 것을 권고한다"고 밝혔다. 성명은 "외교부가 국제연합(UN) 측에 '체키아'를 공식 국가명으로 등재해줄 것을 요청할 계획"이라고 덧붙였다. 이와 관련, 외무부는 기존 체코공화국을 사용하면서 왜곡 및 오류가 발생한 것이 이번 결정의 이유라고 설명했다. 체코공화국은 지난 1993년 체코슬로바키아가 각각 체코와 슬로바키아로 분리되면서 생겼다. 그러나 공식 국가명을 변경하는 것과 관련해 부정적인 목소리도 나오고 있다. 체코 지역발전부 장관은 이날 자신의 트위터를 통해 "국가명을 '체키아'라고 부르는 것에 반대한다"며 "사람들이 우리나라를 체첸(Chechen)과 혼동하는 것을 원치 않는다"고 밝혔다.

04월 17일

• 체코 총리 "영구적 난민할당제 승인되면 거부조치 취할 것"　　　(뉴시스 04. 18)

– 보후슬라프 소보트카 체코 총리가 17일 현지 TV방송과의 인터뷰에서 "유럽연합(EU) 회원국 간 영구적인 난민 재할당 제도가 승인될 경우, 거부 조치를 시행할 수 있다"고 밝혔다. 소보트카 총리는 "체코가 다른 국가들과의 협력을 통해 영구적인 할당제를 승인하지 못하도록 방지할 수 있길 바란다"면서 "이를 막지 못하면 추가 조치 시행 가능성을 배제하지 않을 것"이라고 강조했다. 그는 또한 소송 가능성을 언급하면서 "향후 어떤 조치를 내놓을지 미리 차단하지 않겠다"고 말했다. 한편 소보트카 총리는 체코와 헝가리, 폴란드, 슬로바키아로 이뤄진 비세그라드 4개국을 넘어서는 국가 간 연대가 영구적 난민 재할당 체제에 맞서기 위해 구성돼야 한다고 주장했다. 그는 "체코는 국가와 정부 수장이 만장일치로 결정을 내리는 유럽의회에서 이 일을 논의할 예정"이라며 "유럽연합(EU) 각료 이사회는 과반수 투표방식을 따를 것"이라고 전했다. 그러면서 "차단 메커니즘(난민할당 반대)이 실패하면, 체코 차원에서 어떠한 조치라도 내릴 가능성을 배제하지 않겠다"고 거듭 강조했다.

11차(4월 말~5월 말)

김소정

폴란드에서는 집권 여당인 법과정의당이 헌법 개정 작업에 착수했다고 밝혔으나 야당인 시민연단, 국민당 등은 반대하고 있어 정치적 대립이 지속될 것으로 전망된다(Warsaw Voice 2016. 05. 05). 한편 폴란드에서는 24만 명의 시민들이 현 정부가 비민주주의적이며, 유럽연합(EU) 내 폴란드의 입지에 악영향을 미치고 있다고 주장하며 반정부 시위에 참여했다(AP통신 2016. 05. 08; 뉴시스 2016. 05. 08 재인용). 한편 유럽연합(EU)은 폴란드에서 법치주의가 위협받고 있는 것으로 사료된다며 폴란드 정부가 이를 시정하지 않으면 내주 조치를 취할 방침이라는 입장을 밝혔다(AP통신 2016. 05. 18; 뉴시스 2016. 05. 18 재인용).

헝가리의 동향을 살펴보면, 극우정당인 요빅이 현재는 의회에서 비밀 투표로 선출하는 방식으로 이루어지고 있는 대통령 선거를 직선제로 치러야 한다고 주장했다(politics.hu 2016. 04. 27). 한편 사회당은 정부에 헝가리의 빈곤을 줄일 수 있는 정책을 요구하는 청원서를 제출했다(politics.hu 2016. 05. 03). 헝가리 대법원은 유럽 각 국에 이주자 및 난민을 강제 할당할 것을 받아들일 것인지를 묻는 정부의 국민투표 추진 계획을 승인했다(AP통신 2016. 05. 03; 뉴시스 2016. 05. 03 재인용).

체코에서는 유럽연합(EU)의 난민 할당에 따라 시리아인 4명을 처음으로 받아들였으나 이달 초 유럽연합(EU)이 제의한 망명제도 개혁방안에 대해서는 강력하게 반발했다(뉴시스 2016. 04. 28). 한편 체코의 유대인 공동체 연합에 따르면 체코 내의 반유대주의 감정 표출의 단계가 작년과 비슷한 수준인 것으로 나타났으며, 주로 인터넷상에서 나타났다(praguemonitor 2016. 05. 17). 체코의 보수 야당인 전통책임번영당이 중도 좌파 정부가 제안한 16개의 조치가 시민들의 자유를 제한하는 내용을 담고 있기 때문에 이 조치들을 폐기하기 위해 최선을 다할 것이라는 입장을 밝혔다(CTK 2016. 05. 18). 긍정당 내부에서는 정당의 비민주적인 운영에 반발하며 의원들이 새로운 그룹을 형성하려는 움직임을 보이고 있다(CTK 2016. 05. 23).

05월 05일

• 집권 법과정의당, 헌법 개정을 위한 작업 착수해   (Warsaw Voice 05. 05)

– 법과정의당 대표인 야로슬라프 카친스키는 법과정의당이 폴란드를 안전하고 자유로우며 평등하고, 정의로운 국가로 만들기 위한 전제 조건인 헌법 개정 작업에 착수했다고 밝혔다. 헌법 개정 작업은 법과정의당 내부에서 시작되고 이후에는 의회에서 논의될 예정이다. 한편 헌법 개정을 둘러싸고 폴란드의 정치권이 치열하게 대립할 것이라는 우려도 존재한다. 헌법 개정에 대해 안드레이 두다 대통령을 비롯해 쿠키스15는 찬성하는 입장을 밝혔으나 야당인 시민연단과 현대폴란드당, 국민당은 반대하며 이에 대해 여당과 대화할 여지를 두지 않았다.

05월 07일

• 폴란드서 '유럽연합(EU) 지지' 대규모 반정부 시위 열려

(AP통신 05. 08, 뉴시스 05. 08 재인용)

– 7일 폴란드 바르샤바 중심가에서 시민 수만 명이 보수당 정부 정책에 반대하는 가두행진을 벌였다고 AP통신이 보도했다. 집회 참가자들은 이날 현 정부가 비 민주주의적이며, 유럽연합(EU) 내 폴란드의 입지에 악영향을 미치고 있다고 주장했다. 시 당국은 집회 참가자 수가 24만 명에 이른 것으로 추산했다. 이 수치가 정확하다면, 지난해 10월 법과정의당이 집권한 이후 최대 규모 반정부 시위로 기록될 전망이다. 이번 집회는 "우리는 유럽 안에 있으며 앞으로도 그럴 것이다"라는 표어 아래 열렸으며, 폴란드 야당 시민연단과 시민단체들이 주최했다. 유럽연합(EU)과 유럽 의회, 인권 단체는 "폴란드 정부가 권력집중을 통해 법치주의를 무너뜨리고 있다"며 정부의 조치를 비난했다.

05월 11일

• 폴란드 우파 총리, 중도 좌파 정권 '국정 해악 끼쳤다'며 조사 의지

(AP통신 05. 11, 뉴시스 05. 11 재인용)

– 폴란드의 우파 총리가 11일 현 정부에 정권을 내준 직전의 중도 좌파 정부를 "이기심과 헛된 낭비와 국민에 대한 경멸로 가득 찬 정권"이라고 비난한 뒤 이런 정책에 연관된 인사들을 처벌할 수 있다고 경고했다. 베아타 슈드워 총리는 이날 의회 연설에서 지난해 말 총선에 패해 야당으로 물러난 국민당과 시민연단 연립정부의 8년 집권을 이렇게 성토했다. 슈드워 총리는 비난에 그치지 않고 의회에 전 정권의 금융 스캔들을 조사할 특별위원회의 구성을 요구했다. 그리고 조사 결과에 따른 연루 인사들의 기소 의지를 분명히 했다. 이에 총선에서 패했던 에바 코파츠 전 총리 등 야당 의원들은 충격을 받은 표정을 지은 뒤 "슈드워가 제시한 통계 수치들은 하나같이 거짓말"이라고 규탄했다. 슈드워 총리의 법과정의당은 정권을 잡자마자 사법부의 독립성을 제한하고 언론을 통제하는 우 편향의 개혁 정책에 시동을 걸었다. 이에 폴란드 정부가 올 초부터 법치주의 및 민주주의의 근간을 흔들고 있다는 비판이 유럽연합(EU)과 미국 등에서 제기됐다.

05월 16일

• 여당인 법과정의당, 지지율 34%로 하락해 (Warsaw Voice 05. 16)

– 여론조사기관인 CBOS가 5월 실시한 여론조사에 따르면 폴란드의 집권당인 법과정의당의 지지율이 4%포인트 하락해 34%에 머무른 것으로 나타났다. 법과정의당을 뒤따르고 있는 현대폴란드당은 18%의 안정적인 지지율을 보였고, 지난 정권의 집권당이었던 시민연단은 3%포인트 하락해 16%의 지지율을 획득했다. 야당인 쿠키스15는 8%의 지지율을 안정적으로 유지했다. 한편 국민당은 의회 진출에 필요한 5%의 정당 지지율에 미치지 못하는 지지를 받고 있는 것으로 나타났다.

05월 18일

• 유럽연합(EU), "행동 불사하겠다"며 폴란드 정부에 '법치주의' 원칙 존중 요구

(AP통신 05. 18, 뉴시스 05. 18 재인용)

– 유럽연합 집행위원회는 18일 폴란드에서 법치주의가 위협받고 있는 것으로 사료된다며 폴란드 정부가 이를 시정하지 않으면 내주 조치를 취할 방침이라고 말했다. 유럽연합 집행위는 이날 "폴란드 헌법재판소가 계속 지금처럼 위헌 심판 기능이 상

당 부분 봉쇄된다면 폴란드에서 입법 기본 권리가 제대로 지켜지는지 따져볼 수 없게 된다"고 지적했다. 집행위는 폴란드 새 정부가 집권 직후인 지난해 11월부터 헌재 기능 및 헌재 판사 임명의 독립성을 저해하고 있다고 보고 여러 차례 폴란드 정부와 비공식적 대화를 통해 우려를 전달해왔다. 집행위의 18일 발언에 따라 폴란드는 내주 월요일인 23일까지 유럽연합(EU)의 요구에 응해야 한다. 만약 폴란드 정부가 만족할 정도로 시정 조치를 취하지 않으면 집행위는 유럽연합(EU) 가치관 보호를 위해 마련된 '법치주의 기본틀'에 의거에 행동에 나설 수 있다. 이는 폴란드의 유럽연합(EU) 투표권 상실까지 이어질 수 있다.

헝가리

04월 27일

• 요빅, 대통령 직선제 원한다고 밝혀　　　　　　　　　　　　(politics.hu 04. 27)

– 극우정당인 요빅은 대통령 선거에서도 직선제를 도입해야 한다고 제안하며 네 개의 정당과 이에 대해 논의할 것이라고 밝혔다. 요빅의 대표인 가보르 스타웃(Gábor Staudt)은 대통령 선거 과정에 유권자의 의견을 반영하면 대통령의 정통성이 강해질 것이라고 주장했다. 헝가리의 대통령은 현재 의회에서 비밀 투표를 통해 선출되고 있다. 스타웃은 또한 현행 법률하에서 단순 다수제로 대통령을 뽑는 방식이 충분하다고 밝혔다. 덧붙여 그는 대통령 선거 과정에서 야당의 목소리가 많이 반영되지 않는 현 시스템에 대해서도 비판했다. 요빅의 의원들은 다섯 정당들이 모여 충분한 논의 과정을 거쳐 선거 횟수, 유효 득표율 등을 포함한 대통령 직선제의 규칙을 마련해야 한다고 주장했다.

05월 03일

• 사회당, 빈곤 정책 실행에 대한 청원서 제출　　　　　　　　(politics.hu 05. 03)

– 사회당이 야노쉬 아데르(János Áder) 대통령에게 헝가리의 빈곤을 줄일 수 있는 정부의 정책을 요구하는 청원서를 제출했다고 밝혔다. 사회당 의원인 라슬로 텔레키(László Teleki)는 최근의 여론조사 결과를 인용하며 헝가리에는 4백만 명 이상의 시민

들이 가난하게 살고 있다고 주장했다. 그는 이전에도 정당 차원에서 정부에 빈곤 해결을 위한 행동을 촉구한 적이 있지만 문제는 해결되지 않았다고 덧붙였다. 이 청원서는 의무 교육 연령을 현재의 16세에서 종전의 18세로 복구시키는 것과 공교육에서 반인종차별 조치를 제정하는 등의 내용도 포함하고 있는 것으로 드러났다.

05월 03일

• 헝가리 대법원, 유럽연합(EU)의 난민 강제할당 찬반 국민투표 승인

(AP통신 05. 03, 뉴시스 05. 03 재인용)

– 헝가리 대법원이 3일 유럽 각국에 이주자 및 난민을 강제 할당할 것을 받아들일 것인지를 묻는 정부의 국민투표 추진 계획을 승인했다. 빅토르 오르반 헝가리 총리는 이민자에 반대하는 자신의 인기영합주의 정책에 대한 국민들의 지지를 확인하기 위해 이러한 국민투표 실시를 추진하고 있다. 국민투표는 "유럽연합(EU)이 의회가 동의 없이 비 헝가리계인의 헝가리 정착을 강제하는 것에 동의하느냐"는 질문에 대한 찬반 표시로 이뤄지게 된다. 오르반 총리는 국민투표에서 반대가 승리할 경우 헝가리의 독립성을 보여주는 것이 될 것이라고 말했다. 국민투표는 올해 하반기 중 실시될 것으로 예상되며 투표율이 50%를 넘으면 유효하다.

05월 17일

• 헝가리 외무장관, 미 클린턴 부부의 비판에 "무례한 발언"

(AP통신 05. 17, 뉴시스 05. 17 재인용)

– 헝가리 외무장관은 17일 "헝가리와 폴란드가 권위주의 독재 체제를 바라고 있다는 빌 클린턴(Bill Clinton) 전 미국 대통령의 말은 무례하고 용납할 수 없는 발언"이라고 반박했다. 이날 피테르 씨야르토(Péter Szijjártó) 외무장관은 성명을 통해 "빌 클린턴을 포함해 그 누구도 이런 식으로 헝가리 국민들을 기분 상하게 할 권리가 없다"고 말했다. 이어 그는 "클린턴 마음에는 흡족하지 않을지 모르지만 헝가리 국민들은 민주선거로 자신의 정부를 뽑았다"고 덧붙였다. 클린턴 전 대통령은 지난 주 앞서 부인 힐러리 클린턴(Hillary Clinton) 민주당 대선 후보가 선거 유세 중 한 발언을 옹호하면서 "헝가리와 폴란드는 미국의 노력이 없었더라면 자유로워질 수 없었을텐데

도, '민주주의는 너무 힘들다'면서 러시아 스타일의 리더십을 원하고 있다"고 비판했다. 클린턴 부부는 이전에도 헝가리의 빅토르 오르반 총리가 너무 권위주의적이라면서 비판한 바 있다. 유럽연합(EU)과 북대서양조약기구(NATO) 회원국인 헝가리의 오르반 총리는 높은 총선 득표율에 고무돼 언론 통제 등의 조치로 서유럽 국가의 비판을 받아왔다.

체코

04월 25일

• 체코, '유럽연합(EU) 할당'에 따른 난민 첫 수용…"시리아 출신 4명"　(뉴시스 04. 28)
– 체코가 유럽연합(EU) 난민 할당에 따라 시리아인 4명을 처음으로 받아들였다. 난민 4명은 한 가족이며, 25일 체코에 도착한 이후 망명 허가를 받기 위해 대기 중인 것으로 알려졌다. 체코 내무부가 발표한 이민에 관한 정기보고서에 따르면, 체코는 유럽연합(EU) 난민 재분배 할당에 근거해 시리아인 7명을 받기로 결정했다. 체코 난민시설행정부 대변인은 "체코가 처음으로 난민 4명을 수용했다"고 밝혔다. 이어 "이들은 시리아 출신의 한 가족으로 현재 체코의 난민센터에 거주하면서 허가 절차를 밟고 있다"고 덧붙였다. 이달 초 유럽연합(EU)은 난민 수용 부담을 공평하게 질 수 있는 망명제도 개혁방안을 제의했으나, 체코는 이에 대해 강력 반발했다. 보후슬라프 소보트카 총리는 지난 6일 "정부는 유럽의 난민 분산을 위한 영구적 할당의무 시스템에 동의하지 않을 것이다. 이주 정책은 개별 유럽연합(EU) 회원국의 통제권 아래 둬야 한다"고 밝혔다. 체코는 지중해 국가에 있는 난민 2691명을 수용할 의무를 지고 있다.

05월 17일

• 반유대주의, 주로 온라인에서 나타나　　　　　　　　　　(praguemonitor 05. 17)
– 체코의 유대인 공동체 연합에 따르면 체코 내의 반유대주의 감정 표출의 단계가 작년과 비슷한 수준인 것으로 나타났으며, 주로 인터넷상에서 나타나는 것으로 드러났다. 체코에서 유대인들이 테러의 목표물이 되고 있진 않지만 그 위험도가 심각

해지고 있는 상황이라고 유대인 공동체의 한 관계자는 밝혔다. 한편 유대인 공동체 연합은 지난 20년 동안 체코 내의 반유대주의 흐름을 조사하고 이를 위한 해결책을 제시하고 있다.

05월 18일

• 야당인 전통책임번영당, 16개의 정부 조치 폐기 주장   (CTK 05. 18)

- 체코의 보수 야당인 전통책임번영당이 중도 좌파 정부가 제안한 16개의 조치를 검토하고 폐기할 것이라고 밝혔다. 내각이 제안한 조치들은 시민들의 자유를 제한 하는 내용을 담고 있기 때문에 전통책임번영당은 이 조치들을 폐기하기 위해 최선 을 다할 것이라는 입장을 밝혔다. 당 대표인 미로슬라프 칼로섹은 기자회견에서 정 부는 법률을 위반하거나 세금을 내지 않는 사람들을 관리하기 위해 움직이지 않고 있다며 보후슬라프 소보트카 총리를 비난했다. 덧붙여 그는 정부가 제안한 모든 것 들이 시민의 자유를 제한하는 것과 관련되어있다고 주장했다. 칼로섹은 또한 상원 에서는 논의되지 않았지만 정당 차원에서 온라인 검열에 관한 법안을 검토 중이라 고 밝혔고, 이에 대해서도 전통책임번영당은 싸울 것이라는 입장을 밝혔다.

05월 20일

• 5월 여론조사에서 긍정당, 사회민주당 앞서   (praguemonitor 05. 20)

- 최근 여론조사 결과, 재정부 장관인 안드레이 바비스가 이끄는 긍정당이 라이벌 인 사회민주당을 앞선 것으로 나타났다. CVVM이 5월 실시한 여론조사 결과에 따 르면 긍정당의 지지율은 4월보다 1%포인트 상승해 28%인 것으로 나타났다. 보후 슬라프 소보트카 총리가 이끄는 사회민주당은 1%포인트 하락한 25.5%의 지지율을 보였으며, 공산당은 지난 조사에서 11%의 지지율을 보였던 반면 5월에는 15%의 지 지율을 획득했다. 한편 하원 선거는 일 년 뒤 치러질 예정이다.

05월 22일

• 긍정당, 새로운 그룹 형성 움직임 보여   (CTK 05. 23)

- 안드레이 두다가 이끄는 긍정당 내부에서, 긍정당의 방향성에 반대하는 인사들

이 'PRO 2016'라는 새로운 그룹을 형성할 예정이다. 긍정당 의원인 라드카 폴로바 (Radka Paulova)는 "우리는 오는 6월 4일에 새로운 그룹을 만들 것"이라는 입장을 밝혔다. 그는 긍정당 내부에서는 다른 의견이 수용되지 않는 등의 비민주적인 분위기가 팽배했다고 주장했다. 한편 긍정당은 "국가를 기업처럼 운영하겠다"는 슬로건을 가지고 지난 2012년 창당되었고 2013년 총선에서 19%의 정당 지지율을 획득하는 등의 선전을 했다. 현재 긍정당은 지지율 선두를 달리고 있다. 의원들의 이러한 움직임에 대해 안드레이 바비스는 "어떠한 문제가 닥치더라도 정당 지도부는 통일되어야 하며, 정당은 민주적으로 운영되고 있다"는 입장을 밝혔다.

12차(5월 말~6월 말)

김소정

폴란드의 사법부 독립성 침해 등 민주주의 후퇴 행보에 대해 유럽연합(EU)이 제재와 대화를 병행할 것이라는 입장을 밝혔다(연합뉴스 2016. 05. 23). 유럽연합(EU)이 지적한 사항이 개선되지 않으면 유럽연합 집행위는 유럽연합(EU) 조약 7조에 의거, 관련 기관이나 제도에서 해당 국가의 투표권을 박탈할 수 있다(연합뉴스 2016. 05. 23). 한편 폴란드 민주화 27주년을 맞아 전직 대통령 두 명의 주도하에 대규모 반정부 시위가 열렸다(국민일보 2016. 06. 05). 이러한 상황에도 불구하고 6월 실시된 여론조사 결과에 따르면 여당인 법과정의당이 40%의 지지율을 획득해 여전히 선두를 달리고 있는 것으로 나타났다(Warsaw Voice 2016. 06. 15).

헝가리의 동향을 살펴보면 청년민주동맹이 오는 가을에 선거인단 등록제도, 선거공영제 등의 내용을 포함한 선거법 개정안을 제출할 예정이라고 밝혔다(politics.hu 2016. 05. 24). 한편 헝가리 당국은 난민 유입을 막기 위해 세르비아 국경에 설치한 철조망을 확장하기 시작했다고 밝혔다(AFP통신 2016. 05. 30; 뉴스1 2016. 05. 30 재인용). 의회는 테러의 위협을 다루기 위한 방안으로 헌법 개정안을 수용했다. 개정안에 따르면 의원의 3분의 2 이상이 동의한다면 "테러의 위협 상태"가 선포될 수 있고, 선포되면 특정 법률은 무시되며 예외적인 조치가 구현될 수 있다(politics.hu 2016. 06. 08).

체코에서는 전통책임번영당이 사회 통합을 위해서는 난민들이 체코의 가치와 전통을 배울 수 있는 프로그램에 필수적으로 참여해야 한다고 주장했다(praguemonitor 2016. 06. 03). 한편 긍정당은 의원의 장관직 겸직을 금지하는 법안을 제출했다(praguemonitor 2016. 06. 05). 법률인권부 장관인 이리 딘스비어(Jiří Dienstbier)는 여성의 대표성을 위해 각 정당이 최소 40% 이상의 여성 후보를 추천해야 한다고 주장하며, 성 평등을 제고하기 위한 방안을 제안했고 이에 대한 내각의 논의가 이루어질 예정이다(praguemonitor 2016. 06. 05). 한편 체코 국방장관은 영국의 유럽연합(EU) 탈퇴 결과가 유럽에서의 민족주의와 포퓰리즘으로 번질 것을 우려했다(praguemonitor 2016. 06. 24).

05월 23일

• 유럽연합(EU), 민주주의 후퇴 폴란드 제재 · 위협과 대화 병행　　(연합뉴스 05. 23)

– 유럽연합(EU)이 폴란드의 민주주의 후퇴와 사법부 독립 침해에 대해 제재 위협을 가함과 동시에 이를 모면하는 방안을 도출하기 위한 대화를 진행하고 있다. 폴란드 하원은 지난해 12월 헌재 권한을 제한하는 법안과 공영방송을 사실상 정부의 선전 도구로 만드는 미디어 법안을 잇달아 통과시켰다. 유럽연합(EU)은 폴란드 정부가 사법부의 독립을 침해하고 언론을 탄압하는 데 대한 유럽연합(EU) 차원의 대응책으로 지난 1월부터 '법치주의 메커니즘' 적용을 위한 조사를 진행해왔다. 법치주의 메커니즘은 유럽연합(EU) 회원국에서 민주주의 등 유럽의 가치에 대한 '조직적인 위협'이 발생할 때 대처하는 절차로 2014년 3월 도입됐다. 이 메커니즘이 발동되면 유럽연합 집행위는 관련 정보를 수집하고 명백히 '법치주의에 대한 조직적인 위협'이 맞는지 평가하는 절차를 거쳐 위협이 확인될 경우 해당 국가와 대화해 해명할 기회를 준다. 문제가 만족할만한 수준으로 개선되지 않으면 유럽연합 집행위는 유럽연합(EU) 조약 7조에 의거, 유럽연합(EU) 기관이나 제도에서 해당 국가의 투표권을 박탈한다.

06월 04일

• 폴란드 민주화 27주년 맞아 전직 두 대통령 주도 대규모 반정부 시위

(국민일보 06. 05)

– 폴란드의 바르샤바에서 4일 전직 대통령 2명의 주도 아래 공산당 축출 27주년을 기념하고 우익 정부의 정책에 항의하는 대규모 반정부 민주화시위가 일어났다. 전직 좌파대통령 알렉산데르 크바스니에프스키(Aleksander Kwasniewski)와 중도파 대통령이었던 브로니스와프 코모로프스키가 선두에 나선 수만 명의 시위대는 이날 거리를 행진했다. 폴란드는 지난 1989년 6월 4일 평화선거를 통해 공산주의를 축출하고 민주화를 이룬 바 있다. 하지만 폴란드 보수당 정권은 집권 이후 국가기관에 대한 장악력을 확대하는데 치중, 헌법기관을 마비시키고 국영 언론을 정부 통제 하에 뒀다는 비난을 받고 있다. 코모로프스키 전 대통령은 "우리는 자유 폴란드를 원한다. 우

리가 자유를 꿈꾸었고, 싸워서 쟁취했으며, 그것을 건설했기 때문이다"라고 군중을 향해 연설했다. 바르샤바 경찰은 시위참가자를 5만 명으로 집계했다. 수도 바르샤바 뿐만 아니라 폴란드 전역의 도시들과 베를린, 브뤼셀, 각지의 유럽연합(EU) 본부가 있는 곳에서도 반정부 행진이 있었다. 한편 여당인 법과정의당의 총재 야로슬라프 카친스키는 이날 바르샤바에서 전당대회를 열고 "여당의 정책은 폴란드 국민의 삶을 개선하고 유럽연합(EU)에서 폴란드의 독립을 수호하기 위한 것"이라며 "이는 폴란드 국민 대다수가 원하는 것으로 더 나은 삶의 질을 누릴 권리를 주는 일"이라며 강변했다.

06월 15일
• 여당인 법과정의당, 지지율 조사에서 여전히 선두   (Warsaw Voice 06. 15)
- 여론조사기관인 TNS의 조사 결과에 따르면 폴란드 여당인 법과정의당은 40%의 지지율을 획득해 여전히 선두를 달리고 있는 것으로 나타났다. 한편 중도를 표방하는 시민연단은 17%의 안정적인 지지율을 유지하고 있으며 현대폴란드당은 지난 조사에 비해 2% 포인트 하락해 9%의 지지를 얻는 것에 그쳤다. 파블 쿠키스가 이끄는 쿠키스15는 2% 포인트 상승한 9%의 지지를 받는 것으로 나타났다. 한편 국민당은 지난 조사에 비해 2% 포인트 하락한 2% 대의 지지를 받고 있는 것으로 나타났다.

06월 20일
• 국민당, 반정부 연대와 불화 겪어   (Warsaw Voice 06. 20)
- 지난 정권의 연정 파트너였던 국민당이 격주로 이루어졌던 반정부 연대와의 만남을 중단할 것이라는 입장을 표명했다. 국민당의 대표인 브와디스와프 코쉬냑 카미쉬(Wladyslaw Kosiniak-Kamysz)는 국민당과 긴밀한 관계를 유지했던 반정부 연대가 모든 이슈에 대해 급격하게 좌파적인 성향을 보였기 때문에 더 이상 이들을 받아들일 수 없다는 결정을 내렸다고 밝혔다.

06월 21일
• 야당인 시민연단, 국방장관에 대한 불신임 투표안 제출   (Warsaw Voice 06. 21)

– 폴란드의 주요 야당인 시민연단이 안토니 모차레비츠(Antoni Macierewicz) 국방장
관이 공산주의자와 협력했다며 국방장관에 대한 불신임 투표안을 제출했다. 국방장
관과 공산주의자와의 협력 사실을 담은 뉴스가 보도된 이후 시민연단과 현대폴란드
당 의원들은 모차레비츠 장관의 사퇴를 요구한 반면, 쿠키스15와 법과정의당은 이
와 같은 보도가 모차레비츠 장관에 대한 정치적 모략이라는 입장을 밝혔다.

헝가리

05월 24일

• 청년민주동맹, 선거법 개정안 제출할 예정   (politics.hu 05. 24)

– 청년민주동맹의 당 대표가 오는 가을에 선거법 개정안을 제출할 예정이라는 입장
을 밝혔다. 당 대표인 게르게이 구야쉬는 제출할 개정안이 선거인단 등록제도, 선거
공영제 등의 내용을 담고 있다고 말했다. 개정안에 따르면 유권자가 선거인단 등록
을 하기 위해서는 이중국적을 유지하는 등의 조건이 필요할 것으로 예측된다. 또한
청년민주동맹은 선거 자금에 대해 2%의 지지율을 획득하지 못한 정당은 선거 운동
을 지원하는 국가의 보조금을 반환해야할 것이라는 입장을 밝혔고, 이 또한 개정안
에 반영될 것으로 보인다. 한편 구야쉬는 재외국민이 해외에서 우편으로 표를 행사
하는 것에 대해서는 종전과 같이 반대하는 입장이라고 밝혔다.

05월 30일

• 헝가리, '난민 유입 차단' 세르비아 국경 철조망 확장

                     (AFP통신 05. 30, 뉴스1 05. 30 재인용)

– 헝가리 당국이 난민 유입을 막기 위해 세르비아 국경에 설치한 철조망을 확장 건
설하기 시작했다고 AFP통신이 30일 보도했다. 그리스 난민촌 철거로 인해 이곳에
살던 난민들이 헝가리로 서서히 유입되기 시작하면서 이뤄진 조치다. 기요르기 바
콘디(György Bakondi) 헝가리 총리실 수석보좌관은 현지 라디오방송에 "지난주 그리
스의 난민캠프 철거 이후 헝가리 장벽을 넘으려는 난민 수가 증가했다"고 밝혔다.
바콘디에 따르면 매일 평균 70~90명에 이르던 불법 입국자 수는 그리스의 캠프 철

거 후 100~150명으로 늘어났다고 한다. 국경지역에 이미 설치된 철조망이 더 이상 충분하지 못하다고 판단됨에 따라 이를 "영구적인 장벽"으로 교체한다는 방침이다. AFP통신은 30일 세르비아에서 헝가리로 넘어가기 위해 대기 중인 난민이 약 200명 에서 250명 정도였다고 전했다. 지난해 헝가리 정부가 세르비아, 크로아티아와 맞 닿은 남부 국경지역을 폐쇄하기 전까지 약 30만 명의 난민들이 헝가리를 유럽입국 을 위한 통로로 활용한 것으로 집계됐다.

06월 07일

• 의회, 테러의 위협과 관련된 헌법 개정안 승인해   (politics.hu 06. 08)

− 6월 7일, 의회가 테러의 위협을 다루기 위한 새로운 규정을 만들기 위한 기초 작 업의 일환으로 헌법 개정안을 승인했다. 개정안에 따르면 테러리스트의 위협이나 공격이 있을 때 의원의 3분의 2 이상이 동의한다면 "테러의 위협 상태"가 선포된다. 테러의 위협 상태가 선포되면 특정 법률은 무시되며 예외적인 조치가 구현될 수 있 다. 또한 이러한 테러의 위협 상태는 최장 15일까지 유지될 수 있으며, 선포 하에서 경찰이나 국가 보안 자원이 충분하지 않은 경우 정부는 군대를 동원할 수 있다. 이러 한 헌법 개정과 관련해 의회는 몇 가지 법률을 개정했다. "테러의 위협 상태" 범주는 경찰과 국가 안보 전반과 관련된 법률에 적용될 것이다. 또한 헌법 개정에 따라 군대 가 동원될 시에는 필요하다면 무기 사용이 가능해졌다.

06월 16일

• 요빅 대표, 난민할당제 관련 국민투표에서 패배한다면 오르반 총리 사퇴해야

(politics.hu 06. 16)

− 요빅의 당 대표인 가보르 보나는 유럽연합(EU)의 난민할당제와 관련된 국민투표 에서 패배한다면 빅토르 오르반 총리가 사퇴해야 할 것이라고 주장했다. 기자회견 에서 보나는 오르반 총리가 국민투표 결과에 대한 궁극적인 책임을 져야할 것이라 는 입장을 밝혔다. 또한 그는 집권 정당이 헌법 개정에 의해 난민할당제를 거부하자 는 요빅의 제안을 고려하지 않았음을 총리가 후회할 것이라고 말했다. 덧붙여 요빅 은 난민할당제 계획에 반대할 것이며 투표에서도 반대표를 던질 것이라고 주장했

다. 빅토르 오르반 총리는 이민자에 반대하는 자신의 인기영합주의 정책에 대한 국민들의 지지를 확인하기 위해 국민투표 실시를 추진한 바 있다.

체코

06월 03일

• 전통책임번영당, 난민들 통합 프로그램 필수적으로 참여하게 해야

(praguemonitor 06. 03)

– 중도보수를 표방하는 전통책임번영당이 체코에 입국한 난민들이 필수적으로 통합 프로그램에 참여하게 하는 내용을 담은 개정안을 제안하길 원한다는 입장을 밝혔다. 당 대표인 헬레나 랑자들로바(Helena Langšádlová)는 난민에 대한 지원이 중요하고 국가는 난민들을 인정해야하지만 이들에 대한 명확한 규칙이 규정되어야 한다고 주장했다. 또한 국가로부터 거주할 권한을 부여받은 난민들은 체코의 가치와 전통을 이해하고 사회에 통합되기 위한 노력을 해야 하며, 그렇지 않은 자들은 국가를 떠나야 한다고 말했다. 덧붙여 전통책임번영당은 체코가 외국인들에게 보다 개방적인 국가가 되기 위해서는 다양한 문화와 종교에 대한 교육을 강화해야 한다는 의견을 피력했다.

06월 05일

• 긍정당, 장관과 의원직 겸직 금지하는 법안 제출　　　(praguemonitor 06. 05)

– 긍정당은 정치인이 의원직과 장관직을 동시에 수행하는 것을 금지하는 내용을 담은 법안 초안을 하원에 제출했다고 밝혔다. 긍정당 대표인 안드레이 바비스는 이러한 법안이 통과되면 장관이 그들의 업무에 시간을 집중적으로 할애해 보다 높은 성과를 낼 것이라고 주장했다. 한편 개정안이 의회에서 통과되려면 120명 이상이 이에 동의해야하지만 정부와 다른 야당이 이러한 법안을 지지할지는 불투명하기에 법안 통과는 어려울 것으로 예측된다.

06월 05일

• 내각, 성 평등과 관련된 계획 논의할 예정   (praguemonitor 06. 05)

– 각 정부부처와 공공기관에서 여성의 대표성을 높이기 위한 제안이 다음 주에 내각에서 논의될 예정이다. 이러한 내용을 담은 제안은 법률인권부 장관인 이리 딘스비어에 의해 제기되었으며 제안의 내용에는 의원, 장관직을 포함한 고위직을 여성이 40% 이상을 차지해야 한다는 주장도 포함되어있었다. 그는 또한 매년 고위직 여성이 1명씩 증가하는 방식인 "+1 전략"이 시행되어야 한다고 주장했다. 마지막으로 그의 제안에는 성 평등을 위해 각 정당이 최소 40% 이상의 여성 후보를 추천해야 한다는 내용이 포함되어있었다.

06월 13일

• 긍정당의 지지율 25% 넘겨   (praguemonitor 06. 13)

– 여론조사기관인 미디언 에이전시(Median agency)에 따르면 긍정당의 지지율은 25.5%로, 22%의 지지율을 획득한 사회민주당을 앞서는 것으로 나타났다. 공산당은 14%의 지지율을 획득했고 중도 보수를 표방하는 시민민주당과 전통책임번영당은 모두 8.5%의 지지율을 획득했다. 한편 지난 4월 조사에서는 긍정당이 25%, 사회민주당이 22%의 지지율을 보였다.

06월 24일

• 체코 국방장관, 브렉시트가 민족주의와 포퓰리즘으로 연결될 것을 우려

(praguemonitor 06. 24)

– 마르틴 스트로프니키 국방장관은 영국의 유럽연합(EU) 탈퇴가 유럽 전역에서 민족주의와 포퓰리즘을 야기하는 것에 대한 우려를 표명했다. 그는 유럽연합(EU) 회원국 간의 동맹을 유지하기 위해서는 양보가 필수적이라는 입장을 밝혔으며, 도미노 효과를 방지해야 한다고 주장했다. 장관은 또한 영국의 탈퇴로 야기되는 충격을 최소화해야하고 협력을 재구축하는 계기가 필요하다는 입장을 밝혔다. 그는 마지막으로 영국의 결정으로 인해 모두가 손해를 입을 것이며 그 같은 결정은 다양한 무역 전쟁을 야기할 것이라고 주장했다.

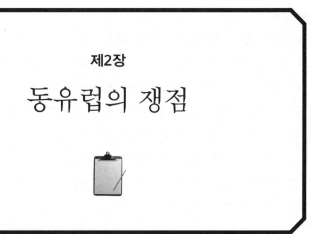

제2장

동유럽의 쟁점

민주주의에서의 자유, 어디까지 허용가능한가?

김소정

체코 CTK통신의 보도에 따르면 지난 7월 1일 프라하에서 열린 시위에서 몇몇 참가자들은 이민자 수용에 긍정적인 사람들을 처단하겠다며 모형 교수대를 소지했고, 이에 대해 야당 의원들은 체코 정부에 공개서한을 보내 극우 세력의 위협에 대해 견제해야 한다고 주장했다고 한다. 의원들은 경찰들이 시위대의 폭력성을 민주주의 사회에서의 시민의 권리로 여긴 것은 잘못된 것이라고 주장한 반면, 보후슬라프 소보트카 총리는 이에 대해 시위에 경찰이 개입하는 것은 황당하고 기괴한 것이라는 입장을 밝혀 양측이 대립하고 있는 상황이다(CTK 2015. 07. 03).

논쟁의 전개를 보면 그 중심에는 민주주의 사회에서 시민들의 권리를 어느 선까지 인정해야하는 것인지가 자리 잡고 있다. 체코는 1990년 선거를 통해 공산당 일당체제를 종식시키고 이전의 비정상적 정치행태, 선거와는 달리 민주적인 방식에 따른 근대적 의미의 민주적 국가로 변모하였고 민주화 이후에 중·동유럽 탈공산주의 국가 중에서 가장 빠른 속도로 민주화를 추진하고 있으며 안정된 정당체계를 구축하고 있다(김신규 2004).

하지만 영국의 경제 전문지 이코노미스트(Economist)가 발표한 2014년 세계 민주주의 순위(democracy index 2014)에 따르면, 체코는 25위에 그쳐 자유민주주의(Full democracy)가 아닌 비자유민주주의(Flawed democracy) 국가에 선정되었다(코리아헤럴드 2015. 01. 28). 주목할 만한 점은 정치참여(6.67), 정치문화(6.68) 등의 항목 점수는 저조한 반면 시민의 권리 항목에서 체코는 9.41점을 획득해 다른 항목들과 비교했을 때 상대적으로 높은 점수를 받았다는 것이다(세계일보 2015. 01. 28). 결과적으로 체코에서는 시민의 권리에 대한 이해정도가 높으며, 큰 틀에서의 사회적인 합의도 이루어졌다고 볼 수 있다.

따라서 시위대의 행동을 경찰이 어느 선까지 용인할 수 있는지에 대한 논쟁 등 시민의 권리에 대한 논의는 자연스러운 흐름이다. 또한 이는 체코의 민주주의가 진일보할 수 있는 밑거름이 될 것이다. 하지만 성숙한 민주주의 사회를 이루기 위해서는 이러한 논의들이 이념갈등, 세력갈등 등으로 비화되어 본질을 흐리는 것은 방지해야 한다.

참고문헌

CTK 2015.07.03.

세계일보 2015.01.28.

코리아헤럴드 2015.01.28.

김신규. 2004. "민주화 초기 단계(1990~1996) 정당체계의 변화: 체코와 슬로바키아의 사례연구." 『국제지역연구』 8권 2호, 213-239.

이념적 극단화와 다원화

김소정

체코 CTK통신의 8월 17일 보도에 따르면 체코의 새로운 우익정당들이 과거에는 부패와의 싸움 등을 외쳤다면 최근에는 이슬람 난민 퇴치 선언을 하는 등의 공약으로 유권자들을 동원하고 있다고 한다. 이에 대해 일각에서는 그들이 과격한 단어를 사용하는 것을 망설이지 않고 협박하는 것을 두려워하지 않아 사회에 증오를 퍼뜨리고 있다고 비난했다. '체코에서는 이슬람교도를 원하지 않는다'라는 집단의 대표 마르틴 코느비츠카는 자신의 페이스북에 최악의 상황이 도래할 경우 "이슬람교도를 강제 수용소에 모아 관리해야 한다"는 글을 남겨 파문이 일었다(CTK 2015. 08. 17).

체코의 우익정당은 공산정권이 붕괴되면서 대중들의 주목을 받았다. 당시 공산당에 반대하는 대부분의 정치 조직이 우익을 표방하면서 등장하였고 정책과 노선이 단순히 공산당의 것과 상이하다면 그 조직과 정당은 우익으로 취급되었으며 마땅히 탈공산주의 정치에 등장할 자격이 있는 것으로 여겨졌다(김신규 2006). 이러한 일련의 흐름은 탈공산화 이후 체코의 정치권이 이념을 다원화하려는 시도로 볼 수 있으며 이번 논란 역시 이념적 다원화 측면에 있어서는 비판의 여지가 없다.

하지만 지난 18일 학계에서 체코 사회 내에서 외국인 혐오증을 유발하는 정당들에 각성을 요하는 청원서를 발표한 것을 보았을 때 지나친 이념의 극단화는 지양해야 한다는 것을 알 수 있다. 학자들은 청원서가 이민자 유입에 따른 실질적인 위험성을 간과하는 것은 아니며 급진주의적 행동들이 체코인들을 오히려 위험에 빠뜨리고 있음을 알리고자 하는 것이라고 밝혔다(CTK 2015. 08. 18). 또한 체코 정치학자 야논 부레스는 이민자에 대해 과격한 표현을 하는 등의 행위는 결과적으로 유권자들을 동원하는 것에 성공하지 못할 것이라고 전망했다(CTK 2015. 08. 17).

학자들의 경고처럼 체코의 현재 상황을 보았을 때 한쪽으로 이념이 쏠리는 현상은 바람직하지 못하다. 하지만 그렇다고 해서 자유로운 의견 표현을 막아서는 안 될 것이다. 다만 좌와 우의 의견 교환을 통해 이념적으로 다원화된 성숙한 민주주의 사회를 만들어가는 것이 정당의 존재 이유일 것이다. 정당들은 민의(民意)를 대변해 공약화하고 그것을 통해 시민들을 동원하려는 노력을 해야 할 것이다.

참고문헌

CTK 2015.08.17.

김신규. 2006. "탈공산화 이후 체코 우익정당의 등장과 변화 연구." 『동유럽발칸학』 8권 1호, 241-269.

CTK 2015.08.18.

대의민주주의 발전을 위한 정당들의 역할

김소정

현재 폴란드 정치권에서 난민 문제를 제외한 가장 큰 이슈는 10월에 치러질 총선이다. 폴란드의 입법부는 총 460석의 하원(Sejm)과 총 100석의 상원(Senat)으로 구성되어있으며, 하원은 41개의 지역구에서 직선방식으로 선출된다(최성은 2005). 이번 10월 총선에서는 상원의원과 하원의원 560명을 동시에 선출하기 때문에 각 정당들은 총선 승리를 위해 많은 노력을 기울이고 있다.

폴란드 언론인 바르샤바 보이스(Warsaw voice)의 9월 4일자 기사에 따르면 10월 총선을 앞두고 자유-보수주의 이념의 시민연단이 총선 후보자 명부에 주요 정적인 보수적 성향의 법과정의당 소속 전 의원인 루드윅 도른 등 좌우를 가리지 않고 유명 인사들을 다수 포함시켰다고 한다. 폴란드의 언론들은 시민연단이 법과정의당에 맞서 넓은 지지기반을 다지기 위해 각기 다른 정당에서 정치인들을 영입해 오는 도날드 투스크 전 총리의 전략으로 돌아가고 있다고 평가하며 비난했다(Warsaw voice 2015. 09. 04).

시민연단이 법과정의당의 정치인을 영입해오는 것은 시민연단과 법과정의당 모두 보수주의 정당이므로 그 이념이 같다는 점에서 이해할 수 있는 부분이다. 하지만 단지 총선에서의 승리를 위해 민주좌파동맹 등 시민연단과 이념이 다른 정당의 정치인 다수를 하원의원의 후보로 삼는 것은 바람직하지 않다고 생각한다. 이에 대한 폴란드 시민의 불만의 목소리도 나오고 있는 상황이다(Warsaw voice 2015. 09. 04). 물론 이러한 시도를 정당 이념의 스펙트럼을 넓혀 더 많은 유권자들을 동원하고자하는 시도로 볼 수도 있다. 그러나 9월에 실시한 정당지지율 조사 결과를 살펴보면 법과정의당은 39%의 지지율을 획득한 반면 시민연단은 22%에 그친 것을 보아(Warsaw voice 2015. 09. 22) 시민연단의 이번 시도는 단순히 지지율을 높여 정권을 획득하기 위한 것으로 보인다.

1980년대 후반 탈공산화되어 대의민주주의의 역사가 짧은 폴란드에서 정당이 민주주의 발전보다 당리당략을 우선순위에 두고 있는 행태가 올바른지에 대해서 의문이 생긴다. 정당들은 시민들의 의견을 반영한 선거를 통해 장기적으로 민주주의 발전을 위해 힘써야 할 것이다.

참고문헌

Warsaw voice 2015.09.04.

최성은. 2005. "동유럽: 폴란드 2005년 총선 및 대선 전망." 『국제지역정보』 143권, 46-47.

Warsaw voice 2015.09.22.

재외선거와 대의민주주의

김소정

현재 헝가리에서 활발히 논의되고 있는 사안은 선거제도 개정에 관한 것이다. 헝가리 언론의 10월 16일자 보도에 따르면 입법위원장인 게르게이 구야쉬는 재외 헝가리 국민의 투표권에 대한 논의는 활발히 진행되어야 할 필요가 있다는 입장을 밝혔다. 또한 청년민주동맹과 사회당이 재외국민의 투표권에 대해 찬성하는 입장을 차례로 밝혀 이에 대한 논의가 활발히 이루어질 것으로 보인다(politics.hu 2015. 10. 16).

선거는 대의민주주의 국가의 상징이며 권력의 정당성을 확보하는 중요한 수단이기 때문에 모든 국민이 주권의 실현을 위해 어떤 제약이나 제한 없이 참여할 수 있어야 하고, 이런 의미에서 재외 국민 선거의 실시는 민주주의의 수준을 결정하는 요인 중 하나라고 볼 수 있다(박명호·송일호 2012). 우리나라의 경우 이같은 의견을 반영하여 지난 2012년 19대 총선에 재외선거가 처음 도입되었으며, 내년 20대 총선을 앞두고 전세계 169개 공관에 재외선거관리위원회가 설치돼 운영되고 있다(국민일보 2015. 10. 15). 유럽에서는 프랑스, 영국, 독일, 이탈리아 등의 국가에서 재외선거가 실시되고 있는데 가장 주목할 만한 사례는 이탈리아이다. 지난 2006년 4월 총선에서 포괄적이고 혁신적인 해외 선거구제도를 도입해 400여만 명에 달하는 이탈리아 국민들은 자신이 살고 있는 해외 권역별 기준에 따라 자신들의 대표를 상·하원에 보낼 수 있게 되었다(김종법 2012).

이처럼 다수의 국가들이 보다 많은 유권자들을 대변하기 위해 재외선거제도를 도입해 시행하고 있다. 한편 재외선거에 대한 부정적인 의견도 존재하는데, 지역과 국가에 따른 시차로 인해 개표의 동시성이 성립되지 않고 부정투표의 가능성이 높다는 점이 그 근거라고 볼 수 있다(김종법 2012). 재외선거의 낮은 투표율과 비용적인 측면에서도 문제점을 찾을 수 있다. 우리나라 19대 총선의 경우 재외선거의 투표율이 전체 유권자와 대비했을 때 2.53%에 그친 것이 대표적인 사례이다(한겨레 2012. 04. 02).

하지만 이러한 문제점을 내포하고 있다 해도 그 결과가 대의민주주의의 발전에 기여한다면 도입해 문제점을 해결할만한 가치는 충분하다고 생각한다. 헝가리 정당들도 각 정당의 득실을 따질 것이 아니라 궁극적인 목표를 대의민주주의 발전에 두고 재외선거를 논의한다면 바람직한 민주주의 사회를 향해 나아갈 수 있을 것이다.

참고문헌

politics.hu 2015.10.16.

박명호·송일호. 2012. "재외국민선거의 이상과 현실: 편의성 vs. 공정성." 『의정논총』 7권 1호, 75-94.

국민일보 2015.10.15.

김종법. 2012. "재외국민 선거제도의 개선을 위한 정책방향과 내용." 『선거연구』 2권 1호, 97-120.

한겨레 2012.04.02.

극우정당의 득세와 대의민주주의

김소정

10월 25일 치러진 폴란드 총선 결과, 극우 성향의 법과정의당이 전체 460석 중 242석을 차지해 8년간 집권해 온 중도보수 성향의 시민연단을 누르고 승리했다(조선일보 2015. 10. 27). 선거 결과로 인해 1989년 폴란드 체제 변혁 이후 최초로 단일 정부를 구성할 예정이며, 정권교체 못지않게 관심을 끄는 것은 좌파의 몰락이다(연합뉴스 2015. 10. 27). 폴란드 총선 결과는 최근 동유럽 지역의 '좌파 몰락'을 상징적으로 보여주는데 흔히 동유럽으로 분류할 수 있는 러시아와 독일 사이 17개국 가운데 좌파 집권은 체코·슬로바키아 등 6개국에 불과하다(조선일보 2015. 10. 27).

최근 헝가리 등 유럽 국가들이 국제적 비난을 무릅쓰면서 난민을 내치는 것도 정치 상황과 관련이 있다. 난민들에 대해 비판적인 입장을 보이는 나라들은 주로 우파·민족주의 세력이 정권을 잡은 곳들이며, 정부가 난민을 수용하는 나라에서도 극우파가 '반이민'을 내세워 지지율을 올리고 있다(경향신문 2015. 09. 18). 이에 대해 유럽 내에서는 극우 세력이 2008년 세계 금융위기 이후 침체된 경제, 무슬림에 대한 편견, 테러 공포 등과 같은 불안함을 이용해 '난민 탄압'을 정치브랜드화 하고 있다고 비난하는 의견도 나오고 있는 상황이다(경향신문 2015. 09. 18).

극우정당들의 선전은 민심을 읽어 시민들의 의견을 공약으로 반영하고 있는 것으로 볼 수 있기 때문에 대의민주주의의 원칙에 어긋나지 않는다. 또한 폴란드의 정치적 상황을 보았을 때 집권당이었던 시민연단에 대한 환멸과 반발로 인해 대안으로 선택한 것이 극우정당일 가능성도 있다. 하지만 국민들의 불안 심리를 지나치게 정치적으로 이용하는 행태는 바람직하다고 볼 수 없을 것이다. 또한 극우정당의 선전 요인인 난민 이슈에 대해서도 다양한 시민들의 의견이 존재하기 때문에 이 의견들이 정치에 반영될 수 있어야 한다. 혼란과 분열의 유럽사회에서 정당들은 성숙한 대의민주주의체제를 위해 현시점에서 자신들의 올바른 역할이 무엇인지 생각해보아야 하며, 시민들은 의회에서 견제와 균형의 원리가 작동되고 있는지를 지켜보는 노력이 필요할 것이다.

참고문헌

조선일보 2015.10.27.
연합뉴스 2015.10.27.
경향신문 2015.09.18.
허핑턴포스트 2015.11.23.
주간조선 2015.11.23.

견제와 균형 그리고 민주주의

김소정

최근 폴란드에서는 사법부와 입법부 간 총성 없는 전쟁이 이루어지고 있다. 지난 정권에서 시민연단 정부는 집권 당시 5명을 헌법재판소 재판관으로 임명했는데 이 중 2명의 임명이 헌법에 위배되는 것이라는 결정을 받았다(연합뉴스 2015. 12. 16). 이에 새로운 정권인 법과정의당이 당장에 교체할 수 있는 재판관은 2명에 불과했으나 법과정의당은 자신들의 정책에 동조하는 인물들을 임명하기 위해 시민연단 정권이 임명한 5명의 판사 임명 전체를 무효화시켰다(AP통신 2015. 12. 10; 뉴시스 2015. 12. 10 재인용). 그 과정에서 법과정의당은 의회에서 관련 법률 개정안을 심야에 기습적으로 통과시켜 결과적으로 5명을 임명하였고, 헌재는 이에 대해 개정 법률과 그 적용 절차 등이 위헌이라는 결정을 내렸다(연합뉴스 2015. 12. 16).

하지만 안드레이 두다 대통령은 헌재가 의회 결의에 대해 판결할 자격이 없다고 주장했으며, 집권당도 헌재를 연일 공격하고 있는 상황이다(연합뉴스 2015. 12. 16). 이러한 상황에 대해 야당인 현대폴란드당 대표인 르샤르트 페트루는 "법과정의당이 오늘은 헌재를 공격하고 있고, 내일은 우리의 자유를 공격할 것"이라며 비판했다(연합뉴스 2015. 12. 16). 시민들 또한 민주주의 가치의 훼손을 우려하며 대규모 시위를 개최해 정부에 반발하고 있고 해외에서도 집회를 열 예정이라고 밝혔다(Warsaw voice 2015. 12. 21).

2014년 이코노미스트(Economist)에서 발표한 민주주의 지수에 따르면 폴란드는 체코, 인도 등과 함께 결손 민주주의(Flawed Democracy) 국가로 선정되었다. 그 이유는 바로 이번 논란과 같은 사례가 지속적으로 나타나고 있기 때문일 것이다. 민주주의의 원칙을 보았을 때 권력에 대한 견제와 균형은 빠지지 않고 등장하는 개념이며, 입법부와 사법부 간의 권력분립은 정치체제와 관련 없이 민주주의 국가에서 필수적인 요소라고 할 수 있다. 이러한 원칙들은 국가적 과제를 성질과 기능에 따라 여러 국가기관에 분산시킴으로써 견제와 균형을 통하여 국민의 자유와 권리를 보호하려는 목적을 갖기 때문에 중요하다(김용훈 2013).

　시민들의 정치 참여는 원활히 이루어지고 있는 것으로 보아, 폴란드가 완전한 민주주의(Full Democracy) 국가가 되기 위해서는 정치권의 노력이 가장 시급해 보인다. 폴란드 정부는 자신들의 이익보다 민주주의의 가치를 먼저 생각해 빠른 시일 내에 사법부와의 갈등을 해결하기 위한 방향으로 나아가야 할 것이다.

참고문헌

연합뉴스 2015.12.16.

AP통신 2015.12.10.

뉴시스 2015.12.10.

Warsaw voice 2015.12.21.

김용훈. 2013. "유럽연합 수준의 권력분립원리: '권력' 개념을 중심으로." 『법학논집』 17권 4호, 253-282.

The Economist Intelligence Unit. 2015. "Democracy Index 2014: Democracy and its discontents."

대의민주주의 사회에서의 표현의 자유

김소정

　현재 폴란드에서는 의회 토론이나 사회적 논의도 없이 처리된 미디어 법안을 둘러싸고 여야가 대치하고 있다. 법안은 공영방송을 '재무부 장관의 통제 하에 둔다'고 명시하고 있으며, 중립적 기구인 방송위원회가 아닌 재무부장관이 공영방송사들의 이사진을 임명하고 해임할 수 있도록 했다(연합뉴스 2015. 12. 31). 집권당은 다수의 의견이 아닌 것을 여론으로 잘못 전달해온 공영 미디어를 국민에게 돌려주기 위해 법안을 통과시켰다는 입장이지만 이에 대해 국경없는기자회(RSF), 유럽방송연맹(EBU) 등의 단체는 정부에 대한 견제를 약화시키는 결과를 가져올 것이라며 비난했다(연합뉴스 2015. 12. 31).

한편 체코에서는 지난 12월 보후슬라프 소보트카 총리의 이메일과 트위터 계정이 해킹된 사건 이후, 내무부 장관이 사이버 범죄의 원인이 되는 인터넷의 익명성을 비판하며 충분한 논의를 통해 인터넷 실명제를 도입해야 한다고 주장했다(CTK 2016. 01. 08). 이에 대해 온라인에서의 자유를 우선시해야 한다는 사람들과 인터넷 규제가 필요하다고 보는 사람들의 입장이 대립하고 있는 상황이다. 종합해보면 두 국가 모두 언론, 인터넷상에서의 표현의 자유를 제한하는 것에 대한 논의가 이루어지고 있는 것이라고 볼 수 있다. 사안의 차이점은 존재하는데 체코의 사안과 같은 인터넷 사용의 익명성에 대한 논란은 끊임없이 이어졌고 이번 논란 역시 그 흐름의 일부라고 생각된다. 또한 충분한 논의가 이루어지고 있기 때문에 민주주의 사회에서 볼 수 있는 자연스러운 과정이다.

하지만 폴란드의 경우 소수의 의견을 여론인 것처럼 보도하는 문제점으로 인해 언론을 정부 통제 하에 두려는 것인데 이는 옳은 해결책이 아니다. 언론은 대의민주주의 국가에서 주인이라고 할 수 있는 국민과 대리인이라고 할 수 있는 정부 간의 정보 비대칭을 해소해 주는 역할을 하기 때문에, 언론의 자유가 보장되지 않아 정부에 대한 언론의 감시기능이 제대로 작동하지 못할 경우 국민과 정부 간의 정보 비대칭의 차이는 커져 정부 부패가 발생할 수도 있다(유송희 2011). 따라서 두 국가 모두 성숙한 대의민주주의 사회를 위해 충분한 협의를 거쳐야 하며 협의를 통해 도출한 결론이 민주주의의 가치를 저해하는 것인지 주의 깊게 살펴보아야 할 것이다. 또한 논의 과정에서 표현의 자유의 중요성에 대해 생각해 볼 수 있는 기회를 찾아야 한다.

참고문헌

연합뉴스 2015.12.31.

뉴시스 2016.01.07.

CTK 2016.01.08.

유송희. 2011. "주인-대리인 시각에서 본 언론자유와 정부부패." 고려대학교 석사논
   문.

|||||||||||||||||||||||||||||||||||||||||||||||||||||||||||||||||||||||||||||||||||||||||||||||||||||||

테러의 위협과 여야의 협의

김소정

최근 헝가리 정치권에서 가장 이슈가 되고 있는 사안은 테러의 위협에 대한
정부의 헌법 개정안이다. 작년 이슬람국가(IS)의 파리테러 등을 시작으로 유럽
내에서 테러단체의 위협이 커지자 헝가리 정부는 테러 발생 및 테러 위협 고조
시 정부가 '테러위협 사태'를 선포할 수 있도록 헌법 개정을 추진 중이다(politics.
hu 2016. 01. 07). 테러위협 사태가 선포되면 정부는 TV, 라디오, 신문, 우편, 인터
넷 서비스를 정지하거나 폐쇄할 수 있으며 도로 및 철도 여행, 공공 집회, 외국
인과의 통신 등을 제한 할 수 있는 권한을 보유하며 이러한 선포는 의회에서 결
의하지 않는 한 60일의 유효기간을 갖는다(주헝가리 대사관 2016. 01. 14).

이에 대해 야당인 녹색당은 현행 헌법상에서도 국가가 테러의 위험에 처했을
때 군사를 배치하는 등 국가의 안보를 강화하는 것이 가능하다며 헌법 개정이
필요한 명확한 이유를 밝힐 것을 정부에 요구했고, 초기에는 찬성한다는 입장
을 밝혔던 요빅 또한 정부가 인터넷과 미디어 등에 제한을 두는 권한을 가지고
있지 않다며 개정안에 회의적인 반응을 보이는 상황이다(politics.hu 2016. 02. 03).
요빅은 또한 사태 선포 의결 정족수를 2/3에서 4/5로 변경하고 선포 유효기간도
60일에서 30일로 축소할 경우 헌법 개정을 지지하겠다는 입장을 밝혔으며, 사
회당은 군대 동원을 포함한 제한 조치에 대해 의원 2/3의 찬성으로 8일간 정부

가 특별 조치를 취할 수 있도록 하는 안을 제안하고 정부가 언론을 제한하거나 통신을 감시할 수 있도록 하는 데는 반대하고 있다(주헝가리 대사관 2016. 02. 02).

지난 1월에 실시된 설문조사 결과에 따르면 헝가리 국민의 3분의 2 이상이 이민규정을 보다 엄격히 해야 한다고 응답했고, 다수의 국민들이 유럽연합(EU)은 테러의 위협으로부터 유럽 시민들을 보호할 수 없다고 생각한다고 응답한 것으로 보아 헝가리 시민들의 테러에 대한 경계심은 매우 높다는 것을 알 수 있다(dailynewshungary 2016. 01. 21). 따라서 정부가 헌법 개정안을 발표한 취지는 타당하다고 할 수 있지만, 이에 대한 야당들의 의견이 분분한 상황에서 정부가 어떠한 타협도 하지 않을 것이라는 강경한 입장을 밝히고 있는 행태는 옳다고 볼 수 없다. 또한 헌법 개정에는 의원 199명의 2/3 이상의 찬성이 있어야하지만 집권당인 청년민주동맹의 의원 수는 131명으로 정족수에 미달하고 있는 상황에서 여야의 협의는 반드시 이루어져야 한다(주헝가리 대사관 2016. 02.02). 헝가리 정부는 독자적으로 헌법 개정을 추진할 것이 아니라 야당들의 의견을 반영해 모두가 수용할 수 있는 개정안을 마련해야할 것이다.

참고문헌

politics.hu 2016.01.07.
주헝가리 대사관 2016.01.14.
dailynewshungary 2016.01.21.
주헝가리 대사관 2016.02.02.
politics.hu 2016.02.03.

헝가리의 국민투표제와 대의민주주의

김소정

　현재 헝가리 정치권에서는 녹색당이 헝가리의 국민투표법에 대한 수정안을 다시 제출할 것이라는 입장을 밝혀 논란이 확산되고 있다(politics.hu 2016. 02. 26). 이는 국민투표법에 대한 두 번째 수정안으로 첫 번째로 제출된 수정안은 2월 초 여야의 협상 결과 폐기되었다. 녹색당의 언드레 쉬페르 대표는 수정안 제출을 예고하며, "총리가 국민들을 두려워하지 않는다면" 국민들이 보다 쉽게 국민투표안을 제출할 수 있게 하는 계획에 대해 지지를 표할 것이라고 덧붙였다(politics.hu 2016. 02. 26). 여당인 청년민주동맹-기독민주국민당 연합과 야당인 요빅, 녹색당 등의 정당들은 수정안에 대해 논의하기 위해 모여 의견을 교환하였고, 이후 하나의 해결책을 도출하는 방향으로 나아가자는 합의점을 찾았다(politics.hu 2016. 03. 09).

　한편 녹색당은 지난 2월의 파행을 되풀이하고 싶지 않다고 밝히며 "여당인 청년민주동맹은 2011년 헌법 개정을 통해 국민들을 권력을 행사할 수 없는 인형으로 만들었지만 우리는 국민투표의 권리를 국민들에게 돌려주고 법을 정상화 할 것"이라고 주장하였고, 국민투표법의 내용에 대한 폭넓은 수정을 원한다는 의견을 발표했다(politics.hu 2016. 03. 09). 지난 2011년 개정된 헝가리의 헌법 내용 중 국민투표와 관련된 조항을 살펴보면 의회는 20만 명이상의 유권자들의 요구가 있을 시 반드시 국민투표에 부쳐야 하고, 정부 또는 대통령이 요청하거나 10만 명이상의 유권자들의 요구가 있을 시 국민투표에 부칠 수 있다. 유권자들의 절반 이상이 투표에 참여하고, 투표자들의 절반 이상이 안건에 대해 같은 선택을 내려야 효력을 가지며 이 같은 결정은 구속력을 가진다.

　국민투표제는 국민들의 의견을 공개적으로 확인할 수 있는 절차로서 국민투표를 통해 국민들은 국가정책에 직접적으로 참여할 수 있고, 이로 인해 정당이 일반적인 국민의 이익과 상치되는 결정을 내리는 등 정당정치의 결과로 발생할 수 있는 여러 단점을 보완하는 기능을 수행한다(이공주 2013). 따라서 국민투표제도는 대의민주주의 국가에서 필수적인 제도라고 할 수 있다. 지난 2월과 같은 파행을 겪지 않기 위해 헝가리의 각 정당들은 국민투표제도의 개정을 논의하는 과정에서 국민들의 권리를 신장시킬 수 있는 방향을 최우선으로 생각해야 한다. 이 같은 정당들의 노력은 궁극적으로 대의민주주의의 한계를 보완할 것이며 결과적으로는 성숙한 민주주의 사회로 나아가기 위한 초석이 될 수 있을 것이다.

참고문헌

politics.hu 2016.02.26.

politics.hu 2016.03.09.

이공주. 2013. "국민주권 실질화를 위한 국민투표 제도 활성화 방안." 『법학연구』 49권, 253-275.

폴란드 정부의 언론 장악 논란과 대의민주주의

김소정

현재 폴란드 정치권에서는 총리에 대한 비판적인 기사를 실었다는 이유로 전 국무장관이 압력을 가해 일간지의 편집자를 해고시켰다는 의혹이 제기되며 논란이 되고 있다. 현 도날드 투스크 유럽연합(EU) 상임의장이 폴란드 총리로 재임한 지난 2014년, 당시 파벨 그라스 국무장관은 총리에 대한 비판 기사를 실은 '팍트'지에 대해 폴란드 재벌에게 불평을 했고, 이 불평은 팍트를 소유한 미디어 재벌에게 전해졌다(연합뉴스 2016. 04. 26). 결국 그라스 전 장관이 불평을 제기한 지 한 달 반 만에 편집자는 회사를 떠났으며, 이에 대해 베아타 슈드워 현 총리는 "민주적 법치 국가에서 이런 일이 일어날 것이라고 상상조차 할 수 없다"며 조사를 지시한 상황이다(연합뉴스 2016. 04. 26).

　지난 정권에서의 이러한 논란과 같이 여당인 법과정의당은 집권 시작 이후 끊임없이 문제를 야기하고 있다. 법과정의당 정부는 언론 장악의 조치를 취했으며, 지난 12월에는 헌법 재판소에서 재판관 15명 중 9명 이상의 찬성만 있으면 위헌 결정을 내릴 수 있는 현행법을 바꿔 13명 이상의 동의를 받아야 위헌 결정을 내릴 수 있도록 법안을 수정해 헌재의 감시·견제 기능을 약화시켰다(Warsaw voice 2016. 04. 01). 이와 관련해 지난 2월 미국 상원에서는 "최고 헌법기관 및 관영 언론의 독립권을 침해하고 폴란드 민주주의를 저해하는 상황에 대해 우려를 표명한다"는 서한을 폴란드 정부에 보내기도 했다(연합뉴스 2016. 02. 15).

　민주주의 사회에서 언론은 시민을 대표해 정부와 입법부를 견제하는 '제4부'라고 불릴 정도로 중요한 역할을 담당한다(이준호 2010). 이와 같이 언론은 시민의 의견을 정부에 전달하는 역할을 하고, 반대로 정부의 의견을 시민에 전달하기도 하기에 민주주의 사회에서 중요한 부분이라고 볼 수 있다. 폴란드 정부의 언론 장악, 인사 개입 등을 비롯한 행보는 폴란드 국내외의 많은 우려처럼 민주주의의 후퇴를 야기하고 있는지도 모른다. 또한 집권 여당의 이러한 행태는 유권자들로 하여금 정치에 대한 염증을 갖게 해 대의민주주의 사회에서 필수적 요소라고 할 수 있는 정치 참여를 저하시킬 가능성이 매우 높다. 따라서 폴란드 정부는 보다 성숙한 민주주의 사회로 나아가기 위해서 국내외의 충고에 귀 기울여야 할 것이다.

참고문헌

연합뉴스 2016.02.15.

Warsaw voice 2016.04.01.

연합뉴스 2016.04.26.

이준호. 2010. "정치와 언론의 관계에 근거한 정치발전과 미디어의 역할 연구."『정치커뮤니케이션 연구』19호, 141-174.

대통령 직선제 도입과 정당의 역할

김소정

형가리의 보수정당인 요빅은 대통령 선거과정에 유권자의 의견을 반영하게 되면 대통령의 정통성이 강해질 것이라고 주장하며 직선제 도입을 제안했다(politics.hu 2016. 04. 27). 덧붙여 요빅은 현행 법률 하에서 단순 다수제 방식으로 대통령을 선출하는 것이 바람직하다고 생각한다는 입장을 밝혔다(politics.hu 2016. 04. 27). 이 같은 제안을 하며 요빅은 녹색당을 비롯한 네 정당과 대통령 직선제에 대해 토론할 예정이라고 밝혔으나, 5월 초 정당들의 회동에서 사회당을 비롯해 청년민주동맹은 불참했다(politics.hu 2016. 05. 06).

형가리의 헌법에 따르면 대통령은 현재 5년마다 한번 씩 의회에서 비밀 투표를 통해 선출되고 있으며 35세 이상의 형가리 시민이라면 누구나 피선거권을 가진다. 형가리 대통령은 법안 발의를 할 수 있으며 국민투표 제안, 의회 해산 등의 권한을 가진다. 하지만 의회 해산 권한은 의회가 예산안을 제 시간에 채택하지 못했을 시 등 제한된 상황에서 가능하며, 의회 해산 전에 총리와 각 정당들의 의견을 수렴해야 하는 헌법 내용을 보았을 때 형가리 대통령의 권한이 제한적이라고 볼 수 있다.

5월 초 이루어진 직선제 도입 논의 과정에서 녹색당을 비롯한 정당들은 요빅이 본래 직선제 도입을 제안한 취지인 대통령의 정통성 강화에 동의하며 직선제 도입이 대통령의 권한 확대를 낳더라도 도입은 필요하다는 내용에 합의했다(politics.hu 2016. 05. 06). 또한 녹색당은 직선제가 도입된다면 정당 차원에서 유권자들의 투표 참여를 독려하기 위해 최선을 다할 것이라는 입장을 밝혔으며, 대통령의 권한이 확대될 필요성이 있다고 주장했다(politics.hu 2016. 05. 06). 한편 본래 정당 간 대화에 참여하기로 예정되어있었던 청년민주동맹과 기독민주국민당은 불참하면서 직선제 도입에 반대하는 것으로 추측되고 있다(politics.hu 2016.

05. 06). 현재 헝가리 내에서는 직선제 도입을 둘러싸고 정당 간 논의가 활발한 상황이며, 대통령 권한 확대에 대한 움직임도 보이고 있다. 다만 우려되는 것은 직선제 도입에 대한 입장이 갈리고 있다는 점이다. 각 정당들은 당 차원의 입장을 명백히 밝히되 정치 과정에 시민들의 입장을 보다 적실성 있게 반영하는 것을 최우선으로 하는 방향으로 나아가야 할 것이며, 성숙한 정당의 모습을 보여야 할 것이다.

참고문헌

politics.hu 2016.04.27.
politics.hu 2016.05.06.

||||||||||||||||||||||||||||||||||||||||||||||||||||||||||||||||||||||||||||||||||||||||||||||

헝가리의 선거제도 개혁과 대의민주주의

김소정

헝가리의 여당인 청년민주동맹은 오는 가을에 선거법 개정안을 제출할 예정이라고 밝혔다. 개정안에는 다른 선진민주주의 국가와 같이 선거인단 등록제도와 선거공영제를 도입한다는 내용이 담겨있으며, 2%의 지지율을 획득하지 못한 정당은 선거 과정에서 받은 국가의 보조금을 반환해야 한다고 주장했다 (politics.hu 2016. 05. 24). 한편 선거제도 개혁과 관련해 사회당은 청년민주동맹의 이 같은 조치를 환영하면서 빠른 시일 내에 개혁이 이루어져야 한다고 주장하며, 타국에 거주하는 유권자들이 국내정치에 참여할 수 있게 해야 한다는 입장을 밝혔다(politics.hu 2016. 05. 25). 사회당 대표는 루마니아, 오스트리아 같은 국가들도 대통령 선거에서 재외선거를 실시하고 있으며 이러한 흐름에 헝가리도 동참해야 한다고 덧붙였다(politics.hu 2016. 05. 25). 하지만 이와 관련해 청년민주동맹은 재외국민이 해외에서 표를 행사하는 것에 동의하지 않으며 그러한 내용을 개정안에 반영하지 않을 것이라는 입장을 표명했다(politics.hu 2016. 05. 24).

지난 4월 요빅은 대통령 선거를 직선제로 변경할 경우 선거 과정에서 유권자의 의사를 보다 적실성 있게 반영할 수 있다며 직선제 도입을 주장하였고 이에 대한 논의가 지속적으로 이루어지고 있는 상황이다(politics.hu 2016. 04. 27). 이렇듯 헝가리 내에서는 선거 과정에서 유권자의 의견을 폭넓게 반영하기 위한 방안에 대한 정당 간의 논의가 활발하다. 1989년 베를린 장벽이 붕괴된 이후 민주주의 체제를 도입한 국가 중 하나인 헝가리는 정치체제의 갑작스러운 변화로 인해 정치적 불안정성을 경험하였기 때문에 헝가리의 민주주의의 공고화에 대해서는 회의적인 전망이 많았다(박경미·장승진 2014).

하지만 최근 헝가리 정치권을 보았을 때 비록 개혁의 방향성을 중심으로 갈등이 존재하지만, 사회당이 재외선거제도 도입을 위해 온라인 청원을 진행하는 등 정치제도 내에서 정당의 견지를 유권자에게 전파하는 모습을 보이고 있다. 이러한 정당 간의 논의는 헝가리의 정치 발전에 있어 매우 희망적이라고 할 수 있다. 최근 헝가리 정치권의 모습처럼 각 정당이 정당의 이익보다 유권자의 의견 반영을 중시하는 방향으로 나아간다면 헝가리의 대의민주주의 수준은 한 단계 높아질 것으로 보인다. 이러한 정치권의 노력에 유권자의 관심이 더해진다면 헝가리는 짧은 민주주의 역사를 가지고 있지만 내용적 측면에서는 우수한 수준을 유지하는 선례가 될 수 있을 것이다.

참고문헌

politics.hu 2016.04.27.

politics.hu 2016.05.24.

politics.hu 2016.05.25.

박경미·장승진. 2014. "신생민주주의 국가 시민들의 민주주의에 대한 태도와 시민-정당 연계의 형성: 중·동유럽의 구공산권 국가들의 사례를 중심으로.『국제·지역연구』24권 3호, 65-94.

제2부

유럽의회의 동향 및 쟁점

테러·난민문제와 유럽통합의 위기

제1장
유럽의회의 동향

1차(2015년 6월 말~7월 말)

김진주

　본회의에 앞서 7월 2일 벨기에 브뤼셀 유럽의회에서 북한 인권 청문회가 열렸다. 청문회에서 북한 인권운동가 김영환씨는 국제사회가 북한 인권 문제를 지속적으로 거론하고 압박을 가하면 북한의 변화를 유발할 수 있다고 말했으며, 유럽의회 인권위원회 부위원장인 라즐로 퇴케스(László Tőkés)는 유럽연합(EU)은 북한의 인권개선을 위해 노력할 것이라 말했다(연합뉴스 2015. 07. 02).

　이번 달 본회의는 7월 6일부터 9일까지 스트라스부르에서 개최되었으며, 새로운 유럽연합 의장직(European Union presidency)을 룩셈부르크가 맡게 되었다. 본회의에서는 그리스의 위기가 악화되어가는 만큼 그리스 위기 해결에 대한 논의가 주로 이루어졌다. 7월 8일 그리스의 지속적인 위기를 해결하기 위해 그리스 총리 치프라스(Tsipras)와 유럽의회의원들의 토론이 이어졌으며, 유럽근린정책에 대해 유럽연합(EU)의 번영, 안정성, 보안, 선린의 영역을 만들겠다는 원래의 목적으로 돌아가야 한다는 보고서가 채택되었다(European Parliament Press releases 2015. 07. 08; 2015. 07. 09). 또한 범대서양무역투자동반자협정(Transatlantic Trade and Investment Partnership, TTIP)에 대해 새로운 분쟁, 해결 제도가 필요하다는 결

의안이 통과되었다. 본회의 외에 7월 15일 유럽의회의 내무 상임위원회인 시민
자유, 정의, 가족 위원회(Committee on Civil Liberties, Justice and Home Affairs) 회의
에서 승객명기록(The Passenger Name Records, PNR)시스템이 통과 되었다. 이에 대
해 유럽의회 내 중도우파이자 다수당인 유럽국민당그룹(European People's Party,
EPP)은 국제선뿐만 아니라 국내선도 포함해야 한다고 주장하였으나, 중도좌파
인 유럽사회당그룹(Socialists&Democrats, S&D)은 승객명기록 시스템에는 찬성했
으나 데이터 보호기준을 지켜야 한다는 점을 강조하였다(EPP Group Press Release
2015. 07. 15; S&D Press Release 2015. 07. 15).

한편 그리스 사태와 관련하여 유럽 전역의 관심이 쏠리고 있다. 그리스 사태
가 심각해질 경우 그리스의 유로존(Eurozone) 탈퇴까지 벌어질 수 있기 때문이
다(연합뉴스 2015. 07. 06). 7월 5일 이번 사태의 중요한 열쇠였던 채권단의 협상안에
대한 그리스 국민투표에서 반대가 61%로 찬성(39%)을 20%포인트 이상 앞질러
유로존 탈퇴가 가시화되어가는 듯 보였다. 그러나 그리스와 국제 채권단의 지
속적인 논의 끝에 7월 16일 구제금융 협상을 재개하는 대가로 그리스는 긴축 법
안들을 통과시켰다. 이로써 협상의 진정이 있는 것으로 보였으나 당일 그리스
아테네 광장에 1만 명이 넘는 시위대가 모여 격한 시위를 벌이는 등 여론이 좋
지 않은 상황이다(AP통신, 카티메리니 2015. 07. 16; 한겨레 2015. 07. 16 재인용).

8월 유럽의회는 휴가기간으로 다음 본회의는 9월 7일부터 10일까지 개최될
예정이다.

유럽의회 정당

07월 09일

• 유럽근린정책(European Neighbourhood Policy, ENP)은 리더십과 비전을 필요로
한다   (EPP Group Press Releases 07. 09)
– 유럽의회는 오늘 유럽근린정책(ENP) 검토 보고서를 채택했다. 유럽의회 수석 대
표인 에드워드 쿠칸(Eduard Kukan)은 채택결과에 대한 만족을 표명했다. "우리는 전
략적 야심과 미래 지향적인 지역 정책을 필요로 하고 있다. 동쪽과 남쪽에 있는 우리

이웃의 발전을 위해 유럽연합(EU)이 새로운 도전을 할 때이다. 오늘날에는 어느 때보다 정치적 중심의 정책이 필요하다. 또한 이웃 국가에 대한 다양성을 존중하고 그들에 대한 맞춤형 접근 방식을 제공하여, 유럽연합(EU)의 가치를 홍보하고 향후 유럽연합(EU)에 가입하게 될 국가들을 지원해야 한다."

07월 13일

• 정상회의: 유럽국민당그룹은 그리스에 대한 합의를 환영한다

(EPP Group Press Releases 07. 13)

- 유럽국민당그룹은 그리스에 대해 정상회의에서의 합의를 환영한다. 만프레드 베버(Manfred Weber) 유럽국민당그룹 대표는 유럽연합집행위원회의 위원장이 드디어 타협에 성공했으며 이는 유럽 전역에 좋은 소식이라고 말했다. 또한 그는 유럽의 원칙, 변하지 않은 규칙을 따라야 한다고 말하며, 그리스 치프라스 총리와 그의 정부가 지난 달 다른 국가들과의 신뢰를 많이 파괴시켰기에 신뢰를 되찾기 위해 강한 개혁을 추구하는 분명한 의지를 표명해야 한다고 덧붙였다.

07월 15일

• 승객명기록(PNR): 좌파는 우리의 안전과 보안을 거부하길 원한다

(EPP Group Press Releases 07. 15)

- 유럽의회의 내무 상임위원회인 시민자유, 정의, 가족 위원회에서 항공 승객명기록(PNR) 시스템의 설정을 승인했다. 이번 위원회의 투표에서는 집행 당국에게 필요한 데이터 저장 최소 기간을 설정하였으며, 국제선만을 대상으로 한다. 그러나 이러한 점은 이해할 수 없는 부분이다. 범죄자와 테러리스트(terrorist)들은 복잡한 여행 경로를 통하며 유럽 내선과 국내선을 포함하여 여러 번 항공기를 변경한다. 그렇기에 모든 항공편에 적용되는 것이 필요하다. 유럽국민당그룹 수석대표인 악셀 보스(Axel Voss)는 승객명기록(PNR) 시스템에 반대하는 사회주의자들은 무책임하며, 유럽시민의 삶의 질을 확보하는 데에 관심이 없는 것이라 말했다.

07월 13일

• 그리스: 무책임한 강경입장을 중단해야 한다. 유럽사회당그룹은 합의를 환영한다.

(S&D Press Releases 07. 13)

– 유럽연합 정상회의에서 유럽사회당그룹 대표 지안니 피텔라(Gianni Pittella)는 그리스 위기에 대한 합의를 환영한다는 입장을 보였다. 그리스의 유럽연합(EU) 탈퇴에 맞서 유럽의 사회주의 가족 전체가 단단히 싸워온 것에 감사를 표했다. 또한 일시적인 탈퇴를 요구했던 독일 쇼이블레(Wolfgang Sch uble) 재무장관의 무책임하고 위험한 의도가 거부되었다고 말하며, 그리스와의 협정을 비준하기 위해 참여하는 모든 국가의 노력을 요청했다.

07월 15일

• 항공 승객 정보에 대한 유럽연합(EU)의 규칙은 높은 데이터 보호 기준을 충족시켜야 한다

(S&D Press Releases 07. 15)

– 유럽사회당그룹은 승객명기록(PNR) 데이터 저장 및 처리에 관련하여 투표하는 동안 유럽시민의 개인 정보를 보호하기 위해 안정성을 요구했다. 유럽사회당 그룹의 부대표인 타냐 파욘(Tanja Fajon)은 유럽사회당 그룹은 승객명기록(PNR)에 대한 제안은 지지하지만 법적 데이터 보호 기준을 충족해야함을 강조했다. 심각한 범죄의 탐지 및 방지의 효과를 위해 승객명기록(PNR) 시스템의 필요성을 인식하고 있지만 사회당그룹은 분명히 유럽시민에 대한 대규모 감시를 반대하며, 승객의 기본적 권리를 보호하기 위해 싸움을 지속할 것이라 말했다.

유럽의회 선거·의회

07월 08일

• 룩셈부르크가 중요한 시기에 유럽연합(EU) 의장직을 맡게 되었다

(European Parliament Press releases 07. 08)

– 수요일 아침 룩셈부르크 총리 자비에르 베텔(Xavier Bettel)과 유럽연합집행위원장인 장 클로드 융커는 향후 6개월 동안의 우선순위에 대한 논의를 진행했다. 베텔은

유럽연합(EU)이 직면한 주요 도전 과제로 그리스 위기와 청년 실업, 이주를 지적했으며, 룩셈부르크가 유럽연합(EU)을 위해 중요한 시점에서 의장직을 맡게 되었으며, 유럽연합(EU)이 직면한 문제는 심각하다고 말했다.

07월 02일

• 김영환 "국제사회 북한인권 압박, 북한 변화 유발"　　　　　(연합뉴스 07. 02)

– 북한 인권운동가이자 1980년대 주사파 학생운동의 리더로 활동했던 김영환 북한민주화네트워크 연구위원은 2일 벨기에 브뤼셀 유럽의회에서 열린 북한 인권 청문회 증언에서 국제사회가 북한 인권 문제를 제기하면 북한은 처음에 신경질적인 반응을 보이지만 결국에는 변할 수밖에 없다고 강조했다. 퇴케스 부위원장은 최근 유럽연합(EU) 대표단이 북한을 방문해 북한 당국자들과 북한 인권 문제를 포함한 현안을 논의했다고 밝히고 유럽연합(EU)은 북한과 대화를 지속할 것이며 유엔 등 국제사회와 함께 북한 인권 개선을 위해 노력할 것이라고 덧붙였다.

07월 08일

• 미국시장에 대한 용이한 접근, 유럽연합(EU)의 기준 보호, 분쟁 해결

(European Parliament Press releases 07. 08)

– 유럽연합(EU)과 미국 간의 무역 거래는 유럽연합(EU)의 기업에 대한 미국의 시장 접근 개방 측면에서는 중요하지만 유럽연합(EU)의 기준을 훼손해서는 안된다는 점에 대한 결의안이 채택되었다. 유럽의회는 공개적으로 임명된 판사와 감시를 통해 투명성 규칙에 따라 운영되는 새로운 사법 제도를 정착하기 위해 투자자–국가분쟁해결(Investor State Dispute Settlement, ISDS) 시스템을 대체할 새로운 분쟁, 해결 제도를 만들어낼 것을 촉구했다.

07월 08일

• 그리스: 유럽의회의원은 치프라스 총리와 국가 상황을 토론했다

(European Parliament Press releases 07. 08)

– 그리스의 지속적인 위기를 해결하기 위해 그리스 총리 치프라스와 유럽의회의원

의 토론이 이어졌다. 도날드 투스크 유럽연합 정상회의 상임의장은 그리스의 국민
투표가 잘못된 것은 아니기에 그리스에 대해 신뢰를 재구축하는 시간과 단계가 필
요하다고 말했다. 만프레드 베버 유럽국민당그룹 대표는 우리는 타협을 하고자 하
지만 치프라스는 유럽을 좋아하지 않으며, 기본적으로 협상에 대해 부족하고 있다
고 말했다. 유럽사회당그룹 대표인 지안니 피텔라는 그리스가 부패, 탈세 등의 문제
를 퇴치하고 고용을 지원하기 위해 개혁을 결정하는 것이 그리스 국민에 대한 혜택
을 높일 수 있다고 말했다. 한편 유럽국가자유(Europe of Nations and Freedoms, ENF)그
룹 대표인 마린 르 펜(Marine Le Pen)은 유럽과 긴축은 샴 쌍둥이 이기에 그리스 국민
들은 유로를 떠나지 않고서는 긴축에서 탈출할 수 없을 것이라 말했다.

07월 09일

• 유럽근린정책은 기본으로 돌아가야 한다

(European Parliament Press releases 07. 09)

- 유럽근린정책은 유럽연합(EU)의 번영, 안정성, 보안, 선린의 영역을 만들겠다는
원래 목적으로 돌아가야 한다. 유럽의회 의원들은 유럽연합(EU)이 다시 기본으로 돌
아가야 한다고 말했다. 특히 그들은 개정된 정책이 유럽연합(EU)의 가치와 원칙, 민
주주의, 법과 인권의 규정에 근거해야 한다고 강조한다. 이번 결의안을 기획한 에드
워드 유럽의회 의원은 정치적 중심정책이 필요하며, 유럽연합이 리더십과 비전을
보여주어, 민주주의, 안정을 통해 이웃 국가들의 유럽연합(EU)의 미래에 대한 더 나
은 전망을 가질 수 있도록 해야 한다고 말했다. 이번 결의안에서는 유럽연합(EU) 근
처의 동쪽, 남쪽 국가들의 특별대표 임명을 통해 정치적인 유럽근린정책을 펼쳐야
하며, 유럽연합(EU) 지역 통화와 관련하여 급격히 약화된 보완환경을 개선하기 위해
이웃 국가와 공동 사업을 추진해야 한다는 것과 강력한 파트너십을 구축해야 한다
는 내용이 포함된다.

07월 05일

• 그리스 국민투표 긴축안 거부…유로존 7일 긴급 정상회의   (연합뉴스 07. 06)

- 그리스 국민이 유로존 탈퇴 가능성에도 채권단의 긴축을 거부하는 선택을 했다. 그리스가 5일 실시한 채권단의 제안에 찬반을 묻는 국민투표에서 박빙을 보일 것이란 예상을 깨고 반대가 61%로 찬성(39%)을 20%포인트 이상 앞질러 반대로 결정됐다. 그리스 내무부는 이날 초기 전망이 유효한 기준을 충족한 상황에서 추정한 결과 반대 61%, 찬성 39%로 예상했다. 개표율 95% 기준으로 반대가 61.3%로 찬성(38.6%)을 크게 앞질렀다. 사전 여론조사에서 찬성과 반대가 각각 44%와 43%로 1%포인트 안팎의 차이만 보였지만 예상을 깨고 '큰 반대'(Big No)를 보였다. 치프라스 그리스 총리의 '반대가 클수록 정부의 협상력을 높여 채권단으로부터 더 좋은 합의안을 끌어낼 수 있다'는 설득 등이 막판 반대여론을 높인 것으로 풀이된다. 유권자 약 985만 명은 이날 오전 7시부터 오후 7시까지 채권단이 지난달 25일 제안한 협상안에 찬성과 반대를 선택했으며, 투표 질문은 "유럽연합집행위원회와 유럽중앙은행(European Central Bank, ECB), 국제통화기금(International Monetary Fund, IMF)이 6월 25일 유로그룹(Euro Group, 유로존 재무장관 협의체) 회의에서 제안한 협상안을 수용하느냐"이다.

07월 16일

• 그리스 의회 긴축법안 가결…아테네 광장선 화염병 시위

                (AP통신, 카티메리니 07. 16, 한겨레 07. 16 재인용)

- 그리스 의회가 국제 채권단과의 3차 구제금융 협상 재개를 위한 법안을 진통 끝에 통과시켰으나 집권당인 시리자(ΣΥΡΙΖΑ, 급진좌파연합) 내부의 반발과 시민들의 반정부 시위를 불러일으키며 정권에 큰 상처를 남긴 법안 통과였다. 그리스 의회는 16일 구제금융 협상을 재개하는 대가로 마련한 긴축 법안들을 전체 의원 300명 중 찬성 229, 반대 64, 기권 6, 불참 1로 통과시켰다고 그리스 신문 카티메리니(kathime-rini)가 전했다. 앞서 국제 채권단을 주도하는 유로그룹은 그리스에 3차 구제금융으로 최대 860억 유로를 제공하는 협상을 다시 시작하는 대신, 그리스 정부에 연금 삭

감과 부가가치세율 인상, 국영자산 민영화 같은 긴축재정을 할 수 있는 법안을 마련할 것을 요구했다. 표결에 앞서 치프라스 총리는 의회에서 "좋은 선택지는 없었다. 나는 덜 나쁜 쪽을 골랐다. 의원들도 이런 상황을 알아주고 같은 선택을 해주기를 바란다"고 말했다. 그러나 시리자 의원 149명 가운데 반대 32, 기권 6표가 나왔을 만큼 집권당 내부에서 파열음이 나고 있다. 표결 전날인 15일 아테네 신타그마 광장에는 1만 명이 넘는 시위대가 모여 반정부 시위를 벌였다. 낮에는 비교적 평화로웠던 시위는 저녁이 되자 격화됐고, 일부 시위대가 화염병을 던지며 경찰과 충돌했다. 경찰은 최루탄을 던지며 진압했고 시위대 50여 명을 체포했다고 AP 통신은 전했다.

2차(7월 말~8월 말)

매년 8월은 유럽의회의 휴가 기간이다. 따라서 8월 한 달 동안에는 본회의가 열리지 않으며 상임위원회의 활동도 멈추게 된다. 유럽의회의 정당그룹 역시 유럽의회 회의에 중점을 두고 있기에 활동이 거의 없는 상황이다. 회의가 잠시 중단된 유럽의회에서는 유럽의회 내에서 근무하고 경험을 쌓을 수 있는 트레이니쉽(Traineeship)을 진행하고, 활동을 인터넷 상에서 홍보하기 위해 소셜미디어에서의 플랫폼(Platform)을 제공하고 있다(European Parliament Press Releases 2015. 08. 14; 2015. 08. 19). 또한 유럽연합(EU)은 이주자 문제 해결을 위해 8월 10일 24억 유로의 집행을 승인했다.

이번 달 유럽의회 내 중도우파이자 다수당인 유럽국민당그룹(EPP)은 그리스의 문제 해결에 대해 환영하는 입장을 나타냈으며, 우크라이나 동부인 돈바스 지역의 보안상황에 대한 우려를 표명했다(EPP Group Press Releases 2015. 08. 19; 2015. 08. 23). 중도좌파인 유럽사회당그룹(S&D)은 그리스 사태에 대해 유럽의회가 그리스의 보증인이 되어야 한다는 입장을 보였으며, 난민 문제에 대해서도 더블린협정에서 벗어나 공동의 정책을 수립하여야 한다는 점을 주장했다(S&D Press Releases 2015. 08. 20; 2015. 08. 25).

유럽의회의 선거 및 의회와 관련하여 구제금융 위기로 많은 질타를 받아왔던 그리스의 치프라스 총리는 급진좌파연합인 시리자와 9월 20일 조기총선을 실시하기로 결정했으며, 조기총선 실시에 대한 발표 뒤 대통령에게 사의를 표명할 예정이라고 밝혔다(ANA 통신 2015. 08. 20; 연합뉴스 2015. 08. 21 재인용). 다음 달 본회의는 9월 7일부터 10일까지 개최될 예정이다.

유럽의회 정당

08월 19일
• 우리는 그리스의 새로운 프로그램에 대한 유로그룹의 밝은 앞날을 환영한다

(EPP Group Press Releases 08. 19)

- 만프레드 베버 유럽국민당그룹 대표는 그리스의 협상결과는 매우 좋으며, 안정된 정부예산과 새로운 구조개혁 등이 포함된 이 프로그램은 그리스의 미래를 위해 필수적이라고 밝혔다. 그러나 상호 신뢰가 깨질 수 있는 행동을 보인 치프라스 총리에 대해서는 이해하기 어려우며, 국가를 위한 기회를 잡아야 한다고 말했다.

08월 25일

• 돈바스의 보안 상황에 대한 깊은 우려 (EPP Group Press Releases 08. 25)

- 유럽의회 엘마 브룩(Elmar Brok) 외교위원회 위원장과 유럽연합(EU)-우크라이나 협회위원장인 안드레이 프렌코빅(Andrej Plenkovi)은 지난 2주간 돈바스 지역의 보안 저하에 대한 깊은 우려를 표명했다. 또한 이 지역이 정부통제 하에 있음에도 무장 공격이 연속되는 것에 대해 이는 민스크 협정을 위반하는 행위라고 강조했다. 러시아의 공격적인 정책과 폭력, 긴장의 갈등을 멈추는 것이 가장 중요하며, 차기 장관회의에서 강력하고 심도 깊은 논의가 이루어지기를 희망하고, 우크라이나의 영토와 주권을 보전하기 위해 유럽의회는 우크라이나를 지원할 것이라고 말했다.

08월 20일

• 피텔라: 유럽의회는 그리스와 대출 계약의 공정 구현에 있어 보증인 역할을 해야 한다
(S&D Press Releases 08. 20)

- 유럽사회당그룹 대표 지안니 피텔라는 그리스에 대한 구제금융 거래 승인에 대해 사회주의와 민주주의의 강력하고 지속적인 외교적 조치 덕분에 마침에 그리스에 대한 구제 금융 프로그램이 승인되었다고 말했다. 또한 유럽의회는 유럽연합(EU) 중에서 유일하게 직접적으로 유권자에게 위임을 받은 만큼 유럽 전체뿐만 아니라 하나의 회원국의 중요한 계약에 있어 민주적 책임의 보증인이 되어야 한다고 강조했다.

08월 25일

• 피텔라: 유럽은 더블린협정을 벗어나 이주에 대한 공통 정책을 구축하여 존엄성을 회복시켜야 한다 (S&D Press Releases 08. 25)

– 유럽사회당그룹 대표인 지안니 피텔라는 이주문제에 있어 더블린협정의 면밀한 검사를 요구하고, 진정으로 유럽의 시스템을 교체해야 한다고 주장했다. 그는 지난 몇 개월 유럽은 이주 위기에 직면해 보았으며, 연대를 기반으로 실제적이고 효과적인 정책을 수행해야 한다고 말했다. 또한 유럽 전체가 국가의 이기심을 두고 단기 및 중기적인 행동을 한다면 이는 인도주의적인 위기로 다가올 수 있기에, 장기적으로 공통된 시스템을 구축하여 유럽연합(EU)에게 요구함으로써 신뢰를 얻을 수 있는 지속적인 해결책을 찾아야 한다고 말했다.

유럽의회 선거·의회

08월 10일

• 유럽연합(EU)은 이주 문제를 해결하기 위해 24억 유로를 승인했다　(Politico 08. 10)

– 유럽연합집행위원회는 회원국 내에 쏟아지는 이민자 홍수에 대처하기 위해 24억 유로를 사용하기로 승인했다. 이러한 금액은 유럽연합(EU)의 2014~2010년 사이의 예산의 일부이며, 23개 국가 프로그램에 지원될 것이며, 특히 가장 많은 이주자가 유입되는 이탈리아, 그리스, 오스트리아, 헝가리와 같은 국가에 집중 될 것이다. 이민자가 영국으로 들어가기 위해 사용되었던 영국 해협터널을 차단한 영국은 프랑스와 함께 자금조달 목록에서 제외되었다. 또 다른 자금의 일부는 이민자의 통합을 보장하고 개선하기 위해 사용될 것이고, 국경 통제 및 감시를 개선하는 방향으로 감독과 국경법 집행 협력을 위해서도 사용될 예정이다.

08월 14일

• 의회의 트레이니쉽: 새 응용 프로그램 기간 시작

(European Parliament Press releases 08. 14)

– 유럽문제에 대해 전문적인 경험을 가지고 싶고, 국제기관의 업무를 학습하고 싶은 사람들을 위해 유럽의회를 트레이니쉽의 여러 프로그램을 제공한다. 프로그램은 8월 15일에 시작되며, 매년 젊은이들에게 경험과 활동을 할 수 있도록 프로그램을 제공하고, 장학금을 지급할 것이다.

08월 19일

• 소셜미디어에서 유럽의회를 발견하다

(European Parliament Press releases 08. 19)

- 유럽의회는 더 나은 서비스를 통해 시민들과 소통하기 위해 주요 소셜미디어의 플랫폼에 유럽의회에 대한 프로그램을 함께 제공한다. 이러한 플랫폼은 유럽의회의 배경 정보와 최신 뉴스뿐만 아니라 비디오, 사진 등을 제공하고 국소 문제를 논의할 기회를 제공할 것이다.

유럽의회 여론

08월 20일

• 그리스 내달 20일 조기총선…치프라스 사퇴 예정

(ANA 통신 08. 20, 연합뉴스 08. 21 재인용)

- 그리스 급진좌파연합(시리자) 정부가 내달 20일 조기총선을 실시하기로 했다고 그리스 관영 ANA 통신 등이 20일 보도했다. 치프라스 총리는 이날 시리자 중진, 각료 등과 회의를 열어 논의한 결과 조기총선을 실시하기로 결정한 것으로 전해졌다. 정부 관계자는 치프라스 총리가 공식 발표하고서 대통령에게 사의를 표명할 예정이라고 말했다. 치프라스 총리 등 내각이 사퇴하면 오는 24일 과도정부를 구성할 것으로 전망된다. 치프라스 총리는 지난 1월 25일 총선에서 승리해 취임했으나 7개월 만에 물러나게 됐다. 그러나 지난 7월 여론조사에서 시리자의 지지율이 40%대로 2위인 신민주당(New Democracy Party, ND)보다 20%포인트 정도 앞서 시리자가 총선에서 승리해 치프라스 총리가 재집권할 가능성이 있다.

3차(8월 말~9월 말)

9월 본회의는 7일부터 10일까지 개최되었다. 유럽의회에서는 9월 초부터 난민에 대한 문제가 주로 논의되었다. 지난 9월 4일 시리아 난민 아이가 터키 해변에서 주검으로 발견된 사건 이후(뉴욕타임즈 2015. 09. 14), 난민에 대한 전 세계 여론이 집중되면서 난민 문제를 해결하기 위한 방안을 논의하는 데에 유럽의회 활동이 집중되었다.

유럽의회 내 중도우파이자 다수당인 유럽국민당그룹(EPP) 역시 난민 문제에 대해 인도적인 책임을 통감하며, 지속적으로 난민이 유입되는 국가들에 대한 조속한 대응과 지원이 필요하다는 것에는 동의하지만 모든 사람이 유럽연합 내로 들어올 수 없기에 망명의 조건이 충족되지 않는 사람들은 본국으로 송환해야 한다는 의견을 표명했다(EPP Group Press Releases 2015. 09. 17). 반면 중도좌파인 유럽사회당그룹(S&D)은 난민할당제에 반대하는 일부 동유럽 국가들을 이해할 수 없고, 그들에 대해 노골적이라고 표현했으며, 난민문제에 있어 서부와 동부 유럽이 분열되기보다 연대적인 책임을 가져야 한다고 주장했다(S&D Press Releases 2015. 09. 15).

본회의에서는 10일 이주 및 난민에 대한 결의안을 채택하고, 현재 4만 명의 난민 재배치, 추가적으로 12만 명의 난민 강제할당제, 정착 및 인도주의적 비자 제공 등에 대한 내용을 담은 결의안을 채택했다(European Parliament Press releases 2015. 09. 10). 그러나 지난 14일 열린 유럽연합 각료회의에서 동유럽 국가의 반대로 난민 할당안 합의가 실패하였고, 17일 다시 한 번 긴급 표결하여 유럽연합집행위원회의 난민 분산 수용안을 승인했다(연합뉴스 2015. 09. 17). 한편, 난민 수용안에 대한 서유럽과 동유럽의 여론이 강한 차이와 대립양상을 보였다. 영국, 독일, 스페인, 스웨덴 등에서는 시민 수만 명이 거리로 나와 난민을 지원하자는 시위를 벌였으나 폴란드, 체코, 슬로바키아 등의 동유럽에서는 난민에 반대하는 시위가 일어났다(AP·AFP통신 2015. 09. 12; BBC방송 2015. 09. 12, 연합뉴스 2105. 09. 13 재인용).

한편, 사의를 표명하고 재신임을 물었던 그리스의 치프라스 총리가 20일 치러진 조기총선에서 급진좌파연합인 시리자가 승리하면서 다시 한 번 총리로 재신임 받게 되었다(연합뉴스 2015. 09. 21). 그러나 이번 선거의 투표율은 55%로 떨어졌으며, 치프라스 총리에 대해서도 긴축에 반대한다는 공약을 뒤집고, 집권 초 수용소 불법이민자들을 풀어준 것이 난민들의 그리스 행을 부추겼다는 비판을 받고 있다.

다음 달 본회의는 10월 7일부터 8일까지, 26일에서 29까지 두 차례 개최될 예정이다.

유럽의회 정당

09월 10일

• 러시아: 센초브 및 콜첸코 즉시 석방해야 　　　(EPP Group Press Releases 09. 10)
– 유럽의회에서 러시아에 대해 국제적 의무를 이행하고 법의 지배를 존중하라는 결의안이 채택되었다. 특히 유럽국민당그룹은 러시아에 불법 구금된 에스토니아 경찰과 우크라이나 영화감독 올렉 센초브(Oleg Sentsov), 시민운동가 알렉산더 콜첸코(Olexander Kolchenko)의 즉각적인 석방을 요구한다. 유럽국민당 그룹의 유럽의회의원은 러시아에서 납치 후 불법 구금이 된 것은 명백한 위반행위이기에 러시아 연방 사법 기관의 독립성과 공정성의 의문을 제기한다는 의견을 표명했다.

09월 17일

• 난민 위기: 유럽의회는 강한 연대를 요구한다 (EPP Group Press Releases 09. 17)
– 만프레드 베버 유럽국민당그룹 대표는 유럽의회가 앞으로 난민 위기를 해결하고 연대방식을 도입하여 공정한 분배를 할 준비가 되어있다는 것을 보여주었다고 말했다. 그는 이탈리아, 그리스, 헝가리 등의 지역에 대해 난민이 지속적으로 유입된 다면 그 지역에 대한 신속한 대응이 필요할 것이며, 유럽국민당그룹은 유럽의 인도주의적 책임에 대해 통감한다고 밝혔다. 그러나 유럽으로 들어오고 싶다고 해서 모든 사람들이 들어올 수는 없다는 점을 언급하며 망명의 조건을 충족하지 못하는 사람

들은 본국으로 송환해야 한다는 의견을 보였다.

09월 15일
• 피텔라: 상임이사회의 대다수는 유럽연합집행위원회의 이민 정책에 찬성한다

(S&D Press Releases 09. 15)

- 유럽사회당그룹 대표 지안니 피텔라는 지난 회의에서 압도적인 다수가 유럽연합
집행위원회의 제안에 찬성했으나 이해할 수 없는 결과라고 말했다. 그는 노골적인
일부 동유럽 국가의 행동에서 불구하고 비상대책이 10월 8일 시민자유, 정의, 가족
위원회에서 통과될 것이라고 말했다. 또한 서부와 동부 유럽의 분열을 받아들일 수
없으며 다시 한 번 연대를 강조했다.

09월 20일
• 피텔라: 그리스인들이 치프라스의 직업을 보장해주었다

(S&D Press Releases 09. 20)

- 유럽사회당그룹은 지속가능한 개발, 고용 및 사회 정의를 위해 노력할 수 있으며,
이번 그리스 총선으로 인해 강력한 친 유럽 진보적 연립정부의 필요성에 주목한다.
이번 선거에 대해 유럽사회당그룹 대표인 지안니 피텔라는 그리스인들이 치프라스
의 정치적 의지를 보상해주기로 결정한 것에 대해 민주주의와 그리스 친 유럽, 진보
적 힘의 분명한 승리라고 말했다. 또한 그리스의 진보적인 정당들과 협력하여 진보
적인 정부를 구성하면 진정한 변화의 가능성을 열 수 있을 것이라고 강조하며, 그리
스가 건강한 경제를 구축하려면 그리스의 협력 국가들과 채권자, 채무조정에 대한
요구를 수용해야 한다는 입장을 표명했다.

유럽의회 선거 · 의회

09월 20일
• 그리스 총선서 시리자 승리…치프라스 한 달 만에 재신임 　　　 (연합뉴스 09. 21)
- 20일 알렉시스 치프라스 전 그리스 총리가 이끈 급진좌파연합(시리자)이 조기총

선에서 승리를 거뒀다. 그리스 내무부에 따르면 개표율 75% 기준으로 시리자가 35.46%를 득표해 보수 정당인 신민주당(28.27%)과 약 7% 차이를 보이며 비교적 큰 차이로 앞서 1위를 달리고 있다. 그리스는 총선 결과에 따라 1위를 한 정당에 50석을 추가로 배정하기 때문에, 시리자는 전체 300석 가운데 145석을 얻고, 신민주당은 75석에 그칠 것으로 보인다. 그리하여 치프라스 전 총리는 재신임을 받겠다며 내각 총사퇴를 결정한지 한 달 만에 다시 총리로 신임을 받게 됐다.

09월 11일

• 총회의 주요 결과: 연합논쟁, 이주, 복제금지

(European Parliament Press releases 09. 11)

– 이번 총회에서는 장 클로드 융커의 난민대책과 그리스의 상황에 대한 연설로 시작되었다. 유럽의회 의원들이 망명 신청자들을 재배치하기 위한 비상 계획을 지원하기로 합의하였으며, 난민의 증가와 유입을 처리하기 위해 새로운 위원회를 도입할 것을 제안했다. 또한 복제 농장 동물에 대한 금지 및 밀봉 제품에 대한 엄격한 금지를 승인했다.

09월 10일

• 망명: 유럽의회의원은 더블린 조약 변경과 인도주의적 비자, 전지구적 전략을 위한다

(European Parliament Press releases 09. 10)

– 전례 없는 이민자와 난민의 유입에 대처하기 위한 유럽연합집행위원회의 새로운 제안을 환영하며, 유럽의회의원은 이와 같은 결의안을 목요일에 투표하여 이주 및 망명 정책을 설정하기 위한 법안 초안에 대해 준비하겠다고 선언했다. 우선 4만 명의 망명 신청자들의 재배치와 추가 12만 명의 망명자에 대한 배치에 대해 공정한 강제 할당제도를 통해 구체적인 사례와 망명자의 요구사항을 고려해 진행해야 한다. 또한 정착 및 인도주의적 비자를 위해 유럽연합(EU)의 회원국과 난민을 위해 안전하고 합법적인 길을 만드는 것을 우선순위로 정하고 가능한 대사관과 영사관에 망명을 신청할 수 있도록 회원국에 요구할 필요성을 제시했다. 그리고 난민 위기를 해결하기 위한 국제 회의를 소집하여 전 지구적인 인도적 지원 전략을 수립할 계획이다.

09월 10일

• 이주 및 난민 위기: 유럽의회의원의 새로운 위원회 제안에 대한 반응

(European Parliament Press releases 09. 10)

– 유럽의회의원은 이주 및 난민에 대한 결의안을 채택하기로 합의하였다. 57 기권, 찬성 432, 반대 142로 통과되었으며, 특히 대부분의 유럽의회의원들은 4만 명의 망명 신청자 재배치에 대해 호의적인 의견을 제시했으며, 추가 12만 명에 대한 재배치를 유럽의회와 유럽연합집행위원회과 공동으로 결정하기로 합의하였다.

09월 17일

• 유럽의회, 난민 12만 명 분산 수용안 승인 (연합뉴스 09. 17)

– 유럽의회는 17일 유럽연합집행위원회의 난민 12만 명 분산 수용안을 승인했다. 유럽의회는 지난 10일 난민 강제할당을 지지하는 결의안을 채택했었으나 이번에 다시 한 번 긴급 표결에서 찬성 372, 반대 124, 기권 54로 그리스, 이탈리아, 헝가리 등 난민 유입국들의 부담을 덜어주기 위한 분산 수용안에 대한 지지를 표명했다. 유럽의회의 이날 표결은 유럽연합집행위 제안에 힘을 실어주고 유럽연합(EU) 회원국들에 대해 합의 압력을 가하기 위한 것으로 풀이된다. 난민 할당 문제에 대해 오는 22일 유럽연합(EU) 28개 회원국 내무장관들의 회의에서 다시 논의될 것이다.

유럽의회 여론

09월 12일

• 유럽 곳곳서 난민 찬반시위…헝가리, 국경통제 앞두고 긴장고조

(AP · AFP통신 09. 12, BBC방송 09. 12, 연합뉴스 09. 13 재인용)

– 초유의 난민유입 사태 속에 서유럽 등지에서는 난민 환영 시위가 잇따른 반면 동유럽에서는 반대 시위가 속출해 동–서 유럽의 분열된 모습을 보였다. AP·AFP통신에 따르면 12일 영국 런던과 독일 베를린, 스페인 마드리드, 스웨덴 스톡홀름, 핀란드 헬싱키 등지에서 시민 수만 명이 거리로 나와 난민을 지원하자는 시위를 벌였다. 그러나 동유럽 국가인 폴란드 바르샤바, 체코 프라하, 슬로바키아 브라티슬라바에

서는 난민에 반대하는 시위가 일어났다. BBC방송에 따르면 이날 하루 동안 뮌헨에는 오스트리아 빈에서 1만 2천200여 명의 난민이 들어왔으며, 독일 당국은 이번 주말에 난민 4만 명이 입국할 것으로 보고 있어 너무 빠른 난민 유입 속도에 대해 유럽연합(EU) 회원국의 도움을 촉구했다. 또한 독일의 난민포용에 반대하는 헝가리는 15일부터 국경을 넘거나 장벽을 훼손하는 난민을 추방, 구속하는 등 강력한 국경통제에 나서기로 했다. 이러한 통제예고로 인해 12일에는 세르비아에서 헝가리로 난민 4천 명이 한꺼번에 넘어오기도 하였다.

09월 20일

• '악동' 치프라스 또 승리…그리스인, 반부패 택했다   (헤럴드경제 09. 21)

– 치프라스 전 그리스 총리의 '반부패' 호소가 그리스 국민들의 마음을 얻었다. 재신임을 받겠다는 치프라스 전 총리의 사퇴로 치러진 조기 총선에서 급진좌파연합 시리자가 승리를 거뒀다. 이번 선거에서는 주요 정책 방향이 비슷한 만큼 부패 이슈가 선거의 향방을 가르는 데 중요한 역할을 했다. 치프라스는 다시 총리 자리에 올라 구제금융 1차 실사기간에 맞춰 100여 개 개혁정책 입법과 시중은행 자본 확충, 내년 예산안 편성 등을 수행할 예정이다. 그러나 이번 선거에서 치프라스 전 총리가 긴축에 반대하겠다던 공약을 7개월 만에 완전히 뒤집은 데다, 집권 초 수용소에 갇힌 불법이민자들을 풀어줘 결국 시리아 난민들의 그리스 행을 부추겼다는 비판이 있어왔다. 또한 투표율이 55%대로 역대 최저 수준으로 추락한 것은 정치 전반에 대한 환멸과 불신 때문인 것으로 분석돼 부담요인이다.

4차(9월 말~10월 말)

김진주

10월 5일부터 8일까지 유럽의회의 본 회의가 스트라스부르에서 개최되었다. 본회의에서는 시리아 내전에 대한 문제와 10월 3일 아프가니스탄의 쿤두즈에서 발생한 국경없는의사회 병원 폭격, 난민 문제에 대한 논의가 이루어 졌다.

유럽의회 내 중도우파이자 다수당인 유럽국민당그룹(EPP)은 시리아 내전에 대해서는 유럽연합(EU) 공동의 해결책을 모색해야 한다고 주장하며, 난민 문제에 있어서는 여전히 망명의 조건이 충족되지 않는 이주자들을 본국으로 송환하는 것을 확대해야 한다는 입장을 보였다(EPP Group Press Releases 2015. 10. 07; 2015. 10. 16). 반면 중도좌파인 유럽사회당그룹(S&D)은 쿤두즈 공습의 진상 조사를 촉구하고, 터키의 공정한 총선을 요구하며, 이스라엘-팔레스타인 분쟁에 있어 확대되어가는 폭력사태에 대한 우려를 표명했다(S&D Press Releases 2015. 10. 07; 2015. 10. 10; 2015. 10. 13).

본회의에서는 유럽의회 의원들의 시리아, 터키, 쿤두즈 공습 등에 대한 논의가 있었다. 시리아 내전에 대해 유럽의회의원들은 러시아의 직접적인 군사개입에 비판적인 의견을 보였으며, 쿤두즈에서 일어난 병원 공습에 대해 완전하고 독립적인 조사를 요구한다는 의사를 강하게 표출하였다(European Parliament Press releases 2015. 10. 07). 또한 독일의 앙겔라 메르켈 총리와 프랑스의 프랑수아 올랑드(Francois Hollande) 대통령이 베를린 장벽이 무너진 직후인 1989년 이후 처음으로 함께 난민 대책과 시리아 내전 해결 방안 등에 대한 공조 방안에 대해 연설하였다(연합뉴스 2015. 10. 08). 한편, 지속적으로 문제가 되어온 난민 위기 해결의 일환으로 '난민 12만 명 분산 배치'가 9일 처음 이뤄졌으며, 에리트리아 난민이 이탈리아에서 스웨덴으로 이주하게 되었다(유럽연합 내무담당 집행위원실 2015. 10. 06; 한겨레 2015. 10. 07 재인용).

한편, 유럽의회가 의뢰하여 유럽시민들 대상으로 실시한 유로바로미터(Eurobarometer)의 이민과 테러에 대한 조사에 따르면, 유럽연합(EU) 시민들의 66%가 이주 문제에 대한 의사 결정을 유럽연합(EU) 수준에서 해야 한다고 응답했으며,

응답자의 47%가 이민이 유럽연합(EU)과 회원국들이 직면한 가장 큰 문제라고 말했다.

다음 달 본회의는 11월 23일부터 26일까지 진행될 예정이다.

유럽의회 정당

10월 07일

• 시리아에 대한 해결책은 유럽에 대한 해결책을 의미한다

(EPP Group Press Releases 10. 07)

— 유럽의회는 시리아에 대한 해결책을 논의하였다. 유럽국민당그룹 의원들은 무고한 생명을 보호하고 지역 전체의 이익을 위해 평화를 달성하는 것이 최우선이라는 입장이다. 또한 점점 커지고 있는 러시아의 군사적 개입과 충돌에 대한 우려를 표명했다. 유럽의회 외교위원회 위원장인 엘마브록은 정치적 이해에 따른 현재의 상황을 중지해야하며, 해당 지역들의 협력을 통해 그들 모두 이익을 가질 수 있도록 공통의 해결책을 마련해야 한다고 말했다. 유럽국민당그룹의 구성원들은 시리아에 대한 장기적인 해결책으로서 국제 사회의 포괄적인 지원이 필요하며, 모든 분쟁의 당사자들은 민간인의 보호를 보장하고 국제 인도주의 법률 및 인권 법에 따라 의무를 존중해야 한다고 생각한다.

10월 07일

• 쿤두즈 국경없는의사회 병원에 공습을 주도한 미국에 대한 유럽사회당 그룹의 입장

(S&D Press Releases 10. 07)

— 유럽사회당그룹의 보안 및 방위 소위원회 부대표인 아프잘 칸(Afzal Khan)은 미국의 공격을 강력하게 비난하고, 이번 공격으로 인해 의료진 12명과 3명의 아이를 포함한 최소 10명이 목숨을 잃었고, 총 37명이 부상을 입었다며 테러와의 전쟁에서도 인권에 대한 존중과 법의 규칙이 선행되어야 한다고 말했다. 또한 이번 사건과 관련하여 독립적인 조사를 촉구하며, 장기적인 평화와 안정을 위해 지역협력이 필수적으로 일어나야 한다고 주장했다.

10월 10일

• 유럽사회당그룹은 터키정부에 자유롭고 공정한 선거를 요청한다

(S&D Press Releases 10. 10)

- 앙카라의 평화 집회에서 일어난 폭발 테러로 최소 30명이 사망하고 백여 명이 부상을 당한 것에 대해 유럽사회당 그룹은 가장 강력하게 비난했다. 특히 유럽사회당 그룹에서 외교 조정관을 맡고 있는 리처드 호윗(Richard Howitt)은 가족과 친구들과 함께 했던 사람들이 사망 또는 부상을 입었으며, 이러한 행위는 테러의 모든 형태를 지지하는 것과 같다고 말했다. 또한 평화로운 시위대에 대한 폭력의 상승은 터키 정부와 쿠르드당(the Kurdish Workers' Party, PKK)의 평화 과정에서 나타난 결과이기에 테러 행위와 책임에 대해서 즉각적이고 철저한 조사를 요구하며 향후 자유롭고 공정한 선거가 치러질 수 있도록 터키 정부에 대해 이러한 상황을 해결할 것을 촉구했다.

10월 13일

• 유럽사회당그룹 회원은 이스라엘의 팔레스타인 아랍공동체와 대화를 강화해야 한다고 주장했다   (S&D Press Releases 10. 13)

- 유럽사회당그룹의 부대표인 빅터 보스티나루(Victor Bo tinaru)는 팔레스타인 아랍공동체의 대표들과 만나 논의한 후 이스라엘과 팔레스타인 사이의 폭력이 점차 증가하는 것에 대한 우려를 표명하고, 민간인에 대한 모든 폭력적인 행위를 비난한다고 말했다. 또한 이스라엘 내의 팔레스타인 사람들에 대해서도 동등한 시민으로써 존엄성과 민족, 소수 종교의 개인 및 집단에 대한 권리를 존중해야 한다고 주장했다. 유럽사회당그룹의 외교 조정관인 리처드 호윗은 이스라엘 내에서 유대인과 팔레스타인 사이의 반복되는 충돌은 매우 위험한 상황을 만들 수 있으며, 종교의 자유를 억압하고 증오하는 행위는 중지되어야 한다고 말했다.

10월 15일

• 회원국들의 결정은 도전이 아니다   (EPP Group Press Releases 10. 16)

- 만프레드 베버 유럽국민당그룹 대표는 지난 15일 유럽연합 정상회의 결과에 대해

유럽연합 정상회의의 결정은 명확하게 유럽연합(EU) 회원국들이 겪는 과제들을 해결하기에는 부족하다고 말했다. 또한 유럽연합집행위원장인 장 클로드 융커의 프로그램을 지지하고, 터키에 더 많은 돈을 투자하여 유럽연합(EU)의 외부 국경을 확보하며, 난민의 본국 송환도 확대되어야 한다는 입장을 표명했다.

10월 19일

• 유럽국민당그룹은 테러리스트들의 확대를 방지하기 위한 유럽연합(EU)의 행동을 촉구한다 　　　　　　　　　　　　　　　(EPP Group Press Releases 10. 20)

− 라치다 다티(Rachida Dati) 유럽의회의원이 유럽국민당그룹을 대표하여 테러조직들의 유럽시민들을 대상으로 한 조직원 모집의 예방을 주장한 보고서가 시민자유위원회에서 19일 채택되었다. 다티 유럽의회의원은 테러리스트들의 조직 확대 방지를 위해 감옥에 투옥된 수감자를 분리하고 모니터링하며, 불법 콘텐츠를 제작하는 온라인 활동에 대해서도 형사 처분의 제재를 가해야 한다고 말했다. 또한 이념을 넘어 모든 시민들의 안정과 청소년들의 탈선 방지를 위해 유럽차원에서의 긴급조치가 필요하다고 주장했다.

유럽의회 선거·의회

10월 06일

• 유럽연합(EU), 난민 분산 재배치

　　　　　　　　(유럽연합 내무담당 집행위원실 10. 06, 한겨레 10. 07 재인용)

− 유럽연합(EU)이 지난달 회원국 내무장관 회의에서 합의한 '난민 12만 명 분산 배치'가 9일부터 시행된다. 유럽연합(EU) 내무담당 집행위원실은 6일 유럽연합(EU) 안에서 첫 난민 재배치가 9일에 이뤄지며, 에리트리아 난민들이 이탈리아에서 스웨덴으로 이주하게 될 것이라고 알렸다. 이날 스웨덴으로 이주할 난민의 수를 알려진 바 없으나 이탈리아에서 821명, 그리스에서 548명을 받기로 합의한 상태다. 유럽연합집행위원회는 난민 가운데 우선 4만 명을 향후 2년간 재배치할 계획이며, 시리아 난민 220만 명이 있는 터키에 보상을 주고 난민 유입을 차단하는 공동대응 방안인 '실

행계획 초안'을 제시했다. 내용은 터키가 시리아와 이라크 난민을 대응할 수 있도록 2016년까지 10억유로를 지원하고, 터키의 해안경비를 강화하며, 터키 국민의 유럽연합(EU) 여행 시 비자 발급을 완화해주는 등이다. 이에 대한 조건은 터키가 자체적으로 난민 수용을 시행하고 유럽연합(EU)과 공동출자하는 난민 등록센터를 개설한다는 것이다. 유럽연합 집행위원장과 국제이주기구(International Organization for Migration, IOM)도 이번 제안을 환영했으나 7일 현재까지 터키 정부는 제안에 대해 공식적인 입장을 보이고 있지 않다.

10월 07일

• 시리아, 터키, 쿤두즈 폭격과 리비아: 유럽의회의원은 유럽연합(EU)의 더 큰 참여를 요구한다   (European Parliament Press releases 10. 07)
- 유럽연합(EU)은 리비아에서의 안정성과 보안을 촉진하기 위해 더 많은 일을 해야 한다고 유럽의회의원들을 말했다. 유럽의회의원들은 시리아에 대해 유럽의회의원들은 대부분 러시아의 직접적인 군사개입에 비판적이었으며, 군사적인 대안이 근본적인 해결책을 될 수 없기에 유럽연합(EU)이 외교적으로 지역 간이 화해할 수 있도록 해결책을 찾아야 한다고 말했다. 난민 위기에 있어 터키와의 협력 과정에서는 인권을 보호해야 한다고 경고했으며, 쿤두즈에서 일어난 병원 공습에 대해 완전하고 독립적인 조사를 요구하고 법적인 책임을 지게 하여 다시는 이러한 비극이 일어나지 않도록 해야 한다는 입장을 보였다.

10월 07일

• 독일, 프랑스 정상 유럽의회 연설서 유럽 단결 호소   (연합뉴스 10. 08)
- 유럽연합(EU) 주도국인 독일과 프랑스의 메르켈 총리와 올랑드 대통령이 7일 유럽의회에서 나란히 연설했다. 이날 연설에서는 난민 대책과 시리아 내전 해결 방안 등에 대한 공조 방안이 제의되었다. 올랑드 대통령은 유럽연합(EU) 회원국들이 난민 대책과 유로화 위기 등 도전 과제를 해결하기 위해 단결하지 않으면 유럽의 종말을 맞이할 수 있다고 경고했다. 그는 시리아 내전 등 중동 분쟁이 해결되지 않으면 전쟁의 위험이 증가한다고 지적하고 해결을 위해서는 바샤르 알아사드(Bashar al-Assad)

정권과 '이슬람국가'(IS)를 배제한 대안을 시리아 국민에게 제시해야 한다고 말했다. 메르켈 총리는 이날 연설에서 난민 수용을 거부하는 것은 유럽의 가치와 정체성을 부인하는 것이라고 경고하며, 200만 명의 난민을 수용하고 있는 터키는 난민 대책에서 핵심 역할을 하고 있다고 밝혔다. 또한 시리아 내전으로 인한 난민 부담을 지고 있는 국가들에 대한 지원을 강화해야 한다고 덧붙였다. 양국 정상이 동시에 유럽의회에 모습을 나타낸 것은 베를린 장벽이 무너진 직후인 1989년 11월 22일 이후 이번이 처음이다.

유럽의회 여론

10월 15일

• 이주 문제에 대해 유럽연합(EU) 수준에서 결정해야 한다는 유럽시민의 의견을 유로바로미터에서 확인하였다   (European Parliament News 10. 15)

- 이민과 테러에 대해 유럽의회가 의뢰하여 9월 19일부터 29일 동안 28,150명의 유럽시민들 대상으로 실시한 유로바로미터 조사에 따르면, 유럽연합(EU) 시민들의 66%가 이주 문제에 대한 의사 결정이 국가수준에서가 아니라 유럽연합(EU) 수준에서 결정되어야 한다고 응답했다. 망명 신청자를 받는 것에 대해서는 78%의 유럽시민이 망명 신청자를 유럽연합(EU) 회원국들이 나누어야 한다는 입장을 보였다. 또한 응답자의 47%가 이민이 유럽연합(EU)과 회원국들이 직면한 가장 큰 문제라고 말했다.

5차(10월 말~11월 말)

10월의 두 번째 유럽의회 본회의가 26일부터 29일까지 스트라스부르에서 개최되었고, 11월의 본회의는 23일부터 26일까지 개최될 예정이다. 지난 10월 두 번째 본회의에서는 유럽연합(EU) 내의 난민과 젊은 실업자를 지원하는 프로그램 등에 대해 추가적인 예산이 편성된 2016년 예산안이 통과되었으며(European Parliament Press releases 2015. 10. 28), 미국에 대한 유럽의회의 테러리스트 금융 추적 프로그램(Terrorist Finance Tracking Programme, TFTP) 계약 일시중지 요청과 유럽시민의 인권을 대량 감시로부터 보호해야 한다는 결의안이 채택되었다(European Parliament Press releases 2015. 10. 29).

한편 10일 영국의 데이비드 캐머런(David Cameron) 총리가 2017년까지 브렉시트(Britain+exit, Brexit) 여부를 묻는 국민투표 실시를 선언하며 4개 요구사항이 관철될 경우에는 유럽연합(EU)에 잔류하는 방향으로 국민들을 설득하겠다고 밝혔다(한겨레 2015. 11. 11). 이에 대해 유럽의회 내 중도우파이자 다수당인 유럽국민당그룹(EPP)과 중도좌파인 유럽사회당그룹(S&D)은 영국이 유럽연합(EU)에 잔류해야하며 캐머런 총리의 요구사항을 유럽연합(EU) 개혁의 측면에서 고려해야 한다는 입장이다(EPP Group Press Releases 2015. 11. 10; S&D Press Releases 2015. 11. 10).

11월 13일에는 프랑스 파리에서 테러범들의 공격이 자행되었다. 오후 9시 20분 시내의 한 술집과 외곽 축구장 인근에서 동시에 발생한 14일 0시 30분 바타클랑 극장에서 끝났고, 최소 120명의 사망자를 내며 국제사회의 위협을 가했다(연합뉴스 2015. 11. 14). 이번 테러에 대해 수니파 무장조직인 '이슬람국가'(IS)가 성명을 내고 자살폭탄과 자동소총으로 '십자군' 프랑스 수도의 여러 곳을 공격했다고 밝히기도 했다(연합뉴스 2015. 11. 14). 유럽국민당그룹은 테러로 희생된 프랑스 국민들에게 조의를 표하고, 유럽연합(EU)이 가지고 있는 모든 방어 수단을 통해 힘을 모아야 한다고 밝혔다(EPP Group Press Releases 2015. 11. 14). 유럽사회당그룹은 지안니 피텔라 대표가 유럽국민당그룹의 만프레드 베버 대표에게 파리와 전 세계에서의 테러리스트들에 대해 함께 연합하여 대응할 것을 요청했다(S&D

Press Releases 2015. 11. 18).

11월 본회의에서는 파리 테러에 대해 유럽연합(EU) 회원국들이 테러 용의자 및 잠재적인 외부 공격자들을 감시하기 위해 협력을 증대시키고 정보교환을 하자는 결의안이 논의될 것이며, 난민과 실업자에 대한 2016년 유럽연합(EU) 추가 예산에 대한 최종 표결 등이 있을 예정이다(European Parliament Newsletter 2015. 11. 19).

다음 본회의는 12월 14일부터 17일까지 진행될 예정이다.

유럽의회 정당

11월 10일

• 피텔라: 브리튼(Britain)과 유럽은 유럽연합(EU)의 영국일 때 훨씬 강하다

(S&D Press Releases 11. 10)

– 유럽사회당그룹의 대표인 피텔라는 유럽연합(EU)에 재협상을 요구한 데이비드 카메론에 연설에 대해 유럽사회당그룹의 지도자들을 영국의 지속적인 유럽연합(EU) 가입에 대해 지원할 것이라고 밝혔다. 그는 유럽연합(EU) 전체와 영국은 거대한 연합의 차원에서 특정 이익에 국한된다면 유럽연합(EU)은 상당이 약화될 것이며 유럽연합(EU)은 브리튼이 속해 있을 때 경제적, 외교적, 정치적으로 더욱 강력해진다고 말했다. 유럽사회당그룹은 카메론의 제안이 유럽연합(EU)을 손상시키는 것이 아닌 장기적으로 변화를 요청한 것이기에 기쁘게 생각하며, 진보세력은 유럽연합(EU) 약화의 동의하지 않고, 유럽연합(EU) 개혁의 전망을 환영한다는 입장을 보였다.

11월 10일

• 영국 국민투표: 유럽국민당그룹은 영국이 수용할 수 있는 모든 측면의 논의를 통해 유럽연합(EU)에 남기를 원한다 (EPP Group Press Releases 11. 10)

– 오늘 있었던 데이비드 캐머런 총리의 연설에 이어 유럽국민당 대표인 요셉 다울 (Joseph Daul)은 유럽연합(EU)은 책임과 합의의 정신을 구현하기에 영국의 요구를 수용할 것이고, 영국시민의 자유에 대한 권리를 존중해야 한다고 말했다. 유럽국민당

그룹 대표인 베버 역시 유럽국민당그룹은 영국이 유럽연합(EU)의 회원국이길 바라며, 모든 측면에서 수용할 수 있는 부분을 수용하여 유럽연합(EU)의 경쟁력을 높이고 합의점을 도출할 것이라는 입장을 밝혔다.

11월 11일

• 유럽 선거 2019: 유럽국민당그룹은 투표 절차의 조화를 원한다

(EPP Group Press Releases 11. 11)

– 유럽국민당그룹은 2019년 치러질 선거에 있어 투표 절차의 조화를 요구하고 있다. 다누타 호브너(Danuta Hübner) 유럽의회 헌법 총무 공동위원회 의장은 지난 39년 동안 유럽은 더 큰 성장을 이루었고 유럽의회가 진정한 공동 의원으로 자리 잡았음에도 오늘날 유럽의회선거는 1976년 수립된 선거법에 지배되고 있다고 말했다. 또한 여전히 유럽의회 선거가 국가차원의 문제가 직면해 있다면서 국가와 유럽 전체의 조화를 위해 유럽연합(EU) 회원국들은 유럽의회 의원 후보자의 목록 제출에 대해 12주의 공통 마감기한을 요청해야 한다고 주장했다. 유럽국민당그룹은 유럽시민들의 투표율 제고를 위해 온라인과 우편, 전자 투표에 대한 가능성도 제시한다.

11월 14일

• 파리 공격: 우리는 모두 프랑스인이다 (EPP Group Press Releases 11. 14)

– 유럽국민당그룹의 대표인 만프레드 베버는 11월 13일 파리 테러에 대해 우리는 깊은 충격을 받았다고 말하며 끔찍한 테러로 희생된 프랑스 국민들에게 조의를 표했다. 그는 상상할 수 없는 이번 잔인한 공격은 우리의 생활, 민주주의, 자유뿐만 아니라 우리 모두에 대한 공격이며, 우리가 모두 프랑스인이라고 말했다. 또한 이러한 극단주의자와 유럽 사회를 분할 할 수는 없기에 우리가 가지고 있는 모든 방어 수단을 가지고 힘을 모아야 한다고 말하며 그들 자신의 정치적 목표를 위해 이들 테러범의 공격을 이용하는 모든 사상가들과 극단주의자들에게, 모든 민주주의자들은 이번 테러사건에 대해 어떠한 냉소적인 시도도 반대한다고 강조했다.

11월 18일

• 피텔라가 베버에게: 테러리스트들은 우리 사회에 분열을 심는 것이 목표다. 우리는
반드시 협력하여 저항하여야 한다   (S&D Press Releases 11. 18)
– 유럽사회당그룹 대표인 지안니 피텔라는 유럽의회 내 다른 정치적 집단에게 파리
와 전 세계에서의 테러리스트들에 대한 대응으로 연합할 것을 요청했다. 그는 유럽
국민당그룹의 만프레드 베버 대표가 유럽사회당그룹이 승객명기록(PNR)에 대해 방
해하고 있다고 언급한 것에 대해 유럽사회당그룹은 의회 입법과정에서 그 법안에
찬성했다고 말하며, 우리는 이러한 정치적 공작에서 벗어나야 한다고 말했다. 또한
그는 힘을 모아 테러와 극우주의자들에게 함께 대응하자는 입장을 보였다.

유럽의회 선거 · 의회

10월 28일

• 예산 2016: 의회는 이주 및 경쟁력을 위한 추가 자금을 배정했다
                              (European Parliament Press releases 10. 28)
– 유럽의회는 찬성 434, 반대 185, 기권 80으로 2015년 유럽연합(EU)의 난민을 위한
추가 예산을 통과시켰다. 우선 이주에 대해 유럽연합집행위원회는 난민과 이민자를
수용하는 회원국들의 요구를 처리하기 위한 이주 관리 대책으로 11억 유로 이상을
추가 배정했으며, 젊은 실업자를 돕기 위해 새로운 프로그램 지원에 473만 유로를
추가했다. 향후 상임이사회와 조정 회담 이후 11월 본회의에서 이번 예산안에 대한
최종 투표를 할 예정이다.

10월 29일

• 대량 감시: 여전히 위험에 노출되어있는 유럽연합(EU) 시민의 권리를 의회가 말한다
                              (European Parliament Press releases 10. 29)
– 유럽의회의원들은 전자의 대량 감시에 대해 국민의 기본권을 보호하기 위한 결의
안을 찬성 342, 반대 274 기권 29로 채택했다. 이번 결의안은 미국으로 전송되는 모
든 데이터에 대해 효과적인 보호가 이루어져 있는지 확인하고, 미국과 이루어졌던

테러리스트 금융 추적 프로그램(TFTP)의 계약 일시중지에 대한 요청도 포함되었다. 또한 인권 보호자로써 에드워드 스노든(Edward Snowden)의 보호를 요청하는 것을 유럽연합집행위원회에 촉구하며, 프랑스, 영국, 네덜란드에 포함되어 있는 정보기관의 감시 기능 확장에 대한 법률에 대해서도 우려의 목소리를 냈다.

11월 14일

• ⟨파리 테러⟩ 반이민 · 반이슬람 프랑스 극우정당 지방선거 승리하나

(르몽드 11. 14, 연합뉴스 11. 15 재인용)

– 프랑스에서 지방선거가 한 달 남은 상황에서 이슬람 극단주의 무장단체 '이슬람 국가'(IS)의 테러로 극우정당 세력이 힘을 얻을 것으로 보인다. 특히 용의자들이 이슬람 신자인 알제리계 프랑스인과 그리스를 거쳐 유럽으로 잠입한 난민으로 드러나면서 반이민·반이슬람을 주장하는 극우정당인 국민전선(Front National, FN)이 유리해질 전망이다. 마린 르펜 대표는 14일 프랑스 수도가 상상을 초월한 잔인한 이슬람 테러범의 공격을 받았고, 대통령이 국가 비상사태를 선포하고 일시적으로 국경을 통제하기로 했다며 프랑스는 유럽연합(EU)으로부터 국경을 통제하는 권한을 반드시 회복해야 한다고 말했다며 현지 일간지 르몽드가 보도했다. 프랑스가 가입되어있는 셍겐조약으로 인해 국경 통제가 사라지면서 불법 이민자와 난민 수가 늘어나고 범죄자들도 통제하기 어렵다는 지적이 나오고 있다. 이러한 상황은 오는 12월 6일과 13일 치러지는 프랑스 지방선거에서 국민전선의 득표에 큰 도움이 될 것으로 예상된다.

11월 19일

• 2015년 11월 23일부터 25일까지 본회의 안건

(European Parliament Newsletter 11. 19)

– 유럽의회 의원은 11월 25일 11월 13일 파리에서 일어난 테러에 대해 논의할 것이며, 그들의 피드백을 11월 20일에 내무·사법 의회 회의 때 제출할 예정이다. 또한 유럽연합(EU) 회원국들은 테러리스트 용의자들 또는 잠재적인 외부 공격자들을 밝히고 감시하기 위해 협력을 증대시켜야하고 빠른 정보교환을 해야 한다는 결의안에

대해 24일 논의할 예정이며 25일 결의안을 투표할 것이다. 공격적 조세회피전략을 끝내기 위한 결의안에 대한 투표를 진행하기 위해 유럽연합(EU) 회원국 간의 조세 분배를 투명하게 하고 다국적 기업도 그들의 자산 정보를 국가별로 보고하도록 요구하는 것에 대해서도 논의할 예정이다. 유럽연합(EU)의 예산과 관련해서도 의회와 상임의사회간 타협에 따른 2016년도 마지막 표결을 25일 진행할 것이다. 마지막으로 난민(망명자, 이민자)의 위기를 막기 위해 유럽연합(EU)의 모금을 최대화하고 자금을 유연하게 활용하여 망명자들을 위한 추가 자원을 제공하기 위한 관리 노력 비용으로도 사용하기로 결정하는 안건을 25일에 투표할 것이다.

11월 20일

• 유럽연합(EU), 셍겐조약 개정 합의…테러 대응 협력 수위 높여　　(뉴시스 11. 21)
– 유럽연합(EU)이 파리 테러 이후 역내 자유통행을 보장하는 셍겐조약을 개정하는 등 강력한 대응조치를 시행하기로 합의했다. 프랑스 내무장관은 20일 브뤼셀에서 열린 유럽연합(EU) 내무·법무장관 긴급회의를 마친 후 기자회견에서 유럽연합집행위원회가 올해 말까지 셍겐조약 개정안을 마련하기로 했다고 밝혔다. 셍겐조약은 유럽연합(EU) 28개 회원국 중 22개국과 스위스, 노르웨이, 아이슬란드, 리히텐슈타인 등 비 유럽연합(EU) 4개국 간 자유 통행을 규정하고 있다. 그러나 개정안은 모든 셍겐조약 가입지역으로 들어오거나 나가는 사람에 대해 '체계적이고 의무적인' 검문을 시행하는 방식으로 제도가 강화될 예정이다. 또한 올해 말까지 승객명기록(PNR) 시스템을 채택하기로 합의했다.

유럽의회 여론

11월 10일

• 캐머런, 유럽연합(EU) 잔류 위한 4개 조건 제시　　　　　　(한겨레 11. 11)
– 데이비드 캐머런 영국 총리가 영국의 유럽연합(EU) 잔류를 위해 필요한 4개 요구사항을 공개했다. 2017년까지 브렉시트(Brexit) 여부를 묻는 국민투표 실시를 선언하며 집권한 캐머런 총리는 4개 요구사항이 관철될 경우에는 유럽연합(EU) 잔류 쪽으

로 국민들을 설득하겠다고 밝혔다. 캐머런 총리는 10일 런던에 있는 연구소인 채텀 하우스에서 공개했으며, 요구사항을 담은 편지는 도날드 투스크 유럽연합 정상회의 의장 앞으로 보냈다. 4개 요구사항은 △영국의 유럽 단일시장 접근은 보장하되, 영국 같은 비유로존 국가가 유로존 국가에 비해서 차별받지 않게 해달라 △유럽연합(EU) 경쟁력 강화를 위해서 규제를 줄이자 △유럽연합(EU) 의회가 제정한 법률이라도 개별 회원국 의회가 원하지 않으면 거부할 수 있게 하자 △영국으로의 이민자 유입을 줄이는 정책을 쓰게 해달라 등을 제시했다. 영국과 유럽은 12월 열리는 유럽연합 정상회의에서 이 문제를 논의할 예정이다.

11월 16일
• 엎친 데 덮친 유럽…이번엔 핀란드 '픽시트(Fixit)' 우려

(Telegragh 11. 16, 머니투데이 11. 17 재인용)

- 핀란드의 유로존(유로화 사용 19개국) 이탈, 이른바 '픽시트'(Finland Exit, Fixit) 가능성이 제기됐다. 영국 일간 텔레그라프(Telegragh)는 16일 핀란드 의회에서 핀란드의 유로존 이탈 여부를 국민투표에 붙이자는 국민청원에 이미 5만 명 이상이 서명했고, 핀란드 의회가 이를 승인하면 국민투표를 치를 수 있다고 보도했다. 핀란드 의회 관계자는 내년 초 서명을 확인한 뒤 의회에서 이 사안을 논의하게 될 것이라고 말했다. 텔레그라프는 '픽시트'가 실현될 것 같진 않지만 이번 청원은 경제난에 대한 핀란드 국민들의 불만을 드러낸 것이라는 점에서 중요하다고 지적했다. 경제난이 심화하면서 유로바로미터의 이달 조사 결과에 따르면 핀란드인 64%가 유로존 체제를 지지하는 것으로 나타나 1년 전 보다 지지율이 5% 감소했다.

6차(11월 말~12월 말)

김진주

12월 유럽의회 본회의가 14일부터 17일까지 스트라스부르에서 개최되었다. 우선 23일부터 26일까지 개최되었던 지난 11월 본회의에서는 테러공격에 대한 보안을 강화하고 회원국 간 정보협력을 높여나가자는 내용이 논의되었으며, 난민 위기의 해결을 위해 추가 예산을 편성한 2016년 유럽의회 예산이 승인되었다(European Parliament Releases 2015. 11. 27). 12월 본회의에서는 난민 위기, 테러 대응책 등이 논의되었고 특히 유럽연합집행위원회 장 클로드 융커 위원장이 유럽연합(EU) 외부 국경 강화를 위한 상설 유럽국경해양경비대(European Border and Coast Guard, EBCG)를 제안했다(European Parliament Releases 2015. 12. 15).

한편 테러방지를 위해 유럽의회에서 지속적으로 논의되었던 승객명기록(PNR) 시스템 도입이 12월 10일 유럽의회의 정의·가족 위원회에서 승인되었다. 이에 대해 유럽의회 내 중도우파이자 다수당인 유럽국민당그룹(EPP)과 중도좌파인 유럽사회당그룹(S&D)은 테러에 대응하기 위한 효과적인 대응책이 구축된다며 환영했고, 특히 유럽사회당그룹은 개인정보의 교환이 엄정하게 이루어지도록 법률을 구축해야 된다고 밝혔다(EPP Group Press Releases 2015. 12. 10; S&D Press Releases 2015. 12. 10).

12월 유럽에는 프랑스 지방선거, 스페인 총선이 있었다. 6일 1차 투표 후 13일 치러진 프랑스 지방선거는 2차 결선투표에서 극우정당인 국민전선(FN)이 완패했고 니콜라 사르코지(Nicolas Paul Stéphane Sarkozy de Nagy-Bocsa)가 속한 전 대중운동연합(Union for a Pupular Movement, UMP)인 공화당(Les Republicains)이 40.7%로 선거에 승리했다(연합뉴스 2015. 12. 14). 스페인 총선에서는 신생정당인 극좌 포데모스(Podemos)와 우파 시우다다노스(Ciudadanos)가 약진하면서 30년 만에 국민당(Partido Popular, PP)과 사회노동당(Partido Socialista Obrero Español, PSOE)의 양당체제가 무너지고 4당 체제로 돌입하였다(동아일보 2015. 12. 22).

지속되는 난민 문제에 대해 유럽인들의 관용을 알아보는 설문조사가 진행되었다. 조사기관 ORB 인터네셔널(ORB International)에 따르면 유럽 14개 국가를 대상으로 난민에 대한 유럽인의 인식을 살펴본 결과 만약 방이 남는다면 난민에게 내어줄 수 있냐는 질문에 평균 65%가 방을 내어주겠다, 35%가 내어주지 않겠다고 응답했다(The Independent 2015. 12. 17).

다음 본회의는 1월 18일부터 21일까지 진행될 예정이다.

유럽의회 정당

12월 10일

• 지안니 피텔라: 테러와의 전쟁에서 중요한 도구가 될 승객명기록(PNR)에 유럽사회당그룹은 찬성한다　　　　　　　　　　　　(S&D Press Releases 12. 10)

– 12월 10일 유럽의회의 정의·가족 위원회에서 승객명기록(PNR) 시스템이 통과됨에 따라 유럽사회당그룹 대표인 피텔라는 테러에 대처하기위해 법적 틀을 만들기 위한 첫 단계로써 의사결정의 중요성을 강조했다. 그는 조직적인 범죄에 테러에 맞서 싸울 수 있는 도구로써 승객명기록(PNR) 시스템을 찬성하며 이 시스템이 모든 보안 문제를 해결할 수는 없으나 첫 번째 단계의 역할을 할 것이라고 말했다. 또한 그는 개인정보의 교환이 엄격하게 이루어질 수 있도록 법적인 틀을 만들어야 한다고 덧붙였다.

12월 10일

• 새로운 유럽연합(EU)의 승객명기록(PNR)은 과격한 테러에 대응하는 데에 도움이 될 것이다　　　　　　　　　　　　(EPP Group Press Releases 12. 10)

– 마침내 유럽연합(EU)이 승객명기록(PNR) 시스템으로 알려진 테러 추적 프로그램을 승인했다. 유럽국민당그룹은 이번 시스템 도입에 중요한 역할을 했다. 유럽국민당 그룹의 협상담당 악셀 보스의원은 4년 이상의 협상 끝에 승객명기록(PNR) 시스템에 유럽연합(EU)에서 통과되어 서류를 체결했다고 밝히며, 파리 테러 공격 등이 협상의 촉매제 역할을 했으며 이번 시스템은 추가 공격을 방지하고 유럽시민들이 안전한 삶을 향유할 수 있도록 할 것이라 말했다.

12월 15일

• 유럽국민당그룹은 외부 국경 통제 강화를 지지한다

(EPP Group Press Releases 12. 15)

– 유럽연합집행위원회가 프론텍스(Frontex)를 변경하는 계획을 제안한 것에 대해 유럽국민당그룹은 프론텍스가 긴급한 상황이 발생되는 3일 이내 해당 회원국의 동의 없이 병력을 투입해서 신속히 대응해야 한다는 내용을 강력하게 지지한다. 유럽국민당그룹 부대표 에스테반 곤잘레스 폰스(Esteban González Pons)는 최근 몇 년간 전례 없이 유입된 난민과 이민자들에 있어 이번 계획은 필요하며, 우리가 인간의 생명을 구할 수 없기에 외부의 국경을 보호할 기관이 중요하다고 말했다.

12월 16일

• 유럽연합(EU) 없이 테러와 싸우고, 난민, 그리스 위기를 해결할 방법은 없다

(EPP Group Press Releases 12. 16)

– 유럽국민당그룹 대표인 만프레드 베버는 유럽의회 연설에서 유럽연합집행위원회가 제시한 외부경계 보호 방안은 솅겐 지역과 유럽연합(EU)의 자유로운 이동을 보호할 수 있는 방법이라고 말했다. 또한 그는 테러와의 싸움에 있어 승객명기록(PNR) 시스템이 중요한 역할을 할 것이고, 난민 위기에 대해서는 2015년 우리는 수천 명의 사람들이 지중해에서 익사하는 것을 봐왔으나 유럽 곳곳의 해양 물품 조달을 통해 많은 사람들을 도왔으며 이제 유럽인들은 불법 매매 상인들을 척결해야 한다고 말했다. 그리스 위기에 대해서는 유럽연합집행위원장 덕분에 그리스가 유로존에 잔류하게 되었으며 우리가 그리스인에게 안정적인 전망을 제공해야 한다고 주장했다. 그는 마지막으로 유럽은 함께 있을 때 더욱 강해질 수 있다고 말했다.

12월 17일

• 유럽사회당그룹은 강한 유럽이 인권과 민주주의를 보호할 수 있다고 생각한다

(S&D Press Releases 12. 17)

– 유럽의회는 17일 '세계 2014년 인권과 민주주의' 보고서와 유럽연합(EU)의 정책에 대한 결의안을 채택했다. 투표에 이어 유럽사회당그룹의 안토니오 펜자리(Antonio

Panzeri)의원은 경기 침체시기에 정부는 어느 때보다 인권에 대해 취약했고 예산을 삭감했으며, 특히 여성과 어린이들의 권리 보장에 어려움이 있었다고 말했다. 유럽 사회당그룹 의원이자 유럽의회 인권 소위원회 위원장인 엘레나 바렌시아노(Elena Valenciano)는 단지 말만으로는 유럽이 존중받을 수 없으며, 보편적인 인권의 개념을 보호하기 위해서는 더 강한 유럽이 필요하다고 말했다.

유럽의회 선거·의회

11월 25일

• 융커 "유럽연합(EU) 역내 자유통행 없이는 유로화도 없다"　　　(연합뉴스 11. 26)

- 장 클로드 융커 유럽연합 집행위원장이 유럽연합(EU)의 자유 통행을 보장하는 솅겐조약을 개정 혹은, 폐기하려는 움직임에 대한 경고로써 25일 유럽의회 연설에서 솅겐조약이 실패하면 유로화도 실패할 것이라고 말했다. 융커 위원장은 역내 자유 통행은 유럽연합(EU) 통합의 근간 중 하나라고 밝혔다. 그는 솅겐조약이 실패하면 유럽 시민이 역내에서 자유롭게 이동하면서 사용할 수 있어야 하는 유로존의 공동 통화인 유로화가 통용될 기반을 잃게 된다고 지적했다.

11월 27일

• 총회 주요 사안: 테러, 유럽연합(EU) 예산과 럭스 상

(European Parliament Press Releases 11. 27)

- 유럽의회의원은 11월 본회의 동안 파리테러에 대해 논의한 토론에서 난민은 테러리스트와 동일시되어서는 안 된다는 것에 동의하였다. 이번 토론에서 테러공격에 대해 보안을 강화하고 회원국 간의 정보협력을 높여나갈 것을 촉구했다. 또한 난민 위기의 해결을 위해 경제적인 지원을 강화하여 추가 자금을 확보하자는 2016년 유럽의회 예산을 승인했다.

12월 13일

• 프랑스 테러 후 첫 지방선거서 좌우파 견제에 극우정당 완패　　(연합뉴스 12. 14)

- 12월 13일 치러진 프랑스 지방선거 2차 결선투표에서 극우정당인 국민전선이 완패했다. 국민전선은 극단주의 무장단체 '이슬람국가'(IS)의 파리 테러로 높아진 반(反)이민, 반(反)이슬람 정서에 힘입어 지난 12월 6일 1차 투표에서는 27.7%의 득표율로 공화당의 26.7%와 사회당(Socialist Party, PS)의 23.1%를 제치고 프랑스 제1정당에 올랐다. 그러나 기성 정당의 견제와 좌·우파 유권자들의 극우정당 경계심리로 국민전선은 광역자치단체인 13개 도 가운데 한 곳에서도 승리를 거두지 못했다. 사르코지 전 대통령이 대표인 우파 제1야당 공화당이 수도권을 포함한 7곳, 좌파 집권 사회당이 5곳에서 승리했다. 득표율로 보면 공화당은 40.7%, 프랑수아 올랑드 대통령이 소속된 집권 사회당은 31.6%, 국민전선은 27.4%였다. 지방의원 의석은 공화당 등 우파가 668석, 사회당 등 좌파는 473석, 국민전선은 294석을 획득했다.

12월 15일

• 유럽연합(EU) 외부 국경 강화 계획에 대한 폭 넓은 지지

(European Parliament Press Releases 12. 15)

- 유럽연합집행위원회는 유럽연합(EU)의 경계와 해양 경비를 하던 프론텍스에 대해 긴급한 경우 해당 국가에 승인 없이 병력을 투입할 수 있는 새로운 기관으로 상설 유럽국경해양경비대를 만들자고 제안했다. 또한 유럽연합(EU)의 외부 경계와 관리를 위해 유럽연합(EU) 회원국들이 모두 책임을 공유해야 한다는 내용을 논의, 토론하였다.

12월 16일

• 엄격한 무기 제재: 우리가 판매한 무기가 우리에게 사용될 수 있다

(European Parliament Press Releases 12. 16)

- 녹색당 및 유럽자유동맹(The Greens. European Free Alliance, Green. EFA)의 보딜 발레로(Bodil Valero) 의원이 유럽연합(EU)의 무기 수출에 대한 보고서를 작성하였다. 이 보고서는 유럽의 안보 상황은 5년 전과는 다르며, 몇 년 동안 국가들에게 무기를 많이 팔아왔으나 이 무기가 우리에게 사용될 수 있다는 점을 알아야 한다는 내용이 담겨 있다. 또한 엄격한 수출 통제를 통해 무기 산업에 영향을 주어 잘못된 사람들에게 무

기가 판매되지 않도록 할 필요가 있다는 내용을 포함한다. 무기산업의 제재와 관련한 이번 보고서는 유럽의회의원의 토론과 공식적인 제출 후 향후 계획에 대해 투표될 예정이다.

12월 20일

• 30대 돌풍에…30년 아성 와르르 (동아일보 12. 22)

– 20일 치러진 스페인 총선에서 우파인 국민당과 좌파인 사회노동당의 양당 구도가 무너졌다. 개표 결과 집권 국민당은 총 350석 중 123석을 얻었으나 과반(176석) 의석 확보에 실패했고, 제1야당인 사회노동당도 기존에 가지고 있던 110석에서 20석이 줄어든 90석을 획득하였다. 반면 극좌 성향의 신생정당 포데모스는 69석, 우파 성향의 시우다다노스는 40석을 각각 얻으면서 처음으로 의회 진출에 성공했다. 집권당의 잇따른 부패 스캔들과 긴축 조치, 높은 실업률 등에 불만을 품은 유권자들이 신생정당에 표를 던진 것으로 분석된다. 이로써 스페인 정치는 30년간 이어진 양당 체제가 붕괴되고 4당 체제를 맞게 됐다. 포데모스의 파블로 이글레시아스(Pablo Iglesias) 당수는 20일 지지자들 앞에서 스페인의 양당 체제는 끝났으며, 부패와의 싸움에 나서겠다고 선언했다. 정치전문가들은 국민당의 연정수립 가능성이 높지 않고, 사회노동당이 포데모스와 시우다다노스 또는 다른 군소 정당과 연합해 집권할 가능성도 있다고 보고 있다. 만약 국민당과 사회당 모두 연정 구성에 실패한다면 재선거가 불가피해지는 상황이다.

유럽의회 여론

12월 17일

• 조사에 따르면 영국 여론은 유럽에서 난민을 환영하지 않는 것으로 나타났다

(The Independent 12. 17)

– 조사에 따르면 영국 국민은 유럽의 14국가 중에서 난민을 환영하지 않는 것으로 나타났다. ORB 인터네셔널의 조사에 따르면 영국의 경우 오직 20%의 사람들만 만약 남는 방이 있다면 난민을 기꺼이 들이겠다고 응답했고 80%는 하지 않겠다고 답

했다. 조사대상 14개 국가 중 가장 관용이 낮은 국가는 불가리아로 방을 내어주지 않
겠다고 응답한 국민이 86%에 달했다. 이를 제외하고는 영국이 두 번째로 난민에 대
한 관용이 낮은 것으로 나타났다. 조사대상인 유럽 14개국의 평균은 65%가 방을 내
어주겠다, 35%가 내어주지 않겠다고 응답했다. 또한 유럽 14개국의 응답자 중 57%
는 유럽연합(EU)이 난민위기를 해결하기 위해 더 많이 노력해야 한다고 답했다.

7차(12월 말~2016년 1월 말)

1월 유럽의회 본회의가 18일부터 21일까지 스트라스부르에서 개최되었다. 이번 본회의에서는 폴란드의 법과 정의당이 정권 창출 뒤 민주주의를 제한하는 개혁에 착수한 것에 대해 유럽의회의원들은 우려를 표명했으며, 이에 대한 내용을 이번 달에 논의한 뒤 2월에 결의안을 상정할 예정이다. 또한 프랑스가 이슬람국가(IS)에게 대항하기 위한 정보 공유와 지원을 유럽연합(EU) 회원국에 요청한 것에 대해 유럽의회의원들은 유럽연합(EU)의 연대를 강화하여 테러 공격이나 자연, 인공 재해를 상호방위하기 위한 결의안을 21일 상정하는 등의 내용이 논의될 것이다(European Parliament Newsletter 2016. 01. 14).

한편 2016년 유럽의회 내 정당그룹은 난민 위기에 대한 조속한 해결과 리비아의 통합정부 구성안에 대한 찬성, 그리고 2015년 12월에 발발된 폴란드의 헌법재판소 권한 제한, 미디어 장악 등에 대한 우려를 표명했다. 유럽의회 내 중도우파이자 다수당인 유럽국민당그룹(EPP)은 10년 만에 이란에 대해 제재를 해제로 국제사회에 이란이 다시 편입된 것을 환영했고(EPP Group Press Releases 2016. 01. 17), 폴란드의 상황에 대해서는 유럽연합(EU)에서는 권위주의가 자리할 곳은 없다며 강하게 반대하는 입장을 보였다(EPP Group Press Releases 2016. 01. 19). 중도좌파인 유럽사회당그룹(S&D)은 난민 위기에 대한 책임을 모든 회원국이 통감하여 유럽연합(EU)의 지도자들 스스로가 난민 위기 해결을 위해 노력할 것을 촉구하며(S&D Press Releases 2016. 01. 05), 폴란드 상황에 대해서도 헌법재판소의 독립성과 언론의 자유가 위협받는 법안을 철회할 것을 촉구했다(S&D Press Releases 2016. 01. 19).

새해의 시작부터 이슬람국가(IS)의 테러로 인해 유럽의 난민에 대한 여론은 더욱 악화되어가고 있는 상황이다. 2016년 1월 13일 터키의 이스탄불에서 독일 관광객 10명이 살해되는 자살폭탄테러가 자행되었으며 이번 테러범이 이슬람국가(IS)의 조직원이고 그가 범행 일주일 전 터키 당국에 난민 망명신청을 한 것이 밝혀지면서 난민에 대한 유럽 내 여론이 더욱 악화되고 있다(터키 언론, AP통신, 뉴욕타임즈, 텔레그래프 2016. 01. 13; 연합뉴스 2016. 01. 14 재인용). 실제 테러 직후 터키 정부가 시리아와의 남부 국경을 봉쇄하여 난민의 입국을 통제하고 입국하는 시리아인에게 비자를 요구하는 등 규제를 강화하여 난민의 유럽행이 더욱 어려워지게 되었다(터키 언론, AP통신, 뉴욕타임즈, 텔레그래프 2016. 01. 13; 연합뉴스 2016. 01. 14 재인용).

다음 본회의는 2월 1일부터 4일까지 진행될 예정이다.

유럽의회 정당

12월 30일

• 독일 기사당 난민통제 드라이브 가속 "여행서류 없으면 안 받아"

(파사우어노이에프레세 12. 30, 연합뉴스 12. 30 재인용)

- 독일 일간 파사우어노이에프레세(Passauer Neue Presse)는 30일 독일 기독교사회연합(Christlich-Soziale Union, CSU, 기사당)이 2016년 초 개최되는 비공개 정책협의회에서 유효한 여행서류를 가지지 않은 난민은 수용하지 않기로 하는 방안을 제시할 것이라고 보도했다. 기사당은 연방하원에 45석을 가진 데 불과하지만, 190석의 독일 기독교민주연합(Christlich-Demokratische Union, CDU, 기민당)과 원내 단일 세력을 이뤄 연정을 움직이는 집권 다수파이다. 앞서 독일 언론은 기사당이 협의회에서 이민자와 난민들에게 독일어 및 민주주의 가치 교육을 의무화하는 방안을 검토할 것이라고 보도한 바 있다. 매년 초 바이에른주에서 열리는 기사당의 비공개 정책협의회는 널리 알려져 있으며, 1월 18~19일 이틀간 열리는 이번 협의회에는 기민당 당수인 앙겔라 메르켈 총리와 데이비드 캐머런 영국 총리도 초청됐다고 현지 언론은 보도했다.

01월 05일

• 지안니 피텔라: 유럽의 지도자들은 당장 난민 위기를 스스로 해결해야 한다

(S&D Press Releases 01. 05)

- 유럽사회당그룹 대표인 피텔라는 난민 위기에 대응하는 책임에 대해 모든 회원국이 통감해야 한다는 입장을 표명했다. 그는 2016년은 2015년과 같은 비극적인 태도

를 가지고 시작해야 한다고 말하며, 유럽이 몇몇 국가의 이기심과 국경의 이동을 통해 세계적인 난민 위기를 해결하려는 좁은 생각으로 나아가고 있다고 주장했다. 또한 그는 솅겐조약은 가장 성공한 통합이며 유럽의 순수한 상징인데 만약 조약이 파괴된다면 유럽 전체가 붕괴될 위험이 있다고 지적했다. 그는 난민에 대한 문제에 대해 유럽의 지도자들은 스스로 해결하려는 노력을 취해야 한다고 말했다.

01월 17일

• 이란과의 거래: 큰 외교적인 성공이지만, 이란은 약속을 이행해야 한다

(EPP Group Press Releases 01. 17)

– 거의 10년 만에 서방은 이란에 대한 제재 초지를 해제했다. 이것은 격려와 강한 메시지를 담은 외교적인 승리이다. 특히 지역적 갈등의 측면에서, 핵 프로그램을 해체한 후 이란이 더 이상 핵무기를 만들 수 없다는 것은 중요하다. 유럽국민당그룹 대표인 만프레드 베버는 우리는 이란이 국제 사회에 다시 편입된 것을 환영하며 이란이 약속을 지켰다는 것이 입증되어 제재가 해제되었고 이는 이란 사람들에게 긍정적이고 강력한 메시지를 담고 있다고 말했다. 하지만 그는 이란이 이후 모든 조건을 충족하지 않는다면 제재를 다시 부과할 수 있다고 말했다.

01월 19일

• 유럽국민당그룹은 폴란드 바르샤바에서 권위주의에게 유럽연합(EU)의 자리를 내줄 수 없다고 경고했다   (EPP Group Press Releases 01. 19)

– 유럽국민당그룹 부대표 에스테반 곤잘레스 폰스는 유럽연합(EU)에서는 권위주의의 자리는 없다고 말했다. 그는 권위주의는 우리의 권리와 자유를 파괴하는 것이며 폴란드가 법의 지배에 근간을 두고 있는 유럽 내에서 위험에 노출되어 있다고 말했다. 또한 권위주의를 통한 미디어를 장악 상태에서의 사법부 파괴는 민주주의를 종료시키는 첫 단계라고 말했다. 그는 문제는 폴란드가 아닌 권위주의에 있다고 경고하며, 폴란드 정부는 민주적인 가치를 훼손시키지 않은 한도에서 법률을 변경해야 한다고 주장했다.

01월 19일

• 유럽사회당그룹은 리비아의 통합 정부의 협약을 환영한다

(S&D Press Releases 01. 19)

– 리비아에서 통합정부를 구성하겠다는 발표에 대해 유럽사회당그룹은 강력한 지지를 표명하고 지체없이 새 정부를 인정할 것을 요청한다. 유럽사회당그룹 외교부 부대표 빅터 보스타나루는 리비아가 통합정부를 구성하기로 합의한 것에 대해 환영하여 유럽사회당그룹은 리비아와 리비아인들이 더 이상 기다려서는 안된다고 말했다. 그는 리비아의 경제적 안보적인 위험이 지속되고 있기에 이러한 긴급한 문제를 해결할 정부가 시급하며 하원에서 새로운 정부를 가능한 빨리 승인해줄 것으로 요청했다. 또한 그는 새 정부가 들어서면 당장 업무를 수행하여 유럽연합(EU)과 국제사회에서 필요한 모든 지원을 받을 수 있도록 유럽연합(EU) 대신에 통합 정부를 지원하기로 약속한다고 말하며 좋은 협력이 모두에게 도움이 될 것이라고 강조했다.

01월 19일

• 지안니 피텔라: 폴란드 정부는 폴란드인들의 더 나은 가치를 위해 법안을 철회해야 한다　　　　　　　　　　　　　　　　　(S&D Press Releases 01. 19)

– 유럽사회당그룹 회장 지안니 피텔라는 이번 본회의 내 폴란드 총리와의 토론에서 폴란드 헌법재판소의 독립성과 언론의 자유가 위협받는 상황에 대해 말했다. 그는 폴란드는 역사, 문화 및 지정학적 중요성을 담은 유럽연합(EU)의 기둥 중 하나이지만 지난 전체주의에 대한 빛나는 싸움에도 불구하고 다시 헌법재판소의 독립성과 언론의 자유가 위협받는 상황에 대해 대화를 지속하여 이러한 법안을 철회할 것을 촉구한다고 말했다. 또한 폴란드는 위대한 국가이고 폴란드인들은 더 나은 대접을 받을 자격이 있다고 말했다.

유럽의회 선거·의회

01월 15일

• 융커 "유럽연합(EU) 자유통행 없으면 역내 시장도 없다"　　　　(연합뉴스 01. 16)

– 장 클로드 융커 유럽연합집행위원회 위원장은 15일 셍겐조약이 폐지되면 유럽연합(EU) 역내 시장도 끝장이 날 것이며 실업 문제 등 유럽연합(EU)이 당면한 문제를 해결할 수 없게 된다고 경고했다. 그는 새해 정책 방향에 관한 기자회견에서 난민 유입 사태로 인한 위기를 해결하기 위해 유럽연합(EU) 회원국들이 상호 협력하기보다는 각자 국경 통제에 나서고 있다고 지적하고 이는 자유통행 원칙을 위협하고 유럽연합(EU)의 경제통합과 경제정책에 역행하는 것이라고 말했다. 한편 융커는 난민 분산수용 정책을 포기하지 않을 것이며 분산 수용 약속을 각국 정부가 속히 이행할 것을 촉구했다. 유럽연합(EU) 회원국들은 그리스와 이탈리아에 도착한 난민 16만 명을 분산 수용하기로 합의했지만 현재 재배치된 난민은 270여명에 불과하다.

01월 14일

• 총회 뉴스: 2016년 1월 18일~21일 본회의 (European Parliament Newsletter 01. 14)
– 유럽의회의원은 2016년 첫 번째 본회의에서 다음과 같은 사안을 논의할 예정이다. 우선 폴란드의 법과 정의당이 정권을 창출하고 민주주의를 제한하는 개혁에 착수한 것에 대해 유럽의회의원들은 우려를 표명했다. 폴란드의 이러한 미디어 장악과 헌법재판소 권한 제한에 대한 내용을 1월에 논의한 뒤 해당 내용을 담은 결의안을 2월에 투표할 예정이다. 또한 이슬람국가(IS)에게 2015년 11월 테러를 겪은 프랑스가 그들에게 대항하기 위한 정보 공유와 지원을 유럽연합(EU) 회원국에 요청한 것에 대해 유럽의회의원들은 유럽연합(EU)의 연대를 강화하여 테러 공격이나 자연, 인공 재해를 상호방위하기 위한 결의안을 21일 투표할 것이다. 그리고 21일 목요일 유럽의회의원은 인권과 민주주의와 관련하여 북한, 에티오피아 등에 대한 긴급 토론회를 개최하고 결의안을 상정할 예정이다. 이 외에도 유럽의회의원은 이슬람국가(IS)에 의해 소수 종교의 대량 학살을 방지하는 등의 내용을 토론할 예정이다.

01월 19일

• 이주 및 영국의 유럽연합(EU) 국민 투표에 대한 논의
(European Parliament Press Releases 01. 19)
– 유럽의회의원은 19일 화요일 본회의에서 2015년 12월 개최된 유럽연합 정상회의

를 검토하고 이주와 난민 위기에 대처하는 방안 등을 논의했다. 도날드 투스크 유럽연합 정상회의 상임의장은 정상회의에서 논의된 문제들을 언급하며 유럽연합(EU) 회원국들이 국경 보호에 대해 합의한 만큼 이에 대한 문제가 마무리되지 않는다면 셍겐의 붕괴 등 심각한 결과에 직면할 수 있다고 말했다. 장 클로드 융커 유럽연합 집행위원장은 이주의 위기를 해결하기 위해 집행위원회는 많은 연대의 노력을 하고 있으며 집행위원회가 제안하는 정책이 구현 된다면 상황이 나아질 것이라고 말했다. 유럽국민당그룹의 만프레드 베버 대표는 영국의 국민투표에 대해 카메론 총리의 개혁안이 유럽연합(EU)에 대한 개선으로 이어질 수 있다는 입장을 나타냈다. 또한 유럽사회당의 엔리케 게레로 살롬(Enrique Guerrero Salom)은 유럽연합(EU)의 지도자들이 회의가 끝나자 합의된 약속을 무시하는 현상들을 보아왔다면서 그러한 현상들이 이주, 테러 및 경제 분야에서 유럽연합(EU)의 발전을 저지하고 있기 때문에 그러한 상황이 계속 된다면 정치적인 사망에 이를 것이라고 말했다.

유럽의회 여론

01월 13일

• 이스탄불 테러범도 시리아 난민위장···'포용' 사라지는 유럽

(터키 언론, AP통신, 뉴욕타임즈, 텔레그래프 01. 13, 연합뉴스 01. 14 재인용)

- 13일 독일 관광객 10명을 숨지게 한 터키 이스탄불 자살폭탄 테러범이 시리아 난민을 가장해 터키에 입국한 것으로 드러나 유럽에서 반(反) 난민정서가 더욱 확산할 조짐이다. 터키 언론들에 따르면 이번 테러를 저지른 극단주의 무장단체 이슬람국가(IS) 조직원 나빌 파들리(Nabil Fadli)는 사우디아라비아에서 태어난 시리아 국적자로 범행 일주일 전 시리아 난민이라며 터키 당국에 망명을 신청했다. 한 안보컨설팅 업체 연구원은 AP통신에 테러리스트의 난민 위장은 행적을 숨기는 동시에 유럽에서 합법적인 시리아 난민들에 대한 반감을 불러일으키려는 목적이라고 설명했다. 뉴욕타임즈도 이스탄불 테러로 이슬람 무장조직원이 난민에 대한 인도주의적 위기를 악용하여 이슬람국가(IS)에 반대하는 서방 국가에 대한 공격을 시도할 것이라는 공포가 커지고 있다고 보도했다. 특히 유럽 각국에서 벌어진 신년맞이 거리 축제에

서 다수의 난민들이 현지 여성들을 상대로 집단 성범죄를 저지른 사건이 뒤늦게 밝혀진 직후에 터진 이번 테러가 발생하였기에 난민들에 대한 유럽 내 여론이 더욱 악화하는 분위기다. 이스탄불 테러의 희생자 10명이 전원 50세 이상의 장노년층 독일 관광객들로 확인되어 우려가 확산되고 있으며, 이런 분위기를 등에 업고 극우 신생 정당인 독일을 위한 대안(Alternative für Deutschland, AfD)이 13일 독일 대중지 빌트의 여론조사에서 역대 최고치인 11.5%의 지지를 얻었다고 영국 일간 텔레그래프가 보도했다. 이번 테러 이후 터키 정부는 시리아와의 남부 국경을 봉쇄해 난민 입국을 통제하고 항공 또는 선박으로 입국하는 시리아인에게 비자를 요구하는 등 규제가 강화하였다. 이로 인해 실제 난민들의 유럽행이 한층 어려워지게 되었다.

8차(1월 말~2월 말)

김진주

2월 유럽의회 본회의는 1일부터 4일까지 스트라스부르에서 개최되었다. 2월 본회의에 앞서 1월 21일 마무리된 1월 본회의에서는 폴란드 법 및 미디어 독립에 대한 논의가 있었고, 유럽연합 회원국들이 테러의 위협을 해결하기 위해 협력을 강화해야 한다는 내용에 대해 토론이 있었다. 또한 디젤 자동차 배출가스 제한에 대한 투표를 다음 2월 본회의로 정하였다(European Parliament Press Releases, 2016. 01. 22). 2월 3일 수요일 본회의에서는 유럽연합(EU) 내 영국의 미래에 대한 논의가 있었으며 대부분의 유럽의회의원은 영국이 유럽연합(EU)에 머무는 것이 최고의 해결책이라고 말했다. 한편 같은 날 전 세계 23개국을 포함하여 서비스 분야의 무역을 자유화하는 다자간서비스협정(Trade In Services Agreement, TISA)에 대한 논의가 있었다(European Parliament Press Releases, 2016. 02. 05). 또한 지난 1월에 논의된 디젤 자동차 규제 강화 법안이 본회의에서 통과되었다(연합뉴스, 2016. 02. 04).

이번 2월 초에는 지속적으로 논의되어온 이주 문제에 대한 해결방안, 유럽연합(EU)의 통합을 위한 협력 등에 대해 유럽의회 내 정당그룹들의 보도가 있었다. 하지만 가장 큰 이슈는 2월 18~19일 벨기에 브뤼셀에서 이루어진 유럽연합 정상회의이다. 이번 회의에서는 영국의 유럽연합(EU) 탈퇴와 관련하여 28개 회원국 정상이 영국의 요구 개혁안에 만장일치로 합의하였다. 유럽의회 내 정당그룹 역시 영국의 유럽연합(EU) 탈퇴를 반대하는 입장을 보였다. 유럽의회 내 중도우파이자 다수당인 유럽국민당그룹(EPP)은 세계화 시대에 영국이 유럽연합(EU)과 함께 성장해야하며 이주문제에 있어서도 공동의 해결책을 모색하자는 입장을 표명했다(EPP Group Press Releases 2016. 02. 03; 2016. 02. 19). 중도좌파인 유럽사회당그룹(S&D) 역시 영국이 유럽연합(EU)에 잔류하는 것이 더 나은 선택이고, 유럽연합(EU)을 떠나게 될 경우 노동자와 기업에 있어 심각한 결과가 초래될 것이라고 말했다(S&D Press Releases 2016. 01. 05).

한편 영국의 유럽연합(EU) 개혁안이 정상회의에서 통과되면서 유럽연합(EU)

탈퇴에 대한 여론의 관심이 집중되고 있다. 그러나 여론조사기관 마다 잔류와 탈퇴에 대한 지지결과가 엇갈리고 있으며 부동층의 비율도 10%대인 것으로 나타나 6월 23일에 치러질 국민투표 전까지 여론의 향방이 부정확할 것으로 전망된다(연합뉴스 2016. 02. 20). 또한 영국 정부의 유럽연합(EU) 잔류를 위한 노력에도 불구하고 유럽연합(EU) 개혁안 합의 뒤 2월 20일 개최된 영국의 내각회의 이후 탈퇴 진영에 내각 각료들이 가담하면서 영국의 탈퇴에 대해 귀추가 주목된다(텔레그래프; 중앙일보 2016. 02. 22 재인용). 다음 본회의는 3월 7일부터 10일까지 진행될 예정이다.

유럽의회 정당

01월 21일

• 유럽연합(EU)의 보안: 임시조치 대신 영구적 조직적 협력

(EPP Group Press Releases 01. 21)

− 유럽국민당그룹의 대변인인 마이클 갈레르(Michael Gahler)는 프랑스에 의해 요청된 상호 방위 조항에 대한 유럽의회의 결의안 채택에 대해 의견을 표명했다. 그는 유럽의 위협이 매일 더 크게 확대되고 있으며 파리에서의 공격은 내부와 외부의 보안과 방어 사이의 경계가 흐려지고 있다는 것을 보여주었다고 말하며 통과된 상호 방위 조항이 활성화 된다면 운영에 있어 협력을 강화해야 한다고 강조했다. 그는 결론적으로 미래를 위해 유럽의 국방 연합이라는 좋은 아이디어가 현실화 될 수 있도록 관리와 협력을 지속해야 한다고 주장했다.

01월 26일

• 내부국경통제의 2년은 위험에 대한 유럽연합(EU)의 가장 큰 업적 중 하나일 것이다

(S&D Press Releases 01. 26)

− 최대 2년 동안 임시 국경통제 조치의 연장을 허용하는 유럽연합(EU)의 법안에 대해 유럽사회당그룹의 의원들은 유럽연합(EU)의 주요 성과 중 하나가 위험에 처했다고 경고했다. 유럽사회당그룹 대표인 지안니 피텔라는 유럽의 대부분을 자유롭

게 여행할 수 있는 것은 유럽연합(EU)의 가장 중요하고 상징적인 업적 중 하나였으나 오늘 합의된 임시 국경통제 조치 기간의 2년 연장은 기간이 종료된 이후 해결책을 고민하게 한다고 말했다. 또한 유럽사회당그룹 대변인 비르기트 시펠(Birgit Sippel)은 내부 국경 통제의 확대는 셴겐 시대의 종말을 의미하고 민주주의와 경제를 손상시킬 수 있다며, 유럽연합(EU)이 위기를 정면으로 마주하고 어떻게 외부경계에 대해 일반적이고 효과적인 정책을 수립할 것인지 고민해야 한다고 말했다.

02월 03일

• 유럽은 포퓰리즘, 민족주의와 맞서 싸워야 한다

(EPP Group Press Releases 02. 03)

- 유럽국민당그룹 대표인 만프레드 베버는 일자리 창출, 셴겐 조약, 유럽의 통합 등에 있어 포퓰리즘과 맞서야 한다고 말했다. 그는 포퓰리스트들과 민족주의자들은 유로의 안정성에 대해 개혁과 분열을 원하고 있기에 모든 유럽의 정치인들은 유럽의 미래를 위해 함께 노력해야 한다고 말했다. 또한 그는 유럽연합(EU)과 영국의 협상에 대해 영국이 유럽연합(EU)에 머물 수 있도록 영국을 설득하기 위해 데이비드 카메론 총리는 자신의 제안에 대해 열심히 노력하였다고 주장했다. 그는 계속해서 영국 문제에 있어 세계화 시대에 혼자보다는 함께 하는 것이 더 좋기에 유럽의 외부와 더 나은 런던을 위해 유럽연합(EU)은 영국인들을 설득해야 한다고 말했다.

02월 04일

• 유럽사회당그룹은 세르비아의 유럽통합을 지원한다 (S&D Press Releases 02. 04)
- 유럽사회당그룹은 2015년 작성된 세르비아 보고서의 통과와 결의안 채택을 환영한다. 유럽사회당그룹의 부대표인 탄자 파종(Tanja Fajon)은 우리는 세르비아의 유럽통합 과정을 전반적으로 지지하며 법의 지배를 강화하고 부패와 맞서 싸우며 세르비아 시민의 일상에 더 나은 조건을 제공하기 위한 세르비아의 개혁과 개방에 필요한 조치가 취해질 수 있도록 유럽연합집행위원회에 촉구한다. 우선 세르비아의 조기 선거 운동 기간 동안에 이러한 개혁의 중요성이 간과되어서는 안되며 세르비아의 미디어 상황에 있어 검열 등의 불안정한 조건을 즉시 해결해야 한다. 또한 유럽사

회당그룹은 세르비아의 유럽통합 과정이 국가의 경제 상황을 개선하고 정치적 안정을 구축하는 가장 좋은 방법이라고 확신한다.

02월 19일
• 영국의 긍정적인 신호, 우리는 이주 위기를 함께 해결해야 한다
(EPP Group Press Releases 02. 19)

- 유럽국민당그룹은 영국의 국민 투표에서 이주 위기 대응에 대한 유럽연합집행위원회의 결과를 환영한다고 유럽국민당그룹의 대표는 말했다. 그는 영국은 유럽연합(EU)에 속해있어야 하며 더 나은 유럽을 위한 이번 협상이 회원국들이 함께 행동하여 해결책을 찾을 수 있다는 것을 증명했다고 말했다. 또한 그는 이주 위기에 대해 외부 경계를 강화하고 불법이주를 감소시켜 솅겐 지역의 무결성을 보호하기 위해 유럽연합(EU)-터키의 행복 계획을 구현하여 함께 해결해야 한다고 말했다. 또한 유럽 국경과 해안 경비대에 대해 가능한 빨리 정치적 합의를 이루어 유럽연합(EU) 회원국 모두가 긴급성을 인식하고 공통의 해결책을 위해 노력해야 한다고 강조했다.

02월 20일
• 지안니 피텔라: 괜찮은 타협, 지금 카메론은 국민 투표를 이기기 위해 최선을 다해야 한다
(S&D Press Releases 02. 22)

- 영국의 국민 투표에 대해 합의를 이루어 낸 유럽연합집행위원회의 결론에 따라 유럽사회당그룹 회장 지안니 피텔라는 상임이사회에서 괜찮은 타협을 이루었으나 진짜 도전은 이제 시작이며 우리 모두가 영국인들을 설득하기 위해 하나가 되어야 한다고 말했다. 그는 영웅과 영국인이 유럽연합(EU)에 잔류하는 것이 더 나은 선택이고, 유럽연합(EU)을 떠나게 될 경우 노동자와 기업에 있어 심각한 결과가 초래될 것이라는 점을 합리적으로 설득해야 한다고 말했다. 또한 유럽연합(EU)은 같은 목표를 향해야하며 강한 유럽연합(EU)과 강한 영국, 유럽의 단결을 통해 완전히 공동 입법자로서 사회적 차원에 관한 최종 합의를 기대한다고 말했다.

01월 21일

• **유럽의회, 북한 핵실험 규탄 · 국제사회 제재 지지 결의**　　　　　(연합뉴스 01. 22)

－ 21일 유럽의회는 북한의 4차 핵실험은 유엔 안전보장이사회의 결의를 위반하고 한반도 및 동북아시아의 평화를 위협하는 불필요하고, 위험한 도발이라고 규탄하고 국제사회의 북한에 대한 효과적인 제재를 지지하는 결의안을 채택했다. 유럽의회 결의는 북한 핵 문제의 외교적, 정치적 해결과 6자회담 재개를 지지하며, 북한이 6자회담 당사국들과 대화에 복귀할 것을 요구했다. 또한 국제사회가 '인도에 반한 범죄'에 가장 책임 있는 북한 지도자들을 국제형사재판소(International Criminal Court, ICC)에 회부해야 한다고 강조했다. 이 결의는 중국 정부가 북한에 정치적, 경제적 영향력을 발휘해 추가적인 상황 악화를 방지하고 국제사회와 협력 하에 한반도의 평화 및 안정을 위해 필요한 모든 조치를 취해야 한다는 내용을 담고 있으며, 탈북난민을 수용하고 있는 모든 국가가 유엔난민 협약 및 의정서를 존중해 강제 송환하지 말 것을 요청했다. 유럽의회의 이번 결의는 유엔 안보리의 대북 제재 결정이 이뤄지지 전에 나온 것으로 국제사회의 제재 움직임에 힘을 실어줄 것으로 보이며 유럽연합(EU)의 한 외교소식통은 특히 중국에 대해 우회적으로 대북 제재 동참을 촉구하는 내용을 담고 있어 의미가 크다고 말했다.

01월 22일

• **총회 중점사항: 폴란드, 테러, 베이비 푸드, 지리적 차단**

　　　　　　　　　　　　　　　　(European Parliament Press Releases 01. 22)

－ 이번 본회의에서는 폴란드 법 및 미디어 독립에 대한 논의가 있었다. 폴란드 총리 베아타 슈드워는 논쟁 동안 그녀의 정부의 정책에 대한 비판을 거부했다. 토론 중 일부 유럽 의회 의원은 현재 폴란드 정부가 민주적 견제와 균형을 무시하고 있다고 비판했다. 한편 유럽연합 회원국들이 테러의 위협에서 벗어나고 이를 해결하기 위해 협력을 강화해야 한다는 내용을 목요일에 토론했다. 또한 유럽의회는 아기들의 음식에 있어 비만에서 유아와 어린 아이들을 보호하기 위해 유럽연합(EU) 내 당도 한

계를 감소시키는 규칙의 초안을 마련하였다. 한편 월요일에 논의된 디젤 자동차 배출가스 제한에 대한 투표가 다음 본회의에 이루어질 것이다.

02월 03일

- 유럽의회, 디젤차 배출가스 2배 오차 허용 논란 속 채택　　　　　(연합뉴스 02. 04)
- 유럽의회가 디젤 차량의 가스 배출량 오차를 기준치의 2배 이상 허용하는 법안을 진통 끝에 채택했다. 규제 강화 법안은 찬성 323, 반대 317, 기권 60의 간발의 차이로 3일 통과되었다. 환경·보건단체와 녹색당 등은 자동차업계와 회원국 정부 당국의 산업논리와 로비에 밀려 환경과 시민 건강, 민주주의가 희생됐다고 반발했으나 업계는 '지키기 쉽지 않은 기준'이라고 엄살을 떨며 다행이라는 표정을 짓고 있다. 이 법안은 2017년 9월 출고 신차부터 배출가스 검사를 실험실에서뿐 아니라 실제 도로 주행 상황에서도 실시하고 질소산화물(NOx) 배출 허용치를 km당 80mg 이하로 강화하는 것이다. 특히 두 검사 간 오차를 인정, 도로주행 검사 때엔 기준치의 2배가 넘는 168mg까지 허용하고 2020년부터는 이를 120mg으로 낮춘다는 것이 핵심 내용이다.

02월 05일

- 총회 중점사항: 영국의 국민 투표, 이주, 세금, 유럽중앙은행, 다자간서비스협정

(European Parliament Press Releases 02. 05)
- 유럽연합(EU) 내 영국의 미래에 대해 유럽연합(EU) 상임의장인 도날드 투스크가 새로운 정착을 위한 제안을 제시한 후 지난 수요일 뜨거운 논의가 있었다. 대부분의 유럽의회의원은 영국이 유럽연합(EU)에 머무는 것이 국가 자체와 연합 모두를 위한 최고의 해결책이라고 말했지만 일부 영국 정부가 요청했던 개혁에 의문을 제기하기도 했다. 한편 이주 위기에 대해 화요일 본회의에서 유럽연합(EU)은 이주의 두려움과 분열을 극복하고 난민을 효과적으로 관리해야 한다는 의견이 나왔으며 셍겐을 지키기 위해 외부경계를 강화하는 것을 필요하다는 논의가 있었다. 수요일 유럽의회의원은 전 세계 23개국을 포함하여 서비스 분야에서 무역의 자유화하는 다자간서비스협정(TISA)에 대해 논의하였다. 또한 같은 날 디젤 자동차 규제 강화 법안

이 통과되었고 유럽연합(EU) 자동차 승인 제도 개편을 위한 장기 입법 제안이 상정되었다.

유럽의회 여론

02월 20일

• 브렉시트 고비, 영국 '브렉시트' 여론은 찬반 혼전　　　　　　　(연합뉴스 02. 20)

– '브렉시트(Brexit)' 국민투표를 넉 달 앞둔 영국 내 여론 동향은 결과를 예측하기 어려운 상황으로 요약된다. 2월 16일 공개된 여론조사업체 콤레스(ComRes) 조사에 따르면 잔류 지지가 49%, 탈퇴 지지가 41%였다. 같은 날 공개된 입소스 모리(Ipsos MORI) 조사에서도 잔류 의견이 탈퇴 의견보다 각각 51%, 36%로 크게 앞섰다. 영국의 여론조사 기관 ICM이 공개한 조사에서도 잔류가 43%, 탈퇴가 39%로 잔류가 우세했다. 그러나 유럽연합(EU) 탈퇴 지지 여론이 더 높게 나온 여론조사들도 있다. 2월 7일 공개된 ORB 인터내셔널 조사에선 탈퇴 지지(43%)가 잔류 지지(36%)보다 많았다. 여론조사업체 유고브(YouGov)가 2월 16일 공개한 조사에서도 탈퇴 지지가 45%로 36%인 잔류 지지에 앞섰다. 부동층 역시 10%대를 차지하고 있어 부동층의 향방도 중요한 변수로 꼽힌다. 여론조사 전문가 존 커티스(John Curtice)는 "국민투표를 둘러싸고 엄청난 불확실 요인들이 있다"고 말했다. 합의안의 윤곽이 드러난 2월 9~12일 여론조사업체 오피니엄(Opinium)이 조사한 결과에 따르면 45%가 합의안이 영국 국익을 잘 반영하지 못했다고 답변하여 합의안에 대한 평가가 유럽연합(EU) 잔류에 도움이 되지 않을 것으로 보인다.

02월 22일

• 캐머런 "유럽연합(EU) 잔류 캠페인"에도…장관 6명 탈퇴진영 합류

　　　　　　　　　　　　　　　　　　　(텔레그래프, 중앙일보 02. 22 재인용)

– 2016년 6월 23일 영국이 유럽연합(EU) 탈퇴 여부를 결정짓는 국민투표를 실시한다. 20일 데이비드 캐머런 총리는 내각회의를 열고 유럽연합 정상회의에서 합의된 개혁안을 논의한 뒤 투표 일정을 발표했으며 이번 회의에서 유럽연합(EU) 개혁안을

바탕으로 잔류를 권고하는 정부안이 승인됐다. 앞서 2월 18~19일 벨기에 브뤼셀에서 열린 유럽연합 정상회의에서 28개 회원국 정상은 영국이 요구한 유럽연합(EU) 개혁안에 만장일치로 합의했다. 영국의 유럽연합(EU) 탈퇴를 막기 위해 유럽연합(EU) 내 '특별 지위'를 부여하기로 한 것이다. 이는 6월 투표에서 영국의 잔류가 결정되면 바로 시행될 예정이다. 그러나 투표 전까지 찬반 공방이 이어질 전망이다. 캐머런 총리의 발표 직후 최측근인 마이클 고브(Michael Gove) 법무장관을 포함한 6명은 '탈퇴에 투표를'(VOTE LEAVE) 캠페인 사무실을 찾아 '통제권을 되찾자'는 팻말을 들고 기념촬영을 했다. 영국의 텔레그래프는 탈퇴 진영에 12명의 차관과 100명 이상의 보수당 의원이 합류할 것이라고 보도했다.

9차(2월 말~3월 말)

김진주

3월 유럽의회 본회의는 스트라스부르에서 7일부터 10일까지 개최되었다. 3월 본회의에서는 난민 위기를 관리할 수 있는 제안, 유럽연합(EU)-터키 거래, 국제 여성의 날을 맞이하여 여성 난민에 대한 방안, 동물 보건 규칙, 범죄의심 미성년자에게 변호사 지원 등에 대한 논의가 이루어 졌다(European Parliament Press Releases, 2016. 03. 11).

또한 유럽연합집행위원회가 난민 위기에 대처하기 위해 그리스에 재정적으로 지원하는 긴급구호계획을 발표하였고, 이에 대해 유럽의회 내 중도우파이자 다수당인 유럽국민당그룹(EPP)이 지지하는 의견을 표명했다(EPP Group Press Releases 2016. 03. 02). 한편 중도좌파인 유럽사회당그룹(S&D)은 3월 16일에 유럽의회 건물 맞은편에서 난민과 이주 위기를 해결하기 위해 회원국들의 연대를 기반으로 공동으로 대응하는 방식을 취하자는 '더 이상 유럽에서 벽은 없다-#EUWakeUp'의 슬로건으로 데모를 진행하였다(S&D Press Releases 2016. 03. 14).

유럽의회의 3월 초, 중순에는 난민에 대해 지속적으로 있어왔던 문제와 그에 대한 해결방안들이 논의되었다. 그러나 3월 22일 유럽의 수도인 벨기에에서 폭탄테러가 자행되면서 3월 말 유럽의회는 침울한 분위기가 고조되었다. 이번 테러로 사망 34명, 부상 약 230명의 인명피해가 있었으며(연합뉴스 2016. 03. 23), 유럽연합(EU)의 각 정당그룹은 희생자를 추모하고 유럽연합(EU) 전체의 공동의 대응이 필요하다는 점을 강조했다(EPP Group Press Releases 2016. 03. 22; S&D Press Releases 2016. 03. 22)

한편 독일에서는 3월 13일 3개의 주에서 주의회 선거가 있었다. 이번 선거는 앙겔라 메르켈 총리의 포용적 난민정책에 대한 심판 성격을 띠고 있다는 점에서 주목받았으나 선거결과 바덴뷔르템베르크주는 녹색당(32.5%)이, 라인란트팔츠주에서는 사민당(Social Democratic Party of Germany, SPD)이 37.5%로, 작센안할트주에서는 기민당(CDU)이 30.5%로 제1당으로 집계되면서 난민통제 강화를 희망하는 민심이 투표에 반영되었다는 추측이 나오고 있다(연합뉴스 2016. 03. 14). 다음 본회의는 4월 11일부터 14일까지 진행될 예정이다.

유럽의회 정당

03월 02일

• 유럽국민당그룹은 난민긴급구호계획을 지지한다

(EPP Group Press Releases 03. 02)

– 유럽연합집행위원회는 오늘 난민 위기에 대처하고자 그리스에 재정적으로 지원하는 긴급구호계획을 발표하였다. 유럽국민당그룹은 이러한 집행계획을 환영한다. 유럽국민당그룹 이주관련 대변인 로베르타 메트소라(Roberta Metsola) 유럽의회의원은 우리는 시리아 전쟁 난민이 그리스로 거대하게 유입되는 상황에서 인도주의적 위기에 대처하기 위해 신속하게 행동하는 유럽을 촉구해왔다며, 현재 유럽이 대응할 수 있는 도구가 충분한지 확인해야하며 유럽연합(EU)을 필요로 하는 곳에 도와야 한다고 말했다. 예산위원회 호세 마누엘 페르난데스(José Manuel Fernandes) 역시 유럽연합(EU)이 자신의 테두리 안에서 인도주의적 재앙을 피해기 위해 최선을 다해야하며 인간의 존엄성에 대한 연대와 존경인 우리의 가치에 충실해야 한다고 말했다.

03월 14일

• 유럽전역의 진보세력과 #EUWakeUp – 더 이상 유럽에서 벽은 없다

(S&D Press Releases 03. 14)

– 유럽사회당그룹은 브뤼셀에서 3월 16일 1시 데모를 조직한다. 이번 데모는 유럽의회 건물 맞은편에서 개최될 예정이다. '더 이상 유럽에서 벽은 없다–#EUWakeUp'의 슬로건 아래 유럽전역에서 모인 진보세력과 유럽사회당 그룹은 난민과 이주 위기를 해결하기 위해 더 이상 벽을 만들지 말고 회원국들의 연대를 기반으로 공동으로 대응하는 방식을 취해야 한다고 요청한다.

03월 16일

• 이주 위기의 결과로 획득한 권리 부분에서의 유럽연합집행위원회 제안

(EPP Group Press Releases 03. 16)

– 유럽국민당그룹 대표인 만프레드 베버는 이주 위기에 있어 유럽연합집행위원회의 많은 노력을 환영한다는 입장을 밝혔다. 그는 터키는 매우 중요한 역할을 하며 이주와 난민 위기에 있어 공동체의 일부이기에 유럽연합(EU)과 터키 사이의 협력을 구현해야 한다고 말했다. 또한 유럽국민당그룹은 추가적으로 비자 자유화에 문제가 있다고 보며 터키가 모든 요구 사항을 충족하고 유럽의회의 절차를 수행하며 밀수 네트워크에서의 폭행, 불법이동 감소에 대한 모슨 약속을 충족해야 한다고 말했으며, 유럽연합(EU)의 측면에서는 외부경계를 확보하고 인도주의적 해결방안이 없는 망명절차를 중지해야 한다고 강조했다.

03월 18일

• 피텔라: 긍정적인 첫 단계이지만 유럽연합(EU)-터키거래에서의 의문은 남아있다. 중요한 열쇠는 재배치 시스템을 만드는 것이다 (S&D Press Releases 03. 18)

– 유럽사회당그룹 대표인 지안니 피텔라는 이주 위기에 대한 28개 회원국과 터키의 거래에 대해 터키와의 거래는 긍정적인 첫 단계이기에 환영하며 거래는 유럽의회와 유럽사회당그룹의 압력 덕분에 이루어졌다고 말했다. 하지만 그는 여전히 국제 인권 규약에서의 적법성이 복잡한 실제에서 구현이 가능할지 의심과 우려를 제기하였다. 피텔라는 올바른 등록시스템을 실행하기 위해 그리스에게 광범위한 금융, 물류 지원, 전문지식을 부여할 것을 기대하고, 국제 및 유럽 인권 협약이 존중될 수 있도록 터키국민의 비자자유화에 대해 72개의 기준이 충족될 때만 정부가 허가할 것이라는 믿음을 보였다. 또한 터키와의 거래는 해결책의 일부가 아닌 자체가 되어야 하며 우리는 셍겐조약을 강화하고 재배치 시스템을 구현하여 장기적으로 유럽연합(EU)이 연대를 통해 이주 위기를 해결할 수 있도록 해야 한다고 강조했다.

03월 22일

• 유럽은 테러에 대항하여 연합할 것이다 (EPP Group Press Releases 03. 22)

- 브뤼셀에 대한 공격은 우리의 민주주의와 삶의 방식이 다시한번 공격받은 것과 같다. 우리는 우리 사회에 대한 이런 비인각적인 행동에 충격을 받았으며 무고한 희생자와 가족을 애도한다. 우리는 메시지는 오늘 우리가 모든 수단을 통해 우리사회의 핵심가치를 보호하기 위해 모든 것을 하겠다는 것을 보여준다. 유럽은 테러에 맞서 연합할 것이다.

03월 22일

• 브뤼셀 공격에 대한 피텔라: 피해자 가족을 애도하고, 유럽연합(EU)이 공통의 전략을 중심으로 연합할 필요가 있다　　　　　　　(S&D Press Releases 03. 22)
- 브뤼셀 공항과 지하철역에서의 테러에 대해 유럽사회당 그룹 대표 지안니 피텔라는 유럽사회당그룹을 대표하여 피해자 가족에게 깊은 애도와 기도를 표하며 오늘 사라진 무고한 생명에 대해 잔인한 테러 공격에 충격을 받았다고 말했다. 그는 우리는 슬픔과 단결을 표해야하며 증오, 폭력, 테러리즘은 우리 이웃 지역에 증가된 불안정성의 결과 중 하나 이기에 통합된 전략을 시행해야 한다고 말했다. 또한 유럽사회는 이러한 두려움을 극복하고 공동의 가치를 결합하고 유지하기 위해 함께 노력하여 외국인 혐오증과 이슬람 공포증을 근절하기 위해 힘써야 한다고 주장했다. 그는 문화통합에 대한 우리의 모델을 개선할 필요가 있다고 말했다.

유럽의회 선거·의회

03월 11일

• 총회 중점사항: 난민, 여성의 날, 동물질병
　　　　　　　　　　　　(European Parliament Press Releases 03. 11)
- 이번 본회의에서 유럽의회의원은 난민 위기를 관리할 수 있는 제안과 유럽연합(EU)-터키 거래에 대해 논의하였다. 유럽의회의원은 국제 망명 규칙이 존중되어야 한다고 주장했다. 또한 국제 여성의 날을 맞이하여 여성 난민의 처지에 대해 논의하고 유럽연합(EU) 망명에 대해 성별에 따라 기준을 달리할 것에 대한 논의가 있었다. 그밖에 동물 보건 규칙, 범죄의심 미성년자에게 변호사 지원, 농장 동물의 항생제

사용과 예방 등에 대한 논의가 이루어졌다.

03월 13일

• **독일 주의회 선거서 극우정당 대약진…반(反)난민 민심 반영**   (연합뉴스 03. 14)

– 독일 3개주에서 13일 치러진 의회 선거 결과, 공영 ZDF TV가 공개한 출구조사 결과에 따르면 1천72만 명이 거주하는 바덴뷔르템베르크주에서 1당 지위를 누리던 기민당(27.5%)을 누르고 녹색당(32.5%)이 처음으로 다수당을 차지한 것으로 나타났다. 401만 명 인구의 라인란트팔츠주에선 사민당과 기민당이 각기 37.5%, 33.0%를 얻어 나란히 1, 2등을 차지하고 독일을 위한 대안(AfD)이 10.0%, 자민당 6.5%, 녹색당 5.0% 순으로 득표한 것으로 집계되었다. 224만 명 인구의 구동독 지역인 작센안할트주에선 기민당 30.5%에 이어 독일을 위한 대안(AfD)이 21.5%로 2당을 차지하는 것으로 파악됐으며, 독일을 위한 대안(AfD)의 득표율은 2013년 2월 정당이 출범한 이래 역대 선거에서의 최고득표이다. 이번 주의회 선거는 난민위기에 대응한 메르켈 총리 주도 대연정의 포용적 난민정책에 대한 심판 성격을 띠기에 난민통제 강화를 희망하는 민심이 투표에 반영됐다는 관측이 나오고 있다. 특히 이날 선거가 치러진 3개주 인구가 약 1천700만 명이고 유권자는 1천300만 명가량으로 집계되고 있어 독일 연방의 16개주 전체 인구가 8천150만 명임을 고려할 때 21.0%정도 인구의 민심을 확인하는 기회를 제공했다.

03월 18일

• **유럽연합(EU)−터키, '난민 빅딜' 최종 합의**   (중앙일보 03. 21)

– 18일 브뤼셀에서 유럽연합(EU)과 터키 간 난민 송환 합의를 위한 최종 협상이 열리고 한발씩 물러난 내용으로 최종 합의에 이르렀다. 20일 0시부터 그리스에 비정상적 방법으로 도착한 이주민 중 난민 신청이 받아들여지지 않은 이들은 터키로 송환되며, 시리아 난민 한 명을 터키로 보낼 때마다 연간 7만2000명한도로 터키에 있는 시리아 난민 한 명을 유럽에 재정착시키기로 합의하였다. 유럽의 터키에 대한 지원금은 60억 유로이며, 터키의 유럽연합(EU) 가입 협상도 논의를 재개하였다. 서구에선 그리스에 도착한 난민들의 터키 송환에 대해 우려를 표명하고 있다. 수일 내 그

리스에 불법 이주민들을 수용·심사·추방하는 시설을 만들어야 하는 것과 갈수록 권위주의적 속성을 보이는 터키에 대한 불신으로 국제사회의 인권 침해 걱정도 크다. 유엔난민기구(United Nations High Commissioner for Refugees, UNHCR)는 서류상 합의는 국제법을 따르고 있지만 실질적인 보호 장치가 제대로 작동할지에 대한 우려를 표명했고, 국제앰네스티(Amnesty International, AI) 역시 터키는 난민과 이민자들에게 안전한 국가가 아니라는 입장이다.

03월 22일

• 〈브뤼셀 테러〉 유럽 각국 공항 등 테러 경계 강화 (AFP통신, 연합뉴스 03. 22 재인용)

– 벨기에 브뤼셀 공항에서 22일 다수 희생자를 낸 테러가 일어나자 유럽 각국이 즉각 공항 경계를 강화하는 등 테러 경계수위를 한층 높이고 있다. 프랑스 정부는 브뤼셀 공항 테러 직후 파리 샤를 드골공항 터미널에 보안 요원을 총동원해 배치했다. 파리 남부 오를리공항과 툴루즈 공항에도 보안 요원이 추가 투입됐다고 AFP통신은 전했다. 브뤼셀에서 프랑스로 오는 기차에 대한 검문검색도 강화했다. 영국 역시 위기대응위원회를 긴급 소집해 만일의 사태에 대비한 경계 방안 논의에 들어갔다. 런던 남부 개트윅공항과 런던 히드로 공항은 곧바로 경계 강화에 나섰다. 벨기에와 국경을 마주한 네덜란드 대(對)테러 경찰은 공항 경계를 강화하는 한편 벨기에와 국경 검문소에서 검문을 강화하고 나섰다. 이탈리아 내무장관은 국가안보보장회의를 소집하고 로마 피우미치노 공항을 비롯해 주요 공항의 보안을 강화할 것을 지시했다. 그리스 에게항공 역시 브뤼셀로 향하는 여객기 운항을 전면 취소했다.

03월 24일

• 유럽연합(EU) 내무 · 법무 회의 "테러정보 공유 강화" 합의 (연합뉴스 03. 25)

– 유럽연합(EU)이 브뤼셀 테러로 테러 정보 공유 강화에 박차를 가할 것으로 보인다. 30여명의 목숨을 앗아간 브뤼셀 테러 발생 이틀만인 24일 유럽연합(EU) 28개국 내무 · 법무장관들은 긴급 테러 대책 회의를 열어 승객명기록(PNR) 공유 등을 조속히 시행하기로 합의했다. 또한 유럽연합 각료회의는 유럽의회에 승객명기록(PNR) 공유 법안을 긴급 현안으로 다뤄 신속하게 승인할 것을 촉구했다.

03월 23일

• 벨기에 시민들 "브뤼셀 공항 테러, 정부 무능력 탓"   (동아일보 03. 23)

– 이번 벨기에 브뤼셀 공항 테러에 대해 현지 교민은 예고된 테러였다는 국민적인
비난 여론이 돌고 있으며, 사전에 막지 못한 벨기에 정부의 무능력을 질타하는 목소
리가 높아지고 있고 전했다. 23일(한국시각) 벨기에 교민은 CBS라디오 인터뷰에서 벨
기에 시민들이 충격에 빠져있으며 시민들이 파리 테러의 주범을 잡았는데도 왜 이
번 테러가 발생했는지에 대해서 정부의 무능력과 무책임을 비판하는 목소리가 작지
않다고 밝혔다.

10차(3월 말~4월 말)

김진주

4월 유럽의회 본회의는 스트라스부르에서 11일부터 14일까지 진행되었다. 4월 유럽의회 본회의에서는 터키가 유럽의 가치 수호와 언론, 소수민족 등에 대한 자유부분 등에 있어 미흡하다는 것을 근거로 하여 유럽연합(EU)-터키의 난민송환 협상이 터키의 유럽연합(EU) 가입에 영향을 미쳐서는 안 된다는 결의안이 채택되었다(European Parliament Press Releases, 2016. 04. 14). 또한 2011년 유럽연합집행위원회가 처음으로 제시했던 승객명기록(PNR) 시스템이 유럽의회에서 승인되었다(European Parliament Press Releases, 2016. 04. 14).

한편 유럽연합집행위원회는 유럽연합이사회에서 다국적기업이 유럽연합(EU) 회원국에서 얻은 이익과 납부한 세금을 나라별로 구분해 공개하도록 하는 방안을 제시하였다(가디언 2016. 04. 12; BBC 2016. 04. 12; 연합뉴스 2016. 04. 12 재인용). 이에 대해 유럽의회 내 중도우파이자 다수당인 유럽국민당그룹(EPP)은 조세 투명성을 높이기 위한 법률 제안을 환영한다는 입장을 보였으며(EPP Group Press Releases 2016. 04. 12), 중도좌파인 유럽사회당그룹(S&D)은 적극적으로 파나마페이퍼(Panama Paper) 스캔들에 대한 조사위원회를 요구하고 나섰다(S&D Press Releases 2016. 04. 12).

4월 24일 오스트리아에서는 대통령 선거가 있었다. 이번 선거는 반(反)난민 목소리를 키운 극우파 자유당의 노르베르트 호퍼(Norbert Hofer) 후보가 1위를 차지하면서 이슈가 되었으나 호퍼 후보가 과반을 확보하지 못했기에 5월 22일 결선투표를 남겨두고 있는 상황이다(BBC 2016. 04. 24; 국민일보 2016. 04. 25 재인용). 또한 4월 24일 세르비아에서 치러진 조기 총선에서는 친 유럽연합(EU) 성향의 알렉산다르 부취지(Aleksandar Vuči) 현 총리가 이끄는 중도우파 세르비아진보당(Spp: Serbian Progressive Party. SNS: Srpska napredna stranka)이 승리하였다(BBC 2016. 04. 24; 국민일보 2016. 04. 25 재인용).

네덜란드에서는 4월 6일 유럽연합(EU)과 우크라이나의 협력협정에 대해 찬반을 묻는 국민투표가 실시되었다(YTN 2016. 04. 07). 개표결과 반대가 61.1%인 것으로 나타났고, 마르크 뤼터(Mark Rutte) 총리 역시 정부와 의회에서 향후 대책을 논의하겠다고 말했다(YTN 2016. 04. 07). 한편 지난 3월 22일 발생한 브뤼셀 테러가 한 달이 지났음에도 여전히 벨기에는 3단계 테러경보를 유지하고 있는 상황이지만 브뤼셀 시민들은 4월 17일 테러와 증오에 반대하는 대규모 시위, 행진을 벌이며 7천여 명의 시민들이 테러 희생자를 추모하는 평화를 위한 연대를 촉구했다(연합뉴스 2016. 04. 21). 다음 본회의는 5월 9일부터 12일까지 진행될 예정이다.

유럽의회 정당

04월 12일

• **파나마페이퍼: 유럽국민당그룹은 조세 투명성을 높이기 위한 법률 제안을 환영한다**
(EPP Group Press Releases 04. 12)
— 유럽국민당 그룹은 파나마페이퍼에 대한 강한 의회의 조사를 원한다. 국가별 단독보고만으로는 문제가 해결되지 않는다. 유럽국민당그룹은 다국적 기업이 국가별로 자신의 세금, 수익 등에 대한 보고서를 가지고 있는 유럽연합집행위원회의 법률 제안을 환영한다. 유럽국민당그룹 대변인은 새로운 법은 기업이 세금납부에 대한 원칙을 지키는지 확인하는 데에 도움이 될 것이며, 이러한 문제는 각 국가별로 해결할 수 있는 사안이 아니기에 미국과 중국기업이 정보를 공개하지 않더라도 공개하도록 요청함으로써 유럽기업의 경쟁력을 위태롭게 만들지 말아야 할 것이라고 말했다.

04월 12일

• **피텔라: 유럽사회당그룹은 파나마페이퍼 스캔들에 대한 조사위원회를 요청한다**
(S&D Press Releases 04. 12)
— 유럽사회당그룹 대표인 지안니 피텔라는 역외탈세에 대해 누출된 소위 파나마페이퍼에 대해 대응할 수 있도록 조사위원회 설립을 요청할 것이라고 발표했다. 이러한 제안은 다음 회기에 유럽의회 내 다양한 전치 단체 지도자 회의에서 논의될 것이

다. 피텔라는 기자회견에서 유럽국민당그룹은 소위 파나마페이퍼 스캔들에 대한 조사위원회 설립을 요청하며 탈세 및 회피에 대해 용납할 수 없다고 말했다. 또한 그는 유럽사회당그룹이 지속적으로 금융거래세 도입, 헤지 펀드의 더 나은 규제 등을 요구해왔기에 이 문제는 유럽사회당그룹의 우선순위에 놓여있으며, 문명과 정의를 위한 싸움이라고 말했다.

04월 13일

• 유럽연합(EU)-터키: 유럽국민당그룹 대표는 터키 총리에게 유럽연합(EU)의 가치는 타협할 수 없는 것이라고 경고한다   (EPP Group Press Releases 04. 13)

– 유럽국민당그룹 대표인 만프레드 베버는 유럽의회에서 유럽연합(EU)-터키 정상회담 결과에 대한 논쟁 중 이주 위기에 대한 질서를 가져오기 위해서는 지중해에 대해서도 고려해야 한다고 말하며 터키와 함께 문제를 해결해야 한다고 말했다. 그는 유럽은 안전테두리를 필요로 하지만 그것이 요새가 되어서는 안되며 터키와의 협력에 있어 에르도안 터키 총리가 언론의 자유와 자국 내 소수민족의 권리를 존중하는 자유를 적용해줄 것을 호소했다.

04월 14일

• 가입과정에 속도가 높아지도록 터키는 유럽연합(EU)의 가치에 집중해야 한다

(S&D Press Releases 04. 14)

– 유럽사회당그룹은 오늘 유럽의회에서 채택된 결의안의 중요성을 강조하고 터키가 표현의 자유, 언론의 자유, 소수민족의 권리 영역 등에 있어 더 많은 민주주의가 필요할 것이라고 강조한다. 유럽사회당그룹 의원이자 터키 보고관인 카티 피리(Kati Piri)는 오늘날 유럽연합(EU)과 터키는 같은 문제에 직면하여 공동의 해결책을 모색하기 위해 서로가 필요한 상황이지만 터키의 자유에 대한 억압이 중지되어야 한다고 말했다. 또한 유럽사회당그룹 부대표인 크누트 플레켄슈타인(Knut Fleckenstein)은 터키의 유럽연합(EU) 가입과 협상과정을 용이하게 하기 위해 유럽의 가치와 원칙 기준에 주목해야하며 터키는 표현과 소수민족에 대한 권리 등 전반적인 분야에서 자유를 보장해야 한다고 말했다.

04월 14일

• 유럽연합(EU) 승객명기록(PNR): 유럽연합(EU) 시민의 안전을 위한 승리

(EPP Group Press Releases 04. 14)

- 유럽국민당그룹 대표 만프레드 베버는 유럽의회에서 승객명기록(PNR)시스템 표결이 있은 이후 이번 시스템 도입은 유럽국민당 그룹의 압력 덕분에 가능했던 것이며 유럽에 대한 보안을 강화하고 테러와 조직적 범죄와 맞서 싸우기 위한 중요한 법안을 승리로 이끌었다고 말했다. 그는 시민의 생명을 보호하고 도시의 보안을 강화하기 위한 새로운 데이터 보호 기준이 매우 높지만 이렇게 수집되는 데이터는 심각한 범죄에서만 사용될 것이며 오늘날 유럽시민을 보호하겠다는 우리의 의지를 보여주는 것이라고 말했다. 유럽연합(EU)의 승객명기록(PNR) 지침은 인간과 마약 밀수업자의 테러감지, 조직범죄, 인신매매 등에 해당하는 중요한 법적 기기이며 이러한 시스템은 반드시 조직, 심각한 범죄나 테러 중에 연루된 사람에게만 사용될 것이다.

04월 18일

• 100명의 젊은 사람들이 제2회 민주주의의 학교에 참여하기 위해 유럽사회당그룹에 가입한다

(S&D Press Releases 04. 18)

- 유럽 내 30개의 다양한 국가에서 온 18~25세의 100명의 청년들은 유럽사회당그룹의 제2회 민주주의 학교에 참석 후보로 선정되었다. 이들은 유럽의회 대통령, 이탈리아 총리, 정치인들뿐만 아니라 컬럼비아 대학, 옥스퍼드 대학의 유명한 학자들과 함께한다. 이러한 프로젝트의 아이디어를 개발한 유럽사회당그룹 대표 지안니 피텔라는 우리는 앞으로 젊은 유럽을 목표로 하여 3일 동안 진행되는 제2회 민주주의 학교를 자랑스럽게 생각한다고 말했다. 그는 이민, 테러, 포퓰리즘, 긴축, 민주주의와 경제의 관계 등의 문제가 의회에서 논의되지만 유럽 전역에서 다 같이 논의될 필요가 있으며 우리가 선택한 청년들은 미래의 지도자이며 과거의 아이디어를 극복할 수 있는 전략을 제시하는 데에 도움이 될 것이라고 말했다. 민주주의학교는 유럽의 정치교육에서 가장 큰 사업 중 하나이다.

04월 12일

• 유럽연합(EU), 다국적기업 이익 · 세금납부 국가별 공개 추진

(가디언 04. 12 · BBC 04. 12, 연합뉴스 04. 12 재인용)

- BBC 등 영국 언론은 12일 개최된 유럽연합(EU) 이사회에서 유럽연합집행위원회
가 다국적기업이 유럽연합(EU) 회원국에서 얻은 이익과 납부한 세금을 나라별로 구
분해 공개하도록 하는 방안을 마련하는 방안을 제시했다고 보도했다. 새로운 방안
에 따르면 연매출 7억5천만 파운드(약 1조2천200억 원)를 넘는 다국적기업은 기업 활동
들의 성격과 종업원 수, 제3자 매출합계와 그룹 계열사 간 매출합계, 세전 이익, 소
득세 부과액 및 납부세액 등을 유럽연합(EU) 회원국별로 구분해 공개해야 하며, 조
세회피처, 세금 거버넌스 표준들을 준수하지 않는 주권국들에서 세금을 얼마나 냈
는지도 공개해야 한다. 유럽연합(EU) 역외에 본부를 둔 다국적기업들은 자회사 4천
개를 포함해 약 6천500개 기업들이 이러한 방안에 적용은 받게 될 것이라고 일간지
가디언은 보도했다. 이 방안은 유럽연합(EU) 재무장관들에 의해 승인된 후 유럽의회
에서 통과돼야 최종 확정된다.

04월 14일

• 터키: 주요 분야의 시급한 개혁이 필요하다고 유럽의회의원들은 말한다

(European Parliament Press Releases 04. 14)

- 유럽의회의원들은 오늘 통과된 결의안에서 유럽연합(EU)과 터키 간 난민송환 협
상이 터키의 유럽연합(EU) 가입과 연결되어서는 안 된다고 말했다. 유럽연합(EU) 의
원들은 터키가 세계에서 가장 많은 난민을 수용하는 부분은 칭찬할만하고 유럽연합
(EU)의 중요한 전략적 파트너 이지만 그럼에도 표현의 자유, 사법부의 독립과 같은
부분에서 걱정되는 점이 있다고 말했다. 또한 터키에 난민을 위탁 처리하는 것은 장
기적인 해결책이 아니라고 강조했다.

04월 14일

• 의회는 승객명기록(PNR) 안을 승인했다

(European Parliament Press Releases 04. 14)

− 테러 범죄와 심각한 범죄의 예방, 탐지, 조사 및 기소를 위한 유럽연합(EU)의 승객명기록(PNR) 시스템 사용을 규제하는 새로운 지침이 승인되었다. 이는 찬성 461, 반대 179 기권 9로 유럽의회에서 승인되었다. 승객명기록(PNR) 시스템은 모든 유럽연합(EU) 내 제3국에서 들어오는 모든 항공편에 있어 승객의 데이터를 국가기관에게 제공해야하는 내용을 담고 있다. 회원국은 항공사에 의해 수집된 승객명기록(PNR) 데이터를 관리하기 위해 승객정보기관을 설치해야하며 향후 5년 간 이러한 기록은 6개월 동안 보관된다. 국립기관인 승객정보기관에서는 승객명기록(PNR) 데이터의 처리를 감시하고 시행할 책임자를 지명해야하며 전체 데이터에 대한 접근은 초기 보존기간 이후 매우 엄격한 조건을 부여한다. 또한 승객명기록(PNR) 데이터의 모든 처리는 문서로 기록되어야하며 인종, 민족, 정치적 견해, 종교 등을 드러내는 개인 데이터 처리는 명시적으로 금지된다. 이번 승객명기록(PNR) 시스템 도입 안은 의회의 승인이 있은 후에 공식적으로 이사회의 승인을 받아야하며 승인 후 유럽연합(EU) 관보에 게재되면 회원국들은 2년 내에 국내에 도입하여야 한다.

04월 25일

• 유럽연합(EU) 반(反)난민 바람, 첫 극우파 대통령 만들까

(BBC 04. 24, 국민일보 04. 25 재인용)

− BBC는 24일 치러진 오스트리아 대통령 선거에서 반(反)난민 목소리를 키운 극우파 자유당 노르베르트 호퍼 후보가 36%의 지지율로 1위를 차지했다고 보도했다. 2위는 20%를 득표한 무소속 알렉산더 반데어벨렌(Alexander Van der Bellen) 후보가 차지했다. 단 이번 결과에서 호퍼 후보가 과반을 확보하지 못했기에 5월 22일 결선투표를 치르게 된다. 1945년 이후 역대 대통령은 모두 중도좌파 또는 중도우파가 차지했던 오스트리아에서 극우파의 대선 승리는 충격적이며 결선투표에 제1당과 제2당 후보가 모두 배제된 것도 처음이다. BBC는 이 결과를 "난민 우호 정책에 대한 반감, 양당체제에 대한 거부감이 반영됐다"고 분석했다. 같은 날인 24일 세르비아에서 치

러진 조기 총선에서는 친유럽연합(EU) 성향의 현 총리가 이끄는 중도우파 세르비아 진보당(SNS)이 승리해 정권 재창출에 성공했다.

04월 06일

• 네덜란드, 국민투표로 유럽연합(EU) 협정 반대…유럽연합(EU) 통합 위기 심화

(YTN 04. 07)

– 6일 유럽연합(EU)과 우크라이나의 협력협정에 대해 찬반을 묻기 위해 치러진 네덜란드 국민투표 개표 결과 협력 협정에 대한 반대가 61.1%로, 찬성은 38.1%를 크게 앞선 것으로 나타났다. 특히 투표율도 32.2%로 집계돼 투표율이 30%를 넘어야 효력을 발휘할 수 있다는 국민투표법 조항도 충족됐다. 이번 국민투표 결과는 법적인 구속력은 없지만 마르크 뤼터 총리 역시 반대가 확실하게 다수인 것으로 나타난 만큼 협정을 그대로 비준할 수는 없다면서, 정부와 의회에서 향후 대책을 논의하겠다고 말했다. 이에 대해 페트로 포로셴코(Petro Poroshenko) 우크라이나 대통령은 우크라이나의 유럽 통합 노력을 계속할 것이라며, 네덜란드 정부와 의회가 유럽 통합에 걸림돌이 되지 않도록 전략적인 결단을 내릴 것을 촉구했다.

04월 21일

• 브뤼셀 테러 한 달, 3단계 테러경보 유지…완전 정상화 멀어 (연합뉴스 04. 21)

– 3월 22일 브뤼셀 공항과 지하철역 연쇄 테러가 발생한 지 한 달이 지났지만 테러 공포는 사라지지 않고 있다. 벨기에 전역에서 3단계(심각) 테러경보가 유지되고 있는 가운데 주요 시설에는 무장 병력이 경계를 서고 있으며 공항과 지하철 등 다중 이용 시설의 보안이 강화됐다. 벨기에 위기대응센터는 시리아에서 훈련받은 지하드(jih d, 이슬람 성전주의자)들이 벨기에 등 유럽 지역으로 들어오고 있는 것으로 파악되고 있다고 밝히고 이에 따라 벨기에 전역의 3단계 테러경보를 계속 유지할 것이라고 전했다. 브뤼셀 공항 운영자는 브뤼셀 공항의 완전히 복구와 여객기 운항 정상화는 6월 말이나 7월 초에나 가능할 것이라고 말했다. 브뤼셀 테러 발생 후 긴급 설치된 벨기

에 의회 테러대책 특별위원회는 사법 당국의 야간 수색을 가능케하고 외국인 테러리스트에 대한 정보 수집과 공유를 강화하는 방안을 골자로 한 법안을 만장일치로 승인했다. 법무장관과 내무장관이 공동 발의한 이 법안은 경찰의 24시간 수색을 가능하게 할 것으로 보인다. 또한 이 법안은 불법 무기 거래 등 테러와 관련된 불법행위를 추적하기 위한 전화 도청을 허용하고 있다. 또한 벨기에 당국은 외국인 테러조직과 테러리스트 정보를 체계적으로 관리할 수 있는 데이터뱅크를 구축할 계획이다. 한편 브뤼셀 시민들은 4월 17일 테러와 증오에 반대하는 대규모 시위행진을 벌이며 테러 희생자를 추모하기 위해 7천여 명의 시민들이 평화를 위한 연대를 촉구했다.

11차(4월 말~5월 말)

김진주

5월 유럽의회 본회의는 스트라스부르에서 9일부터 12일까지 진행되었다. 이번 본회의에서는 중국의 시장경제 지위 부여 반대에 대한 결의안과 유럽연합(EU)의 법 집행 기관인 유로폴(Europol)의 추가 권한 부여, 터키의 비자 자유화에 대한 유럽의회의원들의 토론과 논의가 있었다(European Parliament Press Releases 2016. 05. 10; 2016. 05. 11; 2016. 05. 14). 5월 4일 유럽연합집행위원회는 터키 정부의 난민협약 이행과 비자 면제 요건 충족을 조건으로 7월부터 비자 면제를 시행할 것이라고 밝혔다(유럽연합집행위원회 2016. 05. 04; 연합뉴스 2016. 05. 05 재인용). 이에 대해 유럽의회 내 중도우파이자 다수당인 유럽국민당그룹(EPP)과 중도좌파인 유럽사회당그룹(S&D)은 터키가 기준을 충족시키지 않는다면 비자 자유화를 지지하지 않을 것이라는 반대 입장을 표명했다(EPP Group Press Releases 2016. 05. 04; S&D Press Releases 2016. 05. 11). 하지만 유럽연합집행위원회의 발표 이후 난민협상을 주도해온 터키의 아흐메트 다우토을루(Ahmet Davuto lu) 총리가 권력투쟁에서 패해 사퇴하면서 영국 파이낸셜타임스는 유럽연합(EU)-터키 난민 송환 합의안이 무산될 가능성이 높다고 보도했다(파이낸셜타임스 2016. 05. 05; 국민일보 2016. 05. 06).

또한 지난 4월 24일 오스트리아에서 있었던 대통령 선거의 결선투표가 5월 22일치러졌다. 결선투표 결과 극우파 자유당의 노르베르트 호퍼 후보를 제치고 무소속 알렉센더 반데어벨렌 후보가 50.3%의 득표로 당선되었다(연합뉴스 2016. 05. 24). 또한 5월 5일 영국전역에서 시장 및 의회의원, 기초의원의 선거가 치러졌으며, 특히 이번 선거에서는 보수당 후보를 제치고 노동당 후보이자 무슬림인 사디크 칸(Sadiq Khan)후보가 42.7%로 런던시장에 선출되었다(BBC 2016. 05. 09).

한편 다음달 6월 23일 예정인 영국의 유럽연합(EU) 탈퇴를 묻는 국민투표가 한 달도 채 남지 않았다. 브렉시트(Brexit) 국민투표의 공식 선거운동은 4월 15일부터 시작되었다(연합뉴스 2016. 04. 15). 영국 총리를 포함한 정부가 브렉시트 반대에 총공세를 하고 있으며 20일 영국 파이낸셜타임스가 공개된 각종 여론조사 결과들을 취합한 결과에 따르면 반대여론(유럽연합 잔류)이 찬성여론(유럽연합 탈퇴)보다는 약 6% 앞서고 있는 것으로 나타났다(파이낸셜타임즈 2016. 05. 20; 세계일보 2016. 05. 22 재인용). 하지만 유럽연합(EU) 탈퇴가 잔류를 앞선다는 여론조사도 존재하기에 다가오는 국민투표에 대한 우려가 높아지고 있다.

유럽의회의 다음 본회의는 6월 6일부터 9일까지 진행될 예정이다.

유럽의회 정당

05월 02일

• "이슬람은 독일의 일부가 아니다" 독 극우정당 '반(反)이슬람' 강령 채택

(데페아(dpa) 05. 01, 한겨레 05. 02 재인용)

- 2017년 독일 연방의회 진출이 유력시되는 극우정당인 '독일을 위한 대안(AfD)'이 반 이슬람을 명시한 강령을 채택했다. 독일 데페아 통신은 1일 독일대안당(AfD)이 슈투트가르트에서 전당대회를 열어 "이슬람은 독일의 일부가 아니다"라는 강령을 채택했다고 전했다. 독일대안당(AfD)은 지난달 이미 반(反)이슬람 강령 채택을 예고했으며, 이날 좌파 시위대 2000여명이 경찰과 몸싸움까지 벌이며 반대했지만 채택을 강행했다. 독일대안당 대의원 2000여명은 이틀간 계속된 토의를 거쳐 이슬람 사원의 첨탑을 반대하고 부르카 착용을 금지한다는 내용을 추가로 강령에 넣었다.

05월 04일

• 망명 시스템과 비자 자유화 개정 (EPP Group Press Releases 05. 04)

- 유럽국민당그룹 대표인 만프레드 베버는 터키가 모든 조건을 충족하지 못했는데도 유럽연합집행위원회가 왜 터키에게 비자 자유화를 제안했는지 이해하기 어렵다는 입장을 밝혔다. 그는 유럽의회는 독립적이며 오직 유럽시민들의 의무만을 가지고 있다고 말하고 비자 자유화 문제를 상세하게 검토하고 토론하는 데에 많은 시간을 투자하겠다고 말했다. 또한 망명 시스템과 관련하여 베버는 유럽은 유럽 공통의 상당히 발전된 망명 시스템을 개발하고 만드는 것이 중요하며 유럽국민당 그룹은 이민자 분배에 있어 유연한 연대 방법을 지원할 것이라고 말했다.

05월 04일

• 유럽 노동시장에서의 난민의 신속한 통합과 난민 위기를 해결하는 데에 필요한 사회

(S&D Press Releases 05. 04)

— 유럽사회당 그룹은 유럽연합(EU) 내에서 더 많은 난민이 노동시장으로 통합되고 사회 통합될 수 있도록 요청했다. 난민과 망명 신청자들이 동등한 대우와 비차별을 보장받기 위해서 교육과 훈련, 주택, 의료, 노동 시장, 사회 보호 등에 있어 시민과 동일한 권한이 있어야 한다. 이 요청은 새로운 유럽연합(EU)의 망명 시스템을 구축하고 유럽사회 내 난민 통합에 초점을 맞추고 있다. 사회문제에 대한 유럽사회당 그룹 부대표 마리아 주앙 로드리게스(Maria Joo Rodrigues)는 난민 위기에 있어 일반적인 응답이 가능하며 유럽이 인간을 존중하면서 보안을 보장하는 강력한 외부 테두리를 만들 수 있다고 말했다. 그는 또한 유럽에는 이를 행할 충분한 재정과 기술, 자원, 사람들이 있기에 망명 신청자를 보다 잘 관리하고 그들에게 교육 및 의료를 제공함으로서 유럽사회의 규범을 지키면서 수신국에 머무를 수 있는 권한을 제공해야 한다고 주장했다.

05월 10일

• 중국의 시장경제 지위: 조건 없이는 승인도 없다

(EPP Group Press Releases 05. 10)

— 유럽국민당그룹은 중국에서 덤핑 수입에 있어 유럽연합(EU) 사업의 보호를 보장하기 위한 효과적인 무역 방어 수단을 강화해달라고 유럽연합집행위원회에 촉구했다. 유럽국민당그룹의 결의안은 유럽연합(EU)에 의해 중국이 시장경제 지위를 얻으려면 다섯가지 기준을 충족해야하고, 유럽연합(EU)의 결정에 있어 중국의 수입에 대한 반덤핑 및 반보조금 방법을 사용해야 한다고 강조했다. 본회의에서 유럽국민당그룹 대변인은 중국과의 전략적 제휴가 확실하지 않기에 중국의 시장경제 여부를 고려하는 것은 매우 중요하며 유럽연합(EU) 내 철강 산업에 종사하는 유럽인들이 매우 우려가 된다고 밝혔다.

05월 11일

• 유럽사회당그룹은 터키가 모든 요구사항을 충족할 시 터키에게 다시 비자 자유화의
기회를 줄 것이다   (S&D Press Releases 05. 11)

- 유럽사회당그룹은 유럽연합집행위원회가 제시한 기준을 모두 충족시키지 않는
다면 터키의 비자 자유화를 지지하지 않을 것이다. 이주 문제에 대한 유럽사회당그
룹의 대변인 시펠은 우리의 위치는 매우 분명하여 우리의 기준을 충족하는 모든 국
가에 대해 비자 자유화를 지원할 것이다. 그것은 터키 국민이 다른 사람 시민이기 때
문이다. 우리는 이주에 대한 쉬운 해결책을 찾기 위해 이러한 규칙을 구부리지 않을
것이다. 유럽사회당 그룹은 터키가 완전히 모든 조건을 우수하게 충족할 때까지 의
회는 관련 입법 작업을 시작하지 않겠다는 유럽의회 의장 마르틴 슐츠(Martin Schulz)
의 입장을 지지하는 바이다. 터키 시민들이 비자 자유화를 원한다면 그 다음 행동은
그들의 정부에게 달려있다.

유럽의회 선거·의회

05월 05일

• 유럽연합 집행위, 조건부 터키 비자 면제 제의

(유럽연합집행위원회 05. 04, 연합뉴스 05. 05 재인용)

- 유럽연합집행위원회는 4일 터키 정부의 난민협약 이행과 비자 면제 요건 충족을
조건으로 오는 7월부터 터키 국민에 대한 비자 면제를 시행할 것이라고 밝혔다. 집
행위는 비자 면제 요건 충족을 위한 터키 정부의 노력을 긍정적으로 평가하면서 유
럽연합(EU) 28개 회원국과 유럽의회에 대해 다음 달 말까지 비자 면제안을 승인해달
라고 요청했다. 3월 불법적인 이주민을 터키가 다시 전부 받아들이는 대가로 유럽연
합(EU)이 터키에 자금을 지원하는 내용의 난민 송환 협정을 체결하면서 이 협정에서
터키 국민에 대한 비자 면제 요건 완화시기를 올해 연말에서 6~7월로 앞당기기로
했고 아울러 터키의 유럽연합(EU) 가입협상도 가속화하기로 약속바있다. 또한 유럽
연합집행위원회는 난민 분산 수용을 거부하는 회원국에 대해 할당된 난민 1인당 25
만 유로, 한화 약 3억3천만 원의 벌금을 부과하는 망명법 개정안을 제의했다.

05월 09일

• 2016 영국 선거 요점: 요약　　　　　　　　　　　　　　　　　　　　　(BBC 05. 09)

– 이번 영국 전역에서의 선거는 2020년 총선이전에 치러지는 가장 큰 정치적 견해로 볼 수 있다. 5월 5일 치러진 선거는 런던, 리버풀, 셀포드, 브리스톨의 시장 4명과 스코틀랜드, 웨일스, 북아일랜드의회 등의 의원, 지역의 기초의원을 선출했다. 선거의 주요 결과는 다음과 같다. ▷ 스코틀랜드국민당(Scottish National Party, SNP)이 스코틀랜드 의회선거에서 129석 중 63석을 얻으며 승리함. ▷ 웨일즈에서는 노동당이 승리(29석)했으나 영국독립당(UK Independence Party, UKIP)이 12.5%로 7석을 차지함. ▷ 잉글랜드에서는 노동당이 58석, 보수당이 38석을 차지함 런던시장에 보수당 후보를 제치고 노동당의 사디크 칸이 42.7%로 선출됨. ▷ 브리스톨 시장에는 노동당의 마빈리스(Marvin Rees)가, 리버풀에는 노동당의 조 앤더슨(Joe Anderson)이, 셀포드에는 노동당의 폴 데닛(Paul Dennett)이 선출됨.

05월 10일

• 테러에 맞선 싸움: 의회는 유로폴에 대해 보나 나아진 권한을 승인한다

　　　　　　　　　　　　　　　(European Parliament Press Releases 05. 10)

– 유로폴은 유럽연합(EU)의 법 집행 기관으로 회원국들이 테러 및 국제 범죄와 싸울 수 있게 만들어진 장치이다. 유럽의회 의원들은 이번 수요일 계획에 따라 테러를 해결하기 위해 유로폴에 추가 권한을 부여할 예정이다. 유로폴은 1999년에 시작해 2010년 유럽연합(EU) 기관이 되었으며 매년 18,000건 이상의 국제 범죄를 다루고 있다. 그러나 용의를 체포하거나 회원국에서 조사를 수행할 권한은 존재하지 않는다. 이번 추가 권한승인에는 유로폴이 새로운 위협에 빠르게 응답할 수 있도록 전문적인 단위를 보다 쉽게 설정할 수 있고, 민간 기업과 정보를 교환할 수 있게 된다. 물론 이러한 추가 권한은 강력한 데이터 보호와 민주적인 감독 규칙을 동반한다. 추가 권한은 2017년 5월 1일에 발효될 예정이다.

05월 12일

• 중국의 시장경제 지위: 유럽의회의원들은 유럽연합(EU)의 산업과 직업을 보호해야

한다고 주장한다 (European Parliament Press Releases 05. 12)

– 중국은 시장경제 지위에 대해 유럽연합(EU)의 다섯 가지 기준을 충족할 때 까지 유럽연합(EU)에 대한 수출이 비표준 방식으로 처리되어야 한다. 유럽의회의원들은 이 같은 결의안을 통해 유럽연합(EU)의 산업의 공평한 경쟁의 장을 보장하고 유럽연합(EU)의 직업과 산업을 보호하기 위해 중국의 비용과 가격에 엄격한 덤핑규제를 지속해야 한다고 밝혔다. 이번 결의안은 찬성 546, 반대 28, 기권 77표로 통과되었다. 중국의 과잉 생산 능력과 수출 가격은 특히 유럽연합(EU) 철강 업종에 위협이 되고 있다. 그러나 중국은 향후 유럽연합(EU)과 협력이 중요한 무역국이며 유럽의회의원들은 중국에 시장경제 지위를 일방적으로 양보하기보다 유럽연합집행위원회가 다른 주요 무역 파트너들과 협력하여 세계무역기구(World Trade Organization, WTO)의 공동 규정 해석을 조정할 것을 요청했다.

05월 24일

• '극우에 신승' 오스트리아 대통령당선인 "공포 · 분노 듣겠다" (연합뉴스 05. 24)

– 지난 4월 24일 치러진 오스트리아 대통령 선거에서 반(反)난민 목소리를 키운 극우파 자유당 노르베르트 호퍼 후보가 36%의 지지율로 1위를 차지하고 20%를 득표한 무소속 알렉산더 반데어벨렌 후보가 2위를 차지했었으나 5월 22일 치러진 결선투표에서 반데어벨렌 후보가 최종 합산 득표율 50.3%를 기록해 호퍼를(49.7%) 이겨 사실상 세계 최초 녹색당 출신 대통령이 됐다. 반데어벨렌 당선인은 23일 당선 후 첫 연설에서 "모든 오스트리아 국민을 위한 초당적 대통령이 되도록 노력하겠다"고 말하면서 이번 대선에서 국론 분열을 거론하는 목소리가 많았다고 언급한 뒤, "그러나 이것은 우리가 동전의 양면과 같다는 것으로 해석할 수 있으며, 동전의 양면은 똑같이 중요하다"고 강조하고, 함께 오스트리아를 꾸려나가자고 독려했다.

유럽의회 여론

05월 22일

• 브렉시트 여론조사 찬반 '팽팽'… 영국 혼돈 속으로

(파이낸셜타임즈 05. 20; 세계일보 05. 22 재인용)

- 6월 23일 예정된 유럽연합(EU) 탈퇴 여부를 묻는 국민투표를 앞두고 영국이 혼돈 속으로 빠져들고 있다. 데이비드 캐머런 총리를 포함한 영국 정부가 브렉시트 반대에 총공세를 하고 있음에도 찬성 여론이 가라앉지 않고 있으면서다. 20일 영국 파이낸셜타임스는 브렉시트 투표를 한 달 앞둔 시점에 공개된 각종 여론조사 결과들을 취합한 결과 반대여론(유럽연합 잔류)이 47%, 찬성여론(유럽연합 탈퇴)이 41%로 나타났다고 보도했다. 하지만 22일 오피니움, 옵서버의 조사는 유럽연합(EU) 잔류 44%, 탈퇴 40%로 오차범위 내 인 것으로 나타났으며, TNS에서는 유럽연합(EU) 탈퇴(41%)가 잔류(38%)를 앞선다는 여론조사가 보도되는 등 혼란이 지속되고 있다. 특히 차기 총리로 거론되는 보리스 존슨(Boris Johnson) 전 런던시장을 중심으로 한 탈퇴파의 기세가 꺾이지 않고 있어 예측할 수 없는 상황이란 분석이다. 유럽연합(EU) 잔류를 주장하는 정부 측은 브렉시트로 유럽연합(EU)이라는 거대 시장을 잃게 되고 관세 등 무역장벽이 생겨 경기 침체가 예상된다고 보고 있다. 반면 찬성하는 측은 영국 정부가 상황을 극단적으로 과장하고 있으며 패트릭 민포드(Patrick Minford) 카디프 대학교 경제학과 교수는 브렉시트가 통과되면 오히려 소비자들이 더 값싼 식품, 차량 등을 소비할 수 있을 것이라고 주장했다. 또한 이민자 수용 문제에 있어서도 잔류 측은 브렉시트가 통과될 경우 고학력 인재들이 영국을 선택하지 않을 가능성이 커 영국의 손해가 될 것이라고 주장하고 있다. 한편 탈퇴 측은 유럽연합(EU) 출신 취업자 수가 지난해 25만명 늘어나 220만명에 달하는 등 저임금 노동자를 중심으로 임금하락 등의 피해를 보고 있다고 주장하고 있다. 아울러 이들은 유럽연합(EU)을 탈퇴해 국경을 강화해야 무슬림 극단주의자들의 테러를 막을 수 있다는 입장이다.

12차(5월 말~6월 말)

김진주

6월 유럽의회 본회의는 스트라스부르에서 6일부터 9일까지 진행되었다. 이번 본회의에서는 아프리카에 대한 투자와 파나마 페이퍼에 대해 조사위원회 승인 및 지원계획이 논의되었다(European Parliament Press Releases 2016. 06. 10). 유럽의회 내 중도우파이자 다수당인 유럽국민당그룹(EPP)과 중도좌파인 유럽사회당그룹(S&D)은 파나마 페이퍼 조사위원회 위임에 대해 찬성하는 입장을 보였으며 조속히 다국적 기업의 조세회피 문제가 해결되기를 요청했다(EPP Group Press Releases 2016. 06. 08; S&D Press Releases 2016. 06. 21).

한편 6월 23일 영국의 유럽연합(EU) 탈퇴를 묻는 국민투표가 개최되었다. 국민투표결과 유럽연합(EU) 잔류가 48%, 유럽연합(EU) 탈퇴가 52%로 나타났으며, 웨일즈 등의 잉글랜드 지방에서는 탈퇴 의견이 강했으나 스코틀랜드, 북아일랜드 지방에서는 유럽연합(EU) 잔류 의견이 우세했다(BBC 2016. 06. 24). 이러한 결과에 대해 유럽은 물론 세계전역에서 혼란이 야기되었으며 데이비드 캐머런 영국 총리는 국민투표 결과가 나온 24일 캐머런 총리는 사임을 선언하면서 영국의 유럽연합(EU) 탈퇴 이행 절차를 차기 총리에게 넘겼다(연합뉴스 2016. 06. 27). 하지만 유럽연합집행위원회 장 클로드 융커 집행위원장과 마르틴 슐츠 유럽의회 의장은 영국이 유럽연합(EU) 탈퇴를 정치적 이유로 인해 미루지 않기를 바란다면서 공동성명을 통해 영국 정부가 국민의 이번 결정이 조속한 시일 내에 발효되도록 할 것을 기대한다고 밝혔다(가디언 2016. 06. 24; 독일 ARD 방송 2016. 06. 25; 연합뉴스 2016. 06. 25 재인용).

하지만 영국 내에서는 유럽연합(EU) 탈퇴라는 결과가 나온 뒤 소셜미디어를 통해 유럽연합(EU) 잔류를 원했던 영국인들이 '우리가 무슨 짓을 한 거지(#WhatHaveWeDone)'나 '내 이름은 빼줘(#NotInMyName)'와 같은 해시태그를 퍼뜨리며 유럽연합(EU) 탈퇴에 대해 당혹해하는 목소리를 높이고 있으며, 여러 언론에서는 이번 국민투표를 직접민주주의의 폐해 혹은 포퓰리즘의 산물로 비난하고 있는 상황이다(구글 트렌드 2016. 06. 24; 브레이킹뷰스 2016. 06. 24; BBC 2016. 06. 24; 중앙일보

2016. 06. 27 재인용).

다음 유럽의회 본회의는 7월 4일부터 7일까지 개최될 예정이다.

06월 07일

• 피텔라: 유럽연합(EU)은 마지막으로 난민 위기 해결의 중심적인 동반자로 아프리카를 대해야 한다. 회원국은 현재 투자계획에 기여해야 한다

(S&D Press Releases 06. 07)

– 유럽사회당그룹 대표인 지안니 피텔라는 아프리카와 새로운 이주 협력 프레임을 제안한 유럽연합집행위원회에 대해 유럽연합(EU) 전략의 중심에 아프리카의 필요성이 존재하기 때문에 전환점에 놓여있다고 말했다. 또한 그는 우리 모두 이민자들이 도착 국가에서까지 지속적인 투자를 받을 수 있도록 하기 위해 전쟁, 폭력, 빈곤, 착취 등 아프리카인들이 이주를 하는 기본적인 원인을 해결해야 한다고 주장했다. 피텔라는 아프리카에 투자하는 이러한 계획은 아프리카의 성장과 발전을 야기하여 장기적으로 상호이익이 중요한 역할을 할 것이라고 밝혔다.

06월 08일

• 파나마 페이퍼: 우리는 회사의 소유주들을 둘러싼 비밀을 끝내길 원한다

(EPP Group Press Releases 06. 08)

– 유럽의회의 유럽국민당그룹은 회사 소유주들의 등록을 요구하고 있다. 파나마 페이퍼 조사위원회 위임 협상을 주도하는 유럽국민당 그룹 부르크하르트 발츠(Burkhard Balz) 의원은 우리는 체계적으로 회사 소유주들을 둘러싼 비밀을 조속히 해결하고 싶다고 밝히며, 유럽의회는 탈세 방지를 어렵게 만드는 구조적인 문제를 밝히는데 주력할 것이고, 조세회피에 대한 국제적인 행동을 마비시키는 국가 이기주의에도 주목할 것이라고 말했다.

06월 21일

• 유럽사회당그룹은 조세 회피와의 싸움에서 한 단계 나아가고 있으나 더 많은 요구가
필요하다고 주장한다   (S&D Press Releases 06. 21)

- 유럽사회당그룹의 유럽의회의원은 유럽연합(EU) 재무 장관 회의에서 합의된 다
국적 기업에 대한 새로운 조세회피 대응 방안을 환영했다. 유럽의회 보고관은 6월 8
일 유럽의회는 대기업들의 조세회피를 해결하기 위한 대응 방안을 채택하였으며,
각 회원국의 세금 시스템이 잘 갖추어졌는지 확인할 필요가 있다고 밝혔다. 또한 보
고관은 유럽사회당 그룹은 조세 관행이 유럽 전역에서 사라질 수 있도록 지속적으
로 투쟁할 것이라고 말했다. 추가적으로 유럽사회당그룹의 경제 및 금융 업무 대변
인 펄벤체 베레스(Pervenche Ber s)는 유럽 재무장관들의 승인 조치가 실제적인 수행
의 첫 걸음이 될 것이며 모든 중소기업처럼 유럽에서 사업하는 기업들은 그들의 정
당한 세금을 지불해야 한다고 말했다.

06월 24일

• 영국 국민투표: 우리는 유럽연합(EU)에 최선을 다하고 있다-신속한 출구 협상
                                                      (EPP Group Press Releases 06. 24)

- 영국 사람들은 유럽연합(EU)을 떠나기로 결정했으며 이 결과에 비추어 유럽국민
당 그룹 회장 요셉 다울과 유럽국민당그룹 대표인 만프레드 베버는 성명을 발표했
다. 요셉 다울을 영국 유권자의 결정을 알고 있으며 유럽국민당 그룹은 나머지 27개
회원국과의 더욱 통합된 과정에 진심으로 최선을 다하고 있다고 말했다. 또한 그는
동시에 유럽연합(EU) 시민의 권리를 방어하여 영국의 움직임으로 인해 자유를 방해
하려는 시도들에 대해 반대한다고 말했다. 만프레드 베버는 우리는 영국 유권자들
의 결정을 존중하고 유감을 표한다고 밝히며, 이 결과는 양측에 큰 손상을 야기할 것
이지만 유럽인들이 투표한 것이 아니라 영국인들의 투표이기에 대다수의 유럽인들
은 유럽연합(EU)에 남고 싶어 하기 때문에 앞으로 효과적으로 민족주의와 포퓰리즘
을 방지하는 것이 목표라고 말했다. 유럽국민당 그룹 지도자들은 영국 유권자의 민
주적 결정을 존중하기 위해서는 리스본 조약에 정의된 대로 출구협상이 2년 기한 내
에 신속하게 체결되어야 한다고 말했다. 그리고 지난 70년 동안 그러했듯 앞으로도

유럽연합(EU)은 유럽의 자유와 평화를 안전하게 보호하고 번영을 이루기 위해 노력할 것이며 더 똑똑한 유럽을 위해 반성을 시간을 가지고 유럽인들을 설득하여 안보 및 이주와 같은 우리 시대의 큰 도전에 대한 해결책 모색을 위해 강한 유럽을 이루어야 한다고 말했다.

06월 24일

• 지안니 피텔라: 유럽의 슬픈 날이지만 유럽의 끝은 아니다

(S&D Press Releases 06. 24)

- 영국의 국민투표 결과에 대해 유럽사회당 그룹 지안니 피텔라는 유럽에게는 슬픈 일지만 유럽의 장례식은 아니라고 말했다. 그는 우리는 영국이 유럽에 머물길 원하지만 영국 사람들의 목소리를 존중한다며 캐머런은 자신의 당내 분열의 결과로 유럽연합(EU)에서 영국을 밀어낸 국무총리로 역사에 길이 남을 것이라고 밝혔다. 또한 이제 영국은 밖으로 나가며 유럽연합(EU)은 가능한 빨리 영국과의 새로운 관계를 정의해야하며 즉시 정식 조약이 발행될 수 있도록 영국정부에 요청해야 한다고 말했다. 마지막으로 지안니 피텔라는 유럽이 일관성 있고 야심찬 제도 개혁을 할 수 있도록 모든 사회주의 정당과 시민들을 동원할 것이며 이를 통해 유럽통합 역사의 새로운 장을 열어야 한다고 주장했다.

유럽의회 선거·의회

06월 09일

• 유럽연합(EU)-터키 갈등 격화…비자면제·난민협정 위기   (연합뉴스 06. 09)

- 유럽연합(EU)과 터키는 그리스에 도착한 난민 중 불법 이주민을 터키가 다시 전부 받아들이는 대가로 유럽연합(EU)이 터키에 자금을 지원하고 터키 국민에 대한 비자면제 시행 시기를 앞당기며 터키의 유럽연합(EU) 가입협상을 서둘러 진행하기로 하는 난민송환협정을 2016년 3월에 맺었다. 이에 유럽연합(EU)은 7월 초 비자면제 시행을 추진했으나 시행 요건을 둘러싸고 유럽연합(EU)과 터키의 갈등이 고조되고 있다. 유럽연합(EU)은 터키에 대해 테러방지법을 유럽 기준에 맞게 개정할 것과 인권

보호를 위한 사법개혁 등을 요구하고 있다. 한편 에르도안 터키 대통령은 쿠르드 반군 조직인 쿠르드당(PKK)의 테러에 맞서기 위한 테러방지법의 개정을 요구하는 것은 위선이라며 유럽연합(EU) 측의 요구를 거절했다. 또한 에르도안 대통령은 지난 6월 8일 야당 의원을 탄압하기 위해 반정부 의원들을 처벌할 수 있도록 면책특권을 박탈하는 새로운 법안에 서명하였고 이에 대해 유럽의회 의원들은 민주적 가치에 반한다며 비난의 목소리를 높였다. 더욱이 터키에서 그리스로 들어온 난민들을 다시 터키로 돌려보내는 과정에서 인권침해 문제가 제기되고 있는 등 난민송환협정 자체의 문제점이 부각되고 있는 것도 이 협정의 지속을 불투명하게 만들고 있다.

06월 10일

• 총회 주요쟁점: 이주, 파나마 페이퍼 및 315억 € 지원

(European Parliament Press Releases 06. 10)

– 유럽의회의원은 6월 본회의에서는 이민자들이 본국에서 일을 찾을 수 있도록 아프리카 투자계획을 논의하였고 현지 근로자들에게 불이익 없이 유럽연합(EU) 노동자들의 이민자를 통합하는 방법을 모색하였다. 또한 유럽의회의원은 파나마 페이퍼 조사위원회에 위임을 수요일에 승인하고 유럽연합(EU)의 315억 유로 투자계획을 검토했다. 65명의 위원들은 자금 세탁 및 조세회피에 대해 4월에 유출된 수백만의 문서들을 유럽연합(EU) 법에 적용하여 12개월 이내에 검사를 실시해야 한다.

06월 24일

• 영국의 유럽연합(EU) 국민투표: 모든 것을 당신을 알 필요가 있다   (BBC 06. 24)

– 영국이 유럽연합(EU)을 떠날지 남을지에 대한 국민투표가 6월 23일에 개최되었다. 결과는 국민 전체 중 71.85%가 투표했으며 이는 1992년 총선 이후 영국 전체 투표 중 가장 높은 투표율이다. 결과는 탈퇴 52%, 잔류 48%로 나타났다. 지역별로 보면 잉글랜드의 경우 웨일즈와 같은 잉글랜드는 브렉시트(Brexit)에 강력하게 투표했고 스코틀랜드와 북아일랜드 지반은 유럽연합(EU)에 잔류하자는 의견이 많았다. 유럽연합(EU)은 28개 유럽 국가를 포함하여 경제적, 정치적 파트너십을 이룩하는 것이며 유럽연합(EU)을 탈퇴하면 리스본 조약 제 50조에 따라 2년 내에 공식적인 법적 절

차를 통해 영국은 유럽연합(EU)에서 탈퇴해야 한다. 유럽연합(EU)을 탈퇴하게 되면 다른 유럽연합(EU) 국가에서 일하고 이는 영국인들은 영국이 유럽연합(EU)과 단일시장에 남아있다면 무료 이동권리를 가지게 되지만 정부가 영국독립당(UKIP)이 원하는 대로 간다면 비자 신청을 해야 한다. 한편 국민투표의 결과를 법적 구속력이 있지 않기에 하원에서 유럽연합(EU) 탈퇴를 막을 수도 있다. 그러나 유권자의 의견을 무시하는 의원은 다음 총선에서 유권자들에게 심판받을 것이며, 이는 국민투표 결과가 전복될 수 있는 하나의 시나리오가 될 수 있다.

유럽의회 여론

06월 27일

• "우리가 무슨 짓을 한 거냐" 뒷감당 못하는 영국

    (구글 트렌드 06. 24; 브레이킹뷰스 06. 24; BBC 06. 24; 중앙일보 06. 27 재인용)

– 영국의 브렉시트 국민투표 결과에 대해 당혹해하는 목소리가 높아지고 있다. 유럽연합(EU) 잔류 의견이 많았던 런던 시민들은 온라인 청원사이트 체인지(www.change.org)에서 사디크 칸 런던시장에게 영국으로부터 독립을 선언하고 유럽연합(EU)에 가입하라는 청원을 시작해 16만 명 넘게 서명을 하기도 했으며, 검색 결과 분석 서비스인 구글 트렌드는 지난 24일(현지시간) 브렉시트 개표가 끝난 뒤 영국 구글에서 둘째로 많이 검색된 질문 중 하나가 "유럽연합(EU)이 뭐예요?(What is the EU?)"였다고 밝혔다. 가장 많이 검색된 질문은 "유럽연합(EU)을 떠나는 것은 무슨 의미인가?(What does it mean to leave the EU?)"라고 밝혔다. 구글 트렌드에 따르면 영국인들은 개표 결과가 나오기 전까지도 사안의 심각성을 인지하지 못했던 것으로 보인다. 또한 소셜미디어에선 유럽연합(EU) 잔류를 원했던 젊은층 사이에서 '우리가 무슨 짓을 한 거지(#WhatHaveWeDone)'나 '내 이름은 빼줘(#NotInMyName)' 같은 해시태그가 퍼져 나가고 있다. 한편 로이터통신이 운영하는 온라인매체 '브레이킹뷰스'의 로브 콕스 에디터는 "이번 투표는 직접민주주의의 폐해를 보여줬을 뿐 아니라 정치인들이 책임을 회피할 구실을 만들어 줬다"며 "미국 건국의 아버지들(Founding Fathers)이 대의민주주의를 선택한 것도 이런 이유에서였다"고 주장하며, 나라의 미래를 좌우할

문제를 직접민주주의 수단인 국민투표로 결정한 것이 합당했느냐는 의문을 제기하였다. 또한 영국 BBC방송은 이번 국민투표에서 정치인들이 당리당략에 따라 과장되거나 틀린 정보를 제공했고 유권자들은 자극적 선동에 염증을 느꼈다고 언급하며 이번 국민투표는 포퓰리즘의 산물이라고 지적하기도 했다.

제2장

유럽의회의 쟁점

그리스 사태를 통해 바라본 유럽의 통합

김진주

그리스가 채무불이행에 돌입하면서 그리스의 위기가 유럽 전역의 위기로 번져나가고 있다. 그리스는 단순히 한 국가가 아닌 유럽연합(EU)에 속해 있는 회원국이며, 유로존 내에서 유로화 화폐를 사용하고 있기에 이러한 경제적인 위기의 여파는 유럽 금융시장의 위기로도 다가오고 있다(헤럴드경제 2015. 07. 14). 이러한 그리스의 위기를 해결하기 위해 국제 채권단은 그리스에게 긴축 프로그램을 요구했고, 그리스는 약속한대로 이러한 긴축 프로그램을 이행할 시에만 구제금융을 받을 수 있는 상황에 놓이게 되었다(SBS 2015. 07. 06).

이와 같은 그리스 위기에 있어, 그 원인을 비단 한 국가만의 문제로 보는 시각보다 채권단의 과도한 긴축프로그램의 문제, 그리스의 유로존 가입자체에도 문제를 지적하는 의견이 높아지고 있다(한겨레 2015. 07. 02). 채무불이행에 국가부도 사태까지의 위기에 까지 놓이게 된 그리스 사태의 원인을 유럽을 통합하기 위한 제도의 문제로까지 이야기 하고 있는 것이다. 게다가 그리스와의 협상과정에서 유럽연합(EU) 및 유럽의회에서 큰 역할을 차지하고 있는 독일의 재무장관인 볼프강 쇼이블레가 그리스의 한시적 유로존 탈퇴를 주장하여, 유럽의 분열을 직접적으로 언급함으로써 유럽시민들에게 비난을 받고 있다(아시아투데이 2015. 07. 19). 독일의 쇼이블레 등 강경파들에 대한 역풍으로 유럽시민들이 "#이것은 쿠데타다(#ThisIsACoup)" 메시지를 전송함으로써 자신들의 의견을 보여주고 있는 것이다. 이 메시지의 전송량은 13일 독일에서 1위, 세계적으로도 2위를 기록하고 있다(로이터 2015. 07. 13). 또한 노벨경제학상을 수상한 폴 크루그먼(Paul Krugman) 교수 역시 이에 대해 유럽 채권단의 요구가 지나치며 국가주권의 전적인 파괴이기에 유럽통합 프로젝트가 표방하는 모든 것들에 맞지 않는다는 의견을 보였다(뉴욕타임즈 2015. 07. 12).

그리스의 위기를 단순히 경제적인 측면에서만 바라볼 수는 없다. 그리스와 협상하는 유럽 채권단이 유럽연합(EU) 회원국이자 유럽의회 의원이며, 유럽 전역의 국가들과의 통합을 주장하는 사람들이기 때문이다. 유럽연합(EU)은 유로화라는 통합 화폐를 통해 유럽의 경제통합을 이루고 있으나, 유럽 국가의 경제주권을 침해하고도 있다는 시각도 있음을 잊지 말아야 할 것이다(한겨레 2015. 07. 02). 이는 유럽연합(EU)의 지시가 각 회원국의 결정에 영향을 미칠 수 있기에, 회원국가의 민주주의를 약화시키는 요인이 될 수 있다. 경제, 정치를 넘어서 유럽연합(EU)이 진정한 통합과 민주주의를 강화시키고자한다면, 기본적인 원칙을 지켜나감으로써 유럽시민들이 통합에 대한 올바른 의식을 가질 수 있도록 이번 사태를 해결해 나가야 할 것이다.

참고문헌

헤럴드경제 2015.07.14.
SBS 2015.07.06.
한겨레 2015. 07. 02
아시아투데이 2015.07.19.
로이터 2015.07.13.
뉴욕타임즈 2015.07.12.
한겨레 2015.07.02.

통합과 주권, 두 가치의 기로에 선 유럽연합

김진주

  유럽연합(EU)에 대한 논의를 진행함에 있어 끊임없이 논란이 되는 부분 중의 하나는 유럽의 통합과 유럽연합(EU) 내 각 국가의 주권 중 무엇이 우선이냐 하는 점이다. 이는 유럽연합(EU)의 통합에 있어 보다 중요한 문제이며, 어떠한 것이 진정 유럽 내 시민들을 대변하는 대의민주주의의 길인지 의구심을 들게 한다. 이러한 논의는 지속되어왔고 유럽의 통합을 회원국들의 실질적인 주권 상실, 또는 회원국의 주권이 유럽으로 이해되는 과정이라고 주장하는 견해가 존재한다(Sbragia 1994; Wallace and Smith 1995). 그러나 반대로 국경이 중심이 되는 각 국가의 주권의 의미는 이미 쇠퇴되었으며(Ruggie 1993), 경제적인 통합이 실현되면 유럽통합의 파급효과로 다른 통합으로도 필연적 확대로 나아갈 것이라는 주장도 있다(Haas 1958, 구춘권 2009 재인용).

  다양한 의견이 대립되는 가운데 최근 망명 이민자 문제, 그리스 구제 금융 문제에서도 통합과 주권이라는 두 가지의 가치가 대두되었다. 우선 이민자 문제의 경우 영토적인 측면에서 자국의 입국을 허용하는 것에 대한 부분은 국가 주권의 고유영역이라고 주장하는 프랑스의 국민전선은 프랑스 내에서 인기를 끌고 있는 상황이다(세계일보 2015. 08. 30). 그러나 유럽 내 정당인 유럽국민당그룹과 유럽사회당그룹은 극우정당보다는 인권적인 측면에서 이주, 망명자를 바라보고 유럽전체의 통합을 강조하여 유럽연합(EU) 전체 회원국 공통의 대책을 만들어 대응해야 한다는 입장인 것으로 보인다. 그리스의 구제 금융 사태에서도 이와 같은 가치의 대립은 이어졌다. 그리스에 대한 채권단을 긴축 요구에 대해 노벨경제학상을 수상한 폴 크루그먼 교수는 그 요구가 지나치며 국가주권의 전적인 파괴라고 주장했다(뉴욕타임즈 2015. 07. 12). 반면, 정치적으로는 그리스 사태의 문제가 되었던 유로존의 통합이 여전이 유럽인들에게는 긍정적으로 평가받고 있는 것이 사실이다(월스트리스저널 2015. 08. 13).

이와 같이 유럽연합(EU)에서 일어나는 경제적, 정치적, 사회적인 문제들은 대부분 통합과 주권이라는 두 가지의 가치 사이에 놓여있게 된다. 유럽연합(EU)의 민주성, 대의민주주의의 강화라는 측면에서 통합과 주권 중 어떤 것이 유럽 전체에게 득이 될지 판단하기는 어려울 것이다. 그러나 유럽연합(EU)은 유럽 전체의 통합을 이루기 위해 만들어졌다는 목적을 실현하기 위해 노력하는 것이 필요할 것이다. 또한 각 회원국과 회원국의 국민들이 유럽연합(EU)을 구성하고 있는 만큼 그들의 목소리에도 집중하는 모습을 보여야 할 것이다.

참고문헌

구춘권. 2009. "유럽통합과 통합이론: 통합이론 발전의 역사적 맥락과 통합이론의 분화". 『21세기정치학회보』. 19집 1호: 253-276.

이상균. 1999. "현대유럽정치에 있어 주권과 통합". 『한국정치학회보』. 33집 3호: 267-285.

Haas, Emst. B. 1958. The Uniting of Europe. Political, Social and Economic Forces 1950-1957. Stanford: Stranford University Press.

Sbragia, A. 1994. "From 'Nation-State' to 'Member-State': The Evolution of the European Community". Paul M. Lutzeler(Eds.) Europe After Maastricht: American and European Perspectives. Providence: Berghahn.

Wallace, W. and Smith, J. 1995. "Democracy or Technocracy? European INtegration and the Problem of Popular Consent". West European Politics 18(3).

세계일보 2015.08.30.

뉴욕타임즈 2015.07.12.

월스트리스저널 2015.08.13.

난민 강제 할당제를 통해 바라본 유럽연합 통합의 길

김진주

1990년대 동유럽에서 발생한 수차례의 내전과 민족 분쟁들은 수많은 난민을 낳았으며, 국제연합(UN)과 유럽연합(EU)은 난민 문제해결을 위한 다양한 노력을 지속해 왔다(김철민 2012). 최근 들어 지중해에서 난민선들이 전복하여 난민들이 사망하는 참사가 지속되면서 유럽사회 뿐만 아니라 국제사회 전체에서 난민에 대한 문제가 심각하게 논의되고 있다. 이를 해결하기 위해 유럽연합집행위원회는 유럽연합(EU) 28개 회원국이 난민을 의무적으로 할당하자는 방안을 2015년 5월 13일 제의했다(연합뉴스 2015. 05. 13).

그러나 이에 대해 서유럽과 동유럽의 의견이 강하게 대립되고 있는 상황이다. 난민 할당에 대해 찬성하는 서유럽과는 달리 동유럽에서는 강제 할당에 대해서는 반대하는 입장을 보이고 있다(연합뉴스 2015. 09. 15). 인도주의적이지 않은 모습을 보이는 것 같지만 동유럽도 나름의 사정이 있다. 체코 정부는 난민 문제에 대해 유럽에 들어온 난민 대부분은 체코에 머물기 위해 들어오는 것이 아니라, 독일로 가기 위해 체코로 입국한다고 주장해왔다(아시아경제 2015. 09. 11). 즉, 동유럽 국가들은 서유럽으로 향하는 난민들의 중간 경유지가 되고 있는 것이다(동아일보 2015. 09. 20). 또한 난민들은 주로 지중해를 통해 발칸반도로 들어오기에 근접 국가들의 경우 국경이 위협되는 상황이며, 난민에 대해 국경을 개방하는 입장을 가지고 있는 크로아티아도 급격하게 증가하는 난민으로 인해 국경 통제를 시작하게 되었다(동아일보 2015. 09. 20). 이 뿐만 아니라 동유럽 국가는 대체로 종교적, 인종적 동질성도 서유럽에 비해 강한 편이기에 난민의 유입을 반대한다는 의견도 존재한다(연합뉴스 2015. 09. 27). 이렇듯 동유럽은 서유럽과 상황이 매우 다르다. 그러나 유럽연합(EU)은 이러한 차이를 인정하지 않고, 유럽연합(EU)의 소속 회원국이라는 이유로 동등한 책임을 부여하는 것이다.

유럽연합(EU)에서의 사회 통합은 한 국가 내에서의 통합이 아닌 유럽 내의 다양한 국가들의 통합을 이루는 것이 중요하다. 그러나 현재 유럽연합(EU)은 각 국가들의 제각기 다른 상황을 고려하지 않은 채 난민 문제를 대하고 대책 방안을 모색하는 모습을 '난민 강제 할당제'를 통해 보여주고 있다. 지속적으로 심각해지는 난민 문제를 해결하는 것도 우선이지만 유럽연합(EU) 내 회원국들의 원활한 통합을 위해 각 국의 다양한 입장을 이해하는 태도를 보여야 할 것이다.

참고문헌

김철민. 2012. 『국제난민 이야기』. 경기: 살림출판사.

연합뉴스 2015.05.13.

연합뉴스 2015.09.15.

아시아경제 2015.09.11.

동아일보 2015.09.20.

연합뉴스 2015.09.27.

|||||||||||||||||||||||||||||||||||||||||||||||||||||||||||||||||||||||||||||||||||||||||||||||||||||||||||||||||||||

국민전선의 노선변화와 대의민주주의에 대한 실효

김진주

프랑스 극우주의 정당인 국민전선(FN)의 움직임에 변화가 나타나고 있다. 국민전선은 유럽의회에서도 교섭단체를 구성하고 있는 프랑스의 극우주의 정당으로 반(反)이민, 반(反)무슬림을 주장하며 세력을 키워오고 있었다. 심지어 국민전선의 마린 르펜 대표는 2012년 이슬람교도들의 거리 기도에 대해 그것은 나치 점령과 같다는 증오 발언을 한 혐의로 재판을 받고 있는 중이기도 하다(르몽드 2015. 10. 21). 그러나 최근 연말 지방선거를 앞두고 국민전선은 무슬림 유권자의 지지를 호소하는 모순적인 모습을 보이고 있다.

이러한 국민전선의 움직임은 지난 대선에서 올랑드를 지지했던 무슬림 유권자들이 나아지지 않는 경제사정과 사회당의 자유주의적 정책으로 인해 현 정권에 실망했기 때문에, 다가오는 지방선거에 있어 그 표를 국민전선으로 돌린다면 선거에서 이길 수 있다는 당내 전략가들의 판단이 작용한 것으로 보인다(폴리티코 2015. 10. 21). 더욱이 이번 선거에서 국민전선의 최대 승부처는 파리 근교의 지역들이며, 이 지역에는 가난한 이민자들과 무슬림 유권자의 비율이 높은 편에 속한다. 그렇기에 이미 해당 지역 무슬림 유권자들에게 정책 홍보 우편물을 보내는 등의 무슬림 표를 공략하기 위한 선거운동에 착수한 상황이다(로이터 2015. 10. 09). 국민전선은 2010년대에 들어오면서 지속적으로 탈악마화와 언론 전략을 통해 소수를 대변하는 정당이라는 이미지 쇄신을 위해 노력해 왔다(오창룡 2014). 그러나 선거에서 승리하기 위한 전형적인 포퓰리즘 정당의 전략이었을 뿐, 실제로 그들의 주요 정강은 여전히 반(反)이민, 반(反)무슬림이며 실제로 마린 르펜이 이슬람교도들에게 한 증오 발언이 재판을 받고 있기도 하다. 그렇기에 국민전선의 전략으로 지방선거에서 그들이 승리하게 되더라도, 무슬림 지지자들의 의견을 제대로 대변하지 못할 가능성이 높다.

사회 통합의 측면에서 보았을 때 정당이 무슬림, 이민자 등의 소수 집단에 대해서 그들에게 관심을 가지는 것은 대의민주주의를 강화시키는 데에 기여하는 올바른 행동이다. 그러나 이번 국민전선의 노선변화는 단지 선거만을 위한 포퓰리즘적 행보로 볼 수 있다. 그러므로 실제 자신들을 지지해주는 국민을 대변하는 대의민주주의 실효를 가지지 못할 수 있다는 점을 고려하여 그들의 노선변화를 객관적으로 바라보아야 할 것이다.

참고문헌

르몽드 2015.10.21.

폴리티코 2015.10.21.

로이터 2015.10.09.

오창룡. 2014. "2014년 유럽의회 선거와 극우 세력의 부상." 『황해문화』 통권 84호, 205-219.

솅겐조약의 개정과 유럽 통합

김진주

　11월 13일 참담한 테러가 프랑스 파리 시내에서 자행되었다. 6개의 장소에서 2시간 30분 동안 동시다발적으로 벌어진 이번 테러는 최소 120명의 사망자를 내며 전 세계를 도탄에 빠뜨렸다(연합뉴스 2015. 11. 14). 파리 테러는 이슬람 수니파 극단주의 무장단체인 이슬람국가(IS)가 자행한 것으로 밝혀졌다(워싱턴포스트 2015. 11. 18). 이로 인해 솅겐조약이 도마 위에 올랐고, 11월 20일 유럽연합(EU) 28개 회원국들은 내무·법무장관 긴급회의를 개최하여 솅겐조약을 개정해 유럽연합(EU) 외부 국경통제를 강화하기로 합의하였다(동아일보 2015. 11. 20).

　솅겐조약은 1985년 사람과 물자의 자유로운 이동을 위해 각 국가의 내부국경에서 출입과 세관통제를 없애고, 공동의 외부국경에서 출입 및 세관통제를 강화하자는 내용을 담고 있다(문남철 2014). 그러나 최근 이 조약으로 인해 테러리스트들이 유럽연합(EU) 회원국 내에서 자유롭게 이동하여 테러의 위협이 가중된다는 비난의 목소리가 높아지고 있다(연합뉴스 2015. 11. 24). 또한 실제 파리 테러범 중 일부가 시리아에서 그리스로 건너와 난민 등록을 한 후 프랑스로 입국한 것으로 드러나면서(연합뉴스 2015. 11. 15) 난민의 유입까지도 테러의 위협 중 하나로 여겨지고 있다. 솅겐조약에 대한 문제제기는 외부로부터 들어오는 테러에 대한 두려움과 공포에서 비롯된다고 볼 수 있다. 그러나 11월 21일 파리 테러를 배후에서 조종한 인물이 최근 이슬람으로 개종한 프랑스인이라는 사실이 알려졌다(워싱턴포스트 2015. 11. 21; 연합뉴스 2015. 11. 22 재인용). 이는 테러에 대한 위험이 반드시 외부에서 오는 것만이 아니라는 것을 보여준다. 또한 그리스 국경 지역에서 난민들이 자신들은 테러범이 아니라는 시위를 지속하고 있듯이(연합뉴스 2015. 11. 22), 난민 역시 전쟁을 피해 살 곳을 찾아 탈출한 것일 뿐이기에 위협의 요인으로 단정 짓기에는 다소 무리가 있을 것이다.

오랜 기간 경제, 정치 그리고 영토에 이르기까지 수많은 가치와 노력으로 인해 만들어진 유럽연합(EU)은 최근 테러와 외부요인에 대한 두려움으로 인해 사라질 수도 있는 위기에 놓여있다. 각 국가의 국경을 닫고 유럽의 통합을 퇴보시키는 것은 테러 방지의 궁극적인 해결책이 될 수 없을 것이다. 이러한 상황일수록 국경을 걸어 잠그기 보다는 유럽연합(EU) 회원국들의 테러방지 공조책 및 시스템을 더욱 공고히 구축하고 이성적인 난민 대책을 세워 유럽사회 문제에 함께 대응하는 새로운 통합의 진보적인 모습을 보여야 할 것이다.

참고문헌

연합뉴스 2015.11.14.

워싱턴포스트 2015.11.18.

연합뉴스 2015.11.24.

연합뉴스 2015.11.15.

동아일보 2015.11.20.

워싱턴포스트 2015.11.21.

연합뉴스 2015.11.22.

문남철. 2014. "유럽연합의 국경소멸과 국경기능 변화."『국토지리학회지』48권 2호, 161-175.

‖‖

유럽연합의 외부 국경 강화와 실질적 민주주의

김진주

프랑스 파리에서 테러가 자행된 이후 유럽연합(EU)은 공동으로 테러에 대응할 방안을 지속적으로 모색하고 있다. 우선 유럽연합(EU) 회원국 내에서 자유로운 이동이 가능하게 하는 솅겐조약에 대해 11월 20일 28개 회원국은 내무·법무 장관 긴급회의를 통해 외부 국경을 강화하는 방안으로 솅겐조약을 개정하기로 합의하였다(동아일보 2015. 11. 20). 그리고 12월 15일 유럽연합집행위원회는 국경 강화의 구체적인 대안으로 해당 국가의 승인이 없이도 병력을 투입할 수 있는 상설 유럽국경해양경비대를 제안하였고, 18일 유럽연합 정상회의에서 이 방안이 합의되었다(연합뉴스 2015. 12. 19).

현재 유럽에는 바르샤바에 본부를 두고 유럽연합(EU)의 국경을 관리하는 프론텍스가 존재하다. 하지만 프론텍스는 국경경비와 관련하여 조정의 권한만을 가지고 있고, 자체적으로 장비 구입, 국경경비대 고용 등이 불가하여 실효성이 낮은 상황이다(연합뉴스 2015. 12. 11). 반면 새로 창설되어 프론텍스의 역할을 대신할 상설 유럽국경해양경비대는 최대 2천명의 병력과 필요한 장비를 확보할 수 있고, 자체 경비 병력을 즉각 배치할 수 있게 된다(연합뉴스 2015. 12. 11). 하지만 알렉시스 치프라스 그리스 총리 등 일부 회원국 정상들이 18일 유럽연합 정상회의에서 상설 유럽국경해양경비대에게 부여될 강제집행권 등의 권한이 자국의 주권을 침해할 수 있다며 반발한 것으로 전해지고 있어 기구의 창설과 시행과정에서의 논란이 예상되고 있다(연합뉴스 2015. 12. 18). 상설 유럽국경해양경비대는 통합된 군사력을 통해 유럽연합(EU)을 지켜낸다는 의미를 가지고 있다. 그렇기에 민주주의를 수호하면서 테러로부터 유럽연합(EU)의 시민들을 보호한다는 대의를 실현하려면 기구를 창설하는 과정에서 절차적 민주주의뿐만 아니라 실질적 민주주의가 보장될 필요가 있다. 또한 일부 회원국의 반대의견이라도 충분한 토론과 숙의를 통해 유럽연합(EU) 전체가 통합될 수 있는 방안을 모색하는 모습을 보여야 한다.

유럽연합(EU)은 솅겐 조약을 통해 회원국 간의 자유로운 이동이 가능한 영토적 통합, 유럽연합(EU)과 유럽의회를 통한 정치적 통합, 유로존을 통한 경제적 통합의 모습을 이루었다. 그리고 이번에는 유럽연합(EU)의 외부 국경을 지키는 상설 유럽국경해양경비대를 통해 군사적인 통합의 가능성을 보여주고 있다. 점차 확대된 통합의 길로 나아가고 있는 만큼 민주주의가 훼손되었다는 목소리가 나오지 않도록 외부 국경 강화 방안들의 시행에 있어 실질적 민주주의를 이루기 위해 노력해야 할 것이다.

참고문헌

동아일보 2015.11.20.
연합뉴스 2015.12.19.
연합뉴스 2015.12.11.
연합뉴스 2015.12.18.

IIIIIIIIIIIIIIIIIIIIIIIIIIIIIIIIIIIIIIIIIIIIIIIIIIIIIIIIIIIIIIIIIIIIIIIIIIIIIIIIIIIIIIIIIIIIIIIIIIIII

자승자박, 유럽연합 내 난민과 범죄

김진주

최근 유럽 내에서는 난민의 수용 방안에 대한 논의가 끊이지 않고 있다. 이는 난민 위기라고 불리며 유럽연합(EU) 회원국들에게 큰 숙제로 남게 되었다. 현재 유럽연합(EU)으로 망명하는 난민들은 내전 중 가난과 박해로부터 목숨의 위협에서 벗어나기 위해 지중해와 에게해를 건너거나 터키에서 육로로 불가리아와 그리스로 국경을 넘어 유럽연합(EU)으로 들어오고 있다(한겨레 2015. 12. 28). 국제 사회는 난민에 대해 인권적인 측면에서 망명을 허용해야 한다는 입장이지만 가장 많은 난민을 유입한 독일에서 난민에 의한 범죄가 증가하고 있는 상황이다.

2015년 12월 31일에서 새해 첫날인 2016년 1월 1일로 넘어가는 밤새 쾰른 중앙역 주변에서 북아프리카계로 추정되는 난민 등 남성 1천 명가량이 무리를 지어 다니면서 성폭력을 가하고 절도 행각을 벌였으며, 피해자 838명 중 성폭력 피해를 신고한 여성은 497명인 것으로 나타났다(연합뉴스 2016. 01. 19). 이러한 범죄는 독일뿐만 아니라 핀란드, 스위스, 오스트리아 등에서도 발생한 것으로 나타났다(연합뉴스 2016. 01. 08). 이와 같은 범죄가 발생하자 메르켈 총리는 난민이 법규를 위반한다면 징역형 여부와 무관하게 독일에서의 거주권을 박탈당할 수도 있는 대가를 치러야 한다고 말했으며, 하이코 마스 독일 법무장관 역시 난민이 지위 신청 과정에 있더라도 1년 이상의 자유형을 선고받으면 추방될 수 있다는 입장을 표명했다(연합뉴스 2016. 01. 09).

난민은 2차 대전 후 1951년 체결된 '난민의 지위에 관한 협약'으로 인해 보호되고 있으며, 불법 입국을 했더라도 정치적 망명이나 임시 보호를 신청하고 요구할 수 있는 권리를 가진다(조선일보 2015. 10. 16). 하지만 난민의 인권만큼이나 현지 국민들의 인권도 중요하다. 특히 국가는 국민에게 주권이 있다는 민주주의 수호를 위해 자국민에 대한 보호를 충실히 할 의무를 가지고 있기에, 체류 국가의 국민을 대상으로 범죄를 야기하는 난민에 대해서는 엄중히 처벌할 필요가 있다. 인권은 천부적인 것으로 무엇보다 중요하며 더욱이 초국가적 협의체인 유럽연합(EU)에서는 국제적이고 인도적인 차원에서 난민의 인권을 보장하는 우호적인 정책을 펼쳐왔다. 하지만 오늘날 자국민에게 위협이 되는 난민을 계속 보호해야하는지에 대해서는 생각해봐야 할 것이다. 2015년 유럽연합(EU) 회원국들은 현재 유럽 내에 유입된 난민 16만 명을 분산 수용하기로 합의하였고 앞으로 많은 수의 난민이 유럽 각지로 분산될 예정이다. 이러한 상황에서 유럽 국가들은 유럽연합(EU) 회원국으로서의 난민 보호 의무와 민주주의 국가로서의 자국민에 대한 보호의 문제를 신중히 조율해야 할 것이다.

참고문헌

한겨레 2015.12.28.
연합뉴스 2016.01.19.
연합뉴스 2016.01.08.
연합뉴스 2016.01.09.
조선일보 2015.10.16.

유럽연합 개혁안, 진정한 개혁인가

김진주

영국의 유럽연합(EU) 탈퇴의 찬반을 가리는 국민투표의 날짜가 2016년 6월 23일로 정해졌다. 영국의 유럽연합(EU) 탈퇴는 '브렉시트(Brexit)'라는 신조어를 탄생시킬 정도로 유럽연합(EU)의 큰 이슈로서 논의가 지속되고 있다. 2015년 데이비드 카메론 총리와 보수당은 총선공약으로 유럽연합(EU) 탈퇴에 대한 국민투표를 내세웠고(The Conservative Party 2015), 2016년 1월 카메론 총리가 유럽연합(EU) 개혁안을 제시함과 동시에 유럽연합(EU) 탈퇴에 대한 국민투표를 올해 안에 치르겠다고 선언하면서 탈퇴 이슈가 가시화되었다(연합뉴스 2016. 01. 08).

이에 대해 유럽연합(EU)은 2016년 초부터 끊임없이 논의해왔으며 2월 18~19일 유럽연합 정상회의에서 28개 회원국 정상이 만장일치로 영국의 유럽연합(EU) 개혁안에 찬성하였다. 하지만 이번 개혁안이 실질적으로 유럽연합(EU)에 대한 개혁안으로 볼 수 있을 지는 의문이다. 개혁안은 영국으로 이주한 역내 이주민에 대한 복지 혜택 축소, 영국의 파운드화 고수, 영국의 금융 산업을 침해하는 유로존 결정에 대한 세이프가드(safeguard) 발동, 유럽의회가 제정한 법률에 대한 거부권인 '레드 카드(red card)' 허용 등의 내용을 담고 있다(중앙일보 2016. 02. 22). 내용을 살펴보면 유럽연합(EU)의 개혁안이라고는 하나 오히려 영국에게만 특권을 주는 것으로 보인다. 실제로 프랑스의 한 매체는 개혁안 통과에 대해 영국이 '특별 지위'를 받았다고 평가하고 있다(르몽드; 뉴시스 2016. 02. 22 재인용). 유럽연합(EU)의 발전과 미래를 위한 개혁이 아닌 특정 국가의 탈퇴를 막기 위해 통과된 이번 개혁안이 얼마나 실효성을 가질지 확실치 않다. 또한 개혁안에 대한 영국 국민의 반응 역시 냉담하기만 하다. 한 여론조사에 따르면 카메론 정부가 유럽연합(EU)의 개혁안 합의를 잘했느냐는 질문에 '잘했다'가 35%, '못했다'가 30%로 큰 차이를 보이지 않는 것으로 나타났다(연합뉴스 2016. 02. 21).

유럽연합(EU)은 경제, 정치 전반에 걸쳐 유럽이라는 하나의 가치를 통해 통합을 실현하고자 노력하고 있으나 유럽연합(EU)의 외부국경통제 등 영향력이 확대되어가면서 회원국에 대한 주권침해 문제가 지속적으로 제기되고 있다(연합뉴스 2016. 01. 26). 그동안 주권침해 문제가 제기되었을 때 유럽연합(EU)은 공동의 이익과 통합을 주장하며 회원국들의 합의를 이끌어 내곤 했다. 그러나 이번 개혁안 통과로 인해 향후 정책과 활동에 있어 더 이상 통합을 근거로 회원국들을 설득할 수 있을지 미지수이다. 만약 개혁안을 논의하는 과정에서 특정 국가만이 아닌 모든 회원국들에게 전반적으로 적용될 수 있는 건설적인 방안을 포함하였다면 이번 개혁안은 유럽연합(EU)의 민주주의 향상에 중요한 역할을 할 수 있었을 것이다. 하지만 이번에 유럽연합(EU)이 합의한 영국의 개혁안이 유럽연합(EU)에게 득이 될지 독이 될지는 확실하지 않은 상황이다.

참고문헌

The Conservative Party. 2015. "The Conservative Party Manifesto 2015." https://s3-eu-west-1.amazonaws.com.manifesto2015.ConservativeMani-festo2015.pdf (검색일: 2016.02.22).

연합뉴스 2016.01.08.

중앙일보 2016.02.22.

르몽드 2016.02.22.

뉴시스 2016.02.22.

연합뉴스 2016.02.21.

연합뉴스 2016.01.26.

지속되는 유럽 내 테러와 문화적 측면에서의 해결방안

김진주

2016년 3월 22일 유럽의 수도라 불리는 벨기에 브뤼셀에서 충격적인 테러가 일어났다. 국제공항과 지하철역에서 동시다발적으로 발생한 이번 폭탄테러는 극단주의 무장세력 '이슬람국가(IS)'의 소행인 것으로 추정되며 사망자가 34명, 부상자는 230명가량 되는 것으로 확인되었다(연합뉴스 2016. 03. 23). 유럽 전역은 이에 대해 충격에 빠졌으며 더욱이 이번 테러가 2015년 11월 13일 일어난 파리 테러와 테러범들 사이에 관련성이 드러나면서(AP, AFP, dpa통신; 연합뉴스 2016. 03. 26 재인용) 유럽 내 다른 국가들도 테러에 대한 두려움으로 경계를 강화하고 있는 상황이다(AFP통신; 연합뉴스 2016. 03. 22 재인용).

이번 테러로 인해 각 국가의 테러 경계는 '검문검색', '보안강화' 등으로 한층 강화되었으며(AFP통신; 연합뉴스 2016. 03. 22 재인용), 테러 이후 이틀만인 24일 유럽연합(EU) 28개국 내무·법무장관들은 긴급 테러 대책 회의를 개최하고 승객명기록(PNR) 공유 등을 조속히 시행하기로 합의하였다(연합뉴스 2016. 03. 25). 이렇듯 파리 테러에 이어 발생한 벨기에 테러로 인해 유럽의 문은 닫히고 있으며, 경계는 더욱 삼엄해지고 있다. 특히 이러한 테러는 유럽 내의 이슬람 신도들에게 큰 위협으로 작용하고 있는 것으로 보인다. 워싱턴 포스트는 24일 벨기에의 무슬림 청년들에 대해 다룬 기사에서 그들은 테러 후 오히려 벨기에에 대한 애국심을 한층 키우고 있고, 이들 또한 편견과 테러의 피해자라고 밝힌바 있다(워싱턴포스트 2016. 03. 24;연합뉴스 2016. 03. 25 재인용). 이렇듯 외부 극단주의 세력에 의한 테러로 인해 소수집단 국민들의 피해는 적지 않은 수준이며, 국민 간의 사회적 균열을 가중시키고 있는 상황이다. 하지만 국내 소수집단 역시 정부 및 사회가 포용해야하는 자국민들이기에 이러한 갈등과 균열의 해결은 사회 안정을 위해 반드시 필요할 것이다.

지속되는 테러와 소수집단 자국민에 대한 편견과 피해는 '이슬람'이라는 종교, 문화적인 부분에서 기인하고 있다고 볼 수 있다. 유럽사회당그룹의 대표 지안니 피텔라는 벨기에 테러는 유럽 주변 국가들에게 증가된 불안정성의 결과 중 하나라고 지적하고, 문화통합에 대한 현재 모델을 개선할 필요가 있다고 말했다(S&D Press Releases 2016. 03. 22). 따라서 테러와 자국민 보호를 위해 유럽연합(EU)과 각 국가들은 국경통제, 검문강화뿐만 아니라 '문화적 사회 통합'의 측면에서 히잡, 종교적 도축의식 등을 허용하여 문화적인 관용의 태도를 확대해 나감으로써 소수집단에 속하는 자국민들을 보호할 수 있는 방안을 모색하기 위해 노력해야 할 것이다.

참고문헌

연합뉴스 2016.03.23.
AP, AFP, dpa통신 2016.03.26.
연합뉴스 2016.03.26.
AFP통신 2016.03.22.
연합뉴스 2016.03.22.
연합뉴스 2016.03.25.
워싱턴포스트 2016.03.24.
연합뉴스 2016.03.25.
S&D Press Releases 2016.03.22.

정치교육을 통해 소통하는 유럽사회당그룹

김진주

유럽연합(EU)의 분열에 대한 우려가 최근 지속되고 있다. 특히 유럽연합(EU)의 주요 국가 중 하나인 영국은 끊임없이 '브렉시트(Brexit)'라 불리는 유럽연합

(EU) 탈퇴를 주장했고, 다가오는 2016년 6월 23일 유럽연합(EU) 탈퇴를 묻는 국민투표를 시행하기로 한 상황이다(텔레그래프 2016. 02. 22; 중앙일보 2016. 02. 22 재인용). 이렇듯 근본적으로 국가 자체가 유럽연합(EU)의 탈퇴를 주장하는 문제도 있지만 유럽연합(EU) 내의 협약과 정책에 대해서 반대하는 목소리도 존재한다. 2016년 4월 6일 네덜란드 정부는 유럽연합(EU)과 우크라이나의 협력 협정에 대한 국민들의 의견을 묻기 위해 국민투표를 시행하였다(YTN 2016. 04. 07). 국민투표 결과 협력 협정에 대해 반대하는 국민이 61.1%인 것으로 나타났으며, 이에 대해 현 총리 역시 협정을 그대로 비준할 수 없고 정부와 의회에서 향후 대책을 논의하겠다고 밝힌 바 있다(YTN 2016. 04. 07).

이렇듯 유럽연합(EU)의 분열과 위기의 모습은 여러 측면에서 드러나고 있다. 하지만 유럽연합(EU)은 유럽이라는 하나의 가치를 공유하는 전 세계 유일무이한 지역통합체라는 의미를 가지고 있다. 따라서 유럽연합(EU)의 안정성을 고취시키기 위해서는 무엇보다 정당의 역할이 중요할 것이다. 정당은 시민사회와 국가를 연계시키는 중요한 매개체의 역할을 가지고 있다(강원택 2009). 이러한 정당의 역할은 유럽연합(EU)에서도 마찬가지이기에 분열의 위기에 놓여있는 유럽연합(EU) 속에서 유럽의회 정당그룹들은 유럽시민과 유럽연합(EU)을 연계하는 매개체의 역할을 수행해야할 것이다. 4월 20일부터 22일까지, 3일 동안 이탈리아 레지오 에밀리아에서 유럽사회당그룹의 '민주주의학교(School of Democracy)'가 운영된다. 이 프로그램은 유럽 전역의 국가에서 18~25세 청년 100명을 선발하고 유럽사회당그룹의 대표, 유럽의회 정치인, 언론인 등 저명한 인물들을 의장으로 하여 유럽사회에서의 민주주의, 경제 등 다양한 이슈를 함께 토론하고 논의한다(S&D 2016). 민주주의 학교의 아이디어를 제시한 유럽사회당그룹 대표 지안니 피텔라는 이러한 활동을 통해 미래의 지도자가 될 청년들과 과거의 생각을 극복할 수 있는 전략을 제시할 수 있을 것이라고 말했다(S&D Press Releases 2016. 04. 18).

유럽사회당그룹의 이번 민주주의학교 프로그램 책자 앞부분에는 "S&D Group Bureau Meets Young Citizens(유럽사회당그룹이 젊은 시민을 만나다)"이라고 적혀있다. 비록 청년에 한정지어 진행된 프로그램이지만 이러한 유럽사회당그룹의 시도는 시민과의 소통과 대화를 통해 유럽연합(EU)의 통합에 기여하는 좋은 예라 할 수 있다. 지속되는 유럽연합(EU)의 분열과 위기를 해결하기 위해서는 이와 같은 정당그룹들의 노력이 대상을 보다 확대하여, 다양한 회원국과 시민들을 통합할 수 있는 소통과 연계의 방식으로 지속되어야 할 것이다.

참고문헌

텔레그래프 2016.02.22.
중앙일보 2016.02.22.
YTN 2016.04.07.
S&D Press Releases 2016.04.18.
강원택. 2009. "한국 정당 연구에 대한 비판적 검토." 『한국정당학회보』 8집 2호,
   119-141.
S&D. 2016. 『school of democracy 2016_programme』. http://www.social-
   istsanddemocrats.eu.sites.default.files.school_of_democracy_2016_pro-
   gramme.pdf (검색일 2016.04.23).

무슬림 런던시장과 사회 통합을 위한 정치권의 역할

김진주

5월 5일 영국에서는 잉글랜드 내 4개시의 시장과 스코틀랜드, 웨일스, 북아일랜드 의회의 의원, 기초의원을 선출하는 선거가 치러졌다(연합뉴스 2016. 05. 04). 이번 선거는 보수당 정부의 집권 2기 1년이 지난 시점에 치러지는 선거이며, 2020년 총선 전에 정치적 의견을 살펴볼 수 있는 선거라는 데에서 의미가 있다(BBC 2016. 05. 09). 하지만 무엇보다 이슈화된 것은 무슬림 런던시장의 탄생이다. 런

던시장직은 1998년 런던 권력이양 국민투표가 치러진 이후 2000년에 신설돼 영국의 시장직 중에서 직접선거로 선출되는 최초의 시장직이기도 하다(Politico 2012).

이번에 세 번째 민선 런던시장직에 오른 인물은 사디크 칸으로 그는 어린 시절 일하는 부모의 밑에서 공사현장에서 일하기도 했으며, 성인이 된 후 인권변호사로 활동해오다 정계에 입문한 것으로 알려져 있다(연합뉴스 2016. 05. 07). 사디크 칸 당선인이 전형적인 엘리트 집안에서 자라온 상대후보인 보수당의 잭 골드스미스(Jack Goldsmith)를 상대로 승리했다는 것에도 의미가 있지만, 그보다 그가 파키스탄 출신 이민자 부모 사이에서 태어난 무슬림으로 기독교 전통이 강하게 자리하고 있는 서구 유럽의 대도시인 런던에서 최초의 무슬림 출신 시장이라는 점이 주목받고 있다(동아일보 2016. 05. 08).

최근 유럽사회에서는 파리 테러, 벨기에 테러 등이 극단주의 테러집단 이슬람국가(IS)의 소행이라는 것이 밝혀지며 이민자 및 무슬림에 대해 반감이 고조되고 있는 상황이다. 더욱이 영국의 경우 이번 선거에서 대표적인 극우정당이며 반(反)무슬림, 반(反)이민자를 주장하는 영국 독립당(UKIP)이 다시 약진하였고(BBC 2016. 05. 09), 한 달도 채 남지 않은 브렉시트 국민투표 찬성 측에서는 이민자들의 유입이 국내 저임금 노동자들에게 피해를 주고 있다고 주장하고 있다(파이낸셜타임스 2016. 05. 20; 세계일보 2016. 05. 22 재인용). 이러한 분위기에도 불구하고 사디크 칸의 런던 시장 당선은 이민자를 대변하고 그들에 대한 편견을 없앨 수 있다는 등에서 고무적인 일이 아닐 수 없다.

인종과 종교의 차이는 사회적 갈등을 야기하는 1차적인 집단 갈등이다(강휘원 2007). 이러한 갈등은 오늘날 세계화를 통해 확대되어가고 있으며 사회 통합을 저해하는 요소가 되고 있다. 하지만 다양한 인종과 종교를 가진 모든 사람들 역시 그 나라와 지역에 거주하는 국민이다. 그렇기에 그들을 통합하고 그들의 목소리를 모두 대변해 사회적 안정을 이루기 위해서는 정치권의 노력이 필요할 것이다. 이번에 당선된 사디크 칸 런던시장은 취임 서약에서 "런던 시민을 대표하는 시장으로서 모든 공동체를 대표해 나가겠다"고 밝혔다. 이렇듯 사회적 통합을 이루기 위해서는 모든 공동체를 대변하는 정치권의 역할이 보다 중요할 것이다.

참고문헌

연합뉴스 2016.05.04.
연합뉴스 2016.05.07.
동아일보 2016.05.08.
BBC 2016.05.09.
파이낸셜타임즈 2016.05.20
세계일보 2016.05.22.
강휘원. 2007. "한국의 다문화사회 형성과 지방정부." 『한국행정학회 춘계학술발표 논문집』, 1-20.
Politico. 2012. http://www.politics.co.uk.reference.mayor-of-london(검색일: 2016.05.22)

||||||||||||||||||||||||||||||||||||||||||||||||||||||||||||||||||||||||||||||||||||||||||||||||||||

영국의 브렉시트(Brexit) 국민투표와 정당의 역할

김진주

6월 23일 영국의 유럽연합(EU) 탈퇴 소위 브렉시트(Brexit) 국민투표가 영국 전역에서 치러졌다. 투요 당일 여론조사기관 유고브가 투표자를 상대로 조사한 최종 여론조사 결과에서는 유럽연합(EU) 잔류가 52%, 유럽연합(EU) 탈퇴가 48%로 나타나 유럽연합(EU) 잔류진영의 승리가 예상되었다(스카이 뉴스 2016. 06. 23; 연합뉴스 201 6. 06. 24). 그러나 개표결과 예측과는 반대로 오히려 유럽연합(EU) 탈퇴가 52%로 집계되어 영국의 유럽연합(EU) 탈퇴가 결정되었다(BBC 2016. 06. 24).

영국 BBC는 이번 국민투표에서 유럽연합(EU) 탈퇴 진영이 승리한 8가지 이유를 분석하며 정당과 정치인들이 자신들의 이익에 따라 유권자들에게 과장되거나 틀린 정보를 제공했고, 특히 노동당이 하나의 유럽, 유럽사회의 중요성을 적극적으로 유권자들에게 설득하지 못함으로써 유권자들과의 연계에 실패했다는 점을 지적했다(BBC 2016. 06. 24). 한편 유럽연합(EU) 탈퇴 진영인 영국 독립당(UKIP)의 당수 나이젤 페라지(Nigel Farage)가 투표에 있어 자신의 지지자와 다른 유권자들에게 동기를 부여하는 중요한 역할을 했다는 점을 탈퇴 진영의 승리 요인 중 하나로 보기도 했다(BBC 2016. 06. 24). 이밖에도 영국인들이 투표 직전까지 유럽연합(EU) 탈퇴에 대해 제대로 알고 있지 못했다는 점에서 직접민주주의의 폐해 혹은 포퓰리즘의 산물이라며 이번 국민투표의 문제점을 제기하는 의견도 존재한다(구글 트렌드 2016. 06. 24; 브레이킹뷰스 2016. 06. 24; BBC 2016. 06. 24; 중앙일보 2016. 06. 27 재인용). 이러한 평가를 종합해 보면 이번 국민투표는 유럽연합(EU) 탈퇴에 대한 영국인의 심각성 결여와 유럽연합(EU) 잔류 진영 정당의 유권자에 대해 정보제공 및 연계 부족, 반대로 유럽연합(EU) 탈퇴진영 정당과 정치인의 원활한 유권자 동원으로 인해 유럽연합(EU) 탈퇴라는 결과가 나타났다고 할 수 있다.

영국의 유럽연합(EU) 탈퇴 결정으로 향후 다른 유럽연합(EU) 회원국들의 도미노식 이탈 가능성이 우려되고 있으며 실제로 극우정당인 슬로바키아국민당(Slovenská Národná Strana, SNS)의 슬로바키아의 유럽연합(EU) 탈퇴(Slexit 혹은 Slovakout) 여부를 묻는 국민투표 요구 청원 서명운동이 6월 마지막 주부터 시작될 예정이다(독일 dpa통신 2016. 06. 26; 연합뉴스 2016. 06. 26 재인용). 이렇듯 영국의 유럽연합(EU) 탈퇴는 유럽연합(EU)의 분열 위기를 가속화시키고 있다. 하지만 유럽은 이번 국민투표를 통해 정당의 유권자에 대한 정보제공 등의 소통 노력과 동기부여가 유권자들의 선택에 중요한 영향을 미칠 수 있다는 것을 확인하였다(BBC 2016. 06. 24). 따라서 향후 발생할 수 있는 유럽연합(EU) 탈퇴의 도미노 현상을 극복하기 위해서는 유럽의회 내의 정당이 더욱 적극적으로 유럽의 통합을 주장할 필요가 있으며, 각 국가의 유권자들과 소통함으로써 유럽연합(EU)의 분열 위기를 막아내야 할 것이다.

참고문헌

스카이 뉴스 2016.06.23.
연합뉴스 2016.06.24.
BBC 2016.06.24.
BBC 2016.06.24.
구글 트렌드 2016.06.24.
브레이킹뷰스 2016.06.24.
중앙일보 2016.06.27.
독일 dpa통신 2016.06.26.
연합뉴스 2016.06.26.

미국의 동향 및 쟁점

대선에서 나타난 민족주의 물결의 위협

제1장

미국의 동향

1차(2015년 6월 말~7월 말)

손현지

사우스캐롤라이나 주 총기 난사 사건으로 인해 미국 내 흑백 인종갈등 문제와 남부연합기 문제가 심화되며 미 하원에서는 지난 9일 내무부의 내년도 예산안에 대한 표결이 남부연합기 관련 내용 문제로 취소되었다. 남부연합기 논쟁의 진원지였던 사우스캐롤라이나 주 의회에서는 주 내 공공장소에서 남부연합기를 철거하는 법안이 통과되었고 다른 지역에서도 남부연합기 퇴출 움직임이 계속 이어지고 있다(월스트리트저널(The Wall Street Journal) 2015. 07. 09). 이와 관련해 힐러리 클린턴(Hillary Clinton) 전 국무장관 등 민주당 주자들은 인종갈등 종식과 남부연합기 반대를 주장하며 명확히 입장을 밝히고 있지만 공화당 주자들은 남부의 보수적 백인 유권자 층을 의식하여 모호한 태도를 취하고 있다(연합뉴스 2015. 06. 24).

현재 공화당에서는 6명의 전·현직 주지사와 5명이 전·현직 상원의원 등 정치인을 비롯해 총 14명이 대선 출마를 선언했고 민주당은 5명이 경쟁을 벌이고 있다. 버락 오바마(Barack Obama) 대통령은 이런 공화당의 후보 난립에 대해 헝거게임(The Hunger Games) 같다며 이를 조롱했다(AFP(Agency French Press)통신 2015.

07. 02). 공화당에서는 대선후보인 도널드 트럼프(Donald Trump)의 발언 수위와 함께 그의 지지율도 높아지자 지도부가 트럼프에게 발언에 신중을 기할 것을 요청했다. 하지만 트럼프는 여전히 자신의 논란성 발언에 대해 항변하며 발언 수위를 높이고 있다(연합뉴스 2015. 07. 10). 미 대통령선거 여론조사 결과에 따르면 공화당에서는 도널드 트럼프가 24%의 가장 높은 지지를 받았고, 2위는 13%의 지지를 받은 스콧 워커(Scott Walker) 위스콘신 주지사가 차지했다. 민주당에서는 힐러리 클린턴 전 국무장관이 68%의 압도적인 지지를 받았고 버니 샌더스(Bernie Sanders) 버몬트 주 상원의원이 두 번째로 높은 16%의 지지를 받았다(ABC뉴스 2015. 07. 20).

미 상원에서는 무역협정촉진권한(Trade Promotion Authority, TPA)이 통과되었고 (세계일보 2015. 06. 24), 이란 핵 협상 합의안이 미 의회로 7월 19일에 송부되었다(국민일보 2015. 07. 20). 미국과 쿠바가 54년 5개월여 만에 양국 대사관 재개설에 합의하며 외교 관계의 복원을 공식으로 선언한 이후 쿠바 여행제한 완화 개정안도 7월 23일 미 상원 상임위를 통과하였다(로이터(Reuters) 2015. 07. 23).

지난 25일 미국 연방 대법원은 건강보험개혁법(오바마 케어(Obama Care, 미국의 의료보험 시스템 개혁 법안))에 대한 위법 여부의 최종 심사에서 6대 3으로 정부 보조금이 위법이 아니라고 최종 판결해 버락 오바마 대통령의 손을 들어줬다(The New York Times 2015. 06. 25). 그리고 6월 26일 미국 연방 대법원은 동성결혼이 합헌이라는 결정을 내렸고 이에 따라 미전역에서 동성결혼이 합법화됐다(CNN(Cable News Network) 2015. 06. 26). 이는 오바마 대통령의 지지율 상승으로도 이어져 CNN-ORC international poll 여론조사에서 오바마 대통령의 지지율이 2년 만에 처음으로 50%를 기록했다(CNN 2015. 06. 30).

미국 정당

06월 24일

• 흑인교회 권총난사 후폭풍…인종갈등 미국 대선 강타　　　　　(연합뉴스 06. 24)
- 지난 17일 백인 청년이 흑인교회로 뛰어들어 권총을 난사해, 무고한 흑인 목사와

신자 9명을 살해한 충격적 사건이 미국 내 흑백 인종갈등 문제를 건드리면서 공화·민주당의 대선 후보들은 저마다 입장을 밝히지 않을 수 없는 처지로 내몰렸다. 이러한 상황에서 민주당 힐러리 클린턴 전 국무장관은 인종 갈등 종식과 남부기 반대를 주장하고 총기난사 문제를 주제로 토론하며 이번 사건에 대해 가장 강경하고 명확하게 자신의 입장을 밝혔다. 민주당의 버니 샌더스 상원의원과 마틴 오말리(Martin O'Malley) 전 메릴랜드 주지사도 비슷한 입장을 취했다. 반면, 난립하는 공화당 주자들은 남부의 보수적 백인 유권자 층을 의식하고 있다. 특히 남부기의 폐지를 주장하고 나설 경우 이를 가문의 자랑스러운 유산으로 생각하는 남부 일부 계층의 감정을 자극해, 지지기반이 흔들릴 가능성을 배제할 수 없다는 판단에서 자신들의 명확한 입장을 밝히지 못하고 모호한 전략을 유지하거나 의견을 보류하고 있다.

07월 02일

• 오바마 "공화당 대선 후보 세다가 까먹었다···'헝거게임' 같다"　　(AFP 통신 07. 02)

‒ 오바마 대통령은 위스콘신 주에서 진행된 학생들을 대상으로 한 연설에서 공화당 대선 후보들을 가리켜 후보 한 자리를 놓고 경쟁하는 "흥미로운 무리의 사람들"이라고 표현했다. 이어 "민주당은 건강한 경쟁을 펼치고 있는 반면 공화당 후보는 몇 명인지 세다가 잊어버렸다"며 "실제로 '헝거게임'을 펼쳐도 될 만큼 충분한 수"라고 꼬집었다. 공화당에서는 현재 6명의 전·현직 주지사와 5명이 전·현직 상원의원 등 정치인을 비롯해 부동산 재벌 도널드 트럼프와 전 HP 최고경영자 칼리 피오리나(Carly Fiorina) 등 14명이 출사표를 던졌다. 반면 민주당은 대세론을 형성한 힐러리 클린턴 전 국무장관을 비롯해 이날 출마를 선언한 짐 웹(Jim Webb) 상원의원까지 5명이 경쟁을 벌이고 있다.

07월 10일

• 트럼프 '돌풍' 공화 1위 부상···지도부는 "발언 수위 낮춰라"　　(연합뉴스 07. 10)

‒ 미국 공화당 대선후보인 도널드 트럼프의 지지율은 애초 한 자릿수 초반대로 극도로 미미했으나, 지난 6월 16일 대선 출마를 선언하면서 불법 멕시코 이민자들을 노골적으로 비하한 것이 오히려 플러스로 작용해 단숨에 2위로 뛰어오른 뒤 이번에

1위에까지 올랐다. 그러자 공화당 내에서는 트럼프의 막말이 당 전체에 대한 신뢰도 및 이미지 추락으로 이어지면서 자칫 내년 대선을 그르칠 수도 있다는 우려가 확산되고 있다. 라인스 프리버스(Reince Priebus) 공화당 전국위원회 위원장은 트럼프에게 직접 전화를 걸어 히스패닉계를 적극적으로 껴안는 것이 당 전국위원장으로서의 주요 임무 중 하나라는 점을 설명하면서 트럼프에게 발언에 신중을 기할 것을 주문했다. 하지만 트럼프는 현재 자신의 논란성 발언을 항변하면서 오히려 "사과할 게 없다"며 발언 수위를 높이고 있다.

07월 18일

• 미국 테러 우려 확산 속 경계 강화   (연합뉴스 07. 18)

– 미국 테네시 주 해군시설에서 16일 발생한 총격 사건을 계기로 미국 내에서 테러 우려가 다시 커지고 있다. 특히 총기난사범 무함마드 유세프 압둘라지즈(Muhammad Youssuf Abdulazeez)가 지난해 중동 지역을 방문한 것으로 드러나 테러단체와의 연계 가능성까지 거론되자 미 당국이 바짝 긴장하고 있다. 압둘라지즈가 '외로운 늑대(자생적 테러리스트)'일 가능성도 있지만, 어느 쪽이든 테러일 가능성이 크다. 미 보안 당국은 이번 총격 사건을 계기로 미전역에 테러 경계를 한층 강화했고 외로운 늑대 추적 작업에도 더욱 속도를 내고 있다. 이런 가운데 공화당은 정부의 '무른 대처' 때문에 테러 위협이 갈수록 커지고 있다며 버락 오바마 대통령을 직접 겨냥해 비판했다.

미국 선거 · 의회

6월 24일

• 미국 상원 TPA 통과… TPP 기사회생   (세계일보 06. 24)

– 미국 의회가 곧 버락 오바마 대통령에게 무역협정촉진권한(trade promotion authority, TPA)을 부여하고, 미국 정부는 이를 발판으로 환태평양경제동반자협정(Trans-Pacific Partnership, TPP) 체결 협상을 매듭지을 것으로 보인다. 미국 상원이 6월 23일 무역협정촉진권한 부여 법안의 토론 종결을 전격 의결함으로써 6월 24일 중 통과가 가능해졌다. 미 상원은 이날 찬성 60표, 반대 37표로 무역협정촉진권한은 부여 법안

의 토론을 종결했다. 오바마 대통령은 야당인 공화당의 지원으로 중대한 정치적 승리를 거뒀다. 오바마 대통령과 함께 공화당 지도부가 이번 대결의 승자가 됐고, 민주당 의원들과 노조 및 환경단체 등이 패자가 됐다.

07월 09일

• 시의회, 대학 등 곳곳서 남부연합 퇴출 움직임 가속

(The Wall Street Journal 07. 09)

– 사우스캐롤라이나 주의 남부연합기 논쟁이 워싱턴 미 의회로까지 번졌다. 미 하원은 7월 9일 내무부의 내년도 예산안에 대해 표결을 할 예정이었으나 예산안에 남부연합기 관련 내용이 포함된 것에 대해 민주당 의원들이 강하게 반발하면서 격한 토론이 벌어졌다. 내무부가 제출한 내년 예산안에는 미국 각지의 국립공원, 묘지에 대한 예산 지원 내용이 포함돼 있는데, 이들 공원과 묘지에 남부연합 깃발이 세워져 있고 남부연합 관련 각종 기념품을 판매하는 것을 민주당 측에서 문제 삼고 나선 것이다. 토론이 격해지며 격앙된 분위기가 연출되자 결국 존 베이너(John Boehner) 하원의장은 이날 예정된 표결을 취소해 버렸다. 한편 남부연합기 논쟁의 진원지였던 사우스캐롤라이나 주 의회는 앞서 이날 오전 주 내 공공장소에서 남부연합기를 철거하는 법안을 통과시켰다. 이런 기세를 몰아 사우스캐롤라이나 외 다른 지역에서도 남부연합기 퇴출 움직임이 계속 이어지고 있다.

07월 19일

• 이란 핵협상안 의회로, 치열한 설득전도 막 올라 (국민일보 07. 20)

– 이란 핵협상 합의안이 미 의회로 19일 송부됐다. 공화당이 주도하는 미 의회의 반대가 예상되는 가운데 버락 오바마 대통령과 행정부는 의원들을 설득하기 위해 총력전을 펼치고 있다. 반면 공화당 지도부는 '잘못된 합의'라며 반대의견을 분명히 하고 있고 이스라엘은 이란핵협상 합의안의 미 의회 통과를 저지하기 위해 공화당 의원들은 물론 민주당 의원들까지 접촉하며 설득전을 펼치고 있다. '전미이란계미국인협의회(The National Iranian American Council, NIAC)'는 이란핵협상 합의 직후 뉴욕타임스에 전면광고를 내고, 이란 핵합의에 대한 미 의회의 지지 및 승인을 압박하며 이

란 핵합의 지지 청원 캠페인을 벌이고 있다. 반면 미 정치권에 영향력이 막강한 친이스라엘 로비단체 '미국·이스라엘 공공정책위원회(The American Israel Public Affairs Committee, AIPAC)'는 텔레비전과 인터넷을 통해 이란 핵합의의 문제점을 지적하는 대규모 광고를 내기 시작했다.

07월 23일
- **쿠바 여행제한 완화 개정안, 미 상원 상임위 통과**   (로이터 07. 23)
- 미국인들의 쿠바 여행제한 조치를 해제하고 무역장벽을 낮추는 내용의 법안이 미 상원의 소관 상임위를 통과했다. 공화당이 장악한 미국 상원 세출위원회는 7월 23일 이 같은 내용을 담은 내년도 예산안 개정안을 표결에 부쳐 찬성 18표, 반대 12표로 가결 처리했다. 이는 양국관계 정상화와 관련한 의회의 첫 번째 입법조치다. 이로써 대사관 재개설을 통해 쿠바와의 국교를 복원한 미국이 관계정상화를 취한 실질적 수순에 돌입한 것이다. 개정안은 미국인들이 자유롭게 쿠바 여행을 할 수 있도록 허용하는 내용을 담고 있다. 찬성표를 던진 의원 18명에는 민주당 의원 14명에 공화당 의원 4명도 가세했다.

미국 여론

06월 30일
- **오바마 지지율 50% 회복**   (CNN 06. 30)
- 미국 CNN이 여론조사기관 ORC와 공동으로 실시한 설문조사에서 응답자 가운데 오바마 대통령의 직무 수행을 지지한다는 답변이 50%, 반대한다는 답변이 47%였다. 최근 건강보험개혁법(오바마케어)과 동성결혼의 허용 범위를 미국 전역으로 할 수 있는지에 대해 대법원이 오바마 대통령의 손을 든 점이 오바마 대통령 지지율 상승으로 이어졌다고 설명할 수 있다. 이번 조사에서 오바마 대통령의 경제정책을 지지한다는 입장이 52%로, 반대한다는 입장 47%보다 높았고, 인종문제에 대한 대응 측면에서도 지지가 55%로 반대 42%를 앞질렀다.

07월 16일

• 미 대법원 지지도 (Gallup 07. 16)

– 갤럽(Gallup)이 실시한 전국 여론조사 결과에 따르면 대법원에 대한 지지율은 공화당 18%, 민주당 76%로 정당별로 크게 엇갈렸다. 공화당의 대법원 지지율은 지난해 9월 조사 당시의 35%보다 17% 포인트 하락한 것이자 갤럽이 이 여론조사를 시작한 2001년 이래 최저 수준이다. 반면 민주당의 대법원 지지율은 지난해 47%에 비해 29% 포인트 상승하며 역대 최고치를 경신했다. 양당의 대법원 지지율이 이처럼 극단으로 갈리는 것은 대법원이 최근 건강보험개혁법(오바마케어)이나 동성결혼처럼 양당 사이에 입장차가 분명한 이슈에 대해 잇따라 진보적인 결정을 내리면서 버락 오바마 대통령의 손을 들어준 데 따른 결과로 풀이된다.

07월 20일

• 공화당 도널드 트럼프 · 민주당 힐러리 지지율 1등 (ABC뉴스 07. 20)

– 워싱턴포스트와 ABC뉴스의 공동여론조사 결과에 따르면 공화당에서는 도널드 트럼프가 24%의 가장 높은 지지를 받았고, 2위는 13%의 지지를 받은 스콧 워커 위스콘신 주지사가 차지했다. 유력 대선주자로 꼽히는 젭 부시(Jeb Bush) 전 플로리다 주지사의 지지율은 12%에 그쳤다. 민주당에서는 힐러리 클린턴 전 국무장관이 68%의 압도적인 지지를 받았고 버니 샌더스 버몬트 주 상원의원이 두 번째로 높은 16%의 지지를 받았다.

07월 24일

• 오바마 취임 이후 흑백갈등 더 심해져 (New York Times 07. 24)

– 뉴욕타임스와 CBS방송이 공동으로 실시한 여론조사에서 오바마 대통령이 취임한 직후인 2009년 4월 흑백 인종관계가 좋다는 응답은 무려 66%에 달했다. 반면에 인종관계가 나쁘다는 답변은 22%에 불과했다. 흑백 인종관계가 좋다는 생각은 오바마 대통령 취임 이후부터 2014년 중반까지 60%대 수준을 유지하다가, 같은 해 8월 미주리 주 퍼거슨 사태가 일어난 것을 계기로 급속히 나빠졌다. 이 사건 직후 흑백 인종관계가 좋다는 답변은 47% 수준으로 뚝 떨어져 나쁘다(44%)는 응답과 비슷

한 수준을 유지했다. 그러다가 이번 조사에서는 인종관계가 좋다는 답변은 37%로 더 떨어진 반면에 나쁘다는 응답은 57%로 올라섰다. 미국에서 인종관계가 어떤 상태인가라는 물음에 '악화했다'(38%)는 답변이 '좋아졌다'(21%)는 응답을 압도했다. '여전하다'는 답변은 39%였다.

2차(7월 말~8월 말)

손현지

　지난 8월 6일 미국 오하이오 주 클리블랜드에서 공화당 대선 후보들의 경선 첫 TV 토론이 진행되었다. 미 언론들은 TV토론의 승자로 공화당 지지율 1위 도널드 트럼프를 꼽았다((The Huffington Post 2015. 08. 07). 대선 후보들 중 초반 이목을 끌었던 민주당 힐러리 클린턴 전 국무장관과 공화당 젭 부시 전 플로리다 주지사의 하락세가 뚜렷해지며 이 자리를 공화당은 도널드 트럼프 후보, 민주당은 버니 샌더스 상원의원이 대신하고 있다. 트럼프 후보는 본선 후보로 지명될 가능성은 낮다고 평가되지만 여론조사에서 부동의 1위를 달리고 있으며 샌더스 의원은 최근 뉴햄프셔 주 여론조사에서 클린턴 전 장관을 7%포인트 차로 누르는 이변을 연출했다(CNN 2015. 08. 16; 세계일보 2015. 08. 17 재인용).

　버락 오바마 대통령이 조셉 로비네트 바이든(Joseph Robinette Biden) 부통령의 출마를 용인하며 지난 7월 24일 백악관에서 비공개 오찬회동을 가졌다(CNN 2015. 08. 25). 따라서 바이든 부통령의 출마가 임박한 것으로 보인다. 최근 실시된 여론조사 결과 바이든 부통령은 민주당 성향 유권자들의 지지율 14%를 얻기도 했다. 반면 민주당 힐러리 클린턴 후보는 민주당 성향 유권자들의 지지율이 47%로 한 달 전 7월에 비해 무려 9포인트나 떨어졌고, 공화당 트럼프 후보와 본선에서 맞붙을 경우 각각 지지율이 51% 대 45%로 차이가 6%포인트에 지나지 않은 불안한 1위를 유지하고 있다(CNN 2015. 08. 19). 공화당의 트럼프 후보는 지난 조사에 비해 8%포인트 상승한 32%의 지지율을 기록하며 꾸준히 1위를 차지하고 있다(로이터 통신 2015. 08. 21).

　미 의회는 중국 인민은행이 사흘 연속 위안화 절하 조치에 나서자 오바마 정부의 신중한 내부 기류와는 상반되게 이를 '환율 조작'이라며 비판하고 있다(The Hill 2015. 08. 12; 아시아 경제 2015. 08. 13 재인용). 또 아베 신조(安倍晋三) 일본 총리의 전후 70주년 담화에 대해 "아베 총리가 한국과 이웃 국가의 희생자들에게 사죄하지 않았다"고 담화 내용을 혹평했고 실망과 유감의 뜻을 밝혔다. "아베 총리의 깊은 후회, 평화와 민주주의에 대한 약속을 환영한다"는 미 정부와 확연히 다른 반응이다(세계일보 2015. 08. 16).

미국 정당

08월 06일

• 미국 공화당 첫 TV 토론 승자는 트럼프 · 루비오 · 카시치

(The Huffington Post 08. 07)

– 미국 언론들은 6일 미국 오하이오 주 클리블랜드에서 열린 공화당 대선후보 경선 첫 TV 토론 관전평에서 후보들을 승자와 패자로 나눴다. 주인공은 단연 거침없는 발언을 쏟아낸 지지율 1위 도널드 트럼프였다. 워싱턴포스트는 트럼프에 대해 "정상적인 정치적 예측을 뛰어넘은 사람"이라며 승자로 평가했다. ABC 뉴스도 그가 생각하는 것을 망설임 없이 정확히 말해 환호를 받았다고 평했다. 그러나 상대방의 비판에 대한 불성실한 대응으로 패자 명단에도 함께 이름을 올렸다. ABC는 민주당 유력 후보인 힐러리 클린턴 전 국무장관이 공화당 후보들과 같은 무대에 있는 것처럼 자주 언급됐다며 그를 승자에 포함시키기도 했다. 반면 트럼프 옆에 선 지지율 2·3위의 젭 부시 전 플로리다 주지사와 스콧 워커 위스콘신 주지사는 이목을 끌지 못했다.

08월 17일

• 대세론 꺾인 자리 '극우 · 극좌 후보' 돌풍   (CNN 08. 16, 세계일보 08. 17 재인용)

– 최근 민주당의 힐러리 클린턴 전 국무장관과 공화당의 젭 부시 전 플로리다 주지사의 하락세가 뚜렷해지며 대세론이 꺾인 자리를 정치 신인이 기성 정치인들보다 주목받는 것도 이례적인 현상과 함께 '극우와 극좌 후보'가 대신하고 있다. 공화당 경선주자로 이름을 올린 도널드 트럼프는 당내 여론조사에서 부동의 1위를 달리고 있다. 정작 본선 후보로 지명될 가능성은 낮다는 분석도 많지만 '하고 싶은 말을 마음대로 하는' 후보로 각인되고 있다. 트럼프의 반대쪽에는 무소속으로 민주당 경선에 출마한 버니 샌더스 상원의원이 있다. '북유럽형 사회주의자'를 자처하는 샌더스 의원은 최근 뉴햄프셔 주 여론조사에서 클린턴 전 장관을 7%포인트 차로 누르는 이

변을 연출했다. 극좌와 극우 후보에 대한 환호 이면에는 '워싱턴 정치에 대한 깊은 불신'이 있다는 분석이 많다. 한편 CNN 방송도 정치 불신 탓에 트럼프의 막말이 통하고 샌더스 의원의 급진정책이 유권자를 사로잡고 있다고 진단했다.

08월 24일

• 오바마 대통령, 조 로비네트 바이든 부통령 대선출마 용인　　　　　(CNN 08. 25)
- 오바마 대통령과 바이든 부통령이 지난 24일 백악관에서 비공개 오찬회동을 갖고 대선 출마 문제를 포함해 여러 사안을 논의했다. 출마에 대통령의 승인 절차가 필요한 것은 아니지만, 논의 과정에서 당연히 그 문제도 거론됐다. 오바마 대통령이 바이든 부통령의 출마를 용인했고, 이제 출마할지 말지의 선택은 바이든 부통령의 몫이 되었다. 따라서 바이든 부통령의 출마가 임박한 것으로 보인다.

07월 18일

• 미 대선 이슈, '아시아계 원정 출산'　　　　(AP 통신 8. 24, 조선일보 8. 26 재인용)
- 미 공화당의 대선 경선 후보인 젭 부시는 24일 멕시코 근처의 텍사스 주 국경도시를 방문하며 "아시아인들이 미국에서 태어나는 아이들에게 시민권을 주는 제도를 악용하고 있다"며 비판의 목소리를 높였다. 또한 "출생 시민권이라는 숭고한 개념을 조직적으로 악용하는 것은 아시아인들과 관련이 깊다" 며 "최근 내가 언급했던 '앵커 베이비(anchor baby)'도 조직적인 사기를 지적한 것"이라고 했다. 부시는 이날 유창한 스페인어로 "나는 멕시코계 부인과 결혼한 것이 자랑스럽고, 내 아이들은 히스패닉이다"라고 말하기도 했다. 지난주 한 라디오 방송에서 '앵커 베이비'를 막을 방법이 필요하다고 했다가 반대 진영의 뭇매를 맞자, 화살을 아시아계의 원정 출산으로 돌린 것이다. 그는 이날 원정 출산에는 반대하지만, 미국에서 태어난 아이에게 시민권을 주는 수정헌법 14조는 옹호한다고 밝혔다. '이민 개혁'을 주장한 트럼프 등 공화당 경선 후보 17명 중 9명이 출생 시민권 폐지를 지지하고 있고 민주당은 자동 시민권에는 찬성하지만, 원정 출산에는 반대하고 있다.

07월 30일

• 미 상원 외교위원회, '원유수출 금지 해제' 법안 통과시켜　　　　　(뉴시스 07. 31)

– 30일 미 상원 외교위원회에서 40년 동안의 원유 수출에 대한 금지를 해제하고 북극과 멕시코만, 대서양 지역에서 석유 및 가스를 탐사하는 에너지 법안이 12대 10으로 통과됐다. 위원회는 초당적인 지지를 받고 있는 포괄적인 에너지 법안도 함께 통과시켰다. 이 법안에는 일부 수력 및 지열 발전 회사에 대한 허가 절차를 간소화함으로써 에너지 가격을 낮추는 조치와 에너지 분야에서 일하고자 하는 사람들을 위한 견습 프로그램에 자금을 지원하는 보조금 제도를 포함한다. 외교위 의원들은 상원에서 논의하기 위해 논란이 많은 개정 조항들을 많이 살렸다. 석유수출 금지를 폐지한 법안은 더 험난한 길에 직면해 있다. 외교위의 민주당 의원들은 환경단체들의 비판을 받은 법안에 대한 표결에 불참했다.

08월 12일

• 중국 환율 조정에 미 정치권 부글부글　　(The Hill 08. 12, 아시아 경제 08. 13 재인용)

– 중국 인민은행이 사흘 연속 위안화 절하 조치에 나서자 미 의회 정치인들은 이를 '환율 조작'이라며 비판의 목소리를 키우고 있다. 이는 오바마 정부의 신중한 내부 기류와는 상반된 것이다. 앞서 미 재무부는 "시장 환율로의 행보를 시사한다"며 조심스러운 입장을 밝힌 바 있다. 의회를 장악하고 있는 야당인 공화당은 모두 이번 일을 계기로 환태평양경제동반자협정(TPP)에도 환율 조작 대책이 적극 반영돼야 한다고 주장했다. 이번 중국 위안화 절하 조치는 의회의 입지를 다시 강화할 전망이다. 정치전문지 더 힐(The Hill)은 12일 "중국 위안화 절하 조치가 미국의 무역 정책과 법안 처리 과정에서 큰 논란을 촉발할 가능성이 높다"고 전망했으며 9월에 접어들면서 의회 곳곳에서 중국의 환율 조작과 이로 인한 미국 경제의 피해와 대책, 금리 인상 결정에 미치는 영향을 둘러싸고 뜨거운 논쟁이 펼쳐질 것으로 내다봤다.

08월 16일

• 미 정치권 "아베 담화 실망스럽다" 미 정부와 다른 반응　　　　　(세계일보 08. 16)

 – 미 백악관 국가안보회의(National Security Council, NSC)의 네드 프라이스(Ned Price) 대변인은 14일 발표한 성명에서 "앞으로 국제 평화와 번영을 위한 기여를 확대하겠다는 일본의 의도를 확약한 것을 평가한다"면서 "일본은 전후 70년 동안 평화와 민주주의, 법치에 대한 변함없는 약속을 보여줬으며 이런 기록은 모든 국가의 모델이 되고 있다"고 의미를 부여했다. 그러나 이후 에드 로이스(Ed Royce) 미 하원 외교위원장과 마이크 혼다(Mike Honda) 의원등 정치인, 그리고 동북아 문제 전문가들은 "아베 총리가 제국주의 일본의 야만적인 식민 지배를 당한 한국과 이웃 국가의 희생자들에게 사죄하지 않았다"며 이 담화 내용을 혹평했고 실망과 유감의 뜻을 밝혔다.

08월 27일

• 백악관 · 힐러리, 총격 사망 애도 표명…의회에 총기 규제 압박　　(연합뉴스 08. 27)

 – 미국 백악관은 지난 26일 버지니아 주 지역 방송기자 2명이 생방송 도중 총격 피살된 사건과 관련, 희생자 및 그 가족들에 대한 깊은 애도를 표명하면서 총기규제 입법을 다시금 촉구하고 나섰다. 조시 어니스트(Josh Earnest) 백악관 대변인은 이날 정례브리핑에서 "총기폭력을 줄이는 가시적 효과가 있을 상식적인 조치들이 있다"며 "이것은 의회만이 할 수 있는 일"이라고 밝혔다. 현재 의회에는 마이크 톰슨(Mike Thompson), 로버트 돌드(Robert Dold) 하원의원이 지난 3월 총기 구매자의 신원조사를 대폭 강화하는 내용으로 총기규제 강화 법안을 재발의했으나 심의가 제대로 진척되지 못하고 있다. 민주당 유력 대선주자인 힐러리 클린턴 전 국무장관도 이날 트위터에 글을 올려 "이제는 총기 폭력을 멈추기 위해 행동에 나서야 한다. 우리는 더 이상 기다릴 수 없다"며 미 의회가 즉각 총기규제 강화 입법에 나설 것을 압박했다.

미국 여론

08월 19일

• 힐러리, '불안한 1위'　　　　　　　　　　　　　　　　　　　(CNN 08. 19)

– CNN과 여론조사 기관인 ORC의 공동 여론조사 결과, 클린턴 전 장관과 트럼프가 본선에서 맞붙을 경우 각각의 지지율은 51% 대 45%로, 차이가 6%포인트에 지나지 않았다. 민주당 경선 관련 여론조사에서 민주당 성향 유권자들의 그에 대한 지지율은 47%로, 한 달 전에 비해 무려 9%포인트나 떨어졌다. 내년 대선과 관련해 민주당 성향 유권자들을 대상으로 벌인 전국 단위 여론조사에서 그에 대한 지지율이 50% 이하로 떨어진 것은 이번이 처음이다. 경쟁자인 샌더스 의원은 전달에 비해 10%포인트나 오른 29%의 지지율을 기록했다. 아직 공식 출마를 결정하지 않은 조 바이든(Joe Biden) 부통령에 대한 지지율은 14%였다.

08월 21일

• 미 공화당 경선 트럼프 지지율 1위 　　　　　　　　　　(로이터 통신 08. 21)

– 로이터와 입소스 여론조사 결과 트럼프는 32%의 지지율을 기록했다. 지난주 지지율(24%)에 비해 8% 포인트 상승한 것이다. 트럼프의 뒤를 이어 젭 부시 전 플로리다 주지사와 신경외과 전문의 벤 카슨(Ben Carson)이 각각 16%와 8%의 지지율을 얻은 것으로 나타났다. 트럼프와 부시, 카슨 등 상위 3명 후보만을 대상으로 한 조사에서도 트럼프는 44%의 지지율을 얻어 부시(29%), 카슨(25%)을 앞섰다. 이번 조사는 공화당 지지자 501명을 대상으로 실시됐다.

08월 23일

• 유권자 3명 중 1명 우편 · 사전 투표… '표심 읽는 척도' 출구조사 사라지나

　　　　　　　　　　　　　　　　　　　　　　　　　　(세계일보 08. 23)

– 미국에서 출구조사는 전통적으로 표심을 읽는 척도로 활용돼 왔다. 출구조사를 통해 성별, 나이, 인종, 특정 후보 지지 이유 등을 폭넓게 조사함으로써 선거 결과를 다양하게 분석할 수 있었다. 이제 전통적인 출구조사는 존폐 위기를 맞고 있다. 우편 투표와 사전 투표가 발달하면서 조사 요원이 투표장에서 만날 수 있는 유권자가 줄어들고 있다. 미국 투표자의 3분의 1가량이 투표장에 가지 않고, 사전 투표나 우편 투표를 이용하고 있다. 출구조사가 어려워지면서 조사비용은 크게 늘어나고 있다. 미국 6대 메이저 언론사로 구성된 출구조사 컨소시엄인 '내셔널 일렉션 풀(National Election Pool, NEP)'은 비용 문제로 조사 대상 지역을 계속 줄이고 있다. 민주당과 공화당 등 특정 정당 지지 성향이 뚜렷한 주에서는 아예 출구조사를 하지 않기도 한다. 출구조사 기관은 투표를 마친 유권자 집으로 전화를 걸어 조사를 하기도 하지만 집에서 유선전화를 사용하지 않는 가정이 늘고, 전화 여론조사에 응하지 않는 비율이 증가해 조사 기관이 어려움을 겪고 있다. 출구조사 전화에 답변하는 비율은 10명 중 1명꼴이다. 미국 연방 정부는 특히 스마트폰 등 무선전화를 이용한 출구조사 등을 여전히 금지하고 있다.

3차(8월 말~9월 말)

이지원

　미국 하원은 태아 장기매매 의혹에 휩싸인 '플랜드 페어런트후드(Planned Par-enthood)'에 대한 미 연방정부의 자금 지원을 중단하는 법안을 표결에 부쳐 통과시켰다(연합뉴스 2015. 09. 19). 하지만 이 법안에 대해 공화당과 민주당은 의견 차이를 보이고 있다. 또한 공화당과 민주당은 '시리아 난민' 문제에 대해서도 대립각을 세우고 있다. 버락 오바마 정부가 2016년 회계연도에 최소 1만 명의 난민을 받아들이겠다는 발표에 대해 민주당의 크리스 머피(Kris Murphy)는 1만 명 이상의 난민을 수용하는 박애주의적인 모습을 보이자고 주장했지만 공화당의 론 존슨(Ron Johnson)은 미국의 안보가 최우선이기에 섣부른 판단은 위험하다고 말했다. 이와 관련하여 미국 국민들 역시 시리아 난민에 대한 견해 차이를 보이고 있다. '시리아 난민'에 관해 실시한 여론조사에서 39%의 미국인들은 미국으로 더 많은 시리아 난민들을 들어오는 것에 찬성을 했지만 46%는 미국 내로 시리아 난민들이 들어오는 것을 반대했다(The Huffington Post 2015. 09. 15).

　녹색당의 질 스타인(Jill Stein) 미국 대선후보는 9월 18일, 민주당과 공화당이 아닌 제3정당과 무소속 후보들에게도 대선 토론 참여기회를 청원했다. 스타인은 청원서에서 여론조사 결과를 인용 "어느 당에도 소속감을 느끼지 않는 사람이 전체 유권자의 50%이고, 현재 대선 토론 시스템은 미국인 절반의 목소리와 시각을 배제하고 진행되는 것"이라고 주장했다(연합뉴스 2015. 09. 19). 또 다른 대선후보인 공화당 벤 카슨과 민주당 힐러리 클린턴은 '무슬림 대통령'에 대한 견해를 밝혔다. 먼저 벤 카슨은 무슬림 대통령 가능성을 묻는 말에 무슬림에게 나라를 맡기는 것을 찬성하지 않는다고 주장했다(CNN 2015. 09. 20). 힐러리 클린턴은 미국의 어떤 공직이나 공익재단에 대해서도 그 자격요건과 관련해 종교 심사를 할 수 없도록 규정한 헌법 제6조의 조문을 근거로 무슬림 대통령에 대해 찬성의 입장을 밝혔다(연합뉴스 2015. 09. 22).

　현재 미국은 대선을 앞두고 후보들의 치열한 경쟁이 계속되고 있는 상황이다. 이메일 스캔들 등의 사건으로 지지율이 주춤했던 힐러리 클린턴은 9월 21일,

제3부.. 미국의 동향 및 쟁점　251

CNN방송과 여론조사기관 ORC에서 발표한 여론조사에서 민주당 성향 유권자들 사이에서 전국적으로 42%의 지지를 얻어 경쟁자 버니 샌더스 상원의원을 18% 포인트로 앞섰다(CNN 2015. 09. 21; 연합뉴스 2015. 09. 21 재인용). 또한 공화당 내에서의 지지도는 도널드 트럼프가 36%로 1위를 기록했고 2위는 12%를 얻은 카슨이었다(연합뉴스 2015. 09. 19).

미국 정당

09월 13일

• 미국 민주당과 공화당, '시리아 난민 문제'에 대해 대립하다　　　(Fox news 09. 13)
- 민주당과 공화당이 유럽에서 벌어지고 있는 난민 위기를 도와줘야하는가에 대해서 서로 다른 입장을 보였다. 민주당의 크리스 머피는 오바마 정부가 2016년에 받아드린다고 한 10000명보다 많은 50000명의 난민들을 받아들여야 한다고 주장했다. 또한 독일은 난민 80만 명을 수용하는데, 미국이 1500명만 수용하는 것은 비난받을 일이며 만약 미국이 중동지역에서 신뢰를 받길 원한다면 박애주의적인 모습을 보여야 한다고 덧붙였다. 반면, 공화당의 론 존슨은 미국이 이 위기에 대해 더욱 관심은 가져야하지만 이러한 관심이 미국의 안보를 위협하는 일을 없어야 한다고 단호하게 말했다. 또한 "우리(미국)는 남의 불행을 동정할 수 있는 국가가 되어야 한다. 하지만 동시에 우리가 수용하는 시리아 난민 개개인을 확실하게 검열할 필요가 있다. 왜냐하면 우리는 자국의 안보를 가장 먼저 걱정해야하기 때문이다." 라고 덧붙여 말했다.

09월 18일

• 미 공화당, 낙태 찬성단체 자금지원중단 법안 처리…셧다운(shutdown) 갈등
　　　　　　　　　　　　　　　　　　　　　　　　　　　　　(연합뉴스 09. 19)
- 미국 하원은 18일 태아 장기매매 의혹에 휩싸인 낙태 찬성단체 '플랜드 페어런트후드'에 대한 미 연방정부의 자금 지원을 중단하는 법안을 표결에 부쳐 통과시켰다. 공화당이 주도한 이 법안은 찬성 241표, 반대 187표로 통과됐다. 하지만, 이 법안이

상원을 통과할 가능성은 희박하다. 상원(100석)에서는 법안 또는 결의안을 심의·표결하기에 앞서 토론종결을 위한 절차투표를 진행해 60명 이상이 찬성해야 필리버스터(Filibuster, 의사진행방해)를 무력화할 수 있는데 현재 공화당(54석) 만으로는 절차투표의 문턱을 넘을 수 없는 상황이다. 따라서 공화당 일부 강경파 인사들은 이 법안을 통과시키기 위해 2016년 회계연도(2015년 10월 1일~2016년 9월 30일) 예산안과 연계해야 한다는 입장을 보이고 있다. 민주당이 반대하면 연방정부 '셧다운(부분업무정지)'도 감수해야 한다는 강경한 태도다. 공화당 지도부는 역풍을 우려해 셧다운에 부정적이지만, 만의 하나 2016년 회계연도 예산안 또는 임시 예산안이 오는 9월 30일까지 처리되지 않으면 연방정부는 셧다운에 들어간다. 버락 오바마 대통령과 민주당은 공화당의 '볼모 정치'를 강력히 비판하면서 예산안의 기한 내 처리를 압박하고 있다.

09월 20일

• 상원 민주당 의원들의 기후변화 법안 발표　　　　　　　　(New York Times 09. 22)
– 민주당 의원들이 기후변화에 관한 법안을 발표할 것이라고 밝혔다. 이 법안은 워싱턴의 상원의원이자 상원 에너지 위원회의 일원인 마리아 캔트웰(Maria Cantwell)이 후원하고 있는 이 법안은 에너지와 기후변화 문제를 다룬 것이다. 민주당원들은 이 법안에 관해 당내 의견을 하나로 합치고 점차 지구온난화 법안에 접근하며 민주당을 새롭게 정의할 것이라고 말했다. 이 법안이 공표되고 시행된다면 미국은 2025년까지 온실가스 배출량이 2% 줄어들 것이라고 밝혔으며 이는 현재 오바마 정부가 기획·진행하고 있는 것보다 더 큰 수치이다.

미국 선거·의회

09월 18일

• 미국 녹색당 대선후보 "'마이너(Minor)'에도 토론기회 달라"　　　　(연합뉴스 09. 19)
– 미국 녹색당을 기반으로 2016년 대통령 선거에 재출마한 전문의 출신 사회운동가 질 스타인이 "제3정당과 무소속 후보들에게도 대선 토론 참여 기회를 달라"며 온라인 청원 운동을 시작했다. 스타인 "대안 후보들에 대한 '열린 토론 기회'"를 촉구하면

서 현재 자신의 2016 대선 캠페인 웹 사이트를 통해 청원 서명을 받고 있다. 스타인은 청원서에서 여론조사 결과를 인용 "어느 당에도 소속감을 느끼지 않는 사람이 전체 유권자의 50%이고, 현재 대선 토론 시스템은 미국인 절반의 목소리와 시각을 배제하고 진행되는 것"이라고 주장했다. "유권자들에게 다양한 정치적 견해를 들려주고, 어떤 선택의 기회들이 있는지를 볼 수 있도록 해야 한다"며, 토론 참여 기회를 얻기 위한 목적으로 민주당 경선에 출마한 무소속 버니 샌더스 연방 상원의원이 유권자들로부터 큰 호응을 얻고 있는 사례를 들면서 미국인들이 양당 정치 시스템에 만족하지 않는다는 증거라고 말하기도 했다.

09월 20일

• 공화당, 벤 카슨 "무슬림 대통령은 안 된다" 논란…무슬림단체 사퇴 촉구

(CNN 09. 20, 연합뉴스 09. 22 재인용)

– 미국 공화당 대선후보 가운데 선두그룹을 형성하고 있는 신경외과 의사 출신 벤 카슨이 무슬림 차별 발언으로 거센 역풍을 맞고 있다. 독실한 기독교 신자인 카슨은 9월 20일, CNN 방송에 출연해, 무슬림 대통령 가능성을 묻는 말에 무슬림에게 나라를 맡기는 것을 찬성하지 않는다는 견해를 밝혔다. 또한 "(미국 대통령이) 미국의 가치, 원칙과 궤를 같이하지 않는다면 그것은 분명히 문제"라면서 이슬람 율법은 미국의 헌법, 미국의 가치와 일치하지 않기에 누가 대통령이 되더라도 취임선서는 코란(이슬람경전)이 아니라 성경에 대고 해야 한다고 덧붙였다. 그러자 미국 내 이슬람 단체인 미국이슬람관계위원회(Council on American-Islamic Relations, CAIR)의 사무국장은 성명을 내고 카슨의 후보직 사퇴를 공개 촉구했다. 공화당 후보 가운데 유일한 흑인인 카슨이 뉴욕타임스와 CBS방송의 최근 공동 여론조사에서 23%의 지지율을 기록하며 1위 주자인 도널드 트럼프(27%)를 바짝 추격하는 등 돌풍을 일으키는 상황에서 이번 논란이 향후 경선 판에 어떤 영향을 미칠지 주목된다.

09월 21일

• 미국 '무슬림 대통령' 논란…카슨 '반대' vs 힐러리 '찬성'   (연합뉴스 09. 22)

– 힐러리 클린턴은 9월 21일 트위터에 무슬림도 대통령이 될 수 있다는 글을 올려

카슨과 확실한 대립각을 세웠다. 클린턴은 "무슬림이 미국의 대통령이 될 수 있는 가?"에 관한 질문에 미국의 어떤 공직이나 공익재단에 대해서도 그 자격요건과 관련해 종교 심사를 할 수 없도록 규정한 헌법 제6조의 조문을 그대로 인용하며 "그렇다, 이제는 무슬림에 관한 논란을 접고 앞으로 나아가야 할 때."라고 말했다. 또한 민주당 경선 주자인 마틴 오맬리(Martin O'Malley) 전 메릴랜드 주지사 역시 카슨의 발언을 비판했다.

미국 여론

09월 15일

• 시리아 난민에 대한 미국 국민들의 입장 　　　　　　　(The Huffington Post 09. 15)
– 허핑턴포스트는 1000명의 미국 성인들을 대상으로 9월 10일부터 14일까지 '시리아 난민'에 관해 실시한 여론조사를 발표했다. 그 결과, 39%의 미국인들은, 미국으로 더 많은 시리아 난민들을 들어오는 것에 찬성을 했다. 하지만 46%는 미국 내로 시리아 난민들이 들어오는 것을 반대했다. 하지만 '정부나 유럽연합(EU)에게 돈을 기부하는 것'에 관한 설문조사는 50%의 사람들이 지지했고, 비교적 적은 숫자인 36%의 사람들이 반대한 것으로 나타났다.

09월 16일

• '북한 지도자와의 만남' 지지 미국 내 여론 눈에 띄게 하락 　　　　(연합뉴스 09. 17)
– 미국과 북한 지도자 간의 만남을 지지하는 미국 내 여론이 뚜렷한 하락세를 보이는 것으로 나타났다. 미국 시카고 카운슬 국제문제협의회(Chicago Council on Global Affairs, CCGA)는 지난 5월 28일부터 6월 17일까지 전국 성인 2천 34명을 대상으로 진행한 설문조사를 발표하면서 이 같은 내용이 담긴 미국 국민의 외교정책 관련 의식조사보고서를 16일 발표했다. 보고서에 따르면 지난해 기준으로 미국 민주당 지지자들 사이에서 미국 정부 지도자들이 북한 지도자들과 만날 준비가 돼있어야 한다는 응답 비율은 69%였다. 탈레반(Taliban)(53%)과 하마스(Hamas)(56%)보다는 높지만, 쿠바(79%)와 이란(76%)보다는 낮은 수준이다. 이 같은 흐름은 북한 핵문제가 장기 공

전하면서 미국 내에서 북한과의 대화에 대한 피로감이 크게 확대돼 있음을 보여주는 것으로 외교소식통들은 풀이하고 있다.

09월 16일

• 미 공화당 2차토론 승자 피오리나…지지도는 여전히 트럼프 1위　(연합뉴스 09. 19)

– 미국 CNN 방송 주최로 지난 16일 열린 공화당 대선후보 2차 TV토론의 승자는 칼리 피오리나로 나타났다. 여론조사기관 '모닝 컨설턴트'가 18일 공개한 여론조사 결과에 따르면 2차 TV토론을 지켜본 시청자 가운데 공화당 등록 유권자 504명 중 29%가 피오리나를 승자로 꼽았다. 그 다음은 트럼프(24%), 신경외과 의사 출신 벤 카슨(7%), 젭 부시 전 플로리다 주지사와 마르코 루비오(Marco Rubio) 상원의원 각 6% 등의 순이었다. 하지만 토론의 승패와 관계없이 지지도 측면에서는 트럼프가 36%로 1위를 기록했다. 2위는 12%를 얻은 카슨이었으며 그다음은 피오리나 10%, 루비오 의원 9%, 테드 크루즈(Ted Cruz) 상원의원 7%, 부시 전 주지사와 크리스 크리스티(Chris Christie) 뉴저지 주지사 각 6% 등이었다.

09월 21일

• 힐러리 하락세 바닥 찍었나…전국조사서 샌더스 압도

(CNN 09. 21, 연합뉴스 09. 21 재인용)

– 미국 CNN 방송과 여론조사기관 ORC가 공동으로 여론조사를 실시했다. 이 조사는 17~19일 민주당을 지지하는 유권자 392명을 대상으로 실시했다. 9월 21일 공개된 여론조사 결과에 따르면 클린턴 전 장관은 민주당 성향 유권자들 사이에서 전국적으로 42%의 지지를 얻어 24%에 그친 경쟁자 버니 샌더스 상원의원을 18% 포인트 앞섰다. 샌더스 의원이 최근 클린턴 전 장관을 무서운 기세로 추격해, 이달 들어 대선 풍향계로 여겨지는 아이오와 주에서 43%대 33%, 뉴햄프셔 주에서 52%대 30%로 각각 앞섰음을 고려하면 클린턴 전 장관이 바닥을 찍고 본격적으로 반등하는 게 아니냐는 분석이 나온다.

4차(9월 말~10월 말)

이지원

2015년 10월 공화당에서는 벵가지 특위로 인한 내분이 빚어지고 있다. 벵가지 특위란 리비아 무장집단이 리비아 벵가지 소재 미 영사관을 공격해 대사를 포함한 미국인 4명이 숨진 사건을 조사하기 위해 설립된 중립적 기구이다(연합뉴스 2015. 10. 08). 그런데 공화당의 케빈 매카시(Kevin Mccarthy)가 벵가지 특위는 힐러리 클린턴을 겨냥한 기구임을 발언하여 당내 갈등이 커지고 있다. 또한 공화당에서는 폴 라이언(Paul Ryan) 하원의원이 하원의장직을 조건부 수락했다. 공화당은 그가 하원의장에 올라 당내 갈등을 봉합하여 성공적인 대선을 이끌기를 바라고 있다. 민주당의 클린턴은 환태평양경제동반자협정(TPP)에 대한 반대 의사를 밝혔다. 반대 이유는 미국의 좋은 일자리와 임금인상, 국가 안보 강화가 만족해야 할 '높은 기준'을 환태평양경제동반자협정(TPP)은 충족하지 않기 때문이다. 또한 클린턴은 만약 대통령으로 집권 시 강력한 총기규제 방안을 추진하겠다고 밝혔다(연합뉴스 2015. 10. 06).

캘리포니아 주에서는 양성 간 급여평등 보장을 강화하는 법을 입법했다. 이 법은 캘리포니아 주의 상·하원 내 민주·공화 양당 소속의원들의 지지 속에서 통과되었다(연합뉴스 2015. 10. 07). 이어 지난 10월 7일, 미국 하원은 국방수권법안을 처리했다. 버락 오바마대통령은 이미 거부권을 행사하겠다고 공언했지만 찬성 70표는 거부권을 무효화 할 수 있는 3분의 2를 웃도는 것으로 실제로 거부권이 행사될 수 있을지 주목된다(연합뉴스 2015. 10. 08).

대선에 관련해서는 공화당 내부에서 도널드 트럼프의 승리를 경계하고 있다고 전했다(Washington Examiner 2015. 10. 20). 하지만 트럼프는 플로리다와 오하이오, 펜실베이니아 등 3개 경합 주를 대상으로 진행한 퀴니피액대학(Quinnipiac University)의 여론조사 결과, 3개 주에서 모두 공화당 후보 중 가장 높은 지지를 얻었다(연합뉴스 2015. 10. 08). 이처럼 미국 대선에서는 트럼프와 같은 '아웃사이더(Outsider)'들의 열풍이 계속되고 있다. 전문 정치인인 마르코 루비오 상원의원의 지지율은 13%로 가장 높지만 트럼프는 지난 달보다 4%가 오른 25%를 기록했다. 민주당 역시 클린턴이 45%의 지지율로 1위를 지키고 있으나 무소속의 버니 샌더스의 지지율도 꾸준히 상승하고 있다. 또한 민주당 대선후보 경선에서 짐 웹이 첫 탈락을 맞았다. 그는 민주당 대선후보가 되기 위해 더 이상 어떤 활동도 하지 않겠다고 선언했다(연합뉴스 2015. 10. 21).

미국 정당

10월 07일

• 미국 벵가지특위 위원장 "매카시가 다 망쳐"…공화 내분 양상

(Fox News 10. 07, 연합뉴스 10. 08 재인용)

– 미국 공화당이 차기 하원의장으로 유력시되는 케빈 매카시하원 원내대표의 이른 바 '벵가지특위' 발언으로 심각한 내분을 겪고 있다. 벵가지특위 위원장은 물론 공화 당 대선 선두주자인 도널드 트럼프까지 매카시 원내대표의 '자질'을 문제 삼고 나서 면서 당내 갈등이 커지는 형국이다. 이런 상황에서 매카시 원내대표가 최근 폭스뉴 스(Fox News) 인터뷰에서 "모든 이가 클린턴을 이길 수 없다고 생각했지만 우리는 벵 가지 특위를 꾸렸다. 현재 그녀의 지지도는 떨어지고 있다. 왜냐하면 '더 이상 힐러 리'를 믿을 수 없게 됐기 때문"이라며 벵가지 특위의 '정치적 의도'를 드러냈고, 이에 민주당은 '힐러리 죽이기 전위부대임이 드러났다'며 폐지를 압박하고 있다. 공화당 이 하원 다수당으로서 일단 민주당의 특위 폐지 시도는 무산시켰지만, 민주당이 정 략적인 특위에는 더 이상 응할 수 없다는 강경한 태도여서 특위가 제대로 가동되기 는 어려울 것으로 예상된다.

10월 07일

• 힐러리 "환태평양경제동반자협정(TPP)에 찬성하지 않는다" (중앙일보 10. 09)

– 미국 민주당의 유력 대선 후보인 힐러리 클린턴은 환태평양경제동반자협정(TPP) 에 반대를 공언하고 나섰다. "미국의 좋은 일자리와 임금인상, 국가 안보 강화가 만 족해야 할 '높은 기준'을 환태평양경제동반자협정(TPP)는 충족하지 않는다. 또한 제 약회사들이 더 많은 이익을 가져가고 환자들과 소비자들이 이익을 적게 가져가게

될 것"이라며 우려했다. 버니 샌더스 상원의원과 공화당 대선 주자인 도널드 트럼프 등 미국 유력 대선 주자들이 모두 환태평양경제동반자협정(TPP) 반대에 한 목소리를 내고 있어 환태평양경제동반자협정(TPP) 미 의회 비준 과정에 험로가 예상된다. 공화당 대선 주자인 트럼프 후보도 "환태평양경제동반자협정(TPP)로 이득을 보는 것은 일본 등 다른 나라와 미국의 대기업뿐"이라고 말했다. 미국 여야에서 환태평양경제동반자협정(TPP)에 대한 반발이 나오는 가운데 클린턴까지 가세하면서 내년 환태평양경제동반자협정(TPP)의회 비준을 얻어내야 하는 오바마 대통령에 부담이 되고 있다.

10월 20일

• "트럼프 대선후보 될 것" 공화당 내부서 본격 회자

(Washington Examiner 10. 20, 연합뉴스 10. 21 재인용)

- 공화당 하원의원 출신인 스카버러(Scarborough)는 금주 들어 공화당 내부에서 도널드 트럼프가 실제 대선 후보가 될 수 있다는 말이 나오고 있다고 말했다. 이러한 언급은 트럼프의 선두질주가 거듭되면서 당혹감에 휩싸인 공화당 내부의 기류를 전달한 것이다. 워싱턴 이그재미너(Washington Examiner)는 '트럼프와 전쟁을 준비하는 공화당'이라는 표현을 쓰며 공화당 내에서 트럼프가 진짜 대선후보가 될 수 있다는 말이 나오기 시작한 이번 주가 대선레이스의 변곡점이라고 전했다. 다만 이러한 기류가 공화당이 트럼프의 승리를 저항 없이 받아들일 것임을 의미하지는 않는다고 이 매체는 지적했다.

10월 20일

• 짐 웹, 경선 포기…미 민주 대선경선 첫 탈락자　　　　　　(연합뉴스 10. 21)

- 미국 민주당 대선후보 경선에서도 첫 탈락자가 나왔다. 짐 웹 전 버지니아 주지사다. 웹 전 주지사는 20일, 워싱턴DC에서 기자회견을 열고 "민주당 대선후보가 되기 위해 더 이상 어떤 활동도 하지 않겠다"고 선언했다. 웹 전 지사는 이날 기자회견에서 무소속 출마 가능성에 대해 언급하지 않았지만, 웹 선거캠프 측은 전날 밤 기자들에게 보낸 이메일에서 웹 전 의원이 민주당 경선을 포기하고 무소속 출마를 검토 중

이라고 밝혔다. 웹 전 지사의 중도하차는 지지율 부진 속에 선거자금이 제대로 걷히지 않는 데 따른 것으로 알려졌다. 현재 민주당 경선에는 클린턴 전 장관과 샌더스 의원 이외에 마틴 오맬리, 링컨 채피(Lincoln Chappie), 로런스 레식(Lawrence Lessig)이 참여 중이다. 조 바이든 부통령은 현재 출마 여부를 막판 저울질하고 있다.

미국 선거·의회

10월 05일

• 힐러리 "트럼프·부시 총기규제 패배자"…총기규제 강력 추진　　　(연합뉴스 10. 06)
- 미국 민주당의 유력 대선주자인 힐러리 클린턴은 집권 시 강력한 총기규제 방안을 추진하겠다고 밝혔다. 클린턴 전 장관은 이날 뉴햄프셔 주 타운 홀 미팅에서 총격범을 포함해 총 10명이 숨진 오리건 주 엄프콰 커뮤니티 칼리지 총기난사 사건을 언급하면서 이같이 말했다. 먼저 공화당 선두주자 도널드 트럼프의 '총기 규제법은 이번 사건과 아무런 상관이 없다', 젭 부시의 '사고는 일어난다'는 발언을 비판하면서 "이는 2015년에만 3만 3천 명의 목숨을 앗아간 총기 문제에 굴복하고 패배했다는 것을 자인하는 것이며 대통령이 되면 합리적인 총기규제안을 마련해 강력하게 밀어붙일 것이다. 미 의회와 협력을 원하지만 대통령이 독자적으로 할 수 있는 방법도 모색할 것"이라고 강조했다. 이는 대통령 행정명령을 통한 총기 규제 방안을 강구하겠다는 취지다.

10월 06일

• 미국 캘리포니아, 양성 간 급여평등 보장 강화 입법　　　(연합뉴스 10. 07)
- 미국 캘리포니아 주가 양성 간 급여 평등 보장을 강화하는 법을 내년 1월 1일부터 적용하기로 했다. 제리 브라운(Jerry Brown) 주지사는 "캘리포니아와 미국, 그리고 아마도 세계 전체에서 급여의 계층화와 양성 간 급여 격차가 있으며 이는 우리 사회 전체를 갉아먹고 있다"며 이번 입법이 "이정표가 될 것"이라고 말했다. 캘리포니아 주 상원의원이 발의한 이 법은 기존의 급여 평등 법규를 강화하는 한편 입증 책임을 고용인에게 부과한 점이 특징이다. 이 법은 캘리포니아주 상·하원 내 민주·공화 양당

소속 의원들의 초당적 지지와 캘리포니아 상공회의소의 지원 속에 통과됐다.

10월 07일

• 미 상원도 국방수권법안 처리…민주당 대거 동참

(The Hill 10. 07, 연합뉴스 10. 08 재인용)

－ 미국 하원에 이어 상원도 총 6천 120억 달러(약 720조 8천억 원)에 달하는 내년도 미국 국방수권법안을 처리했다. 국방수권법안은 찬성 70표, 반대 27표로 통과됐다. 버락 오바마 대통령이 일찌감치 거부권을 행사하겠다고 공언한 가운데 이날 상원 표결에서는 집권 여당인 민주당 쪽에서도 무려 20명이 찬성표를 던졌다고 의회전문지 더 힐이 전했다. 미국 대통령이 상·하 양원이 초당파적으로 확정한 국방수권법안에 대해 거부권을 행사한 것은 50년 넘게 없었지만, 오바마 대통령은 그동안 전쟁예산 증액 등을 문제 삼아 수차례 거부권 행사 방침을 밝혔다. 찬성 70표는 오바마 대통령의 거부권을 무효화할 수 있는 3분의 2를 크게 웃도는 것으로 오바마 대통령이 실제 거부권을 행사할지, 또 거부권 행사 시 미 의회에서 재의결될 수 있을지 주목된다.

10월 20일

• 미국 공화당 '샛별' 라이언, 124년 만에 '40대 하원의장' 될 듯　　　(연합뉴스 10. 21)

－ 미국 공화당의 차세대 기수로 꼽히는 라이언 하원의원의 '조건부' 출마선언으로 40대 하원의장이 탄생할지 관심이 쏠린다. 라이언 의원은 당 전체가 자신을 지지한다면 하원의장직에 출마하겠다는 의사를 밝혔다. 당선될 경우 라이언 의원은 미국 정치사상 124년 만에 40대 하원의장으로 이름을 올린다. 또한 그는 억만장자인 미트 롬니(Mitt Romney) 전 후보와 달리 어려운 가정 형편을 극복한 '서민 정치인'으로도 유명하다. 그는 지난 2013년 공화당이 연방정부 '셧다운제(shutdown)'를 볼모로 건강보험개혁법 폐지를 추진하며 예산안 다툼을 벌일 때 당내 강경파를 설득해 민주당과 합의를 끌어내 정치력을 인정받기도 했다. 하원의장으로 선출돼 다음 달 3일로 다가온 국가부채한도 증액 협상, 2016년 회계연도 예산안 협상, 당의 사활이 걸린 내년 대선까지 잘 치러낸다면 자연스럽게 이후 대권 주자로 다시 거론될 가능성이 높아 보인다.

10월 07일

• 트럼프 · 클린턴, 경합 주에서 당내 경쟁자 압도

(CNN 10. 07, 연합뉴스 10. 08 재인용)

- 차기 미국 대통령 선거 후보 지명을 위한 당내 경선에 출마한 도널드 트럼프와 힐러리 클린턴이 경합 주에서 각각 경쟁자를 압도하는 것으로 나타났다. 또 양당의 여론조사 선두주자인 트럼프가 클린턴과 경합 주에서 양자 대결을 벌이면 클린턴이 근소하게 트럼프를 앞서는 것으로 집계됐다. 플로리다와 오하이오, 펜실베이니아 등 3개 경합 주를 대상으로 진행한 퀴니피액대학의 여론조사 결과를 인용해 미국 CNN방송이 지난 7일 보도한 내용에 따르면, 트럼프는 3개 주에서 모두 공화당 후보 중 가장 높은 지지를 얻었다. 신경외과 전문의 출신 보수 논객인 벤 카슨이 3개 주에서 모두 트럼프보다 5~12%포인트 뒤진 2위를 달렸다. 클린턴 전 장관은 플로리다(43%)와 오하이오(40%), 펜실베이니아(36%)에서 큰 격차로 당내 라이벌을 따돌렸다.

10월 19일

• 미국 대선, 식지 않는 아웃사이더 열풍

(Wall Street Journal 10. 19, CNN 10. 19, 아시아경제 10. 20 재인용)

- 미국 대통령 선거 경선에서 아웃사이더들의 열풍이 식지 않고 있다. 공화당에선 아웃사이더인 도널드 트럼프와 흑인 외과의사 벤 카슨의 위세가 더욱 거세지고 있다. 월스트리트저널(Wall Street Journal, WSJ)과 NBC방송이 19일에 발표한 여론조사에 따르면 트럼프는 25% 지지율로 여전히 선두를 지켰다. 지난달 보다 오히려 4%포인트나 올랐다. 반면 전문 정치인 중에선 마르코 루비오 상원의원이 13%의 지지율로 가장 높다. 그리고 가장 유력한 후보로 거론돼온 젭 부시 전 플로리다 주지사는 8%로 좀처럼 반등하지 못하고 있는 것으로 나타났다. 민주당에서도 아웃사이더가 강세다. 같은 날 CNN방송과 여론조사기관 ORC의 발표에 따르면 민주당 후보 중 힐러리 클린턴 전 국무장관이 45% 지지율로 1위를 지키고 있지만 버니 샌더스 상원의

원이 강세를 보이고 있다. 지난 민주당 대선후보 토론에서 힐러리가 발군의 실력을 보여줬음에도 불구하고 샌더스의 지지율은 오히려 올랐기 때문이다. 그는 지난 여론조사보다 5%포인트나 상승한 29% 지지율을 보였다. 미 정가에서는 샌더스 의원이 경선 역전에 대한 희망을 이어가는 데 성공했다고 평했다.

10월 20일

• 북한이 한국 공격한 경우 미군파병 여부 미국서 찬반 팽팽   (연합뉴스 10. 21)

− 한반도 유사시 북한이 한국을 공격한 경우 미군 파병 여부에 대해 미국 내 찬반이 팽팽한 것으로 조사됐다. 한국의 동아시아연구원(East Asia Institute, EAI)과 미국 시카고글로벌평의회, 중국 링디엔(零點) 연구컨설팅그룹, 일본 '언론 NPO' 등 한·미·중·일 4개국 '싱크탱크(Think Tank)'가 각각 자국에서 총 7천여 명(4개국 합계)을 상대로 실시해 20일 발표한 의식 조사에서 이 같은 결과가 나왔다고 언론 NPO가 홈페이지를 통해 공개했다. 한국이 북한의 공격을 받은 경우에 대해 미국 응답자 중 파병 찬성(47%)보다 반대(49%) 쪽이 조금 더 많았다. 또 미국인 10명 중 6명 이상이 한반도가 평화적으로 통일되면 주한미군을 철수해야 한다는 인식인 것으로 나타났다. 미국인 응답자 중 평화적인 한반도 통일 후 '동맹관계를 유지하며 주둔군(주한미군)을 두어야 한다'는 응답은 32%에 그쳤고 '동맹관계는 유지하되 주둔군은 두지 말아야 한다.'는 응답(44%)과 '동맹관계를 종료하고 주둔군은 철수해야 한다.'는 답(18%)이 합쳐서 62%였다.

5차(10월 말~11월 말)

이지원

미국의 조 바이든 부통령이 민주당 내에서 캐스팅보트(Casting Vote)로 떠오르고 있다. 민주당 주류 세력인 바이든의 지지를 받는다면 당내 정통성을 얻는 것은 물론 선거에서 승리할 가능성도 높일 수 있기 때문이다(The Wall Street Journal 2015. 11. 01; 연합뉴스 2015. 11. 02 재인용). 민주당 대선후보들 중에서는 힐러리 클린턴과 버니 샌더스의 경쟁이 돋보인다. 샌더스는 12일 미국 노조연합체(American federation of labor and congress of the Industrial organization, AFL-CIO)에서 두 번째로 큰 우체국노조와 거대노조인 미국 간호사 노조의 지지선언을 확보했다(경향신문 2015. 11. 13). 힐러리 역시 160만 명 이상의 조합원을 가진 공무원 노조와 교직원 노조의 지지 선언을 확보했다(경향신문 2015. 11. 13). 또한 11월 14일에 열린 민주당 2차 TV토론에서는 샌더스를 제치고 힐러리가 압승을 거두었다. TV토론 직후 민주당 유권자들을 상대로 한 퍼플릭 폴리시 폴링(Public Policy Polling, PPP)의 여론조사를 따르면 67%가 힐러리를 토론의 승자로 꼽았고 샌더스의 승리라고 응답한 비율은 20%에 불과했다(연합뉴스 2015. 11. 15).

공화당의 대선 후보 중에서는 마르코 루비오가 상승세를 타고 있다. 10월 28일에 열렸던 공화당의 3차 TV토론회에서 루비오는 눈에 띄는 활약을 했고 토론회 이후 구글 검색어 1위로 등장하며 주목받기 시작했다. 뿐만 아니라 공화당 상원의원들도 루비오에 대한 지지를 선언하고 나섰다. 한편 공화당 소속의 신임 하원 의장인 폴 라이언이 공화당의 정책비전이 약하다는 점에 대해 언급했다. 그리고 국민들에게 공화당이 어떠한 생각을 가지고 어떤 방향으로 나아가는지 보여주어야 한다며 공화당 결집의 필요성에 대해 덧붙였다.

파리 테러 이후 미국 국민들의 안보에 대한 관심이 급증했다. 유권자들의 공포심에 비례해 대선 후보들도 안보 문제를 집중 거론하고 나섰다(연합뉴스 2015. 11. 23). 28개 주의 주지사는 자신의 주에 시리아 난민들이 정착하는 것에 대한 거부선언을 하기도 했다. 게다가 미국 하원의회는 버락 오바마 대통령의 거부권 행사 선언과 앤 리처드(Ann Richards) 국무부 담당 차관보의 반대의사에도 불구

하고 시리아 난민 수용을 막는 법안을 289 대 137라는 압도적인 표 차이로 통과
시켰다(경향신문 2015. 11. 20). 한편 오바마 대통령은 11월 9일 개인 페이스북(Face-
book)을 개설하여 미국의 중요한 이슈에 대해 국민과 함께 논의하는 진정한 대
화의 장이 되길 바란다며 직접 글을 썼다. 같은 날 오바마 대통령은 민주당 공식
홈페이지에 링크한 글을 통해 총기규제 법안 마련에 대한 지원을 민주당에 호
소하기도 했다.

미국 정당

11월 01일

• 미국 민주당 대권주자들 "바이든 지지자를 잡아라"

(The Wall Street Journal 11. 01, 연합뉴스 11. 02 재인용)

− 차기 대선 불출마를 선언한 조 바이든 미국 부통령이 민주당 대선후보 경선의 '캐
스팅 보트'로 부상하고 있다. 월스트리트저널은 지난 1일, 민주당 대선 후보들이 바
이든 부통령의 지지자들을 유혹하고자 경쟁하고 있다며 보도했다. 바이든 부통령과
정치적 지지기반을 공유하는 선두주자인 힐러리 클린턴 역시 주요 지지자들을 캠프
로 데려오는 방안을 구상 중이라고 월스트리트저널은 전했다. 민주당 주류세력인
바이든 부통령의 지지를 받는다면 당내 정통성을 얻는 것은 물론 선거에서 승리할
가능성도 극적으로 높일 수 있다. 바이든의 재무 담당자인 존 쿠퍼(John Cooper)는 바
이든 부통령의 불출마 선언 직후 클린턴, 샌더스 진영이 모두 자신에게 접촉해왔다
고 전했다. 바이든 부통령은 특정 후보에 대한 지지 입장을 아직 밝히지 않았다.

11월 01일

• 미국 라이언 하원의장 "공화당은 정책비전이 없다"   (Fox News 11. 01)

− 폴 라이언 미국 신임 하원의장은 폭스뉴스와의 인터뷰에서 정당의 역할과 공화당
의 정책 비전에 대해 언급했다. 라이언은 "우리는 국민의 투표에 의해 그들을 대표
하여 선출되었다. 따라서 앞으로 미국이 나아가야 할 방향에 좌절감을 느끼는 사람
들을 위해 대안을 내어놓아야 한다"고 말했다. 또한 공화당은 정책비전이 없어 전략

을 두고 싸우고 있다고 말했다. 공화당이 어떠한 방향으로 나아가고 있는지, 어떠한 생각을 가지고 있는지 국민들에게 보여주어야 한다고 강조했다.

11월 09일

• 오바마 "못 이룬 단 한 가지는 총기규제"…민주당에 지원 호소   (연합뉴스 11. 09)
– 오바마 대통령은 민주당 의원들에 총기규제 법안 마련에 동참해줄 것을 호소했다. 오바마 대통령은 민주당 공식 홈페이지에 링크한 글에서 "올 들어 지금까지 미국에 300차례 이상의 총기 난사사건이 벌어져 거의 500명이 숨지고 1천 명이 다쳤다"며 총기규제 문제를 그냥 덮어둬서도, 무심하게 받아들여도, 아무것도 할 수 없다고 생각해서도 안 된다고 강조했다. 오바마 대통령은 총기 매매요건을 강화하기 위한 대통령 행정명령 추진과는 별개로 혼자서 이것을 바꿀 수는 없다고 말했다. 덧붙여 함께 일 해줄 연방 및 주 의회 의원과 주지사들의 도움이 필요하다며 지지를 호소했다. 그는 '오바마 케어(Obama care)', 동성결혼, 기후변화 등을 행정부와 입법부가 협력한 사례로 들면서 총기 법에 대한 개혁은 하지 못했다고 지적했다. 또 "그러나 아직 너무 늦지 않은 만큼 우리가 옴짝달싹 못하는 이 지점에서 미래의 지도자들이 행동에 나서달라"고 촉구했다.

미국 선거·의회

11월 08일

• 미 공화 상원의원들, 부시 대신 루비오 앞으로 (CNN 11. 08, 연합뉴스 11. 09 재인용)
– 최근 상승세를 탄 미국 공화당 대선 경선주자 마르코 루비오 상원의원이 동료 상원의원들의 지지를 속속 확보하고 있다. '아웃사이더' 돌풍에 밀려 당 주류 진영의 후보들이 영 맥을 못 추면서 그동안 마음을 결정하지 못했던 상원의원들이 루비오 의원의 급부상 조짐에 잇따라 지지를 공개 선언하고 나선 것이다. 8일 CNN 방송에 따르면 코리 가드너(Cory Gardner)와 스티브 데인즈(Steve Danes), 짐 리쉬(Jim Lishe)등 3명의 상원의원이 지난주에 연이어 루비오 의원을 공화당 대선 후보로 밀겠다고 선언했다. 중립적인 익명의 한 공화당 상원의원은 "상원 내에서도 젭 부시 전 주지사

에 실망감이 크다. 이제는 루비오 의원이 주도권을 잡은 모양새"라고 평가했다. 루비오 의원은 앞서 지난달 28일 CNBC 방송 주최 3차 TV토론에서 부시 전 주지사가 자신의 의회 표결 불참 기록을 공격하자 "나는 대통령에 출마한 것이지 부시 전 주지사에 맞서 싸우기 위해 출마한 것이 아니다"며 차별화를 시도해 큰 박수를 받았고 이후 한 자릿수를 헤매던 그의 지지율은 10% 초반대로 급등하며 도널드 트럼프, 벤 카슨에 이어 3위를 달리고 있다.

11월 09일

• 미국 대선후보들 거짓말 남발···"우기면 된다고 보는 듯"

(The New York Times 11. 07, 연합뉴스 11. 09 재인용)

– 미국에서 대권에 도전하는 후보들이 거리낌 없이 소소한 거짓말을 남발하고 있다고 미국 뉴욕타임스가 7일 보도했다. '미국정치적사실검증' 사이트인 '폴리티팩트(Politifact)'는 트럼프의 발언 40%는 거짓이라고 발표했다. 공화당의 또 다른 대선 경선주자인 칼리 피오리나 역시 CEO 시절부터 지금까지 계속 거짓말을 해왔다고 전했다. 최근 공화당 후보 벤 카슨은 경력을 허위로 말한 정황이 잡혀 최근 홍역을 치르고 있다. 대선 후보들의 거짓말 행진은 공화당만의 문제는 아니다. 민주당 유력 대선 주자인 힐러리 클린턴 전 국무장관 역시 거짓말을 했다. 정작 거짓말을 남발하는 후보들은 언론이 거짓말을 하고 있다며 언론의 불공정성에 불만을 제기하고 있다.

11월 19일

• 미 하원 시리아 난민 수용 막는 법안 압도적으로 가결···오바마 거부권도 무력화

(경향신문 11. 20)

– 미국 하원의회가 11월 19일 시리아 난민 수용을 어렵게 하는 법안을 289 대 137의 압도적 찬성으로 통과시켰다. 하원이 통과시킨 이 법은 난민 심사와 관련해 가장 엄격한 요건을 규정한 것이다. 오바마 행정부는 이 법이 채택되면 거부권을 행사하겠다고 밝히고 있으며, 앤 리처드 국무부 인구·난민·이주 담당 차관보는 이날 하원의 표결 전 의회에 출석해 이 법안에 반대 의사를 표했다. 하지만 '시리아 난민=테러리

스트' 라는 공포 조장 앞에서 소용이 없었다. 또한 이미 28개 주의 주지사가 자신들의 주에 시리아 난민들의 정착을 거부하겠다고 밝히는 등 미국 내 테러에 대한 공포가 고조된 상황이다. 이날 하원 표결에서 나온 찬성표는 재적 의원의 3분 2를 넘기 때문에 오바마 대통령의 거부권도 뛰어넘을 수 있다. 오바마 대통령의 호소에도 불구하고 민주당 의원들 47명이 이 법안에 찬성한 것으로 드러났다. 상원은 내주 추수감사절 연휴 이후 이 법안을 심의할 예정이다.

11월 22일
• 요동치는 미국 대선판도…"경제→안보 이슈 이동"

(The Washington Post 11. 22, 연합뉴스 11. 23 재인용)

- 파리 연쇄테러 이후 미국의 대선 판을 뒤흔드는 이슈로 안보 문제가 급부상하고 있다. 워싱턴포스트는 파리 테러 여파로 이슬람 극단주의자들의 공격 우려가 커지면서 미국의 대선 흐름이 변하고 있다고 22일 보도했다. 미국 일간 보스턴글로브와 서폭(Suffolk) 대학이 최근 뉴햄프셔 주의 공화당 성향 유권자를 상대로 조사한 결과 전체의 42%는 테러리즘과 국가 안보를 가장 중요한 문제로 꼽았다. 파리 테러가 일어나기 전 조사에서는 경제가 가장 큰 이슈였다. 유권자들의 공포심이 커지는 것과 비례해 대선 후보들도 안보 문제를 집중 거론하고 나섰다. 공화당 후보인 마르코 루비오 의원은 "파리에서 일어났던 일이 여기에서도 생길 수 있다"고 경고했고 린지 그레이엄(Lindsey Graham) 의원 역시 "미국 경선은 파리 테러 이전과 이후로 나뉜다. 내가 대통령이 된다면 당신들은 걱정 없이 쇼핑몰에 가거나 여행을 떠날 수 있을 것"이라며 지지를 호소했다. 공화당 대선후보의 선두주자인 도널드 트럼프 역시 미국 내 무슬림을 관리하는 데이터베이스를 구축하고, 무슬림 여부를 식별하는 신분증을 만들어야 한다고 주장했다. 민주당 대선후보들은 공화당의 난민 반대 운동을 비난하고 있지만 경선 유세 과정에서 높아진 유권자들의 (테러)공포와 마주해야 했다고 보도했다.

10월 30일

• 루비오, 인기폭발 구글 검색 1위⋯미 공화 주류주자로 부상하나　(연합뉴스 10. 30)

– 미국 정치권과 주요 언론이 공화당 대선 경선주자 마르코 루비오 상원의원에게 주목하기 시작했다. 실제 TV토론 이후 공화당 대선후보 1부리그 10명 가운데 누리꾼들이 가장 많이 검색한 인물은 루비오 의원이었다. 카슨과 트럼프가 각각 2, 3위에 올랐고 부시 전 주지사는 7위에 그쳤다. 공화당 경선관에서 도널드 트럼프와 벤 카슨 등 이른바 '아웃사이더' 돌풍에 밀려 존재감이 미약했던 루비오 의원이 지난 달 28일, 공화당 3차 TV토론에서 인상적인 모습을 보여줌에 따른 것이다. CNN 방송과 워싱턴포스트를 비롯한 미국 주요 언론도 루비오 의원을 확실한 '승자'로 평가하면서 그를 집중 조명하기 시작했다. 정치전문매체 폴리티코 역시 "이번 토론에서 부시 전 주지사는 망쳤고 루비오 의원이 승리했다는 것이 공화당 내부의 공통된 시각"이라고 단정했다. 또한 한 민주당원도 폴리티코에 "루비오가 계속 조금씩 부상하고 능력을 입증해 보이고 있다"고 평가했다.

11월 09일

• 오바마 페이스북 가입⋯7시간 만에 '좋아요 39만'　(한겨레 11. 10)

– 오바마 대통령이 페이스북을 시작했다. 오바마 대통령의 페이스북 페이지는 개설 7시간 만에 38만 명 이상이 '좋아요'(구독)를 눌렀다. 그는 "이곳에서 우리가 직면한 많은 문제들에 대해 진지한 대화를 나눌 수 있기를 바란다"는 내용의 글로 페이스북을 시작했다. 또한 "기후변화에 대응하기 위해 모두가 제 몫을 다해야 한다"며 국민들의 지지를 호소했다. 오바마의 페이스북 개설은 백악관이 최근 소셜 미디어(Social Media)를 통해 국민과 소통하려는 활동 중 하나로 평가된다.

11월 12일

• 20만 조합원 미국우정노조, 샌더스 지지 선언⋯힐러리와 노조 지지 양분

(경향신문 11. 13)

– 20만 명의 조합원이 소속된 미국 우체국노조가 버니 샌더스 상원의원을 대선후보로 지지 선언했다. 우체국노조는 미국의 노조연합체인 AFL-CIO(American Federation of Labor and Congress of Industrial Organizations, 미국 노동 총연맹 산업별 회의)에서 두 번째로 큰 노조다. 우체국노조 위원장은 12일 성명에서 샌더스가 우체국 업무의 민영화에 강하게 반대해온 점을 지지 이유로 들었다. 샌더스는 앞서 또 하나의 거대노조인 미국간호사노조의 지지 선언을 확보했다. 민주당의 유력주자로 샌더스와 경선을 벌이고 있는 힐러리 클린턴은 160만 명 이상의 조합원을 가진 공무원노조와 교직원노조의 지지 선언을 확보했다. 조합원 수의 면에서 샌더스에 앞서 있다. 지난 6~10일 이뤄진 CBS·뉴욕타임스 여론조사에서 힐러리는 52%의 지지율로 33%인 샌더스에 앞서 있다.

11월 14일

• "힐러리, 민주당 2차 TV토론서 압승…샌더스 타격"　　　　　　　　(연합뉴스 11. 15)

– 14일, 민주당 2차 TV토론에서 힐러리 클린턴 후보가 압승을 거뒀다는 여론조사 결과가 나왔다. 여론조사기관인 퍼플릭 폴리시 폴링(PPP)이 TV토론 직후 510명의 민주당 유권자들을 상대로 긴급 설문조사를 한 결과, 67%가 클린턴 후보를 승자로 꼽았다. 클린턴 후보의 대세론에 도전해온 버니 샌더스 후보가 승리했다는 응답은 고작 20%에 불과했고 마틴 오맬리후보는 7%을 얻는데 그쳤다. 클린턴 후보가 이처럼 압승을 거둔 것으로 평가된 것은 이번 토론의 핵심 주제가 파리 테러에 따른 외교안보 이슈였고 이 분야에서 클린턴 후보가 두드러진 강점을 보였기 때문인 것으로 풀이됐다. 이번 조사 결과에서 75%의 응답자가 클린턴 후보를 국가안보 분야에서 호감도가 가장 높은 후보라고 꼽았다.

6차(11월 말~12월 말)

이지원

이번 12월, 민주당에서는 시카고에서 발생한 흑인에 대한 경찰의 과잉 진압 사태가 버니 샌더스와 힐러리 클린턴 사이의 쟁점으로 떠올랐다. 공화당에서는 지도부 20여명이 모여 도널드 트럼프를 낙마시키기 위한 중재 전당대회의 필요성에 대해 합의했다. 한편 총기 규제 문제를 놓고 공화당과 민주당이 대립하는 모습을 보였다. 민주당에서는 샌버너디노 총기난사 사건을 계기로 총기규제 입법을 본격 추진하고 나섰다(연합뉴스 2015. 12. 18). 공화당은 총기규제를 반대하는 입장이지만 방법론을 둘러싸고 공화당 내부의 이견이 분분했다(연합뉴스 2015. 12. 09). 하지만 양당이 합의하는 모습을 보이기도 했다. 먼저 공화당과 민주당은 지난 12월 15일 자국산 원유수출 금지 조치를 40년 만에 해제한다는 데 합의했고 18일에는 2016년 회계연도 예산안을 합의해 승인했다. 이로써 연방정부는 셧다운(shutdown)위기에서 벗어나게 되었고 폴 라이언하원의장은 이날 발표한 성명에서 예산안 통과를 초당파적 합의를 통해 얻어진 승리라며 의미를 부여했다(조선일보 2015. 12. 19).

힐러리 클린턴이 워런 버핏(Warren Buffett)으로부터 공식적인 지지를 받았고 버핏과 함께 '부자들에게 과세를 늘리도록 하겠다'라는 약속을 했다. 힐러리는 민주당 2위 주자인 버니 샌더스와의 지지율 격차를 배 이상으로 벌이며 대세론을 굳혔다(연합뉴스 2015. 12. 20). 공화당에서는 테드 크루즈가 점차 부상하고 있다. 정치 전문지 폴리티코(Politico)에서는 힐러리 캠프에서도 유력한 대선 상대로 트럼프가 아닌 크루즈로 대비하고 있다고 보도했다(Politico 2015. 12. 12; 경향신문 2015. 12. 13 재인용). 초기에 주목받았던 젭 부시의 지지율은 3%라는 지지율에 그쳤으며 많은 미국 언론들은 부시의 회생 가능성을 낮게 보고 있다(연합뉴스 2015. 12. 05). 트럼프는 공화당 성향의 유권자들을 상대로 한 전국 여론조사에서 40% 이상의 지지의 문턱을 넘으며 여전히 선두를 질주하고 있다(연합뉴스 2015. 12. 15).

지난 11월 25일 CNN에서 주최한 인종차별에 관한 설문에 미국인의 49%가 큰 문제라고 답했다. 미디어의 영향이 인종차별에 대한 인식이 급증한 이유로 꼽혔다(연합뉴스 2015. 11. 26). 또한 12월 14일 AP통신과 조사기관 GFK가 공동으로 실시한 여론조사에 따르면 '이슬람국가'(IS) 격퇴를 위한 지상군 파병에 찬성하는 미국인이 42%로 나타났다. 특히 정치성향별 지상군 파병에 대한 지지도는 공화당이 민주당보다 높은 것으로 나타났다(연합뉴스 2015. 12. 15).

미국 정당

12월 04일

- 시카고 흑인사살 동영상, 민주당 경선후보 쟁점 부상 (연합뉴스 12. 05)

– 미국 시카고에서 발생한 흑인 10대 용의자 과잉 진압 사태가 민주당 경선 양대 주자 간 쟁점으로 부상했다. 시카고 시 당국이 경찰에 의한 용의자 사살 현장 동영상을 은폐하려 했다는 의혹이 제기된 가운데 미국 대선 민주당 경선 후보 버니 샌더스 연방상원의원이 4일 연방 법무부의 수사를 촉구하면서 버락 오바마 행정부 초대 비서실장 출신 민주당 람 이매뉴얼(Rahm Emanuel) 시카고 시장에게 퇴진 압력을 행사하고 나섰다. 하지만 클린턴은 이매뉴얼 시장에 대한 퇴진 요구에는 동의하지 않았고 "이매뉴얼 시장이 경찰 신뢰를 회복하기 위한 노력을 기울일 것"이라고 두둔했다. 이매뉴얼은 한때 2016년 대권 도전설이 제기된 민주당내 유력 인사이고, 클린턴의 러닝메이트(Running mate)로 지목될 가능성이 있다는 소문도 있었다. 하지만 이번 사태로 이매뉴얼은 정치적 위기를 맞게 됐다.

12월 06일

- 미국 공화 대선주자들 '오바마가 문제'…총기규제엔 이견 노출 (연합뉴스 12. 07)

– 미국 공화당 대선 경선주자들은 12월 6일 미국 로스앤젤레스 동부 샌버나디노 총기난사 사건을 고리로 오바마 대통령을 집중 성토하고 나섰다. 이번 총기난사 사건을 계기로 오바마 대통령과 민주당이 총기 규제를 강력히 추진하는 가운데 총기 규제에 반대하는 공화당 진영에선 방법론을 둘러싸고 이견을 노출했다. '비행기 탑승 금지 명단'에 오른 사람에게는 총기를 판매하지 못하도록 하자는 오바마 대통령의 구상에 대해 마르코 루비오의원은 "그 명단에 포함된 사람 중에 테러와 아무런 관

련이 없는 보통 미국인들이 많다"며 반대 입장을 밝혔으나, 경선 주자인 존 케이식 (John Kasich) 오하이오 주지사는 CNN 방송 인터뷰에서 "감시리스트에 오른 인물들 이 총기를 구입하지 못하게 하는 것은 상식"이라며 검토 가능하다는 입장을 보였다.

12월 07일
• "트럼프 낙마시키자" 공화당 지도부 움직인다
(The Washington Post 12. 11, 중앙일보 12. 14 재인용)
– 워싱턴포스트는 11일 공화당 전국위원회(Republican National Committee, RNC) 위원 장 라인스 프리버스(Reince Priebus)는 지난 7일 주최한 만찬에 공화당 지도부 20여명 이 모며 트럼프 퇴출 방안을 심도 있게 논의하면서 '중재 전당대회'의 필요성에 합의 했다고 전했다. 중재 전당대회란 당 후보를 뽑는 예비선거에서 어느 주자도 대의원 의 과반을 확보하지 못할 경우 당 지도부가 사실상 조정자 역할을 해 대선후보를 선 출하는 제도다. 1위를 차지해도 '자격미달'이라고 보는 후보를 퇴출하기 위한 수단 이기도 하다. 공화당은 1948년, 민주당은 52년에 이를 적용했다. 공화당 지도부가 중재 전당대회를 적극 검토하고 있는 건 트럼프가 후보로 지명될 경우 인종차별적 막말과 기행으로 히스패닉과 무슬림 표, 그리고 여성표가 대거 이탈해 사실상 민주 당과의 본선 대결에서 '필패'가 예상된다는 판단에 따른 것이다.

12월 16일
• 힐러리 클린턴, 버핏의 공식 지지받아…"부자들에게 과세 늘이겠다"
(동아일보 12. 17)
– 미국 네브래스카주 오마하에서 16일 열린 '클린턴 풀뿌리 조직 이벤트'에 참석한 투자의 귀재 워런 버핏으로부터 공식적인 지지를 받은 민주당 대선주자인 힐러리 클린턴 전 국무장관은 미국 부자들에 대한 과세를 늘릴 것을 약속했다. 이 날 버핏 은 미국에서 부유층과 빈곤층 간 빈부 격차가 더 커지고 있다고 말했다. 또한 자신의 보좌관이 630억 달러가 넘는 자산을 소유한 본인보다 더 많은 비율의 세금을 낸다 는 사실을 불공평하다며 오바마 대통령에 1년에 100만 달러 이상의 소득을 내는 고 소득층에게 연방세 30%를 내도록 한 '버핏 규정'을 제안했다. 클린턴 후보는 "버핏

의 주장이 100% 맞기 때문에 나는 여기서 한 발 더 나아가려고 한다"며 "나는 성공한 사람뿐만 아니라 생활고와 싸우는 더 나은 생활환경을 위해 노력하는 자들의 대통령이 되려고 한다"고 강조했다.

미국 선거·의회

12월 10일

• 힐러리 캠프, 대선 상대로 트럼프 아닌 '크루즈' 꼽아

(Politico 12. 12, 경향신문 12. 13 재인용)

– 내년 미국 대선의 민주당 후보로 유력한 힐러리 클린턴은 자신의 상대가 트럼프가 아니라 크루즈가 될 것으로 보고 대비하고 있다. 힐러리 캠프 선거대책본부장인 존 포데스타(John Podesta)는 지난 10일 캘리포니아주 버클리에서 민주당 후원자 90여 명을 모아놓고 비공개 강연을 하면서 공화당 대선후보가 될 가능성이 높은 사람을 크루즈, 트럼프, 루비오 순으로 꼽았다고 정치전문지 폴리티코가 보도했다. 공화당 주류는 트럼프가 본선에서 힐러리와 붙을 경우 필패 카드가 될 것으로 보고 있다. 반면 크루즈나 루비오처럼 당내 지지를 받는 직업정치인이면서 젊은 히스패닉계 후보가 지명될 경우 본선 경쟁력이 극대화될 것으로 기대한다. 대선 풍향계로 불리는 아이오와주의 공화당 유권자들 상대 여론조사에서는 크루즈가 트럼프를 제치고 1위로 올라서고 있다. 힐러리 캠프는 잠재적 경쟁자인 크루즈가 과거 낙태, 피임에 대해 했던 발언 등을 거론하며 최근 부쩍 공격 수위를 높이고 있다.

12월 15일

• 미국 하원, 자국산 원유 수출 금지 해제 합의

(Bloomberg 12. 15, 연합뉴스 12. 16 재인용)

– 미국 하원에서 민주·공화 양당이 12월월 15일 자국산 원유수출 금지 조치를 40년 만에 해제한다는 데 합의했다고 블룸버그통신(Bloomberg)이 보도했다. 미국은 1차 석유파동을 계기로 1975년부터 자국산 원유 수출을 금지해 왔으며, 현재 캐나다 등 일부 국가에만 제한적으로 원유를 수출하고 있지만 수출량은 하루 50만 배럴로 제

한돼 있다. 통신에 따르면 폴 라이언 하원의장은 이날 공화당 의원들의 비공개 회의에서 이런 내용이 포함된 세출법안에 합의했다고 밝히면서, 오는 12월 17일 투표에 부치기로 했다고 전했다. 양당은 12월 16일 세출법안을 심의하면서 공화당이 요구해 온 자국산 원유수출 금지 조치 해제 여부를 논의할 계획이었다.

12월 16일

• 미국 민주당 '공격용 살상무기 판매금지법' 발의   (연합뉴스 12. 18)

– 미국 민주당이 30여 명의 사상자를 낸 로스앤젤레스 동부 샌버너디노 총기난사 사건을 계기로 총기 규제 입법을 본격으로 추진하고 나섰다. 민주당 소속인 데이비드 시실린(David Thisilyn) 하원의원은 16일 반자동 소총이나 군용 총기 등 공격용 살상무기를 개인에게 상업용 목적으로 판매하지 못하도록 하는 이른바 '공격용 무기 금지법안'을 발의했다. 이 법안에는 민주당 동료 의원 90명가량이 동참했다. 이 법안은 오바마 대통령이 연일 총기 규제 필요성을 역설하는 가운데 발의된 것으로, 민주당 의원들이 법안을 대거 지지하고 있지만, 공화당이 강력히 반대하고 있어 의회를 통과하기는 쉽지 않을 전망이다.

12월 18일

• 미 의회, 1조 1400억 달러 내년 예산안 승인…셧다운 벗어났다   (조선일보 12. 19)

– 미국 의회가 18일 1조 1400억 달러(약 1350조 원) 규모의 2016회계연도(지난 10월 1일~내년 9월 30일) 예산안을 승인했다. 이로써 연방정부는 예산안 통과 지연에 따른 셧다운 위기에서 벗어나게 됐다. 이날 오전 실시된 미국 하원 표결에서 예산안은 찬성 316표, 반대 113표로 가결됐다. 이어 곧바로 실시된 상원 표결에서도 찬성 65표, 반대 33표로 예산안은 통과됐다. 오바마 대통령은 의회에서 처리된 예산안이 백악관으로 송부되자 곧바로 서명했다. 전문가들은 예산안이 상대적으로 수월하게 하원을 통과한 데 대해 공화당에서 폴 라이언 하원의장이 지난 10월 새로 취임한 뒤, 자신들이 국정수행능력을 국민에게 보이겠다는 의지가 강했기 때문이라고 보았다. 라이언 하원의장은 취임 일성으로 그동안 공화당 주도 하원이 내분으로 역효과를 일으켜 정치적 교착상태가 심화됐다며 무너진 하원을 바로세우겠다고 밝힌 바 있다. 라

이언 하원의장은 이날 발표한 성명에서 예산안 통과에 "초당파적 합의를 통해 얻어진 공화당과 미국인의 의미 있는 승리"라는 의미를 부여했다.

11월 25일
• CNN 여론조사서, 미국인 49% "인종 차별이 큰 문제"

(CNN 11. 25, 연합뉴스 11. 26 재인용)

– 미국 CNN 방송이 보건 정책 연구 기관인 카이저 가족 재단(Kaiser Family Foundation)과 공동으로 진행해 25일 발표한 여론조사를 살펴보면 '요즘 우리 사회에서 인종 차별이 얼마나 큰 문제인가'라는 물음에 대해 응답자의 49%가 인종 차별을 큰 문제라고 봤다. 인종 차별이 큰 문제라는 응답률은 4년 전 조사(28%)는 물론 20년 전인 1995년의 조사(41%) 때보다 높아 미국인이 느끼는 심각성을 반영했다. 인종별로 흑인(66%)과 히스패닉(64%)의 3분의 2에 가까운 인원이 인종 차별을 큰 문제라고 본데 반해 똑같은 답을 한 백인은 43%에 머물렀다. CNN 방송은 1995년 조사에서 인종 차별을 큰 문제라고 본 히스패닉이 절반을 밑돈 점에 비춰보면 이들이 느끼는 차별 인식이 급증했다고 평했다. 인종 차별이 주요 이슈가 된 이유에 대해 대다수 응답자는 TV의 집중 보도와 사회관계망 서비스 등 뉴미디어의 등장을 들었다. 작년부터 끊임없이 발생하는 백인 경관에 의한 흑인의 사망 사건을 언론이 대대적으로 보도하면서 자연스럽게 관심을 두게 됐다는 설명이다. 미디어 영향으로 흑인에 대한 경찰의 폭력에 둔감하던 백인도 서서히 실태를 알아가고, 대학에서도 인종 차별이 반복되면서 특정인만 문제가 아니라 미국 사회 전체의 문제라는 인식의 지평이 넓어진 것으로 보인다.

12월 04일
• "백약이 무효, 날개 없는 추락" 젭 부시 지지율 3%

(CNN 12. 04, 연합뉴스 12. 05 재인용)

– 미국 명문 부시 가문에서 3번째 대통령이 되느냐로 초기 주목받았던 젭 부시 전

플로리다 주지사의 지지율이 장기간 바닥을 기면서 "백약이 무효"라는 탄식이 캠프 안팎에서 나오고 있다고 CNN이 전했다. CNN과 여론조사기관인 ORC가 공화당 성향 유권자들을 상대로 공동 실시해 이날 발표한 여론조사 결과, 부시 전 주지사의 지지율은 6위인 3%에 그쳤다. 미 언론은 부시 전 주지사가 자신만의 독특한 메시지 발신에 실패하고 있는 점, 미래 비전을 보여주지 못한 점, 타깃 유권자층이 불분명한 점 등을 들어 그의 회생 가능성을 낮게 보고 있다.

12월 14일

• 미국인 42% "이슬람국가(IS) 격퇴 위해 지상군 파견해야" (연합뉴스 12. 15)
– 미국에서 수니파 극단주의 무장단체 '이슬람국가'(IS)를 격퇴하기 위해 지상군을 파병해야 한다는 여론이 높아지고 있다. 14일 AP통신과 시장 조사기관 GFK가 실시한 공동 여론조사 결과를 보면 이슬람국가(IS) 격퇴를 위한 지상군 파병에 찬성하는 미국인의 비율은 전년의 31%에서 올해 42%로 상승했다. 지상군 파병에 대한 정치성향별 지지도는 공화당이 민주당보다 높았다. 공화당원 10명 중 6명이 지상군 파병을 지지한 반면 민주당원과 무당파 시민의 경우 10명 중 3명에 그쳤다. 분석가들은 추가적인 행동을 원하는 공공의 요구는 파리 테러와 캘리포니아 주 샌버너디노의 총기 난사 테러 이후 이슬람국가(IS)에 대한 우려가 커지는 상황을 반영하는 것이라고 설명했다.

12월 14일

• 트럼프, '무슬림 입국금지' 발언 후 전국지지율 40% 넘어 (연합뉴스 12. 15)
– 미국 대선의 공화당 후보인 트럼프가 공화당 성향 유권자들을 상대로 한 전국 여론조사에서 40% 지지의 문턱을 넘으며 선두를 질주했다. 2위인 테드 크루즈와의 격차는 27%에 달해 논란에 휩싸인 그의 지난 7일 '모든 무슬림 미국 입국 금지' 발언이 보수 유권자들에게 제대로 먹혀들었다는 분석이 나왔다. 몬마우스(Monmouth)대학이 12월 10~12일 공화당 성향 유권자 385명을 상대로 실시, 14일 공개한 여론조사에서 트럼프는 41%의 지지를 확보했다. 이 지지율은 10월 중순의 같은 조사에 비해 13%포인트 상승한 것이다. 트럼프에 대한 '선호도'도 10월 중순의 52%에서 61%로

올랐다.

12월 19일

• 클린턴, 샌더스에 배 이상 앞서…'대세론' 굳히나　　　　　　　　(연합뉴스 12. 20)

– 미국 민주당 대선레이스의 선두주자인 힐러리 클린턴과 2위 주자인 버니 샌더스와의 지지율 격차가 배 이상으로 다시 벌어졌다. 초기 경선지역인 아이오와와 뉴햄프셔에서는 아직 접전양상이지만 전반적으로 클린턴 후보가 '대세론'을 굳혀가는 반면, 샌더스 후보는 표의 확장성에 뚜렷한 한계를 드러내는 모습이다. 미국 워싱턴 포스트와 ABC 방송이 19일 발표한 여론조사 결과에 따르면 클린턴의 전국단위 지지율은 59%에 달했고 샌더스는 절반도 안 되는 28%에 그쳤다. 이는 지난달 같은 기관들이 조사한 여론조사 결과(클린턴 60%, 샌더스 34%)와 비교해볼 때 클린턴의 지지율은 1% 포인트 하락한 반면 샌더스의 지지율은 6% 포인트 떨어진 것이다. 클린턴과 샌더스의 지지율 격차가 다시 벌어진데에는 최근 파리 테러(11월 13일)와 샌버나디노 총기난사 테러(12월 2일) 이후 테러리즘 대처능력에 대한 일반 여론의 평가가 작용한 데 따른 것으로 풀이된다.

7차(12월 말~2016년 1월 말)

조현희

미국 대선의 시작을 앞두고 후보들 간의 신경전이 더욱 거세지고 있다. 미국 공화당의 유력 대선주자 도널드 트럼프는 이번 대선은 '전쟁'이라며 민주당의 힐러리 클린턴에 성추문, 여성혐오자 등 막말을 퍼붓는 동시에 공화당 후보 젭 부시와 테드 크루즈 상원의원에 대해서도 비판하고 나섰다. 동시에 트럼프는 대선 공약에 적극적으로 나서기 시작했다. 민주당 성향이 강한 아이오와와 뉴햄프셔, 사우스캐롤라이나 주에 자신의 재산 1억 달러(약 1천 128억 원)를 선거에 쓰겠다고 밝히면서 대선 승리에 대한 자신감을 표출했다(연합뉴스 2015. 12. 30). 하지만 공화당 지도부에서는 민주당의 유력주자인 힐러리 클린턴 전 국무장관과 맞서면 반드시 패한다는 예측 때문에 최종 후보로 트럼프가 지명되는 것을 막아야 한다는 공감대가 당 전반에 확산하고 있다(연합뉴스 2016. 01. 10). 그럼에도 불구하고 여론조사에서 전국적으로 트럼프가 35%의 지지율로 선두를 달리고 있다는 것은 트럼프에 대한 미국인들의 지지가 여전함을 증명한다(Fox News 2016. 01. 09; 연합뉴스 2016. 01. 10 재인용).

클린턴 전 장관은 민주당 지지자들 사이에서 50%의 지지율로 1위를 차지했지만 공화당 주자 마르코 루비오, 테드 크루즈에게 각각 뒤지는 것으로 조사됐다(CNN 2015. 12. 25; 연합뉴스 2015. 12. 26 재인용). 이에 대한 '정면돌파'로써 빌 클린턴(Bill Clinton) 전 미국 대통령이 부인인 힐러리 클린턴 전 국무장관의 대선 지원 유세에 나섰다. 하지만 민주당 성향 인사들의 85%는 2월에 경선이 열리는 초기 4개 주 가운데 적어도 한 곳에서 버니 샌더스(Bernie Sanders) 의원의 승리를 점쳤다(Politico 2016. 01. 17; 연합뉴스 2016. 01. 18 재인용).

버락 오바마 대통령이 공화당 주도의 미국 의회에서 송부한 '오바마 케어(Obama care)' 무력화 법안이 보건제도의 성과들을 후퇴하게 만든다며 거부권을 행사해 의회로 돌려보냈다(연합뉴스 2016. 01. 09). 또한 오바마 대통령은 집권 2기 임기 마지막 해의 최대 어젠다인 총기규제를 관철하기 위해 총력을 기울이고 있다. 그는 총기규제 행정명령을 공개한 이후 뉴욕타임스에 기고한 글에서 총기 개혁을 지지하는 않는 후보는, 설령 그 주자가 민주당 후보라도 절대 지지하지 않을 것"이라고 선언했다(The New York Times 2016. 01. 07; 연합뉴스 2016. 01. 09 재인용). 한 여론조사 결과에 따르면 응답자의 67%가 오바마 대통령의 총기 규제 행정 명령에 찬성했지만 응답자의 60%는 이러한 행정 규제로는 총기 사고 사망자 수를 줄이지 못할 것이라고 예상했다. 오바마 대통령의 총기 정책 대응에 불만족한다고 답한 비율이 53%로 만족한다는 답변(43%)보다 많은 사실을 본다면 미국인은 총기 문제에 대해선 동의하지만 오바마 대통령의 총기 정책에는 신뢰하지 못한다고 할 수 있다(CNN 2016. 01. 08; 연합뉴스 2016. 01. 09 재인용).

미국 정당

12월 28일

• 빌 클린턴, 힐러리 지원유세 나선다   (연합뉴스 12. 29)

- 빌 클린턴 전 미국 대통령이 오는 1월 4일부터 부인인 힐러리 클린턴 전 국무장관의 대선 지원 유세에 나선다. 클린턴 전 장관 선거운동본부는 28일 클린턴 전 대통령이 내년 2월 9일 예비선거가 진행되는 뉴햄프셔 주 소도시 내슈어와 엑스터를 시작으로 이 지역에서 지속적인 소규모 지원 유세를 이어갈 계획이라고 발표했다. 빌클린턴은 지금까지는 부인을 지원하기 위한 공식 행사에 거의 나서지 않았다. 정치분석가들은 지원 유세 발표가 공화당 선두주자인 도널드 트럼프가 계속해서 클린턴전 장관을 공격 것에 대한 '정면 돌파'의 성격을 나타낸다고 분석했다.

12월 31일

• 카슨 지지율 하락과 동시에 핵심참모들 줄 사퇴로 위기   (연합뉴스 01. 02)

- 미국 공화당 대선 경선주자 중 유일한 흑인인 벤 카슨은 핵심참모들 줄줄이 사퇴하면서 곤혹스러운 입장에 빠졌다. 카슨은 '아웃사이더' 돌풍을 일으키며 복음주의자들의 전폭적인 지지를 등에 업고 지난 10월 여론조사에 1위 자리에 올랐으나, 주요 현안에 대한 잇단 말 바꾸기와 정책비전 미흡 등의 논란 속에 11월 들어 지지율이 급락하기 시작해 4위까지 떨어진 상태다. 설상가상으로 카슨 캠프의 배리 베넷

(Barry Bennett) 선거사무장과 더그 와츠(Doug Watts) 공보책임자가 2016년 새해를 하루 앞두고 전격으로 사퇴했다. 12월 초에는 공동 선거사무장이자 선거자금 모금 총책 중 한 명인 빌 밀스(Bill Mills)가 캠프를 떠났다. 더 큰 문제는 이들 3명 이외에도 대오를 이탈한 사람들이 더 있다는 점이다. 베넷은 "(우리 이외에도) 법무자문 담당자에서부터 일반 선거관리자에 이르기까지 고위급 참모 상당수도 사퇴했다"고 말했다.

01월 10일

• 공화당, "트럼프 후보지명 사우스캐롤라이나에서 막자"　　　　　　　(연합뉴스 01. 10)

– 미국 대선 주별 경선이 다가오면서 트럼프가 당의 내로라하는 후보를 누르고 최종 후보로 지명되는 것을 막아야 한다는 공감대가 당 전반에 확산하고 있다. 트럼프가 최종 후보가 돼 민주당의 유력주자인 힐러리 클린턴 전 국무장관과 맞서면 반드시 패한다고 보기 때문이다. 공화당 지도부에서는 2월 20일 사우스캐롤라이나 예비선거가 트럼프에 제동을 걸 수 있을 것으로 예측한다. 사우스캐롤라이나 주 공화당 의장을 지낸 케이튼 도슨(Caton Dawson)은 블룸버그와의 인터뷰에서 이 주에 영향력이 큰 조지 워커 부시(George Walker Bush) 전 대통령이 경선전에 개입할 것을 요청했다. 테드 크루즈가 첫 번째 아이오와 주, 트럼프가 두 번째 뉴햄프셔 주에서 각각 선두를 거머쥘 가능성이 크기 때문에 세 번째 경선전인 사우스캐롤라이나 예비선거가 트럼프 돌풍을 저지할 최후의 보루로 꼽히고 있다. 세 번째 주인 사우스캐롤라이나 주의 승자가 엄청난 탄력을 받게 될 것이기 때문이다. 여세를 몰아 열흘 뒤 14개 주에서 경선이 열리는 슈퍼화요일(3월 1일)까지 석권할 수 있다는 것이다. 그렇기 때문에 트럼프가 여론에서는 압도적으로 우세하지만 이 지역에 트럼프에게 우호적인 인사는 없다.

01월 11일

• 힐러리, 난민 처리 문제에 오바마와 대립　　　　　　　　　　　　(연합뉴스 01. 12)

– 미국 민주당의 유력 대선 경선후보인 힐러리 클린턴 전 국무부 장관이 중미 출신 불법 체류자에 대한 추방을 중단하라고 오바마 행정부에 촉구했다. 클린턴 전 장관은 민주당 포럼에서 "연말 휴가 때 불거진 난민몰이는 대추방으로 분열과 공포의 씨

앗을 뿌리는 행위였다"고 비판했다. 그는 자신이 대통령이 되면 불법 이민자들과 동반하는 미성년자들에게 정부 변호인을 보장하고 이민법정을 위한 재정지원도 확대하겠다고 강조했다. 미국 내 중남미 사회 지도자들뿐만 아니라 다른 민주당 대선 경선후보들도 오바마 행정부를 비판하며 불법 이민자들에 대한 체포를 중단하라고 촉구하고 있다. 백악관은 유죄 평결을 받은 이민자나 불법적으로 국경을 넘다가 붙잡힌 이들을 최우선 순위로 삼아 추방하려고 중미 출신 불법 체류자들을 급습하고 있다고 밝혔다.

미국 선거·의회

01월 07일

• 오바마 "총기규제 반대하면 민주당 후보라도 안 밀것"

(The New York Times 01. 07, 연합뉴스 01. 09 재인용)

– 버락 오바마 미국 대통령이 집권 2기 임기 마지막 해의 최대 어젠다인 총기규제를 관철하기 위해 총력을 기울이고 있다. 지난 5일 총기구매자 신원조회 의무화, 총기규제 행정명령을 공개한 이후 타운홀 미팅과 언론 기고, 로드쇼 등을 통해 대국민 여론전에 나섰다. 특히 미 최대 로비집단 미국총기협회(National Rifle Association, NRA)를 노골적으로 비판함과 동시에 오바마 대통령은 뉴욕타임스에 기고한 글에서 "지극히 상식적인 총기 개혁을 지지하는 않는 후보는, 설령 그 주자가 민주당 후보라도 절대 지지하지 않을 것"이라고 말했다. 그는 같은 날 저녁 현재 도널드 트럼프를 비롯해 공화당 주자들은 오바마 대통령의 총기규제를 규탄하는 반면, 민주당 유력주자인 힐러리 클린턴 전 국무장관은 적극적으로 찬성하며 오바마 대통령과 코드를 맞추어 유세에 나서고 있다.

01월 08일

• 오바마 '오바마 케어 무력화' 법안에 거부권 행사 (연합뉴스 01. 09)

– 버락 오바마 미국 대통령은 공화당 주도의 미 의회에서 송부한 '오바마 케어' 무력화 법안에 미국의 보건제도의 성과들을 후퇴하게 만든다며 거부권을 행사해 의회

로 돌려보냈다. 지난 6일 하원의 표결을 거쳐 오바마 대통령에게 송부된 '중재 법안'(H.R. 3762)이라는 이름의 이 법안에는 연방정부가 오바마 케어 가입자에게 보조금을 지급할 수 없다는 등의 내용이 담겼다. 이 법안에는 태아 생체조직 밀매 의혹, 콜로라도 주에서의 무차별 총격 피해 등으로 미국에서 논란이 된 임신중절 옹호단체 '플랜드 페어런트후드'에 대한 연방정부 지원을 중단한다는 내용도 포함됐다. 공화당 1인자인 폴 라이언 하원의장은 오바마 대통령의 거부권 행사에 대해 재의결을 거쳐 다시 이 법안을 대통령에게 보내겠다고 했다.

01월 08일

• 트럼프 유세 중 쫓겨난 무슬림에 무슬림 사회 반발

(CNN 01. 08, 동아일보 01. 11 재인용)

– 공화당 대선 선두주자인 도널드 트럼프는 시리아 난민들이 이슬람국가(IS)와 연계되어 있어 무슬림의 미국 입국을 막아야 한다고 목소리를 높였다. 이때 트럼프 뒤에서 히잡을 쓰고 조용히 서 있던 항공사 승무원인 무슬림 여성 로즈 하미드(Rose Hamid)가 시위 용의자로 지목당해 경호원에게 끌려나왔다. 유세장에서 시위 발생 시 정리를 해달라는 트럼프 선거 캠프의 요청 때문이었다. 이 광경을 보고 있던 트럼프는 "우리에겐 (무슬림과 관련해) 해결해야 할 여러 문제가 있다"고 말했다. 하미드 씨는 유세장에서 나온 뒤 CNN 인터뷰에서 트럼프와 그의 지지자들에게 무슬림도 똑같은 사람이라는 사실을 알리고 싶어 유세장을 찾았다고 말했다. 이 사실이 알려지자 미국 내 최대 무슬림 단체인 미국-이슬람관계위원회는 트럼프의 사과를 요구했다. 그러나 트럼프는 아무런 언급도 하지 않았다.

01월 11일

• 트럼프 "오바마 해고"에 "힐러리를 감옥에"로 대답한 청중 (중앙일보 01. 15)

– 지난 11일 뉴햄프셔주 윈덤의 한 콘퍼런스홀에서 열린 공화당 대선 경선 주자 도널드 트럼프의 유세현장에서 트럼프와 500여 명의 청중들은 오케스트라의 지휘자와 단원들처럼 박자가 맞아 떨어졌다. 트럼프는 불법이민자를 성폭행범으로 몰며 멕시코와의 국경에 장벽을 설치하겠다고 주장해 국제적인 논란을 빚기도 했다. 연

단에 선 트럼프가 시리아 난민 수용을 강행하는 오바마 대통령을 비난한 뒤 "문제를 해결하려면 트럼프를 대통령으로 만들면 되고 속성으로 할 수도 있다. 오바마 대통령 당신은 해고야!"라고 말하자 박수가 터져 나왔다. 트럼프가 개인 이메일을 공무에 사용한 클린턴 전 장관의 이름을 거명하자 청중들은 일제히 야유를 보냈다. 한 남성은 "힐러리를 감옥에!"라며 고함을 질렀다. 트럼프는 연설 도중 지겨운 얘기라며 말을 끊은 한 남성을 행사장에서 내쫓았다. 한 20대 청년은 트럼프를 지지하는 이유를 묻자 "트럼프는 워싱턴의 정치인과는 달리 과격하기 때문에 힘이 있다"고 말했다.

01월 17일

• 민주당 "수돗물 오염 사태, 백인동네라면 없었을 일"…흑인 표심 공략

(The Washington Post 01. 18, 연합뉴스 01. 19 재인용)

– 미국 민주당 유력 대선 후보들이 미시간 주 디트로이트 교외도시의 수돗물 납 오염 사태를 비난하며 흑인 표심을 두드리고 있다. 힐러리 클린턴 전 국무장관과 버니 샌더스는 17일 밤 사우스캐롤라이나 주 찰스턴에서 열린 민주당 대선 예비후보 TV 토론회에서 총기규제·건강보험·월가 개혁 등에 대해 격론을 벌였으나, 미시간 주 플린트 시의 수돗물 납 오염 사태에 대해서는 한목소리를 내며 공화당 소속 주지사를 비난했다. 클린턴은 "플린트 시는 주민 대다수가 흑인이고 빈민이기 때문에 무시됐다"고 지적했다. 이에 대해 워싱턴포스트는 "클린턴 전 장관은 경쟁 후보 샌더스 상원의원의 흑인 유권자 지지 기반이 약하다는 것을 잘 알고 플린트 시 문제를 흑인 표 구애 카드로 사용했다"고 해석했다. 샌더스 의원은 이 자리에서 "릭 스나이더 (Rick Snyder) 미시간주지사(공화)가 이번 사태의 책임을 지고 자리에서 물러나야 한다"고 강조했다.

미국 여론

12월 25일

• 힐러리, 가상대결서 트럼프는 꺾지만 루비오·크루즈에 뒤져

(CNN 12. 25, 연합뉴스 12. 26 재인용)

– 미국 민주당 유력 대선 주자인 힐러리 클린턴 전 국무장관이 가상 양자대결에서 공화당 주자들인 플로리다 주의 마르코 루비오, 텍사스 주의 테드 크루즈 상원의원에게 각각 뒤지는 것으로 25일 조사됐다. 그러나 공화당 선두주자인 도널드 트럼프에게는 이기는 것으로 나타났다. CNN과 여론조사기관인 ORC가 조사를 실시한 결과, 클린턴 전 장관은 민주당 지지자들 사이에서는 50%의 지지율로 1위를 차지했다. 2위 주자인 버몬트 주의 버니 샌더스 상원의원의 34%를 크게 웃도는 압도적 1위였다. CNN은 "클린턴 전 장관이 샌더스 의원을 외교 분야에서 72% 대 15%, 이슬람국가(IS) 대처 분야에서 63% 대 18%, 총기규제 정책 분야에서 51% 대 30%로 각각 앞섰다"고 분석했다. 하지만 가상 양자대결에서 트럼프에게는 49% 대 47%로 이기지만, 루비오 의원에게 46% 대 49%로, 크루즈 의원에게 46% 대 48%로 근소하게나마 각각 뒤지는 것으로 나타났다.

01월 08일

• 미국인 67% 오바마 총기 규제지지…실효성은 '글쎄'

(CNN 01. 08, 연합뉴스 01. 09 재인용)

– 미국 CNN 방송이 여론조사기관인 ORC와 공동으로 시행해 8일 공개한 여론조사를 보면, 응답자의 67%가 오바마 대통령의 총기 규제 행정 명령에 찬성해 반대(32%) 의견을 크게 앞질렀다. 총기 소유자의 57%와 무기 소유를 지지하는 사람들의 56%도 규제를 지지했다. 오바마 대통령의 총기 규제를 아주 열렬히 지지한다는 답변(43%)이 강력하게 반대한다는 의견(21%)을 압도하였다. 그러나 응답자의 60%는 이러한 행정 규제로는 총기 사고 사망자 수를 줄이지 못할 것이라고 예상했다. 오바마 대통령의 업적을 긍정적이게 바라보는 응답자의 57%가 이번에도 행정명령이 효과를 볼 것이라고 생각했지만 반대로 회의적인 응답자 중 행정명령의 총기 규제 효과를 확신한 이는 단 7%에 그쳤다. 결국, 미국인은 총기 문제가 현재 미국 사회의 가장 큰 이슈라는 오바마 대통령의 의식에 공감하면서도 이를 풀어가는 오바마 대통령의 총기 정책은 미덥지 못하다고 본 셈이다. 오바마 대통령의 총기 정책 대응에 불만족스럽다고 답한 비율이 53%로 만족스럽다는 답변(43%)보다 많은 사실이 이를 뒷받침

한다.

01월 09일

• 크루즈는 아이오와 · 트럼프는 뉴햄프셔에서 각각 1위

(Fox News 01. 09, 연합뉴스 01. 10 재인용)

– 미국 대선 첫 주별 경선인 아이오와 주 코커스(2월 1일)와 두 번째 경선인 뉴햄프셔 주 예비선거(2월 9일)에서 테드 크루즈 상원의원과 도널드 트럼프가 각각 선두를 달리고 있는 것으로 조사됐다. 폭스뉴스는 지난 4~7일 여론조사를 실시한 결과를 1월 9일 공개했다. 첫 경선지인 아이오와 주에서는 크루즈가 27%, 트럼프 23%, 마르코 루비오 상원의원 15%, 신경외과의사 출신 벤 카슨 9% 등 순서였다. 그러나 8일 뒤 열리는 뉴햄프셔 주에서는 트럼프가 33%로 압도적 1위를 차지했고 이어 루비오 15%, 크루즈 12%, 젭 부시 전 플로리다 주지사 9% 등으로 나타났다. 전국적으로는 트럼프가 35%로 선두를 달렸고 크루즈 20%, 루비오 13%, 카슨 10%의 순서였다. 한편 민주당의 경우 버니 샌더스 상원의원이 뉴햄프셔 주에서 50%의 지지를 얻어 37%에 그친 힐러리 클린턴 전 국무장관을 13% 포인트 앞섰다.

01월 17일

• 샌더스 초기 4개주 중 1~2곳 승리…힐러리 신뢰위기 심각"

(Politico 01. 17, 연합뉴스 01. 18 재인용)

– 정치전문매체인 '폴리티코'는 최근 실시한 여론조사 결과를 17일 보도했다. 조사 결과, 민주당 성향 인사들의 85%는 아이오와, 뉴햄프셔, 사우스캐롤라이나, 네바다 등 2월에 경선이 열리는 초기 4개 주 가운데 적어도 한 곳에서 샌더스 의원의 승리를 점쳤다. 세부적으로는 48%가 1개 주에서, 27%는 2개 주에서, 10%는 3개 주에서 샌더스 의원이 승리할 것이라는 견해를 각각 밝혔다. 클린턴 전 장관의 위기는 신뢰의 위기와 '변화의 아이콘'으로서의 실패 등을 들었다. 네바다 주의 한 민주당 전문가는 "힐러리가 무엇을 하더라도 근본적으로 신뢰하지 않는다는 유권자가 늘 40%는 된다"고 지적했다.

8차(1월 말~2월 말)

조현희

2월 1일 아이오와 당원대회에서 예상을 깨고 공화당의 테드 크루즈가 도널드 트럼프를 격파했고 민주당의 버니 샌더스는 힐러리 클린턴을 0.2% 차이로 앞섰다(CNN 2016. 02. 02; 연합뉴스 2016. 02. 02 재인용). 이는 아이오와 경선 직전 마지막 공동 여론조사와는 다른 결과로, 조사에서는 민주당의 힐러리 클린턴이 45%의 지지율을 기록해 42%를 얻은 버니 샌더스를 3%포인트 차로 앞섰고 도널드 트럼프 역시 28%를 얻어 23%를 기록한 테드 크루즈를 5%포인트 차로 앞섰다 (Register-Bloomberg 2016. 01. 30; 연합뉴스 2016. 01. 31 재인용).

2월 10일 뉴햄프셔 예비선거를 앞두고 나온 막판 여론조사에서 민주당의 샌더스는 61%의 지지를 얻어 35%를 얻은 힐러리 클린턴을 26%포인트 앞섰고, 공화당의 트럼프는 31%를 기록해 2위인 마르코 루비오를 14%포인트 격차로 따돌렸다(CNN 2016. 02. 08; 동아일보 2016. 02. 09 재인용). 실제 예비선거에서도 민주당의 버니 샌더스와 공화당의 도널드 트럼프가 각각 큰 표차로 2위 후보들을 따돌렸다. 특히 트럼프는 뉴햄프셔 경선에서 35%의 득표율을 얻어 1위를 탈환하면서 상승세를 타기 시작했다(한겨레 2016. 02. 10).

네바다에서 민주당의 당원대회가 있기 직전 실시된 여론조사에서 민주당의 샌더스는 47%로 44%인 클린턴을 앞섰고, 사우스캐롤라이나 경선을 앞둔 여론조사에서 공화당의 트럼프가 39%의 지지율로 테드 크루즈(23%)와 마르코 루비오(19%)를 제쳤다(그래비스 2016. 02. 23; 조선일보 2016. 02. 24 재인용). 실제로 2월 20일 민주당의 네바다 주 당원대회에서 힐러리 클린턴이 52.7%를 얻어 버니 샌더스(47.2%)를 꺾었고, 공화당의 사우스캐롤라이나 주 예비경선에서는 도널드 트럼프가 32.5%의 지지율로 마르코 루비오(22.5%)와 테드 크루즈(22.3%)를 여유 있게 따돌렸다(동아일보 2016. 02. 21). 또한 2월 23일 네바다 주 당원대회를 앞두고 실시된 한 여론조사 결과 트럼프가 39%의 지지율로 23%를 얻은 테드 크루즈 상원의원을 16%포인트 차로 제쳤다(중앙일보 2016. 02. 23). 여론조사의 예측은 빗나가지 않았고 실제로 도널드 트럼프는 23일 네바다 당원대회에서의 승리로 3연승을 거뒀다(국민일보 2016. 02. 24).

지금까지 후보별 대의원수 득표를 보자면 민주당의 클린턴 전 장관은 당 지도부나 주지사, 연방 상·하원 의원 등 경선과 관계없는 슈퍼 대의원을 포함해 496명의 대의원을 확보했으며 69명을 기록하고 있는 샌더스 의원을 크게 앞서고 있다. 공화당의 트럼프는 67명의 대의원을 확보해, 11명을 기록하고 있는 크루즈 의원보다 6배 이상 많은 대의원을 차지한 상태다(YTN 2016. 02. 23).

미국 정당

01월 25일

• 미국 공화당 경선 중도하차 릭 페리(Rick Perry), 크루즈 지지 선언 (연합뉴스 01. 26)
– 미국 공화당 대선 경선에 출마했다가 중도에 하차한 릭 페리 전 텍사스 주지사가 테드 크루즈 상원의원에 대한 지지를 공식으로 선언했다. 페리 전 주지사는 26일 아이오와에서 크루즈 의원에 대한 첫 지원 유세를 할 예정이다. 최장 텍사스 주지사 재임 기록을 가진 페리 전 주지사의 지지는 크루즈 의원에게 적지 않은 힘이 될 것으로 보인다.

01월 26일

• 미국 대선경선 포기 전 뉴욕 주지사, 루비오 지지 선언

(Fox News 02. 26, 연합뉴스 01. 27 재인용)
– 미국 공화당에서 대통령선거 출마를 선언했다가 지난해 말 경선을 포기한 조지 파타키(George Pataki) 전 뉴욕 주지사가 마르코 루비오 상원의원을 대선후보 감으로 지지한다고 선언했다. 파타키 전 지사는 1월 26일 미국 폭스뉴스와의 인터뷰에서 "테드 크루즈를 반대하는 게 아니라 마르코 루비오를 지지하는 것"이라고 말했다. 지금까지 5명으로 늘어난 공화당 대선 경선 탈락자들 중 릭 페리 전 텍사스 주지사는 크루즈 상원의원을, 린지 그레이엄 상원의원은 젭 부시 전 플로리다 주지사를 각각 지지한다고 선언했다.

01월 27일

• 샌더스, 오바마 회동…"대통령, 힐러리만 밀지 않아" 보류 (연합뉴스 01. 28)

– 미국 민주당 대선 주자인 버니 샌더스가 27일 버락 오바마 대통령과 단독으로 회동했다. 대선 경선의 첫 관문이 될 아이오와주 전당대회를 닷새 앞두고다. 미 정치전문매체 더 힐 등에 따르면 샌더스 의원은 이날 백악관에서 오바마 대통령과 45분간 회담한 뒤 기자들과 만나 "대통령과 조 바이든 부통령은 할 수 있는 대로 (경선에서) 공명정대하려 노력하고 있다"고 밝혔다.

02월 02일

• '루비오 밀기' 나선 공화당 주류층, 경쟁자에 경선포기 종용 정당

(Politico 02. 02, 연합뉴스 02. 03 재인용)

– 2016년 미국 대선 경선 판도에서 공화당 내 주류층이 마르코 루비오 상원의원을 향해 결집하면서 여타 후보들은 찬밥 신세가 되는 분위기다. 미국 정치전문매체 폴리티코는 "당원대회에서 선전한 루비오 의원이 공화당 내 기득권층 지지 공고화에 다가서면서 다른 주류권 후보들의 목에 올가미를 걸고 있다"고 2일 보도했다.

미국 선거·의회

02월 01일

• 크루즈 트럼프 꺾고 승리…힐러리, 샌더스 상대로 '승'

(CNN 02. 02, 연합뉴스 02. 02 재인용)

– 미국 공화당의 테드 크루즈 상원의원이 1일 대선 첫 관문인 아이오와 당원대회에서 예상을 깨고 도널드 트럼프를 격파했다. 그러나 민주당의 힐러리 클린턴 전 국무장관은 경쟁자인 버니 샌더스 상원의원을 상대로 고전한 끝에 '신승'하는데 그쳤다. 크루즈 의원은 오후 9시 30분 28%의 득표율을 기록하면서 일찌감치 승리를 확정지었다. 트럼프는 크루즈 의원에게 4%포인트 가량 뒤지는 24%의 득표율을 얻는데 그쳤을 뿐 아니라 23%를 얻어 3위를 차지한 마르코 루비오에게마저 바짝 쫓기는 신세가 됐다. 2일 오전 3시를 넘겨서야 민주당은 클린턴 전 장관의 승리를 선언했고, 클

린턴 전 장관의 캠프도 그녀가 아이오와 코커스에서 승리했다고 말했다.

02월 02일

• 아이오와 경선 민주 오맬리, 공화 허커비 중도 탈락 　　　　　(연합뉴스 02. 02)

− 미국 대선 주자 중 민주당의 마틴 조지프 오맬리 전 메릴랜드 주지사와 공화당의 마이클 데일 마이크 허커비(Michael Dale Mike Huckabee) 전 아칸소 주지사가 경선에서 탈락했다. 오맬리 전 지사는 2일 아이오와 주에서 지지자들과 만나 경선 중단을 선언했다. 전날 치러진 아이오와 주 민주당 당원대회에서 지지 대선후보 투표가 97% 개표됐지만 오맬리 전 지사는 0.6%를 얻는 데 그쳤다. 이에 따라 민주당 대선 경선은 앞으로 클린턴 전 장관과 샌더스의 양자 구도로 진행되게 됐다. 공화당에서는 허커비 전 지사가 5% 이상의 지지율을 얻지 못한 후보들 중 가장 먼저 경선 중단을 선언했다. 이날 그의 지지율은 1.8%였다. 공화당 대선주자는 11명으로 줄어들었다.

02월 09일

• 아웃사이더들의 압승…무당파 대거 참여 기성정치에 경고 　　　　(한겨레 02. 10)

− 미국 뉴햄프셔주에서 9일 치러진 대선 예비선거에서 민주당의 버니 샌더스와 공화당의 도널드 트럼프가 각각 큰 표차이로 2위 후보들을 따돌렸다. 92%의 개표가 진행된 10일 새벽 2시30분 현재, 민주당 경선에선 샌더스가 60%의 득표율을 올려, 38%에 그친 힐러리 클린턴 전 국무장관을 큰 차이로 눌렀다. 역시 92%의 개표가 진행된 공화당 경선에선 아이오와에서 테드 크루즈에 밀려 2위를 차지했던 트럼프가 35%의 득표율을 얻어, 2위인 존 케이식 오하이오 주지사(16%)를 2배 이상 여유 있게 돌려세웠다.

02월 15일

• 손꼽히는 비호감 대통령 부시, 동생 젭 지원 유세선 흥행몰이 　　　(중앙일보 02. 17)

− 2009년 퇴임 이후 거의 정치무대에 모습을 드러내지 않았던 조지 워커 부시 전 대통령이 돌아왔다. 동생 젭 부시 전 주지사의 대선 유세를 위해서다. 15일 사우스캐롤라이나 노스찰스턴에서 열린 젭 부시의 유세장에서 부시 전 대통령이 부인 로라 여

사와 함께 연단에 등장하자 유세장을 가득 메운 1000여 명의 지지자들이 함성을 내질렀다. 공화당 유권자들의 환호뿐 아니라 언론도 주목하면서 젭 부시는 일단 경선을 이어갈 동력을 얻었다. 영국 언론사인 가디언(The Guardian)은 "퇴임 때만 해도 역대 비호감 대통령 중 한 명으로 꼽혔지만 최근 여론조사에선 사우스캐롤라이나 공화당 지지자의 84%가 조지 부시에게 호의적인 것으로 나타났다"고 했다.

02월 20일

• 힐러리 대세론 불지피나…힐러리, 네바다 주 코커스 승리   (동아일보 02. 21)

– 민주당 힐러리 클린턴 전 국무장관이 20일 네바다 주 당원대회에서 52.7%를 얻어 버니 샌더스 상원의원(47.2%)을 꺾었다. 공화당 도널드 트럼프는 사우스캐롤라이나 주 예비경선에서 32.5%로 마코 루비오(22.5%)와 테드 크루즈(22.3%) 상원의원을 여유 있게 따돌렸다.

02월 23일

• 네바다 이긴 트럼프 '거침없이 3연승'   (국민일보 02. 24)

– 미국 공화당 대선 경선 후보인 도널드 트럼프가 23일 네바다 당원대회 승리로 3연승을 거둬 대세론을 한층 확고히 했다. 지역·인종적으로도 광범위한 지지가 확인돼 그를 저지하려는 공화당 주류의 고민도 깊어졌다. 2위를 한 마르코 루비오 상원의원을 대항마로 힘을 실어주고, 기타 후보들 간 합종연횡을 통해 '반(反)트럼프' 전선을 형성하는 방안이 부상하고 있다.

미국 여론

01월 30일

• 아이오와 마지막 여론조사…힐러리-트럼프 오차범위 우위 접전

(Register-Bloomberg 01. 30, 연합뉴스 01. 31 재인용)

– 디모인 레지스터-블룸버그(Register-Bloomberg)의 마지막 공동 여론조사(26~29일·민주-공화당 코커스 참여자 각 602명) 결과 민주당 유력주자인 힐러리 클린턴 전 국무장관

과 공화당 선두주자인 도널드 트럼프가 양당에서 각각 1위를 달리는 것으로 나왔다. 하지만, 오차범위 내라 여전히 승부를 단언하기는 어려운 상황이다. 민주당을 보면 클린턴 전 장관이 45%의 지지율을 기록해 42%를 얻은 버니 샌더스를 3%포인트 차로 앞섰다. 공화당에서는 트럼프가 28%를 얻어 23%를 기록한 테드 크루즈를 5%포인트 차로 앞섰다. 두 사람 다음으로는 마르코 루비오가 15%로 3위를 달렸다.

02월 01일

• 아이오와 경선에서 젊은층은 샌더스 · 중노년층은 힐러리

(The Wall Street Journal · 시사주간지타임 02. 01, 연합뉴스 02. 02 재인용)

- 힐러리 클린턴과 버니 샌더스가 접전을 펼친 1일 아이오와 코커스에서는 이들의 지지층 차이가 분명하게 드러났다. 미국 일간지 월스트리트저널이 이날 코커스 유권자들을 상대로 한 설문조사 결과 클린턴 전 장관은 45~64세로부터 58%, 65세 이상으로부터 69%의 지지를 받았다. 그에 반해 샌더스 의원의 지지자는 17~29세에 무려 84%, 30~44세에 58%가 포진한 것으로 나타났다. 힐러리와 샌더스는 유권자의 교육 수준, 성별에서는 별다른 큰 지지도 격차를 보이지 않았다. 젊은층이 상대적으로 많이 사용하는 소셜미디어를 조사한 결과에서도 샌더스에 대한 비교적 높은 관심이 드러났다. 시사주간지 타임에 따르면 아이오와 주 페이스북 사용자들이 이날 0~12시 대선경선 후보들에 대해 나눈 대화 가운데 샌더스가 42.2%로 가장 큰 비중을 차지했다. 공화당 주자인 도널드 트럼프가 21.7%로 샌더스의 뒤를 이었다. 트위터에서도 샌더스가 아이오와 민주당원들의 대화에서 73%를 차지했고 클린턴은 25%로 크게 뒤졌다.

02월 08일

• 샌더스 · 트럼프 뉴햄프셔 막판 여론조사서 10~20%포인트 차로 1위

(CNN 02. 08, 동아일보 02. 09 재인용)

- 9일 오전 시작된 뉴햄프셔 예비선거를 앞두고 나온 막판 여론조사에서 민주당의 버니 샌더스와 공화당의 도널드 트럼프 후보가 확실한 우위를 굳힌 것으로 나타났다. 미국 언론이 이날 오전 발표한 막판 여론조사 결과들을 취합해보면 민주당의 샌

더스와 공화당의 트럼프 후보가 최소 두자릿수 이상인 10~20%포인트 대의 격차로 선두를 유지하고 있다. 공화당에서는 마르코 루비오와 테드 크루즈, 젭 부시, 존 케이식이 오차범위 내의 격차를 보이며 2위 자리를 놓고 각축을 벌이고 있다. 미국 CNN방송과 지역방송 WMUR이 뉴햄프셔 대학에 의뢰해 지난 4일부터 8일 오전까지 실시한 일일 추적 여론조사(민주당 362명, 공화당 363명)에 따르면 민주당의 샌더스는 61%의 지지를 얻어 35%를 얻은 힐러리 클린턴을 26%포인트 앞섰다. 공화당의 트럼프는 31%를 기록해 2위인 루비오(17%)를 14%포인트의 격차로 따돌렸다.

02월 23일

• 공화당 23일 네바다 경선…도널드 트럼프 '3연승' 유력

(Graves 02. 15, 서울신문 02. 23 재인용)

− 2월 23일 열릴 미국 공화당 대선 경선 4차 무대인 네바다 주 당원대회에서 도널드 트럼프가 연승을 이어갈 지 관심이 쏠리고 있다. 네바다 코커스의 현재 판세는 트럼프가 압도적 1위다. 여론조사기관 그래비스의 지난 14~15일 여론조사 결과를 보면 트럼프가 39%의 지지율로 23%의 크루즈 의원을 16%포인트 차로 제쳤다. 루비오 의원의 지지율은 19%로 나타났다. 트럼프가 3차 경선인 사우스캐롤라이나에서 32.5%의 지지율로 1위를 차지하며 대의원 50명을 얻고 있어 여론조사 예측이 크게 빗나갈 것으로는 보이지 않는다. 이날까지의 대의원 확보 경쟁에서 트럼프는 67명을 확보해 1위를 차지했고 크루즈 의원 11명 2위, 루비오 의원 10명 3위다.

9차(2월 말~3월 말)

조현희

2월에 이어 3월에도 미국 대선 경선 릴레이가 계속 진행되었다. 3월 1일 '슈퍼 화요일' 경선에서 힐러리 클린턴은 민주당 경선 지역인 텍사스를 비롯해 조지아, 매사추세츠, 버지니아 등 7개 주와 미국령 사모아에서 이겼고, 버니 샌더스는 자신의 지역구인 버몬트를 비롯해 미네소타 등 4곳에서 이기는데 그쳤다. 이날 공화당에서 도널드 트럼프는 조지아, 테네시, 앨러배마 등 공화당 거점은 물론 매사추세츠와 버지니아까지 7개 주에서 승리를 확정했다. 테드 크루즈는 텍사스와 오클라호마에서, 마르코 루비오)는 미네소타에서 승리했다(동아일보 2016. 03. 02).

3월 15일 열린 민주당 경선에서 클린턴은 플로리다, 노스 캐롤라이나, 오하이오, 일리노이, 미주리 주 총 5곳에서 모두 승리했다. 클린턴은 또한 이날 경선 결과로 슈퍼 대의원을 포함해 1588명 이상의 대의원을 확보해 후보 지명에 필요한 과반 대의원 2383명의 67%가량을 이미 달성했다(연합뉴스 2016. 03. 15). 이날 공화당에서 트럼프는 플로리다 외에도 일리노이 주와 노스 캐롤라이나 주에서도 테드 크루즈 후보를 제치고 승리했다. 반면 존 케이식이 자신의 지역구인 오하이오에서 승리하면서 이 지역에 할당된 대의원 99명을 싹쓸이 해 새로운 트럼프 대항마로 떠올랐다. 한편 공화당 벤 카슨이 3월 4일 경선에서 하차하였고, 트럼프에게 완패한 루비오도 3월 15일 경선 중단을 선언했다. 이에 따라 공화당 경선 레이스가 '트럼프-크루즈-케이식'의 새로운 3자 구도로 변하면서 공화당이 '중재 전당대회' 해법을 놓고 갈라지고 있다. '아웃사이더'인 트럼프를 저지해야 한다는 명분에는 공감하면서도 과연 이 같은 '정치적 극약처방'을 써야 하느냐를 놓고는 공화당 내부가 극심한 균열상을 보이고 있는 것이다(연합뉴스 2016. 03. 08).

한편, 여론조사를 보면 대선 경선 기간인 만큼 대선 후보에 대한 유권자들과 양 당의 당원들의 인식이 뚜렷해지는 것을 알 수 있다. 월스트리트저널과 NBC방송이 미국 유권자 1천200명을 대상으로 지난 3월 3~6일 조사한 결과에 따르면, 미국 유권자의 64%는 트럼프에 대해 부정적인 이미지를 가진 것으로 나타났다(월스트리트저널 2016. 03. 06; 연합뉴스 2016. 03. 10 재인용). 또한 3월 21일 월스트리트저널에 따르면 보수를 지향하는 공화당에는 보수적인 당원이 이전보다 늘어난 반면 민주당에는 진보적인 당원이 많아진 것으로 나타나, 공화당과 민주당의 이념적 차별성이 더 뚜렷해졌다고 할 수 있다(월스트리트저널 2016. 03. 21; 연합뉴스 2016. 03. 22 재인용).

미국 정당

03월 01일

• 공화 1인자 "편견단체 단호히 거부해야"…트럼프에 공개 경고   (연합뉴스 03. 02)

– 도널드 트럼프가 최근 인종차별주의 극우비밀결사단인 쿠클럭스클랜(Ku Klux Klan, KKK) 등 백인 우월주의단체에 대해 어정쩡한 태도를 보여 거센 비난을 받는 가운데 공화당 1인자인 폴 라이언(Paul Ryan) 하원의장도 "(인종차별적) 편견에 사로잡힌 단체나 조직은 단호히 거부해야 한다"며 비판 대열에 합류했다. 트럼프가 이후 트위터를 통해 데이비드 듀크(David Duke, KKK의 전 대표)의 지지를 거부한다고 밝혔으나, 경선 경쟁자인 마르코 루비오, 테드 크루즈는 물론이고 2012년 공화당 대선 후보를 지낸 밋 롬니(Mitt Romney) 전 매사추세츠 주지사를 비롯해 당 주요 인사들까지 트럼프를 비판하면서 논란은 사그라지지 않는 상황이다.

03월 19일

• "다급해진 공화당 주류, 트럼프 낙마 100일 작전 가동"

(New York Times 03. 19, 연합뉴스 03. 20 재인용)

– 미 일간 뉴욕타임스는 미국 공화당 주류가 도널드 트럼프를 끌어내리기 위한 '100일 낙마 작전'을 준비하고 있다고 전했다. 이 작전은 트럼프의 대의원 확보를 저지하고, 트럼프에 대항하는 당내 후보를 단일화하며, 이 모두가 안 될 경우 '무소속 후보'를 띄우는 것으로 요약된다. 우선 공화당 주류는 4월 5일 위스콘신 경선에서부터 트럼프를 꺾는다는 전략이며, 트럼프가 7월 전당대회 대선후보 지명에 필요한 1천

237명의 대의원을 확보하지 못하도록 하는데 맞춰져 있다. 뉴욕에서 치러지는 4월 19일 프라이머리, 6월 7일 캘리포니아 프라이머리가 타깃이다. 이들은 7월 전당대회가 열리기까지의 6주 기간에도 지지후보를 표명하지 않은 대의원들이 트럼프 지지로 기울지 않도록 설득에 나서겠다는 복안이다.

03월 21일

• 민주당 의원들, 샌더스에 "이제 경선 정리하고 단합 힘쓸 때"

(Politico 03. 21, 연합뉴스 03. 21 재인용)

— 미국 민주당 상원의원들이 버니 샌더스의 경선 레이스 정리를 우회적으로 압박하고 나섰다. 클린턴과의 대의원 수의 격차가 너무 커 현실적으로 뒤집기가 어려운 데다가, 클린턴 전 장관을 비판하는 것이 결코 본선에 도움이 되지 않는다는 것이 이들의 주장이다. 미 정치전문 매체 폴리티코는 21일 민주당 상원의원들이 최근 들어 그의 경선 레이스를 중단하거나 중단하지 않을 거면 공격의 포인트를 클린턴이 아니라 트럼프에게 맞추라고 요구하는 목소리를 본격적으로 내기 시작했다고 전했다. 하지만 샌더스는 무조건 마지막 경선까지 완주하겠다는 강경한 입장을 보이고 있다.

미국 선거·의회

03월 01일

• 대선 '슈퍼 화요일' 클린턴−트럼프 압승…본선에 성큼　　　　　(동아일보 03. 02)

— 3월 1일 '슈퍼 화요일' 경선에서 클린턴와 트럼프가 예상대로 대승을 거뒀다. 클린턴은 이날 민주당 경선 지역인 11개 주와 미국령 사모아 경선에서 버니 샌더스를 제쳤다. 샌더스는 자신의 지역구인 버몬트를 비롯해 미네소타 등 4곳에서 이겼지만 클린턴을 이기기에는 힘이 미치지 못했다. 트럼프는 11개 주 가운데 7개 주에서 승리를 확정했다. 크루즈는 오클라호마에서, 루비오는 미네소타 1곳에서 승리했다. 개표 중인 알래스카에선 트럼프가 크루즈를 앞서고 있다. 공화당은 이날 노스다코다, 와이오밍, 콜로라도 등 3개주에서도 경선을 했지만 대의원들은 이날 지지 후보를 정하

지 않고 7월 전당대회에서 승부를 가리기로 결정했다.

03월 05일

• 트럼프 대세론 흔들…크루즈와 무승부지만 사실상 완패

(CNN 03. 05, 중앙일보 03. 07 재인용)

– 테드 크루즈는 5일 실시된 4개 주(루이지애나·켄터키·캔자스·메인)의 경선에서 예상을 뒤엎고 캔자스·메인주에서 압승을 거두는 돌풍을 일으켰다. 트럼프는 루이지애나·켄터키에서 승리했다. 크루즈는 캔자스주에서 48%대 23%로, 메인주에서 46%대 33%로 트럼프를 따돌렸다. 이날 확보한 대의원 수는 크루즈 64명, 트럼프 49명, 루비오 13명(CNN 집계 기준)으로 큰 차이가 났다.

03월 05일

• 샌더스, 2개 주 승리했지만…힐러리 막는 건 역부족   (조선일보 03. 07)

– 버니 샌더스가 5일 치른 3개 주 경선에서 네브래스카와 캔자스에서 승리했다. 클린턴은 루이지애나에서 이겼다. 샌더스는 캔자스에서는 68% 대 32%로 힐러리를 36%포인트 차로 압도했다. 네브래스카에서는 57% 대 43%로 샌더스가 이겼다. 반면 루이지애나에서는 71% 대 23%로 반대 현상을 보였다. 힐러리는 이날 55명, 샌더스는 49명 대의원을 가져갔다.

03월 09일

• '4개주 경선'서 트럼프 승리…샌더스 흑인표 잠식하며 선전   (연합뉴스 03. 09)

– 3월 9일 공화당의 경우, 트럼프가 총 4개 주 가운데 중부 미시간(59명), 남부 미시시피(40명), 당원대회 방식으로 치러진 하와이(19명) 등 3개 주에서 완승했다. 반면 아이다호(32명) 주에서는 트럼프를 바짝 추격해온 크루즈가 40.5%의 득표율을 올리며 30.1%에 그친 트럼프를 제치고 승리를 확정지었다. 민주당의 경우, 클린턴이 흑인 유권자의 압도적 지지에 힘입어 83%의 득표율로 남부 미시시피 주에서 샌더스에게 완승했다. 하지만, 147명의 대의원이 걸린 미시간 주에서는 샌더스가 이겼다.

03월 12일

• 힐러리, 미국 민주당 노던마리아나 경선서 승리

(미국 언론 03. 12, 연합뉴스 03. 13 재인용)

- 민주당 클린턴이 미국령 노던마리아나제도에서 12일 열린 당원대회에서 승리했다. 민주당 전국위원회와 미국 언론들에 따르면 클린턴은 102표를 얻어 샌더스(65표)를 눌렀다. 클린턴과 샌더스의 득표율은 각각 54%와 34%였고, 이에 따라 각각 4명과 2명의 대의원이 배정됐다.

03월 12일

• 공화당, 루비오는 워싱턴D.C.에서…크루즈는 와이오밍에서 경선 승리

(연합뉴스 03. 13)

- 미국의 수도 워싱턴D.C.와 중서부의 와이오밍 주에서 치러진 공화당 경선에서 마르코 루비오와 테드 크루즈가 각각 승리했다. 이번 경선 결과로 루비오와 케이식은 각각 10명과 9명의 대의원을 확보했다. 루비오는 이번에 워싱턴D.C.와 미네소타 2개 주에서 승리했다. 미국령 괌에서 치러진 경선에서는 크루즈가 1명의 대의원을 확보했다. 괌 공화당은 이날 당원대회를 갖고 6명의 대의원을 선출했다. 이 중 에디 캘보(Eddy Calvo) 괌 주지사는 공개로 크루즈 후보를 지지했으나, 나머지 5명은 지지 후보를 결정하지 않았다. 한편, 미국령 노던마리아나제도에서 치러진 민주당 당원대회에서는 힐러리 클린턴이 승리해 각각 4명과 2명의 대의원이 배정됐다.

03월 15일

• 힐러리-트럼프 '미니 슈퍼화요일' 승리…루비오 탈락   (연합뉴스 03. 16)

- 클린턴과 트럼프가 3월 15일 '미니 슈퍼화요일' 결전에서 나란히 큰 승리를 거뒀다. 공화당의 루비오는 자신의 지역구인 텃밭 플로리다 주에서 트럼프에 완패한 끝에 결국 레이스에서 중도 하차했다. 그의 하차로 공화당은 트럼프와 크루즈, 존 케이식의 3파전으로 가게 됐다. 이날 클린턴은 플로리다 주와 노스캐롤라이나 등 남부 2개 주에서 압승을 거뒀다. 또 그녀는 중부 오하이오 주, 일리노이 주, 미주리 주에서도 샌더스를 크게 앞섰다.

3월 16일

• 오바마 대법관 지명에 "인준 절차 거부"   (조선일보 03. 18)

- 버락 오바마가 3월 16일 워싱턴 D.C. 연방항소법원장을 지난달 사망한 앤터닌 그
레고리 스캘리아(Antonin Gregory Scalia) 전 대법관 후임으로 지명한 것에 대해 공화
당이 "대법관 인준 절차를 밟지 않겠다"며 강력히 반발했다. 오바마 대통령이 중도
성향인 매릭 갈랜드(Merrick Garland)를 신임 대법관 후보로 지명한 것은 공화당의 반
발을 의식했다는 평가다. 그러나 미치 매코넬(Mitch McConnell) 공화당 상원 원내대표
는 "현 대통령의 임기가 끝나는 내년 1월까지 인준 절차에 들어가지 않겠다"고 밝혔
다. 대법관 임명에는 상원 인준이 필요하기 때문에 상원의 다수당인 공화당이 사실
상 거부권을 쥔 셈이다. 공화당이 신임 대법관 지명에 강력히 반발하는 것은 대법원
의 이념 지향이 진보 우위가 될 수 있다고 우려하기 때문이다.

03월 21일

• 샌더스, 민주당 경선 재외국민 투표 승리   (연합뉴스 03. 22)

- 민주당 버니 샌더스가 3월 21일 공개된 재외국민 투표 결과 승리한 것으로 나타났
다. 민주당 전국위원회(Democratic National Committee, DNC)에 따르면 샌더스는 전 세
계 150개 지역에 거주하는 민주당 등록 유권자 3만4천750명 가운데 68%인 2만3천
779표를 얻어 승리했다. 클린턴은 31%인 1만689표를 얻는데 그쳤다.

03월 26일

• 샌더스, 미국서부 3개주 경선 완승…힐러리 대세론 '주춤'   (연합뉴스 03. 27)

- 3월 26일 워싱턴·알래스카·하와이 주에서 치러진 민주당 대선 경선에서 버니 샌
더스가 완승을 거뒀다. 이번 경선 결과에 따라 워싱턴주 101명, 하와이 25명, 알래스
카 16명 등 모두 142명의 대의원이 득표율에 따라 배분된다. 그러나 이제까지 클린
턴이 확보한 대의원 수는 모두 1천234명으로, 샌더스(956명)를 크게 앞선다. 슈퍼 대
의원을 포함하면 1천703명 대 985명으로 격차가 더 벌어진다.

03월 09일

• 미 유권자 64% 트럼프에 부정적…클린턴도 51%가 나쁜 평가

(The Wall Street Journal 03. 06, 연합뉴스 03. 10 재인용)

– 3월 9일 월스트리트저널과 NBC방송이 미국 유권자 1천200명을 대상으로 지난 3~6일 조사한 결과에 따르면, 미국 유권자의 64%는 트럼프에 대해 부정적인 이미지를 가진 것으로 나타났고, 클린턴을 부정적으로 보는 유권자도 51%에 이르렀다. 양당의 후보 6명 중 긍정적인 평가를 더 많이 받는 후보는 공화당의 존 케이식과 샌더스 뿐이었다. 트럼프와 클린턴이 대통령이 되면 미국을 변화시킬 지를 묻자 트럼프와 관련해서는 52%가 '잘못된 방향으로 변화시킬 것'이라고 답해 '바른 방향으로 바꿀 것'(27%), '변화가 없을 것'(18%)이라는 답변을 압도했다. 클린턴의 경우 '변화가 없을 것'이라는 답변이 45%로 가장 많았다. 또 부정적인 변화를 예상한 유권자(29%)가 긍정적인 변화를 점친 유권자(25%)보다 많았다. 두 사람이 각 당의 후보로 맞붙을 경우에는 클린턴이 51%의 지지율로 38%인 트럼프를 이기는 것으로 전망됐다.

03월 13일

• 트럼프 지지의 원인…'백인 노동자층의 경제불만'도 큰 이유

(ABC · The Washington Post 03. 13, 연합뉴스 03. 14 재인용)

– ABC방송과 워싱턴포스트는 지난 3~6일 성인 유권자 1천명(민주당 성향 34%, 공화당 25%, 무당파 32%)을 상대로 트럼프 지지의 원인에 대해 전화조사를 실시했다. 조사 결과, 첫째, '경제적 불만', 특히 백인 노동자층의 불만이 큰 요인으로 드러났다. 트럼프를 지지하는 유권자의 45%는 "경제적으로 어렵다"고 답했다. 둘째, 트럼프 지지자들의 82%가 '아웃사이더 vs 기존 정치인'의 대결 구도를 원하는 것으로 나타나 트럼프의 인기가 근본적으로 워싱턴 주류정치에 대한 분노에 기반을 두고 있다는 포퓰리즘이 확인됐다. 셋째, 프로그램의 혜택을 받는 소수인종 등에 대한 반대가 트럼프 지지현상을 만들어낸 것으로 파악됐다. 트럼프 지지자의 60%가량이 불법이민자 추방과 외국인 무슬림의 미국 입국 금지 등 트럼프의 주장에 찬성했다. 넷째, 질서와

복종, 전통적 권위를 존중하는 성향의 이들이 트럼프에게 상대적으로 강하게 끌리는 것으로 나타났다.

03월 21일

• 공화당원은 '더 보수적으로' · 민주당원은 '더 진보적으로'

(The Wall Street Journal 03. 21, 연합뉴스 03. 22 재인용)

– 공화당과 민주당의 이념적 차별성이 더 뚜렷해지는 것으로 나타났다. 3월 21일 월스트리트저널에 따르면 지난 15일까지 예비선거에 참여한 공화당원 중 75%는 자신을 '보수적'(매우 보수적 33%, 다소 보수적 42%)이라고 규정했다. 4년 전 조사 결과에서는 '보수적'이라는 응답이 8%포인트로 증가한 것이다. 민주당 유권자들은 60%가 자신을 '진보적'이라고 평가했다. 이를 가장 최근 민주당 경선이 열린 2008년의 조사 결과와 비교하면 '진보적'이라는 평가가 11%포인트 올라간 것이다.

03월 21일

• 미 공화당원 88% "당 쪼개졌다"…대선 캠페인에 당혹

(New York Times 03. 21, 연합뉴스 03. 22 재인용)

– 뉴욕타임스와 CBS 뉴스가 공화당과 민주당의 경선 유권자 등을 대상으로 실시해 21일 발표한 여론조사를 보면 '당이 갈라졌다'고 응답한 유권자의 비율이 공화당은 88%, 민주당은 33%에 이른다. 공화당 경선 유권자의 60%는 대선 캠페인에 당혹했다고 답했고, 당의 대선 캠페인이 과거보다 부정적이 됐다고 생각한다는 답변도 58%에 이르렀다. 그러나 당의 대선 후보로는 46%가 트럼프를 꼽았다. 민주당 경선 유권자들이 대선 캠페인에 당혹했다고 답한 비율은 13%에 그쳤고, 캠페인이 과거보다 부정적이라고 생각한 답변도 9%였다. 클린턴의 경선승리를 바란 유권자는 50%였고, 샌더스를 택한 비율은 45%였다.

10차(3월 말~4월 말)

조현희

4월 9일 치러진 콜로라도 주 경선에서 공화당의 도널드 트럼프가 패배해 경쟁자인 테드 크루즈가 대의원 34명을 모두 차지했고 같은 날 열린 민주당 와이오밍 주 경선에서 버니 샌더스는 10%포인트 넘게 앞서며 힐러리 클린턴을 꺾었다(조선일보 2016. 04. 11). 19일 뉴욕 주 경선에서는 공화당의 도널드 트럼프와 민주당의 힐러리 클린턴이 압승했다(중앙일보 2016. 04. 21).

경선이 진행될수록 양당 내에서는 '중재 전당대회' 개최 가능성과 후보 지명을 둘러싼 논쟁이 계속되고 있다. 공화당에서는 보수 진영 내부의 '트럼프 저지' 움직임이 제3의 후보를 띄우는 방안으로 구체화 되고 있다. 제3의 후보로는 제임스 매티스(James Mattis) 전 미국 중부군사령군이 후보로 거론되고 있다(The Daily Beast 2016. 04. 08; 동아일보 2016. 04. 11 재인용). 또한 양당에 후원해왔던 코카콜라(Coca-Cola), 구글(Google)과 같은 기업들이 도널드 트럼프가 대선 후보로 지명될 것을 우려하여 공화당 전당대회 후원 자체를 꺼리고 있는 것으로 알려졌다(The New York Times 2016. 03. 30). 이러한 '트럼프 저지'의 기류를 감지한 트럼프는 콜로라도 주 경선이 일반 유권자들의 민심을 반영하는 방식이 아니라 일부러 경선을 크루즈 의원에게 유리한 방향으로 끌고 가고 있다고 반발했고, 공화당은 정해진 규율을 따랐을 뿐이라고 반박했다(연합뉴스 2016. 04. 13). 민주당 내부에서도 클린턴과 샌더스가 큰 차이를 보이자 대부분의 민주당 내부자들은 샌더스가 마지막 예비경선 전에 선거를 그만둬야 한다고 주장하고 있다. 단지 민주당 내부자들의 10의 1명만이 샌더스가 필라델피아에서 클린턴의 의원석 수를 앞지르기 위해서 슈퍼대의원들에게 구애해야 한다고 말했다(Politico 2016. 04. 22). 하지만 샌더스는 선거를 끝까지 완주하겠다는 의지를 드러냈다.

한편 오바마 대통령이 중도 온건주의인 메릭 갈랜드를 새 대법관으로 지명하자 공화당은 '차기 대통령에게 새 대법관 지명권을 줘야 한다'고 반발하였다. 이에 오바마 대통령은 10여 명의 공화당 소속 상원의원들에게 직접 전화를 걸거나 사적인 면담을 통해 임명동의 절차의 조속한 진행을 요청하는 등 설득에 나섰다(Politico 2016. 04. 11; 연합뉴스 2016. 04. 11 재인용). 이러한 오바마의 적극적인 설득 작업 끝에 현재 정원 100명의 상원에서 54석을 차지하고 있는 공화당원 가운데 2명이 청문회와 인준 표결에 동의하는 쪽으로 입장을 바꿀 가능성이 있는 것으로 알려졌다(Politico 2016. 04. 11; 연합뉴스 2016. 04. 11 재인용).

미국 정당

03월 30일

• 트럼프 탓 미국 기업들 공화당 전대 후원 주저   (The New York Times 03. 30)
- 도널드 트럼프가 대선 후보로 지명될 것을 우려하는 기업들이 공화당 전당대회 후원 자체를 꺼리고 있다고 전했다. 많은 활동가 단체들은 몇 십년동안 공화당과 민주당에 후원해왔던 기업들에게 후원을 거부하라는 압력을 가하고 있다. 코카콜라는 4년 전보다 10분의 1 가량으로 후원금을 줄일 계획이다. 히스패닉과 무슬림, 여성 인권 운동가들이 참여하여 10만 명이 넘는 후원을 받은 '컬러 오브 체인지(Color Of Change)'라는 시민 단체가 코카콜라와 구글, 시스코(Cisco), 에이티엔티(AT&T) 등의 다른 주요 기업들에게 "공화당 전당대회에 후원하지 말라"고 보낸 서한이 영향을 미쳤다고 코카콜라 관계자는 전했다.

04월 08일

• '트럼프 낙마' 움직이는 억만장자들(The Daily Beast 04. 08, 동아일보 04. 11 재인용)
- 보수 진영 내부의 트럼프 저지 움직임이 '제3의 후보'를 띄우는 방안으로 구체화되고 있으며 대표적인 영입 인물은 제임스 매티스 전 미국 중부군사령군이라고 온라인매체 데일리비스트(The Daily Beast)가 8일 보도했다. 이 매체는 "주로 억만장자인 10여 명의 보수주의자가 트럼프나 크루즈가 공화당 대선후보로 지명될 경우에 대비해 작성한 차선책을 재임스 매티스 전 사령관에게 최근 전달됐다"고 전했다. 제3의 후보로 거론되던 마이클 블룸버그(Michael Bloomberg) 전 뉴욕시장이 지난달 불출마를 선언하면서 공화당 보수진영 내 반트럼프 세력에겐 '제3후보 띄우기' 계획의 밑그림이 되는 역설적인 상황이 됐다.

04월 11일

• 트럼프-공화당 경선룰 티격태격…"조작됐다" vs "수상할것 없다" (연합뉴스 04. 13)
– 트럼프는 4월 9일 치러진 콜로라도 주 경선에서 자신이 패배해 경쟁자인 크루즈가 이 지역 대의원 34명을 모두 차지한 이후 연일 "경선이 조작됐다. 더럽고 역겨운 시스템"이라며 당 지도부를 맹비난하고 있다. 트럼프는 콜로라도 주 경선이 일반 유권자들의 민심을 반영하는 일반적인 방식이 아니라, 주 전당대회에 나갈 대의원을 선출하는 복잡한 일련의 의회 당원대회 방식으로 치러진 점을 문제 삼고 있다. 트럼프는 현재 자신을 거부하는 당 주류 진영이 '중재 전당대회'를 열려고 일부러 경선을 크루즈 의원에게 유리한 방향으로 끌고 가고 있다고 주장하고 있다. 그러자 미국 공화당 전국위원회(RNC) 위원장은 이날 밤 트위터에 "경선 룰은 이미 지난해 확정된 것이다"면서 반박했다.

04월 22일

• 민주당 내부자들, 샌더스 "필라델피아 전당대회 때까지 싸우지 마라"(Politico 04. 22)
– 민주당 내부자들은 큰 차이로 경선에서 뒤따라가고 있는 샌더스가 콜롬비아 지역에서 열릴 6월 14일 마지막 예비경선 전에 선거를 그만둬야 한다고 주장했다. 또 다른 39퍼센트 내부자들은 이번주 뉴욕에서 클린턴의 완전한 승리 이후로 샌더스의 277명의 대의원 확득 실패를 가져왔기 때문에 즉시 선거를 그만둬야 한다고 주장했다. 단지 민주당 내부자들의 10의 1명만이 샌더스가 필라델피아에서 클린턴의 의원석 수를 앞지르기 위해서 슈퍼대의원들에게 구애해야 한다고 말했다.

미국 선거·의회

04월 09일

• 샌더스, 와이오밍도 이겨 7연승… 크루즈는 콜로라도서 압승 (조선일보 04. 11)
– 버니 샌더스는 9일 열린 민주당 와이오밍주 경선에서 10%포인트 넘게 앞서며 힐러리 클린턴을 꺾었다. 샌더스는 3월 22일 아이다호·유타 승리를 시작으로, 알래스카·하와이·워싱턴·위스콘신에 이은 7연승이다. 공화당의 콜로라도 경선에서는 테

드 크루즈가 8개 의회선거구별 대회에서 뽑힌 21명의 대의원과 8일 주 차원 전당대회를 열어 선출한 13명의 대의원 모두를 차지했다.

04월 11일
• 오바마, 신임 대법관 임명동의 야당 의원들에 간청

(Politico 04. 11, 연합뉴스 04. 11 재인용)

– 오바마 대통령은 지난 2월 대법관의 후임으로 메릭 갈랜드 워싱턴D.C. 연방항소법원장을 지명했지만, 공화당은 '차기 대통령에게 새 대법관 지명권을 줘야 한다'며 미루고 있다. 하지만 오바마 대통령은 "가장 중요한 대법원을 1년 가까이 공석으로 남겨 놓아서는 안 된다"며 10여 명의 공화당 소속 상원의원들에게 직접 전화를 걸거나 사적인 면담을 갖고 임명동의 절차의 조속한 진행을 요청하고 있다고 폴리티코는 전했다. 오바마의 설득작업 끝에 현재 정원 100명의 미국 상원에서 54석을 차지하고 있는 공화당원 가운데 2명이 청문회와 인준 표결에 동의하는 쪽으로 방향을 바꿨다.

04월 13일
• 트럼프 몫 대의원 자리에 크루즈, 자기 지지자 심어

(The Washington Post 04. 13, 조선일보 04. 15 재인용)

– 미국 공화당의 7월 전당대회가 펼쳐지면, 테드 크루즈가 두 번째 표결에서 후보가 될 가능성이 크다고 워싱턴포스트가 4월 13일 보도했다. 두 번째 표결에서 주별 경선 결과에 상관없이 자유롭게 후보를 정할 수 있는 규정을 활용해 크루즈는 경선에서 진 지역에서도 자신의 지지자가 많이 대의원으로 뽑혀 전당대회장에 가게끔 물밑작업을 벌이고 있다. 워싱턴포스트는 "크루즈가 아이오와에서 지난주 뽑은 12명의 대의원 중 11명을 자신의 지지자로 확보했다"고 보도했다. 워싱턴포스트는 선출된 대의원 성향을 자체 분석하고는 "2차 투표에서 크루즈가 130~170표를 (트럼프보다) 더 얻어 후보가 될 것으로 예상된다"고 보도했다. 이 신문은 경선을 중도 포기하고도 자신을 지지하는 대의원(171명)에 대한 권리를 포기하지 않은 마르코 루비오가 '크루즈 지지'를 선언한 것도 크루즈에게 큰 도움이 될 것으로 봤다.

04월 21일

• 힐러리 러닝메이트로 워런 상원의원 물망 올라

(The Boston Globe 04. 21, 조선일보 04. 23 재인용)

- 미국 대통령 선거에 나설 민주당과 공화당 후보 경선이 한창인 가운데 각 후보가 러닝메이트인 부통령 후보 선정에 돌입했다. 특히 민주당 후보가 확실시되는 힐러리 클린턴의 선거대책위원장인 존 포데스타는 4월 21일 보스턴글로브(The Boston Globe) 인터뷰에서 "최적의 부통령 후보를 선정하기 위해 여성도 그 명단에 포함될 것이라는 데 의문의 여지가 없다"고 말했다. 보스턴글로브는 "엘리자베스 워런(Elizabeth Warren)이 민주당 여성 정치인 가운데 전국적 지명도가 가장 높고, 힐러리와 경선 중인 버니 샌더스의 진보적 지지 기반도 확보할 수 있어 경선 과정의 분열을 극복하는 데 안성맞춤"이라고 보도했다.

04월 25일

• '트럼프 저지'를 위해 테드 크루즈와 존 케이식 손잡는다   (New York Times 04. 25)

- 테드 크루즈와 존 케이식 오하이오 주지사는 트럼프가 공화당 대표로 지명되는 것을 저지하기 위해 서로 협력하는데 동의했다. 성명을 통해 크루즈 캠페인 관리인 제프 로이(Jeff Roe)는 "인디애나 주 경선에 시간과 자원을 집중하고 오리건 뉴멕시코 주 경선 때는 케이식 주지사에게 길을 열어 줄 것"이라고 밝혔다. 성명 직후, 케이식 캠페인에서도 비슷한 메시지를 내보냈다. 캠페인은 서부 경선에 집중하고 인디애나 경선에서는 크루즈 의원에게 길을 터주겠다는 자세를 취했다.

04월 25일

• 도널드 트럼프, 대의원 팀을 위해 정치 내부자 고용   (The New York Times 04. 25)

- 도널드 트럼프는 크리스 크리스티 뉴저지 주지사의 대통령선거 캠페인 매니저였던 켄 매케이(Ken McKay)를 자신의 캠프에 합류시켰다. 매케이는 트럼프 대선 후보 지명을 위해 1천 237명의 대의원을 확보하려고 마지막 힘을 발휘하는 과정에서 가장 최근에 합류한 것이다. 트럼프는 성명에서 "매케이는 우리 대의원 운영팀을 지원할 것"이라며 "그는 선거 캠페인과 관련한 경험이 많아 이 일을 하기에 적격"이라고

밝혔다.

04월 04일

• 백악관, '트럼프 체포' 청원에 "답변 않겠다…규정 벗어나"   (연합뉴스 04. 05)

– 백악관 청원 사이트에 "도널드 트럼프를 체포해달라"는 청원이 올라와 10만 명 이상이 서명했으나 백악관이 청원에 대해 공식적으로 답변하지 않을 것이라고 밝혔다. 문제의 청원은 "트럼프가 지지자들에게 폭력을 부추겼다"고 말했다. 또한 "당장의 무법 행위를 조장하거나 야기하는" 연설은 처벌할 수 있다는 1969년 대법원 판례를 근거로 제시하며 트럼프의 체포와 기소를 요구하였다. 하지만 백악관은 답변의 의무가 없다고 결론 내렸다. 청원을 통해 선출직 출마 후보에 대한 지지나 반대를 표현하거나 법 집행에 부적절한 영향을 줄 수 없다고 명시한 청원 사이트 규정 때문이라고 미국 언론들은 풀이했다.

04월 06일

• 샌더스 지지자 25% "힐러리 지지 못해"…심각한 경선후유증 예고

(McClatchy-Marist 04. 06, 연합뉴스 04. 07 재인용)

– 미국 민주당 경선과정이 치열해지면서 지지자들조차 분열 양상을 보이고 있어 본선 국면에서 분열할 것이라는 관측이 적지 않다. 6일 맥클래치-마리스트 여론조사 결과에 따르면 샌더스 지지자의 69%는 만약 경선에서 클린턴이 승리해 민주당 후보가 된다면 "당연히 지지할 것"이라고 답변했다. 반면 25%는 경선 결과에 관계없이 클린턴을 "지지하지 않겠다"고 밝혔다. 클린턴의 지지자 가운데는 79%는 샌더스가 민주당 후보가 되더라도 그를 지지하겠다는 입장을 보였다. 상대 후보에 대한 반감이 클린턴보다는 샌더스 지지자들 사이에서 높게 나타난 것이다.

04월 07일

• "미국인 10명중 7명 트럼프 싫어해"…인종 · 성 · 정치성향 불문

(AP통신 04. 07, 연합뉴스 04. 08 재인용)

- AP통신과 여론조사기관 GFK가 지난달 31일부터 지난 4일까지 미국 성인 1천 76명을 대상으로 조사해 7일 공개한 결과에 따르면 응답자의 69%가 트럼프에 대해 비호감이라고 여기고 있었다. 남성과 여성, 젊은 층과 고령층, 보수·중도·진보, 백인·히스패닉·흑인 등 모든 계층에서 과반수가 트럼프를 싫어했다. 심지어 트럼프가 경선에서 크게 승리한 남부 지역에서도 70% 가까이가 비호감을 표출했으며, 트럼프의 전통적인 지지층으로 여겨져 온 대학 교육을 받지 않은 백인들도 55%가 부정적인 의견을 가지고 있었다. 또 전체 응답자의 63%, 공화당 지지자의 31%는 본선에서 "절대 트럼프를 뽑지 않겠다"고 답했으며, "꼭 뽑겠다"는 응답은 16%에 그쳤다.

04월 09일

• "트럼프 본선행 저지 때 지지층 분열…공화당 타격 불가피"

(Reuters 04. 09, 연합뉴스 04. 09 재인용)

- 로이터통신은 여론조사 기관인 입소스(Ipsos)와 트럼프를 지지하는 공화당 유권자 468명을 대상으로 온라인 여론조사를 실시했다. '트럼프가 당 지도부의 중재 전당대회 개최로 대선후보 지명이 거부된다면 어떻게 하겠느냐'는 질문에 응답자의 66%가 '당이 지명한 후보를 그대로 지지하겠다'에, 나머지 34%는 '지지하지 않겠다'에 응답했다. 또 전체 응답자의 58%는 당에 그대로 남아있겠다고 응답했다. 이번 조사 결과는 트럼프를 지지하는 일부 공화당 유권자들의 충성도가 매우 높다는 것을 보여주는 지표로 공화당 지지층의 적전 분열이 불가피하다는 의미로 볼 수 있다.

04월 09일

• 퇴임 9개월 남긴 오바마, 다른 미국 대선 주자보다 호감도 높아

(Time · AP통신 04. 09, 연합뉴스 04. 10 재인용)

- 미국 시사 주간지 타임이 9일 소개한 AP통신과 GFK의 공동 여론조사 결과를 보면, 오바마 대통령에 대한 응답자의 호감도는 53%로 당내 경선을 치르는 양당의 후보 5명보다 높았다. 버니 샌더스(48%), 힐러리 클린턴(40%), 존 케이식(34%) 순위로 뒤

를 이었다. 공화당 트럼프와 크루즈는 똑같이 호감도 26%에 머물렀다. 비호감도 순위에선 트럼프(69%)와 크루즈(59%)가 1, 2위를 다퉜다. 민주당에선 클린턴 (55%)에 대한 비호감도가 샌더스(39%)보다 높았다. 오바마 대통령의 비호감도는 44%였다. 난무하는 막말로 혼탁해지는 선거에 대한 실망감과 오바마 대통령의 업무 지지도 (50%) 상승이 반영된 것이라 분석된다.

11차(4월 말~5월 말)

조현희

대선이 한 발짝 더 다가올수록 대선구도가 명확해지고 있다. 5월 3일 미국 민주당 대선 후보 선출을 위한 인디애나 경선에서 힐러리 클린턴을 꺾고 버니 샌더스가 승리했다(동아일보 2016. 05. 04). 하지만 이후 샌더스는 캘리포니아 경선 유세를 지휘하는 관계자 4명 가운데 3명이 연이어 사표를 내는 사건과 더불어 지지자들의 난동 사태가 불거지면서 승리할 가능성이 희박하다는 분석이 이어지고 있다(폴리티코 2016. 05. 17; 동아일보 2016. 05. 18 재인용). 공화당에서는 인디애나 주 경선에서 도널드 트럼프가 53.0%의 득표율을 기록하며 36.7%에 그친 테드 크루즈를 이겼다. 이날 공화당 경선 후보 크루즈가 경선 포기 선언을 하면서 도널드 트럼프의 최종 승리가 사실상 확정됐다(동아일보 2016. 05. 04). 트럼프와 클린턴은 이제 각각 대의원 62명, 89명만 더 따내면 각 당의 대의원 과반(공화 1237명, 민주 2383명)을 확보해 최종 후보로 완전히 결정된다(동아일보 2016. 05. 18).

트럼프가 공화당 단일후보가 되면서 공화당 주류 측 의원들이 트럼프 지지로 돌아서고 있다(연합뉴스 2016. 04. 29). 당내뿐만 아니라 사회적 변화도 생기고 있다. 불법 이민자를 추방하겠다고 약속한 트럼프가 대통령이 될 것을 우려하는 이민자들은 서둘러 귀화신청에 나섰다. 최근 6개월간 귀화신청은 작년 같은 기간보다 14% 늘었다(연합뉴스 2016. 05. 03). 트럼프의 대외정책 기조인 '고립주의'도 유권자들에게 상당한 호소력을 발휘했다. 여론조사 기관인 퓨리서치 센터(PewResearch Center)가 4월 12~19일 미국 성인 2008명을 대상으로 설문조사를 해 공개한 결과를 보면, 응답자의 57%가 '미국은 국내 문제에만 신경 쓰고, 각국은 스스로 문제를 해결해야 한다'고 답했다(PewResearch 2016. 05. 05; 한겨레 2016. 05. 06 재인용). 이러한 트럼프의 영향력과 선거 승리의 가능성이 전망되고 있는 분위기에도 불구하고 미국 의회전문지 '더 힐'은 세계적 신용평가업체인 '무디스 애널리틱스'(Moody's Analytics)와 함께 11월 대선에서 미국 민주당 대선후보인 힐러리가 선거인단 538명 가운데 332명을 확보해 공화당의 트럼프를 꺾고 승리할 것으로 예측했다(The Hill 2016. 05. 21; 연합뉴스 2016. 05. 22).

트럼프는 보수 세력에 호소하기 위한 움직임을 보이고 있다. 트럼프는 오바마 대통령이 지명한 대법관 후보 메릭 갈랜드 인준을 거부하며 모두 보수로 분류되는 11명의 대법관 후보군을 발표했다(CNN 2016. 05. 18; 조선일보 2016. 05. 19 재인용). 한편 트럼프와 공화당 전국위원회는 2개의 모금위원회를 설립해 본 선거에 대비한 자금을 공동 확보하기로 합의했다고 발표했다(연합뉴스 2016. 05. 19).

미국 정당

05월 04일

• "지지 못해" "어쩌겠냐"…혼돈에 휩싸인 공화당

(New York Times 05. 04, 한겨레 05. 05)

– 테드 크루즈에 이어 존 케이식까지 공화당 대선 후보 경선을 포기한 뒤 사실상 후보로 확정된 트럼프와 관련해 미치 매코널 상원 원내대표는 "우리 당을 우리의 목적들에 따라 단결시킬 기회와 의무를 가졌다"고 발표했다. 그를 대선 후보로 지지한다기보다는 그가 공화당의 강령과 정책에 충실해야 한다는 촉구다. 물론 당내에서는 트럼프를 대선 후보로서 받아들여야 한다는 '현실론'이 늘고 있지만 트럼프에게 투표하지 않을 것이라고 공언한 공화당 인사들도 많다. 또한 당 일각에서는 트럼프가 인기가 있다는 것을 평가하게 되면 더 많은 공화당원들이 트럼프 주위로 몰려들 것이라고 전망했다.

05월 14일

• '샌더스의 신도들' 당 지도부 살해협박까지

(New York Times 05. 16, 동아일보 05. 19 재인용)

– 뉴욕타임스는 14일 네바다 주 전당대회에서 샌더스 지지자들이 의자를 비롯한 집기를 집어던지고 고함을 치는 등 난동을 부렸다고 보도했다. 이날 대회에서는 7월 필라델피아에서 열리는 민주당 전국전당대회에 파견할 선거인단 선출 문제가 논의됐다. 앞서 2월 네바다 주 당원대회에서 샌더스가 득표율 47%로 힐러리 클린턴(53%)에게 뒤졌지만, 지지자들은 샌더스에게 유리하게 규정을 변경해 최소 동일한 선거

인단을 배정해 달라고 요구했다. 하지만 지도부가 받아들이지 않자 샌더스 지지자들은 로버타 랭(Roberta Lang) 의장에게 1000통이 넘는 항의 전화와 살해 협박을 하며 집단적인 과격 행동에 나섰다. 조시 어니스트 백악관 대변인은 정례브리핑에서 "이번과 같은 정치적 논쟁이 폭력을 정당화할 수는 없다"고 밝혔다.

05월 17일

• 트럼프, 선거자금 확보 '숨통'…공화당과 공동모금 합의 　　　　　(연합뉴스 05. 19)

– 트럼프와 공화당 전국위원회는 2개의 모금위원회를 설립해 본 선거에 대비한 실탄을 공동확보하기로 합의했다고 17일 발표했다. 위원회는 '트럼프 빅토리'(Trump Victory)와 '미국을 다시 위대하게'(Make America Great Again)로 정해졌다. '트럼프 빅토리'는 전국위원회와 트럼프 캠프, 그리고 11개 주 공화당 위원회를 위한 자금을 모은다. 트럼프의 선거캠페인 구호와 같은 '미국을 다시 위대하게' 위원회는 전국위원회와 트럼프 캠프를 위한 기부를 받는다. 트럼프는 합의 이후 "본 선거를 위한 자금을 전국위원회와 공동으로 모금하게 돼 기쁘다"며 만족감을 표시했다.

미국 선거·의회

05월 03일

• 공화당 테드 크루즈 경선 포기…트럼프 대선후보로 사실상 확정 　　(동아일보 05. 04)

– 미국 공화당 경선 후보 테드 크루즈는 3일 실시된 인디애나 주 경선에 1위 후보인 선두주자 도널드 트럼프에 20%포인트의 큰 격차로 참패했다. 트럼프는 53.0%의 득표율을 기록하며 36.7%에 그친 크루즈를 가뿐히 이겼다. 크루즈가 경선 포기 선언을 하면서 트럼프의 최종 승리가 사실상 확정됐다. 크루즈는 이날 미국 인디애나 주에서 치뤄진 공화당 경선이 끝난 후 지지자들 앞에서 "마음이 무겁지만, 미국의 미래를 무한히 낙관하면서 경선을 중단하겠다"고 자신의 패배를 인정했다.

05월 12일

• 하원, 오바마에 북한 테러지원국 재지정 압박 　　　　　　　　(조선일보 05. 16)

– 미국 연방 하원이 북한을 테러지원국으로 재지정하기 위한 전 단계로 북한의 각종 테러 관련 행위를 미국 정부가 조사해 의회에 보고하도록 하는 내용의 법안을 초당적으로 발의했다. 하원의 테드 포(Ted Poe) 위원장(공화)이 대표 발의하고, 민주당의 브레드 셔먼(Brad Sherman)의원이 공동 발의한 '2016 북한 테러지원국 지정법안(H.R. 5208)'은 행정부에 "북한을 테러지원국으로 지정하라"고 압박하는 내용을 담고 있다. 이 법안은 23개 사안에 대해 북한의 사주 등 직·간접적 가담 여부를 조사하고, 법 제정 뒤 90일 이내에 보고서를 만들어 버락 오바마 대통령이 직접 상·하원 외교위원회에 제출하도록 했다.

05월 17일

• 샌더스 캠페인 '총체적 난국'…난동사태로 입지 축소

(Politico 05. 17, 동아일보 05. 18 재인용)

– 5월 17일 정치전문매체 폴리티코에 따르면 샌더스 캠프에서 캘리포니아 경선 유세를 지휘하는 관계자 4명 가운데 3명이 지난주 연이어 사표를 냈다. 샌더스에게는 마지막 방어선과 다름없는 다음 달 경선 지역인 캘리포니아는 대의원 475명이 할당된 초대형 선거구다. 샌더스 캠프는 지난달 동북구 5개주 경선 참패 뒤 선거캠프 스태프 수백 명을 감원할 계획이라고 밝힌 바 있다. 당시 결정을 놓고 샌더스가 사실상 최종 승리 가능성이 사라졌음을 인정한 것으로 보인다는 분석이 속출했다. 샌더스 역시 이후 클린턴 공격을 자제하고 진보적 정책 강조에 주력해 왔다. 문제는 최근 샌더스 지지자들의 난동 사태가 불거지면서 이마저도 여의치 않아 보인다는 점이다. 민주당 지도부와의 갈등이 터져 나오면서 샌더스가 설 자리를 점점 잃어가고 있다는 우려가 크다.

05월 18일

• 트럼프, 대법관 후보 11명 명단 공개…대부분 보수 성향

(CNN 05. 18, 조선일보 05. 19 재인용)

– 미국 공화당의 사실상 대선후보인 도널드 트럼프가 18일 11명의 대법관 후보군을 전격 발표했다. 2월 앤터닌 그레고리 스캘리아(Antonin Gregory Scalia) 연방대법관 사

망에 따라 버락 오바마 대통령이 메릭 갈랜드 워싱턴 연방항소법원장을 지명했지만 공화당이 "차기 대통령이 지명해야 한다"며 인준을 거부하고 있는 가운데 트럼프가 대법관 후보군을 공개한 것이다. 트럼프는 성명을 내고 "이 명단을 미국의 차기 대법관을 지명하는 가이드로 사용하겠다. 내가 가치를 매기는 헌법적 원칙을 대표한다"고 밝혔다. 이들은 대부분 보수 성향으로 분류된다. CNN은 "대선후보가 대법관 후보군을 발표하는 것은 이례적인 일로 트럼프가 보수 세력에 호소하기 위한 노력의 일환으로 보인다"고 전했다.

05월 20일

• 트럼프, 쇼 진행자 시절 '흑백 배틀' 기획 (BuzzFeed 05. 20, 연합뉴스 05. 21 재인용)
− 미국 공화당의 사실상 대선후보인 도널드 트럼프가 과거 미국 NBC 방송의 리얼리티 쇼인 '견습생'(Apprentices)을 진행할 당시, 이른바 '흑백 인종 대결'을 기획했던 것으로 드러나 논란이 일 것으로 보인다. 트럼프는 2005년 '견습생' 여름 시즌을 앞두고 흑인과 백인이 출연해 중역 회의실의 패권을 둘러싸고 다투는 기획안을 제시했다고 미국 온라인매체 버즈피드가 20일 보도했다. 트럼프는 흑인과 백인 모두 "고학력에 똑똑하고 강하며, 잘 생겨야 한다"면서 흑인의 경우 피부색이 짙고 옅은 정도를 가릴 필요가 없지만 "백인은 모두 금발"이어야 한다는 단서를 달았다.

미국 여론

05월 03일

• "쫓겨날 수도" 트럼프 득세에 이민자 귀화신청 돌풍

(AP통신 05. 03, 연합뉴스 05. 03 재인용)

− 미국 대선의 공화당 경선에서 도널드 트럼프가 득세하면서 이민자 사회에 갑자기 귀화 바람이 불고 있다. 이민자에게 적대감을 서슴없이 표출하는 트럼프가 대통령 자리에 오르면 쫓겨날지도 모른다는 불안감과 함께 응징을 위한 투표권 행사를 위해 이민자들이 '미국인 되기'를 서두르고 있다. 3일 AP통신에 따르면 최근 6개월간 미국에서 귀화신청은 작년 같은 기간보다 14% 늘었다. 미국 시민권 획득이 가능한

'예비 인원'은 900만 명에 이르는데 그 가운데 약 400만 명이 히스패닉이다. 트럼프가 1천100만 명으로 추정되는 불법 이민자를 추방하겠다고 한 것 때문이다.

05월 05일

• 미국인 57% "다른 나라 문제 신경쓰지마" 트럼프 노선 지지

(Pew Research 05. 05, 한겨레 05. 06 재인용)

− 미국 여론조사기관인 퓨리서치 센터가 지난달 12~19일 미국 성인 2008명을 대상으로 설문조사를 해 5일 공개한 결과를 보면, 응답자의 57%가 '미국은 국내 문제에만 신경 쓰고, 각국은 스스로 문제를 해결해야 한다'고 답했다. '미국이 다른 나라의 문제를 해결하도록 도와야 한다'는 응답은 37%에 그쳤다. 또 응답자 41%가 '미국이 너무 과도하게 다른 나라 문제에 개입하고 있다'고 생각하는 것으로 나타났다. 이번 조사 결과는 트럼프가 '자국 방위는 각국이 알아서 해야 한다'고 주장한 것이 유권자들에게 상당한 호소력을 발휘했음을 짐작할 수 있다. 경제 분야에서도 응답자 49%가 보호무역주의 선호 흐름이 강했다.

05월 09일

• 미국민 10명 중 6명은 트랜스젠더 화장실 선택권 옹호

(CNN 05. 09, 연합뉴스 05. 10 재인용)

− 미국 국민 10명 중 6명은 트랜스젠더(Transgender, 성전환자)가 출생 당시 성별을 기준으로 화장실을 사용하도록 규정한 노스캐롤라이나 주의 이른바 '성소수자 차별법'에 반대하는 것으로 나타났다. 5월 9일 미국 CNN은 여론조사기관 ORC와 함께 성인 1천 1명을 대상으로 조사한 결과 응답자의 57%가 이 법안에 반대했으며, 찬성 응답자는 38%에 그쳤다고 보도했다. 공화당 지지자보다 민주당 지지자나 지지 정당이 없다고 답한 응답자 사이에서 반대 비율이 더 높았다. 이번 조사에서 응답자의 75%는 트랜스젠더가 취업이나 주택 구입 등에서 동등한 보호를 받도록 하는 법률이 있다면 지지하겠다고 말했다. 또 35세 이하 응답자의 24%는 자신과 가까운 사람 중에 트랜스젠더가 있다고 답하기도 했다.

05월 18일

• 미국인, 41% "경제 전반 괜찮아" 대 67% "내 재정 상황 좋아"

(AP 통신 05. 18, 뉴시스 05. 18 재인용)

– AP 통신과 시카고 대학 공중연구소의 공동 여론조사 결과에서 미국 경제 상황이 괜찮다고 답한 응답자는 42%에 그쳤다. 그러나 자신의 가계 형편은 상당히 좋다고 답한 사람은 3분의 2에 달했다. 미국 전체 경제를 비관적으로 보면서도 자신의 개인적 재정 상황에 대해서는 상대적으로 낙관하고 있는 것이다. "지금 해고되더라도 다른 직장을 구할 자신이 있다"고 답한 비율은 3분의 1이었다. 미국 경제를 낙관한다고 말한 응답자들을 지지 정당 별로 살펴보면, 공화당 지지자는 34%만 좋게 본 반면 오바마 대통령이 속한 민주당 지지자들은 54%가 그렇다고 답했다.

05월 18일

• 트럼프, 전국 지지율서 힐러리 3%포인트 앞서…"힐러리가 더 비호감"

(Fox News 05. 18, 연합뉴스 05. 19 재인용)

– 미국 공화당 대선 후보 도널드 트럼프가 전국 여론조사에서 민주당 유력후보 힐러리 클린턴 전 국무장관을 3% 포인트 차로 앞섰다. 클린턴 전 장관의 '비호감도'는 트럼프를 추월했다. 미국 폭스뉴스가 지난 14~17일 전국 유권자 1천 21명을 대상으로 조사해 5월 18일 공개한 여론조사 결과에 따르면 트럼프 지지율은 45%로, 클린턴 지지율 42%보다 앞섰다. 지난달 폭스뉴스 여론조사에 클린턴이 48%로, 41%를 얻은 트럼프에 앞섰던 것이 뒤집힌 것이다. 트럼프와 클린턴의 본선 양자 대결 가능성이 높아진 이후 폭스뉴스 조사에서 트럼프 지지율이 클린턴을 앞선 것은 이번이 처음이다.

12차(5월 말~6월 말)

조현희

힐러리 클린턴이 6월 6일 후보 지명에 필요한 대의원 수인 '매직넘버(Magic Number)'를 달성하여 민주당 최종 대선 후보로 확정됐다(AP통신 2016. 06. 06; 조선일보 2016. 06. 07 재인용). 이에 따라 경선에서 사실상 패배한 버니 샌더스는 민주당의 변화를 위해 경쟁자였던 힐러리 클린턴과 협력하겠다는 뜻을 밝혔지만 클린턴을 지지선언하지는 않았다(연합뉴스 2016. 06. 16). 한편 미국의 제3당인 자유당은 29일 게리 존슨(Gary Johnson) 전 뉴멕시코 주지사를 대선 후보로 선출했다고 밝혔다(중앙일보 2016. 05. 31).

미국 공화당 소속 폴 라이언 하원의장이 공화당 대선 후보인 도널드 트럼프를 당의 공식후보로 지지하겠다고 선언했다. 폴 라이언의 지지에 따라 다수의 반(反) 트럼프들이 반대하기 어려워졌다고 뉴욕타임스가 6월 2일 보도했다(New York Times 2016. 06. 02; 국민일보 2016. 06. 03 재인용). 이러한 전망은 트럼프의 인종차별적 발언으로 인해 뒤집혔다. 트럼프는 올랜도 나이트클럽 총기난사 사건을 언급하면서 테러 관련 국가로부터 이민을 전격 중단하겠다는 공약을 밝혔다(한겨레 2016. 06. 14).

반 트럼프 세력인 공화당 대의원들은 이러한 트럼프의 공약을 비판하며 '대의원을 해방하라'(Free the Delegates)라는 단체를 결성하고 모금활동을 추진하고 있다. 또한 이들은 자유롭게 대선후보를 선택할 수 있도록 당 규정을 바꾸는 방안을 추진하고 있다(New York Times 2016. 06. 02; 국민일보 2016. 06. 03 재인용). 이에 맞서 트럼프는 캠프 선거대책위원장 폴 매나포트(Paul Manafort) 및 캠프 관계자 200명과 지난 6월 21일 회의를 열어 전대에서 대의원들의 이탈을 막기 위한 '기강관리팀'을 만들기로 했다(Politico 2016. 06. 22; 연합뉴스 2016. 06. 23). 하지만 트럼프의 선거자금 약 20%가 트럼프가 운영하는 사업체에 지불된 것으로 나타나 논란이 일면서 대선 캠페인에 타격이 불가피할 것으로 보인다(New York Times 2016. 06. 22; 연합뉴스 2016. 06. 23 재인용).

미국 연방상원은 플로리다주 올랜도 참사를 계기로 총기 규제 강화 법안을 표결하기로 했다(연합뉴스 2016. 06. 18). 공화당 의원의 반발로 상원에서 총기규제 관련 법 4건이 모조리 거부된 데 이어 공화당이 장악한 하원에서도 표결이 봉쇄되자, 민주당 폴 루이스(Paul Lewis) 하원의원이 동료 의원 40여 명과 함께 하원의사당에 입장해 공화당 지도부에 즉각 총기규제 입법에 나설 것을 촉구하고 연좌농성에 돌입했다(연합뉴스 2016. 06. 23).

미국 정당

05월 29일

• 제3당 자유당 대선후보에 게리 존슨　　　　　　　　　　　　　(중앙일보 05. 31)

– 미국의 제3당인 자유당이 5월 29일 게리 존슨 전 뉴멕시코 주지사를 대선 후보로 선출했다. 자유당전국위원회는 이날 성명을 통해 "존슨이 55.8%를 득표해 자유당의 2016년 대선 후보가 됐다"고 밝혔다. 게리 존슨의 지지율이 15%를 넘어설 경우 제3당 후보로서는 24년 만에 대선 후보 토론회에 참석할 자격이 주어진다. 수천 표 차이로 승패가 결정되는 경합주(스윙 스테이트)에선 존슨이 어느 당 표를 더 많이 흡수하느냐에 승패가 갈릴 수 있다.

05월 30일

• 네오콘 "차라리 클린턴 밀 것"…트럼프 "샌더스 표 40% 흡수"　　(중앙일보 06. 01)

– 네오콘(neo-conservatives, 신보수주의)의 일부 인사들이 트럼프를 거부하며 차라리 힐러리 클린턴을 거론하고 나선 반면 민주당 지지층에선 버니 샌더스를 찍었던 표심 일부가 트럼프로 이동할 가능성이 등장하고 있다. 네오콘이 트럼프를 혐오하는 이유는 이라크전을 비난하고 미국의 군사적 개입주의에 반대하는 트럼프가 당을 장악하고 대통령에 오를 경우 네오콘이 설 땅을 완전히 잃기 때문이다. 반면 민주당 진영에선 샌더스 지지표 일부가 향후 트럼프로 이탈할 가능성이 가시화되고 있다. 이에 트럼프는 "샌더스 지지자들의 40%가 나를 지지한다고 들었다"며 샌더스의 지지층 흡수를 장담했다.

06월 19일

• 심상찮은 공화당 반 트럼프 기류···트럼프 저지 위해 기금 마련

(The Washington Post 06. 19, 연합뉴스 06. 20 재인용)

– 도널드 트럼프의 대선 후보 지명을 저지하려는 미국 공화당 대의원들이 단체를 결성해 자금 마련에 나서는 등 공화당 내 반 트럼프 세력의 활동을 구체화하고 있다. 6월 19일 미국 일간지 워싱턴포스트에 따르면 트럼프에 반대하는 공화당 대의원들은 7월 18~21일 클리블랜드에서 열리는 전당대회에 앞서 '대의원을 해방하라'라는 단체를 결성하고 이날 자금 모금 계획을 발표했다. '대의원을 해방하라'는 대의원들이 전당대회 경선 결과에 상관없이 '양심 조항'(Conscious Clause)을 신설해 자유롭게 대선후보를 선택할 수 있도록 당 규정을 바꾸는 방안을 추진하고 있다.

미국 선거 · 의회

06월 02일

• 트럼프 날개 달았다, 폴 라이언 하원의장 지지선언

(New York Times 06. 02, 국민일보 06. 03 재인용)

– 미국 공화당 소속 폴 라이언 하원의장이 도널드 트럼프 후보를 당의 공식후보로 지지하겠다고 선언했다고 뉴욕타임스가 보도했다. 폴 라이언은 가제트엑스트라(Gazettextra)에 기고한 칼럼에서 이같이 밝히면서 "트럼프가 공화당의 아젠다를 이행해나갈 가장 적합한 후보라고 생각한다"고 강조했다. 사실상 공화당의 1인자인 폴 라이언 의장이 지지선언을 함으로써 공화당내 다른 반 트럼프 세력들도 더 이상 트럼프를 반대하기 어려워졌다. 따라서 7월에 열리는 당 공식전당대회에서 트럼프를 당의 후보로 공식 지명하는 절차만 남겨두게 됐다.

06월 06일

• 힐러리 '매직넘버' 2383 달성···양당 최초 여성 대선 후보 탄생

(AP통신 06. 06, 조선일보 06. 07 재인용)

– 힐러리 클린턴이 6월 6일 민주당 최종 대선 후보로 확정됐다. 미국 주요 양당에서

여성 대통령 후보가 본선에 진출한 것은 이번이 처음이다. AP통신은 클린턴이 이날 민주당 대선 후보 지명에 필요한 대의원 수인 '매직넘버'를 달성했다고 보도했다. 클린턴은 지금까지 대의원 1812명, 슈퍼대의원 571명 등 총 2383명을 확보했다. 클린턴은 7일 6개 주에서 경선을 치른 뒤 경선승리를 선언할 예정이다.

06월 13일

• 트럼프 "테러 관련 국가 이민자 안 받는다"   (한겨레 06. 14)

– 공화당의 도널드 트럼프가 13일 뉴햄프셔주 맨체스터의 성 안셀모(Saint Anselmo) 대학 뉴햄프셔 정치연구소에서 열린 대테러 연설에서 올랜도 나이트클럽 총기난사 사건을 언급하면서 테러 관련 국가로부터 이민을 전격 중단하겠다는 공약을 밝혀 비판을 받고 있다. 이에 공화당 출신 조지 부시 전 대통령의 고문이었던 피터 베너(Peter Wehner)는 "불행하게도 이런 비극(올랜도 참사)은 트럼프를 해하기보단 오히려 도와준다"고 분석했다. 무슬림 인권운동가 파르하나 케라(Farhana Khera)는 무슬림이 또 다른 증오범죄의 표적이 될 것을 우려했다.

06월 22일

• 민주 하원의원들 총기규제 입법 촉구하며 '연좌농성' 돌입   (연합뉴스 06. 23)

– 연방상원에서 총기규제 관련 법 4건이 모조리 거부된 데 이어 공화당이 장악한 하원에서도 표결이 봉쇄되자, 민주당 루이스 하원의원이 동료 의원 40여 명과 함께 하원 의사당에 입장해 즉각 총기규제 입법에 나설 것을 공화당 지도부에 촉구했다. 루이스 의원의 입장 발표가 끝나자 의원들은 총기 희생자들을 위한 기도를 한 뒤 의사당 바닥에 앉아 연좌농성에 돌입했다. 테드 포 하원의원이 민주당 농성의원들에게 의사당을 떠나줄 것을 요구했으나 거절당했다.

06월 22일

• 트럼프, 선거운동에 '트럼프 기업' 이용…도덕성 논란

(New York Times 06. 22, 연합뉴스 06. 23 재인용)

– 공화당 도널드 트럼프의 선거자금의 20% 정도가 트럼프가 운영하는 사업체에 지

불된 것으로 나타나면서 논란이 일고 있다. 트럼프가 선거운동 중에 발생하는 장소 대여와 비품 구입 등에 '트럼프 브랜드'를 이용하고 그 대금을 캠프 선거자금에서 지불한 것이다. 일간 뉴욕타임스를 비롯한 미국 언론들은 6월 22일 최근 연방 선거관리위원회(Federal Election Commission, FEC) 선거자금 회계보고서에서 지출내역을 토대로 이같이 보도하면서, 공(公)과 사(私)가 뒤죽박죽된 지출 방식을 문제 삼았다. 일부에선 "트럼프가 대선에 출마해 돈을 벌고 있다"는 비판도 나오고 있다.

06월 23일

• 오바마 '이민개혁' 좌초, 대선 이슈로…히스패닉 표심 결집하나

(Politico 06. 23, 연합뉴스 06. 24 재인용)

- 불법 이민자의 추방을 유예하는 버락 오바마 대통령의 '이민개혁 행정명령'이 대법원의 제동으로 좌초될 위기에 놓이면서 이민과 대법원 구성 문제가 빠르게 대선 주요 이슈로 부상했다. 연방대법원이 이민개혁 행정명령에 제동을 건 항소법원의 결정에 반발해 정부가 상고한 사건을 찬성 4명, 반대 4명으로 기각한 후 민주당과 공화당의 반응은 극명하게 갈렸다. 민주당 대선 후보 힐러리 클린턴은 "가슴 아픈 후퇴"라고 말한 반면 공화당 대선 후보 도널드 트럼프는 조심스럽게 환영의 입장을 밝혔다. 미국 정치매체 폴리티코는 "이번 대법원 결정은 유권자에게 대법관 임명을 맡기자는 공화당 주장이 어떤 결과를 가져왔는지를 보여줌으로써 진보 유권자들의 투표율을 높일 수 있다"고 내다봤다.

06월 24일

• 하와이 '총기 소유자 신상정보 의무 등록제' 시행

(Fox News 06. 24, 연합뉴스 06. 25 재인용)

- 미국 하와이 주가 50개 주 가운데 처음으로 총기 소유자들의 신원정보를 연방수사국(Federal Bureau of Investigation, FBI) 데이터베이스에 등록하는 법안을 시행한다고 폭스뉴스가 24일 보도했다. 이 법안은 총기를 소유한 하와이 주민들이 다른 곳에서 체포되거나 유죄 판결을 받았을 때 이를 즉각 확인할 수 있도록 총기 소유자들의 신원정보를 연방수사국(FBI) 데이터베이스에 자동 등록하는 내용을 담고 있다. 하지만

이 법안 시행을 반대하는 일부 주민들은 "이 법안은 '빅브라더법'(Big brother 法, 정보의 독점으로 사회를 통제하는 관리 권력)"이라며 총기소유 권리를 규정한 수정헌법 2조를 내세워 연방수사국(FBI) 데이터베이스 등록을 거부할 것이라고 주장했다.

미국 여론

06월 07일

• 대선 양자대결 시 힐러리, 다자 대결 땐 트럼프 우세

(NBC방송 06. 07, 조선일보 06. 08 재인용)

- NBC방송과 여론조사기관인 서베이몽키(Surveymonkey)가 유권자 9240명을 상대로 추적 여론조사를 실시한 결과 힐러리 클린턴이 공화당 후보인 도널드 트럼프와의 가상 양자대결에서 48%대 44%로 4%포인트 앞서는 것으로 나타났다고 NBC방송이 6월 7일 보도했다. 클린턴은 트럼프와의 격차를 한 주 전의 2% 포인트에서 4% 포인트로 벌렸다. 하지만 게리 존슨 자유당 대선후보와 4년 전 녹색당 후보로 나섰던 질 스타인을 넣어 조사를 벌이면 트럼프가 40%로 39%인 클린턴을 1%포인트 앞서는 것으로 조사됐다. NBC방송은 "결국 제3당 후보가 출마하면 힐러리가 불리하다는 결론이 나온다"고 밝혔다.

06월 15일

• 미국인 10명 중 6명 '트럼프의 무슬림 입국 금지' 반대

(CBS 방송 06. 15, 연합뉴스 06. 15 재인용)

- 미국인의 절반 이상이 올랜도 게이 나이트클럽 총기참사와 관련해 공화당의 대선 후보인 도널드 트럼프가 취한 대응을 부정적으로 평가하는 것으로 나타났다. 특히 10명 중 6명꼴로 트럼프가 대표공약으로 제시한 무슬림 입국 일시 금지에 대해 반대한다는 입장을 분명히 했다. 미국 CBS 방송은 지난 13일부터 이틀간 전국 성인남녀 1천 1명을 대상으로 유무선 전화 설문조사를 한 결과 응답자의 51%가 이번 참사에 대한 트럼프의 대응에 반대한다고 밝혔다. 트럼프의 대응을 긍정적으로 평가한 응답은 25%에 그쳤다. 트럼프의 무슬림 입국 일시 금지에는 62%가 반대한다고 답했

고, 필요하다는 응답은 25%에 그쳤다.

06월 15일

• 트럼프 비호감도 70%로 급상승…힐러리도 55%로 소폭 상승

(ABC뉴스 · The Washington Post 06. 15, 연합뉴스 06. 15)

– ABC뉴스와 워싱턴포스트의 공동 여론조사(6월 8~12일·1천 명) 결과에 따르면 트럼프의 비호감도는 70%를 기록했다. 이는 이 두 매체의 지난달 여론조사 당시 60%에서 무려 10%포인트나 수직 상승한 것이다. 트럼프에 대한 비호감도는 대선 출마 선언 직전인 지난해 5월 말 71%로 최고치를 기록했으며, 이후 경선 과정에서는 평균 60% 안팎을 보여 왔다. 트럼프의 비호감도가 한 달 만에 급상승한 것은 멕시코계 연방판사 비난 발언에 대한 부정적 여론이 확산된 데 따른 것으로 보인다. 클린턴 전 장관에 대한 비호감도 역시 지난달 53%에서 55%로 2%포인트 올랐다.

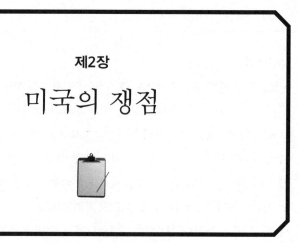

제2장
미국의 쟁점

소통과 통합의 승리, 레임덕은 없다

손현지

중임제를 택하고 있는 미국 정치 시스템에서는 중임 대통령의 경우 집권 1기에 국정동력을 살려 굵직한 정치적 업적을 남기는 게 일반적이다. 그러나 오바마 대통령은 8년의 재임기간 중 임기 1년 반을 남겨 놓아 레임덕을 맞을 수 있는데다 공화당이 의회를 장악한 여소야대 정국 구도임에도 집권 2기에 미국 역사에 길이 남을 정치적 유산을 쌓고 있다(세계일보 2015. 07. 23).

오바마 대통령은 최근 몇 개월 사이에 미국 사회를 근본적으로 바꿔 놓고 있다. 대법관 9명 가운데 5명이 공화당의 추천을 받은 미국 대법원에서 건강보험개혁법, 즉 오바마 케어의 정부 보조금이 합헌이며(The New York Times 2015. 06. 25) 동성결혼도 합헌이라고 진보적인 결정을 했다(CNN 2015. 06. 26). 오바마 대통령은 환태평양경제동반자협정(TPP) 자체에 반대해 온 '친정' 민주당이 아닌 야당 공화당과 손잡고 끝내 무역협상촉진권한(TPA) 통과를 관철하는 정치력을 발휘하여 TPP체제 출범 초읽기에 들어갔다(연합뉴스 2015. 07. 01). 또 공화당과의 대립각을 해결하며 미국은 55년 만에 쿠바와 수교를 했고, 이란 핵 협상도 타결했다

(연합뉴스 2015. 07. 14). 오바마 대통령의 여야 지도부와 개별 의원들에 대한 피나는 설득 노력의 결과가 나타나고 있는 것이다.

이런 정책적 승리와 더불어 오바마 대통령은 최근 특유의 파격적 소통 정치로도 주목받았다. 미국 백악관 잔디광장을 걸스카우트 캠핑 장소로 내줬고 지난 40년간 금지했던 관광객들의 백악관 사진촬영이 허용됐다(YTN 2015. 07. 02). 그는 사우스캐롤라이나 주 흑인교회 총기난사 희생자 장례식에 직접 참석해 추모연설 도중 찬송가 '어메이징 그레이스'를 부르기도 하였고 수감자를 줄이겠다는 사법개혁 행보의 일환으로, 마약사범 46명을 특별사면 한 데 이어 미국 남부 오클라호마 주 엘리노 연방교도소까지 직접 방문하는 등의 적극적인 소통 행보를 이어갔다. 이에 여야는 물론 국민들까지 적극적인 지지를 보냈다(조선일보 2015. 07. 18). 결과적으로 임기 말임에도 불구하고 오바마 대통령의 직무 수행 지지율, 경제정책 지지율, 인종문제 대응측면의 지지율은 모두 50%를 넘게 되었다(CNN 2015. 06. 30).

현대 민주국가에서 대통령의 리더십은 설득과 대화를 통해 행사될 수밖에 없다. 이점에서 오바마 대통령의 임기 말 정책적 승리로 인한 미국 사회의 근본적 변화와 더불어 발생한 지지율 상승은 그가 꾸준히 실천해온 소통과 통합의 결과라고 볼 수 있다. 앞으로 남은 임기 동안 오바마 대통령의 행보와 그가 남긴 업적이 역사적으로 어떤 결과를 가져올지 귀추가 주목된다.

참고문헌

세계일보 2015.07.23.
The New York Times 2015.06.25.
CNN 2015.06.26.
연합뉴스 2015.07.01.
연합뉴스 2015.07.14.
YTN 2015.07.02.
조선일보 2015.07.18.
CNN 2015.06.30.

시작된 미국의 대선 레이스

손현지

2016년 대선을 1년 2개월 남겨두고 있는 상황에서 미국과 전 세계 언론들은 매일 대선 보도로 들끓고 있다. 실제 대선 날짜는 2017년 11월 8일이지만, 각 당에서 실시하는 TV 방송 토론회부터 시작하여 예비 경선이라고 불리는 코커스(Caucus), 프라이머리(Primary)를 거쳐 본선까지 거의 2년에 걸쳐 진행되는 모든 과정들은 다양한 미디어를 통해 전 세계에 생중계된다. 따라서 이러한 선거과정들은 미국인뿐만 아니라 전 세계인에게 볼거리, 이야깃거리를 제공한다.

이번 대선에 유독 관심이 집중되는 이유는 후보 등록 전부터 '부시'와 '클린턴' 정치명문가의 재대결 가능성으로 이목을 끌었던 민주당의 대선 후보 힐러리 클린턴, 공화당 젭 부시의 고전과 함께 정치 신인이 기성 정치인들보다 주목받는 이례적인 현상들이 나타났기 때문이다(세계일보 2015. 08. 17).

이러한 현상들의 이유로는 미국 국민의 정치인들에 대한 불신을 들 수 있다. 2008년 말 금융위기 이후 미국인들의 가계 살림은 어려워지고 있으며, 중국의 급부상과 추격으로 미국 국민들은 점차 자신감을 잃어가고 있다(중앙일보 2015. 08. 24). 그런데도 워싱턴의 정치인들은 각종 쟁점 현안을 놓고 대치를 이어갔고 결국 2015년 초 진행된 여론조사에서 1992년 이후 처음으로 양 당의 지지율이 동시에 40% 밑으로(공화당 37%, 민주당 39%)떨어졌다(갤럽 2015. 03. 16).

이러한 정치 기득권에 대한 분노를 틈타 공화당에서는 정치 경력이 전무한 도널드 트럼프가 기존 정치인들에 대한 독설로 당내 여론조사 1위를 하고 있고, 민주당 내에서도 북유럽식 사회주의를 주창하는 버니 샌더스 상원의원의 인기가 연일 상한가를 치고 있다(중앙일보 2015. 08. 24). 여론조사 결과 현재 공화당에서는 도널드 트럼프 후보가 지지율 32%로 2위인 젭 부시 후보(16%)를 큰 격차로 앞서고 있다(로이터 통신 2015. 08. 21). 민주당에서는 힐러리 클린턴 후보가 여전히

1위를 유지하고 있지만 민주당 성향 유권자들의 지지율이 47%로 7월에 비해 무려 9포인트나 떨어졌다. 이에 반해 샌더스 의원은 최근 뉴햄프셔 주 여론조사에서 클린턴 전 장관을 7%포인트 차로 누르는 이변을 연출했다(CNN 2015. 08. 19).

기존의 예상을 뒤엎은 유권자들의 반응과 정치 신인들의 선전으로 대선 열기가 고조되고 있는 가운데 후보들이 남은 기간 동안 어떤 표심의 변화를 이끌어낼지 본격적으로 시작된 차기 대선 레이스의 귀추가 주목된다.

참고문헌

세계일보 2015.08.17.

중앙일보 2015.08.24.

Gallup 2015.03.16.

Reuters 2015.08.21.

CNN 2015.08.19.

시리아 난민수용 문제에 직면한 미국

이지원

지난 9월 2일 터키의 보드럼 해변에서 숨진 채 발견된 세 살 꼬마 난민인 '아일란 쿠르디'의 사진 한 장으로 전 세계에 난민 문제가 화두로 떠올랐다. 하지만 그동안 미국은 시리아 난민을 받는 데 매우 인색했다. 올해 들어 오바마 행정부가 받아들인 시리아 난민은 1600여명에 불과하다. 이것은 전체 시리아 난민 400만 명 가운데 0.04%에 지나지 않는다(시사인 2015. 09. 17). 미국이 시리아 난민 수용에 소극적인 자세를 취하는 이유는 9.11 이후 강화된 안보 규정 때문이다(시사인 2015. 09. 17). 국적이 불분명한 시리아 난민 중에서 이슬람국가(IS) 등 극단주의 세력이 섞일 수 있다는 점을 미국은 우려하고 있다.

하지만 시리아 난민문제가 심각해지면서 결국 국제사회의 거센 압력이 시리아 난민사태에 대해 소극적으로 일관하던 미국을 움직였다. 버락 오바마 미국 대통령은 지난 9월 10일, 2016년 회계연도에 최소 1만 명의 시리아 난민을 수용하라고 지시했다(연합뉴스 2015. 09. 21). 하지만 미국 내의 정당과 여론에서는 각기 다른 의견이 대립하고 있다. 먼저, 민주당 대선 주자 힐러리 클린턴은 난민 위기를 해결하기 위해서는 미국이 좀 더 나서야 하며 난민 수용은 1만 명에서 6만 5000명까지 늘려야 한다고 말했다(경향신문 2015. 09. 21). 멕시코 이민자에 대해 반감을 드러냈던 공화당의 대선 후보 도널드 트럼프마저도 시리아 난민에 대해선 "수용해야 한다."는 '예상외'의 입장을 밝혔다(연합뉴스 2015. 09. 09). 하지만 공화당 피터 티 킹(Peter T. King)을 비롯한 다수의 공화당 의원들은 오바마 대통령에게 잠재적 테러리스트들을 들여오고 있다며 경고했다(The New York Times 2015. 09. 10).

미국의 로이터 통신사에서는 9월 11일~15일 미국 국민 1251명을 대상으로 '오바마 정부의 시리아 난민 1만 명 수용정책'에 관한 설문조사를 진행했다. 그 결과, 35%는 '시리아 난민 1만 명을 수용하는 것은 무리다', 23%는 '유럽 국가들을 포함한 국제사회의 난민 포용정책이 확대 되고 있는 현 시점에, 미국의 시리아 난민 수용 확대는 적절하다', 20%는 '미국은 시리아 난민을 1만 명 이상 수용해야 한다', 나머지 22%는 '잘 모르겠음', '응답없음'으로 나타났다(Reuters 2015. 09. 16). 더불어 백악관 홈페이지에는 시리아 난민들을 받아들여 달라는 86000여 명의(9월 22일 기준) 온라인 청원이 계속되고 있다. 정당은 국민들의 생각과 이익을 대변해주기 위해 존재한다. 난민문제와 관련한 다양한 갈등과 생각이 공존하는 미국 내에서 정당이 대의민주주의 실현을 위해 어떤 정책을 펼쳐나갈지 주목된다.

참고문헌

시사인 2015.09.17.
연합뉴스 2015.09.21.

경향신문 2015.09.21.

연합뉴스 2015.09.09.

The New York Times 2015.09.10.

Reuters 2015.09.16.

||||||||||||||||||||||||||||||||||||||||||||||||||||||||||||||||||||||||||||||||||||||||||||||||||||||

초당적 합의와 민주주의

이지원

　지난 10월 6일, 제리 브라운 캘리포니아 주지사는 '공정급여법(Fair Pay Act)'에 서명하는 행사를 열었다. 캘리포니아 주는 양성 간 급여평등 보장 강화법을 입법했고 이것은 내년 1월 1일부터 적용된다. 이 법은 기존의 급여 평등 법규를 강화하는 한편 입증 책임을 고용인에게 부과한 점이 특징이다(연합뉴스 2015. 10. 07). 이 법은 캘리포니아 주의 상원과 하원 내 양당 소속의 의원들의 초당적 지지를 얻어 통과되었다. 이 사안의 경우 대다수의 사람들이 공감하고 지지할 수밖에 없는 사안이지만 국내여론을 반영하여 민주당과 공화당이 뜻을 모았다는 점에 의의가 있다고 생각한다. 최근 미국 양당은 주요 이슈에 대해 대화를 통한 폭넓은 초당적 합의에 도달하곤 한다. 초당적지지 또는 합의에 도달한 사례는 양성 간 급여평등 보장 강화법 이외에도 존재한다.

　힐러리 클린턴은 미국 사회의 고질병인 학자금 대출 부담을 줄이기 위해 400조 원의 재정 투입 구상을 공약으로 내놓았지만 이와 같은 공약은 대부분 의회의 승인이 필요한 입법사항이다(연합뉴스 2015. 08. 11). 따라서 공화당의 지지를 받지 못한다면 실현가능성이 낮아진다. 하지만 현재 미국의 대학생 학자금 대출의 상황은 매우 심각하다. 뉴욕타임스와의 인터뷰에서 버락 오바마 대통령과 빌 클린턴 전 대통령의 교육 관련 자문을 했던 로버트 샤먼(Robert Shaman)은 대학 학자금을 감당할 수 있게 해야 한다는 이슈에 대해서는 양당 모두 공통된 이해가 있다고 언급했다(연합뉴스 2015. 08. 11). 인터뷰와 같이, 이 사안을 해결해야 한다는 문제의식은 사회전반 및 양당이 초당적으로 가지고 있다. 따라서 미국의 대학생들에게 부담을 덜어줄 이 공약은 쉽게 의회를 통과할 것이라는 분석을 할 수 있다.

대의제 민주주의의 선거에서 선출된 의회는 국민의 대표기구이기 때문에 정당은 국민의 요구와 이익을 실현시켜야 할 의무를 가지고 있다. 양성 간 급여평등 보장 강화 및 대학생들의 학자금 부담에 대한 의제는 국민들의 요구로부터 비롯된 것이다. 이 문제들을 해결하기 위해 양당은 화합했고, 초당적 합의를 도출했다. 초당적 합의에 도출했을 경우, 초기 성과를 뛰어넘는 효과를 얻기도 한다. 의회정치의 효율성은 의회 내의 정당들 간 합의능력에 따라 좌우된다. 이처럼 양당의 초당적 합의 및 지지는 의회정치에서의 효율성과 관계가 있다. 또한 민주주의 국가에서의 의회정치 수준은 민주주의 수준과도 관련이 있기에 국민의 요구와 의사를 반영하여 초당적 합의를 이끌어내는 의회활동이 계속된다면 그것에 비례하여 민주주의 수준 역시 상승할 것이다.

참고문헌

연합뉴스 2015.10.07.
연합뉴스 2015.08.11.
한국일보 2009.01.29.
EBS 2015.08.18.

오바마의 SNS 활용과 대의민주주의

이지원

    대의민주주의에서 시민의 정치참여에는 한계가 존재한다. 선출직 대표자와 일반 시민들 간의 직접적인 연계가 어렵다는 점이 대의민주주의 체제의 취약점으로 손꼽히곤 했다. 하지만 2000년대 이후 소셜 네트워크 서비스(SNS)가 정치참여의 수단으로 부상하며 관심이 높아지고 있다. SNS를 통해 유권자와의 연계에 성공한 대표적인 정치인은 오바마 대통령이다. 오바마 대통령은 11월 9일 개인 페이스북 페이지를 개설했다. 백악관에서 이미 홍보의 일환으로 트위터와 페이스북을 이용해왔지만 최근에 개설한 이 페이스북은 오바마 대통령이 직접 관리하는 계정이다. 오바마 대통령은 미국 성인의 4분의 3이 페이스북을 사용하고 있으며 이 공간이 국가적으로 당면한 가장 중요한 이슈를 논의하는 담론의 장이 되기를 바란다는 내용의 글을 남겼다. 이 페이스북 페이지는 개설한지 11시간 만에 50만 명이 '좋아요'를 받았다. 오바마 대통령은 첫 인사와 덧붙여 11월 30일 프랑스에서 열리는 유엔 기후변화협약에 대해 소개하며 국민들의 지지를 호소했다(The Huffington Post 2015. 11. 10).

    오바마 대통령이 SNS를 활용하는 정치 전략은 이번이 처음이 아니다. 오바마 대통령은 SNS를 대선 캠페인의 전략 중 하나로 활용하기도 했다. 대표적으로 '마이보(MyBo)'라는 오바마의 지지자 사이트가 두 차례의 대선 승리를 이끌었다. 마이보는 온라인과 오프라인의 연결고리 역할을 충실히 해냈다. 마이보는 지지자들 스스로 새로운 소식을 올리는 것뿐만 아니라 자발적으로 지역 단위의 지지 그룹을 만들어 이벤트를 조직하고 개인적인 자금모금 행사를 수행할 수 있도록 했다(한겨레 2008. 07. 07). 이러한 오바마의 선거 전략은 다수의 소액기부를 이끌었고 정치자금 후원 문화를 바꾸었다는 평가를 받는다.

    이처럼 SNS는 정치에 대한 유권자의 관심을 제고할 수 있는 기회를 제공하며 정치참여의 촉진제가 되기도 한다(송효진·고경민 2013). 유권자들의 정치참여 범위가 선거에서의 투표참여로 한정되어있었지만 SNS를 통해 정책과정 전반에 관한 의견을 제기하는 등 일상적인 정치참여가 가능해졌기 때문이다. 상시적인 정치참여는 유권자들의 정치에 대한 관심을 유지시킬 수 있고 정부의 책임성을 높이는 수단이 될 수 있다(송효진·고경민 2013). 오바마 대통령의 사례를 통해 볼 수 있듯이 SNS를 통한 유권자와 정당 간의 연계는 앞으로 대의민주주의 강화와 발전에 기여할 수 있을 것으로 기대된다.

참고문헌

송효진·고경민. 2013. "SNS 정보서비스의 질, 정치효능감, 그리고 정치 참여의 촉진." 『한국정당학회보』 제12권 제1호, 175-216.
The Huffington Post 2015.11.10.
한겨레 2008.07.07.
조선일보 2015.11.10.

‖‖

미국의 사회 통합과 트럼프주의(Trumpism)

이지원

트럼프가 처음 등장했을 때 트럼프는 진지한 대선후보라기보다 화제성 인물로 평가받았다. 하지만 최근 '트럼프주의'와 같은 신조어가 생기며 트럼프 신드롬이 진지해졌다. 가벼운 일탈로만 치부하기에는 트럼프의 '콘크리트 지지층'이 두껍고 위협적인 것으로 판단된다(경향신문 2015. 12. 22). 먼저 트럼프의 막말 정치는 유명하다. 멕시코 불법이민자들에 대한 성폭행범 비유, 경쟁 후보인 칼리 피오리나 외모 비하, 9·11 당시 무슬림 수천 명이 환호했다는 엉터리 주장, 모든 무슬림에 대한 미국 입국금지 발언 등이 대표적이다(연합뉴스 2015. 12. 11). 공화당 내에서도 트럼프의 발언은 공화당에서 추구하고 믿는 모든 것에 배치된다고 여겨지고 있다(연합뉴스 2015. 12. 09). 민주당 역시 무슬림에게 "미국은 여러분의 나라"라고 강조하며 트럼프를 비판했다(연합뉴스 2015. 12. 10). 그럼에도 불구하고 한 여론조사 결과에 따르면 공화당 성향 유권자의 65%가 트럼프의 무슬림에 관한 발언을 지지한다고 응답했다(연합뉴스 2015. 12. 10). 막말정치에도 불구하고 트럼프의 지지율은 여전히 고공행진 중이다.

이러한 트럼프주의가 위협적인 이유는 첫째, 트럼프주의는 불안감을 조성해 사회분열을 야기할 수 있다. 워싱턴 포스트의 보도에 따르면 미국의 많은 백인 우월주의 단체들이 트럼프를 정열적으로 지지하고 있으며 특히 쿠클럭스클랜가 대표적이다(The Washington Post 2015. 12. 21; 한겨레 2015. 12. 22 재인용). 그동안 오바마 정부가 진행한 건강보험 개혁, 동성결혼 인정 등 여러 개혁 정책들에 반감을 가져온 유권자들이 적지 않으며, 이러한 분위기를 활용해 백인들의 감정을 자극한 것이 성공한 것이다(연합뉴스 2015. 12. 12). 공화당이 트럼프를 진지한 대선후보로 인정하지 않는다고 해도 트럼프를 지지하는 계층을 무시할 수는 없다. 따라서 트럼프현상이 계속되고 트럼프가 공화당 대선후보가 된다면 공화당의 지지층은 보수적인 백인으로 축소될 가능성이 높다(한겨레 2015. 12. 21).

둘째, 미국 국민들이 정치권에 대한 권태를 느끼고 있다는 점이다. 정치평론가인 이제이 디온(E.J. Dionne) 조지타운대 교수는 트럼프주의가 나타난 이유를 유권자들이 느끼는 기성 정치인들에 대한 분노, 안보에 대한 불안, 경제적 상황에 대한 불만 때문이라 설명했다(연합뉴스 2015. 12. 16). 그렇다 하더라도 실제로 트럼프가 미국 대통령이 될 확률은 희박하다. 하지만 트럼프가 자멸한다고 해도 트럼프주의 자체는 미국 사회의 갈등과 정치권에 대한 유권자들의 불신이 분명 존재하고 있음을 보여준다. 미국이 민주주의 가치를 수호하고 바람직한 사회 통합을 이룩하기 위해서는 정당과 정치권이 적극적으로 나서서 사회 분열과 갈등을 치유하고 유권자와 소통하려 노력하는 과정이 선행되어야 할 것이다.

참고문헌

경향신문 2015.12.22.
연합뉴스 2015.12.11.

연합뉴스 2015.12.09.
연합뉴스 2015.12.10.
The Washington Post 2015.12.21.
한겨레 2015.12.22.
연합뉴스 2015.12.12.
한겨레 2015.12.21.
연합뉴스 2015.12.16.

‖‖‖

힐러리와 샌더스, 민주당 내 두 후보와 유권자

조현희

　다가오는 대선 릴레이를 앞두고 민주당의 유력후보들 간의 지지율에 변화가
생기고 있다. 2015년 당시 힐러리 후보는 민주당의 유력한 대선 후보로 여겨졌
고 당내 다른 후보들과 지지율에서 큰 격차를 보인바 있다(조선비즈 2015. 10. 26).
하지만 2016년 12월 대선을 앞두고 샌더스 후보가 중산층의·지지로 급부상하
게 되면서 민주당의 대선 후보 경쟁이 치열해지게 되었다. CNN과 뉴햄프셔 지
역방송인 WMUR의 공동 여론조사에 따르면 민주당내에서는 힐러리가 유권자
들로부터 52%의 지지율을 얻어 샌더스를 약 16% 차이로 앞서고 있다(CNN 2016.
01. 17; 아주경제 2016. 01. 20 재인용). 하지만 같은 조사에서 공화당 유력후보 트럼프
와의 양자 대결의 경우 샌더스와 힐러리 모두 트럼프에게 패배하는 것으로 나
타났지만, 비교적 샌더스가 힐러리보다 경쟁력이 있다는 것을 보여준다(중앙일보
2016. 01. 18). 이 상황은 힐러리가 유권자들의 신뢰를 얻지 못하고 샌더스가 중산
층의 지지에 힘입어 부상하고 있는 데서 기인한다.
　힐러리는 개인 이메일 사용 논란이 붉어지면서 50% 아래로 떨어진 것이 없

었던 지지율이 아래로 추락하기 시작했다(CNN 2015. 08. 16; 동아일보 2015. 08. 20 재인용). 사과 거부와 번복을 반복하면서 사과 표명 후에도 오히려 지지율이 9%포인트 떨어지는 등 유권자들의 힐러리에 대한 불신과 실망감이 커진 것으로 보인다(CNN 2015. 08. 16; 동아일보 2015. 08. 20 재인용). 미국 퀴니피액대학의 조사에서 유권자 중 61%는 힐러리 전 장관이 '정직하지 못하고 신뢰할 수 없는' 후보라고 응답했다(국민일보 2015. 09. 16). 반면 샌더스는 소신을 지닌 정치가의 모습을 보이고 있다. 샌더스는 부의 불평등을 바로잡기 위해 월가의 횡포를 막고 조세 제도를 개혁하겠다는 정책들을 주장하며 중산층의 마음을 움직인 것으로 보인다(YTN 2015. 07. 22).

최근 여론조사들에 따르면 샌더스가 힐러리의 지지율을 따라잡고 있으며 때로는 앞장서기도 하는 것으로 나타났다. 아이오와 주 당원대회에 참석 예정인 유권자들을 대상으로 진행한 한 여론조사에 따르면 샌더스가 49%의 지지율로 힐러리(44%)를 앞섰으며, 뉴햄프셔 주 유권자들을 대상으로 한 같은 조사에서는 53% 대 39%라는 큰 격차로 샌더스가 우세한 것으로 나타났다(연합뉴스 2016. 01. 15). 이는 정치인의 행보가 정당과 후보에 대한 여론에 미치는 영향력이 얼마나 직접적인지를 보여준다. 힐러리의 일관되지 못한 태도에서 비롯된 유권자들의 불신은 대선 경선과정에서 지지율 하락으로 이어졌다. 대의민주주의에서 가장 중요한 것은 유권자를 대변해야하는 대표자를 선출하는 과정이다. 따라서 민주당과 공화당 모두 유권자의 민심을 제대로 파악하는 노력이 필요할 것이다.

참고문헌

조선비즈 2015.10.26.
CNN 2016.01.17.
아주경제 2016.01.20.
중앙일보 2016.01.18.
CNN 2015.08.16.
동아일보 2015.08.20.
국민일보 2015.09.16.

YTN 2015.07.22.
연합뉴스 2016.01.15.

‖‖

캠페인 방식에서 본 '샌더스 돌풍'의 원인

조현희

　요즘 미국 20~30대 젊은이들 사이에서는 샌더스 돌풍이 일고 있다. 샌더스의 선거연설 동영상들은 온라인상에서 높은 조회 수를 기록하고 있으며, 대학캠퍼스에서는 샌더스처럼 흰머리 가발을 붙이고 다니거나 벨트를 허리까지 올려 입는 샌더스 스타일을 따라한 학생들도 볼 수 있다(뉴스1 2016. 02. 05). 이러한 샌더스 열풍은 2월 1일 첫 경선지인 아이오와에서 드러났다. 아이오와 경선에서 30세 미만 유권자의 84%가 샌더스를 선택했고 이후 9일에 있었던 뉴햄프셔 경선에서도 그들은 샌더스에게 85%의 압도적 지지를 보냈다(조선일보 2016. 02. 15). 지난 2월 12일 발표된 로이터통신의 전국 여론조사에서도 35세 미만인 민주당 성향 유권자의 57.1%가 샌더스를 지지하는 것으로 나타났다(조선일보 2016. 02. 15). 샌더스 돌풍은 단순히 언론에서 규정하는 지지율과 경선의 승패를 통해 설명할 수 없다.

　사회적 불평등에 대한 샌더스의 일관된 메시지 전달이 유권자들에게 진정성 있는 정치인이라는 이미지를 심어준 원인도 있지만 샌더스에 대한 대중적 열기와 지지 방식은 다른 정치인들과는 구분된다. 유권자들은 75세인 샌더스가 참신한 정치인이 되길 원하고 있다. 이러한 열풍의 원인은 샌더스의 새로운 캠페인 방식에서 시작된다고 할 수 있다. 그의 유세 현장에는 미국 록밴드 뱀파이어 위켄드(Vampire Weekend)가 등장하기도 했고 샌더스 이름을 이용해 만든 '필더 번(Feel the Bern)'이라는 구호를 새긴 티셔츠가 제작돼 인기를 얻기도 했다(뉴스1

2016. 02. 05). 또한 샌더스는 클린턴보다 12일이나 많은 54일을 아이오와에서 보냈고 마지막 주에는 20곳 넘는 도시를 방문하며 발로 뛰는 선거운동을 보여줬다(경향신문 2016. 02. 03). 특히 샌더스 의원은 집회에서 늦은 저녁 시각에 연설을 마치더라도 지지자들의 손을 일일이 붙잡고 사진을 찍으며 소통하고자 노력했고, 집회를 앞두고는 홈페이지를 통해 집회 참여 방식과 유의할 점, 심지어 차가 막힐 수 있으니 '카풀(Car Pool)'을 하라는 안내문까지 고지해주는 등 공감을 할 수 있는 캠페인을 펼쳐왔다(동아일보 2015. 09. 16).

샌더스는 이처럼 '국민을 위해 찾아가는 캠페인'을 통해 유권자들의 신뢰를 더욱 공고하게 했다. 민주주의 사회에서 정치인과 유권자 간의 접촉 가능성은 그 정치인의 대표성을 판가름하는 지표가 되기도 한다. 유권자들의 목소리를 듣고 소통하려고 하는 정치인의 의지를 보여주기 때문이다. 샌더스 돌풍은 여느 정치인들과는 다른 그의 진정성 있는 캠페인 방식이 어떻게 유권자들의 마음을 얻고 지지로 연결되는지 보여준 결과물이라 할 수 있다.

참고문헌

뉴스1 2016.02.05.

조선일보 2016.02.15.

경향신문 2016.02.03.

동아일보 2015.09.16.

트럼프 대선 후보 지명과 공화당 분열

조현희

트럼프를 저지해야 한다는 명분아래 '중재 전당대회' 해법을 놓고 공화당 내 논의가 세 갈래로 갈리고 있다. 크게 트럼프의 후보 지명을 저지하기 위해 중재 정당대회 카드를 써야 한다는 당의 정통 주류와 중당대회를 열더라도 당이 개입해서는 안 된다는 비주류가 대립하고 있다. 또한 신 보수주의 운동인 '티파티 (Tea Party)' 세력을 비롯한 당내 비주류는 중재 전당대회 구상 자체에 대해 강력히 반대하여 당내 균열이 심해지고 있다(연합뉴스 2016. 03. 08). 다수를 차지하는 주류인 '반 트럼프 진영'은 트럼프가 대선 후보에 지명된다면 제3의 무소속 후보를 세우는 마지막 카드까지 남겨놓고 있는 상황이다(경향신문 2016. 03. 20). 이는 공화당을 분열시키는 선택일 뿐만 아니라 대권도 민주당에 넘겨주는 위험한 선택이지만, 그럼에도 공화당 주류는 트럼프가 대선 후보가 되지 못하도록 막는 것이 공화당의 정통성을 지키는 길이라 믿고 있다(경향신문 2016. 03. 20).

문제는 이러한 신념으로 구축된 '반 트럼프 노선'과 공화당의 분열을 국민들도 크게 느끼고 있지만, 공화당에 대한 부정적인 시각이 트럼프 지지에는 영향을 미치지 않는다는 점이다. 뉴욕타임스와 CBS뉴스가 유권자를 대상으로 실시한 여론조사를 보면 '공화당이 갈라졌다'고 응답한 비율은 88%에 이르지만 여전히 절반 가까이(46%)의 많은 유권자는 공화당의 대선 후보로 트럼프를 꼽았다 (The New York Times 2016. 03. 21; 연합뉴스 2016. 03. 22 재인용). 트럼프의 높은 지지율이 유지되고 당내 경선에서 트럼프의 강세가 예상되자 트럼프로라도 정권을 교체하는 것이 최우선이라며 그에게 줄을 서는 사람들이 갈수록 늘어나고 있다(경향신문 2016. 03. 20).

한편 공화당은 분열된 당내를 통합시켜 트럼프를 단일후보로 하여 대선 승리까지 밀고 나가는 선택을 고려할 수도 있다. 그러나 이미 공화당 지도자들 사이에서는 트럼프를 좌절시키려는 움직임이 구체화되고 있다. 실제로 한 여론조사에 따르면 공화당의 대선 캠페인을 과거보다 부정적으로 평가하고 대선 캠페인에 당혹했다고 응답하는 유권자의 비율이 절반 이상에 달하는 것으로 나타났다 (The New York Times 2016. 03. 21; 연합뉴스 2016. 03. 22 재인용). 이는 공화당 대선 캠페인 과정이 유권자의 예상과 반대 방향으로 흘러가고 있다는 인식을 보여준다. 민주주의 사회에서 정당의 주요 역할이 시민의 목소리를 정치과정에서 대변하는 것임을 고려하면, 당내분열을 가중시키는 공화당의 모습은 정당으로서의 역할을 제대로 수행하지 못했다고 평가할 수 있다.

참고문헌

연합뉴스 2016.03.08.
경향신문 2016.03.20.
The New York Times 2016.03.21.
연합뉴스 2016.03.22.

레임덕을 이겨낸 오바마의 소통과 설득의 리더십

조현희

임기 10개월을 남겨 둔 오바마 대통령이 공화당의 반대를 무릅쓰고 현안마다 자신의 입장을 관철시키며 레임덕(lame duck)을 뛰어넘는 모습을 보이고 있다. 오바마 정권은 여소야대가 계속되고 있는 정국에도 불구하고 지난 1월 공화당의 오바마케어(Obama care)무력화 의결에 대해 거부권 행사, 이란핵 합의, 환태평양경제동방자협정(TPP) 추진을 성사시켜왔다. 이러한 오바마의 국면 돌파는 야당과의 긴밀한 스킨십을 통해 가능했다. 최근 대법관 임명과 관련해서도 야당 의원들과 '전화상담'을 방불케 하는 일대일 설득이 있었다. 지난 2월 오바마 대통령이 대법관의 후임으로 온건 중도파인 메릭 갈랜드 워싱턴 연방항소법원장을 지명했지만 공화당이 대통령 선거에서 자신들이 승리하면 보수 성향 인물을 선임할 수 있다는 판단 하에 '차기 대통령에게 새 대법관 지명권을 줘야 한다'고 주장하고 있다. 이에 오바마 대통령은 반대하는 야당 상원의원 10여 명에게 직접 전화를 걸거나 사적인 면담을 하고 임명동의 절차를 조속히 진행해달라고 요청했다(Politico 2016. 04. 11; 연합뉴스 2016. 04. 11 재인용). 이러한 노력에 공화당 상원의원 54명 가운데 2명이 청문회와 인준 표결에 동의하는 쪽으로 선회한 것으로 알려져 오바마의 설득 리더십이 이번에도 통했던 것으로 보인다.

오바마 대통령은 야당과의 소통뿐만 아니라 수시로 대국민 메시지를 통해 우호적 여론을 만들어내기 위해 노력한다. 미국 성인 1076명을 대상으로 실시한 최근 여론조사에서 오바마 대통령이 대선 경선 후보 5명보다 높은 호감도 (53%)를 기록했는데, 이는 오바마 대통령의 업무 지지도(50%) 상승에서 비롯된 것으로 보인다(Time·AP통신 2016. 04. 09; 연합뉴스 2016. 04. 10 재인용). 오바마의 소통 행보는 임기 말 대통령의 권력누수 현상인 레임덕이 아닌 마이티덕(mighty duck· 강력한 오리)을 가능하게 하고 있다. 공화당은 2009년 오바마 취임 후 "오바마 정책에는 모두 반대한다"는 방침을 공공연히 밝혀왔지만 오바마는 취임 후 역대 대통령 중 가장 많은 500여 건의 행정명령을 발동해 자신의 정책을 관철해왔다 (Politico 2016. 04. 17; 동아일보 2016. 04. 19 재인용). 이 과정에서 "의회가 부당하게 행정 부의 정책 집행을 방해한다"는 인식이 유권자들 사이에서 확산된 것이다(Politico 2016. 04. 17; 동아일보 2016. 04. 19 재인용). 결국 야당의 무조건적인 반대에서 벗어나지 못하는 결점과 오바마의 소통과 설득의 리더십이 지지율 상승과 정책 추진의 성공으로 이어진 것으로 보인다. 얼마 남지 않은 임기동안 현 정권의 강세가 계속될지 혹은 야당이 건전한 견제의 기능을 회복할지는 앞으로 지켜봐야할 것이다.

참고문헌

연합뉴스 2016.04.10.
Politico 2016.04.11.
Politico 2016.04.17.
동아일보 2016.04.19.
연합뉴스 2016.04.25.

트럼프의 '미국 우선주의'에 고개 끄덕이는 유권자

조현희

도날드 트럼프가 공화당 대선 후보로 사실상 확정이 됐다. 트럼프의 당선 가능성이 주목됨에 따라 그의 '미국 우선주의(American First)'라 불리는 '신고립주의' 정책이 다시금 주목받고 있다. 트럼프는 미국의 대외 개입을 축소하고 동맹국에 주둔하는 미군의 방위비를 올리는 한편 중국에 보복관세를 메기는 등 보호무역주의를 지향하면서 미국 노동자들의 일자리와 소득, 안보를 우선하는 무역정책을 실시할 것이라는 정책을 내걸고 있다(경향신문 2016. 04. 28). 이러한 극단적인 신고립주의의 모습을 보여주는 트럼프의 발언들은 단순한 선거공약에만 그칠지는 모르지만 어느 정도 미국 내 여론의 분위기를 반영하고 있다는 것만은 사실이다. 여론조사기관인 퓨리서치가 지난달 설문조사한 결과, 응답자의 57%가 '미국은 국내 문제에만 신경 쓰고, 각국은 스스로 문제를 해결해야 한다'고 답했다(Pew Research 2016. 05. 05; 한겨레 2016. 05. 06 재인용). 하지만 많은 정치·경제학자들은 여론과 다른 반응을 보이고 있다. 워싱턴포스트의 논설위원들은 미국 국익만 앞세운 트럼프의 고립주의와 극단의 상업주의로는 세계를 이끌 수 없다는 판결을 내렸고(The Washington Post 2016. 05. 05; 동아일보 2016. 05. 07), 미국 경제 전문가들도 관세 정책으로 일자리가 창출될 가능성은 희박하다고 지적했다(New York Times 2016. 05. 02; 연합뉴스 2016. 05. 03).

그렇다면 대다수의 학자들이 비관하는 현실성 없는 트럼프의 고립주의 정책이 유권자들에게는 지지를 받는 원인이 무엇일까. 트럼프의 '공격적인 신고립주의'에 대한 여론의 응답은 사실상 자신들의 일자리를 보호받지 못한 저학력 및 저소득층의 반발심에 뿌리를 두고 있다. 네거티브 전략의 트럼프 캠페인이 현 정권에 대한 유권자들의 혐오를 속 시원하게 대변하는 방식으로 호응을 얻었다는 사실이 이를 잘 보여주고 있다. '미국 우선주의'는 진정한 보수의 가치를 훼손하며 신고립주의를 지지하는 사람과 아닌 사람들로 양분화 시켜 당내 분열뿐 아니라 사회적 갈등을 야기한다. 이때 간과해서는 안 될 점은 유권자들의 '미국 우선주의'에 대한 지지의 근원이 자유민주주의에 덮여서 보이지 않았던 인종주의, 반지성주의, 백인우월주의, 기독교 근본주의 등이라는 것이다(경향신문 2016. 05. 15). 제대로 된 민주주의 발전으로 나아가기 위해서는 '미국 우선주의'에 대한 열광이 '자유민주주의의 한계'의 표출에서도 기인한다는 것을 인식하고 제대로 된 처방전을 모색할 필요가 있다. 이 과정에서 양분된 사회를 연결하는 정당의 가교역할이 중요하다. 정당은 '미국 우선주의'에 기반을 둔 현실 불가능한 정책들에 대한 정확한 사실과 저소득층의 일자리를 보호할 수 있는 건강한 정책들을 유권자들에게 제시해야 할 것이다.

참고문헌

경향신문 2016.04.28.
New York Times 2016.05.02.
연합뉴스 2016.05.03.
Pew Research 2016.05.05.
한겨레 2016.05.06.
경향신문 2016.05.15.

무슬림과 성소수자 사이의 갈등과 연대

조현희

지난 6월 12일 올랜도에 있는 동성애자 나이트클럽에서 이슬람국가(IS)에 충성을 맹세한 오마르 마틴(Omar Mateen)이 총기를 난사해 49명의 사망자가 발생했다. 실제로 오마르 마틴과 이슬람국가(IS) 조직 사이의 직접적 연계 여부는 아직 밝혀지지 않고 있다(서울신문 2016. 06. 15). 하지만 테러 관련 국가로부터 이민을 전격 중단하겠다는 공화당 대선 후보 트럼프의 공약은 무슬림 사회에 갈등의 씨앗을 던져준 상황이 되었다. 이와 더불어 마틴이 과거 동성애 혐오 성향을 드러낸 바 있다고 밝혀지면서 무슬림과 성소수자 사회 간의 미묘한 긴장을 가져다주고 있다. 미국 정부는 지나치게 갈등이 증폭되는 것을 경계하는 태도를 보이고 있으며, 정치인과 언론들도 올랜도 사건을 LGBT(Lesbian(레즈비언)·Gay(게이)·Bisexual(양성애자)·Transgender(성전환자)) 이슈와 묶는 것을 기피하고 있다(서울신문 2016. 06. 15). 자칫 잘못하면 지나친 갈등으로 붉어져 무슬림 사회와 동성애 사회 간의 분열을 야기할 수 있는 상황이기 때문이다.

이를 우려한 미국의 무슬림 권익단체인 미국-이슬람관계위원회와 미국 LGBT 법률조직 '램다 리갈'(Lambda Legal), '이퀄리티 일리노이'(Equality Illinois) 등이 6월 20일 시카고에서 공동 기자회견을 열고, 무슬림과 성소수자의 평등 인권 보장을 위해 연대하여 사회적 편견과 증오 범죄에 대해 지속적으로 논의하고 상호 협력해나가기로 했다(시카고 언론 2016. 06. 21; 연합뉴스 2016. 06. 22 재인용). 특히 미국-이슬람관계위원회는 올랜도 사건을 정치적 목적에 사용하지 말라고 당부하며 동성애자를 혐오하는 극단주의 무슬림과 무슬림계 미국인을 혼동해서는 안 된다고 강조했다(시카고 언론 2016. 06. 21; 연합뉴스 2016. 06. 22 재인용).

퓨리서치센터 조사 결과에 따르면 미국 전체 인구 중 약 1%를 차지하고 있는 무슬림 인구가 2050년에는 2배로 증가할 것으로 예측된다(Pew Research 2016. 01. 13; 연합뉴스 2016. 01. 13 재인용). 또한 2015년 6월 동성결혼 합법화 판결 이후 결혼한 동성 부부가 1년 사이 38%에서 49%로 늘었다(Gallup 2016. 06. 22; 연합뉴스 2016. 06. 23 재인용). 미국 내 무슬림과 성소수자 인구의 증가는 두 집단 간의 충돌 가능성에 힘을 실어주고 있다. 하지만 두 집단 간의 적극적인 연대 노력은 사회 갈등이 폭발하는 것을 막는데 기여할 수 있기에 긍정적으로 평가될 수 있다. 이러한 단체들의 노력이 사회 내에 잘 반영되고 사회갈등이 근본적으로 완화되기 위해서는 정치권의 역할이 중요하다. 정치권에서 소수 집단들에 지속적인 관심을 가지고 집단 간의 분열을 조장하기 보다는 치유하려는 분위기가 선행되어야 한다. 정당이 사회 내 집단들 사이에서 균형 잡힌 매개체 역할을 수행하여야 만이 사회적 연대를 구체화할 수 있게 되고 건강한 사회 통합으로 나아갈 수 있을 것이다.

참고문헌

Pew Research 2016.01.13.
연합뉴스 2016.01.13.
서울신문 2016.06.15.
Chicago 언론 2016.06.21.
연합뉴스 2016.06.22.
Gallup 2016.06.22.
연합뉴스 2016.06.23.

일본의 동향 및 쟁점

참의원 선거에서의 야권 단일화 및 신당 창당을 통한 아베정권 저지

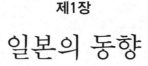

제1장

일본의 동향

1차(2015년 6월 말~7월 말)

이송은

아베 신조(安倍晉三) 일본 총리의 측근 자민당(自民黨) 의원들이 당 본부에서 열린 '문화예술간담회'라는 연구 모임에서 집단적 자위권에 대한 국민의 지지가 부족한 책임을 언론에 돌리며 광고를 길들여야 한다는 발언이 공개되었다. 또 초청 연사로 나선 극우 성향 소설가 하쿠타 나오키(百田尚樹)의 오키나와(沖繩) 지방신문 말살 발언까지 더해져 이에 반발하는 제1야당인 민주당(民主黨)의 오카다 가쓰야(岡田克也) 대표는 집단 자위권 법안을 심의하는 중의원 특별위원회 등에서 아베 정권의 자세를 엄격히 추궁할 계획이라고 밝혔다(한겨레 2015. 06. 28).

이러한 논란들을 의식한 아베 총리는 7월 3일 중의원 평화안전법제 특별위원회에서 자민당 의원 모임에서 나온 '언론 통제' 발언에 대해 사과했다. 특히 오키나와 지역에서 강한 반발이 나왔다. 아베 총리는 "오키나와 현민의 마음에 상처를 입혔다면 죄송하다"며 "오키나와 현의 부담 경감과 진흥에 힘을 다해 온 우리 당의 노력을 수포로 만드는 것과 같은 발언"이라고 말했다(교도통신 2015. 07. 03).

또한 아베 총리는 8월 발표할 예정인 '전후 70년 담화(아베담화)'와 관련, 연립

여당인 공명당과 사전 논의를 하겠다는 뜻을 밝혔다(연합뉴스 2015. 07. 08). 아베 총리는 그동안 자민당의 당내 조정이나 연립 여당인 공명당(公明黨)과의 조정에 난항이 있을 것을 경계하면서 담화에 대한 각의 결정을 거치지 않는다는 방침을 정했으나, 공명당의 의견을 고려하지 않고 담화를 발표하는 경우 야당으로부터 '내각불일치' 등의 비판이 나올 것을 고려한 것으로 보인다. 이에 대해 공명당은 확실한 대답을 하지 않고 있는 상황이다.

연초부터 계속 논의되어왔던 안보 관련 법안이 16일 오후 중의원 본회의에서 자민·공명 양당 등의 찬성 다수로 가결돼 중의원을 통과했다. 법안은 참의원으로 이송돼 7월 말 이후 참의원 심의에 들어갈 예정이다(아사히신문 2015. 07. 16). 이에 안보법안 표결을 강행한 여당에 대해 야당은 일체의 법안 심의에 응하지 않아 중·참 양원은 종일 '공회전'했다. 다음 주 초인 21일에도 각 위원회가 개최되지 않을 전망이다. 뿐만 아니라 안보법안 특별 위원회 구성을 둘러싼 여야의 신경전이 더욱 심화되어 다른 법안에도 영향을 끼치고 있는 실상이다(교도통신 2015. 07. 21). 참의원에서 심의 중인 노동자 파견법 개정안, 형사소송법 개정안 등의 심의가 개시되지 않고 있다.

선거권 연령을 '18세 이상'으로 낮춘 공직선거법의 성립 이후 최근 설문조사에 의하면 내년 여름 실시되는 참의원 선거에 투표할 의향을 나타낸 사람이 총 65.7%에 달했다. 개정 공직선거법은 내년 6월 19일에 시행돼 처음으로 공시되는 국정 선거가 최초의 적용 대상이 된다(교도통신 2015. 06. 28).

일본 정당

06월 25일

• "광고로 언론 길들여야"…일 자민당 '시대착오적 언론관' 시끌 (한겨레 06. 28)
– 지난 25일 아베 신조 일본 총리의 측근 자민당 의원들이 당 본부에서 열린 '문화예술간담회'라는 연구 모임에서 비상식적인 발언을 쏟아낸 사실이 공개됐다. 일부 자민당 의원들은 그 모임에서 집단적 자위권에 대한 국민 지지 부족의 책임을 언론에 돌리며 광고 등으로 길들여야 한다는 인식을 밝힌 것으로 확인됐다. 특히 오니시 히

데오(大西英男) 의원은 "언론을 응징하는 데는 광고수입을 없애는 게 최고다. 게이단렌(經團連, 한국의 전경련)이 움직여줬으면 한다"고 밝혔다. 이날 강사로 초대된 극우 작가 하쿠타 나오키(百田 樹)는 "(후텐마(普天間) 기지의 헤노코(邊野古) 이전 문제에 대해 아베 정권을 날카롭게 비판하고 있는) 오키나와의 2개의 신문사는 절대 쓰러뜨려야 한다"고 말했다.

07월 08일

• 아베 "전후 70년 담화 연립 파트너 공명당과 논의할 것" (연합뉴스 07. 08)

– 아베 신조 일본 총리는 내달 발표할 전후 70년 담화(아베담화)와 관련, 연립여당인 공명당과 사전 논의를 하겠다고 밝혔다. 아베 총리는 7일 밤 야마구치 나쓰오(山口 那津男) 공명당 대표와 회동한 자리에서 전후 70년 담화에 대해 "공명당과도 상담하면서 해나가고 싶다"고 말했다고 일본 언론이 8일 보도했다. '평화 정당'을 표방하며 한국, 중국과의 관계를 중시해온 공명당은 아베 담화와 관련한 연립여당(자민·공명) 협의를 해야 한다고 올 초부터 주장했지만 그동안 아베 총리를 포함한 정권의 요인들은 똑 부러진 대답을 피해왔다. 이번 공명당과의 협의 약속에서 보듯 아베 총리는 최근 담화가 초래할 파장을 의식하는 듯한 인상을 주고 있다. 담화의 형식면에서도 각의(국무회의) 결정을 거치지 않는 총리 개인 담화로 하고, 발표 시점도 종전 70주년인 8월 15일이 아닌 8월 초에 하는 방안을 검토 중인 것으로 최근 일본 언론에 보도됐다.

07월 08일

• 일본 여당, 안보법제 수정 보류 방향…야 "졸속 표결" 반발 (교도통신 07. 09)

– 일본 여당은 8일, 민주당과 유신당(維新の)이 제출한 안전보장 관련 법안의 대안을 고려한 중의원 단계에서의 수정에 관해 보류하는 방향으로 조율에 들어갔다. 16일을 주축으로 다음 주 중 중의원 통과를 우선시하겠다는 태세다. 수정 협의에 시간을 들이면 표결이 대폭 지체될 수 있다며 우려했다. 정부 안과 대안의 견해차가 크므로 완성안을 얻을 수 있다는 보증이 없다는 판단도 작용했다. 야당 측은 국민의 이해를 내팽개친 졸속한 표결은 용인할 수 없다며 비판을 강화했다. 민주당 호소노 고시

(細野豪志) 정조회장은 홋카이도 네무로(北海道根室市)에서 기자단에 "헌법 위반이 극히 의심되며 국민의 이해가 널리 퍼지지 못한 법안을 불충분한 심의로 표결하는 것은 용납 못한다"고 말해 여당 방침을 강하게 비판했다. 민주, 유신 등은 참의원이 의결하지 않을 경우에 중의원에서 재가결·성립시키는 '60일 규칙'을 사용하지 않도록 여당에 요구함과 동시에 철저하게 심의하도록 호소할 전망이다.

07월 21일

• 일본 여야, 안보법안 특별위 '불협화음'…타 법안에도 영향   (교도통신 07. 21)
– 일본 자민당과 민주당 참의원 국회대책 위원장은 21일, 안전보장 관련 법안의 참의원 심의에 대해 협의했으나, 신설하는 특별 위원회 구성을 둘러싸고 의견이 모아지지 않아 결론을 보류했다. 중의원에서의 표결 강행에 야당이 반발하면서 중·참양원 모두 심의가 중단돼 이번 주 내 정상화가 이뤄질지는 미지수이다. 국회 '공회전'이 장기화되면서 참의원에서 심의 중인 노동자 파견법 개정안은 9월 1일 법 시행일 성립까지 시간이 맞지 않아 수정해야 할 경우가 발생한다. 일부 노동자들을 '잔업 수당 0'으로 하는 제도를 신설하는 노동기준법 개정안은 중의원에서 심의가 개시되지 않아 성립은 어려울 것으로 보인다. 사법 거래를 도입한 통신 감청 대상 확대를 꾀하는 형사소송법 개정안에 대해 여당은 8월 중순 중의원 통과를 목표로 하고 있다.

07월 22일

• 참의원 안보 특별 위원회, 위원 수에서 여야 신경전   (요미우리신문 07. 22)
– 안전 보장 관련 법안을 심의하는 참의원 특별위원회 위원 수를 놓고 심의의 주도권을 노린 여야당의 줄다리기가 계속되고 있다. '35명 규모'를 제안하는 여당에 대한 야당은 위원 수를 늘리고 소수 정파도 심의에 참여할 수 있도록 요구하고 있다. 야당은 21일 참의원 국회 대책 위원장 회담을 열고 '35명 규모'를 거부하기로 했다. 여러 회파에서 '45명 규모'를 주장하는 목소리가 높아졌다. 이후에도 자민, 민주 양당의 참의원 국회 대책 위원장 회담에서도 맞지 않아 계속 협의하게 됐다. 참의원 사무국에 의하면 특위 위원 수는 계파 소속 의원 수에 따라서 할당된다.

06월 28일

• 일본 17~18세, 내년 참의원 선거 "투표하겠다 65%"　　　　　　(교도통신 06. 28)

– 선거권 연령을 '18세 이상'으로 낮춘 공직선거법의 성립과 관련, 교도통신사가 17~18세를 대상으로 인터넷을 통해 실시한 설문조사에 따르면 내년 여름 실시되는 참의원 선거에 투표할 의향을 나타낸 사람이 총 65.7%에 달했다. 총무성에 따르면 직전 선거인 2013년 참의원 선거에서의 20세 투표율은 31.4%(일부 기초자치단체에서 추출한 평균)에 그쳐, 단순히 비교할 수는 없으나 일정한 관심이 있다는 것을 엿볼 수 있었다. 개정 공직선거법은 내년 6월 19일 시행돼 시행 후 처음으로 공시되는 국정 선거가 최초의 적용 대상이 된다.

07월 12일

• 일본 지방의회, 안보법안 "반대·신중론" 다수…의견서 400건 이상 (교도통신 07. 12)

– 아베 정권이 집단적 자위권 행사를 용인하는 헌법 해석 변경을 각의 결정한 지난해 7월부터 1년 동안 일본 전국의 지방의회가 국회에 제출한 안전보장 정책 관련 의견서는 최소 469건으로, 그 중 463건이 각의 결정의 철회 및 안보 관련 법안의 폐안 내지는 신중한 심의를 요구한다는 내용이었다는 사실이 11일, 중·참 양원 사무국에 대한 취재에서 밝혀졌다. 의견서의 대부분은 국민과 가장 가까운 시정촌(市町村, 일본의 기초자치단체) 의회에서 제출한 것으로 정부의 안보 정책 전환에 대한 반대나 신중론이 뿌리 깊다는 사실이 드러났다. 한편, 법안 정비 추진이나 해당 법안이 이번 국회에서 성립되도록 요구한 찬성 의견서는 불과 6건이었다.

07월 16일

• 일본 안보 법안, 중의원 통과　　　　　　　　　　　　　　(아사히신문 07. 16)

– 안보 관련 법안이 16일 오후 중의원 본회의에서 자민·공명 양당 등의 찬성 다수로 가결돼 중의원을 통과했다. 법안은 참의원으로 이송돼 7월 말 이후 참의원 심의에 들어갈 예정이다. 본회의에서는 정부안에 대해 여당은 찬성의 관점에서, 민주당,

유신당, 공산당 등 야당이 반대의 관점에서 각각 토론을 펼쳤다. 반대 토론에서 민주당의 오카다 가쓰야 대표는 "전후 70년간 역대 내각과 국회가 쌓아올린 헌법 해석을 독단적으로 변경한 것은 큰 잘못"이라며 호소했다. 이번 국회는 오는 9월 27일까지로 회기가 대폭 연장된 상태다. 법안이 중의원을 통과함으로써 참의원에서 의결되지 않더라도 9월 중순이 되면 중의원에서 여당이 재의결할 수 있는 '60일 규정'의 적용이 가능해졌다.

07월 17일

• 일본 국회, 안보법안 표결 강행 야당 반발로 '공회전'　　　(교도통신 07. 18)

– 본 국회는 17일, 안전보장 관련 법안의 중의원 표결 강행에 반발한 야당이 일체의 법안 심의에 응하지 않아, 중·참 양원은 종일 '공회전'했다. 다음 주 초인 21일에도 각 위원회가 개최되지 않을 전망이다. 한편, 민주당은 여론의 비판이 강한 안보 법안의 문제점을 찾아내 정권을 추궁할 구상으로 이번 달 내 개최되는 참의원 심의에는 참석할 방향이다. 여·야 모두 결착을 서두르는 참의원 선거제도 개혁을 우선한다는 방침에 의견을 일치하고 있어 심의 개최는 27일 이후가 될 가능성이 높아졌다.

07월 23일

• "2개 합구(合区)" 방안, 여야 5당이 참의원에 제출　　　(요미우리신문 07. 23)

– 자민, 유신, 일본을 힘내게 하는 모임(日本を元にする), 차세대당(일본의 마음을 소중히 하는 당, 日本のこころを大切にする), 신당 개혁의 여야 5당은 23일 참의원 선거의 '돗토리와 시마네' '도쿠시마와 고치'의 각 선거구를 통합하는 2개 합구의 '10증가 10감소'의 공직선거법 개정안을 참의원에 제출했다. 5당에서 중참 양원 모두 과반수에 달해 이 방안은 24일의 참의원 본 회의에서 가결되어 이달 안에 중의원에서 통과될 전망이다. 여야는 내년 참의원 선거, 개정안을 조속히 통과시킬 필요가 있다며 민주, 공명 양당 등이 제출한 '10합구' 개정안과 함께 위원회 심의를 생략하고 본 회의에서 처리하는 방향으로 조정하고 있다.

06월 29일

• 일본 언론단체 "자민당의원들 언론 통제 발언은 민주주의 부정"   (연합뉴스 06. 29)

– 일본 집권 자민당 소장파 의원 모임에서 비상식적인 언론 통제 발언들이 나온데 대해 신문·방송업계를 대표하는 단체들이 잇달아 항의 성명 또는 논평을 내놓았다. 일본신문협회에 소속된 신문·방송·뉴스통신사 등 총 58개사의 편집국장과 보도국장 등으로 구성된 편집위원회는 29일 발표한 항의성명에서 "헌법 21조가 보장하는 표현의 자유를 소홀히 하는 발언은 언론의 자유를 부정할 수 있는 것으로, 도저히 간과할 수 없다"며 "강하게 항의한다"고 밝혔다. 또 일본민간방송연맹의 이노우에 히로시(井上弘) 회장은 같은 날 발표한 논평에서 "민간 방송이나 신문 사업의 광고주에게 압력을 가함으로써 언론사의 취재·보도의 자유를 위협하려는 행동은 언론·표현의 자유를 기반으로 하는 민주주의 사회를 부정하는 것으로서 용인하기 어렵다"고 밝혔다.

07월 03일

• 아베 총리, 자민당 '언론 통제' 발언 논란 8일 만에 공개 사과

(교도통신 07. 03, 조선일보 07. 03 재인용)

– 아베 신조 일본 총리가 자민당 의원 모임에서 나온 '언론 통제' 발언에 대해 사과했다고 교도통신이 3일 보도했다. 아베 총리는 이날 중의원 평화안전법제 특별위원회에서 지난달 25일 자민당 의원 모임 내에서 "신문을 으깨버려야 한다"는 등의 언론 탄압 발언이 나온데 대한 질의가 쏟아지자 "매우 부적절했다"며 사과했다. 지난달 25일 열린 자민당 의원 모임 '문화예술간담회'에서 참석 의원과 초청 인사 등이 '비판 언론 분쇄 방안'을 논의한 사실이 알려지면서 언론 관련 단체가 집단으로 항의 성명을 발표하는 등 파문이 일었다.

07월 16일

• 자민당, 의원들에 '함구령'···언론사 설문 회수율 1%

(마이니치신문 07. 16, 국민일보 07. 17 재인용)

- 집단 자위권 법안 강행 처리 등을 놓고 여론의 반발에 봉착한 일본 집권 자민당이 소속 의원들에게 '함구령'을 내리고 있다고 마이니치신문이 16일 보도했다. 지난달 자민당 소장파 의원 모임에서 언론 통제 발언이 나와 파문을 일으킨 이후 당 차원에서 의원들에게 언론사의 취재 요구에 응하지 말 것을 주문하는 사례가 눈에 띄고 있다는 것이다. 최근 민영방송사 TBS가 자민당 소속 국회의원 402명에게 집단 자위권 법안 관련 설문지를 보냈지만 회신해온 의원은 5명(약 1.2%)에 그쳤다고 마이니치는 소개했다. 복수의 의원과 의원실 관계자는 거절 이유에 언급, "당 간사장실에서 응답하지 말라는 연락이 왔다"고 밝혔다고 신문은 전했다.

07월 18일

• 일본 여론조사, 내각 지지율 '37.7%'로 급락   (교도통신 07. 18)

- 교도통신사가 17~18일 실시한 전국 전화 여론조사에 따르면, 내각 지지율은 37.7%로 지난 6월의 47.4%에서 9.7%포인트 급락했다. 2012년 12월 제2차 아베 정권 출범 이후 최저치를 기록했다. 비지지율은 51.6%(지난 조사 43.0%)로 반수를 넘어 처음으로 지지율과 비지지율이 역전됐다. 여당이 16일 중의원 본회의에서 많은 야당 의원들이 퇴장과 불참한 가운데 안전보장 관련 법안을 표결한 것에 대해 '좋지 않았다'는 응답이 73.3%를 기록했다. '좋았다'는 21.4%에 그쳤다. 안보 법안의 성립을 서두르는 아베 신조 수상에 대한 국민의 반발이 강화되고 있는 실태가 드러났다. 정당 지지율은 자민당이 31.9%로 지난번 조사 대비 5.1포인트 감소했다. 민주당은 11.2%로 1.1포인트 증가했다. 유신당 3.6%, 공명당 2.9%, 공산당(共産黨) 7.3%, 차세대당 0.4%, 사민당(社民黨) 2.1%, 생활당(생활의 당과 야마모토 타로와 친구들, 生活のと山本太となかまたち) 0.7%, 일본을 힘내게 하는 모임과 신당개혁을 지지한 사람은 없었다. '지지정당 없음'은 39.3%를 기록했다.

2차(7월 말~8월 말)

이송은

8월 9일에 열린 사이타마(埼玉) 현지사 선거에서 민주당 연합이 지원한 현직의 우에다 기요시(上田 司)가 자민당 연합의 추천 후보를 따돌리고 4선에 성공했다(요미우리신문 2015. 08. 11). 자민당은 지난해 이후 오키나와, 사가(佐賀) 두 현지사 선거 등에서 패배해 이번 사이타마 현지사 선거에 이어 이와테(巖手) 현지사 선거까지 패할 경우 안보 정책 노선에 영향을 끼칠 것을 우려해 히라노 다쓰오(平野達男) 참의원의 입후보를 단념시켰다(아사히신문 2015. 08. 20).

이에 반해 야당은 안보 법안에 대한 대응 연대를 강화하기 시작했다. 민주, 유신, 공산, 사민, 생활 등 5개 야당 대표는 모리오카시(盛岡市)에서 공동기자회견을 열고 참의원에서 심의 중인 안보 관련 법안에 대한 대응으로 연대를 강화하겠다는 방침을 밝혔다(교도통신 2015. 08. 20).

참의원 '1표의 격차' 시정을 위한 선거제도 개혁을 둘러싸고 인접선거구를 통합하는 2개의 합구를 포함한 정수 '10증 10감' 개정 공직선거법이 28일 오후 중의원 본회의에서 자민당 등의 다수 찬성으로 가결, 성립되었다(교도통신 2015. 07. 28). 이는 내년 여름 참의원 선거에서 적용될 예정이다. 또한 정부는 원칙적으로 금지되고 있었던 아이들을 데리고 투표소 입장을 전면 허용하도록 공직선거법을 개정할 방침을 굳혔다(요미우리신문 2015. 08. 13).

참의원 평화 안전법제 특별위원회는 3일 오후 안보 관련 법안을 둘러싸고 "법적 안정성에는 문제없다"라고 발언한 이소자키 요스케(崎陽輔) 수상보좌관의 참고인 초치를 실시했다(교도통신 2015. 08. 02). 민주당 등 야당은 발언을 문제시하며 사퇴를 압박하고 있으며 아베 신조 수상의 책임도 추궁할 태세다.

11일 특별위원회에서는 공산당이 제기한 방위성 통합 막료감부의 내부 자료에서 법안 성립 이전에 자위대가 편성 계획 등을 검토한 것이 문제가 되어 심의가 중단된 채 산회했다. 이후 19일 안보 법안 특별위원회가 다시 재개되었다(교도통신 2015. 08. 19).

한편 최근 여론 조사에서 일본 유권자들은 집권 자민당이 정권을 담당할 능력에 대해 10점 만점에 평균 6.1점이라고 응답했다. 같은 질문에 대해 제1야당인 민주당과 제2야당인 유신당은 둘 다 3.7점을 받았고 연립 여당인 공명당이 3.5점, 공산당이 2.6점을 각각 얻었다. 응답자의 57%가 2개의 큰 정당과 여러 개의 소수 정당이 있는 것이 가장 바람직하다고 일본 정치 구도에 관한 생각을 밝혔다(연합뉴스 2015. 08. 08).

일본 정당

07월 28일

• 일본 자민당 "위안부 강제연행 인정 고노 발언 문제" 제언서 제출 　(국민일보 07. 28)
– 집권 자민당이 일본군 위안부 강제 연행에 관해 강제연행을 인정한 고노 요헤이(河野洋平) 전 관방장관의 발언 등을 문제 삼는 것은 물론 한국과 미국에 있는 위안부 동상과 유엔 인권위원회 보고서까지 비판하는 내용의 제언서를 28일 일본 정부에 제출했다. 제언서에는 일본군 위안부 강제 연행을 인정했던 1993년 고노 담화 발표 당시 고노 전 장관이 기자들의 질문에 "(강제연행) 사실이 있었다"고 답한 것을 문제 삼는 내용이 담겼다. 또 제주도에서 여성을 강제 연행했다고 한 요시다 세이지(吉田清治)의 증언을 바탕으로 한 아사히신문 보도가 국제사회에 잘못된 인식을 심었다고 주장했다.

08월 11일

• 여당, 사이타마 현 지사 선거 대패에 위기감. 국정에 영향 우려 (요미우리신문 08. 11)
– 9일 사이타마 현 지사 선거에서 민주당 연합이 지원한 현직의 우에다 기요시 씨(무소속=유신 지지)가 자민당 연합의 추천 후보를 멀찌감치 따돌리고 4선 한 것에 대한 여당은 위기감이 커지고 있다. 스가 요시히데(菅義偉) 관방장관은 10일 기자 회견에서 "현민이 다양한 문제 중에서 우에다 씨를 선택했을 것이 아닌가"라고 말하는데 그쳤다. 다만 지방선거 패배가 국정에 영향을 미칠 우려가 여권에서 나온다. 자민당은 지난해 이후, 오키나와, 사가 두 현지사 선거 등 수장 선거 패배가 두드러진다. 이와테 현 지사 선거(20일 고시, 9월 6일 투개표)에서는, 자민, 공명 양당이 지원하는 히라노

다쓰오 참의원 의원이 7일에 입후보를 취소한 참이었다. 사이타마 현 지사 선거에 관해서는 "다선 비판이 일부 있더라도 현직이 우세"라는 전망이 있었지만 당 현 연합이 전 총무성 소방청 심의관의 신인을 영입했다.

08월 20일

• 일본, 5개 야당 대표 "공동 투쟁" 선언…'안보법안' 대응 연대 강화 (교도통신 08. 20)

– 민주, 유신, 공산, 사민, 생활 등 5개 야당의 대표는 모리오카 시에서 공동기자회견을 열고 참의원에서 심의 중인 안전보장 관련 법안에 대한 대응으로 연대를 강화하겠다는 방침을 밝히고 야당 투쟁을 강조했다. 20일 고시된 이와테 현지사 선거에서 3선을 달성한 무소속 현직 지사 닷소 다쿠야(達 拓也)에 대한 지원도 함께 표명했다. 회견에서 민주당의 오카다 가쓰야 대표는 "지사 선거를 계기로 야당 간 협력이 깊어지면 좋겠다. 참의원 선거도 있는데 야당이 제각각이면 자민당에 대항할 수 없다"고 호소했다.

08월 21일

• 여당, 유신당과 수정 협의 개시…안보 관련 법안 (요미우리신문 08. 22)

– 자민당의 고무라 마사히코(高村正彦) 부총재와 공명당의 기타가와 가즈오(北側一雄) 일본 부대표는 21일 국회 내에서 안보 관련 법안의 대안을 참의원에 제출한 유신당과의 수정 협의에 대해 다음 주에 시작하기로 했다. 하지만 유신당의 대안은 집단적 자위권 행사 요건을 대폭 제한하는 등 정부와 여당이 받아들일 수 없다. 또한 방대한 내용의 법안 수정에 대한 벽은 높다. 유신당이 제출한 대안의 핵심은 집단적 자위권 행사 요건을 엄격하게 하는 무력 공격 위기 사태 관련 법안이다. 정부 방안은 일본과 밀접하게 관계하는 나라에 무력 공격이 발생하면서 일본의 존립이 위협 받는 '존립 위기 사태'로 집단적 자위권을 행사하고 자위대가 반격하는 것을 허용했다.

08월 29일

• 하시모토(橋下)…신당 결성을 표명 유신당 분열, 야당 개편은 가속화

(아사히신문 08. 29)

– 유신당을 탈당한 하시모토 도루(橋下徹) 오사카(大阪) 시장은 28일 밤 대표를 맡는 지역 정당인 '오사카 유신당 모임'의 전체 회의에서 "오사카 유신당 모임에서 국정 정당을 주겠다. 연내에는 제대로 그 길을 모색하고 싶다" 및 신당 창당 추진 방침을 표명했다. 오사카가 지반의 의원을 중심으로 탈당하고 신당에 합류할 것이다. 사실 상의 '분당 선언'에서 이에 유신당은 완전히 분열되었다. 마츠노 요리히사(松野賴久) 대표에 가까운 세력들은 민주당과의 합당을 가속시킬 방침이고, 야당 개편이 한꺼번에 진행될 것 같다.

일본 선거 · 의회

07월 28일

• 일본, '2개구 합구' 등 공직 선거법 성립 전망…내년 참의원선거 적용

(교도통신 07. 28)

– 참의원 '1표의 격차' 시정을 위한 선거제도 개혁을 둘러싸고, 인접선거구를 통합하는 2개의 합구를 포함한 정수 '10증 10감' 개정 공직선거법이 28일 오후 중의원 본회의에서, 자민당 등의 찬성다수로 가결, 성립한다. 내년 여름 참의원선거에서 적용된다. 격차는 최고재판소(대법원)가 '위헌 상태'라고 판단한 2013년 참의원 선거의 최다 4.77배부터 2.97배로 축소한다. 참의원 선거에서 도도부현(都道府, 광역자치단체) 단위의 선거구가 합구되는 것은 현행 헌법 아래에서는 처음이다. 자민당과 유신당, 차세대당, 일본을 힘내게 하는 모임, 신당개혁의 5개당이 23일, 개정안을 참의원에 공동 제출했다. 24일에 참의원을 통과해, 중의원에 송부됐다. 28일은 본회의에 앞선 중의원 정치 윤리 · 공직선거법 개정 특별위원회에서 심의해, 가결 후에 본회의에 긴급 상정된다.

08월 02일

• 일본 참의원, "법적 안정성 경시" 발언 수상 보좌관 '초치'　　　(교도통신 08. 02)

– 참의원 평화안전법제 특별위원회는 3일 오후 안전보장 관련 법안을 둘러싸고 법의 규정과 해석이 함부로 변하지 않는 '법적 안정성'을 경시했다고도 볼 수 있는 발

언을 한 이소자키 요스케 수상보좌관의 참고인 초치를 실시했다. 정책에 관해 수상에게 진언(進言)하는 입장의 보조관이 국회에 초치되는 것은 처음이다. 민주당 등 야당은 발언을 문제시하며 사퇴를 압박하고 있으며 아베 신조 수상의 책임도 추궁할 태세다. 민주당의 오카다 가쓰야 대표는 수상을 상대로도 '임명 책임은 피할 수 없다'고 강하게 비판했다. 4일에는 수상이 출석하는 집중심의가 벌어짐에 따라 야당은 공세를 강화할 것으로 보인다. 5일은 일반질의를 예정하고 있다.

08월 13일

• 투표소, 아이를 데리고도 OK. 정부가 공선법 개정 방침 　　(요미우리신문 08. 13)

– 정부는 원칙적으로 금지되고 있는 아이들을 데리고 투표소 입장을 전면 허용하도록 공직 선거법을 개정할 방침을 굳혔다. 유아 동행 투표는 투표소에 있는 관리자에게 신청하고 인정되면 가능하지만 초등학생은 입장이 거절되거나 "선거를 배울 기회"로 묶이거나 시읍면마다 대응이 나뉘어져 있었다. 총무성은 가을에 상정되는 임시 국회에 공선법 개정안을 제출할 방침이다. 공직 선거법은 1997년 개정으로 유권자 투표소에 출입할 때 "선거인이 동반하는 유아나 어쩔 수 없는 사정이 있는 자"에 대해서 투표소에 있는 관리자가 인정하면 입장된다고 밝혔다.

08월 14일

• 일본, '아베 담화' 오늘 각의 결정…중한(中韓) '역사인식' 주시 　　(교도통신 08. 14)

– 정부는 14일 저녁 임시각의에서 전후 70년 아베 신조 수상 담화를 결정한다. 수상은 그 후 관저에서 기자회견하고 담화를 발표한다. 앞선 대전에 대한 반성과 전후 평화국가로서 행보, 국제공헌에 대한 결의를 담화 골자로 삼을 방침이다. 중국과 한국은 담화에 제시되는 수상의 역사인식을 주시하고 있어 향후 정상 외교에 영향을 미칠 것은 불가피하다. 전후 50년의 무라야마 도미이치(村山富市) 담화가 명기한 세계대전을 둘러싸고 '사죄하는 마음'과 '침략'을 어떻게 기술할 지가 초점이다. 임시각의는 오후 5시, 수상 기자회견은 오후 6시부터 이뤄진다.

08월 16일

• 주초(월요) 국회, 저기압인가…특별위원회 중단 · 산회 (요미우리신문 08. 16)

– 여야는 다음 주 초 안전 보장 관련 법안의 참의원으로의 심의 재개를 위하고 협의하기로 표결을 위한 공방이 본격화할 전망이다. 한편 정부와 여당이 안보 관련 법안의 심의를 가장 우선하고 있는 영향도 있고 다른 중요 법안은 심의의 침체가 두드러졌다. 안보 관련 법안의 중의원 심의 시간은 약 116시간이었다. 정부·여당은 참의원 평화안전 법 특위에서도 100시간 내외의 심의가 필요하다고 보고 있지만 그동안의 심의 시간은 약 41시간에 그쳤으며 100시간 도달은 9월 상순이 될 수 있다. 주 초(월요) 국회는 험악해질 가능성도 있다. 11일 특위에서는 공산당이 제기한 방위성 통합 막료감부의 내부 자료에서 법안 성립 이전에 자위대가 편성 계획 등의 검토를 한 것이 문제되고 심의가 중단한 채 산회했다. 야당은 정부에 대한 추궁을 강화할 자세다.

08월 19일

• 일본 국회, 안보법안 특별위원회 19일 재개 (교도통신 08. 19) – 일본 여·야당은 18일 참의원 평화안전법제 특별위원회 이사 간담회에서 19일에 안전보장관련법안의 심의를 재개하기로 합의했다. 21일에 아베 신조 수상이 참석해, 이소자키 요스케 수상보좌관이 법안에 관해 "법적 안정성은 관계없다"고 발언한 문제에 관한 집중심의를 개최하는 일정도 결정했다. 19일에는 나카타니 겐(中谷元) 방위대신 등이 참석해 법안의 일반 질의를 약 6시간 하며, 21일의 집중심의는 오후 3시간을 예정하고 있다. 특별위원회는 11일에 방위성 자료에 관해 심의가 뒤얽히면서 도중에 해산한 뒤로 열리지 않은 상태였다.

08월 20일

• "주민 투표, 거주지 이외에도" 이타테 마을 등 지방 활성화 구상 (아사히신문 08. 21)

– 거주지와는 다른 자치 단체와 화합을 희망자로 인정하는 '고향 주민 투표' 제도의 구상을 정책 싱크 탱크 '구상 일본'과 홋카이도 니세코 정과 후쿠시마 현 이타 데무라, 군마 현, 오타 시 등 8개시읍면이 20일 발표했다. 법률상의 주민투표와 별도로

고향 주민투표를 자치단체가 만들어 실제로는 살지 않은 사람에게도 도시 조성에 참여하게 행정 서비스를 받을 수 있게 함으로써 지방의 활력을 높이자는 취지다. 대상은 고향을 진학이나 취직에서 떨어진, 재해나 원전 사고에서 다른 지자체에 피난한 사람들을 포함했다. 신청을 받아 자치단체는 고향 주민 표를 발행했다.

08월 28일

• 안보 법안, 야당 측의 수정에 응하지 않고 여당, 원안대로 처리해 (아사히신문 08. 28)
– 참의원에서 심의 중인 안전 보장 관련 법안에 대해서, 자민, 공명 양당이 유신당 등 야당 측이 요구하는 법안의 수정에는 응하지 않고 중의원 통과한 원안대로 처리할 방향이다. 유신당이 내분 상태에 있어 수정 협의를 거쳐 전망이 보이지 않는다고 판단해 9월 11일까지 표결을 목표로 할 태세다. 여당은 28일 일부 법안의 대안을 내놓은 유신당과 공동으로 수정안을 낸 차세대·일본을 힘내게 하는 모임 신당 개혁의 3당과 각각 회담을 했다. 여당은 중의원 표결 전에도 유신 측과 수정 협의를 가졌으나 성과를 거두지 못했었다. 유신당은 창설자인 하시모토 도루 오사카 시장과 마츠이 이치로 오사카부 지사가 27일 탈당하고 분열 상태에 빠졌다.

일본 여론

08월 08일

• 일본 유권자 "자민당 집권능력 61점, 민주당은 37점"

(요미우리신문 08. 08, 연합뉴스 08. 08 재인용)

– 아베 신조 정권의 지지율 하락에도 일본 유권자는 집권 자민당이 야당보다 훨씬 능력 있다고 평가한다는 조사 결과가 8일 공개됐다. 요미우리신문이 최근 벌인 여론조사에서 일본 유권자는 집권 자민당이 정권을 담당할 능력에 대해 10점 만점에 평균(이하 동일) 6.1점이라고 응답했다. 같은 질문에 대해 제1야당인 민주당과 제2야당인 유신당은 둘 다 3.7점을 받았고 연립 여당인 공명당이 3.5점, 공산당이 2.6점을 각각 얻었다. 응답자의 57%가 2개의 큰 정당과 여러 개의 소수 정당이 있는 것이 가장 바람직하다고 일본 정치 구도에 관한 생각을 밝혔다. 2009년 중의원 선거 때 자

민당에서 민주당으로 정권이 교체된 것에 대해 응답자의 56%가 좋은 일이라고 평가했다. 또 2012년 중의원 선거에서 자민당이 정권을 탈환한 것이 잘된 일이라는 반응은 69%로 더 많았다. 앞으로도 정권 교체가 있는 편이 좋다는 응답은 70%에 달했다.

08월 11일

• 아베 내각 지지율 하락⋯NHK조사 "지지 37% · 비지지 46%"   (국민일보 08. 11)

– 아베 신조 일본 총리가 이끄는 내각의 최근 지지율이 하락한 것으로 나타났다. 일본 공영방송인 NHK가 7~9일 실시한 전국 여론조사(응답자 1057명) 결과, '아베 내각을 지지한다'는 응답자 비율은 37%로 지난달에 비해 4% 포인트 떨어진 반면 '지지하지 않는다'는 응답자 비율은 46%로 3%포인트 상승했다. 아베 내각이 '집단 자위권 법안'을 추진하는데 대해 긍정적인 평가는 30%에 그쳤고, 부정적인 평가는 64%에 달했다. 9월 27일까지인 현 정기국회 회기 안에 안보법안을 처리하는데 대해 찬성(16%)보다 반대(47%)가 훨씬 많았다. 정당 지지율의 경우 집권 자민당은 지난달에 비해 0.4% 떨어진 34.3%로 집계됐고 제1야당인 민주당은 3.2%포인트 상승한 10.9%를 기록했다. 연립여당인 공명당은 1.2%포인트 하락한 3%로 나타났다.

08월 27일

• 아베 총리, 총재 선거는 투표의 재선 가능성⋯자민당 전 파가 지지

(아사히신문 08. 27)

– 자민당은 27일 9월 말 아베 신조 총재(총리)의 임기 만료에 따른 총재 선거에 대해서, 9월 8일 고시한 바에 의하면 20일 개표한다는 방침을 굳혔다. 또 기시(岸田)파(45명)와 이시하라(石原)파(14명)는 27일 아베 총리의 재선 지지를 공식 결정했고 당의 7파벌 모두 지지를 모은 그가 무투표로 재선된다고 관측이 나온다. 다니가키 사다카즈(谷垣禎一) 간사장과 당 총재 선거 관리 위원장의 노다 다케시(野田毅) 세금 조사 회장이 27일 당사에서 협의하고 총재 선거 일정을 확인했다. 28일 선거 관리 위원회에서 정식으로 정한다. 총재 선거 일정에 대해서 당 지도부 내에서는 "안전 보장 관련 법안이라는 중요 법안의 심의 중에 당의 행사인 총재 선거를 실시하면 야당의 비판

을 불러일으킨다"라는 우려가 있어 법안을 11일에 성립시키고 직후인 14일에 고시 26일 개표로 하는 방안도 검토됐다.

3차(8월 말~9월 말)

정하은

아베 신조 일본 총리가 9월 8일 집권 자민당의 총재로 무투표 과정을 거쳐 재선되었다. 이에 대해 일본 야당들은 사실상 독재정당이라는 의견을 내놓고 있다. 실제로 노다 세이코(野田聖子) 전 자민당 총무회장이 출마 의향을 나타냈으나 결국 추천인 20명을 모으지 못하고 자민당의 7개 파벌이 모두 아베 총리를 지지해 총재 선거 출마를 접게 되었다. 제2야당인 유신당의 마츠노 요리히사 대표는 이에 대해 "자민당은 의원이 400명이나 있어도 20명의 추천인이 모이지 않는 정당이 됐다"고 지적했다(아사히신문 2015. 9.08; 연합뉴스 2015. 09. 08 재인용).

한때 아베 총리의 정적으로 부각했던 이시바 시게루(石破茂) 지방창생담당상 여당 인사가 3년 후 아베 총리 후임자 자리를 생각하고 있는 것으로 알려졌다(교도통신 2015. 09. 09; 연합뉴스 2015. 09. 09 재인용). 이시바 시게루는 자민당 내 측근 의원으로 구성된 '무당파연락회'를 해체하고 이시바파(派)를 결성하기로 의향을 굳혔다(교도통신 2015. 09. 09; 연합뉴스 2015. 09. 09 재인용).

또한 일본을 계속 들썩이게 했던 집단 자위권 법안이 결국 19일 새벽 참의원 본회의에서 통과되었다. 이로써 일본은 70년 만에 다시 '전쟁할 수 있는' 나라가 되었다(연합뉴스 2015. 09. 19). 그러나 야당과 시민들의 반응은 냉담하다. 민주당 등 야당들은 18일 오전부터 참의원에선 야마자키 마사아키(山崎正昭) 의장과 아베 신조 총리에 대한 문책결의안, 중의원에선 내각불신임안 등을 제출했다(연합뉴스 2015. 09. 19). 또한 지난 12~13일 실시한 여론조사 결과 응답자의 54%가 안보 관련 법안에 반대하는 것으로 나타났다(아사히신문 2015. 09. 14; 조선일보 2015. 09. 14 재인용). 이번 정기국회 회기 안에 안보 법안을 통과시켜야 하는가에 대해서는 '필요 없다'는 응답이 68%로 '필요 있다(20%)'는 응답의 3배를 넘었다(아사히신문 2015. 09. 14; 조선일보 2015. 09. 14 재인용).

한편 자민당은 18세부터 음주와 흡연을 허용하는 방안을 추진하고 있다. 이는 자민당이 민법에서 20세로 규정한 성인 연령을 18세로 낮추면서 20세 미만인 음주·흡연 금지 연령을 18세 미만으로 해야 한다고 명기했기 때문이다(교도통신 2015. 09. 01). 하지만 청소년의 건강에 좋지 않은 영향을 미칠 수 있다는 의견에 따라 반대하는 여론이 만만치 않다(NHK 2015. 09. 03; 경향신문 2015. 09. 03 재인용).

일본 정당

09월 02일

• 일본 자민당의 '작은 반란'…지방의원이 안보법안 반대 서명운동　(연합뉴스 09. 02)
- 일본 아베 신조 정권이 추진 중인 '집단 자위권 법안(안보 관련 11개 법률 제·개정안·이하 안보 법안)'에 대해 집권 자민당에 소속된 지방의원이 반기를 들고 나섰다. 아베 총리가 총재인 자민당 소속인 고바야시 히데노리(小林秀矩) 히로시마 현 의회 의원은 1일 도쿄 총리 관저를 방문, 안보 법안에 반대하는 시민 약 1만 3천 명분의 서명을 에토 세이이치(衛藤晟一) 총리 보좌관에게 전달하고 법안 철회를 요구했다고 일본 언론이 2일 보도했다. 고바야시 의원은 에토 보좌관에게 "안보 법안은 헌법 9조에 저촉되기에 용납할 수 없다"며 "참의원에서 총리와 나카타니 방위상이 한 답변도 부적절하고 적확하지 않은 것이 많아 이해하기 어렵다"고 말했다. 또 서명을 전달한 뒤 기자들과 만난 자리에서 "시민들은 정말 불안해하고 있기 때문에 참의원에서 심의 중인 법안은 즉각 철회하기 바란다"고 밝혔다.

09월 03일

• 일본 민주당 대표 "집단자위권은 위헌…일본에 필요 없어"　(한겨레 09. 03)
- 오카다 가쓰야 민주당 대표는 3일 오후 도쿄 지요다구 민주당 당사에서 외국 특파원들을 대상으로 한 기자회견을 열어 아베 정권이 일본의 안전을 지키기 위해 필요하다고 강변하고 있는 "집단적 자위권은 위헌이기 때문에 일본에 필요하지 않으며 그 때문에 이에 대한 민주당의 대안은 없다. 다만, 일본을 둘러싸고 있는 안보 환경이 변화하고 있기 때문에 이에 대응하기 위한 영역경비법 등은 필요하다고 판단해 유신당과 공동으로 국회에 제출한 상태"라고 밝혔다. 민주당이 추진하고 있는 영역경비법은 중·일 간의 영토 분쟁이 진행되고 있는 센카쿠 열도 등이 수상한 세력에게 점령될 경우에 이에 대응하기 위한 방위태세를 강화하는 내용을 담고 있다. 즉,

지금 일본에 필요한 것은 미국 등 동맹국이 공격받았을 경우 일본이 이에 대응하기 위해 무력을 사용하는 '집단적 자위권'이 아니라 일본의 안보 현안에 대응하기 위한 '개별적 자위권'을 강화하는 내용이라는 것이다.

09월 09일

• 일본 아베와 맞대결 회피한 라이벌 '포스트 아베' 도모하나

(교도통신 09. 09, 연합뉴스 09. 09 재인용)

- 한때 아베 신조 일본 총리의 정적으로 부각했던 여당 인사가 3년 후 아베 총리 후임자 자리를 모색 중인 것으로 알려졌다. 이시바 시게루 지방창생담당상은 자민당 내 측근 의원으로 구성된 '무당파연락회'를 해체하고 이시바파를 결성하기로 의향을 굳힌 것으로 나타났다. 그는 전날 무당파연락회의 일부 구성원에게 이런 구상을 설명했으며 이르면 10일 정례회의를 열어 파벌로의 전환에 대한 이해를 구할 예정이다. 특히 파벌에 속하지 않은 노다 세이코 전 총무회장이 이번에 총재선거 출마를 시도했으나 추천인 20명을 확보하지 못한 사례는 파벌의 필요성을 재확인하는 계기가 된 것으로 관측됐다.

09월 18일

• 여야, 3일 연속 밤의 공방…야당은 필리버스터   (요미우리신문 09. 19)

- 안전 보장 관련법을 둘러싼 여야 공방은 3일 연속에서 심야에 돌입했다. 18일 오후 4시 반에는 중의원 본 회의에서 내각 불신임 결의안 심의가 시작됐다. 민주당의 에다노 유키오(枝野幸男) 간사장은 장시간의 연설에서 필리버스터를 약 1시간 50분간 실시했다. 내각 불신임 결의안 심의 중에는 참의원 본 회의가 멈추기 때문에 안보 관련법 처리를 늦출 수 있기 때문이다. 야당은 17일 참의원 특별 위원회에서도 위원장의 불신임 동의를 놓고 필리버스터를 실시했다.

09월 01일

• 아베 총리, 총재 연임 유력…걸림돌은 없나?

(닛케이신문 09. 02, 아시아투데이 09. 02 재인용)

– 아베 신조 일본 총리가 지난 1일 집권 자민당 총재 선거 출마를 표명하면서 총재 연임이 유력해졌다. 아베 총리는 이날 도쿄도(東京都) 내에서 방재훈련을 시찰한 뒤 "확실하게 책임을 이행하기 위해 정책을 더욱 진전시키고 싶다"며 3년 임기의 자민당 총재직 연임을 위해 출마할 것임을 시사했다. 실제 아베 총리 이외에 노다 세이코 전 자민당 총무회장이 출마 의향을 나타냈으나, 추천인 20명을 모으는 데도 난항을 겪을 것이라는 전망이 나오고 있다. 또한 자민당에서는 7개 파벌이 모두 아베 총리의 총재 재선을 지지하고 있다.

09월 04일

• 일본 6개 야당 '집단 자위권 법안' 저지 결의　　　　　　　　　(연합뉴스 09. 04)

– 민주·유신·공산·사민·생활당과 '일본을 힘내게 하는 모임' 등 6개 야당 대표들은 4일 국회에서 영수회담을 개최해 법안 저지 목표에 뜻을 모았다고 일본 언론이 보도했다. 이들은 오는 27일까지인 정기국회 회기 안에 안보 법안을 강행처리하려는 아베 정권에 맞서 내각 불신임 결의안을 제출하는 방안 등을 다음 주에 다시 협의하기로 했다. 이 자리에서 제1야당인 민주당의 오카다 가쓰야 대표는 "회기 종료가 다가오고 있다"며 "모든 수단을 다해 법안 통과를 저지해야 한다"고 말했다. 또 독자적인 대안 입법을 모색해온 유신당의 마츠노 요리히사 대표는 "우리의 대안을 전혀 반영하지 않은 채 참의원에서 표결을 강행한다면 내각은 불신임을 받을 만하다"고 지적했다.

09월 08일

• 아베 무투표 총재 재선에 일본 야당 "다양성 상실…독재정당"

(아사히신문 09. 08, 연합뉴스 09. 08 재인용)

– 아베 신조 일본 총리가 8일 집권 자민당의 총재로 무투표 재선된데 대해 일본 야당들은 독재정당이라는 지적 등을 내놓으며 강하게 비판했다. 제1야당인 민주당의 호소노 고시(細野豪志) 정무조사회장은 "자민당에서는 '반(反) 주류파'가 일절 존재하지 않고 아베 총리 이외의 의견이 표면화할 수 없음이 명확해졌다"고 말했다고 아사히신문이 보도했다. 호소노는 이어 노다 세이코 전 자민당 총무회장이 결국 추천인 20명을 모으지 못해 총재 선거 출마를 접은데 대해서는 "안보 법제를 방패로 하는 형태로 총리 관저가 단속을 했다"고 논평했다. 또한 제2야당인 유신당의 마츠노 요리히사 대표는 "자민당은 의원이 400명이나 있어도 20명의 추천인이 모이지 않는다"고 지적했다.

09월 19일

• 일본, 70년 만에 다시 '전쟁할 수 있는 나라'로 (연합뉴스 09. 19)

– 일본 아베 정권이 야당들과 시민들의 끈질긴 저항을 뿌리치고 참의원 본회의에서 집단적 자위권 행사를 뼈대로 한 안보법제 제·개정안을 통과시켰다. 일본이 패전 이후 70년 동안 지켜 온 '전수방위'(공격 받았을 때만 최소한의 방위력 행사) 원칙이 사실상 사멸해, 일본은 앞으로 해외의 무력 분쟁에 본격적으로 개입할 수 있게 됐다. 앞서 민주당 등 야당들은 18일 오전부터 참의원에선 야마자키 마사아키 의장과 아베 신조 총리에 대한 문책결의안, 중의원에서 내각불신임안 등을 제출하며 끈질기게 저항했다. 그러나 일본 참의원은 19일 새벽에 본회의를 열어 안보법안을 자민당·공명당 등 연립여당과 차세대당 등 우익 성향의 3개 소수 정당의 찬성으로 통과시켰다.

일본 여론

09월 02일

• 일본 자민당, 18세 음주·흡연 허용 추진하다 거센 '역풍' 만나

(NHK 09. 03, 경향신문 09. 03 재인용)

– 일본 자민당이 18세부터 음주·흡연을 허용하는 방안을 추진하고 나섰다가 거센 역풍을 맞고 있다. 3일 NHK에 따르면 일본 집권 자민당은 음주·흡연 등의 제한 연

령을 현행 20세 미만에서 18세 미만으로 낮추는 방안을 정부에 제언하는 방안을 지난 2일 마련했다. 금지 연령을 낮추는 대상에는 경마도 포함된다. 이는 지난 6월 공직선거법 개정으로 선거권 연령이 '20세 이상'에서 '18세 이상'으로 낮춰짐에 따라 민법상의 성인 연령도 맞게 조정하려는 것이다. 그러나 국민들 사이에서 음주나 흡연 등을 18세에 허용하는 경우 건강에 악영향을 미치고 청소년들의 비행을 조장할 수 있다는 여론이 강하게 일고 있다. 이처럼 반대 여론이 비등하자 자민당 특명위원회는 정부에의 제언에 현행처럼 음주·흡연 등의 허용 연령을 20세로 해야 한다는 의견도 강하게 일고 있다는 내용을 함께 반영하는 방안을 검토하고 있다고 NHK는 전했다.

09월 06일

• 일본 교원노조 "제자들 전쟁터 보내지 마"…안보법안 반대결의

(교도통신 09. 06, 연합뉴스 09. 06 재인용)

– 일본교직원조합(일교조)은 6일 도쿄 도내에서 열린 정기대회에서 "제자를 다시 전쟁터에 보내지 말라"는 내용을 담은 '집단 자위권 법안(안보 관련 11개 법률 제·개정안·안보 법안)' 반대 결의를 채택했다고 교도통신이 보도했다. 또 '안보법안에 반대하는 학자들의 모임'과 대학생 중심의 청년 모임 '실즈(Students Emergency Action for Liberal Democracy, SEALDs)'는 이날 도쿄 신주쿠(新宿)에서 합동 집회를 열었다. 비가 내리는 와중에도 1만 2천 명이 참가했다고 주최 측이 밝혔다. 최근 안보 법안 저지를 결의한 6개 주요 야당 중 제1야당인 민주당의 렌호(蓮舫) 대표 대행과 공산당 시이 가즈오(志位和夫) 위원장, 사민당 요시다 다다토모(吉田忠智) 당수 등도 이 집회에 참석했다.

09월 13일

• 일본 국민 54% 안보 법안 반대…아베 내각 지지율 최저 기록

(아사히신문 09. 14, 조선일보 09. 14 재인용)

– 이번 주 중 일본 참의원을 최종 통과할 것으로 예상되는 안보 관련 법안에 대한 일본 국민의 반대가 여전히 높은 것으로 조사됐다. 아사히신문은 지난 12~13일 실시한 전국 전화 여론조사 결과 응답자의 54%가 안보 관련 법안에 반대한다고 답했다

고 14일 보도했다. 찬성하는 응답자는 29%에 불과했다. 또 이번 정기국회 회기 안에 안보 법안을 통과시켜야 하는가에 대해서는 '필요 없다'는 응답이 68%로 '필요 있다 (20%)'는 응답의 3배를 크게 웃돌았다. 아베 신조 내각 지지율은 제2기 아베 내각 출범 이후 최저 수준을 경신했다. 아베 내각을 '지지한다'고 답한 응답자는 36%로 지난달 22~23일 조사 결과인 38%보다 2%포인트 하락했다.

4차(9월 말~10월 말)

일본 극우 야당 의원들이 자민당으로 복당신청을 했고 10월 2일 자민당으로 부터 승인을 받았다. 대표적으로 히라누마 다케오(平沼赳夫) 차세대당 당수가 있는데, 그는 일본 위안부에 대해 퇴행적인 역사관을 지닌 극우적인 인물로 그가 복당함에 따라 차세대당의 존립이 불투명해졌다(연합뉴스 2015. 09. 21). 또한 일본 자민당의 파벌중 하나인 비둘기 파벌에서 아베 신조 정권에 대해 불만을 표하는 일도 발생했다. 이는 7일 이루어진 개각에서 기시다파(岸田派) 인사 중 수장인 기시다 후미오(岸田文雄) 혼자 각료 명단에 이름을 올림으로써 자신들이 아베에게 협력했음에도 불구하고 홀대를 받았다고 생각했기 때문인 것으로 보여진다(연합뉴스 2015. 10. 09). 또한 일본 공산당은 아베 정권에 반대하는 야권 연대를 실현하기 위해 자신이 제기한 야권연대구상인 '국민연합정부'가 실현되면 당 강령에 있는 미일안보조약 폐기 및 자위대 해산을 거론하지 않겠다고 밝혔다(연합뉴스 2015. 10. 16).

한편 7일 아베 신조의 내각단행이 화두로 떠오르고 있다. 그는 내각 각료 19명 중 9명을 유임시켰다. 자리를 유지하는 9명은 대부분 경제·재정·외무·국방 등 국정운영의 핵심 영역을 담당하는 이들이다. 아소 다로(麻生太郎) 부총리 겸 재무상, 기시다 후미오 외무상, 나카타니 겐 방위상, 스가 요시히데 관방장관, 아마리 아키라(甘利明) 경제재생담당상, 시오자키 야스히사(鹽崎恭久) 후생노동상 등 주요 유임 대상자는 각각 정권의 핵심 의제를 맡고 있다(연합뉴스 2015. 10. 07). 개각의 또 다른 주제는 측근 중용이다. 2차 아베 정권 출범의 발판이 된 2012년 9월 자민당 총재 선거 때부터 아베 진영의 브레인으로 활동해온 가토 가쓰노부(加藤勝信) 관방장관이 신설되는 '1억 총 활약 담당상'을 맡는 것이다(연합뉴스 2015. 10. 07).

또한 지난달 통과된 안보법안에 대해서 반대 입장을 가지고 있는 '실즈(SEALDs)'의 핵심 멤버가 살해협박을 받은 것으로 알려져 논란이 일고 있다(산케이신문 2015. 09. 29; 연합뉴스 2015. 09. 29 재인용). 안보 법안 반대 의견은 시위로도 확대되었는데 단순히 안보법 폐지를 요구하는 걸 넘어 원전 재가동과 오키나와(沖 縄) 미군기지 이전 문제 등 다른 현안들에 대해서도 비판과 반대의 목소리를 높 이고 있다(중앙일보 2015. 10. 02). 한편 아베의 내각 지지율은 환태평양경제동반자 협정(Trans-Pacific Partnership, TPP) 효과로 인해 5.9% 상승한 44.8%로 나타났으 나 최근 시행된 개각에 대한 긍정적인 평가는 35.4%밖에 그치지 않았다(교도통신 2015. 10. 08; 연합뉴스 2015. 10. 08 재인용).

일본 정당

09월 21일

• '군위안부 부정' 일본극우야당 요인, 잇달아 자민당 행 추진　　　　(연합뉴스 09. 21)

– 히라누마 다케오 차세대당 당수(중의원 12선)가 자민당 오카야마(岡山)현 지부(현련) 에 복당계를 제출한 것으로 알려졌다. 자민당 소속으로 각료(경제산업상) 경력까지 있 는 히라누마는 2005년 고이즈미 준이치로(小泉純一郞) 당시 총리가 추진한 우체국 민 영화에 반대하며 자민당을 탈당, 일본유신회 등을 거쳐 지난해 극우 정당 차세대당 의 당수로 취임했다. 또 '고노(河野) 담화(군위안부 강제동원을 인정하고 사죄한 담화) 저격수' 역할을 자임해온 야마다 히로시(山田宏) 전 차세대당 간사장(전 중의원 의원·2선)은 자민 당의 '러브콜'을 받고 있다.

10월 03일

• 일본 집권당 '언론 길들이기' 모의 의원 징계경감 논란

(마이니치 신문 10. 03, 연합뉴스 10. 03 재인용)

– 일본 집권 자민당이 '언론 길들이기'를 모의했다는 모임 때문에 당직 정지를 당한 의원에 징계를 덜어 줘 논란이 일고 있다. 자민당은 언론 길들이기 발언 파문과 관 련해 기하라 미노루(木原稔·중의원 3선) 전 자민당 청년국장에게 내린 당직 정지 처분 을 1년에서 3개월로 경감했다. 올해 6월 기하라 의원이 주재한 당내 의원 모임인 '문 화예술간담회'에서 언론을 길들이는 방법에 관해 여러 참석자의 발언이 쏟아진 것 이 확인돼 파문이 일었다. 기하라 의원의 징계를 경감한 것에 대해 일본 정계에서는

아베 신조 정권이 안보법률 제·개정에 미칠 악영향을 우려해 엄히 징계하는 것처럼 해놓고 법률이 국회를 통과하자 태도를 바꾼 것이라는 지적이 나오고 있다.

10월 09일

• 일본 자민당 비둘기 파벌서 불만 분출…"아베에 맞설 땐 맞서야" (연합뉴스 10. 09)

– 파벌 전통의 평화주의 노선을 희석시켜가며 아베 신조 총리에게 협력하고도 개각에서 찬밥 대우를 받은 일본 집권 자민당의 '비둘기 파벌' 내부에서 쓴 소리가 터져 나왔다. 9일 경제산업성 부(副)대신 경력의 야마모토 고조(山本幸三) 중의원은 기시다 후미오 외무상이 대표인 고치카이(宏池會·일명 기시다파) 총회에서 '경(輕) 무장·경제 우선'의 파벌 노선에 입각해 아베 총리의 '우향우' 행보에 맞서야 한다는 취지의 주장을 폈다. 이 같은 고언은 지난 7일 단행된 개각에서 기시다파 인사 중 수장인 기시다(유임) 혼자 각료 명단에 이름을 올리는 등 홀대를 받은데 대한 파벌 내 불만이 표출된 것으로 풀이된다.

10월 15일

• 일본 공산당의 변신…"반미강령 고집 안 한다…반 아베 야권 공조 위해"

(연합뉴스 10. 16)

– 일본 정가의 '탈레반'이던 일본공산당이 변했다. 아베 정권에 반대하는 야권 연대를 실현하기 위해 당의 핵심 강령인 미일안보보약 폐기 주장을 내세우지 않을 것임을 천명한 것이다. 시이 가즈오 공산당 위원장은 15일 도쿄 일본외국특파원협회에서 한 회견에서 자신이 제기한 야권연대구상인 '국민연합정부'가 실현되면 당 강령에 있는 미일안보조약 폐기 및 자위대 해산을 거론하지 않겠다고 밝혔다. 국민연합정부는 집단 자위권 법(안보법) 폐지와 아베 정권 타도에 공감하는 정당·단체·개인을 아우르는 거국적 야권 연대를 성사시킨 뒤 내년 7월 참의원 선거 등에서 후보 단일화 같은 공조를 하자는 구상이다.

09월 24일

• 아베 "개헌 추진하겠다" 공식 선언 (조선일보 09. 25)

- 아베 신조 일본 총리가 24일 내년 여름 참의원 선거에서 헌법 개정을 공약으로 내걸겠다고 정식으로 선언했다. 내년 참의원 선거를 통해 개헌에 필요한 의석을 추가로 확보한 다음 단계적으로 개헌을 실시한다는 것이 자민당 우파의 로드맵이다. 1차 개헌 때는 '모든 국민이 좋은 환경에서 살 권리가 있다'는 내용을 포함해 정치색이 없는 내용을 헌법에 새롭게 포함시키고 이를 통해 국민의 거부감과 불안감이 수그러들면 이후 평화헌법 9조를 없앤다는 발상이다.

10월 03일

• 일본 여성의원, 아베노믹스 새 전략 비판 "정말 대충"

(교도통신·아사히신문 10. 03, 연합뉴스 10. 03 재인용)

- 일본 집권 자민당 총재 선거에서 아베 신조 일본 총리에게 도전하려다 좌절한 여성 의원이 아베노믹스(Abenomics)의 새로운 전략을 비판했다. 3일 교도통신과 아사히신문 등에 따르면 노다 세이코 전 자민당 총무회장은 아베 총리가 최근 공개한 경제 전략인 '새로운 3개의 화살'에 관해 "정말 대충이다"고 말했다. 그는 전날 BS 아사히 TV의 프로그램 녹화 때 "아베노믹스의 첫 '3개의 화살'은 당내 절차를 거친 것이고 정권 공약에도 들어 있다. 그런데 이번 새로운 3개의 화살은 그 기자회견에서 처음 알았다. 당내 절차를 거쳤을 리가 없을 것이다"며 이같이 지적했다.

10월 07일

• 더 짙어지는 '아베 본색'…신임 각료 10명 중 6명이 우익 (조선일보 10. 07)

- 아베 신조 일본 총리가 진용을 바꿨다. 2005~2006년 1차 집권까지 따지면 네 번째, 재집권 이후론 세 번째 내각이다. 이번 개각에서 아베 총리는 한편으론 친정(親政)을 강화하고, 다른 한편으론 우익 색채를 더 강화했다. 전체 각료 19명 중 9명을 남기고 10명을 바꿨다. 유임된 9명은 아베노믹스·안보관련법 담당 각료와 아베 총

리의 '복심'인 스가 요시히데 관방장관 등이다. 새로 들어온 10명은 전임자들보다 우익 성향·전력이 뚜렷했다. 아베 총리가 집권 후반기 목표로 경제성장과 개헌을 내걸고 있는 점과 통한다.

10월 14일
• 아베 내각 각료 20명 중 19명, 일본 우익 성향 의원 모임 회원 　　　(조선일보 10. 14)
－ 지난 7일 출범한 아베 내각의 전체 각료 20명 중 19명이 일본의 3대 우익 성향 의원 모임으로 꼽히는 '일본회의 국회의원 간담회', '신도(神道) 정치연맹 국회의원 간담회', '다 함께 야스쿠니 신사를 참배하는 국회의원 모임' 중 적어도 하나에 소속된 것으로 나타났다. 특히 아베 신조 총리의 최측근으로 새로 기용된 가토 가쓰노부 1억 총활약담당상과 하야시 모토오(林幹雄) 경제산업상은 세 모임에 모두 소속된 것으로 파악됐다. 세 곳에 모두 관여하고 있는 각료는 이들을 포함해 아베 총리, 다카이치 사나에(高市早苗) 총무상, 나카타니 겐 방위상, 아마리 아키라 경제재생담당상 등 8명이었다. 신임 각료 10명 중 자민당 소속 9명 전원은 적어도 한 곳에 이름을 올렸다.

일본 여론

09월 29일
• "나와 가족이 살해협박 받았다"…안보법 반대 일본 대학생 밝혀
　　　　　　　　　　　　　　(산케이신문 09. 29, 연합뉴스 09. 29 재인용)
－ 아베 신조 일본 정권의 안보법 성립 과정에서 대학생 등 젊은 층의 반대 운동을 이끌어온 일본 대학생 단체 '실즈(SEALDs)'의 핵심 멤버가 살해 협박을 받은 것으로 밝혀졌다. 실즈의 활동을 이끌어온 오쿠다 아키(奧田愛基·메이지가쿠인대 4학년)가 지난 9월 28일 자신의 트위터 계정에 올린 글을 통해 자신과 가족에 대한 살해 협박을 받았다는 사실을 밝혔다. 오쿠다는 트위터 글에서 "학교 쪽으로 나와 내 가족에 대한 살해 예고가 왔다"고 밝혔다. 그는 이어 "뭔가 의견을 말했다는 것만으로 살해당하긴 싫기 때문에 일단 주변을 조심해가면서 학교에 가곤 한다"고 덧붙였다.

10월 02일

• 일본 도쿄 시민 2만 명 시위 "아베정권 NO!"   (중앙일보 10. 02)

− 일본 아베 신조 정권이 위헌 논란과 국민 반발에도 불구하고 지난달 19일 참의원에서 안보법안을 강행 처리한 뒤 '반(反)아베' 시위가 계속되고 있다. 시대는 단순히 안보법 폐지를 요구하는 걸 넘어 원전 재가동과 오키나와 미군기지 이전 문제 등 다른 현안들에 대해서도 비판과 반대의 목소리를 높이고 있다. 2일 밤 도쿄 지요다(千代田)구 히비야(日比谷) 공원에서는 '아베 정권 NO! 1002 대행진' 집회가 열렸다. 2만여 명의 시위대는 '전쟁법 반대'와 '탈(脫)원전' '헤노코(邊野古) 미군기지 반대' 등이 적힌 손 팻말을 들고 "아베 정권 퇴진"을 외쳤다.

10월 08일

• 아베 '환태평양경제동반자협정(TPP)효과'로 '개각 저평가' 상쇄…지지율 45%로 상승
(교도통신 10. 08, 연합뉴스 10. 08 재인용)

− 지난달 집단 자위권 법 강행처리로 떨어졌던 일본 아베 신조 내각의 지지율이 환태평양경제동반자협정(TPP) 타결의 순풍 덕에 반등했다. 개각 직후인 7~8일 실시한 긴급 전화 여론조사 결과 아베 내각의 지지율은 지난달 38.9%에서 5.9% 상승한 44.8%로 집계됐다. '지지하지 않는다'는 응답은 41.2%였다. 이번 조사에서 핵심 인사를 대거 유임시킨 7일자 개각 및 자민당 간부 인사에 대해 '평가한다(긍정적으로 본다는 의미)'는 응답은 35.4%에 그쳐 '평가하지 않는다(40.1%)'는 응답보다 적었다.

5차(10월 말~11월 말)

김지환

지난 10월 25일 실시된 일본 미야기현(宮城縣) 광역 지방의회 선거에서 공산당이 약진하며 의석을 종전의 2배인 8석으로 늘렸다. 이는 자민당에 이어 두 번째로 많은 의석이다. 이번 선거에서 공산당은 안보 관련법 제·개정안과 환태평양경제동반자협정(TPP)에 대한 비판과 같은 국정 이슈를 주요 의제로 내세워 선거운동을 전개하여 빛을 봤다(산케이신문 2015. 10. 27; 국민일보 2015. 10. 27 재인용). 곧이어 시이 가즈오 공산당 위원장은 10월 29일 기자 회견에서 내년 여름 참의원 선거에서 민주당과의 선거 협력은 '국민 연합 정부'의 합의를 전제로 할 것이라고 밝혔다(아사히신문 2015. 10. 29). 또한 민주당의 호소노 고시 정조회장과 마에하라 세이지(前原誠司) 전 대표는 자민당에 대항하기 위해 연내에 민주당을 해체하고 유신당과 함께 신당을 창당해야 한다고 주장했다. 내년 여름 참의원 선거에서 '반(反)자민당'을 받아들이기 위해서는 양쪽 당이 해체하고 신당을 결성한 후 유권자에게 침투해야 한다는 인식에 합의했다(교도통신 2015. 11. 12).

이러한 움직임들은 민주당, 유신당, 공산당을 기반으로 내년 참의원 선거를 염두에 둔 야권의 개편과 통합으로 이어질 가능성이 크다. 지난 10월 21일 일본의 야당인 민주당, 유신당, 공산당, 생활당 등 5개 정당이 헌법 규정에 의한 임시 국회 소집을 요구하는 문서를 중의원 의장에게 공동 제출한 것도 정부와 여당에 대한 야권 통합의 일환으로 볼 수 있다(교도통신 2015. 10. 21). 야권의 임시 국회 소집 요구에 대해 아베 신조 일본 총리는 올해는 소집하지 않고 내년 정기 국회를 1월 4일 소집하겠다고 밝혔다. 이는 정기 국회 시작 일을 앞당김으로써 안보 법률, 각료 정치자금 문제 등에 관한 공세를 피하기 위해 임시 국회를 열지 않았다는 비판을 희석하려는 것으로 보인다(연합뉴스 2015. 11. 17).

11월 22일 치러진 오사카부(大阪府) 지사 선거에서는 하시모토 도루의 오른팔인 마쓰이 이치로(松井—郞) 현지사가 재선에 성공했고, 오사카 시장 선거에서는 요시무라 히로후미(吉村洋文) 전 중의원 의원이 당선됐다(연합뉴스 2015. 11. 23). 이번 선거에서 하시모토계 사람들이 당선됨으로써 하시모토 일본 오사카 시장의 정계 은퇴 선언으로 큰 타격을 입었던 아베 신조 총리는 다시금 든든한 원군을 얻을 수 있게 될 계기가 마련됐다. 한편 안보 관련 법안의 처리 직후 아베 정권 내부에서는 내년 참의원 선거에서 자민당이 패배할 것이라는 우려와 국민들이 결국에는 받아들여줄 것이라는 목소리가 동시에 흘러나왔다. 최근 요미우리신 문이 실시한 여론조사에서 아베 내각 지지율이 51%를 기록한 것은 두 번째 목 소리가 정확했다는 걸 보여준다(조선일보 2015. 11. 12).

일본 정당

10월 21일

• 일본 야권, 임시 국회 소집 요구…정부·여당, '거부' 방침   (교도통신 10. 21)
- 일본의 야당인 민주당, 유신당, 공산당, 생활당 등 5개 정당은 21일 오전, 헌법 규 정에 의한 임시 국회 소집을 요구하는 문서를 중의원 의장에게 공동 제출했다. 임시 국회에서 환태평양경제동반자협정(TPP) 체결 교섭의 대략적 합의와 관련한 심의와 신임 각료의 소신 청취 실시를 주장했다. 정부와 여당은 아베 신조 총리의 가을 외교 일정 등을 이유로 임시 국회 소집에 응하지 않을 구상이어서 여야 간 공방은 격화될 것으로 보인다. 여당인 자민당과 공명당 간사장 등은 21일 오전, 도쿄(東京)에서 야당 의 국회 소집 요구에 관한 대응을 협의했다. 예산위원회의 폐회 중 심사를 11월 10일 중의원, 11일 참의원에서 개최한다는 방침을 확인했다. 폐회 중 심의에서 설명 책임 을 다할 자세를 표명해 야당의 "국회 심의를 피하고 있다"는 비판을 불식할 의도가 있는 것으로 보인다.

10월 25일

• 일본 공산당 약진…야권 개편 신호탄 되나

(산케이신문 10. 27, 국민일보 10. 27 재인용)
- 일본 일간 산케이신문은 일본 공산당이 25일 실시된 미야기현 광역 지방의회 선 거에서 약진하며 의석을 종전의 2배인 8석으로 늘렸다고 전했다. 자민당에 이어 두 번째로 많은 의석이다. 안보 관련법 제·개정안에 대한 비판 여론이 선거로 이어졌

다는 분석이 지배적이다. 자민당은 과반에 못 미친 27석을 얻는 데 그쳤다. 이번 선거에서 공산당은 안보 관련법 제·개정안과 환태평양경제동반자협정(TPP)에 대한 비판과 같은 국정 이슈를 주요 의제로 내세워 선거 운동을 전개했다. 결과적으로 이것이 성공해 공산당의 약진으로 연결되었다는 평가가 나온다. 아베 신조 총리가 이끄는 자민당 정권이 밀어붙인 두 의제에 대해 일본 국내 여론이 좋지 않다는 걸 보여주는 결과이기도 하다.

10월 31일

• 일본 하시모토, '오사카 유신회' 창당⋯국회의원 19명 참가　　　(교도통신 10. 31)

– 유신당을 탈당한 하시모토 도루 오사카 시장 등이 31일, 신당 '오사카 유신회(大阪維新の)' 창당대회를 오사카시에서 개최했다. 국회의원은 19명이 참가, 대표에 취임한 하시모토 씨는 "도쿄, 오사카의 이극(二極) 체제를 만들겠다. 통치 기구를 진정으로 개혁하고 싶다"며 인사했다. 하지만 집행부는 하시모토 대표가 시장 임기를 끝내고 정계를 은퇴하는 12월까지의 잠정 체제로, 마츠노 요리히사(松野 久) 대표 등 유신당 집행부와의 내부 분열도 전망이 보이지 않아 지지를 얻을 수 있을지에 대한 불안 요소를 안은 상태에서의 출발이다.

11월 12일

• 마에하라 전 대표, '민주당 해체·유신당과 합당' 요구⋯"자민당에 대항"

(교도통신 11. 12)

– 민주당의 호소노 고시 정조회장과 마에하라 세이지 전 대표는 자민당에 대항하기 위해 연내에 민주당을 해체하고 유신당과 신당을 창당해야 한다고 오카다 가쓰야 대표에 제의하겠다는 의향을 굳혔다. 오카다 대표는 당 해체에 부정적이다. 적극파인 호소노 정조회장, 마에하라 전 대표와의 노선대립이 재연된 셈이다. 집행부의 구성원인 호소노 정조회장이 오카다 대표에 이의를 제기함으로써 앞으로 전개 여부에 따라서는 호소노 정조회장의 진퇴문제로 발전할 가능성도 있다.

11월 16일

• **일본 민주당 대표, 당 해체 "있을 수 없다" 강조** (교도통신 11. 16)

– 오카다 가쓰야 민주당 대표는 16일 호소노 고시 정조회장과 야당 재편성을 둘러싸고 도쿄에서 회담했다. 호소노 정조회장이 민주당 해체와 신당 결성 필요성을 주장하고 있는 것을 염두에 두고 "간부들 사이에서 다른 의견이 외부에 발산되는 것은 결코 좋은 일이 아니다. 당의 중요한 임원 중 한 명이라는 점을 생각해주기 바란다"고 주의했다. 그 후 올해 안의 당 해체에 대해 기자단에게 "있을 수 없다"고 강조했다. 오카다 대표는 유신당과의 연대 강화에 관해 "지방에서는 양당 사이의 갈등도 있지만, 통일 회파는 국회의 이야기다"라며 연내 통일 회파 결성에 대처할 의향을 제시했다.

11월 17일

• **일본 자민당, 환태평양경제동반자협정(TPP) 대책 "농업, 성장산업으로 육성"…농가 불안 해소** (교도통신 11. 17)

– 자민당은 17일 농림관계자 회의를 열고 농림수산 분야의 환태평양경제동반자협정(TPP) 대책을 결정했다. 시장 개방에 대비해 국내산 농산물의 경쟁력을 강화하고 수출도 확대해 농업을 성장 산업으로 육성한다. 쌀과 소고기·돼지고기 등의 완화책을 마련하고 농가의 불안 해소를 목표로 삼는다. 정부는 대책 대강을 25일께 총괄적으로 취합할 예정이다. 니시카와 고야(西川公也) 전 농림수산대신은 회의에서 "자유화가 진행돼도 재생산을 가능케 하며 농업을 성장 산업으로 이어나가는 것을 꾀하도록 취합했다"고 강조했다. 쌀은 정부 비축미의 보관 기간을 단축시켜 연간 매입 가능한 양을 늘린다. 환태평양경제동반자협정(TPP) 국가별 쿼터 수입량에 상당하는 국산 쌀을 정부가 사들여 쌀 가격이 급락하지 않도록 조정한다.

일본 선거·의회

10월 29일

• **공산당 시이 위원장 "국민 연합 정부가 전제" 민주당과 선거 협력** (아사히신문 10. 29)

- 공산당의 시이 가즈오 위원장은 29일 기자 회견에서 내년 여름 참의원 선거의 민주당과의 선거 협력은 '국민 연합 정부'의 합의를 전제로 하기로 했다. 민주당의 오카다 가쓰야 대표는 국민 연합 정부를 받아들이지 않았지만 시이 위원장은 "아베 정권을 타도하겠다는 정치적 합의를 진심으로 원한다면 그것을 실행하는 정부를 함께 만드는 결의를 다지고, 처음 실행의 보증이 나와야 한다"며 재차 협조를 구했다.

11월 05일

• 오사카부 지사 선거 돌입…'오사카유신 정치' 심판대 올라   (교도통신 11. 05)

- 오사카부 지사 선거가 5일 공고돼 자민당이 추천하고 민주당, 공산당 양당의 지역 조직이 지원하는 무소속 신인의 전 부의원 구리하라 다카코(栗原貴子)와 정치단체 오사카 유신회의 현직 지사로 재선을 노리는 마쓰이 이치로, 무소속 신인의 전 부립고교 교사 미마 유키노리(美馬幸則) 등 3명이 등록했다. 오사카시장 선거(8일 공고)와 동시선거가 시작돼, 모두 22일 투·개표가 실시된다. 4년 전 동시선거에서 첫 당선된 마쓰이 씨와 대표 하시모토 도루 오사카시장이 추진해온 '오사카유신 정치'에 대한 평가가 주요 쟁점이다. 5월 주민투표에서 부결된 '오사카도(都) 구상'의 재도전을 내걸며 유신당을 탈당한 후 분열 소동의 폭풍을 거치고 국정 정당 '오사카 유신회'를 결성한 두 정치가의 정치 수법도 심판대에 오른다.

11월 15일

• 일본 자민당, 지방의회 선거에서 부진   (연합뉴스 11. 17)

- 일본 집권 자민당이 최근 지방의회 선거에서 부진을 거듭하고 있어 아베 정권 내부에서 내년 여름 참의원 선거에 대한 우려가 제기되고 있다. 지난 15일 진행된 후쿠시마 현 의회 선거에서 자민당은 직전 선거 때 얻은 의석에서 1석 줄어든 26석을 얻는 데 그쳐 목표로 했던 과반 확보에 실패했다. 정당 지지율이 한 자릿수에 머물고 있는 제1야당 민주당은 지난번 선거 때와 같은 15석을 확보했다. 아베 정권 내부에서는 "지방 선거에서의 부진이 계속되면 참의원 선거에 영향이 있을 수 있다"는 우려의 목소리가 나오고 있다.

11월 17일

• 아베, 내년 정기국회 조기 소집…내년 참의원 선거 올인 모드 　　　(연합뉴스 11. 17)
– 아베 신조 일본 총리가 내년에 정기국회를 이례적으로 조기에 소집하기로 하는
등 선거를 겨냥한 정치 일정을 편성하고 있다. 아베 신조 일본 총리는 올해 임시국회
를 소집하지 않고 내년 정기 국회를 1월 4일 소집하겠다고 밝혔다. 정기 국회 시작일
을 앞당김으로써 안보법률, 환태평양경제동반자협정(TPP), 각료 정치자금 문제 등에
관한 공세를 피하기 위해 임시 국회를 열지 않았다는 비판을 희석하려는 것으로 보
인다. 일본 언론은 정기 국회를 일찍 소집하는 것이 내년 7월 예상된 참의원 선거에
대비한 포석이라는 분석을 함께 내놓고 있다. 2010년 7월 선거로 당선된 참의원(정원
의 절반)의 임기(6년)는 내년 7월 25일까지로 정해져 있으며 국회를 빨리 종료해 일정
의 선택지를 확대하는 구상이라는 것이다.

11월 17일

• 일본 참의원 선거 내년 7월 10일 상정 　　(요미우리신문 11. 18, 뉴시스 11. 18 재인용)
– 아베 정권이 촉각을 곤두세우고 있는 참의원 선거가 내년 7월 10일 실시될 전망이
다. 요미우리신문 보도에 따르면, 17일 열린 자민당 부간사장 회의에서 참의원 간부
는 "내년 정기국회 일정과 18세 선거권을 고려하면 참의원 선거는 7월 10일 투표가
틀림없다"라고 전망했다. 아베 신조 일본 총리는 올해 임시국회를 소집하지 않고,
내년 정기 국회를 1월 4일 소집할 것이라고 최근 밝혔다. 일본 국회가 통상 1월 말에
시작하는 것에 비하면 앞당겨진 것이다. 이것은 회기를 빨리 종료시켜 여당에게 유
리한 참의원 선거일을 고르기 위한 것으로 분석된다.

11월 22일

• 일본 오사카 지사 · 시장 선거서 하시모토계 압승…자민당 완패 　　(연합뉴스 11. 23)
– 동시에 치러진 일본 오사카부 지사 선거와 오사카 시장 선거에서 하시모토 도루
의 오사카 유신회 후보가 자민당 후보를 제치고 압승했다. 22일 치러진 오사카부 지
사 선거에서 하시모토의 오른팔인 마쓰이 이치로 현 지사가 202만 5천 387표를 획
득, 자민당이 추천한 구리하라 다카코(105만 1천 174표) 후보를 압도하며 재선에 성공

했다. 또 하시모토 현 시장의 후임을 뽑은 오사카 시장 선거에서는 요시무라 히로후미 전 중의원 의원이 59만 6천 45표를 획득, 자민당 추천 후보인 야나기모토 아키라(柳本顯·40만 6천 595표) 후보를 누르고 당선됐다.

10월 28일

• **일본 학생단체 실즈(SEALDs), 내년 선거 야권통합후보 지원 방침** (교도통신 10. 28)
- 일본의 안보법 반대 시위에서 주목받은 학생 단체 실즈(SEALDs) 구성원들은 아베 신조 정권을 견제하기 위해 야당이 노선 차이를 넘어 선거 때 공조해야 한다고 주장했다. 교도통신에 따르면 쓰쿠바(筑波)대 3학년 혼마 노부카즈(本間信和) 등 실즈(SEALDs) 구성원 4명은 28일 일본 도쿄도(東京都) 소재 일본외국특파원협회에서 기자회견을 열어 "야당은 정책이나 입장의 차이를 넘어 선거 협력을 하면 좋겠다"고 밝혔다. 이들은 내년 여름 참의원 선거에서 야당이 후보 단일화를 성사시키면 응원하겠다며 이같이 제안했다.

10월 29일

• **일본 시민단체, 안보법 폐지 2천만 서명 운동 추진**   (연합뉴스 10. 29)
- 집단 자위권 행사를 용인한 안보법에 반대해온 일본 시민단체들이 법 폐지를 촉구하는 '2천만 서명운동'에 돌입한다. 안보법 반대 집회를 주도해온 시민단체 '전쟁을 시키지 말라·(헌법) 9조를 부수지 말라! 총궐기행동실행위원회'는 29일 안보법 폐지를 촉구하는 서명운동을 11월 3일 시작할 것이라고 발표했다. 내년 5월 3일까지 일본 인구의 6분의 1 수준인 2천만 명의 서명을 모으는 것을 목표로 설정했다. 이번 운동에는 '실즈'(SEALDs)와 '안보법에 반대하는 학자 모임' 등 29개 단체가 동참할 예정이다.

11월 10일

• **일본 여론조사서 집단자위권법 '필요하다'가 우세**   (연합뉴스 11. 10)

– 집단 자위권 용인을 골자로 하는 일본 안보법에 대해 '필요하다'고 보는 일본인이 '필요 없다'는 쪽보다 많은 것으로 NHK 여론조사 결과 나타났다. NHK가 6~8일 전국 20세 이상 남녀 1천 594명(응답자 1천 69명)을 대상으로 실시한 전화 여론조사에서 '안보법이 필요하다고 생각하느냐'는 질문에 '필요하다'는 응답 비율이 40%, '필요 없다'가 21%, '어느 쪽이라고 말할 수 없다'가 30%로 각각 집계됐다. 이 같은 조사결과는 안보법 국회 통과 후 안보법을 현실로 받아들이는 쪽으로 일본 여론이 옮겨간 것 아니냐는 분석을 낳을 전망이다.

11월 10일

• 보수단체 1만여 명 집회…아베 측근들 대거 참석　　　　　　　　(조선일보 11. 12)

– 일본 우익단체가 10일 도쿄 도심 부도칸에서 지지 세력 1만 1000여 명이 모인 가운데 대규모 집회를 열고 개헌을 요구했다. 이날 집회에는 에토 세이이치(衛藤晟一) 보좌관을 포함해 아베 총리의 측근이 여러 명 참석했다. 최근 안보관련법 처리 직후 아베 정권 내부에서는 "이러다가 내년 여름 참의원 선거에서 지게 생겼다"는 목소리와 "국민들이 당장은 화를 내도 얼마 안 가 기정사실로 받아들일 것"이라는 목소리가 동시에 흘러나왔다. 최근 여론조사 추이는 두 번째 목소리가 정확했다는 걸 보여준다. 이달 초 요미우리신문이 실시한 여론조사에서 아베 내각 지지율은 51%를 찍었다.

11월 14일

• 일본 지자체, 환태평양경제동반자협정(TPP) 반대 37% · 찬성 23% (교도통신 11. 15)

– 일본 정부가 지난 10월 대략 합의한 환태평양경제동반자협정(TPP)와 관련해 교도통신사가 14일 전국 지사(知事) · 시정촌(市町村, 일본 기초자치단체)장에게 찬반을 물었던 조사 결과를 정리했다. 조사 결과에 따르면 반대가 36.9%로, 찬성 23.0%를 크게 웃돌았다. 특히 농림수산업이 번성한 홋카이도(北海道)나 도호쿠(東北), 규슈(九州)에서 반대 의견이 두드러졌다. 환태평양경제동반자협정(TPP)이 1차 산업 이탈과 후계자 부족에 박차를 가해 지자체 '붕괴'나 지역 경제의 '쇠퇴'로 이어질 수밖에 없을 것이라는 우려 외에도, 정부가 내걸고 있는 지방창생에 역행하는 것이라는 의견이 나오고 있다.

6차(11월 말~12월 말)

김지환

지난 12월 14일 스가 요시히데 관방장관은 중·참의원 양원의 의원운영위원회 이사회에 참석해 내년 1월 4일에 정기국회를 소집할 방침을 전달했다. 이는 국회법 개정을 통해 1992년 '1월 소집'이 정해진 이후 가장 빠른 것이다(교도통신 2015. 12. 14). 또한 정부는 9월에 개정한 안보법 시행일에 대해 내년 3월 29일을 기준으로 검토하고 있다고 밝혔다(교도통신 2015. 12. 06). 이에 대해 일본 제1야당인 민주당은 안보법 폐지 법안을 내년 1월 개원하는 정기국회 때 국회에 제출하기로 결정했으나 안보법 제·개정이 필요하다고 보는 당내 보수 성향 의원들을 위해 대안 법안도 함께 제출하기로 했다(요미우리신문 2015. 11. 25; 연합뉴스 2015. 11. 25 재인용).

최근 내년 참의원 선거를 겨냥해 여·야가 움직이고 있다. 민주당 대표와 유신당(維新の) 대표는 12월 11일 오전 국회 내에서 회담을 갖고 참·중의원 양원에서 통일회파(統一會派)를 결성하기로 정식 합의했다(교도통신 2015. 12. 11). 이는 아베 신조 정권의 독주를 견제하기 위해 야권이 연대도모를 강화하는 것으로 보인다. 또한 민주당 대표는 유신당뿐만 아니라 제2야당으로 부상한 공산당과의 연대가능성도 제시했다(연합뉴스 2015. 12. 15).

반면 하시모토 도루 전 일본 오사카 시장은 지난 12일 오사카에서 열린 오사카유신회당 대회에서 "내년 여름 참의원 선거에서 자민당·공명당과 오사카유신회가 3분의 2 의석을 목표로 해 개헌 체제를 만들겠다"며 아베 정권의 개헌 구상에 협력하겠다는 방침을 공식화했다(니혼게이자이신문 2015. 12. 14; 연합뉴스 2015. 12. 14 재인용). 지난 12월 19일에는 아베 총리가 내년 참의원 선거를 염두에 두고 잠재적 개헌 파트너로서 하시모토 전 오사카 시장과 개헌 및 안보 문제 논의를 위해 회동했다(연합뉴스 2015. 12. 20).

한편 선거법 개정으로 내년 참의원 선거부터 투표 연령이 만 18세로 내려감에 따라 집권 자민당과 제1야당인 민주당은 투표권을 처음 갖는 고교 2~3학년에게 다가가는 대책을 마련하고 있다(연합뉴스 2015. 12. 08). 민주당은 지난 8월부터 선거권 연령 하향에 대응하는 프로젝트팀을 만들어 운영하고 있으며, 자민당도 청년국 산하에 '18세 선거권 대책부'를 설치하고 지난 7일 청소년들을 초청해 정치 참여 관련 토론회를 열었다(연합뉴스 2015. 12. 08).

일본 정당

11월 25일

• **일본 제1야당 민주당, 안보법 폐지 법안 내년 국회 제출**

(요미우리신문 11. 25, 연합뉴스 11. 25 재인용)

– 일본 제1야당인 민주당은 안보법 폐지 법안을 내년 1월 개원하는 정기국회 때 국회에 제출하기로 결정했다. 민주당은 전날 안전보장종합조사회 등의 합동회의를 열어 이같이 결정했다. 또 안보법 제·개정 자체는 필요하다고 보는 당내 보수 성향 의원들을 배려하는 차원에서 안보법의 대안 법안도 함께 제출키로 했다. 민주당 오카다 가쓰야 대표는 안보법의 핵심인 집단 자위권 행사가 위헌이라는 판단 아래, 안보법 내용 중 위헌에 대항하는 부분을 폐지하는 법안을 제출하겠다고 밝혀왔다.

12월 11일

• **일본 민주·유신당, 통일회파 결성 정식 합의…"아베 정권 폭주 감시"**

(교도통신 12. 11)

– 민주당 오카다 가쓰야 대표와 유신당 마쓰노 요리히사 대표는 11일 오전 국회 내에서 회담을 갖고 참의원 양원에서 통일회파를 결성하기로 정식 합의했다. 안전보장 관련법의 위헌 부분의 백지화 등 7개 항목의 기본적인 정책을 확인했다. 정권교체 실현을 목표로 양당 합류도 시야에 두고 연대도모를 강화함과 더불어 폭넓은 야당 세력의 결집을 각 당에 호소한다는 방침에서도 의견 일치했다. 양당은 내년 1월 4일 소집하는 정기국회에서 아베 정권과 대치할 자세를 국민들에게 호소하고 여름에 치러질 참의원 선거와 차기 중의원 선거에서의 공동투쟁 태세도 강화한다. 전체적인 운영은 양당 대표와 간사장으로 구성되는 협의회를 설치한다. 그 아래에 선거와 정책 조정기관을 설치한다.

12월 14일

• 일본 오사카 기반 야당 '아베 정권 개헌 추진에 협력' 공식화

(니혼게이자이신문 12. 14, 연합뉴스 12. 14 재인용)

– 아베 신조 정권의 개헌 구상에 하시모토 도루 일본 오사카 시장이 이끄는 야당인 오사카유신회가 협력하겠다는 방침을 공식화했다. 니혼게이자이 신문에 따르면 오사카유신회 대표인 하시모토 시장은 지난 12일 오사카에서 열린 당 대회에서 "내년 여름 참의원 선거에서 자민·공명 양당과 오사카유신회가 3분의 2 의석을 목표로 해 개헌 체제를 만들겠다"는 언급을 했다고 참석자가 전했다. 하시모토 시장에 이어 차기 당 대표로 선출된 마쓰이 이치로 오사카부 지사는 당 대회가 끝나고 열린 기자회견에서 "헌법 개정은 오사카유신회의 생각 중 하나"라며 "개정(안)을 국회에서 발의하는 데 필요한 중·참의원 3분의 2(확보)에 힘을 쏟겠다"고 말했다.

12월 15일

• 일본 제1야당 대표 "내년 참의원 선거 목표는 개헌저지선 확보"   (연합뉴스 12. 15)

– 일본 제1야당인 민주당의 오카다 가쓰야 대표는 내년 여름 참의원 선거의 최대 목표가 헌법 9조 개정을 막는 것이라고 밝혔다. 그는 15일 보도된 아사히신문과의 인터뷰에서 내년 참의원 선거가 "전후 평화주의를 바꿀지 말지 분기점"이라며 "개헌, 특히 9조를 바꾸고 싶어 하는 세력이 3분의 2 넘게 결집하지 않도록 저지하는 것이 제1의 목표"라고 말했다. 개헌안을 발의하려면 중의원과 참의원 양쪽 모두 전체 의원의 3분의 2 이상이 찬성해야 한다. 그는 제2야당으로 부상한 공산당에 관해 "기본적으로 생각의 차이가 있어 함께 정부를 만드는 일은 없다"면서도 "공통의 목적을 위해 유연하게 생각해야 한다"고 밝혀 아베 신조 정권에 맞선 연대 가능성을 열어 놓았다.

12월 16일

• '아베 3연임' 길 닦는 일본 자민당   (일본 언론 12. 16, 동아일보 12. 17 재인용)

– 일본 집권 자민당에서 아베 신조 총리의 3연임을 위해 당규를 개정해야 한다는 주장이 제기됐다. 16일 일본 언론에 따르면 자민당 소속의 하토야마 구니오(鳩山邦夫)

전 총무상은 전날 자신이 주재한 모임에서 "(아베 총리가) 3년 동안 훌륭하게 해 낸다면 당규를 변경해 다시 한 번 (총리직을) 하게 하면 된다"며 "이것이 무투표 당선의 속내라고 생각한다"고 밝혔다. 9월 자민당 총재 선거에서 무투표로 당선된 것은 "자민당 전체가 아베 총재로 좋다, 아베 정권이 계속되면 좋다"고 판단한 것이라고 말했다. 그동안 정치권 일각에서 아베노믹스 지속을 위해 아베 총리가 3연임해야 한다는 말이 흘러나오긴 했으나 자민당 현직 중진 의원이 공개적으로 이 문제를 제기한 것은 이례적이다. 자민당 내 일부 파벌이 아베 총리의 3연임을 위해 움직이기 시작한 게 아니냐는 관측도 나온다.

일본 선거·의회

12월 05일

• 일본 정부, 안보법 내년 3월 29일 시행 추진　　　　　　　　　　(교도통신 12. 06)

– 정부는 9월에 개정한 안전보장 관련 법률 시행일에 대해 내년 3월 29일을 축으로 검토하고 있다는 사실이 알려졌다. 복수의 정부 관계자가 5일 이같이 밝혔다. 시행 후는 자위대 임무인 집단적 자위권 행사와 국제분쟁에 대처하는 타 국군에 대한 후방 지원이 수시로 확대 가능케 된다. 아베 정권은 내년 여름에 치러질 참의원 선거에 대한 악영향을 회피할 목적으로 안보법에 근거한 새 임무의 적용은 내년 가을 이후로 연기할 방침이다. 안보법은 올해 9월 30일에 공포됐으며 공포일로부터 6개월 이내에 해당하는 내년 3월까지는 시행해야 한다. 기한 직전인 29일에 열릴 예정인 각료회의에서 시행일을 정한 정령을 결정하고 즉시 시행할 안건을 상정하고 있다.

12월 07일

• 아베, 내년 참의원선거 '보수·우익' 색깔 감춘다　　　　　　　　(연합뉴스 12. 07)

– 아베 신조 일본 총리가 자위대의 해외 활동범위 확대와 개헌 등 자신의 숙원을 숨긴 채 내년 여름 참의원 선거를 치를 것으로 보인다. 자신의 보수·우익 색깔을 드러내지 않은 채 선거에서 이긴 뒤 그 승리를 발판으로 숙원을 성취한다는 전략이다. 일본 방위성은 아프리카 남수단에 파견된 자위대의 유엔 평화유지활동(Peace Keep–

ing Operation, PKO) 임무에 이른바 '출동 경호'를 새롭게 추가하는 방안을 내년 여름 참의원 선거 이후로 미룰 방침을 굳혔다고 밝혔다. 당초 일본 정부는 평화유지활동 (PKO)에 파견된 자위대의 임무에 출동 경호를 포함할 방침이었지만 안보 문제가 주목받으면 참의원 선거에 부정적 영향을 줄 수 있다는 판단에 따라 선거 이후로 미루기로 결정했다. 집단 자위권 용인을 골자로 한 안보법 추진 과정에서 큰 반발을 경험한 만큼 안보나 개헌 등 반대여론이 상당한 현안은 선거 이슈로 만들지 않겠다는 구상이다.

12월 08일

• '고3 표심 잡아라'…선거연령 하향 맞춰 일본 여·야 잰걸음　　　(연합뉴스 12. 08)
− 내년 7월 참의원 선거를 앞두고 일본 여야가 '고3 표심잡기'에 부심하고 있다. 선거법 개정으로 내년 참의원 선거 때부터 투표 연령이 만 18세로 내려가게 됨에 따라 집권 자민당과 제1야당인 민주당은 투표권을 처음 갖게 될 현재의 고교 2~3학년 연령대에 다가가는 대책 마련을 서두르고 있다. 요미우리신문에 의하면 자민당은 청년국 산하에 '18세 선거권 대책부'를 설치, 지난 7일 청소년들을 초청해 정치 참여 관련 토론회를 열었다. 집단 자위권 법 반대 운동에서 존재감을 과시한 대학생 중심 모임 '실즈(SEALDs)'와의 연대에 의욕을 보여 온 민주당도 지난 8월 일찌감치 선거권 연령 하향에 대응하는 프로젝트팀을 만들었다.

12월 14일

• 일본 정기국회 1월 4일 소집 전달…"야, 임시국회 소집거부 항의"　(교도통신 12. 14)
− 스가 요시히데 관방장관은 14일 중·참의원 양원의 의원운영위원회 이사회에 참석해 내년 1월 4일에 정기국회를 소집할 방침을 전달했다. 국회법 개정에서 '1월 소집'이 정해진 1992년 이후 가장 빠르다. 정부는 이번 달 15일 각의에서 소집일을 결정한다. 야당은 임시국회의 소집 거부에 항의했다. 야당은 헌법 53조 규정에 근거해 요구했던 임시국회의 소집에 관해 "정부가 응하지 않은 것은 유감이다. 헌법을 형해화(形骸化)시켜서는 안 된다"고 바로잡았다. 이에 대해 스가 관방장관은 "폐회 중 심사를 활용했다. 내각으로서 국회 소집의 적절한 시기를 판단해 정기국회를 열게 된

것에 문제없다"고 해명했다.

12월 20일

• 아베, 하시모토와 개헌·안보 문제 논의…참의원 선거 '포석' (연합뉴스 12. 20)

– 아베 신조 일본 총리가 최근 정계 은퇴를 선언한 하시모토 도루 전 일본 오사카 시장과의 19일 회동에서 개헌과 안보 문제 등을 논의한 것으로 20일 파악됐다. 아베 총리는 내년 여름 참의원 선거를 염두에 두고 잠재적 개헌 파트너인 하시모토 전 시장과의 협력 관계를 유지하려는 것으로 보인다. 현재의 여야 세력 구도 등을 고려할 때 아베 총리가 개헌안을 발의하려면 참의원에서 야당의 협력이 반드시 필요하다. 오사카를 기반으로 하는 야당인 오사카유신회의 실세인 하시모토 전 시장은 그간 아베 총리의 개헌 구상에 관해 호의적인 태도를 보여왔다.

12월 21일

• 개헌발톱 감추는 아베·들춰내려는 오카다…선거쟁점화 주목 (연합뉴스 12. 21)

– 정작 개헌을 하려는 쪽은 발톱을 숨기고, 저지하려는 쪽은 개헌을 선거 쟁점으로 삼으려 한다. 내년 여름 참의원 선거를 앞둔 일본 정치권의 기묘한 풍경이다. 개헌을 대하는 아베 신조 총리의 전략은 '도광양회(韜光養晦)'라고 할 수 있다. 정치인생 지상목표가 개헌이지만, 개헌의 승부처인 참의원 선거에서 여론이 엇갈리는 개헌을 강조하는 대신 '1억 총활약 사회' 구호를 모토로 한 경제 재생을 전면에 내세우려 하는 것이다. 이런 전략 하에 아베는 개헌에 대한 언급을 가급적 자제하지만 개헌을 위한 준비는 착착 진행중인 것으로 보인다. 반면, 제1야당인 민주당의 오카다 가쓰야 대표는 20일 야마가타현에서 행한 강연에서 참의원 선거에 언급, "여당이 3분의 2 의석을 차지하면 헌법 개정에 이르게 된다"며 헌법 개정 여부를 쟁점 삼아 여당의 의석 확대를 저지하겠다는 뜻을 밝혔다.

11월 30일

• 일본 자민당원 57%, 개헌 서두를 필요 없다는 인식

(아사히신문 11. 30, 연합뉴스 11. 30 재인용)

– 일본 집권 자민당 당원의 과반은 당시(黨是)격인 개헌을 서두를 필요가 없다는 인식인 것으로 조사됐다고 아사히신문이 30일 보도했다. 아사히는 자민당 창당 60주년(11월 15일)을 맞아 11월 20~22일 당원 및 당우(黨友·당원과 후원회원의 중간 성격) 1천 245명을 대상으로 실시한 의식 조사에서 개헌을 '빨리 실현하는 것이 좋다'는 답은 34%에 그쳤고, '서두를 필요 없다'는 답이 57%에 달했다. 또 평화헌법의 핵심 조문인 9조에 대해 43%가 '바꾸지 않는 편이 좋다'고 답해 '바꾸는 편이 좋다'는 답(37%)보다 많았다. 이는 내년 여름 참의원 선거 승리 후 개헌에 나서는 방안을 모색 중인 아베 총리와 보통 당원의 인식에 온도차가 존재함을 보여준 결과로 풀이된다.

11월 30일

• 아베 지지율 49%…안보법 대립 이전 수준 '회복'

(니혼게이자이신문 11. 30, 한겨레 11. 30 재인용)

– 안보 관련 법 날치기 통과로 급락했던 아베 신조 일본 정부의 지지율이 이전 수준을 회복한 것으로 나타났다. 일본 니혼게이자이신문은 27~29일 사흘 동안 진행한 여론조사 결과, 아베 내각에 대한 지지율이 49%를 기록해 비지지율(36%)을 크게 앞섰다고 30일 보도했다. 아베 내각의 지지율은 9월 안보 관련 법 강행 통과 직후에 실시된 10월 조사에선 41%까지 떨어졌었다. 아베 총리는 안보 관련 법 통과 뒤 '성장과 복지의 선순환'을 전면에 내건 아베노믹스 2기 정책을 쏟아내며 경제에 집중하는 모습을 보이고 있다. 그 결과 한 달 새 지지율을 무려 8%포인트 끌어올렸다. 니혼게이자이 신문은 "(집단적 자위권의 행사를 뼈대로 하는) 안보 관련 법 국회 심의로 여야가 격하게 대립하기 전인 5~6월 수준으로 돌아간 것"이라고 전했다.

12월 14일

• "내년 일본 집단자위권법 위헌 소송…750명 이상 동참"

(일본 언론 12. 14, 연합뉴스 12. 14 재인용)

– 일본 전직 지방자치단체장 등이 집단 자위권을 용인한 개정 안보법에 대한 위헌 소송을 추진 중이라고 일본 언론이 14일 보도했다. 야마나카 미쓰시게(山中光茂) 전 미에현 마쓰사카 시장은 13일 나고야 시내에서 개최한 기자회견에서 내년 2월 이후 제소할 방침을 밝히고, 원고단에 동참 의사를 표한 사람이 750명을 넘었다고 공개했다. 야마나카 씨는 회견에서 "집단 소송으로 안보법의 발동 금지와 평화적 생존권의 침해에 대한 손해 배상을 요구하겠다"고 말했다.

12월 15일

• 일본인 과반 "아베 핵심정책 '1억 총활약 사회' 기대 안 한다"　　(연합뉴스 12. 15)

– 아베 신조 일본 총리가 최근 핵심 정책으로 내건 '1억 총활약 사회'에 관해 다수의 일본인이 기대감을 품지 않는 것으로 파악됐다. NHK가 11~13일 일본 전국의 20세 이상 남녀를 상대로 벌인 전화 여론조사에서 아베 내각이 '1억 총활약 사회'를 만들도록 나서겠다고 한 것에 대해 '별로 기대하지 않는다'는 답변이 44%, '전혀 기대하지 않는다'는 응답이 20%를 기록했다. 어느 정도 기대한다고 밝힌 응답자는 27%였고 크게 기대한다는 반응을 보인 이들은 3%에 그쳤다. 또한 산케이신문과 후지뉴스 네트워크가 12~13일 벌인 여론조사에서는 1억 총활약 사회를 실현하겠다는 방침을 긍정적으로 평가하지 않는다는 답변이 56.7%에 달해 좋게 평가한다는 반응(30.2%)보다 훨씬 많았다.

7차(12월 말~2016년 1월 말)

김지환

2016년 1월 4일 제190회 정기국회가 소집됐다. 이는 이례적인 조기 개막으로, 환태평양경제동반자협정(TPP) 국내 대책과 소비세 증세에 수반되는 경감세율 제도가 주된 쟁점으로 논의되고 있다(교도통신 2016. 01. 04). 참의원 본회의장에서 열린 국회 개회식에서 시이 가즈오 공산당 위원장과 야마시타 요시키(山下芳生) 서기국장 등 공산당 인사들이 주목을 받았다. 국회 개회식에 공산당 소속 의원이 모습을 드러낸 것은 1947년 이후 처음이기 때문이다(연합뉴스 2016. 01. 05). 공산당은 일왕이 회의장의 높은 곳에서 국민의 대표인 국회의원들에게 훈시를 하달하는 듯한 국회 개회식 모습은 헌법의 주권재민 원칙에 어긋나는 것이라는 당론 아래 그동안 개회식 참석을 거부해왔다(연합뉴스 2016. 01. 05).

한편 아베 신조총리는 4일 관저에서 열린 기자회견에서 올해 여름 참의원 선거의 쟁점으로 헌법 개정을 내세울 것을 표명하며 "참의원 선거에서 확실히 호소할 것이다. 국민적 논의를 심화해 나가겠다"고 밝혔다(교도통신 2016. 01. 04). 이에 대해 제1야당인 민주당의 오카다 가쓰야 대표가 "헌법을 파괴하겠다는 것"이라고 반박했다(연합뉴스 2016. 01. 06). 이는 아베 총리가 개헌의 당위성을 설파하겠다면서도 현행 헌법의 어떤 항목을 개정하겠다는 것인지 구체적으로 밝히지 않아 다양한 관측만이 제기되는 점을 문제 삼은 것이다(연합뉴스 2016. 01. 06). 또한 중의원에서 통일회파를 결성한 민주당과 유신당은 5일 올해 첫 정책 조정 회의를 국회에서 개최하고 각 분야에서의 합의를 목표로 논의를 가속시키기로 결정했다(교도통신 2016. 01. 05). 여름 참의원 선거를 대비해 정책을 일원화하고 아베 정권과의 대립 축을 명백히 하려는 것이 목적이다(교도통신 2016. 01. 05).

최근 선거법 개정으로 인해 투표연령이 만 20세 이상에서 18세 이상으로 내려감에 따라 고교 3학년생과 대학 1학년생들을 대상으로 정치권이 표심을 잡기 위해 노력하고 있다(연합뉴스 2016. 01. 10). 더불어 일본 정부가 국정과 지방선거 투표일에 지정된 투표 장소 이외에, 거주하는 시구정촌(市町村)의 역과 쇼핑센터 등에서 투표할 수 있도록 하는 공직선거법 개정안을 가까운 시일 내 국회에 제출하는 방침을 굳혔다(교도통신 2016. 01. 12).

01월 04일

• 일본 공산당 69년 만에 국회개회식 참석…'급진 이미지' 벗기　　(연합뉴스 01. 05)
– 4일 참의원 본회의장에서 열린 국회 개회식에서는 시이 가즈오 공산당 위원장과 야마시타 요시키 서기국장 등 공산당 인사들이 '스포트라이트'를 받았다. 일왕이 참석하는 국회 개회식에 공산당 소속 의원이 모습을 드러낸 것은 1947년 이후 처음이었기 때문이다. 공산당은 일왕이 회의장의 높은 곳에서 국민의 대표인 국회의원들에게 훈시를 하달하는 듯한 국회 개회식 풍경은 헌법의 주권재민 원칙에 어긋나며, 패전 이전의 의식(儀式)을 계승한 것이라는 당론 아래 그동안 개회식 참석을 거부해왔다. 공산당이 올해 방침을 바꾼 것은 '대중화'를 통해 한 단계 더 도약하고, 여름 참의원 선거와 관련한 연대를 모색 중인 타 야당들의 '레드 콤플렉스(red complex)'를 줄이기 위한 것으로 풀이된다. 하지만 공산당은 당명과 당의 지향점은 바꿀 생각이 없다고 밝혔다.

01월 05일

• 일본 민주당 · 유신당, 참의원 선거 대비 정책 일원화　　　　(교도통신 01. 05)
– 중의원에서 통일회파를 결성한 민주당과 유신당은 5일 오전, 올해 첫 정책 조정 회의를 국회에서 개최하고 각 분야에서의 합의를 목표로 논의를 가속시키기로 합의했다. 여름 참의원 선거를 대비해 정책을 일원화하고 정권과의 대립 축을 명백히 하려는 것이 목적이다. 이에 대해 스가 요시히데 관방장관은 기자회견에서 정권이 내세우는 정책에 대해 "본회의와 예산위원회에서 꼼꼼히 논의하고 당당하게 추진하겠다"며 강한 대립 자세를 표시했다. 한편 호소노 고시 민주당 정조회장은 유신당과의 협력에 관해 "상대방의 입장을 받아들이는 것도 필요하다. 높은 수준의 합의를 목표로 하겠다"고 강조. 오노 지로(小野次) 유신당 정조회장은 "양당의 좋은 점을 서로 내놓으면서 전진해가야 한다"고 응했다.

01월 06일

• 일본 정치권 개헌론 격돌…야당 대표 "아베, 헌법 파괴할 것"　　(연합뉴스 01. 06)

– 아베 신조 총리가 지난 4일 신년 기자회견에서 올여름 참의원 선거에서 개헌을 쟁점화하겠다며 개헌론에 불을 지피자 제1야당인 민주당의 오카다 가쓰야 대표가 "헌법을 파괴하겠다는 것"이라고 반박했다. 6일 현지 정치권에 따르면 오카다 대표는 전날 기자들과 만난 자리에서 "아베 총리는 개헌에 대한 입장을 분명하게 국민에게 밝혀야 한다"며 "'집단자위권 행사도 제한 없이 인정하려 한다'고 당당하게 말하라"고 요구했다. 이는 아베 총리가 개헌의 당위성을 설파하겠다면서도 현행 헌법의 어떤 항목을 개정하겠다는 것인지 구체적으로 밝히지 않아 다양한 관측만이 제기되는 점을 문제 삼은 것이다. 오카다 대표는 "입헌주의를 이해하지 못하는 아베 총리가 개헌을 논의하면 헌법 자체가 파괴된다"고 아베 총리를 거듭 겨냥했다.

01월 08일

• 일본 유신당 '양다리'…참의원 선거 '반(反)아베 야당공조'에 적신호 (연합뉴스 01. 08)

– 일본 제1야당인 민주당과 참의원 선거 공조를 논의해 오던 유신당이 '양다리 걸치기'를 해 아베 신조 정권에 맞서 단일 전선을 형성하려는 전략에 적신호가 켜졌다. 유신당은 참의원에서 소수 정당인 '일본을 건강하게 하는 모임'과 함께 7일 '유신·건강 모임'이라는 명칭으로 회파(會派)를 결성했다. 유신당은 중의원에서는 민주당과 단일 회파를 구성한 상태다. 민주당과 유신당은 앞서 당수가 만나 중·참의원에서 회파를 통일하기로 하는 등 아베 정권의 독주에 맞서 공조하기로 했는데 유신당이 중의원과 참의원에서 각기 다른 상대를 고른 셈이다.

일본 선거·의회

01월 04일

• 일본 정기국회 소집…'환태평양경제동반자협정(TPP)·경감세율' 쟁점

(교도통신 01. 04)

– 여름 참의원 선거를 앞두고 본격적인 논쟁의 무대가 될 제190회 정기국회가 4일

소집됐다. 이례적인 조기 개막으로, 환태평양경제동반자협정(TPP) 국내 대책과 소비세 증세에 수반되는 경감세율 제도가 주된 쟁점이 된다. 정부와 여당은 2016년도 예산안의 조기 심의와 성립에 최선을 다할 방침이다. 민주당 오카다 가쓰야 대표는 "'아베 정치'의 폭주를 허용하면 정권 교대를 할 수 있는 정치는 멀어진다"고 말하며 대결 자세를 선명하게 드러냈다. 다카기 쓰요시(高木毅) 부흥대신의 정치자금문제도 추궁할 자세로, 여·야당의 공방 격화는 불가피할 것으로 보인다. 정기국회 회기는 6월 1일까지 150일간이다.

01월 04일

• 아베 총리, 참의원 선거서 '개헌' 쟁점화 　　　　　　　　　(교도통신 01. 04)

– 아베 신조 총리는 4일 관저에서 연초 기자회견에 임해, 올해 최대의 정치 결전이 될 여름 참의원 선거의 쟁점으로 헌법 개정을 내세울 생각을 표명했다. "참의원 선거에서 확실히 호소할 것이다. 국민적 논의를 심화해 나가겠다"고 말했다. 아베 정권은 비교적 여야당의 동의를 얻기 쉬운 '긴급사태 조항' 창설을 염두에 두고 있어, 여론의 동향 등을 주시하며 대응할 자세다. 참의원 선거 목표에 대해서는 "모든 후보자의 당선을 목표한다. 참의원에서 자민당과 공명당이 과반수를 확보하고 싶다"고 밝혔다. 긴급사태 조항은 대규모 자연재해를 입거나 외국으로부터 무력 공격을 당했을 때의 국회의원 임기 연장과 총리의 권한 강화, 국민의 권리 제한 등을 규정한다. 총리는 지난해 11월에 참의원 예산위원회에서 개헌 항목으로서의 긴급사태조항 창설을 "매우 중요한 과제다"고 답변한 바 있다.

01월 10일

• "젊은 층을 잡아라"…18~19세 첫 투표참가에 일본 정치권 비상 　　(연합뉴스 01. 10)

– 일본 정치권이 고3, 대학 1학년생 등 젊은 층 표심 잡기에 부심하고 있다. 선거법 개정으로 오는 7월 실시될 것으로 보이는 참의원 선거부터 투표권이 만 20세 이상에서 18세 이상으로 내려가면서 고교 3학년생과 대학 1학년생들도 투표장을 찾을 것으로 보이기 때문이다. 18~19세는 전체 유권자의 2% 정도로 추산되고 있다. 그러나 여·야간 박빙 지역의 경우 이들의 향배가 당락을 좌우할 수 있는 만큼 자민당과

민주당 등 정치권은 청년 표심을 잡기 위해 분주히 움직이고 있다. 집권 자민당의 다니가키 사다카즈 간사장은 최근 기자들과 만난 자리에서 "나는 70세가 넘어서 18세의 감각에 대해서는 잘 모른다. 당 청년국을 중심으로 대응책을 마련하도록 했다"고 말했다. 제1야당인 민주당은 지난 7일 젊은 층의 의견을 정책에 반영하기 위한 프로젝트팀을 설치했다. 민주당은 지난달 23일에는 연예인과 모델 등을 패널로 초청한 가운데 정치 현안을 논의하는 '민주당 하이스쿨'을 개최하는 등 보폭을 넓히고 있다.

01월 10일

• 아베 개헌구상 본격화하나…야당과의 개헌연대 공개언급 주목

(NHK방송 01. 10, 연합뉴스 01. 11 재인용)

- 아베 신조 일본 총리가 보수 야당과의 연대를 통한 개헌 추진 구상을 공개석상에서 거론해 일본 정가에 미묘한 파장을 일으켰다. 아베 총리는 10일 NHK 방송에 출연한 자리에서 개헌 문제에 대해 "여당만으로 (올 여름 참의원 선거에서 개헌 발의 정족수인) 3분의 2 이상을 얻는 것은 매우 어렵다"며 "오사카유신회 등 개헌에 긍정적인 당도 있다"고 말했다. 또 "자민·공명당 뿐 아니라 개헌을 생각하는 사람들과 '3분의 2' 의석을 구성하고 싶다"고 덧붙였다. 아베는 오사카유신회의 '막후 대주주'인 하시모토 도루 전 오사카 시장과 종종 식사를 하며 물밑에서 연대를 타진해왔지만 공개 석상에서 오사카유신회와의 개헌 연대 가능성을 거론한 것은 흔치 않은 일이었다.

01월 12일

• 일본 정부, 공직선거법 개정 추진…'역에서도 투표' 가능   (교도통신 01. 12)

- 일본 정부는, 국정과 지방선거 투표일에 지정된 투표 장소 이외에, 거주하는 시구정촌의 역과 쇼핑센터 등에서 투표할 수 있도록 하는 공직선거법 개정안을 가까운 시일 내 국회에 제출하는 방침을 굳혔다. 요건이 엄격했던 투표소의 어린이 동반도 완화한다. 정부 관계자가 11일 이를 밝혔다. 선거권 연령이 18세 이상으로 완화된 것을 계기로 투표의 기회를 확대해 투표율 향상으로 이어지게 하려는 목적이다. 3월 말까지 성립시켜, 여름 참의원 선거에서의 적용을 시야에 두고 있다. 현재, 선거 당일은 학교와 공민관 등 선거관리위원회가 지정한 1개 장소에서만 투표할 수 있다.

초등학교의 통학 구역 등으로 투표장이 결정돼 (1) 자택에서 거리가 멀다, (2) 주차장이 없다 등의 접근성에 대한 불만의 목소리가 있었다. 이번 개정이 실현되면, 시구정촌은 기존의 투표소에 더해 거주하는 유권자라면 누구나 투표할 수 있는 '공통 투표소' 설치가 가능해진다. '이중 투표'를 방지하기 위해 각 투표소는 온라인으로 연결된 정보 공유를 도모한다.

01월 15일

• 일본서도 의원정수 감축 논란…여 소극찬성 · 야 찬반양론　　　(연합뉴스 01. 15)
– 15일 현지 정치권에 따르면 일본 중의원 의장 자문기구인 '중의원선거구제도조사회'는 최근 현행 475석인 의원정수를 10석 줄이는 내용의 보고서를 오시마 다다모리(大島理森) 의장에게 제출했다. 구체적으로는 소선거구인 지역구 의석을 6석, 비례대표를 4석 줄이도록 했다. 지역구의 경우 인구 비례로 재조정해 7곳을 신설하고 13곳을 통폐합해 없애며, 광역 비례대표도 1명을 신설하고 5명을 없애는 방안이다. 이는 최고재판소(한국의 대법원에 해당)가 2015년 11월 지역구 간 인구수 편차가 최대 2.13배에 달하는 것은 위헌이라고 판단한 데 따른 것이다. 조사회는 또 앞으로 10년마다 선거구에 대한 전반적인 조정 작업을 벌이도록 했다. 다만 급격한 인구 이동으로 다른 선거구와의 인구 편차가 2배가 넘는 선거구가 나올 경우엔 5년 단위로 부분 조정하도록 했다.

일본 여론

12월 27일

• 일본 아베 정권 지지율 '49.4%'…교도통신 여론조사　　　(교도통신 12. 28)
– 교도통신사가 26, 27일 이틀에 걸쳐 시행한 전국 전화 여론조사에 따르면 2017년 4월 소비세 증세와 함께 도입되는 경감세율의 재원이 연기된 사실에 대해 '재원을 결정해야 한다'는 응답이 59.2%에 달했다. 경감세율에서 식료품 분야를 주류와 외식을 제외한 식료품 전반으로 확대한 데 대해서는 '평가한다' 49.2%, '평가하지 않는다' 45.5%로 찬반이 엇갈렸다. 소비세율을 10%로 인상하는 데에는 50.0%가 반대,

찬성은 46.5%였다. 2기 아베 정권 출범으로부터 3년 동안 경제 정책 '아베노믹스'로 경기가 좋아졌다고 '실감하지 않는다'는 응답은 73.7%에 달했다. '실감하고 있다'는 23.6%에 그쳤다. 아베 내각의 지지율은 49.4%로 11월 조사보다 1.1%포인트 증가했다. 비지지율은 2.2%포인트 감소한 38.2%였다.

01월 04일

• 일본 시민단체, 국회 앞에서 '안보법 폐지' 집회 개최　　　　　(교도통신 01. 04)

– 일본의 안전 보장 관련 법안 폐지를 요구하는 시민 단체가 4일, 정기 국회 소집에 맞춰 국회 앞에서 집회를 열고, "아베 정권의 폭주를 중지시키자"고 호소하며 올해 여름 참의원 선거에서 야당이 공동 투쟁할 것을 촉구했다. 아베 신조 총리가 연초의 기자회견에서 참의원 선거 쟁점으로 헌법 개정을 내세우는 의향을 밝힌 것에 대해 반발하는 목소리도 높았다. 집회를 주최한 '전쟁하지 않는다·헌법 9조를 파괴하지 말라! 총공격 행동 실행위원회'에 따르면 약 3,800명이 참가했다. '전쟁법 폐지', '타도! 아베 정권'을 적은 플래카드를 들고 국회의사당을 향해 "헌법을 파괴하는 총리는 필요 없다", "야당은 공동 투쟁하라"는 구호를 반복했다. 실행위원회 임원인 다카다 겐(高田健) 씨는 현재 상황을 "해외에서 전쟁을 하는 나라가 되는 막바지의 벼랑 끝"이라며 위기감을 표명했다.

01월 14일

• "수의 힘으로 짓밟았다"…일본 지방의회 안보법 반대의견 속속 채택

　　　　　(도쿄신문 01. 14, 연합뉴스 01. 14 재인용)

– 일본 국회가 지난해 9월 집단자위권을 행사할 수 있도록 안보법을 제정한 뒤 이를 폐지할 것을 요구하거나 반대하는 내용의 지방의회 의견서가 최소 58건이 가결돼 국회에 전달된 것으로 나타났다. 각 지방의 의사를 대변하는 지방의회에서 반대의견이 속속 제기된 것은 그만큼 국민들 사이에서 이들 법안을 계기로 '전쟁 가능한 국가'로 이행하는 것 아니냐는 불만이 확산되는 것을 보여주는 것으로 보인다. 14일 도쿄신문이 중의원과 참의원을 사무국 등을 상대로 조사한 결과 20개 도도부현에서 58건의 의견서가 채택돼 국회로 전달된 것으로 파악됐다. 전국 47개 도도부현 가운

데 절반 가까운 곳의 광역 및 기초단체의회에서 안보관련법 폐지 등의 비판적 의견을 개진한 것이다.

8차(1월 말~2월 말)

김지환

2016년 1월 24일 마에하라 세이지 민주당 전 대표와 오자와 이치로(小一) 생활당 공동대표가 도쿄 도내에서 회담했다(교도통신 2016. 01. 26). 마에하라 전 대표와 오자와 공동대표는 회담에서 참의원 선거와 관련해 야당 세력 결집이 불가결하다는 인식에 합의했고, 민주당과 유신당뿐만 아니라 다른 야당을 포함한 재편이 필요하다고 확인했다(교도통신 2016. 01. 26). 한편 아베 신조 정권은 선거를 앞두고 야당 의원, 연예인 등까지도 영입하려 시도하고 있다. 집권 자민당은 민주당의 스즈키 다카코(鈴木貴子) 중의원 의원을 차기 중의원 선거에서의 자민당 후보로 공천하기 위해 영입하고자 함을 밝혔다(아사히신문 2016. 02. 05; 연합뉴스 2016. 02. 05 재인용). 또한 자민당은 여름 참의원 선거 비례대표 후보로 인기 여성 그룹의 전 멤버 이마이 에리코(今井繪理子)를 공천하는 방향으로 조율 중이라고 밝혔다(산케이신문 2016. 02. 05; 연합뉴스 2016. 02. 05 재인용). 이마이는 청각장애를 가진 아이를 키우는 미혼모이기도 하다. 그런 만큼 자민당의 이마이 후보 영입은 그의 대중적 인기를 이용함과 더불어 사회보장 제도와 관련된 상징성을 감안해 추진하는 것으로 보인다(산케이신문 2016. 02. 05; 연합뉴스 2016. 02. 05 재인용).

최근 선거권 연령이 '18세 이상'으로 낮아짐에 따라 새롭게 유권자가 되는 청년층이 선거 직전에 다른 지방자치단체로 이사할 경우 투표가 불가능한 '투표권의 공백'을 해소하는 개정 공직선거법이 28일 참의원 본회의에서 만장일치로 가결, 성립했다(교도통신 2016. 01. 28). 한편 교도통신이 2월 20~21일 실시한 전화 여론조사에서 아베 내각의 지지율이 46.7%로 지난 1월 30~31일 조사 때보다 7%포인트 하락했고, 아베 내각을 지지하지 않는다는 응답은 3.6%포인트 늘어나 38.9%를 기록했다(교도통신 2016. 02. 21; 연합뉴스 2016. 02. 21 재인용). 아베 내각의 지지율 하락은 최근 각료를 포함한 집권 자민당 의원들의 잇따른 구설의 영향으로 보인다. 아마리 아키라 전 경제재생담당상이 지난 1월 불법 정치자금 수수 의혹으로 물러났고, 미야자키 겐스케(宮崎謙介) 중의원 의원은 동료 의원인 아내의 임신 기간에 육아 휴직 의사를 밝혔지만 출산 직전 불륜을 저지른 의혹이 불거져 사퇴했다(교도통신 2016. 02. 21; 연합뉴스 2016. 02. 21 재인용).

01월 24일

• 일본 민주당 마에하라, 생활당 오자와 회담…'야당 결집' 합의　　　(교도통신 01. 26)

– 마에하라 세이지 민주당 전 대표와 오자와 이치로 생활당 공동대표가 24일 밤, 도쿄 도내에서 회담한 것이 알려졌다. 참의원 선거를 향해 야당 세력 결집이 불가결하다는 인식에 합의했다고 관계자가 25일 밝혔다. 오자와 공동대표가 2012년 민주당을 떠나기 전 마에하라 전 대표는 '반(反)오자와'의 급선봉이던 만큼 민주당내에 파문이 확산됐다. 오자와 공동대표는 신당 결성 등 야당이 연대하는 '올리브 나무' 구상을 호소하고 있다. 관계자에 따르면 마에하라 전 대표와 오자와 공동대표는 회담에서, 야당 각 당이 참의원 선거를 따로 따로 싸워도 여당과 대등하게 싸울 수 없다고 분석했다. 민주당과 유신당뿐만 아니라 다른 야당을 포함한 재편이 필요하다고 확인했다. 또한 안보 관련법 폐지를 내거는 후보자를 지원하기 위해 조직된 '시민연합' 관계자도 함께 참석했다.

02월 05일

• 이미 압도적인 일본 아베 정권, 연예인에도 촉수

　　　　　　　　　　(아사히신문 · 산케이신문 02. 05, 연합뉴스 02. 05 재인용)

– 일본 아베 정권이 선거를 앞두고 야당 의원, 연예인 등에까지 촉수를 뻗치고 있다. 집권 자민당은 스즈키 다카코(85년생) 중의원 의원(민주당·홋카이도 비례대표)을 이르면 올해 여름 참의원 선거와 함께 치러질 가능성이 있는 차기 중의원 선거 때 자민당 후보로 공천키 위해 영입전에 나섰다고 아사히신문이 5일 보도했다. 신선한 이미지의 스즈키 다카코 의원을 전국 유세에 투입해 젊은 층의 지지 확산에 활용하려는 의중이 작용한 것으로 보인다. 또 자민당은 여름 참의원 선거 비례대표 후보로 여성 4인조 인기 그룹 '스피드(SPEED)'의 전 멤버 이마이 에리코(83년생)를 공천하는 방향으로 조율중이라고 산케이 신문이 보도했다. 이마이는 청각장애를 가진 장남(11세)을

키우는 미혼모이기도 하다. 그런 만큼 이마이 영입 추진은 그의 대중적 인기뿐 아니라 사회보장 문제와 관련한 상징성을 감안한 포석으로 보인다.

02월 18일
• 일본 야당, 안보법 대체법안 제출…참의원선거 쟁점화 시도   (연합뉴스 02. 18)
– 일본 민주당과 유신당 등 야당은 18일 여당인 자민당이 지난해 9월 국회에서 강행처리한 안보법의 대체법안인 '영역경계법안' 등 3개 법안을 중의원에 제출했다. 집단자위권 행사를 인정하는 안보법이 헌법 위반인 만큼 헌법 틀 내에서 자위대활동을 충실히 수행하도록 하겠다는 것이 주요 내용이다. 민주당과 유신당은 또 19일에는 공산당, 사민당, 생활당 등 5개 야당 대표회담을 연 뒤 안보법 폐지를 담은 별도의 2개 법안도 중의원에 공동 제출할 방침이다. 이는 올여름 참의원 선거를 앞두고 아베 신조 정권의 안보 정책을 쟁점화하기 위한 것이다. 영역경계법안은 무장 집단이 일본 본토에서 떨어진 섬 등에 상륙하는 등 회색지대(전시와 평시의 중간 상태) 사태에 대처하기 위해 국회가 사전 승인을 한 구역에 한해 각료회의 결정 없이 자위대 출동이 가능하도록 하는 것이 핵심이다.

02월 18일
• 일본 자민당, 참의원 선거서 개헌 쟁점화 안 한다

(교도통신 02. 18, 연합뉴스 02. 18 재인용)
– 일본 집권 자민당이 올해 여름 예정된 참의원 선거에서 개헌을 쟁점화하지 않기로 했다고 교도통신이 18일 전했다. 교도통신에 따르면 자민당은 당초 올해 주요 활동 전략에 "참의원 선거에서 개헌의 필요성 호소를 통해 국민적 논의와 이해를 심화한다"는 표현을 넣었으나 최근 들어 참의원 선거 부분을 삭제했다. 참의원에서의 개헌 쟁점화는 강력한 개헌 추진 의사를 가진 아베 신조 총리의 입장을 반영한 것이었다. 그러나 당내 참의원 측에서 신중한 입장을 고수하고 있어서 당 집행부가 수정을 한 것으로 전해졌다. 해당 문구가 삭제된 것은 지난 17일자였다.

02월 23일

• 일본 민주 · 유신당, '합당' 최종 조율   (교도통신 02. 23)

– 민주당과 유신당은 양당 합의를 위해 최종 조율에 들어갔다. 민주당의 오카다 카쓰야 대표와 유신당의 마츠노 요리히사 대표는 23일 오전 간부 회의를 각각 국회에서 열고 양당이 합류하는 방안을 제시했다. 당명과 로고 변경을 제안해 3월 중에 결당 대회를 개최할 생각도 표명했다. 여름의 참의원 선거를 위한 이미지 쇄신이 필요하다는 판단도 있다. 24일에는 민주당이 임원회와 상임간사회, 유신당이 양원 의원 간담회와 임시 집행 임원회를 열 예정으로 승낙을 얻으면 양당 의원은 주말 안에 당수 회담을 열고 정식 합의하겠다는 생각이다. 야당에서는 공산당이 여당 후보에 대항하기 위해 참의원의 한 선거구에서 후보를 취소할 방침을 결정했다.

일본 선거 · 의회

01월 26일

• 아베 수상, "참의원 선거 공약에 개헌 명기"   (교도통신 01. 27)

– 아베 신조 수상은 26일 중의원 본회의 대표 질문에서 여름의 참의원 선거에서 쟁점화를 목표로 한 헌법 개정에 대해 자민당의 공약에 명기할 구상을 제시했다. "자민당은 당시(黨是)로 계속 주장해 왔다. 공약으로 제시해 확실히 호소할 것"이라고 밝혔다. 12일의 국회 답변에서 "다가올 선거에서도 개헌을 정권 구상으로 제시"한 바 있어, 발언의 수위를 높인 형태이다. 자민당은 지금까지 국정 선거에서 공약으로 제시했으나, 이번 아베 수상의 강조를 통해 국민적인 논의를 활성화시켜 개헌 기운을 고조하려는 의도가 있는 것으로 보인다. 아베 수상은 자민당의 개헌 초안에 포함된 '긴급 사태 조항' 신설에 대해 "대단히 중요하고 절실한 과제이다"라며 중시할 의향을 제시했다. 구체적인 개헌 항목에 대해서는 "국회와 국민적 논의가 심화되는 가운데 결정해 나갈 것"이라고 지적했다.

01월 28일

• 일본 국회, "18세 유권자 투표 공백 해소"…개정 공선법 통과   (교도통신 01. 28)

– 선거권 연령이 '18세 이상'으로 낮아지는 것에 따라 새롭게 유권자가 되는 청년층이 선거 직전에 다른 지방자치단체로 이사할 경우 투표가 불가능한 '투표권의 공백'을 해소하는 개정 공직선거법이 28일 참의원 본회의에서 만장일치로 가결, 성립했다. 이로 인해 이전 주소지에서 투표가 가능해진다. '18세 선거권'의 시행과 같은 6월 19일 시행돼, 여름에 예정된 참의원 선거부터 적용될 전망이다. 총무성의 통계에 따르면 18, 19세의 새로운 유권자 약 240만 명 중 이사로 인해 선거권 명부에 미등록돼 투표할 수 없는 우려가 있는 약 7만 명이 구제된다. 다카이치 사나에 총무대신은 법안 성립 후 취재에 응해 "진학, 취직으로 봄에 이사한 분들이 투표할 기회가 확보돼 기쁘다. 학교 현장 등에서 개정 내용을 주지, 홍보해주길 바란다"고 밝혔다. 개정 공직선거법은 새롭게 선거권이 부여된 사람이 진학과 취직 등으로 새로 이사한 지자체에서의 거주 기간이 3개월 미만으로 투표할 수 없는 경우, 이전 주소지에서 3개월 이상 거주 이력이 있을 시 이사 후 4개월 이내에는 이전 거주지에서 투표할 수 있다.

02월 08일

• 아베정권 또 방송장악 논란…'공평성'빌미 방송 규제가능성 시사

(아사히신문 02. 09, 연합뉴스 02. 09 재인용)

– 일본 아베 신조 정권이 또 언론 통제 논란에 휩싸였다. 방송·통신업계를 관장하는 다카이치 사나에 총무대신은 8일 중의원 예산위원회에서 방송국이 정치적 공평성을 결여한 방송을 반복한다고 판단되면 방송법과 전파법에 입각해 전파 사용 정지를 명령할 가능성이 있음을 시사했다고 아사히신문이 9일 보도했다. 다카이치 총무상은 "행정지도를 해도 전혀 개선되지 않고, 공공의 전파를 사용해 (불공정한 방송을) 반복하면 그에 대해 아무런 대응도 하지 않겠다고 약속할 수는 없다"고 말했다. 또 야당 의원이 '정권에 비판적인 프로그램을 방송했다는 이유만으로 업무 정지를 할 수 있다'고 지적하자 다카이치는 "전파법의 규정도 있다"며 "법률은 위반한 경우에 대한 벌칙 규정도 준비함으로써 실효성을 담보한다고 생각한다"고 주장했다. 아베 정권은 보도 내용을 문제 삼아 NHK 방송국 간부를 자민당으로 불러내 조사를 벌인 일과, 경제인단체에 영향력을 행사해 광고를 막는 방법으로 언론을 길들여야 한다

는 발언이 자민당 의원 회합에서 나온 일 등으로 방송 장악 논란에 휩싸인 바 있다.

02월 19일

• 일본 의원 정수 감축안 오락가락…여당 연기에 아베 "무슨 소리" (연합뉴스 02. 19)

– 일본 여권이 의원 정수 감축 문제를 놓고 오락가락 행보를 보이고 있다. 당초 차기 중의원 선거에서 의원 정수를 줄이기로 했던 여당이 이를 2021년 이후로 연기하겠다고 발표했다. 이에 여론이 나빠지자 아베 신조 총리가 나서서 연기론에 제동을 거는 상황이다. 아베 총리는 19일 중의원 예산위원회에 출석해 "2015년 간이국세조사를 토대로 선거구 재검토를 하면서 의석도 10석 줄이겠다"고 말했다. 그러면서 "2020년 국세조사 결과가 나온 이후로 연기하는 방안이 확정된 게 아니다"며 "이는 자민당 총재로서의 방침이다"라고 강조했다. 아베 총리는 자민당 총재를 겸하고 있다. 아베 총리가 의원정수 10명 감축을 2021년 이후로 연기하겠다는 여당 방침에 제동을 건 것은 무엇보다 여론 악화 때문이다. 의원 정수 감축 문제는 2012년 소비세 증세 방침을 결정한 뒤 여론의 반발을 무마하기 위해 "정치권도 뼈를 깎는 개혁에 나서겠다"며 자민당과 공명당, 민주당 등 여야가 합의한 사항이기 때문이다.

일본 여론

01월 19일

• 일본 '국민운동' 시민단체 결성…"입헌정치 되돌리자" (교도통신 01. 19)

– 안보법 성립 후 4개월이 지난 19일, 안보법을 비판하는 헌법학자 히구치 요이치 (口陽一) 도쿄대학 명예교수와 고바야시 세쓰(小林節) 게이오대학 명예교수 등이 국회에서 기자회견을 갖고, 시민단체 '입헌 정치를 되찾는 국민운동 위원회'를 결성했다고 발표했다. 앞으로 정기적으로 회의를 열고 의견교환을 거쳐 회견 등을 통해 정보를 발신하게 된다. 이날 회견에서는 "안보법 강행 성립은 입헌주의의 부정이며 민주주의의 폭주다"라는 성명을 공표했다. 히구치 명예교수는 "전후 일본은 군이 입헌주의라는 말을 내세우지 않아도 민주정치가 지속됐다. 이를 지금 아베 정권이 정면에서 공격하고 있다. 입헌 정치를 되찾는 것은 우리들 국민의 품성 문제"라고 주장

했다.

01월 31일

– 여름 참의원 선거 이후에 헌법 개정을 진행 중인 사실에 대해 지지정당 별로 보면
'지지정당 없음'인 무당파층의 61.6%가 반대라고 답변했다. 찬성은 23.7%에 그쳐 무
당파층에서는 개헌 논의가 급속하게 진행되는 사실에 경계심을 보이고 있다는 사실
이 분명해졌다. 자민당은 찬성이 55.8%로 반수를 점했으나 반대 의견도 32.0%에 이
르렀다. 자민당과 연립 정당인 공명당 지지층에서는 42.9%, 아베 신조 수상이 개헌
세력으로 기대를 걸고 있는 오사카유신회는 44.6%가 찬성했다. 한편 야당 지지층
중 민주당은 82.3%, 공산당은 89.3%가 반대했다. 연령별로는 연령이 낮을수록 찬성
비율이 높았다. 20대가 51.9%로 가장 높았다. 30~40대 40%대, 50~60대 30%대에 이
어 70세 이상이 27.7%로 가장 낮았다. 남녀별로는 여성의 54.3%가 반대하는 한
편 찬성은 29.1%로 신중함을 요구하는 경향이 강했다. 남성은 찬반이 팽팽하게 맞
섰다.

02월 14일

• 도쿄서 대학생 등 4천 명 안보법 반대 집회…"헌법 지키자"

(NHK 02. 14, 연합뉴스 02. 14 재인용)

– 14일 일본 도쿄에서 대학생 등 4천 명 이상이 참가한 가운데, 내달 발효되는 안보
법에 반대하는 집회가 열렸다고 NHK가 보도했다. 작년 안보법안 반대 운동으로 주
목받은 대학생 중심 단체 '실즈(SEALDs)' 등이 주도한 이날 행사에서 참가자들은 도
쿄 도내 요요기 공원에 집결해 집회를 개최한 뒤 '헌법을 지켜라' 등의 구호를 외치
며 시부야의 번화가를 행진했다. 집회에서 정신과 의사 가야마 리카(香山リカ)씨는
"지금 평화는 조용히 만들 수 없는 것이 됐다"며 "평화롭고 희망이 있는 사회를 되찾
기 위해 함께 일어서자"고 호소했다. 또 실즈(SEALDs) 멤버인 대학 4학년생 우시다
요시마사(牛田悦正) 씨는 "몇 번이나 같은 시위를 해왔지만 포기하면 안 된다"며 "함
께 항의의 목소리를 계속 내자"고 말했다.

02월 21일

• 잇단 스캔들 속 아베 내각 지지율 한 달 만에 7%포인트 추락

(교도통신 02. 21, 연합뉴스 02. 21 재인용)

– 최근 아베 신조 정권 인사들이 각종 추문을 일으키면서 내각 지지율이 하락했다. 교도통신이 20~21일 실시한 전화 여론조사에서 아베 내각의 지지율이 46.7%로 지난달 30~31일 조사 때보다 7%포인트 하락했다. 아베 내각을 지지하지 않는다는 응답은 3.6%포인트 늘어나 38.9%를 기록했다. 지지율 하락은 최근 각료를 포함한 집권 자민당 의원들이 잇따라 구설에 오른 영향으로 보인다. 아마리 아키라 전 경제재생담당상이 지난달 불법 정치자금 수수 의혹으로 물러났고, 동료 의원인 아내의 임신 기간에 육아 휴직 의사를 밝혀 화제에 올랐던 미야자키 겐스케 중의원은 출산 직전 불륜을 저지른 의혹이 불거져 사퇴했다. 실제로 이번 조사에서 정부·여당 내에 해이(解弛)가 엿보인다는 의견이 77.7%에 달했다.

9차(2월 말~3월 말)

김민석

2016년 2월 26일 오카다 가쓰야 민주당 대표와 마츠노 요리히사 유신당 대표가 국회 당수회담에서 합당 및 신당 결성에 합의했다. 이는 2015년 집단적 자위권에 관한 안보법을 제·개정하고 7월 참의원 선거를 발판삼아 헌법 개정까지 관철시키려는 아베 신조 정권에 맞서기 위해서로 보인다(경향신문 2016. 02. 24). 민주당과 유신당은 3월 8일 신당협의회 회의를 국회 내에서 열고 신당 강령안을 종합했다(교도통신 2016. 03. 09). 신당 강령안에서는 '기득권 및 유착 구조와 싸운다'라는 개혁 자세를 강조하고, 입헌주의를 확고하게 내세움으로써 헌법 해석을 변경하고 역대 정권이 금지해온 집단적자위권 행사를 허용하지 않는다고 밝혔다(교도통신 2016. 03. 09). 그리고 양당은 3월 14일 국회에서 신당협의회를 열고 신당의 명칭을 '민진당(民進)'으로 결정했다(교도통신 2016. 03. 15). 이는 민주당이 제안한 '입헌민주당'과 유신당이 제안한 '민진당'을 놓고 여론조사를 한 결과 민진당에 대한 지지가 더 높았기 때문이다(연합뉴스 2016. 03. 14). 3월 27일 민진당 창당대회에서 오카다 가쓰야 대표는 "민진당은 일본 정권 교체를 실현하기 위한 마지막 기회"라며 정권 재탈환에 대한 의욕을 나타냈다(교도통신 2016. 03. 27).

3월 1일 일본 중의원 예산위원회에서 아베 신조 총리는 헌법 개정을 통해 집단자위권을 전면적으로 행사해야 한다고 밝혔다. 이러한 아베 총리의 발언에 대해 야권은 "아베 총리의 (군사대국화를 모색하는) 본색이 드러났다"고 반발했다(교도통신 2016. 03. 01; 연합뉴스 2016. 03. 01 재인용). 2일 참의원 예산위원회에서도 아베 총리는 헌법 개정에 대해 "재임 중에 완수하고 싶다"고 표명했다. 이러한 아베 총리의 발언에 대해 부정적인 여론이 우세한 것으로 나타났다(아사히신문 2016. 03. 15; 연합뉴스 2016. 03. 15 재인용). 아사히신문이 3월 12~13일 실시한 전국 여론조사 결과 '재임 중에 헌법을 개정하고 싶다'는 아베 총리의 발언에 대해 긍정적인 응답은 38%, 부정적인 응답은 49%로 집계됐다(아사히신문 2016. 03. 15; 연합뉴스 2016. 03. 15 재인용). 그리고 2016년 참의원 선거에서 개헌을 판단 기준으로 삼겠다는 유권자가 상당히 많은 것으로 파악되었다(산케이신문·후지뉴스네트워크 2016. 02.

23; 연합뉴스 2016. 02. 23 재인용). 주목할 만 한 점은 아베 정권의 인기가 다소 하락했지만, 이것이 야당에 대한 지지로 이어지지 않는다는 것이다(마이니치신문 2016. 03. 07; 연합뉴스 2016. 03. 07 재인용).

일본 정당

02월 26일

• 일본 제1 · 3야당 합당 합의…"반(反)아베 세력 담는 그릇될 것"

(교도통신 02. 26, 연합뉴스 02. 26 재인용)

‒ 올해 여름 일본 참의원 선거를 앞두고 제1야당인 민주당과 제3야당인 유신당이 합당 및 신당 결성에 합의했다. 오카다 가쓰야 민주당 대표와 마쓰노 요리히사 유신당 대표는 26일 국회에서 당수회담을 열어 내달 중 신당 결성을 목표로 한다는 등의 내용을 담은 문서에 서명했다고 교도통신이 보도했다. 민주당과 유신당은 두 당 대표와 간사장으로 구성된 '신당 협의회'를 설치, 새 당의 이름 등에 대한 검토에 착수한다. 양당이 합당해 만들 신당의 국회의원은 이탈이 없을 경우 중·참 양원에 걸쳐 총 152명이 된다. 이는 전체 의원 정수(717명)의 약 21%로, 64%(460명)를 장악한 자민·공명 연립여당의 3분의 1 수준이다.

03월 01일

• 아베 "개헌으로 자위권 전면 행사해야"…야(野) "본색 드러나" 반발

(교도통신 03. 01, 연합뉴스 03. 01 재인용)

‒ 아베 신조 일본 총리는 1일 헌법 개정을 통해 집단자위권을 전면적으로 행사하도록 해야 한다고 밝혔다. 이에 대해 민주당 등 야권은 "아베 총리의 (군사대국화를 모색하는) 본색이 드러났다"고 반발하는 등 논란이 일고 있다. 아베 총리가 언급한 것은 2012년 마련한 자민당 개헌안이다. 자위대의 명칭을 국방군으로 바꾸고 헌법 개정 발의 요건도 종전 중·참의원 각각 3분의 2에서 과반수로 완화하는 등의 내용을 담고 있다. 아베 총리의 이런 발언에 대해 민주당 등 야당은 강하게 반발했고 여권에서도 당혹해하는 분위기라고 교도통신이 전했다. 호소노 고시 민주당 정조회장은 "안

보관련법으로 '해석 개헌'을 하고, 이제 또 헌법 9조를 바꾸려는 것은 모순"이라며 "국민의 의혹을 불식시킬 수 없다"고 비판했다. 이마이 마사토(今井雅人) 유신당 간사장도 "(이번 발언으로) 아베 총리의 정체가 드러났다"고 가세했다.

03월 08일

• 일본 민주 · 유신, 신당 강령안 제시…"입헌주의 견지" 명기　　　　(교도통신 03. 09)

– 합류하는 민주, 유신양당은 8일, 신당협의회 회의를 국회 내에서 열고 강령안을 종합했다. "기득권 및 유착의 구조와 싸운다"라고 개혁 자세를 강조. 입헌주의의 견지를 내거는 한편 "시대에 대응한 미래지향의 헌법을 구상한다"며 헌법 개정에 의욕을 표명했다. 입헌주의를 명확히 내세움으로써 헌법 해석을 변경하고 역대 내각이 금지해온 집단적자위권 행사를 용인한 아베 신조 정권에 맞선 형태다. 신당이 '목표로 하는 것'으로는 "자유와 민주주의에 입각한 입헌주의를 단호해 지킨다"는 규정에 더해 (1) '살을 에는 정치개혁'의 단행, (2) 지속 가능한 경제성장, (3) 국제사회의 평화와 번영에 공헌, 등 총 5개 항목을 제시했다. 개헌과 관련해서는 새로운 인권과 지역주권 개혁을 응시할 의향도 제시했다. 외교 · 안전보장에서는 "전수방위를 전제로 현실주의를 관철한다"고 표명, 에너지 정책에 관해서는 "2030년대 원전 가동 제로를 목표로 한다"고 강조했다.

03월 27일

• 일본 민진당, 창당 대회…"정권 교체 마지막 기회" 각오　　　　(교도통신 03. 27)

– 민주, 유신 양당의 합류에 의한 신당 '민진당'은 27일 오후, 창당 대회를 도쿄 도내의 호텔에서 개최했다. 중 · 참의원을 합해 의원 수는 총 156명이며 초대 대표에 오카다 가쓰야 민주당 대표가 취임했다. 여름에 열리는 참의원 선거를 대비해 아베 정권과 대결 자세를 강화해 갈 방침이다. 창당에 앞서 유신당은 같은 호텔에서 임시 당대회를 열고 해산을 결의했다. 민주당은 정권 운영의 실패로 지지율이 저조하고, 유신당도 분열로 전망이 보이지 않아 합당으로 활로를 모색하게 됐다. 오카다 대표는 창당 대회 인사말에서 "정권 여당 시절 기대에 부응하지 못했던 점을 깊이 반성한다. 민진당은 일본에 정권 교체 가능한 정치를 실현하기 위한 마지막 기회"라며 정

권 재탈환에 대한 의욕을 표명했다. "참의원 선거는 대표로서 모든 책임을 지고 반드시 결과를 내겠다. 중·참의원 동일 선거라도 맞서 싸우겠다"고 말했다. 민진당은 민주당을 존속 정당으로, 유신당이 해산·흡수되는 '존속합병' 방식으로 출범한다.

일본 선거·의회

03월 06일

• **일본, 중·참의원 동시선거론 다시 힘 받는다**　　　　　　　　（연합뉴스 03. 06）

- 일본 정치권에서 오는 7월께로 예정된 참의원 선거를 중의원 선거와 동시에 치르는 것 아니냐는 관측이 재차 대두되고 있다. 아베 신조 총리는 중의원 해산에 이은 중·참의원 동시 선거에 대해서 공식적으로는 부정하고 있지만, 야권은 아베 총리의 국회 발언 등을 근거로 동시선거 가능성도 있다고 보고 경계감을 늦추지 않고 있다. 헌법 개정을 발의하기 위해서는 중의원과 참의원에서 각각 정수의 3분의 2 이상이 찬성해야 한다. 자민당과 공명당 등 연립여당은 현재 중의원에서는 3분의 2 이상 의석을 확보했지만 참의원에서는 이에 미달한다. 아베 총리의 자민당 총재 임기는 2018년 9월인 만큼 임기 내 발의를 위해서는 이번 참의원 선거에서 대승을 해야만 가능하다. 그러나 현재로서는 경기 회복 속도가 더디고, 아베 총리가 내걸고 있는 개헌에 대한 여론도 그리 호의적이지만은 않아서 참의원 선거 결과 여권이 3분의 2 이상의 의석을 확보하기는 쉽지 않은 상황이다. 이에 따라 여권 일각에서 제기되는 것이 동시선거론이다. 중의원을 해산하고 동시선거에 들어감으로써 분위기를 일거에 반전시켜보자는 것이다.

03월 09일

• **일본 야당들, 안보법 반대 시민단체들과 선거협력 추진**

　　　　　　　　　　　　　　　　（일본 언론 03. 10, 연합뉴스 03. 10 재인용）

- 아베 정권의 독주 앞에 힘을 못 쓰고 있는 일본 야당들이 작년 집단 자위권 법(안보법) 반대 투쟁을 벌였던 시민단체들과의 연대를 본격 추진하고 나섰다. 민주·공산·유신·사민·생활당 등 5개 야당의 간사장 및 서기국장은 9일 국회에서 시민단체 관

계자들과 의견 교환 모임을 개최했다. 참석자들은 안보법 폐지와 '입헌주의 회복'을 기치로 7월 참의원 선거에서 협력한다는데 뜻을 같이했다고 일본 언론이 10일 보도했다. 시민단체 측에서는 안보법 반대 운동에서 선봉에 섰던 대학생 중심단체 '실즈(SEALDs)'와, '안보 관련법에 반대하는 엄마 모임', 헌법 학자들로 구성된 '입헌 민주주의의 모임' 등에 소속된 인사 수십 명이 참석했다. 이 자리에서 제1야당인 민주당의 에다노 유키오 간사장은 "각자 입장이나 사정을 서로 배려하면서 최대한의 효과를 거둘 수 있도록 하겠다"고 말했고, 제2야당인 공산당의 야마시타 요시키 서기국장은 "(야당들이 후보를) 단일화한 곳은 반드시 이긴다"고 강조했다.

03월 13일

- 일본 아베 수상, 자민당대회서 참의원 선거 승리 '결의'　　　　　(교도통신 03. 13)
- 자민당은 13일, 제83회 당대회를 도쿄 도내의 호텔에서 개최했다. 아베 수상(당 총재)은 여름 참의원선거 승리 결의를 표명하는 동시에 민주·공산 양당의 선거 협력에 대해 "선거를 위해서라면 뭐든지 한다. 누구와도 손을 잡는다. 이런 무책임한 세력에게 질 수는 없다"며 강력히 견제했다. 아베 수상은 참의원선거에 관해 "정치와 국민에게 책임을 지는 자민, 공명 양당의 연립정권 대 민주당, 공산당 '민공세력'의 대결이 된다"라고 거듭 강조했다. 민주, 공산 양당 등이 안전보장관련법 폐지를 요구하고 있는 것에 대해 "폐지되면 국민을 지키기 위해 강화된 일·미 동맹의 연대는 크게 손상된다"라고 호소했다. 운동방침은 참의원선거에 대해 "연립정권이 정책을 추진하기 위한 안정된 정치 기반을 굳히는 선거"라고 자리매김했다. 중의원 의원들에게는 "언제 선거가 행해져도 승리할 수 있도록 상재전장(常在 場)의 마음가짐"을 요청했다. 중·참 동시선거가 언급되고 있는 정세를 고려한 것으로 보인다.

03월 15일

- 일본 각료, 국회 심의서 실수 연발…여당, 선거에 영향 우려　　　(교도통신 03. 16)
- 일본 국회 심의에서 15일, 각료의 실수와 자질이 문제시되는 답변이 잇따랐다. '포스트 아베'의 선두주자로 꼽히는 이시바 시게루 지방창생담당대신은 심의에 들어간 지역재생법 개정안의 제안 이유 설명에서, 해당 법률을 지난 2015년에 개정할 당시

작성했던 제안 이유서를 실수로 낭독했다. 하야시 모토오 경제산업대신은 원자력 정책 답변에서 머뭇거리며 공부 부족을 자각한다고 인정했다. 참의원선거에 미칠 영향을 우려하는 여당에서는 "해이해져 있다"는 지적이 나왔다.

03월 24일

• 일본 여야, 고교생 정치 참가 촉구…선거권 '18세 이하' 앞두고 이벤트

(교도통신 03. 24)

– 일본 선거권 연령이 '18세 이상'으로 낮춰지는 것을 앞두고 정치에 대해 생각하는 고등학생 참가 이벤트가 24일 국회에서 열려, 여·야당 간부가 청소년들의 정치 참가를 촉구했다. 자민당의 다니가키 사다카즈 간사장은 "자민당은 18세를 성인으로 인정한다는 기본 방침을 결정했다. 여러분들의 정치 참가를 최대한 지원하겠다"고 주장했다. 공명당 야마구치 나쓰오 대표는 이벤트에 참석한 학생에게 '18세 선거권'의 단점에 대한 질문을 받자 "학생의 본분은 공부하는 것, 본인의 인생에 알맞은 일을 구하는 것이다. 정치에 관심이 지나치게 높아지면 거기에 열중하게 돼 공부가 소홀해진다"고 답해 웃음을 자아냈다. 이어 발언한 민주당 오카다 가쓰야 대표는 고등학교 시절 학교 내에서 분쟁에 휘말려 수업을 받지 못했던 체험을 소개했다. 27일에 결성할 '민진당'이 '미래에 대한 책임'을 결당 이념으로 삼고 있다고 어필하고 빈곤아동과 교육격차의 대처를 중시하고 있다고 강조했다.

일본 여론

02월 23일

• "일본인 69%, 헌법 개정을 올여름 선거 때 판단 기준으로"

(산케이신문 · 후지뉴스네트워크 02. 23, 연합뉴스 02. 23 재인용)

– 일본 아베 신조 정권이 헌법 개정에 의욕을 보이는 가운데 다음 선거에서 개헌을 판단 기준으로 삼겠다는 유권자가 꽤 많은 것으로 파악됐다. 산케이신문이 후지뉴스네트워크와 20~21일 일본의 성인 남녀 1천 명을 상대로 벌인 전화여론조사에서 헌법 개정이 올해 여름 참의원 선거 때 투표할 후보나 정당을 판단하는 재료라고 답

한 유권자의 비율은 68.7%였고 그렇지 않다는 답변은 25.8%였다. 참의원 선거에서 비례대표 의원 선출을 위해 표를 던질 정당은 집권 자민당이 40.5%로 가장 많았고 이어 민주당 14.3%, 공산당 6.8%, 오사카유신회 5.6%, 연립 여당인 공명당 5.2% 등의 순이었다. 아베 내각의 지지율은 1월 23~24일 조사 때보다 0.4% 포인트 감소한 48.1%였고 지지하지 않는다는 의견은 1.3% 포인트 증가해 41.4%가 됐다.

02월 24일

• 일본 대학생 70% "참의원 선거 투표할 것"   (교도통신 02. 25)

- 일본의 대학생 71.1%가 올여름 참의원 선거 투표에 참여할 것이라고 응답한 사실이 전국대학생협동조합연합회의 '학생생활 실태조사'를 통해 24일 밝혀졌다. 정치에 관심이 있다는 응답은 64.5%로 지난 조사(2013년)보다 2.9%포인트 증가했다. 생협연은 "선거권 18세 하향 조정과 대학생 그룹 '실즈(SEALDs)'의 활동 등으로 정치에 대한 관심이 고조되고 있는 것으로 보인다"고 밝혔다. 조사는 2015년 10~11월에 실시했고 전국 30개 대학의 학생 9,741명이 응답했다. 참의원 선거 투표에 "꼭 참여할 것"이라는 응답이 27.9%, "되도록 참여할 것"이라는 응답이 43.2%였다.

03월 07일

• 일본 아베 내각 인기 하락해도 야당 지지율 '제자리'

                              (마이니치신문 03. 07, 연합뉴스 03. 07 재인용)

- 최근 아베 신조 정권의 인기가 다소 하락했지만, 이것이 야당에 대한 지지로는 여전히 이어지지 않는 것으로 파악됐다. 마이니치신문이 5~6일 벌인 전화 여론조사에서 일본 아베 신조 내각의 지지율은 올해 1월 조사 때보다 9% 포인트 하락한 42%를 기록했다. 아베 내각을 지지하지 않는다는 응답자는 8% 포인트 늘어나 38%가 됐다. 지지율 하락은 경제 정책에 대한 실망감 때문으로 추정된다. 아베 내각의 경제 정책에 대한 부정적인 평가는 47%로 긍정적인 평가(39%)보다 많았다. 내각 지지율 하락이 야당 지지율에는 큰 영향을 주지 못했다. 집권 자민당 지지율은 42%에서 37%로 하락했으나 제1야당인 민주당 지지율은 1%포인트 상승해 8%에 그쳤다.

03월 15일

• '재임 중 개헌' 아베 발언에 부정적 여론 우세

(아사히신문 03. 15, 연합뉴스 03. 15 재인용)

— 총리 재임 중에 개헌을 하고 싶다는 아베 신조 총리의 발언에 대해 일본에서 부정적인 여론이 우세한 것으로 나타났다. 아사히신문이 12~13일 실시한 전국 여론조사 결과 '재임 중에 헌법을 개정하고 싶다'는 아베 총리의 발언에 대해 '평가한다' (가치 있는 것으로 간주한다는 의미)는 응답은 38%, '평가하지 않는다'는 응답은 49%로 각각 집계됐다. 아베 총리는 3월 2일 참의원 예산위원회에 출석한 자리에서 "자민당은 당 창립 당시부터 당시(黨是·당의 기본방침)로 헌법 개정을 내걸고 있다"며 "당 총재(여당 당수가 총리를 맡는 일본 체제상 총리 재임 중을 의미)로서 개헌을 목표로 하고 있다"고 말했다.

10차(3월 말~4월 말)

김민석

    4월 5일 일본의 자민당과 공명당은 특정 인종과 민족에 대한 차별을 선동하는 '혐한시위(헤이트 스피치, hate speech)' 관련 대책을 협의하는 회의를 열어 "부당한 차별적인 언동은 용납하지 않는다고 선언한다"라고 명기된 법안을 승인했다(교도통신 2016. 04. 05). 이 법안은 옛 민주당(현 민진당)이 2015년 5월에 제출한 법안에서 인종 등을 이유로 한 모욕, 차별 대우 등을 폭넓게 금지한 것과는 차이가 있다. 당시 자민당과 공명당은 금지 대상 범위가 너무 넓다며 민주당 법안에 반대했었다(연합뉴스 2016. 04. 05). 이 법안은 헌법이 보장하는 표현의 자유를 침해할 우려가 있다는 자민당 내 지적을 반영해 벌칙 조항을 포함하지 않았다. 그리고 연립 여당인 자민당과 공명당은 4월 8일 헤이트 스피치 법안을 참의원에 공동 제출했으며, 오는 6월까지인 정기국회 회기 안에 처리한다고 발표했다(교도통신 2016. 04. 08; 연합뉴스 2016. 04. 08 재인용). 이에 대해 재일본대한민국민단은 4월 13일 "헤이트 스피치가 위법이라는 명확한 규정이 없어 실효성을 가질 수 있을지 의문"이라는 결의문을 발표했다(교도통신 2016. 04. 13).

    4월 14일 일본 구마모토(熊本)현에서 규모 6.5의 강력한 지진이 발생했다. 2011년 3월 발생하여 사망 1만 5천 873명, 실종 2천 744명, 부상 6천 114명의 최악의 인명 피해를 가져온 동일본대지진 당시 간 나오토(菅直人) 민주당 정권은 무기력한 모습을 보여 여론으로부터 많은 질책을 받았다(마이니치신문 2016. 04. 19; 연합뉴스 2016. 04. 19 재인용). 이후 정권을 넘겨받은 아베 신조 총리로서는 누구보다 이번 지진에 대한 대응의 중요성을 잘 알고 있을 것이다. 강진이 발생한 지 15분만인 오후 9시 41분 아베 총리는 "주민의 안전을 최우선으로 해서 응급 재해 대책 마련에 전력을 다하겠다"라며 기자회견을 한 것도 그러한 이유 때문일 것이다. 그리고 아베 총리는 지진 피해를 입은 구마모토 현에서 참의원 선거를 하기조차 쉽지 않으며, 이런 상황에서 중의원을 해산해 동시 선거를 하는 것은 현지 지방자치단체에 큰 부담이 되기 때문에 참의원 선거 때 중의원 선거를 함께하는 구상을 접었다고 밝혔다(니혼게이자신문 2016. 04. 20; 연합뉴스 2016. 04. 20 재인

지역 다양성과 사회 통합 (Ⅲ)

용). 2015년 안보관련 법을 국회에서 강행처리하고 올해 개헌론에 박차를 가하고 있는 상황에서 대형 재해가 터진 만큼 아베 총리에게는 이번 구마모토 강진이 위기이자 기회라 할 수 있다(마이니치신문 2016. 04. 19; 연합뉴스 2016. 04. 19 재인용). 마이니치신문이 2차 강진 발생 후인 16~17일 벌인 전화 여론조사 결과, 구마모토 강진에 대한 정부나 지방자치단체의 대응이 적절하다는 의견이 65%에 이르렀다(마이니치신문 2016. 04. 19; 연합뉴스 2016. 04. 19 재인용).

일본 정당

04월 03일

• 일본 야당대표 아베에 '강공'…"증세 또 연기하려면 퇴진하라"

(NHK 04. 03, 연합뉴스 04. 03 재인용)

– 일본 제1야당 대표가 최근 끊임없이 거론되는 증세 재연기 및 국회 해산설과 관련, 아베 신조 총리를 강하게 견제했다. 오카다 가쓰야 민진당 대표는 3일 NHK 프로그램에 출연한 자리에서 "(아베 총리는) 지난번 중의원을 해산했을 때 다음엔 반드시 (소비세 세율을) 올린다고 단언했다"고 지적한 뒤 "(증세를) 연기한다면 공약 위반"이라며 "사임할 만한 일"이라고 말했다. 최근 일본 엔화 강세와 주가 약세가 이어지는 가운데, 아베가 증세 재연기를 결정하는 한편 중의원을 해산, 7월 참의원 선거 때에 맞춰 양원 동시선거를 치를 것이라는 관측이 갈수록 힘을 얻고 있다. 현재까지 아베는 "국회를 해산할 생각이 전혀 없다"는 입장을 피력해왔지만 그의 정치인생 최대 목표인 개헌에 유리한 구도를 만들기 위해 다수 유권자가 반길 증세 재연기를 빌미로 국회를 해산할 것으로 보는 이들이 적지 않다.

04월 04일

• 무상장학금 · 보육원 확대…아베, 선거 민심잡기 '안간힘'

(아사히신문 04. 05, 연합뉴스 04. 05 재인용)

– 일본 아베 신조 정권이 올해 여름 선거를 앞두고 민생 정책에 부쩍 신경을 쓰고 있다. 아베노믹스를 비롯해 먹고 사는 문제와 직결된 사안에 대한 일본 국민의 기대감

이 정권의 토대를 이루면서 아베 총리 숙원인 개헌을 달성하는 데 빠질 수 없는 요소로 자리 잡았기 때문이다. 5일 아사히신문 등 일본 언론에 따르면 아베 총리는 나중에 갚을 필요가 없는 대학생용 무상 장학금을 창설하는 방안을 검토하겠다는 뜻을 4일 밝혔다. 학업에 따른 경제적 부담이 사회 문제로 부상했고 이번 참의원 선거에서 투표 연령이 만 18세로 낮아질 예정인 가운데 수혜자를 직접 겨냥한 제도 개편에 나서는 셈이다. 일본 정부는 양육 관련 서비스를 받을 수 있는 쿠폰을 배포하거나 액면 금액보다 더 많은 물건을 살 수 있는 '프리미엄 상품권' 발행 방안 등도 추진하고 있다. 소비를 자극해 경기에 활력을 불어넣겠다는 명목으로 유권자의 인기를 얻을 수 있는 정책이다. 일본 여당은 논란이 많은 개헌을 선거에서 본격적인 쟁점으로 삼는 대신 경제 정책이나 복지 정책 등을 전면에 내세워 득표하는 전략을 택할 것으로 보인다.

04월 05일

• 일본판 '올리브나무 동맹'…야권서 반(反)아베 선거연대 시도

(교도통신 04. 05, 연합뉴스 04. 05 재인용)

- 반(反) 아베 정권을 기치로 내건 일본판 '올리브 나무 동맹'이 추진되고 있다. 올리브 나무 동맹은 1990년대 집권에 성공한 이탈리아의 진보·개혁 성향 중도좌파연합체다. 일본의 제1야당인 민진당과 사민당, 생활당 등의 일부 의원들이 7월 참의원 선거 비례대표에 '통일 후보'를 내세우는 구상을 검토하고 있다고 교도통신이 5일 보도했다. 이는 복수의 야당이 일본 선거법상 허용되는 정치단체를 설립해 비례대표 단일 명단을 작성함으로써 아베 정권에 반대하는 표가 분산되는 것을 막자는 취지다. 참여 범위는 '강성 좌파' 이미지가 강한 공산당을 제외한 야당들로 상정하고 있다. 연대체의 이름은 '사쿠라(벚꽃) 나무' 등을 검토 중이다. 하지만 제1야당인 민진당 안에서 부정적인 견해가 적지 않아 성사될지는 불투명하다고 교도는 전망했다.

04월 19일

• '재해 대처는 정치시험대'…아베, 구마모토 대응에 총력

(마이니치신문 04. 19, 연합뉴스 04. 19 재인용)

– "주민의 안전을 최우선으로 해서 응급 재해 대책 마련에 전력을 다하겠다." 일본 구마모토현에 규모 6.5의 강력한 지진이 엄습한 4월 14일 밤 아베 총리의 '결연한' 수습 의지가 전국으로 생방송됐다. 아베 총리는 이날 강진 발생 보고를 받은 뒤 곧바로 정부 비상재해대책본부 회의를 주재하면서 정부가 하나가 돼서 지진 피해 상황 파악 및 대책 마련에 최선을 다하라고 지시했다. 이어 더 강력한 규모 7.3의 2차 지진이 찾아온 16일 새벽 3시 27분 아베 총리는 "피해 상황 파악과 구조 및 구명에 전력을 다하겠다"고 다짐했다. 한밤중이든 새벽이든 시간을 가리지 않고 긴급 대책회의를 주재하는 등 재해 대책을 직접 나서서 진두지휘하고 있는 것이다. 그의 이런 행보는 위기 상황을 올바로 대처하지 못할 경우 지지율 추락에 이은 정권 붕괴라는 최악의 시나리오를 차단하기 위한 선제적 조치로 정치권은 보고 있다. 일단 아베 총리는 초기 대응은 합격점을 받은 것으로 받아들여진다. 마이니치신문이 2차 강진 발생 후인 16~17일 벌인 전화 여론조사 결과 구마모토 강진에 대한 정부나 지방자치단체의 대응이 적절하다는 의견이 65%에 달했다. 대신 적절하지 않다는 응답은 13%에 그쳤다.

04월 19일

• '대형재해 때는 휴전'…일본 여야, 당수토론 연기

(교도통신 04. 19, 연합뉴스 04. 19 재인용)

– 일본 여야가 구마모토·오이타(大分) 강진에 대한 대응을 이유로 20일로 예정한 당수 토론을 미루기로 했다고 교도통신이 19일 보도했다. 자민당 총재인 아베 신조 총리와 제1야당인 민진당의 오카다 가쓰야 대표 사이에 진행될 예정이던 당수토론을 연기한다는데 양당의 국회대책위원장이 이날 합의했다. 이는 민진당이 구마모토 지진 대응을 우선시해야 한다며 연기를 요구한데 따른 것이라고 교도통신은 전했다. 당수토론은 총리와 제1야당 대표가 현안에 대해 일대일로 격렬한 논쟁을 벌이는 자리이기에 야당의 대 정권 공세의 무대가 되는 것이 보통이다. 그런 만큼 이번 당수토론 연기는 재해대응이 다른 현안보다 우선한다는데 여야가 공감한 결과로 보인다.

04월 05일

• 일본 여당, '헤이트 스피치 대책 법안' 승인⋯국회 통과 목표   (교도통신 04. 05)

– 일본의 연립 여당인 자민당과 공명당은 5일, 특정 인종과 민족에 대한 차별을 선동하는 '헤이트 스피치' 대책을 협의하는 작업부회를 개최해 "부당한 차별적인 언동은 용납하지 않는다고 선언한다"고 명기된 법안을 승인했다. 의원 입법으로 제출해 이번 국회에서의 성립을 목표로 한다. 차별적 언동이 없는 사회를 위한 정부와 지방자치단체의 책무와 국민의 노력 의무도 포함했다. 헌법이 보장하는 표현의 자유를 침해할 우려가 있다며 금지 규정과 처벌을 설정하지 않은 '이념법'으로 위치 지었다. 법안은 일본 이외의 출신자와 자손에게 "차별 의식을 조장할 목적으로 공공연하게 생명과 신체, 명예, 재산에 위해를 가하는 취지를 고지한다" 등을 부당한 차별적 언동으로 정의했다. 충실한 상담 체제의 정비와 교육, 계발 활동 등의 실시를 정부와 지자체에 요구했다. 국민은 "차별적 언동이 없는 사회의 실현에 기여하도록 노력해야 한다"고 규정했다.

04월 06일

• 일본, 개정 공직선거법 성립⋯역·쇼핑몰에서 투표 가능   (교도통신 04. 06)

– 국정선거와 지방선거 투표일에 지자체 판단으로 역과 쇼핑몰 센터 등에 설치되는 '공통투표소'에서 유권자가 투표할 수 있도록 하는 개정공직선거법이, 6일 오전 참의원 본회의에서 여당과 민진당 등 찬성 다수로 가결돼 성립됐다. 이는 유권자의 편의를 도모해 투표율을 높이려는 목적이다. 공통투표소에 관해, 기일 전 투표에서는 이미 많은 수가 모이는 장소에 투표소를 설치할 수 있게 돼 있지만, 투표일 당일은 초등학교와 공민관 등 선거관리위원회가 지정한 1곳에서밖에 투표할 수 없다. 시행 후에는 대형 상업시설 등에 지자체가 공통투표소를 설치했을 경우, 그 지자체 유권자라면 누구든지 투표할 수 있도록 한다. 기일 전 투표와 관련해서는, 투표 시간은 원칙 오전 8시 반부터 오후 8시까지였지만, 지자체 재량으로 시작과 종료 시각을 최대 2시간 앞당기거나 연장할 수 있게 된다. 투표소에 동행할 수 있는 어린이에 대

해서도, 개정 전에는 '유아'와 '부득이한 사정이 있는 자'로 정해진 요건을 완화해 '유아, 아동, 학생 그 이외에 18세 미만'으로 정했다. 이는 '18세 선거권'과 함께 6월 19일에 시행돼 여름 참의원 선거에서 적용될 전망이다.

04월 06일

• 일본 중의원 '소선거구' 최종 협의…여당, '0증6감' 대세　　　　　(교도통신 04. 07)

— 오시마 미치모리(大島理森) 중의원 의장은 6일, 중의원의 '1표의 격차 시정'과 의원 정수 삭감을 위한 선거제도 개혁을 둘러싼 자민, 민진 양당 간 주장 갈등이 해소되지 않을 경우, 쌍방이 법안을 국회에 제출해 병행 심의를 거쳐야만 한다는 방침을 밝혔다. 자민당 안은 새로운 의석 배분 방법인 '애덤스 방식' 도입을 2020년 이후로 실시한다고 하는 반면, 민진안은 2010년 국세조사에 근거해 애덤스 방식을 채용한다. 이번 국회에서 양안이 병행 심의돼 중·참의원에서 다수를 장악하는 여당이 자민안을 성립시킬 진행 순서를 모색한다. 자민안은 애덤스 방식을 2020년의 대규모 국세조사에 근거해 도입한다. 또한 새로운 방식 도입에 앞서, 2015년 국세조사 결과를 바탕으로 의원 정수를 10석 삭감한다. 소선거구는 '0증6감', 비례대표를 '0증4감'으로 해, 격차가 2배를 초과하지 않도록 도도부현 내의 소선구 구분을 재검토한다. 민진안은 2010년 국세조사에 따라 애덤스 방식을 도입해 정수는 10석 줄이고 소선거구 '7증13감', 비례대표 '1증5감'으로 한다.

04월 12일

• '아베 중의원 해산 가능자'…일본 홋카이도·교토 보선 전(戰) 시작 (연합뉴스 04. 12)

— 일본에서 12일 홋카이도(北海道) 5구와 교토(京都) 3구 등 2곳의 중의원 보궐선거전이 후보자 접수와 함께 시작됐다. 투표는 모두 오는 24일 진행된다. 이번 보선은 올 7월 참의원 선거에 앞서 여야에 대한 바닥 민심을 파악할 수 있는 풍향계 성격이 있어서 정치권 안팎에서 비상한 관심을 보이고 있다. 특히 군대 보유와 무력행사를 금지한 헌법 9조 개헌을 목표로 하는 아베 신조 총리가 중의원을 전격 해산하고 중·참의원 동시선거라는 카드를 선택하는데 이번 보궐선거 결과가 영향을 미칠 것이라는 관측도 있어 주목된다. 아베 총리는 보궐선거 결과 여론이 여권에 유리한 것으로 관

단되면 내년 4월 예정된 소비세 인상(8 → 10%) 유보에 이어 중의원을 전격 해산할 가
능성이 높아 선거 결과에 따라서 일본 정치권이 요동칠 수 있다. 이번 선거전에서는
아베 정권의 경제정책인 아베노믹스에 대한 평가, 3월 시행에 들어간 안보관련법에
대한 찬반, 보육시설 대기 아동 문제 등이 쟁점이 될 것으로 보인다.

04월 24일

• 일본 중의원 보궐선거, 자민 홋카이도서 접전 제압　　　　　　　(교도통신 04. 25)

– 여름의 참의원 선거 전초전인 중의원 홋카이도 5구, 교토 3구의 보궐 선거에서 홋
카이도 5구는 자민당 신인 와다 요시아키(和田義明) 후보가, 교토 3구에서 민진당 전
직 이즈미 겐타(泉健太) 후보가 대승했다. 양 보선은 3월 시행 안전보장 관련법의 시
비와 아베 정권의 경제, 육아정책에 대한 평가가 주된 쟁점이었다. 투표율은 홋카이
도 5구가 57.63%, 교토 3구는 30.12%를 기록했다.

일본 여론

04월 04일

• 일본 여론 증세연기 · 동시선거로 기울어…아베 '칼자루' 쥐나

(요미우리신문 04. 04, 연합뉴스 04. 04 재인용)

– 선거를 앞둔 일본 여론이 아베 신조 일본 총리가 또 한 번 칼을 휘두를 수 있는 방
향으로 흐르고 있다. 요미우리신문이 1~3일 일본 내 18세 이상을 대상으로 벌인 전
화 여론조사에서 소비세 인상을 연기하자는 의견은 65%로 예정대로 올리자는 답
변(29%) 비율의 두 배를 넘었다. 또 중의원을 해산해 올해 여름 예정된 참의원 선거
때 중의원 선거까지 함께 시행하는 것이 좋다는 의견은 46%로 이에 반대하는 의견
(39%)보다 많았다. 이번 조사에서는 '아베 내각에서 경기 회복을 실감하지 못한다'
(77%), '안보법을 긍정적으로 평가하지 않는다'(49%, 긍정 평가는 38%), '정부가 보육원
부족에 제대로 대처하고 있지 않다'(73%)는 등 아베 정권에 대한 비판이 많았다. 그
런데도 선거에서는 여당을 지지하겠다는 의견이 우세했다. 아베 총리는 최근 증세
연기 가능성을 내비치는 발언 수위를 조금씩 높이고 있으며 여론의 추이를 살피다

중의원 해산을 결단할 것으로 예상된다. 현재의 야당이 동시 선거에 대응하기는 쉽지 않아 보이며 이는 아베 총리가 장기집권으로 가는 기반을 다지는 계기가 될 수 있다.

04월 08일

• 일본 투표연령 낮췄지만…"10대 다수, 아베 정권에 투표할 듯"

(아사히신문 04. 08, 연합뉴스 04. 08 재인용)

- 일본의 선거제도 개편에 따라 새로 유권자가 되는 10대가 아베 신조 정권에 표를 던질 가능성이 높은 것으로 조사됐다. 아사히신문이 올해 7월 1일 기준으로 만18·19세가 되는 일본 전국의 남녀를 상대로 최근 벌인 우편 여론조사에서 올해 여름 참의원 선거에서 어느 정당에 비례대표 선출을 위한 표를 던질 것인지를 묻자 46%가 집권 자민당을 선택했다. 이어 민주당(조사 당시 기준, 현 민진당) 18%, 오사카유신회 5%, 연립여당인 공명당 4%, 유신당(현 민진당) 2%, 공산당 2% 등의 순이었다. 아베 내각에 대한 지지율은 38%였고 지지하지 않는다는 의견은 43%였다. 18·19세를 상대로 한 이번 조사에서 안보법에 대한 반대 의견은 50%로 찬성(41%)을 웃돌았고, 군대 보유 및 전쟁을 금지한 헌법9조를 바꾸지 않는 편이 좋다는 의견이 74%를 기록하는 등 응답자들은 아베 정권의 노선에 비판적인 경향을 보였다. 조사 결과에 비춰보면 10대 유권자는 아베 정권을 비판하면서도 선거에서는 표를 주는 것이 현실적이라고 여기는 것으로 추정된다.

04월 13일

• 재일 민단 "헤이트 스피치 규제 여당 법안, 실효성 의문" 비판 (교도통신 04. 13)

- 인종과 민족에 대한 차별을 부추기는 헤이트 스피치를 억제하기 위해 자민, 공명 양당이 4월 8일 참의원에 제출한 법안에 대해 재일본대한민국민단이 13일 "헤이트 스피치가 위법이라는 명확한 규정이 없어 실효성을 가질 수 있을지 의문"이라는 결의문을 발표했다. 이는 도쿄도에서 열린 전국 간부 약 130명이 모인 회의에서 채택됐다. "존엄을 훼손당한 당사자들 입장에서 실망감을 금할 수 없다. 인터넷상의 대책도 언급하지 않았다"고 비판하고 실효성 있는 법안을 요구했다. 여당안은 헌법에

서 보장된 '표현의 자유'를 고려해 벌칙을 설정하지 않고 있다. 헤이트 스피치를 둘러싸고는 구 민주당 등 야당도 2015년 5월 "인종 등을 이유로 한 부당한 행위"를 금지하는 법안을 참의원에 제출해 계속 심의가 되고 있지만 여당안과 같이 벌칙 규정은 설정하지 않고 있다.

11차(4월 말~5월 말)

김민석

올 여름 치러지는 참의원 선거를 앞두고 일본 내부에서는 본격적인 선거 준비가 한창이다. 정당별 입후보 예상자수(선거구. 비례대표)는 자민당이 47명. 23명, 민진당이 33명. 23명, 공명당이 7명. 6명, 공산당이 22명. 31명, 오사카유신회가 6명. 16명, 사민당이 4명. 4명이다(교도통신 2016. 04. 29). 구마모토 지진 당시 보여준 아베 신조 정권의 위기대처 능력이 긍정적으로 평가를 받고 있고, 5월 26~27일 이세시마(伊勢志摩)에서 열리는 주요 7개국(G7) 정상회의와 버락 오바마 미국 대통령의 히로시마(廣島) 방문으로 인해 국내외적으로 자민당에게 유리한 국면이 전개되고 있다(한국일보 2016. 05. 16).

제1야당인 민진당은 여름 참의원 선거에서 젊은 층과 여성의 표심을 사로잡기 위한 공약을 준비하고 있다. 국정 선거 등에 입후보할 수 있는 피선거권 연령을 인하하는 방향으로 조율에 들어갔고, 여성 국회의원 증가를 위해 중의원 선거에서 각 당이 남녀별 명부를 작성해 당선시키는 새로운 시스템의 창설도 주요 정책으로 내세울 계획이다(교도통신 2016. 05. 08). 요시다 다다토모 일본 사민당 당수는 참의원 선거에서 민진당에 합류할 가능성을 거론하기도 했다(교도통신 2016. 05. 12; 연합뉴스 2016. 05. 12 재인용). 한편, 3월 말 발효된 집단 자위권을 용인한 안보법에 반대해온 고바야시 세쓰(小林節) 게이오대(慶應大) 명예교수가 아베 정권에 대항한다는 기치를 내걸고 정치단체를 결성해 7월 참의원 선거에 후보를 내기로 했다(NHK 2016. 05. 09; 연합뉴스 2016. 05. 09 재인용).

5월 1일 '근로자의 날'에 젠로렌(全勞連, 전국노동조합총연합)의 오다가와 요시카즈(小田川義和) 의장은 "아베노믹스의 전환 없이는 우리들의 노동조건도 삶도 나아지지 않는다. 야당과 시민이 함께 투쟁해 참의원 선거에서 아베정권을 퇴진시키자"고 호소했다(교도통신 2016. 05. 01). 젠로쿄(全勞協, 전국노동조합연락협의회)의 나카오카 모토아키(中岡基明) 사무국장도 "노동법제 개악에 반대하고 고용파괴를 용서치 않겠다"며 연대 강화를 호소했다(교도통신 2016. 05. 01). 5월 3일 일본 '헌법기념일'에 호헌파는 "어린이를 지키기 위해서라도 개헌을 해서는 안 된다"고 주장한 반면 개헌파는 "일본의 안전보장을 위해서는 개헌이 필요하다"는 내용의 집회가 이루어졌다(교도통신 2016. 05. 03). 한편, NHK가 5월 6일부터 사흘간 전국 20세 이상 남녀 1036명을 상대로 실시한 전화 여론조사 결과에 따르면 아베내각을 지지하느냐는 질문에 '지지한다'는 응답이 전달 조사 당시에 비해 3% 포인트 증가한 45%로 나타났다(NHK 2016. 05. 09; 연합뉴스 2016. 05. 09 재인용).

일본 정당

05월 07일

• 일본 민진당, 피선거권도 "18세 이상" 공약 방침   (교도통신 05. 08)
– 민진당은 여름 참의원 선거 정권 공약에 국정 선거 등에 입후보할 수 있는 피선거권 연령인하를 골자로 삼을 방향으로 조율에 들어갔다. 투표가 가능한 선거권 연령에 맞춰 일률적으로 원칙 '18세 이상'으로 낮추는 안이 부상했다고 관계자가 7일 밝혔다. 여성 국회의원 증가를 위해 중의원 선거에서 각 당이 남녀별 명부를 작성해 당선시키는 새로운 시스템의 창설도 주요 정책으로 삼을 생각이다. '선진적인 움직임'을 과시해 젊은 층과 여성의 표를 노리기 위한 것이다. 공약은 5월 하순까지 최종적으로 결정할 방침이다. 피선거권에 대해서는 이번 참의원 선거부터 선거권 연령이 낮아져 18세 이상이면 투표할 수 있게 된 점을 고려했다. 현행 공선법 등에 따르면 선거에 입후보할 수 있는 연령은 중의원 의원과 도도부현 의원, 시구정촌 장, 시구정촌 의원이 '25세 이상', 참의원 의원과 도도부현 지사는 '30세 이상'으로 규정돼 있다. 여성 의원을 늘리는 새로운 제도를 둘러싸고는 소선거구와 비례 대표에 중복으로 입후보할 수 있는 중의원 선거 제도를 활용한다. 피선거권에 관해서는 자민당도 연령 인하를 검토한다는 공약을 반영할 계획이다.

05월 11일

• 일본 자민당 "포스트 아베" 물밑 경쟁 시작?   (연합뉴스 05. 12)
– 일본 자민당의 유력 정치인 2명이 같은 날 한 사람은 자파 소속 젊은 의원들의 연구모임을 결성하고 다른 한 사람은 파벌의 수장으로 첫 정치자금 모금 파티를 열어

'포스트 아베'를 겨냥한 물밑 경쟁이 시작됐다는 분석을 낳고 있다. 한 사람은 버락 오바마 미국 대통령의 히로시마 방문 확정으로 기세가 오른 기시다 후미오 외무상이고 다른 한 사람은 가장 유력한 당내 포스트 아베 후보의 한 명으로 꼽히는 이시바 시게루 지방창생담당상이다. 두 사람 모두 아베 신조 총리의 임기가 2년 넘게 남은 데다 50%를 넘나드는 높은 인기를 배경으로 일본 정계를 대통령처럼 군림하고 있는 아베의 기세에 눌려 눈에 띄는 행보는 자제하고 있지만 수면 아래서는 '포스트 아베'를 염두에 둔 행보를 시작한 형국이다. 기시다 외상은 11일 도쿄에서 소속 파벌인 기시다파의 젊은 의원들이 참석한 가운데 파벌의 역사를 공부하는 연구모임 창립 행사를 가졌다. 3년 반에 가까운 외상재임 기간은 주요 7개국(G7)의 현직 외교수장 중 최장수다. 작년 말 한국과 위안부합의를 끌어내고 존 케리 국무장관과 오바마 대통령 등 미국 정권 핵심들의 히로시마 방문을 성사시키는 등 성과도 두드러진다. 이시바 지방창생상은 작년 9월 자신의 이름을 딴 파벌을 출범시킨 후 첫 정치자금 모금 파티를 이날 열었다. 이시바파는 올 들어 한 달에 2번꼴로 정책연구회를 열고 있다. '이시바 정권' 출범 때 내놓을 정책의 청사진을 마련하는 작업의 일환이다. 포스트 아베를 향한 준비를 착착 진행하는 모습이다.

05월 12일

• 일본 사민당 당수, 참의원 선거서 제1야당 합류 가능성 거론

(교도통신 05. 12, 연합뉴스 05. 12 재인용)

- 요시다 다다토모 일본 사민당 당수는 올해 여름 예정된 참의원 선거에서 제1야당인 민진당에 합류할 가능성을 12일 거론했다. 교도통신에 따르면 그는 이날 열린 당 간부회의에서 "민진당과의 합류도 하나의 선택지로서 생각해야 하는 국면에 이른 것이 아니겠냐"고 언급했다. 그는 사민당이 단독으로 선거전에 나설 가능성과 비례 대표 선출에서 다른 야당과 공조하는 방안을 함께 거론했다. 사민당에는 현재 중의원 2명과 참의원 3명 등 국회의원 5명이 있다. 야당 내에서는 아베 정권에 대항하기 위해 후보 단일화를 모색하는 움직임이 있으며 민진당과 제2야당인 공산당 등이 공조를 논의하고 있다.

05월 18일

• 일본 집권당 군사대국 꿈꾸나…"연구비 17배로 증액 제안"

(도쿄신문 05. 18, 연합뉴스 05. 18 재인용)

- 일본 집권 자민당이 무기 연구와 관련한 정책 자금 조성을 대폭 증액하는 방안을 추진해 논란이 일고 있다. 18일 도쿄신문에 따르면 자민당은 대학, 공공 연구소, 민간기업 등이 군사기술로 응용 가능한 기초연구를 할 때, 방위성이 연구비를 지급하는 '안전보장기술연구추진제도' 투입 자금을 100억 엔(약 1천 84억 원) 규모로 증액하는 방안을 일본 정부에 요구하기로 전날 열린 국방부회 회의에서 의견을 모았다. 안전보장기술연구추진제도는 작년도에 조성금 3억 엔(약 32억 5천만 원) 규모로 시작됐으며 금년도에는 조성금이 6억 엔(약 65억 원)으로 늘었는데 이를 다시 약 17배로 증액하는 구상이다. 오쓰카 다쿠(大塚拓) 자민당 국방부회장은 "(방위분야의) 기술 혁신은 전례 없는 속도로 진전하고 있다. 지금 하지 않으면 일본의 안전을 잃게 될 수 있다"고 말했다. 이와 관련해 연구자단체 등에서는 "학술계가 전쟁에 이용된 전전(戰前, 1945년 패전 이전)으로 회귀하는 움직임"이라는 비판이 나오고 있다고 도쿄신문은 전했다.

일본 선거·의회

04월 29일

• 일본 참의원 선거, 293명 입후보 (교도통신 04. 29)

- 제24회 참의원 선거에 293명의 예비후보가 등록한 사실이 28일까지의 교도통신사 조사로 알려졌다. 2014년 중의원 선거 후 첫 대형 국정선거로, 아베의 정권 운영에 대한 심판을 하게 된다. 아베 수상은 중의원, 참의원 동일 선거도 검토해왔지만, 정권 내부에서는 구마모토 지진 대응을 위해 보류론이 거세지고 있다. 아베 수상은 자민당 후보가 승리한 24일 중의원 홋카이도 5구 보궐선거 결과를 근거로, 5월 말까지 그 여부를 최종 판단할 것으로 보인다. 참의원 정수는 242의석으로 절반의 121의석(선거구 73, 비례대표 48)이 개선된다. 입후보 예상자 293명은 3년 전 같은 시기에 비해 약 50명 적다. 참의원 선거 투표일은 현 시점에서 7월 10일이 유력하다. 정당 입후보 예상자수(선거구, 비례대표)는 자민당 47명, 23명 ▽민진당 33명, 23명 ▽공명당 7명, 6

명 ▽공산당 22명, 31명 ▽오사카유신회 6명, 16명 ▽사민당 4명, 4명 ▽생활당 0명, 1명 ▽일본의 마음을 소중히 여기는 당 2명, 5명 ▽신당개혁 0명, 1명이다.

05월 03일

- **일본 여야, 참의원 선거서 개헌 쟁점화 '공방' 예고**

(NHK 05. 03, 교도통신 05. 03 재인용)

– 일본 여야 정당의 간부는 3일 방송된 NHK 프로그램에서 여름에 예정된 참의원 선거의 초점인 헌법 개정 여부에 대해 논의했다. 연립 여당인 자민당과 공명당은 헌법 개정 쟁점화에 신중한 자세를 표명했다. 민진당은 아베 신조 수상에 의한 개헌에 반대했다. 공산당과 사민당은 헌법을 개정해서는 안 된다는 입장을 명확히 나타냈다. 고무라 마사히코 자민당 부총재는 참의원 선거에서 개헌을 제시할 것이라고 밝히면서 "(개헌은) 선거의 쟁점이 될 것이나 주요 쟁점이 될지 여부는 국민이 결정할 것"이라고 지적했다. 기타가와 가즈오 공명당 부대표는 "구체적인 대립 축이 없기 때문에 쟁점이 되지 않을 것"이라고 명언하고, "우선 정당 간 논의와 국민의 이해를 심화시키는 것이 중요하다"고 밝혔다. 이에 대해 오카다 가쓰야 민진당 대표는 "아베 수상은 헌법 9조 개정과 집단적 자위권 행사의 무제한 용인에 주안을 두고 있다"고 강조하면서, 개헌 세력에 의한 참의원 의석의 2. 3 확보를 저지할 구상을 제시했다. 공산당과 사민당은 개헌 반대를 강하게 주장하기 위해 참의원 선거에서 민진당, 생활당과의 연대를 도모할 것이라고 호소했다.

05월 09일

- **"아베정권 퇴장"…일본 안보법 반대학자, 새 정치단체 결성추진**

(NHK 05. 09, 연합뉴스 05. 09 재인용)

– 집단 자위권을 용인한 안보법(3월 말 발효)에 반대해온 일본 학자가 정치단체를 결성해 7월 참의원 선거에 후보를 내기로 했다. 헌법학자인 고바야시 세쓰 게이오대 명예교수는 9일 도쿄 도내에서 기자회견을 열어 아베 정권에 대항한다는 기치를 내걸고 조만간 새 정치단체 '국민 분노의 소리'를 설립할 것이라고 밝혔다. 고바야시 교수는 설립 후 인터넷 등을 통해 출마 희망자를 공모해 자신을 포함한 10명 정도를

7월 참의원 선거 비례대표 후보로 내세울 계획이라고 덧붙였다. 회견에서 고바야시 교수는 "아베 정권은 세계 어디서든 전쟁을 할 수 있는 법률을 만드는 등 국민의 자유와 풍요, 평화의 추진에 역행하는 정책을 확신을 갖고 추진 중이다"며 "하루빨리 퇴장하지 않으면 안 된다"고 목소리를 높였다고 NHK가 보도했다. 고바야시는 이어 참의원 선거 대응에 대해 "중요한 것은 자민·공명 양당과 오사카유신회를 포함한 세력이 '3분의 2' 의석을 갖게 해선 안 된다는 것"이라며 "헌법 '개악' 저지를 기본 정책으로 제시할 것"이라고 밝혔다. 그는 지난 1월 다른 지식인들과 함께 '입헌 정치를 되찾는 국민운동 위원회'를 설립한 뒤 '안보법 폐지'를 호소하는 야당들 사이의 선거 협력을 호소해왔다. 그러나 야당들 간의 공조 움직임이 기대에 못 미치자 고바야시 등은 학자, 경제계 및 문화계 인사 등 비(非)정치인들을 중심으로 하는 독자 정치단체를 만드는 쪽으로 방향을 틀었다.

05월 13일

• **일본 참의원, '헤이트 스피치 법안' 통과…이번 국회서 '성립' 전망** (교도통신 05. 13)
— 특정한 인종과 민족에 대한 차별을 선동하는 '헤이트 스피치'의 근절을 위한 대책 법안이 13일, 참의원 본회의에서 가결됐다. 중의원으로 송부돼 이번 국회 회기 중 성립될 전망이다. 법안은 '차별 의식을 조장할 목적으로, 적법하게 일본에 거주하는 일본 이외의 출신자와 자손을 현저히 멸시하는 것' 등을 차별적 언동으로 정의하고 이러한 행위는 "허용할 수 없다"고 명기했으나, 표현의 자유를 침해하는 우려가 있다며 금지 규정과 벌칙은 포함되지 않았다. 정부와 지방자치단체에는 상담 체제의 정비와 교육, 계발 활동의 충실을 요구했다. 구 민주당, 사민당 등이 2015년 5월, 법안을 공동 제출했다. 여당은 2016년 4월에 법안을 제출했다. 야당은 "금지 규정이 없으면 법률 실효성이 없다"고 주장했으나 여당의 반대로 보류됐다. 12일 참의원 법무위원회에서 야당안은 부결됐으며, 여당안이 만장일치로 가결됐다.

05월 22일

• **일본 정기국회 6월 1일 폐회…신규 법안 성립 역대 최저** (교도통신 05. 22)
— 통상국회(정기국회)는 6월 1일에 회기 말을 맞이한다. 환태평양경제동반자협정

(TPP) 관련 법안 등 대립 법안은 다음 국회로 미뤄져 이번 국회의 정부 신규제출 법안의 성립은 40개 항목으로 최저 수준이 될 전망이다. 정부가 이번 국회에 신규 제출한 법안 56개 항목에서 지금까지 성립한 것은 38개 항목이고, 향후 여성의 재혼금지 기간을 100일로 단축하는 민법개정안, 악질상법 대책을 강화하는 특정 상거래법 개정안과 소비자 계약법 개정안 성립을 포함해 5개 항목 정도는 추가될 것으로 전망된다. 통상국회의 신규법안 성립 수는 2015년까지의 10년간 평균이 66.6건이다. 올해는 2010년의 35개 항목 다음으로 낮은 수준이 될 것으로 보인다.

일본 여론

05월 01일

• 일본 '근로자의 날' 행사 개최…"아베 정권 퇴진시키자"　　　　　(교도통신 05. 01)
－ 젠로렌 계열의 '제87회 중앙 메이데이' 대회가 1일, 도쿄도 시부야구 요요기공원에서 열렸다. 젠로렌의 오다가와 요시카즈 의장은 "아베노믹스의 전환 없이는 우리들의 노동조건도 삶도 나아지지 않는다. 야당과 시민이 함께 투쟁해 참의원 선거에서 아베정권을 퇴진시키자"고 호소했다. 주최자에 따르면, 3만 명이 참가했다고 밝혔다. 오다가와 의장은 "근로자가 힘이 나지 않으면 국내 경제는 성장하지 않는다. 기업이 세계에서 가장 활동하기 편한 나라로 가는 길을 거부하고 한 사람 한 사람이 활기차게 일하며 살아갈 수 있는 사회로 전환시키자"고 주장했다. 같은 시각, 도쿄 히비야에서 젠로쿄의 나카오카 모토아키 사무국장도 요요기 공원에서 등단, "노동법제 개악에 반대하고 고용파괴를 용서치 않겠다"며 연대 강화를 호소했다.

05월 03일

• 일본 헌법기념일…시민들, "전쟁 안 돼" vs "안전 보장 필요"　　　(교도통신 05. 03)
－ "어린이를 지키기 위해서라도 개헌을 해서는 안 된다"고 호헌파가 호소했다. 개헌파의 집회에서는 "일본의 안전보장을 위해서는 개헌이 필요하다"는 목소리가 높아졌다. 헌법기념일을 맞은 3일, 일본 전국 각지에서 개최된 집회의 참가자들로부터 다양한 의견이 들렸다. 고베시에서 개최된 호헌파 집회에 참가한 효고현 도요오

카시의 회사원 오쿠다 마사토(田勝登) 씨는 "안전보장 관련 법안이 성립된 후, 주위에서는 전쟁에 대해 불안해하는 목소리가 많다. 어린이 세대를 지키기 위해서도 개헌을 해서는 안 된다"고 밝혔다. 도쿄도 고토구에서 개최된 호헌파 집회에 가족들과 함께 참가한 도쿄도 세타가야구의 회사원 오카다 고이치로(岡田耕一) 씨는 재해와 타국에 의한 무력 공격 시 내각에 권한을 집중시키는 '긴급사태조항'에 대해 아베 신조 수상이 필요성을 호소한 것을 언급하며 "이 조항을 포함하기 위해 헌법 개정이 필요하다고 아베 정권이 주장하고 있으나 불안하다. 재해와 헌법은 분리해 논의를 진행해야 할 것"이라고 밝히며 경계감을 나타냈다. 한편, 호헌파는 안전보장 문제에 대한 관심의 고조와 재해에 대한 불안을 배경으로 헌법 개정과 긴급사태조항 제정을 요구했다.

05월 09일
• NHK "아베 지지도 상승…경제정책은 찬반 팽팽"

(NHK 05. 09, 연합뉴스 05. 09 재인용)

– 아베 신조 일본 총리 내각의 지지율이 다소 높아졌고 올여름 실시되는 참의원 선거 때 중의원 선거도 같이 실시하는 방안에는 찬성 의견이 우세한 것으로 나타났다. 9일 NHK가 6일부터 사흘간 전국 20세 이상 남녀 1천36명을 상대로 실시한 전화 여론조사 결과에 따르면 아베 내각을 지지하느냐는 질문에 '지지한다'는 응답이 전달 조사 당시에 비해 3%포인트 증가한 45%로 나타났다. 반면 '지지하지 않는다'는 응답은 3%포인트 하락한 36%로 집계됐다. 무제한 금융완화와 마이너스 금리 등을 중심으로 한 아베 내각의 경제정책에 대해서는 '크게 평가한다'는 응답이 5%, '어느 정도 평가한다'는 44%로 긍정적인 답변이 49%로 나타났다. 반면 '별로 평가하지 않는다' 35%, '전혀 평가하지 않는다' 11% 등 부정적 의견도 46%에 달했다. 또 중의원을 해산한 뒤 올여름 참의원 선거 때 중·참의원 선거를 같이하는 것에 대해서는 '찬성'이 32%로 '반대'(23%)보다 많았다. '어느 쪽도 아니다'는 38%였다. 구마모토지진에 대한 정부 대응에 대해서는 '크게 평가한다'가 10%, '어느 정도 평가한다'가 51%로 61%가 긍정적인 반응이었다. '별로 평가하지 않는다'는 26%, '전혀 평가하지 않는다'는 6%였다.

12차(5월 말~6월 말)

김민석

부적절한 정치자금 사용, 공(公)과 사(私) 혼동 등으로 사퇴 압박에 몰렸던 마스조에 요이치(舛添要一) 일본 도쿄도지사가 결국 불명예 퇴진했다(NHK·교도통신 2016. 06. 15; 연합뉴스 2016. 06. 15 재인용). 도쿄 도의회 의원들은 마스조에 지사가 '21일부로 물러나겠다'며 제출한 사직원에 대해 도의회 본회의에서 만장일치로 동의했다. 마스조에를 지지했던 자민당도 이번 사건에서 마스조에를 두둔하는 인상을 줄 경우 7월 10일 치러지는 참의원 선거에서 큰 악재로 작용할 수 있다는 점을 고려해, 이번 문제를 빠른 시일 내에 정리해야 한다는 견해가 대세를 이루었다(교도통신 2016. 06. 14; 연합뉴스 2016. 06. 14 재인용). 도쿄도 선거관리위원회는 차기 도쿄도지사 선거 일정을 7월 14일 공고하고 31일 투·개표할 것으로 결정했다(교도통신 2016. 06. 17).

아베 신조 일본 수상은 5월 29일 소비세율을 10%로 인상하는 시점을 내년 4월에서 2년 반 재차 연기한다는 방침과 함께 참의원 선거와 중의원 선거를 동시에 치르지 않기로 했다(교도통신 2016. 05. 30). 그리고 여야 각 당은 18세 선거권이 국정 선거에 처음으로 적용되는 참의원 선거를 앞두고 젊은 세대를 의식해 만화나 독자적인 캐릭터를 이용한 전단지나 책자를 만들어 정책을 홍보하는 데 총력을 기울이고 있다(교도통신 2016. 06. 07). 여·야당의 선거공약 중 주요쟁점인 경제정책에 대해서 자민당은 "아베노믹스 엔진을 한 번 더 강력하게 돌린다"고 강조했으며, 이에 대해 민진당은 "생활의 희망이 잘 보이지 않는다"고 비판하며 아베노믹스의 효과를 부정했다(교도통신 2016. 06. 20).

요미우리신문이 17~19일 실시한 전국 여론조사 결과에 의하면 아베 내각 지지율은 직전의 조사(6월 3~4일) 결과(53%)에 비해 4%포인트 하락한 49%로 집계됐다(요미우리 2016. 06. 19; 연합뉴스 2016. 06. 20 재인용). 이처럼 아베 정권의 지지세가 주춤한 데에는 마스조에 요이치 도쿄도지사가 낙마하게 된 일과 영국의 유럽연합 탈퇴 우려 속에 최근 빠르게 진행된 엔고·주가하락 흐름 등이 영향을 준 것으로 보인다(요미우리 2016. 06. 19; 연합뉴스 2016. 06. 20 재인용). 한편 참의원 선거의 젊은 유권자들이 야당보다는 여당을 지지하는 것으로 조사됐다(교도통신 2016. 06. 06; 연합뉴스 2016. 06. 07 재인용). 교도통신이 실시한 인터넷 의식 조사 결과에 따르면 응답자의 30.4%가 집권 자민당을 지지한다고 답했고 제1야당인 민진당을 지지한다는 응답은 4.0%에 그쳤다(교도통신 2016. 06. 06; 연합뉴스 2016. 06. 07 재인용).

일본 정당

05월 31일

• **일본 3개 야당, 참의원 선거 비례대표 '통일명부안' 부상** (교도통신 06. 01)

− 민진당, 사민당, 생활당의 3개 야당이 참의원 선거 비례대표의 '통일명부'를 작성하는 안이 부상했다. 3당이 정치단체를 설립해 통일명부를 제출한다는 구상이다. 중·참의원 동시 선거가 보류되면서 유권자의 혼란이 적을 것으로 판단해서 통일명부에 부정적이었던 민진당이 유연한 자세를 보이기 시작했다. 하지만 각 당 사이의 견해차가 여전해 조율은 난항을 겪고 있다. 통일명부는 야당표가 분산돼 사표(死票)가 되는 것을 막는 이점이 있다. 이번 참의원 선거의 비례대표 통일명부안은 오자와 공동대표가 2015년 가을에 '올리브 나무 구상'으로 제창한 것이 시초다.

06월 04일

• **선거 앞둔 아베 연일 지진피해지 방문…표심 공략** (연합뉴스 06.04)

− 일본의 참의원 선거를 한 달 남짓 앞두고 아베 신조 총리가 연일 지진 피해 지역을 방문해 '민생 우선' 메시지를 던지고 있다. 아베 총리는 4일 일본 오이타(大分)현과 구마모토현을 방문했다. 이들 지역은 올해 4월 중순 이후 이어진 연쇄 지진으로 다수의 사상자가 발생하고 많은 주민이 주택 파손으로 피난 생활을 하는 등 어려움을 겪고 있다. 그는 관광업자들과 만나 "연쇄 지진 후에 관광객이 예전 수준으로 돌아오지 않는다"는 고충을 경청했다. 그는 이후 구마모토현의 피난소를 방문해 여전히 집으로 돌아가지 못하고 있는 주민을 만나 격려했으며 현지 제조업체 공장을 시찰하고 가설주택 건설 현장을 살폈다. 6월 1일 정기국회 회기가 종료하고 아베 총리가 소비세 인상 보류 구상을 밝혀 일본 정치권이 선거 정국에 돌입한 직후 아베 총리가 연

일 지진피해지를 방문한 것은 정권 차원에서 민생을 최우선으로 삼는다는 이미지를 부각하기 위한 것으로 보인다.

06월 15일

• "부적절한 정치자금" 논란 마스조에 일본 도쿄도지사 결국 사임

(NHK · 교도통신 06. 15, 연합뉴스 06. 15 재인용)

– 부적절한 정치자금 사용, 공과 사 혼동 등으로 사퇴 압박에 몰려온 마스조에 요이치 일본 도쿄 도지사가 결국 불명예 퇴진했다. NHK와 교도통신에 따르면, 도쿄 도의회는 15일 저녁 열린 본회의에서 마스조에 지사가 "21일부로 물러나겠다"며 제출한 사직원에 대해 만장일치로 동의했다. 마스조에 지사는 이날 도의회 본회의장에서 읽어 내려간 사직의 변을 통해 "가장 걱정한 것은 올림픽(2020년 도쿄 개최)에 미칠 영향이었다"고 밝힌 뒤 "그러나 도정(都政)의 정체 상황을 더 길어지게 하는 것은 견디기 어려웠기에 내가 빠지는 것이 최우선이라고 생각했다"고 말했다. 마스조에 지사는 고액의 해외출장 경비, 관용차를 이용한 별장행, 정치자금의 사적 유용 등의 문제가 제기되며 사퇴 압박을 받아왔다. 마스조에 지사의 사퇴는 2014년 2월 취임 이후 2년 4개월만이다. 그의 전임자인 이노세 나오키(猪瀬直樹) 전 도쿄지사는 일본 최대 의료법인인 도쿠슈카이(德洲會)그룹 측으로부터 도지사 선거 직전 5천만 엔(약 5억 5천 509만 원)을 부정하게 받았다는 의혹에 사퇴했다. 이에 따라 일본 수도인 도쿄는 수장이 연달아 돈 문제로 사퇴하는 불명예를 안게 됐다.

06월 20일

• 일본 여당, "아베노믹스 가속"… 야당, "헌법 9조 개정 저지" (교도통신 06. 20)

– 여야 9개당의 참의원 선거 공약이 모두 발표됐다. 주요 쟁점인 경제 정책을 비교하면 자민당은 고용 확대를 가져다줬다며 아베노믹스의 '가속'을 주장했으며, 주요 야당인 공산당은 '파탄'이 났다며 정면 대립했다. 경제정책에 관해 자민당은 "취업자 수는 110만 명 증가", "유효 구인배율은 24년 만에 고수준"이라며 숫자를 열거하고, "GDP 600조 엔(약 6,647조 원) 실현"을 앞세우며 "아베노믹스의 엔진을 한 번 더 강력하게 돌린다"고 강조했다. 한편, 민진당은 실질임금 저하와 비정규고용 증가를 이유

제4부.. 일본의 동향 및 쟁점 **435**

로 "생활의 희망이 잘 보이지 않는다"고 비판하며 아베노믹스의 효과를 부정했으며, 소득·자산 재분배와 경제 성장을 양립시키는 경제 정책으로의 전환을 주장했다. 헌법 개정에 관해서 자민당은 공약의 마지막에 "국민의 합의 형성을 위해 노력하며 개헌을 목표한다"고 명기하는 데 그쳤다. 민진, 공산, 사민, 생활의 4개당은 "아베 정권이 헌법 9조를 개정해 제약 없는 집단적자위권 행사의 길을 트려 하고 있다"면서 대결 자세를 명확하게 했다.

일본 선거·의회

05월 29일

• 아베 수상, 참의원 단독선거 의향 굳혀···소비증세 '2년 반' 연기 견지

(교도통신 05. 30)

– 아베 신조 일본 수상은 29일 소비세율을 10%로 인상하는 시점을 내년 4월에서 2년 반 재차 연기한다는 방침에 따라, 아소 다로 부총리 겸 재무대신 등이 여름 참의원 선거에 맞춰 중의원 선거도 동시에 치르자는 요구에 응하지 않고 보류할 의향을 굳혔다. 2년 반의 연기 기간도 견지할 것이라고 관계자가 밝혔다. 수상은 주변에 "참의원 단독 선거라도 정중히 설명하면 이해는 얻을 수 있다"라며 이유를 말했다.

05월 31일

• 아베 내각 불신임안 부결···야당, 수상 퇴진 요구   (교도통신 05. 31)

– 중의원은 5월 31일 본회의에서 민진당, 공산당, 사민당, 생활당의 4개 야당이 공동제출한 아베 내각 불신임 결의안을 채결했다. 채결은 자민당, 공명당과 오사카유신회 등의 반대 다수로 부결됐다. 채결에 앞서 오카다 가쓰야 민진당 대표는 불신임안의 취지 설명에서 "아베노믹스의 실패를 솔직히 인정하고 즉시 퇴진해야 한다"고 강조했다. 채결은 반대 345표, 찬성 124표였다. 취지 설명에서 오카다 대표는 "아베 신조 수상은 중대한 경제 실정으로 소비세율을 인상할 수 있는 상황을 만들지 못했다"고 지적했고, 여당이 성립을 강행한 안전보장 관련법에 대해 언급하며 "헌법 위반이 명백하다. 헌법의 평화주의를 버리고 무제한 집단적 자위권 행사에 길을 열 것"

이라고 비난했다. 이에 마쓰모토 준(松本純) 의원은 "아베노믹스는 큰 결실을 맺었다. 고용과 소득 환경은 순조롭게 개선을 계속하고 있다"고 주장했고, 불신임안에 대해 "당리당략, 퍼포먼스 정치"라고 말했다.

06월 03일

• 아베, 개헌 선거쟁점화 피할 듯…공약에 원론적 언급만

(일본 언론 06. 03, 연합뉴스 06. 03 재인용)

– 경제를 내세워 선거에서 승리한 뒤 논쟁적인 보수 현안을 힘으로 밀어붙이는 '아베 정치'가 7월 일본 참의원 선거에서 반복될지 주목된다. 3일 일본 언론에 의하면, 아베 신조 일본 총리가 총재로 있는 집권 자민당이 이날 발표한 참의원 선거 공약은 개헌에 대해 원론적 언급에 그쳤다. 자민당은 공약의 개헌 관련 항목에서 "개헌을 목표로 할 것"이라는 문구를 담았다. 그러나 평화헌법의 핵심 조문인 9조 등 구체적으로 개정하려는 항목은 언급하지 않았다. 그러면서 "현행 헌법의 국민주권, 기본적 인권의 존중, 평화주의 등 3가지 기본 원칙은 견지할 것", "중·참 양원의 헌법심사회에서 논의를 진행할 것", "각 당과의 협력을 도모하는 동시에 국민 합의 형성을 위해 노력할 것" 등 원론적인 언급만을 나열했다. 그것도 공약의 마지막 자리에 개헌 관련 내용을 배치했다. 대신 아베노믹스와 장밋빛 경제 공약을 전면에 내세웠다. 아베 총리는 2012년 말 집권 이후 두 차례 국정 선거에서 잇달아 우익 아젠다는 가급적 숨긴 채 경제 공약 중심으로 선거를 치러 대승을 거둔 뒤 우익 아젠다를 힘으로 밀어붙이는 패턴을 보였다.

06월 07일

• 일본 여야, 만화·캐릭터로 "18세 표심 잡기" 총력 　　　　(교도통신 06. 07)

– 일본 여야 각 당은 18세 선거권이 국정 선거에 처음으로 적용되는 참의원 선거를 앞두고 만화나 독자적인 캐릭터를 이용한 전단지나 책자를 만들어 정책을 홍보하는 데 총력을 기울이고 있다. 젊은 세대를 의식해 정치가 친숙해지도록 함과 동시에 정당의 이미지를 쇄신시키고 지지층을 확대하겠다는 의도도 있다. 자민당은 젊은 국회의원을 중심으로 18세 선거권 홍보 전략을 논의한 결과 고등학생과 대학생이 자

주 접하는 만화를 선택했다. 인기 소녀만화 제목을 연상시키는 "국가에 우리의 목소리를!"이란 제목의 책자와 포스트를 만들었다. 공명당은 독자적인 유루카캬라(ゆるキャラ, 느슨한 캐릭터) '고메스케(コメ助)'를 이용한 게임 어플을 만들었다. 모험을 하면서 정당의 정책을 알 수 있는 내용이다. 민진당과 오사카 유신회, 사민당 등은 현 시점에서 만화나 유루캬라를 이용할 예정은 없다고 한다.

06월 12일

• "투표율 높여라"…일본 지자체 이동투표차 첫 운영

(니혼게이자이신문 06. 12, 연합뉴스 06. 12 재인용)

– 7월 10일 시행되는 일본 참의원 선거 투표 과정에서 투표함을 차량에 싣고 유권자를 찾아다니는 '이동투표차'가 처음으로 등장하게 된다고 니혼게이자이신문이 12일 전했다. 이동투표차를 도입하는 곳은 시마네(島根)현 하마다(浜田)시로, 투표일에 앞서 진행하는 사전투표에 투입할 예정이다. 하마다시는 인구가 적은 농촌 지역이어서 투표소 통폐합으로 주민들의 투표소 접근이 어려워짐에 따라 투표율을 높이려는 방안으로 마련한 것이다. 실제 이 지역에는 유권자가 20명밖에 되지 않은 투표소가 여러 곳 있어, 이번 참의원 선거에서는 종전 78곳이었던 투표소가 70개로 줄어들게 됐다. 이에 따라 시 측은 오는 22일 투표일 공시 다음날부터 투표일 전까지로 정해진 사전투표 기간 이동투표차를 운영하기로 했다.

06월 19일

• 일본 야(野) 스타 여성정치인 렌호 도쿄지사 불출마

(NHK 06. 19, 연합뉴스 06. 19 재인용)

– 일본의 제1야당인 민진당의 스타 여성 정치인인 렌호 대표 대행이 다음 달 31일 치러지는 도쿄도지사 선거에 출마하지 않을 방침이라고 NHK 등 현지 언론이 19일 전했다. 그동안 야권에서는 대중적 인지도가 높은 렌호 대행이 부적절 정치자금 파문으로 오는 21일 사퇴하는 마스조에 요이치 도쿄도지사 후임 선거에 출마해야 한다는 요구가 제기돼왔었다. 렌호 대행은 전날 도쿄도내에서 참의원 선거 사무실 개소식 자리에서 "다음 세대에 좋은 일본을 넘겨주고 싶다. 이는 중앙정치에서만 할

수 있다는 것이 나의 뜻이다"라고 말해 7월 10일 열리는 참의원 선거에 전념하겠다는 뜻을 분명히 했다. 그러면서 그는 "그때그때 정치 상황에 따라 여러 역할을 요구받는다는 것도 알고 있지만, 나는 내 뜻에 솔직하고 싶다"고 덧붙였다.

06월 22일

• 일본 참의원 선거전 공식 개시…여야 개헌발의선 확보 · 저지 격돌

(교도통신 06. 22, 연합뉴스 06. 22 재인용)

– 아베 신조 일본 정권의 안보관련법 강행처리, 개헌 추진, 아베노믹스로 대표되는 경제정책에 대한 국민의 판단을 묻는 7·10 참의원 선거전이 22일 공식 시작됐다. 자민당과 민진당 등 여야는 이날 참의원 선거 공시를 시작으로 투개표 전날인 다음 달 9일까지 18일간 전국을 돌며 치열한 유세전에 들어갔다. 이번 선거에서는 참의원 242명 가운데 절반인 121명을 선출한다. 참의원 임기는 6년이며 3년마다 절반씩 선거를 한다. 교도통신 등 현지 언론은 약 390명가량이 후보등록을 할 것으로 전망했다. 자민당 총재인 아베 총리는 자민당과 공명당 등 연립여당이 121명 가운데 과반인 61명 이상의 의석 확보를 목표로 하고 있다. 이들 정당은 이번 선거 대상이 아닌 121석 가운데 84석을 확보한 만큼 이번 선거에서 78석만 얻어도 합계 162석으로 개헌안 발의 요건인 3분의 2 기준 의석을 갖게 된다. 반면 제1야당인 민진당과 공산당, 사민당, 생활당 등 야 4당은 여권이 헌법 개정안 발의가 가능한 참의원 총 의석의 3분의 2 이상 확보를 저지하는 것을 목표로 하고 있다. 야 4당은 개헌 발의선 저지, 안보관련법 폐지, 경제정책 전환 등을 내걸고 당선자가 1명인 소선거구 32곳에서 후보 단일화를 하는 등 공조를 강화하고 있다.

06월 22일

• 일본 참의원 선거 389명 입후보 확정…경쟁률 3.21:1   (교도통신 06. 22)

– 제24회 참의원 선거에서 선거구 225명, 비례대표 164명 총 389명의 입후보가 확정됐다. 지난 2013년 참의원 선거 때는 총 433명이었지만 이번에는 44명이 줄어 개선(改選) 의석 121에 대한 경쟁률은 약 3.21 : 1이다. 정당별로는 자민당이 선거구 48명, 비례 25명 총 73명으로 가장 많다. 자민당 이외에 선거구와 비례를 합해 후보자

가 많은 정당 순은 공산당 56명, 민진당 55명, 오사카유신회 28명, 공명당 24명, '일본의 마음을 소중히 여기는 당' 15명, 사민당 11명, 신당개혁 10명, 생활당 5명, 각 파 74명, 무소속 38명이다.

일본 여론

06월 06일

• "일본 18 · 19세 유권자도 야당보다 집권 자민당 지지가 많아"

(교도통신 06. 06, 연합뉴스 06. 07 재인용)

– 7월 10일 예정된 일본 참의원 선거에서 투표 연령이 만 18세로 기존(만 20세)보다 낮춰진 가운데 젊은 유권자 역시 야당보다는 여당을 지지하는 것으로 조사됐다. 교도통신이 바뀐 선거법에 따라 새로 유권자에 편입된 만18~19세를 상대로 6월 2~6일 실시한 인터넷 의식 조사 결과에 따르면 응답자의 30.4%가 집권 자민당을 지지한다고 답했고 제1야당인 민진당을 지지한다는 응답은 4.0%에 그쳤다. 여타 야당의 지지율은 오사카 유신회 2.5%, 공산당 1.9%, 사민당 0.5% 등으로 이에 크게 못 미쳤다. 다만 지지 정당이 없다는 응답이 56.3%로 매우 높았다.

06월 19일

• 선거 앞두고 아베정권 지지세 주춤…도쿄지사 · 엔고 영향인 듯

(요미우리 06. 19, 연합뉴스 06. 20 재인용)

– 아베 신조 일본 총리의 개헌 가도에 분수령이 될 7월 10일 참의원 선거를 앞두고 아베 내각과 집권 자민당에 대한 지지세가 주춤하고 있다. 요미우리신문이 17~19일 실시한 전국 여론조사 결과에 의하면 아베 내각 지지율은 직전의 조사(6월 3~4일) 결과(53%)에 비해 4% 포인트 하락한 49%로 집계됐다. 아베 내각을 지지하지 않는다는 응답자 비율은 35%에서 38%로 상승했다. 또 참의원 선거 비례대표 투표 정당을 물은 항목에서 자민당은 35%를 기록하며 2위인 제1야당 민진당(12%)을 큰 차이로 따돌렸지만 지난번 조사에 비해서는 7% 포인트 하락했다. 이처럼 아베 정권의 지지세가 주춤한 데에는 연립여당인 공명당과 함께 2014년 도쿄도 지사 선거에서

지지한 마스조에 요이치 지사가 공사혼동 등 문제로 낙마하게 된 일과 영국의 유럽 연합 탈퇴 우려 속에 최근 빠르게 진행된 엔고·주가하락 흐름 등이 영향을 준 것으로 보인다.

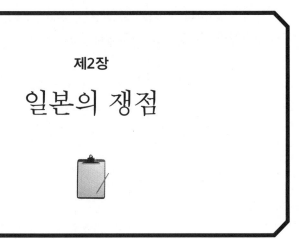

제2장

일본의 쟁점

'18세 선거권' 법안 가결, 아베 정권의 헌법 개정 시도인가?

이송은

　일본의 선거권 연령을 20세 이상에서 18세 이상으로 낮추는 공직선거법 개정 안이 6월 15일, 참의원 정치윤리·선거제도 특별위원회에서 만장일치로 가결됐 다(연합뉴스 2015. 06. 17). 이후 속전속결로 개정 법안이 공포되고, 바로 내년 여름 치러질 참의원 선거 때부터 적용될 예정이다. 일본의 선거 연령 변화는 1945년 '25세 이상'에서 '20세 이상'으로 낮춘 이후 70년 만이다(연합뉴스 2015. 06. 17). 내년 참의원 선거 때 투표권을 가질 18~19세 유권자는 240만 명에 달할 것이라 예측 하고 있다(연합뉴스 2015. 06. 28). 이는 전체 유권자의 2% 수준으로 일본 정부는 전 세계적으로 선거권 연령이 18세 이상인 나라가 90%를 넘는 만큼 국제 표준을 따라가는 것이다.

　개정된 법에 따라 18세 이상 미성년자의 선거운동 역시 가능해진다. 또 청소 년법이 적용되는 미성년자라 해도 중대 선거법을 위반할 경우 원칙적으로 성인 과 같은 형사처벌을 받는다. 이에 일본 정부는 젊은 층의 정치 참여 의식을 향상 시키기 위한 유권자 교육 등에 지원할 방침이다(아사히신문 2015. 07. 10).

선거권 연령의 변화는 실제 17~18세로 내년 투표의 새로운 유권자들의 설문 조사에서도 나타났다(교도통신 2015. 06. 28). 교도통신사의 설문조사에 따르면 내년 여름 실시되는 참의원 선거에 투표할 의향을 나타낸 사람이 총 65.7%에 달했다. 총무성에 따르면 직전 선거인 2013년 참의원 선거에서의 20세 투표율은 31.4%에 그친 것과 비교했을 때 과거에 비해 관심이 증가했다고 평가할 수 있었다. 또한 18세 이상에게 투표권이 부여됐다는 것에 '잘됐다'라는 응답은 약 68.0%를 기록했다.

이번 선거법 개정을 통해 유입된 새로운 유권자층이 향후 선거와 아베 신조 내각의 헌법 개정에 긍정적 역할을 할 수 있다. 헌법 개정을 위해서는 의회에서 3분의 2 이상 찬성에 의한 발의와 국민투표에서 과반수 찬성이 요구된다(요미우리신문 2015. 07. 02). 아베 정권은 개헌발의 요건을 '과반수'로 낮추고, 국민투표 행사연령도 18세로 낮춰 집권 내에 개헌을 이룬다는 계산이다.

한편 이번 선거권 연령의 변화는 일본의 민주주의 근간에서도 큰 변경이라 할 수 있다(요미우리신문 2015. 07. 02). 최근 저출산 고령화, 젊은 세대의 낮은 투표율과 노년 세대의 높은 투표율들을 봤을 때, 젊은 세대의 목소리를 어떻게 정치에 활용하는가 하는 과제에서의 대응 중 하나가 선거권 연령 인하라 볼 수 있다. 이러한 기대들과 달리 새로 유권자가 되는 것은 약 240만 명으로 전체 유권자의 2%에 불과해 현재 일본에 만연하는 정치적 무관심을 완화시킬 지에 대해서는 단언할 수는 없을 것이다(요미우리신문 2015. 07. 02).

참고문헌

연합뉴스 2015.06.17.
연합뉴스 2015.06.28.
교도통신 2015.06.28.
요미우리신문 2015.07.02.
아사히신문 2015.07.10.

지방 선거에서 보여준 자민당의 태도와 정당의 역할

이송은

8월 9일 사이타마 현지사 선거에서 민주당 연합이 지원한 현직의 우에다 키요시가 자민당 연합의 추천 후보를 따돌리고 4선에 성공했다(요미우리신문 2015. 08. 11). 지난해 오키나와, 사가 두 현지사 선거 등에서 이어진 패배가 올해 지방 선거에서도 이어진 셈이다. 뿐만 아니라 이와테 현지사 선거에서도 민주당, 유신당, 공산당, '생활의 당과, 야마모토 타로와 친구들'의 야당이 지원한 현직 지사인 닷소 다쿠야가 무투표로 3선을 달성했다(아사히신문 2015. 08. 24).

그동안 일본 지방선거에서 자민당은 압승을 거두며 명실상부하게 일본의 제1여당으로서의 입지를 굳히고 있었다. 하지만 이번 지방 선거에서는 조금 다른 모습을 보이고 있다. 이와테 현지사 선거에서는 본래 자민당과 공명당이 지원한 전 부흥상 히라노 다쓰오 참의원 의원과의 맞대결이 예상됐다. 하지만 히라노 의원은 고시 2주전에 돌연 입후보를 단념했다(요미우리신문 2015. 08. 20).

이 배경에는 지사 선거와 히라노 의원의 사임으로 연패한다면, 안보 관련 법안을 둘러싸고 지지율 하락세를 보이는 아베 정권에 커다란 타격이 될 수밖에 없다. 자민당의 입장에서는 지방선거에서 연이은 패배로 자신들의 입지를 낮출 바에는 선거에 나가지 않는 것이 옳다고 판단했을 가능성이 크다(아사히신문 2015. 08. 24).

그러나 선거는 단지 승패만을 결정하는 제도가 아니다. 선거는 정당 간의 갈등과, 집권 여당의 입지를 여론화하는 수단이 아닌 유권자의 가장 기본적인 정치참여 수단이다. 선거에서 이뤄진 논전이 지방행정에 끼치는 영향력 또한 무시할 수 없다. 하지만 최근 들어 일본 지방선거에서도 투표율 저조는 심각하다. 8월 9일 사이타마 현지사 선거의 투표율은 26.63%였다. 전후에 치러진 전국의 지사 선거 가운데 3번째로 낮은 투표율이다. 올봄 통일지방선거에서는 10개 도

현지사 선거의 평균 투표율은 47.14%로 전후 최저를 기록했다. 41개 도부현 의원 선거는 전체 선거구의 30% 이상이 무투표 당선이었다(아사히신문 2015. 08. 24).

이러한 일본의 선거 투표율 저조, 무투표 당선의 증가 등을 타파하기 위해 정부는 '2개구 합구'(참의원 '1표의 격차'시정을 위한 선거제도 개혁), 투표권 연령 인하, 아이들의 투표소 입장 허용 등을 다룬 공직 선거법 등을 개정하고 있는 실상이다. 하지만 이번 이와테 현지사 선거에서와 같은 자민당의 무책임한 태도와 자신들의 정치적 견해를 관철시키는 데만 급급한 정당들의 모습들의 근본적인 변화가 이루어지는 것이 가장 우선시되어야 할 것이다.

참고문헌

요미우리신문 2015.08.11.
요미우리신문 2015.08.20.
아사히신문 2015.08.24.

||||||||||||||||||||||||||||||||||||||||||||||||||||||||||||||||||||||||||||||||||||||||||||||

아베의 무투표 재선 연임과 민주주의

정하은

일본 아베 총리가 경선 없이 무투표 재선으로 자민당의 총재를 연임하게 되었다. 이로써 이미 총리 임기를 2년 8개월여 수행한 아베 총리는 자민당 총재 임기 종료 때까지 3년을 더 하면 2001년 04월부터 5년 5개월간 집권한 고이즈미 준이치로 전 총리를 넘어서는 장기 집권을 하게 된다(연합뉴스 2015. 09. 08).

아베의 적수가 아예 없었던 것은 아니다. 노다 세이코 전 자민당 총무회장은 출마할 의사를 밝혔으나 추천인 20명을 얻지 못해 결국 경쟁할 기회조차 갖지 못했다. 노다 전 총무회장은 9월 7일 오후까지도 추천인을 확보하기 위해 애쓴 것으로 알려졌다(경향신문 2015. 09. 08). 자민당의 원로이며 기시다파의 전임 회장인 고가 마코토(古賀誠) 전 자민당 간사장 등의 후원을 얻어내고, 오쓰지 히데히사(尾 秀久) 전 참의원 부의장 등으로부터 추천 약속을 받아냈지만 자민당 총재선거 입후보 등록 마감시한인 9월 8일 오전 8시 30분까지 후보 등록에 필요한 추천인 20명을 확보하지 못하면서 결국 한 발 물러설 수밖에 없게 되었다(경향신문 2015. 09. 08).

이에 대해 파벌문제와 관련해서 자민당이 민주주의 관점에서 벗어나고 있는 것이 아닌지 의문이 제기된다. 민주주의는 기본적으로 다양성을 전제로 한다. 하지만 현재 자민당 내에서는 파벌의 문제점과 함께 다양성을 잃어가고 있다. 현재 자민당 의원은 400명으로 자민당 내에는 7개의 파벌이 존재한다. 이번 재선에서 7개의 모든 파벌이 아베를 지지했다는 것은 사실상 독재정당으로 볼 수밖에 없다(닛케이신문 2015. 09. 02; 아시아투데이 2015. 09. 02 재인용). 또한 노다 전 총무회장이 어느 파벌에도 속하지 않았기 때문에 실패할 수밖에 없는 것이 아니냐는 의견도 나오고 있다. 또한 노다 전 총무회장이 추천인을 얻는 과정에서 아베 측근들이 방해공작을 펼친 것도 결코 민주적이라고 볼 수 없다. 아베를 지지하는 자민당 간부와 파벌 간부 등이 노다 전 총무회장의 추천인으로 나설 가능성이 큰 의원 10여명을 상대로 전화를 걸어 추천인으로 나서지 말 것을 설득한 것이 드러났는데 이는 결코 공정하다고 볼 수 없기 때문이다(연합뉴스 2015. 09. 10).

자민당은 파벌의 영향력이 큰 당이며 순기능도 있지만 예전부터 많은 역기능들이 존재했다. 특히 이번 사건은 파벌간의 이해관계에 따라 주요 요직이 결정되고 신진 정치인의 출현이 실패하게 된 것을 보여주며 이는 대표적인 정치 부패라고 할 수 있다(강수민 1999). 비록 절차상의 문제가 없었지만 그 내부는 단지 권력투쟁의 장이었을 뿐 결코 민주적이라고 할 수 없는 것이다.

참고문헌

연합뉴스 2015.09.08.
경향신문 2015.09.08.
닛케이신문 2015.09.02.

아시아투데이 2015.09.02.

연합뉴스 2015.09.10.

강수민. 1999. "일본의 정치개혁에 관한 연구." 이화여자대학교 석사학위논문.

IIIIIIIIIIIIIIIIIIIIIIIIIIIIIIIIIIIIIIIIIIIIIIIIIIIIIIIIIIIIIIIIIIIIIIIIIIIIIIIIIIIIIIIIIIIIIIIIIIIIII

아베의 내각 우경화 강화 현상에 대한 우려

정하은

일본 아베 총리 내각의 우경화 경향이 강화되고 있다. 아베 신조 일본 총리는 10월 7일 안전운행적인 면과 측근보강 두 측면으로 내각을 개각했다. 우선 그는 전체각료 19명중 10명을 새로 뽑고 9명을 유임시켰다. 이런 점은 내년 7월 참의원 선거 때까지 경제 중심의 안정적 국정운영을 하기 위해 주요 인사들을 바꾸지 않은 것으로 보인다(조선일보 2015. 10. 07). 유임된 9명은 아베노믹스·안보관련법 담당 각료와 아베 총리의 복심인 스가 요시히데 관방장관 등이다(조선일보 2015. 10. 07). 측근 보강측면에서 새로 들어온 10명은 전임자들보다 우익 성향·전력이 더 뚜렷했다(조선일보 2015. 10. 07).

하지만 아베의 우익성향이 점점 더 짙어지고 있는 것이 우려가 된다. 아베 내각의 전체 각료 20명 중 19명이 일본의 3대 우익 성향 의원 모임으로 꼽히는 '일본회의 국회의원 간담회', '신도(神道) 정치연맹 국회의원 간담회', '다 함께 야스쿠니 신사를 참배하는 국회의원 모임' 중 적어도 하나에 소속된 것으로 나타났다(조선일보 2015. 10. 14). 특히 아베 신조 총리의 최측근으로 새로 기용된 가토 가쓰노부 1억 총활약담당상과 하야시 모토오 경제산업상은 세 모임에 모두 소속된 것으로 파악됐다. 세 곳에 모두 관여하고 있는 각료는 이들을 포함해 아베 총리, 다카이치 사나에 총무상, 나카타니 겐 방위상, 아마리 아키라 경제재생담당상 등 8명이었다(조선일보 2015. 10. 14).

전후 일본 사회에서 정치가의 우경화 현상은 반복된 현상이다. 그리고 전후 일본 사회는 사회당을 비롯한 진보세력이 우경화를 저지하는 역할을 일정 정도 수행해왔다. 그러나 현재 사회당이나 공산당의 목소리는 대단히 왜소화되었고 최대 야당인 민주당도 지난 2012년 12월 총선거에서 패배한 이후 거의 힘을 쓰지 못하고 있는 상태이다. 즉, 자민당과 보수 세력의 우경화에 제동을 걸 수 있는 반대세력의 부재가 이전과 달리 없어지게 된 것이다(고선규 2014). 결국 이러한 상황은 민주적이라기보다 아베 수상의 권력남용으로 이어질 수 있기 때문에 우려가 된다. 견제 세력 없이 아베의 측근들만 임용되고 그 성향만 짙어지는 상황 속에서 민주주의의 다원화는 찾아보기 힘들기 때문이다.

참고문헌

조선일보 2015.10.07.

조선일보 2015.10.14.

고선규. 2014. "일본 아베정권의 우경화 전략과 향후 전망." 영남대학교 독도연구소.

환태평양경제동반자협정(TPP)이 아베 정권에 미치는 영향

김지환

지난 10월 5일 세계 최대 단일 자유무역지대를 표방하는 환태평양경제동반자협정(TPP) 협상이 미국 조지아 주 애틀랜타에서 열린 12개국 각료회의에서 공식 타결됐다(조선일보 2015. 10. 06). 협상 타결은 곧바로 아베 내각 지지율 상승으로 이어졌다. 마이니치신문의 여론조사에서 아베 내각의 지지율이 지난 9월 조사 때보다 4%포인트 상승한 39%를 기록한 것이다(연합뉴스 2015. 10. 09). 그러나 아베 내각의 지지율 상승이 국민들의 정부에 대한 신뢰로 이어지기는 어려울 것으로 예상된다. 전국 지사·시정촌장에게 환태평양경제동반자협정(TPP) 찬반을 물어본 조사 결과에 따르면 반대가 36.9%로, 찬성 23.0%를 크게 웃돌았으며 특히 농림수산업이 번성한 지역에서 반대 의견이 많은 것으로 나타났다(교도통신 2015. 11. 15).

민주당의 호소노 고시 정조회장은 "환태평양경제동반자협정(TPP) 체결은 일본 농림수산업에 매우 큰 타격을 줄 것이며 국익에 맞지 않다"면서 강력한 반대를 표명했다(중앙일보 2015. 10. 06). 시이 가즈오 공산당 위원장도 이날 담화문을 발표해 "일본 국익과 경제주권을 미국 등 다국적 기업에 매도하는 것을 결코 용인할 수 없다"고 비난했다(중앙일보 2015. 10. 06).

하지만 아베 총리는 "환태평양경제동반자협정(TPP)은 기회를 가져 올 것이며 우리의 생활을 풍요롭게 할 것"이라면서 "일본이 협상을 주도, 최상의 결과를 얻을 수 있었다"고 자평했다(중앙일보 2015. 10. 06). 아베 정권은 아베노믹스를 통해 장기 경기 침체 탈출을 이끌겠다는 약속을 바탕으로 국민의 지지를 받아왔다. 그렇기 때문에 아베 총리로서는 환태평양경제동반자협정(TPP) 체결을 통해 경제발전을 이룩하고 일본의 장기 경기 침체를 완화하길 원하고 있다. 그리고 낙수효과를 통해 국민에게 그 부(富)가 돌아갈 수 있도록 하고 그를 통해 국민들의 화합을 이끌어 낸다면 내년 참의원 선거에 유리하게 작용할 수 있을 것이다.

아베 총리는 지난 9월 일본의 국내총생산(GDP)을 2020년까지 600조 엔(약 5935조 1400억 원) 수준으로 끌어올리겠다는 내용을 담은 경제정책 구상을 발표하였다(경향신문 2015. 09. 24). 이 또한 경기 침체를 해소하기 위한 하나의 일환으로 볼 수 있지만 규제 개혁 없이는 불가능한 목표이기에 내년 열리는 참의원 선거를 겨냥한 '그림의 떡'에 불과할 수 있다. 환태평양경제동반자협정(TPP) 체결을 통해 아베노믹스가 재기되고 국민들의 이익에 직결되어 결과적으로 아베 총리의 장기 집권으로 이뤄질지는 계속 지켜봐야할 것이다.

참고문헌

조선일보 2015.10.06.
연합뉴스 2015.10.09.

교도통신 2015.11.15.

중앙일보 2015.10.06.

경향신문 2015.09.24.

––

아베 총리와 중의원 해산

김지환

아베 총리는 11월 28일 초당파 의원 연맹 '창생일본' 모임에서 전후 형성된 평화헌법이나 전범국의 이미지를 탈피하기 위한 것이 자민당 창당의 원점이라고 밝혔다(연합뉴스 2015. 11. 29). 전후 연합국에 의해 형성된 여러 구조를 변화시키기 위해 아베 총리는 개헌에 대한 욕심을 표명하고 있다(연합뉴스 2015. 11. 29). 개헌을 위해서는 중·참 양원의원 각각 3분의 2 이상의 정족수가 필요하기 때문에 아베 총리에게 내년에 있을 참의원 선거의 승리는 중요하다. 12월 19일 아베 총리는 자신의 '개헌 파트너'인 야당 오사카유신회의 대표 하시모토 전 오사카 시장과 만찬 회동을 하며 개헌 협력을 강화하는 모습을 보였다(연합뉴스 2015. 12. 20).

최근 민주당과 유신당 대표가 정권교체 실현을 목표로 양당 합류와 연대도모를 강화한다는 방침에 서로의 의견을 일치시켜 '통일회파'를 결성했다(교도통신 2015. 12. 11). 또한 민주당은 공산당과의 연대강화도 언급했다(연합뉴스 2015. 12. 15). 야권이 연대하여 단일후보를 참의원 선거에 출마시킨다면 아베 총리가 참의원 선거에서 승리를 거머쥘 가능성이 작아질 것이다. 아베 총리로서는 자신의 숙원인 개헌을 이루기 위한 발걸음에 제동이 가해지는 셈이다. 그렇기 때문에 아베 총리는 큰 결단을 내릴 가능성이 커졌다. 바로 중의원 해산을 통한 더블선거이다(세계일보 2015. 09. 22).

아베 총리는 이미 중의원에서는 개헌 정족수인 3분의 2를 차지하고 있지만 참의원에서는 개헌 정족수를 채우지 못하고 있다(연합뉴스 2015. 12. 19). 따라서 참의원 선거 시기에 맞춰 중의원을 해산시킴으로써 야당의 참의원 후보 단일화를 방해하며, 중의원 선거에 준비되지 않은 야당의 혼란을 이용해 참의원 선거에서 정족수를 채울 속셈으로 보인다(세계일보 2015. 09. 22). 아베 총리는 작년 11월 소비증세를 연기한 결정의 판단을 묻는다며 갑작스레 중의원을 해산하고 선거를 치러 중의원 의석의 3분의 2 이상 획득하는데 성공한 전력이 있다(연합뉴스 2015. 12. 01). 아베 총리가 과거 정치적인 계산에 따라 중의원 해산을 단행한 것처럼 또다시 중의원을 해산 시켜 명분 없는 선거를 치른다면 국민의 뜻을 대변하는 대의민주주의가 실현되기는 어려울 것이다(연합뉴스 2014. 11. 12).

참고문헌

연합뉴스 2015.11.29.
연합뉴스 2015.12.20.
교도통신 2015.12.11.
연합뉴스 2015.12.15.
세계일보 2015.09.22.
연합뉴스 2015.12.19.
연합뉴스 2015.12.01.
연합뉴스 2015.11.12.

야권의 연대와 견제, 유신당의 두 가지 모습

김지환

2015년 12월 11일 제1야당인 민주당 대표와 유신당 대표가 회담을 통해 참·

중의원 양원에서 통일회파를 결성하기로 정식 합의했다(교도통신 2015. 12. 11). 하지만 민주당과 참의원 선거 공조를 논의해 오던 유신당이 소수 정당인 '일본을 건강하게 하는 모임'과 함께 1월 7일 '유신·건강 모임'이라는 명칭으로 회파를 결성했다(연합뉴스 2016. 01. 08). 유신당은 중의원에서는 민주당과 단일회파를 구성하였지만 참의원에서는 기존 합의와 달리 다른 상대를 골라 연대를 강화한 것이다. 더욱 주목할 점은 '일본을 건강하게 하는 모임'은 앞서 안보법 제·개정 과정에서 아베 신조 정권에 협력해 찬성했다는 것이다(연합뉴스 2016. 01. 08).

아베 신조 총리는 1월 10일 NHK 방송에 출연해 개헌 문제에 대해 "여당만으로 (참의원 선거에서 개헌 발의 정족수인) 3분의 2 이상을 얻는 것은 매우 어렵다"며 "오사카유신회 등 개헌에 긍정적인 정당뿐 아니라 개헌을 생각하는 사람들과 '3분의 2' 의석을 구성하고 싶다"고 밝혔다(NHK 방송 2016. 01. 10; 연합뉴스 2016. 01. 11 재인용). 이에 민주당의 호소노 고시 정조회장은 아베 신조 총리의 발언에 대해 "헌법이 어떠해야 하는가에 대한 논의에 인색한 것은 아니지만 '3분의 2' 의석으로 억지로 관철하려 한다면 우리는 철저히 싸울 것"이라고 반박했다(연합뉴스 2016. 01. 12). 또한 유신당은 민주당과 함께 안보법은 위헌이며 이를 인정할 수 없다는 데 의견을 같이하고 안보법 폐지 법안을 공동 제출하기로 합의했다(연합뉴스 2016. 01. 15).

하지만 유신당이 '양다리 걸치기'를 함에 따라 아베 정권의 폭주에 맞서 야권 연대를 형성하려는 전략에 걸림돌이 생긴 것이다(연합뉴스 2016. 01. 08). 마이니치 신문은 민주당 내에서 당을 해산하지 말고 유신당을 통합하자는 의견이 많아 이를 견제하기 위한 조치의 일환으로 유신당이 이런 선택을 한 것이라고 분석했다(마이니치 신문 2016. 01. 08; 연합뉴스 2016. 01. 08 재인용). 유신당은 안보법 개정안에 대해서 아베 신조 정권에 맞서 민주당과 연대를 강화했지만 동시에 연대를 결성하는 과정에서 유신당의 입지가 좁아질 것을 우려하여 '양다리 걸치기'를 취해 이를 견제하는 모습을 보였다. 유권자는 정치적 선택을 결정하는 과정에서 정당의 정책을 평가하며 이를 통해 일체감과 효능감을 형성하게 된다. 하지만 단순히 정치적 이익만을 위해 상반된 입장을 가진 정당과 연대한 유신당의 행태는 유권자들에게 혼란을 가중시켜 정치권에 대한 신뢰와 더불어 정치적 대표성을 떨어뜨리는 격이라 할 수 있다. 이는 국민의 뜻을 대변해야하는 정당이 그 기능을 충실히 이행하지 못하는 것이라 할 수 있다.

참고문헌

교도통신 2015.12.11.
연합뉴스 2016.01.08.
NHK 방송 2016.01.10.
연합뉴스 2016.01.11.
연합뉴스 2016.01.12.
연합뉴스 2016.01.15.
마이니치 신문 2016.01.08.
연합뉴스 2016.01.08.

||||||||||||||||||||||||||||||||||||||||||||||||||||||||||||||||||||||||||||||||||||||||||||||||||||||||||||||

집권 자민당의 인재 영입과 진정성

김지환

아베 신조 정권이 올해 여름 치러질 가능성이 있는 차기 중의원 선거와 참의원 선거를 겨냥해 야당 의원과 대중성의 상징인 연예인에게 러브콜을 보내고 있다. 집권 자민당은 신선한 이미지의 민주당 스즈키 다카코 중의원 의원을 차기 중의원 선거에서 자민당 후보로 공천하고 전국 유세에 투입시키기 위해 영입전에 나섰다(아사히신문 2016. 02. 05; 연합뉴스 2016. 02. 05 재인용). 또한 자민당은 여름 참의원 선거 비례대표 후보로 인기 여성 그룹의 전 멤버 이마이 에리코를 공천하겠다고 발표하기도 했다(교도통신 2016. 02. 09; 연합뉴스 2016. 02. 09 재인용).

아베 정권의 이러한 시도들은 최근 선거권 연령이 '18세 이상'으로 낮아짐에 따라 젊은 층의 지지를 획득하려는 목적인 것으로 평가된다(아사히신문 2016. 02. 05; 연합뉴스 2016. 02. 05 재인용). 또한 참의원 선거 비례대표 후보로 자민당의 공천을 받은 이마이 에리코는 대중성이 있는 가수이자 청각장애를 가진 아들을 키우는 미혼모이다. 아베 정권은 육아 및 수화에 관한 집필 활동과 복지 활동에 적극적으로 가담해 온 이마이 에리코의 경험이 자신들이 내걸고 있는 '1억 총 활약 사회(아베 정권의 핵심 국정 목표)'나 '여성 활약' 실현을 위한 상징적인 후보가 될 것으로 판단한 것이다(교도통신 2016. 02. 09; 연합뉴스 2016. 02. 09 재인용).

하지만 아베 정권의 이러한 국민 표심 잡기 노력의 숨은 뜻은 개헌에 대한 욕심이다. 교도통신의 여론조사 결과에 따르면 여름 참의원 선거 이후 아베 정권이 헌법 개정을 진행 중인 사실에 대해 무당파층의 23.7%만이 찬성한다고 답했고 61.6%가 반대한다고 답해 개헌 논의에 경계심을 보이고 있다는 사실이 분명해졌다(교도통신 2016. 01. 31). 그렇기 때문에 최근 아베 정권이 무당파층을 겨냥해 이들의 지지를 확보하기 위한 새로운 시도를 하고 있는 것이다(오키나와 타임즈 2016. 02. 11).

젊은 세대와 무당파층에 다가가기 위한 아베 정권의 시도는 국민들과 친밀감을 조성하고 이로 인해 국민들의 의견을 반영하려는 모습으로 볼 수 있다. 이는 대의민주주의에 부합하는 것이지만 그 의중에 단순히 개헌을 위한 정치적인 이익만이 계산된 것이라면 이는 정권에 대한 진정성과 동시에 정치권에 대한 신뢰를 떨어뜨리는 격이라 할 수 있다. 집권 자민당의 최근 영입 시도들이 진심으로 국민의 뜻을 대변하기 위한 제스처인지는 조금 더 유심히 지켜봐야 할 것이다.

참고문헌

아사히신문 2016.02.05.
연합뉴스 2016.02.05.
교도통신 2016.02.09.
연합뉴스 2016.02.09.
교도통신 2016.01.31.

오키나와 타임즈 2016.02.11.

ⅠⅠⅠ

아베 정권의 개헌 의지에 맞선 야권과 시민단체

김민석

아베의 개헌 움직임이 점점 가시화되고 있다. 아베 총리는 3월 1일 중의원 예산위원회, 2일 참의원 예산위원회, 13일 우익단체인 '일본회의' 공식행사, 21일 방위대 연설 등 여러 곳에서 개헌 의지를 표명했다. 이러한 아베 총리의 행보에 대해 일본에서는 부정적인 여론이 들끓고 있다. 아사히신문이 실시한 여론조사 결과에 따르면 '재임 중에 개헌하겠다'라는 아베 총리의 발언에 '가치 있지 않다'라는 부정적인 응답이 49%인 것으로 나타났다(아사히신문 2016. 03. 15; 연합뉴스 2016. 03. 15 재인용). 그러나 헌법 개정에 대해서만 부정적인 반응일 뿐 실제 여론조사 결과들에 따르면 아베 정권의 지지율은 여전히 높은 수준을 유지하고 있다(NHK 2016. 03. 14; 연합뉴스 2016. 03. 14 재인용).

아베 정권의 개헌 의지를 저지하기 위해 야권에서는 먼저 민주당과 유신당이 합당 및 신당 결성을 진행했다(연합뉴스 2016. 02. 26). 신당인 '민진당'은 7월 치러지는 참의원 선거에서 헌법 개정을 위한 필요 의석수를 내주지 않기 위한 야권의 노력이라 할 수 있다. 그리고 야권은 정치권 자체적으로만 문제를 논의하려 하지 않고, 시민단체들과 함께 해결하려는 태도를 보이고 있다. 민주·공산·유신·사민·생활당 등 5개 야당의 간사장과 서기국장은 3월 9일 국회에서 시민단체 관계자들과 의견을 교환했고, 안보법 폐지와 입헌주의 회복을 목표로 7월 참의원 선거에서 협력하기로 합의했다(일본 언론 2016. 03. 10; 연합뉴스 2016. 03. 10 재인용). 협력키로 한 시민단체에는 대학생 중심의 '실즈(SEALDs)', '안보 관련법에 반대하는 엄마 모임', '입헌 민주주의 모임' 등이다(일본 언론 2016. 03. 10; 연합뉴스 2016.

03. 10 재인용).

3월 19일 야권과 시민단체는 그들의 약속이 협상 테이블에서만 논의되는 것이 아니라는 점을 잘 보여주었다. 야권과 시민단체가 직접 안보법 반대를 외치는 도쿄 집회에 참여해 협력을 공고화한 것이다(교도통신 2016. 03. 20; 연합뉴스 2016. 03. 20 재인용). 이는 대의민주주의 사회에서 정치적 대표성을 강화할 수 있는 정당과 시민단체 간의 소통과 연계를 잘 보여주고 있다. 뿐만 아니라 안보법이 시행되는 3월 29일에 '헌법공동센터'와 '전쟁을 시키지 말라·(헌법) 9조를 부수지 말라! 총궐기행동실행위원회'는 국회 앞에서 항의 시위를 펼치기로 했다(교도통신 2016. 03. 22; 연합뉴스 2016. 03. 22 재인용). 이러한 야권과 시민단체들의 노력에도 불구하고 아직까지는 야권의 지지율(12.8%)이 자민당(37.9%)에 비하면 턱없이 부족한 수준이다(NHK 2016. 03. 14; 연합뉴스 2016. 03. 14 재인용). 앞으로 계속될 헌법 개정에 대한 야권과 시민단체들의 움직임이 일본 국민에게 긍정적으로 비춰질지, 그리고 야권의 지지율 상승으로 이어질지는 지켜봐야할 것이다.

참고문헌

아사히신문 2016.03.15.
연합뉴스 2016.03.15
NHK 방송 2016.03.14.
연합뉴스 2016.03.14.
연합뉴스 2016.02.26.
연합뉴스 2016.03.10.
교도통신 2016.03.20.
연합뉴스 2016.03.20.
교도통신 2016.03.22.
연합뉴스 2016.03.22.

선거구 조정을 둘러싼 여야 대립

김민석

현재 일본에서 공직선거법 개정을 놓고 많은 논란이 일고 있다. 선거구 관련 표의 등가성 문제에 대해 일본 최고재판소 대법정이 2015년 11월 위헌상태 판결을 내렸기 때문이다(교도통신 2015. 12. 07; 문화일보 2015. 12. 07 재인용). 2009년 이후 중의원 선거마다 이러한 선거구 위헌상태 판결이 내려지고 있으며, 2015년 11월 당시 최고재판소는 중의원 1인당 선거구의 유권자 수 격차가 최대 2.13대 1까지 벌어진 2014년 12월 총선 선거구가 투표의 평등권을 규정한 헌법 취지에 어긋난다고 판단했다(교도통신 2015. 12. 07; 문화일보 2015. 12. 07 재인용). 정원 475명 중 295명을 지역구에서 선출하는 일본 중의원은 1994년부터 선거구 획정 심의회를 설치해 지역구별 유권자 수의 격차가 2배를 넘지 않도록 하고 있다(서울신문 2014. 10. 31).

이러한 상황에서 여야 간 선거구 획정을 놓고 치열한 공방을 펼쳐지고 있다. 여당인 자민당은 새로운 의석 배분 방법인 애덤스 방식을 2020년 이후 도입하자고 하는 반면, 민진당은 2010년 국세조사에 근거해 애덤스 방식을 취하자고 주장하고 있다(교도통신 2016. 03. 23). 애덤스 방식은 선거구 의석 배분 방식의 하나로 미국의 제6대 대통령인 존 퀸시 애덤스(John Quincy Adams)가 제창했다. 자민당은 아오모리(森), 이와테, 미에(三重), 나라(奈良), 구마모토, 가고시마(鹿島)가 소선거구 6석 감소의 대상이며, 도호쿠, 호쿠리쿠 신에쓰(北陸信越), 긴키(近畿), 규슈의 각 블록을 1석씩 줄여 비례대표 4석 감소를 주장한다. 반면 민진당은 소선거구에서 7석 증가·13석 감소, 비례대표에서 1석 증가·5석 감소를 주장하고 있다(교도통신 2016. 04. 07). 자민당과 민진당 모두 결과적으로 10석을 줄이는 것이지만 약간의 의견 차이를 보이고 있다.

최근 한국의 경우에도 선거법 개정안이 20대 총선을 한 달여 남겨둔 상황에서 처리되었다. 선거구 획정이 법정시한 내에 처리되지 않고 늦어짐에 따라 정당별 후보 공천이 늦어졌고, 그 결과 정당과 후보자는 제대로 된 정책 공약을 내놓지 못 한 체 선거를 치르게 되었다. 그리고 모두의 예상을 뒤엎는 선거 결과가 나왔다. 정치권의 늑장 선거구 획정이 국민들에게 부정적 인상을 심어준 것이다. 일본 자민당과 민진당도 올 여름 참의원 선거를 앞두고 있는 상황에서 공직선거법 개정을 놓고 실랑이만 벌이다가는 국민들의 정치 불신과 혐오감을 높이는 계기가 될 것이다. 때문에 신속하게 법 개정을 처리하고 국민들이 진정으로 원하고 필요로 하는 정책을 내세워 선거에 임해야 할 것이다. 진흙탕 싸움이 아닌 명예로운 싸움이 되도록 말이다.

참고문헌

서울신문 2014.10.31.
문화일보 2015.12.07.
교도통신 2015.12.07.
교도통신 2016.03.23.
교도통신 2016.04.07.

‖‖

헤이트 스피치 법안 통과와 사회 통합을 위한 길

김민석

특정한 인종과 민족에 대한 차별을 선동하는 '헤이트 스피치(특정 집단에 대한 공개적 차별·혐오 발언)'의 근절을 위한 대책 법안이 13일, 참의원 본회의에서 가결됐다(교도통신 2016. 05. 13). 법안은 최종 관문인 중의원 본회의로 회부되어, 6월 1일까지인 정기국회 회기 중에 가결돼 법제화될 전망이다(연합뉴스 2016. 05. 13). 헤이트 스피치 억제 법안은 '차별 의식을 조장할 목적으로, 적법하게 일본에 거주하는 해외 출신자와 자손을 현저히 멸시하는 것'등을 차별적 언동으로 정의하고 이러한 행위는 '허용할 수 없다'는 내용의 법안이다(교도통신 2016. 05. 13).

사실 2015년 5월 당시 구(舊) 민주당과 사민당이 헤이트 스피치와 관련된 법안을 제출했었지만 당시 자민당은 법안이 표현의 자유를 제약할 소지가 있다며 소극적인 태도를 유지했고 결국 정기국회를 통과하지 못했다(연합뉴스 2015. 08. 28). 이후 2016년 4월에는 자민당과 공명당이 구체적인 처벌 조항이 없는 헤이트 스피치 법안을 제출했다. 이에 야당은 "금지 규정이 없으면 법률 실효성이 없다"고 주장했고, 재일본 대한민국 민단중앙본부도 "실효성 있는 법안을 마련하라"고 요구했다(조선일보 2016. 04. 16). 하지만 자민당이 제출한 법안은 5월 12일 참의원 법무위원회에서 만장일치로 가결됐고, 13일 참의원을 통과했다(연합뉴스 2016. 05. 13). 이제 법안은 중의원 통과만 남겨두고 있는 상황이다.

일본 법무성이 조사·분석한 자료에 따르면 2012년 4월부터 2015년 9월까지 '헤이트 스피치' 시위를 한다는 지적을 받아온 단체들의 시위 및 가두선전 활동이 1152차례 발생한 것으로 나타났다(도쿄신문 2016. 03. 31; 경향신문 2016. 03. 31 재인용). 시위에서는 '일본에서 나가버려', '죽어버려' 등의 차별 및 협박성 발언이 난무했다(도쿄신문 2016. 03. 31; 경향신문 2016. 03. 31 재인용). 헤이트 스피치 억제 법안이 최종적으로 통과된다면 특정 집단에 대한 차별 및 혐오적 발언이 줄어들고 사회 갈등도 완화될 수 있을 것이다. 하지만 아직까지는 법안에 구체적인 처벌 조항이 없다는 한계가 있으며, 추후에 갖춰진다 할지라도 법 규정만으로 차별과 혐오가 근본적으로 사라지진 않을 것이다. 그렇기 때문에 우선 법안이 통과되고 난 후에도 정당과 시민 간의 지속적인 대화를 통해 법안의 부족한 부분에 대한 의견을 교환하고 보충해 나갈 필요가 있다. 그 과정에서 정당의 시민 대표성과 대의민주주의가 강화될 것이며, 동시에 사회의 근본적인 갈등이 완화되어 사회 통합으로 나아가는데도 훨씬 수월할 것으로 예상된다.

참고문헌

연합뉴스 2015.08.28.
도쿄신문 2016.03.31.
경향신문 2016.03.31.

조선일보 2016.04.16.

연합뉴스 2016.05.13.

교도통신 2016.05.13.

‖‖‖

사회갈등을 해결하기 위한 정책선거의 요건

김민석

7월 10일 참의원 선거를 앞두고 본격적인 선거 공·방전이 시작되었다. 경제 정책에 관해 자민당은 "취업자 수 110만 명 증가", "GDP 600조 엔(약 6,647조 원)"을 내세우며 "아베노믹스의 엔진을 한 번 더 강력하게 돌린다"고 강조했다(교도통신 2016. 06. 20). 반면 민진당은 금융 정책과 재정 출동에는 한계가 있다며 소득의 재분배와 노동 방식의 개혁을 주장했다(교도통신 2016. 06. 21). 하지만 민진당은 경제정책에 관한 연설에서 주로 자민당의 아베노믹스에 대해 무조건적으로 반대만하고 대책이 없다는 평가를 받고 있다(교도통신 2016. 06. 25).

평화헌법 개정과 관련해서 자민당은 "현행 헌법의 국민주권, 기본적 인권의 존중, 평화주의 등 3가지 기본 원칙은 견지할 것", "중·참 양원의 헌법심사회에서 논의를 진행할 것" 등 원론적인 언급만을 공약에서 내비쳤다(일본언론 2016. 06. 03; 연합뉴스 2016. 06. 03 재인용). 뿐만 아니라 아베노믹스 및 경제 공약은 전면에 내세운 반면 헌법 개정과 관련된 내용은 마지막에 배치했다(일본언론 2016. 06. 03; 연합뉴스 2016. 06. 03 재인용). 아베 총리는 국회에서 개헌과 관련한 논의가 충분히 이루어지지 않기 때문에 참의원 선거에서 개헌을 쟁점으로 삼을 수준은 아니라는 입장을 표명했다(NHK 2016. 06. 19; 연합뉴스 2016. 06. 19 재인용). 이에 대해 민진, 공산, 사민, 생활당은 "아베 정권이 헌법을 개정해 제약 없는 집단적 자위권 행사의 길을 트려 하고 있다"며 대결 자세를 견지했고, 특히 민진당은 "선거에서 불리할지 모르니 쟁점을 숨기고 있다"고 비판했다(NHK 2016. 06. 19; 연합뉴스 2016. 06. 19 재인용).

　자민당은 헌법 개정을 이번 참의원 선거에 쟁점으로 내세우지 않았고 실제로 자민당을 지지하는 유권자에 비해 자민당의 목표인 헌법 개정에 찬성하는 유권자는 많지 않다. 한편 민진당의 공약과 정책은 자민당의 아베노믹스와 개헌에 전적으로 반대한다는 내용이 주를 이루고 있다는 한계가 있다. 상대 당의 입장에 반대할 경우 정책적 대안과 논리적 근거가 분명해야하며 입장을 명확히 밝히지 않거나 감정에 호소하는 것만으로는 유권자들의 마음을 얻기 힘들 수 있다. 정책선거 활성화를 통해 대의민주주의가 강화되고 궁극적으로 사회 갈등이 완화되기 위해서는 유권자와 정당 간의 사회적 논의와 소통이 선행되어야 한다.

참고문헌

연합뉴스 2016.06.03
교도통신 2016.06.19.
NHK방송 2016.04.16.
연합뉴스 2016.06.19.
교도통신 2016.06.20.
교도통신 2016.06.21.
교도통신 2016.06.25.

제5부

한국의 동향 및 쟁점

신당 창당과 20대 총선이 가져온 변화와 한계

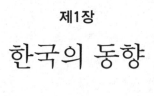

제1장
한국의 동향

1차(2015년 6월 말~7월 말)

김윤실

　지난 2015년 5월 29일 공무원연금법 개정안 처리 당시 여야 합의로 국회 본회의를 통과한 국회법 개정안에 박근혜 대통령이 6월 25일 거부권을 행사하고 국회에 재의(再議·의결안건을 다시 의결)를 요구하였다. 새누리당이 국회법 개정안을 국회에 재의하지 않기로 당론을 모으고 유승민 원내대표가 박근혜 대통령에게 사과하는 등 당·청 간 파국을 피하는데 주력하자 야당은 국회 일정에 보이콧(boycott)하기도 하였다. 야당이 국회법 개정안 재부의를 수차례 요구했지만 새누리당은 거부하였고 7월 6일 열린 국회 본회의에서 새누리당 의원들이 표결에 불참하면서 결국 투표가 성립되지 않아 개정안이 사실상 폐기되었다. 새정치연합은 재의결 무산에 항의하며 본회의 법안 처리를 보이콧했으며, 추경예산 관련 여당과의 논의에 일주일간 임하지 않기도 하였다.

　박근혜 대통령은 6월 25일 국무회의에서 국회법 개정안에 거부권을 행사할 당시 유승민 원내대표를 겨냥해 '배신의 정치 심판론'을 역설하며 강하게 비판하였다(연합뉴스 2015. 07. 08). 이후 청와대와 친박(親朴)계 의원들이 유 원내대표의 사퇴를 압박하자 새누리당은 7월 8일 유 원내대표의 거취 문제를 논의하기 위한 의원총회를 열었다. 이날 새누리당은 유 원내대표의 사퇴를 권고하기로 결정하고 의총 결과를 전달받은 유 원내대표는 이날 오후 사퇴를 공식 발표하였다. 새누리당은 7월 14일 국회에서 의원총회를 열어 유승민 전 원내대표의 사퇴로 공석이 된 원내대표 보궐선거에서 수도권 4선 중진인 원유철(경기 평택갑) 의원을 박수로 합의 추대했다(연합뉴스 2015. 07. 14).

한편 새정치민주연합 혁신위원회는 6월 23일 현역의원의 지지율 등을 통해 계산한 교체지수를 공천 심사과정에 도입하자는 내용의 1차 혁신안에 이어, 7월 8일 최고위원제 및 사무총장제를 폐지하고 새로운 지도부로 개편하자는 2차 혁신안, 10일 당원이 직접 당 대표도 탄핵할 수 있는 당원소환제를 도입하자는 3차 혁신안, 그리고 17일 기초단체장 및 광역·기초의원의 공천권을 완전히 시·도당에 넘겨 지방분권을 강화하자는 내용의 4차 혁신안을 발표하였다. 새정치연합은 7월 20일 중앙위원회를 열어 혁신안 가운데 사무총장제 폐지, 부정부패 등으로 직위 상실 시 재·보궐선거 무공천, 당원소환제 도입 및 당무감사원 설립, 부정부패 연루 당직자의 당직 박탈 등을 위한 당헌 개정안을 통과시켰다(경향신문 2015. 07. 20). 이후 새정치연합은 26일 권역별 비례대표제 도입의 당론 채택과 함께 현행 300명인 국회의원 수를 369명으로 늘리는 방안을 5차 혁신안으로 제시하였으나, 새누리당은 현행 정수를 유지하자는 기존 입장을 분명히 밝혔다(연합뉴스 2015. 07. 26). 한편 국회 정치개혁특별위원회는 내년 총선에 적용할 선거구획정 기준을 논의하고 있으나 여야 간 합의 도출에 실패하고 있는 상황이다(연합뉴스 2015. 07. 24).

한국 정당

06월 23일

• 김상곤 '야당 혁신안'… 파격은 없었다 　　　　　　　　　　　　(조선일보 06. 24)

- 새정치민주연합 김상곤 혁신위원장은 23일 현역 의원 지지율이 해당 지역의 당 지지율보다 현저히 낮을 경우 공천 심사 때 감점하는 '교체지수' 도입과 3분의 2 이상을 외부 위원으로 구성하는 '선출직 공직자 평가위원회' 설치 등을 골자로 하는 1

차 당 혁신안을 발표했다. 혁신위는 또 소속 의원이 부정부패를 저질러 재·보궐 선거가 실시될 경우 당이 그 지역에 후보를 공천하지 않기로 했고, 비리 혐의 등으로 기소된 의원의 당직을 '즉시' 박탈하는 규정도 신설했다. 이번 혁신안은 새누리당의 2012년 공천 개혁안과 유사한데, 새누리당은 당시 교체지수 등을 도입해 최소 25%의 현역 의원을 공천에서 배제했었다.

07월 08일

• 야(野) 혁신위, 사무총장 최고위원제 폐지…2차 혁신안 발표　　　　(조선일보 07. 09)

– 새정치민주연합 혁신위원회가 8일 최고위원제를 폐지하고 내년 총선 직후 지역·세대·계층·부문 대표로 구성되는 새로운 지도부로 개편하는 2차 혁신안을 내놨다. 최근 비노(非盧) 진영의 극심한 반발에도 불구하고 문재인 대표가 최재성 의원 임명을 강행한 사무총장직을 폐지하는 방안도 내놨다. 김상곤 혁신위원장은 "계파 갈등의 상징이 된 사무총장제를 폐지하고, 총무본부장·조직본부장·전략홍보본부장·디지털본부장·민생생활본부장의 5본부장 체제로 개편해야 한다"고 밝혔다. 또 각 본부장은 공천기구에서 배제하도록 하였다. 혁신안은 오는 20일 당 중앙위원회에서 당헌을 개정하고, 중앙위 직후 개최되는 당무위원회에서 당규 개정을 통해 완료키로 했다.

07월 10일

• 야당 3차 혁신안, "당 대표도 탄핵" 당원소환제 도입　　　　　(연합뉴스 07. 10)

– 새정치민주연합 혁신위원회는 당헌·당규 및 윤리규범 위반, 직무유기 등의 사유가 발생할 경우 당원이 직접 당 대표를 포함한 선출직 당직자를 탄핵할 수 있는 '당원소환제'를 도입하기로 했다. 또한 혁신안은 당비 결제 시 무통장 입금을 금지, 당비 대납을 원천 봉쇄하고 선거권이 부여되는 당비 납부 기준을 현행 연간 '3회 이상'에서 '6회 이상'으로 강화하기로 했다. 지역위원장의 독점적 지배구조를 철폐하기 위해 당원 및 대의원 제도에 대한 대대적 정비도 추진한다. 지역위원장의 독점적 지배구조를 완화, 계파에 구애받지 않는 당내 민주주의를 구현하기 위해 지역 대의원에 대한 상향식 선출제를 실시하고 전당대회에서 선출되는 대의원 규모를 현행

50%에서 70%로 늘리는 내용도 포함했다. 이를 통해 지역위원장이 지명하는 당연직 대의원 규모는 줄어들게 된다.

07월 17일

- **야당 4차 혁신안, 기초단체장 공천권 시 · 도당으로 이양** (연합뉴스 07. 17)

– 새정치연합 혁신위원회는 17일 기초단체장 및 광역·기초의원의 공천권을 완전히 시·도당에 넘기는 등 권력의 중앙 집중화를 완화, 지방분권을 강화하는 내용의 4차 혁신안을 발표했다. 그러나 당초 이날 예정됐던 '정체성 확립 방안' 발표가 연기되는 등 계파 간 입장이 첨예하게 갈리는 민감한 쟁점들은 줄줄이 뒤로 미뤄지는 상황이다. 이번 혁신안은 광역단체장을 제외하고는 중앙당의 지방선거 공천권을 배제하고 이를 시·도당으로 이양하는 것으로, 9월 중앙위에서 의결되면 그 이후 실시되는 재보선 때부터 곧바로 적용된다. 권역별 비례대표제 등 전국정당화를 위한 정치개혁 방안도 이날 발표 대상에 포함될 예정이었으나 내부 의견이 정리되지 않아 빠졌다.

07월 20일

- **'사무총장제 폐지' 등 진통 끝 의결… '혁신' 첫발 뗀 새정치** (경향신문 07. 20)

– 새정치민주연합이 20일 중앙위원회를 열어 사무총장제 폐지, 부정부패 등으로 직위 상실 시 재·보궐선거 무공천, 당원소환제 도입 및 당무감사원 설립, 부정부패 연루 당직자의 당직 박탈 등을 위한 당헌 개정안이 포함된 혁신안을 통과시켰다. 일부 혁신안에 대한 당 차원의 승인이 이뤄지면서 혁신 움직임이 본궤도에 오른 셈이다. 하지만 입장차가 첨예한 혁신안은 뒤로 미뤄둬 여전히 혁신 성공 여부는 미지수인 상황이다. 앞으로 발표할 당 정체성, 공천 민주화, 최고위원회 폐지 등 당내 세력 간 이해가 엇갈리고 폭발력이 큰 혁신안들이 무더기 상정될 9월 중앙위가 혁신 성공 여부의 최대 분수령이 될 공산이 크다.

06월 25일

• 엎드린 여(與) '개정안 폐기' 수순… 날 세운 야(野) "대국민 쿠데타" (경향신문 06. 25)
– 여당은 내부 논쟁 끝에 박근혜 대통령의 뜻대로 국회 재부의 거부로 방침을 정했다. 이에 야당은 향후 국회 일정 보이콧으로 맞섰다. 다만 중동호흡기증후군(MERS·메르스) 관련 법률안 처리에는 동의했다. 야당은 재부의 일정을 잡자고 계속 요구했지만 여당은 거부했고, 여야 원내수석부대표는 수차례 접촉했지만 결국 각자의 길을 택했다. 야당 의원들은 단체로 본회의장 앞에서 규탄대회를 열어 항의했다. 문 대표는 "(여당이) 의회민주주의와 삼권분립이란 헌정질서를 배신했다"고 비판했다.

07월 06일

• 새누리, 61개 법안 단독 처리… 국회법 사실상 폐기   (중앙일보 07. 07)
– 박근혜 대통령이 거부권을 행사한 국회법 개정안이 사실상 폐기됐다. 국회는 6일 본회의를 열고 개정안에 대한 재의를 시도했으나 새누리당 의원들이 표결에 불참하면서 재적 의원(298석)의 과반인 의결정족수(150석)를 채우지 못해 투표가 성립되지 않았다. 투표엔 새정치민주연합과 정의당, 무소속 의원 등 130명이 참석했으나 160석의 새누리당은 정두언 의원을 제외하곤 아무도 투표하지 않았다. 국회법 개정안은 본회의에 계류된 상태로 남게 되며 19대 국회 임기(내년 5월 말) 내 재의하지 않으면 자동 폐기된다. 새정치연합은 표결 무산에 항의하며 본회의 법안 처리를 보이콧했다. 새누리당은 최경환 경제부총리 등 국무위원까지 불러 밤늦게 61개 법안을 단독 처리했다. 박 대통령이 요구한 경제활성화 관련 법안이 포함됐다.

07월 07일

• 야당, 여당에 "폭도" 반발…항의표시로 추경 논의 금주 중단   (연합뉴스 07. 07)
– 새정치민주연합은 7일 국회법 개정안 재의결 무산을 두고 표결에 불참한 여당을 강력 성토하면서 박근혜 대통령이 의원시절 공동발의한 '국회법 개정안'을 재발의하는 등 맞불작전으로 맞섰다. 아울러 항의 차원에서 당장 금주에는 추경예산 관

련 상임위를 가동하지 않고 다음 주부터 논의에 임하기로 했다. 다음 주부터 논의가 시작되더라도, 야당은 정부 추경안을 '여당 총선 선심용'이라고 규정하고 메르스 (Middle East Respiratory Syndrome, MERS)와 가뭄 피해 보전을 위한 '맞춤형 추경' 취지가 제대로 반영되도록 꼼꼼히 살펴보기로 했다. 또 각 상임위의 의견을 반영해 야당의 자체 추경안을 정리하기로 했다.

07월 24일

• 여야(與野), 20대 총선 '선거구 획정기준' 합의 무산   (연합뉴스 07. 24)

– 국회 정치개혁특별위원회는 24일 공직선거법심사소위를 열어 20대 국회의원 선거에 적용할 선거구획정 기준을 논의했으나 여야 간 합의 도출에 실패했다. 이날 회의에서 새누리당은 선거구획정 기준을 먼저 정하고 의원정수는 그 결과에 따라 나중에 결정해도 된다고 주장했으나 새정치연합은 선거구 획정 기준을 정하기 전에 의원정수부터 정해야 한다고 맞서면서 핵심 쟁점에 대한 구체적 논의는 시작하지도 못한 것으로 알려졌다. 특히 의원정수를 일부 확대하는 것은 불가피하지 않겠느냐는 쪽으로 의견이 모아지는 듯 했으나 이 경우 비례대표의 수를 줄일지를 놓고 다시 충돌했던 것으로 전해졌다. 중앙선거관리위원회 소속 국회의원선거구획정위원회는 선거구획정안을 심도 있게 논의하려면 늦어도 다음달 13일까지 정개특위에서 선거구 획정기준을 결정해줘야 한다고 여러 차례 촉구한 상태다.

07월 24일

• 추경 11조5639억 본회의 통과… 메르스 예산 늘리고 SOC는 줄여 (중앙일보 07. 25)

– 국회는 24일 본회의를 열고 11조 5639억원 규모의 추가경정예산안을 통과시켰다. 정부가 지난 6일 국회에 제출한 추경안보다 2638억원 줄어들었다. 여야는 정부안 가운데 세입 부족분 보전을 위한 추경예산 5조 6000억원에서 2000억원을 삭감했다. 사회간접자본(Social Overhead Capital, SOC)사업 예산은 정부가 제출한 1조 5000억원에서 2500억원을 삭감했다. 반면 여야는 메르스 피해 의료기관의 손실보상 예산으로 정부안보다 1500억원 늘어난 2500억원을 통과시켰다. 한편 이날 본회의에서는 연 2회 실시하던 재·보궐선거를 연 1회(4월 첫 번째 수요일)로 줄이는 공직선거법

개정안, 본인 확인 절차를 거치면 모바일기기를 통해서도 정당의 입당·탈당이 가능하도록 한 정당법 개정안 등 64개 법안도 통과됐다.

07월 26일

• "현행유지" vs "정원확대"…여야, 의원정수 정면충돌　　　　　　(연합뉴스 07. 26)

– 여야는 26일 국회의원 정수 조정 문제를 놓고 정면 충돌했다. 새정치연합 혁신위원회는 이날 국회 총예산 동결을 전제로 국회의원 정수를 현행 300명보다 확대할 것을 촉구하며 369명 안(案)을 예시하는 5차 혁신안을 발표했다. 혁신위는 새누리당의 동참을 촉구하며 "새누리당이 자신의 거대정당 기득권과 영남기득권을 고수하려 든다면 '개혁정당'에 맞서는 '수구정당'이라는 범국민적 비판에 직면하게 될 것"이라고 말했다. 이종걸 원내대표도 정수를 확대하고 의원 세비를 절반으로 줄이는 개혁 방안을 당론으로 추진하겠다며 호응하고 나섰다. 그러나 새정치연합은 의원정수 증대 문제가 대국민 여론전에서 불리하고 국가정보원 해킹 의혹 정국을 묻히게 할 우려가 있다고 판단해 심야 최고위원회의를 소집해 "당 차원에서 전혀 논의된 바 없다"고 한 발 물러서는 모습을 보이기도 했다. 새누리당은 즉각 혁신위의 발표에 대해 "혁신이 아니라 반(反)혁신, 반(反)개혁적 발상", "정치 개악"이라고 비판하면서 '현행 정수 유지'라는 기존 입장을 분명히 밝혔다.

한국 여론

06월 26일

• 갤럽 "대통령 지지율 반등…지난주보다 4% 높은 33%"　　　　(연합뉴스 06. 26)

– 여론조사 전문기관인 갤럽에 따르면 박근혜 대통령의 지지율이 지난주 취임 후 최저 수준인 29%로 급락했다가 메르스 사태 진정기미로 이번주 들어 4% 상승한 33%를 기록했다. 갤럽에 따르면 지난 23~25일 실시된 조사 결과 박 대통령의 직무 수행에 대한 긍정 평가비율은 33%로 집계됐다. 이번 조사에는 시점 상 전날 박 대통령의 국회법 개정안 거부권 행사와 정치권 비판에 대한 여론의 흐름은 반영되지 않았다. 정당 지지율은 새누리당 40%, 새정치민주연합 25%로 지난주와 변동이 없었

던 것으로 나타났다.

06월 29일

• 리얼미터 "박 대통령 지지율 거부권 후 급등…유승민 지지도도 상승"

(연합뉴스 06. 29)

- 박근혜 대통령의 지지율이 국회법 개정안에 대한 거부권을 행사한 후 급반등하고, 사퇴 압력을 받는 새누리당 유승민 원내대표의 지지율도 상승하는 조사 결과가 29일 나왔다. 여론조사 전문업체인 리얼미터의 주간 조사에 따르면 6월 4주차(22~26일) 박 대통령의 국정수행을 긍정적으로 평가한 비율이 33.6%로 전주 대비 1.3% 하락했다. 하지만 일간 단위로 지지율 추이를 살펴보면 박대통령이 국회법 개정안에 대한 거부권을 행사한 다음날인 26일 박 대통령의 국정지지도는 37.4%로 거부권 행사 전날인 24일 29.9%에 비해 7.5% 급상승한 것으로 나타났다.

07월 10일

• 박근혜 대통령, 대구 · 경북도 '부정평가' 51%　　　　　　(경향신문 07. 10)

- 박근혜 대통령 지지율이 '유승민 원내대표 퇴진' 영향으로 하락세를 나타냈다. 한국갤럽이 7~9일 사흘간 조사한 결과에 따르면 32%는 박근혜 대통령의 직무수행을 긍정 평가했고 59%는 부정 평가했으며 8%는 의견을 유보했다. 지역별로 살펴보면 모든 지역에서 부정평가가 긍정평가를 앞질렀으며 박 대통령의 정치적 텃밭인 대구 경북 지역에서도 '부정 51%, 긍정 44%'로 부정평가가 높았다. 정당 지지도는 새누리당 41%, 새정치민주연합 23%, 정의당 4%, 없음 · 의견유보 32%다.

07월 17일

• 새누리 41%, 새정치연합 22%…정당지지도 격차 벌어져　　　(연합뉴스 07. 17)

- 한국갤럽이 지난 14~16일 실시해 17일 공개한 여론조사 결과에 따르면, 새누리당의 정당 지지도는 잇따른 사건들에도 지난주와 변함없는 41%를 계속 유지하는 반면 새정치민주연합의 지지도는 지난주 대비 1% 하락한 22%를 기록하여 다소 하락한 것으로 나타났다. 새누리당 김무성 대표가 당 대표로서 역할을 잘 수행하는지에

대해서는 '잘하고 있다'가 41%, '잘못하고 있다'가 37%로 각각 조사된 반면 새정치연합 문재인 대표에 대해선 '잘하고 있다'가 18%, '잘못하고 있다'가 63%를 기록했다. 박근혜 대통령의 직무 수행에 대해서는 '잘하고 있다'가 33%, '잘못하고 있다'가 58%를 각각 기록, 4주째 지지율이 답보 상태를 보이는 것으로 나타났다.

07월 20일

• '국정원 해킹' 여파…박 대통령과 새누리당 지지율 동반 하락   (경향신문 07. 20)
– 박근혜 대통령 국정수행 지지도와 새누리당 지지도가 지난 주 동반하락했다. 여권 악재인 국가정보원 스마트폰 해킹 의혹 사건의 영향이 현실화한 것이다. 여론조사기관 리얼미터는 지난 13~17일 조사한 결과 박 대통령이 '국정수행을 잘 하고 있다'는 답변이 전주보다 0.1% 하락한 34.5%를 차지했다고 20일 밝혔다. 구체적으로 박 대통령 지지율은 새누리당 신임 원내지도부 출범과 당청 회동의 효과로 영남권과 50대 이상에서 올랐지만, 국정원 스마트폰 해킹 의혹이 불거지면서 수도권과 30대 이하에서는 하락했다. 정당 지지도에선 새누리당이 전주 대비 2.4% 하락한 37.4%로 4주 연속 상승세를 마감했고, 새정치민주연합은 0.4% 하락한 28.5%를 기록했다.

2차(7월 말~8월 말)

선거구 획정 및 선거제도 개편, 노동개혁, 북한 도발, 정부 특수활동비 등 다양한 이슈들로 정치권이 시끄러웠던 한 달이었다. 그 중에서도 2016년 4월에 치러지는 20대 총선을 둘러싼 여야 간의 입장 차이가 오픈프라이머리(open primary·완전국민경선제·국민공천제)와 권역별 비례대표제 도입, 국회의원 정수, 지역구와 비례대표 의석수 등 쟁점별로 부각되었다. 새정치민주연합 문재인 대표는 2015년 8월 초 새누리당이 권역별 비례대표제를 수용한다면 새정치연합도 오픈프라이머리를 당론으로 결정할 수 있다면서 두 제도의 일괄타결을 공식적으로 제안하였지만 새누리당은 이를 거절하였다.

중앙선거관리위원회 산하 독립기구인 선거구획정위원회는 정상적인 선거 시행을 위해 늦어도 8월 13일까지는 국회가 획정 기준들을 결정해 줄 것을 여러 차례 요청하였다. 하지만 여야의 의견대립으로 논의가 제대로 진행되지 않고 기한을 넘기자 선거구획정위는 "국회가 제 기능을 수행하지 못할 경우 우리 위원회가 제시하는 결과를 겸허하게 수용해야 할 것"이라고 경고하였다(조선일보 2015. 08. 14). 이후 여야는 협상 결과 의원 정수를 현행 공직선거법대로 300명을 유지하기로 의견을 모으기도 하였다. 그동안 새정치연합은 의원 정수 증원을 전제로 하는 권역별 비례대표제 도입을 주장해왔지만 의원 증원을 반대하는 여론이 거세지자 의원 정수는 현행대로 유지할 수 있다는 입장으로 선회한 것이다(연합뉴스 2015. 08. 18).

하지만 여야는 의원 정수 이외의 구체적인 선거구 획정 기준은 정하지 않은 채로 지역구와 비례대표 의석수 배분 등을 선거구획정위로 넘기기로 잠정 합의하였는데, 지역구 통폐합을 우려한 농촌 지역구 의원들의 반발과 비례대표 감소를 우려하는 정의당의 반대에 부딪쳐 8월 20일과 25일에 이어 27일에도 합의안을 정치개혁특별위원회에서 처리하지 못했다(동아일보 2015. 08. 27). 새누리당 김무성 대표와 새정치연합 문재인 대표는 정개특위에서 선거구 획정 문제가 타결되지 않을 경우 여야 지도부가 일괄타결할 수밖에 없다는 점에 공감하기도

하였지만 김 대표는 지역구 축소 불가 입장을, 문 대표는 비례대표 축소 불가 입장을 거듭 강조하고 있다.

한편 정치권은 노동개혁을 둘러싼 입장에서도 뚜렷하게 대립하고 있다. 정부와 여당은 청년 일자리 창출을 위해 정규직의 양보가 불가피하다며 임금피크제와 해고요건 완화를 내세웠지만, 야당과 노동계는 노동시간 단축을 비롯한 경제민주화를 주장하고 있다(한겨레 2015. 08. 07). 새정치연합은 '아버지 봉급을 깎아 저를 채용한다고요?'와 같은 내용의 현수막을 걸어 일정 나이가 되면 임금을 삭감하는 임금피크제를 비판하였고, 새누리당은 야당이 세대갈등을 조장한다고 지적하기도 하였다. 또한 새정치연합은 노동개혁보다도 재벌개혁이 우선이라며 재벌 지배구조 개선과 경제민주화 등 재벌개혁 과제를 다룰 당내 특위를 구성하는 등 정부와 여당의 노동개혁 추진에 대응하고 나섰다.

한국 정당

08월 04일

• 천정배 "기득권에 취한 현 정치구조 타파위해 신당 필요"   (연합뉴스 08. 04)

– '호남신당' 창당을 주도하는 무소속의 천정배 의원은 4일 "여야 정당이 독과점과 기득권에 취해 국민의 목소리를 듣지 못하고 있다"며 "총체적 무기력과 무능함, 기득권 구조를 전면 재구성하기 위해 신당 창당은 필요하다"고 주장했다. 4·29 보선에서 당선된 이후 공식적으로 전북을 첫 방문한 천 의원은 이날 기자회견에서 "현재 우리나라는 소득과 자산 불평등, 대기업과 중소기업 간의 불공정 문제 등에 걸려 선진국 문턱에서 더이상 성장을 하지 못하고 있는데, 소득 3만불시대를 넘어 국민의 삶을 한층 더 편안하게 하려면 새로운 정치개혁 세력의 등장이 절실하다"며 이렇게 말했다.

08월 10일

• 여당 "선거제 개편 '빅딜' 없다…정개특위서 논의"   (연합뉴스 08. 10)

– 새누리당은 10일 내년 20대 총선에 적용할 선거제도 개편 논의와 관련, 새정치

민주연합 문재인 대표가 제안한 '오픈프라이머리(새누리당은 국민공천제로 명명)-권역별 비례대표제 빅딜'은 없다는 입장을 거듭 확인했다. 오픈프라이머리는 각 당의 당헌·당규를 변경할 공천제 관련 사항이고, 권역별 비례대표제는 공직선거법을 개정해야 할 선거제도 문제라 한 테이블에 올려놓고 맞바꾸기할 대상이 될 수 없다는 것이다.

08월 19일

• 여야 노동개혁 충돌… 서로 "세대갈등 조장말라"　　　　　(조선일보 08. 20)

— 정부·여당이 추진하는 '노동개혁' 관련, 새누리당이 "청년 일자리"를 내세우자 새정치민주연합이 "아버지 봉급 깎인다"는 현수막으로 맞대응에 나섰다. 여야는 그러면서 서로 "세대 갈등을 조장한다"고 손가락질하고 있다. 새누리당 김무성 대표는 19일 당 회의에서 "청년일자리창출법안에 발목을 잡고 있는 야당이 청년일자리창출을 위한 임금피크제 등 노동개혁을 부모와 자식 간의 싸움으로 몰아가며 세대 갈등과 반목을 키우려 한다"고 말했다. 김 대표는 야당의 '아버지 봉급을 깎아 저를 채용한다고요?'라는 현수막을 지적했다. 새정치연합은 지난 13일부터 정부의 노동개혁을 비판하는 현수막을 전국에 내걸었다. 일정 나이가 되면 임금을 삭감하는 '임금피크제'를 비판하며 "일자리 창출을 위해서는 '재벌개혁'이 우선"이라는 야당의 주장을 담았다. 야당이 이처럼 노동개혁 대응에 나선 것은 여당에서 노동개혁 명분으로 '청년 일자리'를 앞세워 야당 텃밭인 20~30대에 접근했기 때문이다.

08월 22일

• 여야, 평화적 해결 위한 남북(南北) 대화 촉구…정쟁중단 선언　　(연합뉴스 08. 22)

— 여야 지도부는 22일 북한의 포격도발과 관련, 북한에 한반도 긴장을 증폭시키는 일체 도발의 즉각적 중단을 촉구하는 등 공동대응에 나섰다. 새누리당 김무성 대표와 원유철 원내대표, 새정치민주연합 문재인 대표, 이종걸 원내대표는 이날 오후 국회 귀빈식당에서 2+2 회동을 하고 이러한 내용을 포함한 공동발표문을 채택했다. 여야 지도부는 공동발표문을 통해 남북당국이 이 문제의 평화적 해결을 위해 당국 간 대화에 나설 것을 촉구했다. 또한 "정부는 이 상황을 단호하되 평화적으로 관리

해야 한다"며 "정치권은 국가 안보와 국민 안전을 위해 우리 군에 무한 신뢰를 보내며, 모든 정쟁을 멈추고 초당적으로 대처할 것을 약속한다"고 밝혔다.

08월 25일

• 심상정 "비례의석 축소안돼…3당 협의체 구성해야"　　　　(연합뉴스 08. 25)

– 정의당 심상정 대표는 25일 내년 총선에 적용할 선거제도 개혁과 관련해 새누리당과 새정치민주연합, 정의당이 참여하는 3당 협의 테이블 구성을 요구했다. 심 대표는 이날 국회 정치개혁특별위원회 선거법심사소위 회의실 앞에서 입장 발표를 통해 내년 총선 선거구획정기준을 국회 정치개혁특위 차원에서 논의하는 것은 한계가 있다며 이같이 제안했다. 앞서 정개특위 선거법심사소위는 지난 20일 국회의원 정수를 300명으로 유지하되, 지역구의원수는 선거구획정위에 위임하는 것을 골자로 한 선거구 획정기준을 담은 공직선거법 개정안을 의결하려 했지만 정의당이 반대해 무산된 바 있다. 정의당은 국회가 지역구수와 비례대표 의석수를 정하지 않은 채 선거구획정위에 위임할 경우 지역구 획정과정에 비례대표 의석이 줄어들 수 있고, 독일식(연동형)이 아닌 일본식(병립형) 권역별 비례대표제가 도입되면 정의당에 불리한 결과를 초래할 수 있다고 판단하고 있다.

08월 27일

• 야당 "재벌개혁은 미래위한 전쟁"…국회 재벌특위 설치제안　　(연합뉴스 08. 27)

– 새정치민주연합은 27일 새누리당의 노동개혁 드라이브에 대응하기 위해 재벌개혁과 노동개혁을 각각 다룰 2개 특위를 본격 가동하며 경제관련 개혁경쟁에 맞불을 놨다. '공정과 공평'을 전면에 내건 재벌개혁특위(재벌특위)와 경제정의·노동민주화특위(노동특위)의 '쌍두마차' 체제를 구축한 것이다. 노동특위는 새누리당의 임금피크제 대신 노동시간단축을 통한 일자리 해법을 도출하는데 초점을 맞추고, 재벌특위는 재벌 지배구조 개선과 경제민주화 등 재벌개혁 과제를 관철시키는데 주력하기로 했다. 박영선 재벌특위 위원장은 "2년 전 8월 28일은 박근혜 대통령이 재벌총수와 회동한 날이자 박근혜 정권에서 경제민주화라는 단어가 실종된 날"이라며 국회 내에 재벌개혁특위를 설치할 것을 제안했다.

08월 13일

• 선관위 "국회가 제 기능 못하니 우리가 한다" 경고 (조선일보 08. 14)

– 중앙선거관리위원회 산하 선거구획정위원회는 13일 내년 총선에 적용할 선거구 획정 기준과 관련해 "국회가 제 기능을 수행하지 못할 경우 우리 위원회가 제시하는 결과를 겸허하게 수용해야 할 것"이라고 했다. 정상적인 선거 시행을 위해 선거구 획정 기준, 국회의원 정수, 지역구와 비례대표 의석 비율 등을 늦어도 8월 13일까지는 결정해 달라고 요청해 왔는데도 여야가 결국 기한을 무시했기 때문이다. 공직선거법은 선거구획정위가 10월 13일까지 20대 총선 선거구 획정안을 국회의장에게 제출하고, 국회는 11월 13일까지 확정해야 한다고 규정하고 있다. 선거구 획정 기준들을 국회가 정해야 획정위가 그에 따라 작업을 할 수 있다. 그러나 여야는 이런 기준은 물론, 회의와 협상을 어떤 방식으로 진행할지도 정하지 못하고 있다.

8월 18일

• 여야, 국회의원 정수 300명 유지 합의 (연합뉴스 08. 18)

– 국회 정치개혁특별위원회(정개특위) 여야 간사는 18일 각 당 원내지도부와의 협의를 거쳐 공직선거법심사소위원회 협상을 벌인 결과 의원 정수에 대해서는 현행 공직선거법을 유지하기로 의견을 모았다고 밝혔다. 현행 선거법은 국회의원 정수를 299명으로 규정하고 있으며, 세종특별자치시 신설에 따라 제19대 국회에 한해서 부칙에서 1명을 추가함으로써 300명을 맞춘 상태이다. 여야는 지역구 의원과 비례대표 의원의 비율은 구체적으로 정하지 않기로 했으며 선거구획정위원회에 맡기기로 했다. 선거구 획정기준을 하루빨리 넘겨서 선거구획정위가 국회에 획정안을 제출해야 하는 법정기한(10월 13일)을 맞출 수 있도록 하고, 여야 간 입장이 첨예한 권역별 비례대표제 도입 여부 등 선거제도에 대해서는 시간을 벌어놓고 국회 차원의 논의를 이어가려는 의도로 해석된다. 그동안 헌법재판소의 인구 편차 조정 결정에 따라 지역구 의원이 늘어나는 상황에서 새누리당은 비례대표를 줄여서라도 의원 정수를 유지하자고 주장해온 반면, 새정치연합은 의원 정수 증원을 전제로 하는 권역별 비

례대표제 도입을 요구해왔다. 하지만 새정치연합은 최근 의원 증원을 반대하는 여론이 거세지자 권역별 비례대표제는 도입하되 의원 정수는 현행대로 유지할 수 있다는 입장으로 선회했다.

08월 20일

• 여당, '한국식 국민공천제' 마련…"투표 대신 여론조사"　　　　　(연합뉴스 08. 20)

– 새누리당은 총선 후보 선출 방식과 관련, 당론으로 채택한 오픈프라이머리 도입이 현실적으로 어려울 경우 상향식 공천 취지를 살리기 위한 대안을 잠정 마련한 것으로 20일 전해졌다. 새누리당은 당초 여야가 같은 날, 전 지역에서 동시에 유권자들이 투표에 참여토록 해 각 당의 총선 후보자를 결정하는 오픈프라이머리 전면 도입을 추진해왔지만 야당인 새정치연합이 난색을 표하고 있어 추진에 제동이 걸린 상태이다. 새누리당이 새롭게 모색 중인 방안은 유권자들이 투표를 통해 후보자를 결정하는 대신에 공직 후보자 결정과정에 여론조사 반영비율을 100%까지 늘려 유권자의 뜻을 물어 상향식으로 후보를 공천하는 것을 골자로 한다. 새누리당은 이를 유권자들이 투표를 통해 후보를 결정하는 미국식 오픈프라이머리와 차별화해 '한국식 국민공천제'라고 명명한 것으로 알려졌다. 여론조사 경선을 실시하면 여성과 신인 정치인이 불리하다는 지적에 따라 이들에게 득표의 5%를 가산점으로 부여하는 방안도 검토 중인 것으로 알려졌다. 또 당비를 내는 책임 당원의 역할이 유명무실해진다는 지적에 따라 여론조사는 일반 국민과 당원을 상대로 따로 실시한 후 합산하는 방식이 유력하게 거론되고 있다.

08월 27일

• 여야, 국회 정개특위 합의안 또 처리 불발…벌써 세 번째　　　　(동아일보 08. 27)

– 내년 4월 총선 룰을 정해야 할 국회 정치개혁특별위원회가 표류하고 있다. 정개특위는 이미 18일 의원정수를 현행 300명으로 유지하고 지역구와 비례대표 의석수 배분을 선거구획정위원회에 넘기기로 잠정 합의해 놓고서도 27일 이를 의결하지 못했다. 의결에 실패한 것은 20일과 25일에 이어 벌써 세 번째다. 국회 정개특위는 이날 오전 9시 56분 공직선거법심사소위를 열었지만 개회 39분 만에 합의점을 찾지 못하

고 산회했다. 뒤이어 예정됐던 정개특위 전체회의도 열리지 못했다. 이날 소위에 올라온 법안 심사 자료는 '선거구 획정 기준에 관한 사항' 1건에 불과했지만 이 마저도 처리하지 못했다. 선거구 인구 편차를 '2 대 1'로 조정하라는 헌법재판소의 결정으로 지역구 통폐합을 우려한 농촌 지역구 의원들의 반발과 비례대표 감소를 우려하는 정의당의 반대가 또 걸림돌이 됐다.

08월 29일

• 여야 대표, '선거구획정 일괄타결' 조건부 공감   (연합뉴스 08. 29)

– 새누리당 김무성 대표가 29일 정치개혁특별위원회에서 선거구획정 문제가 타결되지 않을 경우 여야 지도부가 만나 일괄타결할 수밖에 없다고 언급하자 새정치연합 문재인 대표는 "좋은 이야기"라고 말했다. 하지만 김 대표는 선거구 획정 과정에서 지역구를 축소해선 안된다는 입장을 거듭 강조했고, 문 대표는 "권역별 비례대표제를 함께 논의해야 한다"며 비례대표를 줄여선 안된다는 당론을 재확인하는 등 쟁점사항에선 여전히 평행선을 달렸다.

한국 여론

07월 31일

• 유권자 57% "의원 수 줄여야"   (조선일보 08. 01)

– 한국갤럽이 28~30일 조사해 31일 발표한 여론조사 결과에 따르면, 국회의원 수 증감에 대한 질문에 응답자의 57%는 '줄여야 한다', 7%는 '늘려야 한다'고 답했다. '현재 정수인 300명이 적당하다'는 답은 29%였고, 나머지 7%는 의견을 유보했다. 의원 수를 줄여야 한다는 응답 비율은 새누리당 지지층(62%)이나 새정치민주연합 지지층(58%)이나 비슷했다. '국회의원 세비 총예산을 동결한다면 국회의원 정수를 늘려도 된다고 보느냐'는 질문에도 '늘려서는 안 된다'는 의견이 75%로, '늘려도 된다'는 응답 17%보다 크게 많았다. 또 현재 전체 의원 300명 중 '지역구 의원을 늘리고 비례대표를 줄여야 한다'는 응답이 37%로, '지역구를 줄이고 비례대표를 늘려야 한다'는 답 16%보다 2배 이상 높았다. 지역구 의원 246명, 비례대표 54명인 '현재 비율

이 적당하다'는 의견은 29%였다. 18%는 의견을 유보했다.

08월 10일

• 박 대통령, 새누리당 지지율 동반상승···8 · 14 임시공휴일 지정 영향

(경향신문 08. 10)

– 박근혜 대통령 국정수행 지지도와 새누리당 지지도가 지난 주 동반 반등했다. 8월 14일 임시공휴일 지정과 고속도로 통행료 면제 발표가 영향을 미친 것으로 분석됐다. 여론조사기관 리얼미터는 지난 3~7일 조사한 결과, 박근혜 대통령이 '국정수행을 잘 하고 있다'는 답변이 전주보다 4.6% 상승한 39.5%를 기록했다고 10일 밝혔다. 정당 지지도에선 새누리당이 전주 대비 3.4% 상승한 39.9%로 40%에 근접했다. 새정치민주연합은 2.0% 하락한 26.1%로 다시 20%대 중반으로 내려앉았다.

08월 18일

• 전남도민 "호남신당 안돼···아직은 새정치"　　　　　　(연합뉴스 08. 18)

– 전남지역민은 호남 중심의 신당 창당에는 부정적인 생각을 갖고 있는 것으로 나타났다. 목포MBC가 창사 47주년을 맞아 코리아리서치에 의뢰한 여론조사 결과 야권 신당 창당은 전국 차원의 신당 창당이 바람직하다는 의견이 51.3%로 절반을 넘었다. 호남 중심 신당 지지도는 13.4%에 머물러 전남 주민은 전국적 지지를 얻는 신당 창당을 원하는 것으로 풀이됐다. 내년 4월 총선에서 지지하는 정당을 묻는 질문에는 새정치연합이 43.1%로 가장 높았고 야권신당 17.6%, 새누리당 13.8% 순이었다. 2017년 대선의 후보 선호도 조사에서는 박원순 서울시장이 19.7%로 1위를 차지했다.

08월 28일

• 남북 합의 효과··· 박 대통령 지지율 15% 급등　　　　(조선일보 08. 29)

– 박근혜 대통령 지지율이 최근 남북 고위급 접촉 합의에 힘입어 급등하면서 50%에 근접한 것으로 나타났다. 한국 갤럽이 28일 발표한 여론조사에서 박 대통령의 직무 수행에 대해 '잘하고 있다'는 평가가 올해 들어 최고치인 49%를 기록하며 1주일

전 조사의 34%보다 15%포인트 올랐다. 반면 '잘못하고 있다'는 평가는 44%로 지난 주의 56%에서 크게 줄었다. 박 대통령의 국정 운영에 대한 긍정 평가가 부정 평가를 앞선 것은 작년 11월 이후 10개월 만이다. 정당 지지율 조사에선 새누리당 44%, 새 정치민주연합 21% 등이었다. 지난주보다 새누리당은 3%포인트 상승한 반면 새정 치민주연합은 3%포인트 하락했다. 양당 지지율 차이는 23%포인트로 올 들어 가장 크게 벌어졌다. 한편 이번 남북 고위급 협상에 대해선 국민 3명 중 2명가량인 65%가 '잘됐다'고 평가했고 '잘못됐다'는 16%에 그쳤다.

3차(8월 말~9월 말)

김윤실

새정치민주연합 혁신위원회는 내년 총선의 경선에서 안심번호가 도입될 경우 선거인단을 100% 일반 시민으로 구성하고 정치신인에게는 10%, 여성·장애인에게는 25%, 청년에게는 15~25%의 가산점을 부여하겠다는 내용의 '공천 혁신안'을 9월 7일 발표하였다. 8일 의원총회와 9일 최고위원회에서 혁신안에 대한 비주류의 반대가 있었지만 문재인 대표는 9일 당규 의결기구인 당무위원회 회의에서 공천혁신안을 통과시켰다(연합뉴스 2015. 09. 09; 한겨레 2015. 09. 11). 이날 오후 문 대표는 긴급 기자회견을 통해 혁신안 통과에 당 대표직을 걸겠다며 정면 돌파를 선언하였다. 이에 새정치연합 내 비주류인 비노무현계 인사들은 문 대표의 '재신임 카드'에 맞서 조기 전당대회 개최를 요구하는 등 친노(親盧)·비노(非盧) 간의 갈등이 깊어졌다. 새정치연합은 9월 16일 중앙위원회의에서 비주류 인사들이 퇴장하는 파행 속에 박수로 공천혁신안을 의결하였다. 이후 새정치연합은 20일 당무위원회와 의원총회 연석회의에서 문 대표에 대한 재신임 결의문을 채택하였고, 21일 문 대표는 재신임 투표 제안을 공식 철회하였다.

국회는 당초 2015년 8월 말까지 활동하기로 했던 정치개혁특별위원회가 선거구획정 기준 마련을 비롯한 각종 정치관계법 개정작업을 마치지 못함에 따라 1일 정기국회 첫 본회의에서 정개특위를 재구성하여 오는 11월 15일까지 가동하기로 했다(연합뉴스 2015. 09. 01). 지난 8월 정개특위는 국회의원 정수를 현행 300명으로 유지하되 지역구와 비례대표 의원의 비율은 구체적으로 정하지 않고 중앙선거관리위원회 산하 선거구획정위원회에 맡기기로 합의하였다(연합뉴스 2015. 08. 18). 선거구획정위는 9월 19일 내년 총선의 지역선거구 수를 244~249개의 범위 내에서 정하기로 결정하였다고 발표하였다. 획정위가 제시한 지역구 숫자 범위 내에서 최종 결정된다면 농어촌 지역구 의석수가 줄어들 수밖에 없는 상황이기에(연합뉴스 2015. 09. 19), 농어촌에 지역구를 둔 여야 의원들은 지역대표성을 유지하기 위한 '특별선거구' 설치를 촉구하고 나섰다(연합뉴스 2015. 09. 21).

새누리당 김무성 대표가 9월 2일 국회 교섭단체 대표연설에서 오픈프라이머리 도입을 위한 여야 대표회담을 조속한 시일 내 갖자고 제안했고, 이에 대해 새정치연합 문 대표도 긍정 반응을 보이면서 권역별 비례대표제 등도 함께 논의하자고 역 제안하였다(연합뉴스 2015. 09. 03). 하지만 문 대표가 당 내홍 사태를 진화하기 위해 대표직 재신임 투표를 제안하면서 거취가 불투명해져 여야 대표회담도 한동안 미뤄질 수밖에 없었다(연합뉴스 2015. 09. 10). 한편 새누리당은 여야가 의원 정수를 300명으로 유지하기로 한 만큼 농어촌 지역구 감소를 막으려면 비례대표 의원 정수를 줄여야 한다고 주장하고 있지만, 문 대표는 비례대표 감축에 반대하는 입장을 고수하고 있는 상황이다(연합뉴스 2015. 09. 22).

한국 정당

09월 07일

• 야당 혁신위, 총선 경선 100% 시민참여 · 결선투표 도입 　　　　(연합뉴스 09. 07)

– 새정치민주연합은 7일 발표한 10차 혁신안에서 내년 총선 경선에 참여할 선거인단을 100% 일반 시민으로 구성하는 국민공천단 도입 방안을 제시했다. 다만 안심번호가 도입되지 않을 경우 국민공천단 70%, 권리당원 30% 비율로 선거인단을 꾸리기로 했다. 안심번호는 정당이 당내경선에 필요한 여론조사를 실시할 때 휴대전화 사용자의 개인정보가 드러나지 않도록 이동통신사업자가 임의의 전화번호를 부여하는 것으로, 이 제도 도입을 위한 공직선거법 개정안이 국회 정치개혁특위를 통과한 상태다. 경선은 ARS와 현장투표를 혼합해 실시하고, 1차 경선에서 과반 득표자가 나오지 않을 때 1~2위를 대상으로 결선투표를 거치도록 했다. 오픈프라이머리는 경선 투표를 희망하는 시민이라면 누구나 참여할 수 있지만 국민공천단은 사전에 지역구별로 300~1천명의 선거인단을 꾸린 뒤 후보자 간 연설이나 토론회 등을 들은 다음에 투표에 참여하도록 한 것이 차이다. 또한 정치신인에게는 10%의 가산점을 주기로 했고 여성 · 장애인에게는 현행 20%에서 25%의 가산점을 부여하기로 했다. 청년의 경우 ▲만 29 이하 25% ▲만 30~35세 이하 20% ▲만 36~42세 15% 등 연령별로 차등화했다.

09월 09일

• 문재인 "혁신안 통과에 대표직 걸겠다"…안철수 "본질 아냐" 비난 (조선일보 09. 09)

– 새정치민주연합 문재인 대표가 9일 긴급 기자회견을 열고 "혁신안이 끝까지 통과되지 못하면 당 대표직에서 물러나겠다"고 했다. 혁신안에 대한 비노 진영의 비판에 대해 자신의 대표직을 걸겠다며 정면 돌파를 선언한 것이다. 한편 문 대표 지도부를 비판했던 안철수 전 공동대표는 "재신임은 혁신의 본질을 비껴가고 있는 것으로 실망스럽다"며 "혁신안 중앙위원회 통과를 갖고 저렇게 말하는 건 대표가 취할 자세가 아니다"라고 했다.

09월 10일

• 비노무현계, 문재인 '재신임' 맞서 조기전대 요구…야당 세대결 전면전

(연합뉴스 09. 10)

– 새정치연합내 비노계 인사들이 전날 문재인 대표의 '재신임 카드'에 조기전당대회 개최를 요구하며 맞불을 놓으면서, 친노·비노간 세대결이 전면전으로 흐르고 있다. 비노계에서는 재신임 투표를 문 대표 사퇴 주장을 피해가기 위한 '꼼수'라고 지적하면서 조기 전당대회 개최를 주장하고 나섰고, 친노 진영에서는 '조기전대론'에 대해 "잿밥에만 관심 있는, 극소수의 의견일 뿐"이라고 폄하했다. 그러자 비노에서는 다시 "재신임투표야 말로 당을 장악하려는 친노 동원령"이라고 맞서는 등 팽팽한 신경전이 벌어지고 있다.

09월 15일

• 여야, 노사정 합의에 엇갈린 반응…입법 난항 예고   (연합뉴스 09. 15)

– 여야는 15일 노사정이 '노동시장 구조 개선을 위한 합의문'을 최종 의결한 데 대해 상반된 반응을 보였다. 새누리당은 노사정 합의를 환영하면서 야당의 입법 협조를 주문한 반면, 새정치연합은 이를 대기업에 유리하고 노동자에는 불리한 '불공정 합의'로 규정했다. 새누리당은 이번 정기국회에서 노사정 합의를 토대로 한 5대 노동개혁 관계법을 처리하겠다는 방침이지만, 새정치연합이 이를 반대하고 나설 가능성이 큰 것으로 관측된다. 또한 새정치연합에는 이번 노사정 합의에 참여한 한국노총

출신도 있지만, 이번 합의를 '야합'으로 규정한 친(親) 민주노총 성향 의원들도 적지 않아 야당 내부에서도 논란이 커질 가능성이 있다.

09월 16일
• 야당 공천혁신안, 비주류 퇴장 속 박수로 가결 (연합뉴스 09. 16)

– 새정치민주연합의 공천혁신안이 16일 열린 중앙위원회의에서 비주류 인사들이 퇴장한 가운데 박수로 만장일치 통과됐다. 문재인 대표는 혁신안이 부결되면 물러나겠다고 한 바 있어 혁신안 의결로 재신임의 1차 관문을 넘게 됐다. 그러나 혁신안이 파행 속에 처리, 의미가 퇴색한 가운데 비주류가 강력 반발하고 있어 당 내분 사태가 2라운드로 접어들 전망이다. 새정치연합은 이날 국회 의원회관에서 열린 중앙위에서 여야가 합의한 안심번호가 도입될 경우 내년 총선 경선 선거인단을 100% 일반 시민으로 구성하는 내용과 정치신인 가산점제 및 결선투표제 도입 등을 골자로하는 공천혁신안을 의결했다. 최고위원제 폐지에 따른 지도체제 개편안을 담은 당헌 개정안도 거수투표로 가결처리됐다.

09월 17일
• 김무성 "야당 공천안은 반개혁·반혁신적 제도" (연합뉴스 09. 17)

– 새누리당 김무성 대표는 17일 새정치민주연합의 공천 혁신안을 '반개혁·반혁신적 제도'라고 비판하면서 오픈프라이머리 동시 도입을 거듭 촉구했다. 이는 새정치연합을 압박하는 동시에 일부 친박계 의원을 중심으로 당내 일각에서 오픈프라이머리에 대한 회의론을 내놓고 있는 데 대해 '경고 메시지'를 던진 것이라는 해석이 나왔다.

09월 21일
• 문재인 "뜻 거둬들이겠다…구성원 모두 존중·승복해야" (연합뉴스 09. 21)

– 새정치민주연합 문재인 대표는 21일 "제 뜻은 거둬들이고 모두의 충정을 겸허히 받아들이겠다"며 재신임 투표 입장을 철회했다. 문 대표가 지난 9일 당무위 직후 재신임을 묻겠다는 뜻을 전격 발표한 지 12일 만에 당 구성원의 총의를 수용하는 형태

로 이를 철회함에 따라 극한으로 치닫던 당 내분 사태가 일단 봉합 국면을 맞게 됐다. 전날인 20일 새정치연합은 당무위원-국회의원 연석회의에서 문 대표에 대한 재신임을 확인하고, 더이상 대표의 거취를 둘러싼 분열적 논란을 종식하기로 결의했으며, 이에 대해 문 대표를 "결의를 아주 무겁게 받아들인다"고 밝혔다.

한국 선거·의회

09월 01일

- **국회 정개특위 재구성…11월 15일까지 활동** (연합뉴스 09. 01)
- 국회는 1일 본회의를 열어 활동 시한을 하루 넘긴 국회 정치개혁특별위원회 구성 결의안을 의결했다. 이병석 위원장과 여야 간사인 새누리당 정문헌·새정치민주연합 김태년 의원을 비롯한 소속 위원 구성에는 변화가 없다. 재구성된 정개특위는 오는 11월 15일까지 활동하면서 국회의원 선거구 획정 기준을 마련해 중앙선거관리위원회 산하 선거구획정위원회에 제시하고 각종 정치 관계법을 손질하는 역할을 맡는다. 앞서 정개특위는 국회의원 정수를 현행 300명으로 유지하되, 최대 쟁점인 지역구와 비례대표 비율은 선거구획정위가 정하도록 합의한 바 있다.

09월 15일

- **여 "정종섭 발언 단순 해프닝", 야 "선관위 정치화…면죄부 줘"** (조선일보 09. 15)
- 새누리당 원유철 원내대표는 중앙선거관리위원회가 최경환 경제부총리와 정종섭 행정자치부 장관에 대해 '선거법을 위반하지 않았다'고 결정한 것에 대해 "상식적인 결정이라 보고 환영한다"고 15일 밝혔다. 새정치민주연합은 선거법을 위반했다며 정 장관에 대해 전날 탄핵소추안을 제출했다. 원 원내대표는 "선관위에서 선거법 위반이 아니라고 한만큼 야당은 정치공세를 중단하고, 탄핵소추안을 철회하고 민생 국감 민생국회에 집중하기를 제안한다"며 탄핵소추안 철회를 요구했다. 반면 새정치연합 이종걸 원내대표는 선관위의 전날 결정에 대해 이날 "최 부총리와 정 장관에게 면죄부가 발동됐다. 준 사법기관이 정치화되고 있다"고 비판했다.

09월 16일

• 노사정 합의조차 무시…새누리당, 기간제 · 파견법 강행 (한겨레 09. 16)

- 일반해고 요건과 취업규칙 불이익 변경 요건 완화를 뼈대로 한 노사정위원회 합의 이후, 새누리당이 노동시장 구조개편 관련 5개 법안을 당론으로 발의하며 입법 추진에 속도를 내고 있다. 정부도 청년 구직자 지원을 목표로 '청년희망펀드' 운용 계획을 밝히는 등 정부 · 여당이 동시다발적으로 강온 양면 전략을 구사하며 노동시장 개편 작업에 나서는 모습이다. 하지만 노사정이 추후 논의 과제로 남겨둔 비정규직 기간 연장과 파견 확대 등 주요 쟁점과 관련한 부분까지 새누리당이 정부안대로 법안을 발의해, 노사정 합의를 무시한 채 일방적으로 노동시장 개편을 밀어붙인다는 비판이 제기된다. 새누리당은 16일 국회에서 정책의원총회를 열어 정부의 노동시장 개편 작업을 뒷받침하기 위한 노동 관련 5개 법안을 당론으로 채택하고, 이날 오후 국회에 관련 법안을 제출했다. 여당이 제출한 5개 법안은 △근로기준법 △파견근로자법 △기간제근로자법 △고용보험법 △산재보험법 등이다.

09월 19일

• 획정위 "20대 총선 지역구수 244~249개 범위" (연합뉴스 09. 19)

- 국회의원선거구획정위원회는 19일 전체회의를 열고 내년 20대 총선의 지역선거구 수를 244~249개의 범위 내에서 정하기로 결정했다고 밝혔다. 이에 따라 획정위가 다음달 13일까지 국회에 제출할 단수의 최종안에는 지역구 숫자가 현행과 같은 246개로 유지되거나 변경되더라도 큰 증감은 없을 것으로 예상된다. 앞서 여야가 의원 정수를 현행 300명으로 유지하기로 합의했기 때문에 다음달 획정위가 최종안을 국회에 제출할 때 제시되는 지역구 숫자에 따라 비례대표 의원 수도 자동 결정될 전망이다.

09월 21일

• 여야 농어촌 의원, '특별선거구' 설치 촉구 (연합뉴스 09. 21)

- 농어촌에 지역구를 둔 여야 의원들은 21일 지역대표성을 유지하기 위해 '특별선거구'를 설치하라고 촉구했다. 이는 국회의원선거구획정위원회가 내년 4월 20대 총

선의 지역구 수를 244~249개 범위에서 정하겠다고 발표함에 따라 인구가 줄어드는 농·어촌에서 지역구 감소가 불가피해진 데 따른 것이다. 현재 인구 하한선에 미달해 통폐합 대상인 지역구 26곳 중 20곳이 농어촌 지역이다. 이들은 기자회견에서 "농어촌·지방의 지역대표성 확보 및 국토 균형 발전을 도모하고, 기형적 선거구 탄생을 방지해야 한다"며 "강원, 충북, 충남, 전북, 전남, 경북, 경남에 각각 1석 이상의 특별선거구를 채택해 선거구를 획정해야 한다"고 말했다.

한국 여론

09월 07일

• 리얼미터 "박 대통령 지지도 열 달 만에 50%…방중(訪中) 효과"　　　(연합뉴스 09. 07)
– 여론조사 전문업체인 리얼미터는 7일 주간 여론조사에서 박근혜 대통령의 지지율이 41주 만에 50% 선을 회복했다고 밝혔다. 리얼미터가 지난 8월 31일~9월 4일까지 실시한 주간조사를 집계한 결과 박 대통령 국정수행 지지도는 50.4%(매우 잘함 17.9%, 잘하는 편 32.5%)로 5주 연속 상승세를 나타냈다. 특히 중국 전승절 열병식에 참석한 3일부터 이틀간은 6.1%포인트가 올라 지지도가 53.8%까지 상승해 올해 최고치를 경신했다. 한편 여야 차기 대선주자 지지도에서는 새누리당 김무성 대표가 24.1%로 10주 연속 1위를 차지했고, 이어 박원순 서울시장 14.9%, 새정치민주연합 문재인 대표 14.5%, 새정치민주연합 안철수 전 대표 8.5%, 김문수 전 경기지사 4.9%, 오세훈 전 서울시장 4.5% 등의 순이었다.

09월 15일

• 노사정 합의, 찬성 48.7% vs 반대 22.9%　　　　　　　　　(연합뉴스 09. 15)
– 노사정이 지난 13일 합의한 노동시장 구조개선방향에 대해 국민 2명 가운데 1명 꼴로 찬성한다는 조사 결과가 나왔다. 리얼미터는 14일 설문조사한 결과 48.7%가 노사정이 잠정합의한 노동시장 구조개편안에 찬성한다고 답했다고 15일 밝혔다. 반대한다는 의견은 22.9%로 찬성한다는 응답자의 절반 수준이었다. 나머지 28.4는 잘 모른다는 입장이었다. 노사정의 잠정합의안이 무엇인지 알고 있다는 응답자

는 79.4%로 이 가운데 55.0%가 찬성, 23.6%가 반대, 21.4%가 잘 모른다고 답했다. 지지정당별로 보면 새누리당 지지층에서 찬성 의견이 73.3%로 압도적으로 많았으나, 새정치민주연합 지지층과 무당층에서는 각각 찬성 38.7%·반대 33.3%, 찬성 24.9%·반대 31.7%로 오차범위 내에서 찬반 의견이 팽팽했다.

09월 18일

• 박 대통령 국정지지율 3주째 50%대 유지　　　　　　　　　　　　(연합뉴스 09. 18)

– 한국갤럽이 지난 15~17일 실시해 18일 발표한 여론조사 결과에 따르면 박근혜 대통령의 직무수행에 대한 긍정적 평가는 50%로, 전주와 같았다. 이로써 박 대통령의 국정지지도는 이달 첫째주에 54%를 기록하며 세월호 참사 이후 최고치를 기록한 데 이어 전주에 소폭 하락했으나 3주 연속 50%대를 이어갔다. 정당 지지율은 새누리당이 41%, 새정치연합이 21%로 각각 조사돼 모두 전주에 비해 1%포인트씩 하락한 것으로 나타났다. 한편 이번 조사에서 노사정 대타협에 대해서는 '잘된 일'이라고 답한 응답자가 전체의 35%로, '잘못된 일'이라는 응답 비율(20%)보다 높았다. 주요 쟁점별로는 일반해고 요건을 명확화하기로 한 데 대해서는 찬반 의견이 각각 71%와 18%였고, 임금피크제 도입에 대해서도 70%와 20%로, 찬성 의견이 압도적인 것으로 조사됐다. 이에 비해 정규직 해고요건 완화 주장과 관련해서는 찬성과 반대 의견이 각각 46%와 41%로 비슷했다. 이밖에 정부의 노동정책 우선 방향에 대한 질문에는 '청년일자리 확대'라는 응답이 전체의 73%에 달해 '정년 연장'이라는 응답비율(15%)을 훨씬 웃돌았다.

09월 21일

• 문재인 재신임 투표 철회, 지지율은 오히려 급등　　　　　　　　　(조선일보 09. 21)

– 재신임 카드로 자신에 대한 리더십 논란을 정면 돌파한 새정치연합 문재인 대표의 대선 후보 지지율이 급등했다. 여론조사 전문회사 리얼미터가 지난 14일부터 18일까지 여론조사를 한 결과 문 대표는 17.9%를 기록했다. 지난주에 비해 4% 포인트 상승한 수치로 여야 대선 주자 중 2위다. 새누리당 김무성 대표는 19.9%로 1위 자리를 지켰지만 문 대표와 접전을 벌이는 양상이다. 한편 정당 지지율은 새누리당이

41.6%로 지난주에 비해 4% 포인트 떨어졌고 새정치연합은 26.6%로 지난주 대비 0.2% 포인트 올랐다.

4차(9월 말~10월 말)

김윤실

　새누리당 김무성 대표와 새정치민주연합 문재인 대표는 추석 연휴기간인 9월 28일 부산 회동에서 국민 선거인단이 총선 후보자를 직접 선출하는 '안심번호를 활용한 국민공천제'를 도입키로 잠정 합의했다. 안심번호 국민공천제는 전화 여론조사를 통한 상향식 공천 제도를 의미하며, 선거인단을 모집할 때 휴대전화 사용자의 개인정보가 드러나지 않도록 이동통신사업자가 미리 임의로 부여하는 일회용 전화번호를 도입하는 것이다(연합뉴스 2015. 09. 30). 이후 총선 공천 방식을 둘러싼 친박(친박근혜)계와 비박(비박근혜)계 간의 갈등이 불거졌다. 새누리당은 30일 의원총회를 열어 여야 대표가 잠정 합의한 '안심번호 국민공천제' 도입 문제를 논의했지만, 친박계의 반발 속에 결론을 내지 못했다(연합뉴스 2015. 09. 30). 청와대는 박근혜 대통령이 3박 4일간의 방미 일정을 마친 뒤 귀국한 직후 안심번호를 이용한 공천 방식의 문제점을 민심왜곡, 조직선거, 세금공천, 당내 의견수렴 절차 부족 등 5대 우려사항으로 제시하며 비판하고 나섰다. 새누리당 원유철 원내대표와 조원진 원내수석부대표도 공천 방식에 관한 여야 협상은 원내 소관이고 김 대표의 사전 설명이 없었다며 정면으로 비판하고 나섰다(연합뉴스 2015. 09. 29).

　새정치연합 혁신위원회는 9월 23일 뇌물, 알선수재, 공금횡령, 정치자금법 위반, 성범죄, 개인 비리 혐의 등 국민의 지탄을 받는 형사범에 대해 유죄 판결 없이 기소만 된 경우에도 공천 심사 때 정밀심사대상에 포함시켜 불이익을 주는 등 공직후보자 검증기준을 강화하는 내용을 담은 혁신안을 마련했다(연합뉴스 2015. 09. 23). 이러한 고강도 공천혁신안에 대한 현역의원들의 불만은 당내 경선에 오픈프라이머리를 도입할지 여부에 대한 논쟁으로 표출되기도 하였다.

　한편 국회의원선거구획정위원회는 내년 4월 총선에 적용될 선거구획정안의 국회 제출 법정시한인 10월 13일까지 지역구 및 비례대표 의석수의 비율과 관련한 획정위원들 간 이견을 좁히지 못해 합의안을 도출하지 못했다(동아일보 2015. 10. 12). 선거법상 국회가 선거구획정안을 본회의에서 확정지어야 하는 시한(선거

5개월 전인 11월 13일)이 한 달 가량 남은 시점이지만 여야 모두 기존 입장을 고수하며 뚜렷한 입장 차이를 보였다. 새누리당은 야당이 비례대표 축소 반대를 접어야 한다고 압박한 반면 새정치연합은 비례대표를 최소한 현행 수준으로 유지해야 한다고 주장하고 있다(연합뉴스 2015. 10. 12). 새정치연합은 농어촌 지역구의 감소를 최소화하고 비례대표도 축소하지 않기 위해 국회의원 정수를 최대 303명까지 확대하는 방안을 여당에 제안하기도 하였지만 새누리당의 반대에 부딪혔다(연합뉴스 2015. 10. 09). 의원정수 외에 권역별 비례대표제 도입과 관련해서도 새정치연합의 도입 주장에 새누리당이 반대하고 있는 상황이다.

한국 정당

09월 23일

• 야당 베일 벗은 판도라 상자…중진들은 살생부, '86'은 제외　　　　(연합뉴스 09. 23)

– 새정치연합 '혁신위 발(發) 공천 살생부'가 23일 실체를 드러냈다. 혁신위는 오전부터 부정·비리 의혹 인사에 대한 공천배제 방침으로 '물갈이' 분위기를 조성하더니, 오후 계파 수장들의 실명을 거론하면서 살신성인을 요구했다. 다만 그동안 거론되던 '86그룹 하방론'이나 '호남 다선 물갈이' 등 지역이나 선수를 기준으로 한 특정 그룹에 대한 일괄적인 쇄신요구는 포함되지 않았다. 가장 먼저 '리스트'에 사실상 이름을 올리게 된 것은 박지원 전 원내대표나 김재윤 의원 등 하급심에서 유죄판결을 받은 인사들이다. 혁신위는 이름을 적시하지 않았지만, 대신 "후보신청 자체를 하지 말라"고 엄포를 놨다. 또한 꾸준히 터져나오던 '중진용퇴론', '중진 적진 차출론'도 실체를 드러냈다. 혁신위는 문재인 대표에게 부산 출마를 요구하는 동시에, 2007년 정권 재창출에 실패한 이후 당 대표를 지낸 정세균, 이해찬, 문희상, 김한길, 안철수 의원에 "백의종군, 선당후사가 필요하다"고 요구했다.

10월 08일

• '교과서 국정화' 정국의 핵으로…여 "국민통합" vs 야 "유신부활"　 (연합뉴스 10. 08)

– 역사 교과서 국정화 여부에 대한 정부 결정이 다가오면서, 역사 교과서 논쟁이 단

순한 교육정책의 문제가 아니라 여와 야, 보수와 진보가 맞서는 대형 정치 쟁점으로 떠올랐다. 특히 내년 총선을 앞둔 여야 모두 역사 교과서 문제를 국가의 '이념 정체성' 문제로 내심 규정하고 있어 정면충돌이 불가피한 상황이다. 새누리당은 현행 검인정체제는 '국민 분열'을 조장하고 국정 교과서는 '국민 통합'을 위한 것이라며 교육부가 결단을 내릴 수 있도록 지원 사격에 나섰다. 새누리당은 특히 최근 '공천 갈등'이 무색할 만큼, 김무성 대표를 비롯한 지도부 전체가 일사불란하게 역사 교과서의 국정화 필요성을 주장했다. 새정치연합 역시 그동안 계속돼온 주류와 비주류 간 갈등과 대립이 약속이나 한 듯 중단되고 역사 교과서 문제에 당론과 당력이 집중됐다. 새정치연합은 역사 교과서가 국정화되면 유신 시절, 군사정권 시절의 역사 교육이 부활할 뿐 아니라, 야권에서 보수층의 한 갈래라고 주장해온 친일파가 미화될 것이라는 구도를 내세워 총공세에 나섰다.

10월 15일

• 여당 "문재인 대선불복 인상"…야당 지도부로 공세 확대   (연합뉴스 10. 15)

– 새누리당은 15일 새정치연합 강동원 의원의 2012년 대통령선거 '개표조작 의혹' 제기와 관련, 강 의원의 의원직 제명을 요구하는 징계안을 국회 윤리특위에 제출하고 출당을 요구하는 등 파상 공세에 나섰다. 특히 새누리당은 강 의원의 의혹 제기에 "당에서는 의혹제기가 상식적이지 않고 국민적 공감을 받을 수 있는 것이라고 보지 않는다"며 선을 긋는 듯했던 새정치연합 문재인 대표가 대선 관련 의혹이 아직 해소되지 않았다는 취지의 언급을 한 점을 문제 삼아 공세의 표적을 서서히 야당 지도부로 이동하고 있다. 한편 문 대표는 강 의원을 출당·제명시키라는 새누리당의 요구에 대해선 "과다하고 정략적인 주장인 것 같다"며 "교과서 국면을 덮어나가려는 정치적 책략이라고 느껴진다"고 일축했다. 새정치연합은 강 의원의 주장을 당 공식 입장이 아닌 개인 의견이라는 점을 강조하며 강 의원을 국회 운영위원회 위원직에서 사퇴시키기로 했다.

10월 19일

• 야당 '오픈프라이머리' 때늦은 문제제기로 갑론을박   (연합뉴스 10. 19)

– 새정치연합의 현역의원 평가를 담당할 조은 선출직공직자평가위원장은 19일 최고위원회의에 참석, 당 지도부와 대면식을 가졌다. 그러나 이 자리에서부터 내년 총선 후보자 공천 때 오픈프라이머리를 도입하는 문제를 놓고 지도부 간 얼굴을 붉히는 등 볼썽사나운 모습을 드러냈다. 이번 논쟁은 표면적으로 총선 경선 때 오픈프라이머리를 도입할지 여부에 초점이 맞춰져 있지만 이면을 들여다보면 혁신위 공천혁신안을 그대로 따르긴 어렵다는 현역 의원들의 불만에서 출발한다. 최규성 의원이 자신을 포함해 소속 의원 79명의 서명을 받아 마련한 공직선거법 개정안은 살인·강도 등 5대 중대범죄자가 아닌 당원이라면 누구나 오픈프라이머리에 나설 수 있게 하고 있다. 문제는 이 개정안대로라면 모든 지역구 공천을 오픈프라이머리를 통해 한 번에 결정토록 함에 따라 공천혁신안의 핵심인 예비후보 도덕성 검증 강화, 현역의원 하위 20% 공천 배제, 지역구 전략공천 최대 20% 실시, 결선투표제 실시가 사문화된다는 점이다. 한편 문재인 대표는 오픈 프라이머리와 현역의원 평가는 별개라는 입장을 유지하며 이 제도가 도입되더라도 평가 작업은 그대로 진행해 하위 20%를 배제하는 혁신안을 지켜야 한다는 입장이다.

09월 28일
• 김무성 · 문재인 "안심번호 국민공천제 의견 접근"　　　　　　　（연합뉴스 09. 28)
– 새누리당 김무성, 새정치연합 문재인 대표는 추석 연휴인 28일 부산에서 가진 단독회동에서 내년 총선에 적용할 공천 방식과 관련, '안심번호를 활용한 국민공천제' 도입에 대해 상당한 의견 접근을 이뤘다. 다만 권역별 비례대표제나 석패율제 등 선거제도나 국회의원 선거구획정 기준, 농어촌 지역구 조정을 비롯한 지역구-비례대표 의석 비율 문제 등 나머지 쟁점 현안에 대해서는 기존 입장만 재확인했을 뿐 합의를 보지 못해 향후 논의 과정에서 난항이 예상된다. 양당 대표는 국회 정치개혁특위에서 논의된 '안심번호' 도입 관련 공직선거법 개정안을 합의 처리하기로 했으며, 안심번호를 활용한 국민공천제 도입 방안은 정개특위에서 마련하기로 합의했다. 또한 양당 대표는 정치 신인들을 위해 예비후보 등록기간을 선거일 전 6개월로 연장하고,

신인·여성·청년·장애인 등을 위한 공천 가산점 부과 및 불복에 대한 규제도 법으로 규정하기로 했다.

10월 07일

• 정의당 "비례대표 한 석도 못 줄여"…국회서 농성　　　　　　(연합뉴스 10. 07)
– 정의당은 7일 20대 총선 선거구 획정과 관련, 농어촌 지역의 대표성 확보 방안으로 거론되는 비례대표 의석 축소를 저지하기 위한 국회 농성을 시작했다. 심상정 대표는 이날 국회 본청 앞에서 기자회견을 열어 "농어촌 지역 대표성 약화를 막아낼 방안이라는 것이 게리맨더링을 허용하거나 위헌 소지가 있는 농어촌 특별선거구를 도입하거나 더더욱 비례대표 의석을 축소하는 것이 아닐 것이라 믿는다. 비례대표 의석은 단 한 석도 줄일 수 없다"며 주장했다. 이어 "비례대표 의석을 확대해 농어촌 지역을 제대로 대변해야 한다"면서 새누리당과 새정치민주연합, 정의당 3당의 지도부 회담을 통해 선거구 획정안과 연동형 비례대표제 도입을 일괄 논의할 것을 촉구했다.

10월 09일

• 야당 선거구 복수안 마련…'1%내 의원정수 조정' 포함　　　　(연합뉴스 10. 09)
– 새정치연합이 선거구획정문제와 관련한 복안 중 하나로 현재 300명인 국회의원 정수를 최대 303명까지 확대하는 방안을 마련, 여당에 제안한 것으로 9일 알려졌다. 선거구 인구편차 2대1 이내 조정 및 수도권 인구증가에 따른 선거구 분구 등을 감안할 때 농어촌 지역구의 감소를 최소화하면서 비례대표를 축소하지 않기 위해 국회의원 정수를 소폭 늘리는 방안도 검토하는 것이다. 또한 새정치연합은 분구 또는 통폐합을 결정짓는 기준인 선거구 인구상·하한선을 현재 기준보다 올려서 적용, 수도권 지역 선거구의 분구를 최소화하는 방안도 함께 마련한 것으로 알려졌다. 이 경우 의원정수를 현행 300명으로 유지하는 것도 가능한 것으로 전해졌다. 한편 새누리당은 야당이 '정원 1% 조정안'을 제안한 것에 대해 부정적인 입장을 재확인했다. 농어촌 배려를 위해 지역구 수를 늘리기로 한다면, 의원정수는 반드시 유지해야 하며 그만큼 비례대표를 줄이는 게 맞다는 것이다.

10월 12일

• 선거구 획정안, 결국 법정제출시한 못 지킨다…합의도출 실패　　　(동아일보 10. 12)

– 선거구획정위원회가 내년 4월 총선에 적용될 선거구획정안의 국회 제출 법정시한(13일)을 아무 결론 없이 넘겼다. 획정위는 12일 오후 전체회의를 열고 지역구 의석 수를 비롯한 획정 방안을 논의했지만 획정위원들 간 의견 견해 차이로 결론이 내려지지 않자 13일까지 획정안을 제출할 수 없다고 공식적으로 밝혔다. 여야가 제출시한 연장에 합의하면 획정위는 추가로 획정 작업에 나설 것으로 보인다. 공직선거법은 다음 달 13일까지 획정안을 국회에서 처리하도록 규정하고 있다. 그동안 획정위는 지역구 의석수를 현행 246석을 유지하기로 가닥을 잡았지만 농어촌 지역 대표성 배려를 위한 영호남 의석 배분 등과 관련한 획정위원들 간 이견을 좁히지 못했다.

10월 20일

• 여당 "야당에만 유리한 권역비례대표 수용 못해"　　　(동아일보 10. 20)

– 여야는 내년 총선 선거구획정안의 국회 처리 법정시한(11월 13일)을 앞두고 물밑 조율을 하고 있지만 의원정수와 권역별 비례대표제 도입 여부를 놓고 접점을 못 찾고 있다. 새누리당은 현행 의원정수(300명)를 유지하면서 농어촌 지역의 대표성을 확보하기 위해 비례대표(현행 54석) 의석을 줄이더라도 지역구를 늘리자는 생각이다. 현행 지역구 246석에서 4~6석 정도를 더 늘리자는 것이다. 반면 새정치연합은 비례대표 의석수는 현행대로 유지하되 의원정수를 3석 늘리는 방안을 검토하고 있다. 선거구 조정으로 통폐합 위기에 처한 지역구를 일부 살리자는 것이다. 하지만 새누리당은 의원정수 확대에 강력 반발하고 있어 절충이 쉽지 않다. 또한 새정치연합은 지역구 도 타파를 위해 권역별 비례대표제를 도입하자고 주장하지만 새누리당은 난색을 보이고 있다. 새정치연합이 권역별 비례대표제 도입을 주장하는 이면에 내년 총선을 앞두고 정의당과의 선거연대를 성사시키려는 노림수가 숨어 있다는 이유에서다.

09월 25일

• 갤럽 · 리얼미터 "박 대통령 지지율 40%대로 하락"   (연합뉴스 09. 25)

– 박근혜 대통령에 대한 국정 지지율이 지난주 50%대에서 40% 후반대로 하락했다고 여론조사 전문 업체인 갤럽과 리얼미터가 25일 밝혔다. 우선 갤럽은 이날 공개한 주간 조사 결과에서 박 대통령의 직무에 대해 '잘하고 있다'는 평가가 지난주보다 2% 하락한 48%, '잘못하고 있다'는 2% 상승한 43%를 각각 기록했다고 밝혔다. 이어 리얼미터는 박 대통령에 대한 국정수행 지지도가 1주일 전과 비교해 3.7% 떨어진 46.6%를, 부정 평가는 3.6% 상승한 47.7%를 기록했다고 밝혔다. 리얼미터의 주간 조사에서도 3주 동안 유지됐던 박 대통령에 대한 50%대의 지지율이 40%대로 하락했다.

09월 25일

• "내년 총선서 정부 심판" 42%… "정부 지원" 36%   (조선일보 09. 26)

– 내년 4월 총선에서 정부 지원을 위한 여당 후보 지지 의견보다 정부 견제를 위한 야당 후보 지지론이 더 우세한 것으로 조사됐다. 한국갤럽이 25일 발표한 여론조사에서 '정부의 잘못을 심판하기 위해 야당 후보가 많이 당선돼야 한다'는 응답이 42%로, '정부에 힘을 보태기 위해 여당 후보가 많이 당선돼야 한다'(36%)는 응답보다 높았다. 정당 지지율은 새누리당(41%)이 새정치민주연합(23%)보다 훨씬 높았지만, 총선에서는 '정부 심판론'에 따라 야당 후보가 강세를 보일 가능성이 있는 것으로 분석된다.

10월 09일

• 갤럽 "현역 '교체여론' 절반 육박…'재당선'의 2배"   (연합뉴스 10. 09)

– 여론조사 전문기관인 갤럽은 지난 6~8일 실시한 여론조사 결과 내년 20대 총선에서 현역 국회의원을 교체해야 한다는 이른바 '물갈이 주장'이 응답자의 절반에 육박하며 이들을 재당선시켜야 한다는 의견보다 2배 높게 나타났다고 9일 밝혔다. 현

지역구 의원의 재선·교체 의향에 대한 질문에 47%가 '다른 사람이 당선됐으면 한다'고 답했고, '현직 의원이 다시 당선되는 것이 좋다'고 답한 응답자는 24%에 머물렀다. 19대 국회의 역할 수행에 대한 평가에서도 82%가 '잘못했다'고 평가, 물갈이 여론의 배경을 보여줬다. '잘했다'는 평가는 10%에 그쳤다. 또 후보 공천 방식과 관련, '당원보다 일반 국민의 의견을 더 많이 반영해야 한다'는 의견이 응답자의 74%로 압도적으로 많았고, '당원 의견을 더 많이 반영해야 한다'는 12%에 그쳤다. 일부 특정 지역에 대한 전략공천의 필요성에 대해서는 응답자의 28%가 '필요하다'고 밝힌 반면, 2배 가까이 많은 54%는 '모든 지역구에서 경선을 치러야 한다'고 응답해 전략공천을 반대했다. 정치신인 공천 비율에 대해서는 '적당하다'는 응답이 36%로 가장 많았고, '더 늘려야 한다'가 27%, '줄여야 한다'고 19%로 조사됐다.

10월 16일

• **역사교과서 국정화, 찬성 42% vs 반대 42%** (연합뉴스 10. 16)

– 정부가 추진하는 중·고등학교 역사 교과서 국정화에 대해 찬반 의견이 팽팽하다는 여론조사 결과가 나왔다. 한국갤럽은 13~15일 만 19세 이상을 대상으로 설문조사한 결과 역사교과서 국정화 추진에 대한 찬성과 반대가 각각 42%로 집계됐다고 16일 밝혔다. 역사교과서 국정화에 대한 시각은 세대와 지지 정당에 따라 갈렸다. 고연령대와 새누리당 지지층은 역사 교과서 국정화에 찬성하는 의견이 많았고, 반대 의견은 저연령층과 새정치민주연합 지지층 사이에서 우세했다.

10월 19일

• **박 대통령 지지율 반등…방미 · 교과서 효과** (연합뉴스 10. 19)

– 박근혜 대통령의 국정수행 지지율이 '한·미 정상회담 효과'에 힘입어 한 주 만에 상승세로 돌아선 것으로 나타났다고 여론조사 전문업체 리얼미터가 19일 밝혔다. 리얼미터가 지난 12일부터 16일까지 실시한 여론조사 결과 박 대통령의 국정지지율은 전주보다 1.2%포인트 상승한 48.0%를 기록했다. 박 대통령 지지율 상승은 역사 교과서 국정화 논란으로 보수층이 결집하고 미국 방문이 긍정적으로 작용한 데 따른 것이라고 리얼미터는 분석했다. 정당 지지율은 역사교과서 논쟁으로 인해 보수

와 진보 진영이 각각 결집하면서 새누리당과 새정치민주연합이 모두 상승곡선을 그
렸다. 새누리당은 전주에 비해 1.1%포인트 오른 42.8%를 기록하면서 2주 연속 상승
세를 이어갔고, 새정치연합도 26.3%로 0.6%포인트 올랐다.

5차(10월 말~11월 말)

새정치민주연합은 정부의 역사교과서 국정화 확정 고시에 반발해 국회 농성을 시작했지만 나흘만인 11월 6일 농성을 중단했으며 국회 예산결산특별위원회를 비롯한 상임위원회 보이콧 방침을 해제해 9일부터 국회일정에 정상적으로 참여하였다(연합뉴스 2015. 11. 06). 10월 말부터 새정치연합이 역사교과서 국정화에 반발하며 장외집회를 시작하자 새누리당은 민생을 외면했다며 비판했고, 결국 새정치연합도 국정교과서 문제와 민생 행보를 병행하는 투 트랙(two-track) 전략을 선택한 것이다. 하지만 민생 관련 법안을 둘러싼 여야 간 이견이 좁혀지지 않고 있어 반쪽짜리 국회 정상화라는 평가를 받기도 하였다.

누리과정(3~5세 무상보육) 예산과 관련해 새누리당은 현행대로 지방자치단체가 부담하되 일부 국고 지원할 수 있다는 입장인 반면 새정치연합은 국가가 보육을 책임져야 한다는 주장을 고수하고 있어 합의점을 찾지 못하고 있다(연합뉴스 2015. 11. 24). 한중 자유무역협정(Free Trade Agreement, FTA) 비준동의안 역시 농·어업계를 포함해 피해가 예상되는 산업에 대한 대책을 논의하고 있으나 구체적인 의견이 엇갈려 합의에 이르지 못하고 있는 상황이다(연합뉴스 2015. 11. 24).

20대 총선에 적용할 선거구 획정안 확정 법정시한인 11월 13일을 앞두고 여야지도부가 사흘 동안 마라톤 협상을 벌였지만 결국 기한 내에 합의를 도출하는데 실패했다. 국회의원 정수, 지역구·비례대표 의원 비율, 권역별 비례대표제 도입 등 관련 쟁점을 놓고 여야의 입장이 첨예하게 맞서면서 절충점을 찾지 못했기 때문이다. 새누리당은 국민정서를 감안할 때 의원정수를 현행 300명에서 늘릴 수 없고 지역구 수가 늘어나는 만큼 비례대표 수를 감축하자는 입장인 반면, 새정치연합은 비례대표수를 유지하자는 입장이지만 만일 불가피하게 감축해야 한다면 권역별 비례대표제를 도입해야 한다고 주장하고 있다(연합뉴스 2015. 11. 11). 하지만 새누리당은 권역별 비례대표제 도입에 반대하고 있는 상황이다. 여야는 선거구 획정 시한을 넘긴 이후 11월 20일까지 획정 기준을 마련하겠다며 자체적인 시한을 제시하였지만 이 역시 지켜지지 못했다.

11월 14일 역사교과서 국정화, 노동개혁 등에 반대하는 대규모 집회가 서울 도심에서 열렸다. 시위대와 경찰의 대치가 폭력상황으로 번진 것과 관련해 여야는 각각 '폭력 시위'와 '폭력 진압'으로 규정하며 맞섰다. 한국갤럽의 여론조사 결과에 따르면 시위 방식이 과격했다는 응답이 67%, 경찰의 대응이 과했다는 응답이 49%에 이른 것으로 나타났다(한겨레 2015. 11. 20). 리얼미터의 여론조사 결과에서는 '불법·폭력시위'라는 응답이 38.2%, '경찰의 과잉 폭력진압'이라는 의견이 40.7%로 조사됐다(연합뉴스 2015. 11. 19). 시위대와 경찰이 모두 과격했다는 여론이다.

한국 정당

10월 27일

• 시정연설 직후 촛불 든 야당, 첫 대규모 장외집회   (연합뉴스 10. 27)

– 새정치민주연합은 박근혜 대통령의 국회 시정연설이 있던 27일 역사교과서 국정화 문제와 관련, 시민사회와 손잡고 첫 대규모 장외집회를 열고 촛불을 들었다. 지난해(2014년) 8월 세월호법 제정 촉구를 위해 거리로 나선지 1년 2개월만이다. 장외여론전을 통해 국정화 저지동력 극대화에 나선 셈이다. 새정치연합은 이날 오후 6시 광화문광장에서 문재인 대표와 이종걸 원내대표 등 지도부를 비롯해 김한길, 정세균 전 대표 등 60여명의 의원과 당원, 당직자 등 경찰추산 기준 1천명(주최 측 추산 기준 1천 500명)이 참석한 가운데 '국정교과서 반대 결의대회'를 열었다.

10월 28일

• 여당 "야당, 민생의 외침 외면하나"…역사 · 민생 '투 트랙'   (연합뉴스 10. 28)

– 새누리당은 28일 여야 간 '역사전쟁'으로 2016년도 예산안을 포함한 정기국회의 산적한 민생현안이 뒷전으로 밀리면서 경제와 민생에 타격이 예상된다며 야권을 압박했다. 단일 역사교과서 추진을 둘러싸고 새정치연합과 '강(强)대강'으로 대치하던 국면에서 교과서 문제는 그것대로 대응하되 노동개혁을 비롯한 4대개혁, 각종 경제 관련 법률안의 통과를 촉구하는 '투 트랙 전략'으로 선회한 것으로 보인다. 박근혜

대통령이 전날 국회 시정연설에서 '경제'를 무려 56차례나 언급하는 등 강한 어조로 경제 살리기에 대한 협력을 당부한 게 시발점이 됐다.

11월 01일

• 통합진보정당 곧 출범…'정의당' 간판으로 총선 참여　　　　　(연합뉴스 11. 01)

– 새로운 진보정당 창당을 추진하는 정의당과 국민모임, 노동정치연대, 진보결집+(더하기) 등 4개 진보세력이 내년 총선을 '정의당' 간판으로 치르기로 잠정 합의했다. 1일 정의당 등에 따르면 통합에 의견을 모은 4개 진보세력은 최근 대표자회의에서 통합정당의 당명과 지도체제 등 핵심쟁점에 대한 잠정합의서를 마련, 각자 내부 논의절차를 거쳐 추인하기로 했다. 4개 세력은 통합정당의 당명과 관련, 내년 총선에서 '정의당' 이름을 그대로 사용하되 노동·시민사회와 진보세력이 새로운 통합 정당으로 하나가 됐다는 것을 표현하는 캐치프레이즈를 당명과 함께 사용하기로 했다. 아울러 총선 후 6개월 이내에 당원 총투표로 새로운 당명을 정하기로 했다.

11월 16일

• 여당 "무법천지 폭도 엄단" 야당 "국민에 살인적 폭력"　　　(연합뉴스 11. 16)

– 여야는 16일 지난 주말의 대규모 도심 집회와 이에 대한 당국의 대응 수위를 각각 '폭력 시위'와 '폭력 진압'으로 규정하면서 맞서 '시위대 횃불과 경찰 물대포의 대치 상황'을 여의도로 옮겨놓았다. 새누리당은 '민중총궐기대회'라는 이름으로 열린 집회를 '불법 정치 집회'라고 비판하면서 엄단을 주문했다. 새정치연합은 경찰이 규정을 어긴 과잉 대응으로 무고한 시민에게 폭력을 행사했다고 맞섰다. 문재인 대표는 "정부는 청년실업, 노동개악, 농산물 가격폭락을 호소하는 국민 절규에 귀를 기울여야 한다"고 말했다.

11월 20일

• 박원순 '문(文)·안(安)·박(朴)' 참여, 선거법 위반 논란 공방　　(연합뉴스 11. 20)

– 새정치민주연합 문재인 대표가 18일 광주에서 제시한 '문·안·박(문재인·안철수·박원순) 공동지도체제'의 파장이 현직 서울시장의 당 지도체제 또는 선대위 참여를 둘

러싼 선거법 위반 논란으로 불똥이 튀고 있다. 새누리당은 지방자치단체장인 박 시장 참여가 공무원의 정치적 중립 의무를 위반한 것이라고 공격했고, 새정치연합은 이에 대해 현행 법 허용 범위에서 활동할 수 있다며 야권 대선주자들이 하나로 뭉치는 것을 막으려는 정치공세라고 반박했다. 이런 가운데 중앙선관위는 지자체장이 당 대표나 최고위원, 비상대책위원장 등 정당의 지도부에는 참여할 수 있지만, 선거대책기구의 위원장이나 위원으로 활동하는 것은 공직선거법 위반이라고 밝혔다.

11월 22일

• 김영삼 전 대통령 서거…여야 당분간 정쟁 중단하기로 　　　　　(조선일보 11. 23)

- 김영삼 전 대통령이 서거한 22일 여야는 당분간 갈등 표출을 자제하고 정치 일정도 잠정 중단하기로 했다. 여야는 오는 26일 여의도 국회의사당에서 고인의 영결식 일정이 잡히자, 그날 오후로 예정돼 있던 본회의 일정을 오전으로 앞당기기로 하는 등 정치 일정도 조정했다.

한국 선거 · 의회

10월 28일

• 재보선 결과 '사실상' 여 완승…"문 대표 리더십 실종, 총선 승리 불투명"

　　　　　　　　　　　　　　　　　　　　　　　　　　　　(조선일보 10. 29)

- 28일 전국 24곳에서 실시된 10·28 재보궐선거에서 새누리당이 15곳에서 승리하며 '압승'을 거뒀다. 반면 새정치연합은 24곳 중 호남 1곳과 인천 1곳 등 2곳에서만 승리를 거두며 초라한 성적표를 남겼다. 이번 재보궐 선거에서 유일한 기초단체장 선거였던 경남 고성군수 선거의 경우, 새누리당 최평호 후보가 새정치민주연합 백두현 후보를 6556표 대 2787표로 제압했다. 광역 9개 선거구에서는 새누리당이 7곳, 새정치연합은 2곳을 가져가는데 그쳤으며, 기초 14개 선거구 중에서는 새누리당이 7곳, 무소속이 7곳에서 승리를 거뒀고 새정치연합은 단 한 석도 얻지 못했다. 한편 이날 선거의 잠정 투표율은 20.1%(21만 4820명)로 집계됐다.

11월 03일

• 예산안 법정 시한 한 달도 안 남았는데…'멈춰선 국회' (연합뉴스 11. 03)

– 정부가 3일 역사교과서 국정 전환을 확정하자 야당이 이에 강력히 반발하면서 정기국회 의사일정이 모두 중단됐다. 국정화에 반대해 전날부터 농성을 시작한 새정치연합은 이날 오전 예정된 국회 본회의를 비롯해 모든 의사일정을 거부하고 항의 농성을 계속했다. 새정치연합은 이날 의원총회에서 교육부의 국정화 확정 철회, 황우여 교육부 장관의 즉시 사퇴, 박 대통령의 사과를 요구하는 규탄사를 채택했다. 또 확정고시의 효력정지 신청을 법원에 내고 위헌 여부를 묻는 헌법소원과 함께 교과서 집필 거부와 대안교과서 제작을 유도하는 불복종 운동과 대국민 서명운동도 계속하기로 했다. 이에 대해 새누리당은 민생 정책에 진력하는 기조로 차별화를 시도하면서 야당의 국회 의사일정 복귀를 촉구하는 전략으로 맞섰다.

11월 12일

• 선거구 획정안 법정시한 내 처리무산…여야 협상 결렬 (연합뉴스 11. 12)

– 여야 지도부가 내년 총선 선거구 획정을 놓고 12일까지 사흘간의 마라톤 협상을 벌였지만 끝내 합의에 이르지 못했다. 이로써 총선 선거구 획정안의 법정 시한 내 처리는 무산됐다. 새누리당은 선거구별 인구 편차를 현행 3:1 이내에서 2:1 이내로 축소하라는 헌재 결정에 따라 현재 246명인 지역구 의원을 7명 늘리는 대신 비례대표 의원을 7명 줄이자고 요구했다. 반면 새정치연합은 비례대표 의원 축소에 반대하면서 새누리당 소속인 이병석 국회 정치개혁특별위원장이 제안한 정당득표율에 따른 의석수의 절반을 보장하도록 지역구 당선자와 비례대표 당선자를 연동시키는 '변형된 연동형 비례대표제'를 절충안으로 제시했다. 새누리당 지도부는 야당의 절충안을 최고위원회에 올려 상의했지만, 이를 수용할 수 없다는 결론을 내렸다. 한편 이날 새누리당은 일명 '국회선진화법'(개정 국회법)의 개정에 협조하면 야당 요구를 수용하는 방안을 검토하겠다고 한 것으로 전해졌고, 새정치연합은 선거 연령을 현행 만19세에서 만18세로 낮추고 투표 마감시간도 현재 오후 6시에서 오후 8시로 늦추면 여당의 요구에 유연하게 대처할 수 있다고 제안했지만 이견이 좁혀지지 않은 것으로 알려졌다.

11월 24일

• 여 "민생예산 삭감 안돼"…야 "국회 무시, 징벌적 삭감"　　　　(연합뉴스 11. 24)

- 정기국회의 2016년도 정부 예산안 심사가 막바지로 접어들면서 주요 사업예산의 감액을 놓고 여야가 24일 정면 충돌했다. 새정치민주연합은 이날 역사교과서 국정화와 세월호 참사 특별조사위원회의 주무 부처인 교육부와 해양수산부의 예산에 대해 '징벌적 삭감'을 추진하겠다고 밝혔다. 교육부는 역사교과서 국정화 관련 예비비 자료제출 요구를 거부한 것이, 해수부는 특조위의 조사활동 방해 지침 문건에 대한 진상 파악 요구에 불성실하게 응한 것이 삭감 이유로 지목됐다. 새누리당은 민자사업 등 시급하지 않은 사업 예산은 최대한 조정하되, 일자리 창출이나 서민·약자를 지원하는 '민생 예산'은 삭감할 수 없다는 입장을 밝히며 맞섰다. 새정치연합은 청년 일자리 창출 예산을 최우선 과제로 삼고 누리과정 국고지원, 전·월세난 해소와 주거복지 지원, 비정규직 처우 개선 등의 예산 배정에 집중하는 한편 '실세쪽지', '호텔심사', '외유예산' 등 3가지를 금지하겠다고 공언했다.

한국 여론

10월 29일

• '역사교과서 국정화 역효과'…박 대통령 · 여당 지지 하락…야당 상승

(경향신문 10. 29)

- 여론조사 전문기관 리얼미터가 29일 발표한 10월 5주차 주중집계 결과, 박근혜 대통령의 국회 시정연설과 한일정상회담 개최 합의 소식에도 불구하고, 정부·여당이 추진 중인 '역사교과서 국정화' 논란이 지속되며 박 대통령과 새누리당의 지지율이 동반 하락한 것으로 나타났다. 반면 새정치연합의 지지율은 상승했다. 박 대통령의 국정수행 지지도(긍정평가)는 26일 리얼미터가 발표한 10월 4주차 주간집계(19~23일 조사) 대비 2.1%포인트 하락한 44.8%(매우 잘함 17.7%, 잘하는 편 27.1%)로 조사됐다. 정당 지지율은 새누리당이 지난주에 비해 2.3%포인트 떨어진 39.1%를 기록했다. 새정치연합은 27.7%로 지난주에 비해 3.0% 포인트 올랐다.

11월 06일

• 역사교과서 국정화 반대 여론 50% 넘었다   (한겨레 11. 06)

– 역사교과서 국정화에 대한 반대 여론의 증가 추세가 계속되어 처음으로 50%를 넘어섰다. 여론조사 전문기관인 한국갤럽은 3일부터 사흘간 벌인 여론조사 결과를 6일 발표했다. '정부의 중·고교 교과서 국정화 추진'에 대한 찬반을 물은 결과, 찬성 의견은 36%, 반대 의견은 53%였다. 국정화 방침 발표 직후인 10월 13~15일 첫 조사에서 42%(찬성) 대 42%(반대)로 동등하게 출발했던 여론은, 20~22일 조사에서 '36% 대 47%', 27~29일 조사에서는 '36% 대 49%'로 그 폭이 계속 벌어졌다. 반대 여론은 20~40세대와 무당층을 중심으로 계속 확산하는 추세다. 무당층의 찬반 여론은 '19% 대 67%'로 큰 차이가 났다. 새누리당이 '야당의 국회 파행'을 연일 공격하는 상황에서 새정치연합의 국정화 반대 농성에 대한 찬반 평가는 팽팽하게 맞섰다. 국회의원들의 장외투쟁에 대해 대체로 부정적인 여론과는 상당한 차이가 있다. 새정치연합의 국정화 반대 농성이 '야당으로서 불가피한 선택'이라는 응답은 43%, '하지 말아야 한다'는 응답은 40%였다.

11월 12일

• 시민단체 "선거구 획정 협상서 비례대표 늘려야"   (연합뉴스 11. 12)

– 국회의원 선거구 획정 법정 기한을 하루 앞둔 12일 250개 시민단체로 이뤄진 '2015정치개혁시민연대'는 비례대표를 확대해야 한다고 주장했다. 이들은 국회 앞에서 기자회견을 열어 "우리 사회에는 다양한 계층과 사회갈등이 존재하는데 비해 국회는 지역구 대표 위주로만 구성돼 있다"며 "현재 국회의석 300석 중 54석에 불과한 비례대표 규모로는 다양한 유권자의 의견을 반영하기 어렵다"고 지적했다. 이들은 독일 등에서 실시하고 있는 연동형 비례대표제(정당득표율만큼 국회의석을 보장)를 대안으로 제시했다.

11월 13일

• 갤럽 "박 대통령 국정수행 지지율 40%…11주 만에 최저"   (연합뉴스 11. 13)

– 여론조사 전문업체 한국갤럽은 10~12일 실시한 자체 여론조사에서 박근혜 대통

령의 국정수행 지지도가 지난주에 이어 또 하락, 40%를 기록했다고 13일 밝혔다. 이는 11주 만에 최저치에 해당한다. 박 대통령의 국정수행 지지율은 지난 10월 30일 9주 만에 상승세로 돌아서 44%를 기록했지만 정부의 역사교과서 국정화 확정고시 이후인 지난 6일 41%로 8·25 남북합의 이후 최저치로 떨어졌고 이번 주에도 하락곡선이 이어졌다. 갤럽은 한국사 교과서 국정화가 5주 연속 대통령 직무를 부정적으로 평가한 이유 가운데 1위(26%)였다고 밝혔다. 정당지지도는 새누리당이 39%로 전주대비 2%포인트 하락했고 새정치연합은 2%포인트 상승해 22%를 기록했다. 지지 정당이 없거나 의견을 유보한 응답이 35%였다.

11월 20일

• **경찰 진압 과했지만 시위도 과격했다**   (한겨레 11. 20)

- 국민 절반은 민중총궐기대회에 대한 경찰의 대응이 '과했다'고 생각하는 것으로 조사됐다. 그러나 시위 방식에 대해서도 '과격했다'는 응답이 많았다. 20일 공개된 한국갤럽의 조사를 보면, '경찰이 과잉 진압했다'는 의견이 49%로 절반에 육박했다. '과잉 진압이 아니다'는 의견은 41%로 나타났다. 평가는 세대별로 엇갈렸다. 2040세대는 약 65%가 '과잉 진압'이라고 봤으나, 5060세대의 약 60%는 '그렇지 않다'고 답했다. 지역별로는 대구·경북, 부산·경남 등 영남지역에서만 과잉 진압이 아니라는 의견이 많았고, 나머지 지역에서는 과잉 진압이라는 의견이 50%이상이었다. 시위 방식에 대해서는 67%가 '과격했다'고 답했다. '그렇지 않았다'는 19%에 그쳤다.

6차(11월 말~12월 말)

김윤실

2016년도 예산안이 12월 3일 0시 48분이 되어서야 간신히 본회의를 통과했다. 여야는 2일 예산안 심의과정에서 쟁점 법률안 5건(관광진흥법·국제의료사업지원법·대리점거래 공정화법·모자보건법·전공의 수련환경 개선 및 지위 향상법)을 예산안과 함께 처리하기로 합의했고 이날 상임위와 법사위를 연달아 개최해 법안들을 본회의 처리할 계획이었다(연합뉴스 2015. 12. 03). 하지만 새정치민주연합 소속 이상민 법제사법위원장이 국회법 규정을 들어 법사위 심의를 거부하는 동시에 새정치연합 내부에서도 협상 결과에 대한 불만이 터져 나와 본회의 개의가 지연되었다(연합뉴스 2015. 12. 03). 결국 헌법에 명시된 예산안 법정 처리시한인 12월 2일을 48분 초과하고 나서야 예산안은 본회의를 통과할 수 있었다.

2016년 4월 총선에 적용할 선거구 획정을 위해 여야 지도부가 수차례 만남에도 불구하고 별다른 결실 없이 협상 결렬이 반복되고 있다. 여야는 지역구를 늘리는 대신 비례대표를 줄이는 기본 방향에는 공감대를 이뤘으나 지역구 의석과 정당득표율을 연동하여 비례대표 의석을 조정하자는 새정치연합의 제안을 놓고는 의견이 엇갈리고 있다(연합뉴스 2015. 12. 06). 새누리당은 연동형 비례대표제가 자신들에게 불리하다고 판단해 반대하고 있으며, 새정치연합은 그동안 주장해오던 '권역별 비례대표제' 도입까지 여당의 반대로 포기한 상황에서 비례성을 보완하는 장치 없이 비례대표 의석만 줄일 수는 없다는 입장이다(연합뉴스 2015. 12. 05). 여야는 국회 정치개혁특별위원회 활동시한이자 총선 예비후보 등록 시작일인 12월 15일에 이어 20일에도 협상에 나섰지만 합의 도출에 실패하였다.

협상 과정에서 새누리당은 새정치연합이 제안한 '선거 참여 연령을 만 18세로 낮추는 방안'을 수용하는 조건으로 경제활성화법, 테러방지법, 북한인권법, 노동개혁 5개 법안을 연내 처리하자고 역으로 제안하였으나 새정치연합이 이를 거부하였다(연합뉴스 2015. 12. 15). 이처럼 여야는 선거구 획정과 관련성이 떨어지거나 전혀 무관한 문제를 놓고 서로 주고 받기식의 협상을 시도하였지만 이마저도 이견만 확인하는데 그쳤다(연합뉴스 2015. 12. 15). 여야는 선거구 획정 협상이 결렬될 때마다 서로가 양보하지 않기 때문이라며 상대에게 책임을 떠넘기기도 하였다.

한편 새정치연합 안철수 전 공동대표는 11월 말 문재인 대표가 제안한 '문안박(문재인-안철수-박원순) 공동지도부' 구성을 거부하고 혁신 전당대회를 개최하여 함께 참여할 것을 역으로 제안하였다(연합뉴스 2015. 11. 29). 문 대표가 혁신 전당대회를 거부하자 안 전 대표는 거부 결정을 재고해 줄 것을 거듭 요청하였다. 이후 문 대표가 혁신 전대 개최를 다시 한 번 거부하자, 안 전 대표는 12월 13일 새정치연합 탈당을 선언하였고 2016년 2월초까지 신당을 창당하겠다고 밝혔다.

한국 정당

11월 29일

• 안철수, 문안박 연대 거부…'문(文)·안(安) 참여 혁신 전대' 역제안 (연합뉴스 11. 29)

– 새정치민주연합 안철수 전 공동대표는 29일 문재인 대표의 '문안박(문재인-안철수-박원순) 공동지도부' 구성 제안을 거부하고 대안으로 문 대표와 자신이 참여하는 혁신 전당대회 개최를 역제안했다. 안 전 대표는 이날 국회 의원회관에서 기자회견을 하고 "혁신 전대를 통해 혁신의 구체적 내용과 정권교체의 비전을 가지고 경쟁해야 한다. 이를 통해 주류와 비주류의 반목과 계파패권주의도 함께 녹여내야 한다. 혁신 전대로 새로운 리더십을 세울 때만이 혁신과 통합의 동력을 만들어 낼 수 있다"고 강조했다. 그는 1단계 '혁신 전대'→2단계 '천정배 신당과의 통합 추진을 통한 통합적 국민저항 체제 구축'으로 이어지는 단계적 해법을 제시했다.

12월 02일

• 2년째 논란 누리과정 예산…3천억 '우회지원' 편법 선택 (연합뉴스 12. 03)

– 여야는 올해 예산안 심사에서도 지난해와 마찬가지로 누리과정(만3~5세 무상보육) 예산의 부담 주체에 대한 입장차를 좁히지 못했다. 결국 야당은 예산안 처리 법정시한인 2일 새벽 누리과정 예산 협상 결렬을 선언하고 보육대란이 발생할 경우 여당이

책임져야 할 것이라며 예산배정을 여당에 넘겼다. 이에 새누리당은 보육 대란을 피하고자 작년처럼 국고에서 누리과정 예산을 지원하는 대신에 예비비를 통한 '우회지원'이라는 편법적인 수단을 택했다. 새누리당은 누리과정 예산을 각 시·도교육청이 자체적으로 책임져야 한다며 국고 지원에 반대하고 있다. 반면에 새정치연합은 영유아 무상보육이 박근혜 대통령의 대선공약이었다는 점 등을 이유로 중앙 정부가 부담해야 한다고 요구해왔다.

12월 04일
• '혁신 전대' 거부 문재인, '안철수 혁신안' 전격 수용   (동아일보 12. 04)

– 새정치민주연합 문재인 대표가 안철수 의원이 '10가지 혁신안'을 전면 수용하여 당헌·당규에 반영키로 했다. 또한 내년 국회의원총선거 출마자를 영입하는 '인재영입위원회' 위원장도 문 대표가 맡기로 했다. 새정치연합 지도부는 4일 오전 국회에서 최고위원회의를 열어 이 같이 의결했다고 김성수 대변인이 브리핑을 통해 밝혔다. 전날 '혁신 전당대회'를 거부한 문 대표가 이날 안 의원의 혁신안을 전격 수용한 것은 안 의원과의 협력 관계를 회복하기 위한 조치로 보인다. 앞서 안 의원은 당 부정부패 타파를 위해 ▲당 윤리기구 혁신, ▲부패 혐의 기소자에 대한 즉시 당원권 정지 및 공직후보 자격심사 대상 배제, ▲부패 혐의 유죄 확정자에 대한 당원 제명, ▲부적절한 언행에 대한 엄정한 조치, ▲당 차원의 부패척결 의지 표명을 요구했다.

12월 04일
• 여 "폭력시위 단호 대처"…야 "평화집회 보장해야"   (연합뉴스 12. 04)

– 경찰의 집회 금지 통고는 부당하다는 법원의 결정으로 5일 '2차 민중총궐기' 집회가 열리게 된 데 대해 여야는 엇갈린 반응을 내놨다. 새누리당은 불법·폭력 시위가 재발해서는 안 된다고 강조한 반면 새정치연합은 당 차원에서 '평화집회 지킴이'를 자처하면서 경찰의 과잉진압을 좌시하지 않겠다고 맞섰다.

12월 06일
• 안철수, 문재인 향해 최후통첩…"혁신 전대 거부 결정 재고해달라" (조선일보 12. 07)

– 새정치민주연합 안철수 전 공동대표가 6일 문재인 대표를 향해 "혁신 전당대회를 거부한 결정을 재고해 달라. (혁신 전당대회에서) 문 대표께서 다시 당선되신다면 저는 깨끗이 승복하고 문 대표를 적극 도울 것"이라고 말했다. 안 전 대표의 측근들은 "안 전 대표가 문 대표에게 '최후통첩'을 보낸 것"이라고 전했다. 이에 따라 문 대표가 혁신 전당대회 개최를 또 거부할 경우 안 전 대표의 새정치민주연합 탈당과 야권 신당 창당 등 연쇄 반응이 일어나는 것 아니냐는 관측이 정치권에서 나오고 있다.

12월 08일

• 문재인, 안철수 최후통첩 거부 "안철수는 공동창업주···탈당 말 안돼"

(동아일보 12. 08)

– 새정치민주연합 문재인 대표는 8일 안철수 전 대표의 '최후통첩'을 공식 거부했다. 문 대표는 이날 오전 서울 중구 한국프레스센터에서 열린 관훈클럽 초청 토론회에 참석하여, 안 전 대표의 '혁신 전당대회' 재요구에 대해 "전대에서 경쟁으로 끝을 내자는 제안"이라며 "결코 못 받는다"고 수용불가 입장을 재확인했다. 안 전 대표의 탈당 가능성도 일축했다. 그는 "안 전 대표는 공동창업주"라며 "탈당은 말이 되지 않는다"고 말했다.

12월 13일

• 안철수 탈당···'4·13총선' 앞둔 야당 정계개편 격랑 속으로   (연합뉴스 12. 13)

– 새정치민주연합 안철수 전 공동대표가 13일 탈당을 공식화하면서 내년 4·13 총선을 정확히 4개월 앞둔 야권이 정계개편의 격랑 속으로 빨려들고 있다. 안 전 대표가 '철수정치'란 오명에서 탈피, 새로운 정치세력화의 기치를 올림에 따라 야권은 문재인 대표를 중심으로 한 '친노(친노무현)·86·수도권'의 새정치연합과 안 전 대표를 얼굴로 내세운 '비노(비노무현)·호남'의 '안철수 신당'으로 양분될 전망이다.

12월 21일

• 안철수, 2월초까지 신당 창당···"새정치연합과 연대·통합 안해"   (연합뉴스 12. 21)

– 새정치민주연합을 탈당한 무소속 안철수 의원은 21일 "국민이 원하는 정권교체를

하겠다"며 2월초까지 독자신당을 창당하겠다고 선언했다. 안 의원의 독자신당 창당
방침 공식화에 따라 호남지역을 비롯한 텃밭 균열이 가속화되는 등 야권 지형의 빅
뱅이 예상된다. 특히 안 의원은 호남 신당세력과의 연대는 열어두면서도 새정치연
합과는 연대·통합 불가 원칙을 밝혀 내년 총선에서 '일여다야'(一與多野) 구도가 불가
피해질 전망이다. 한편 안 의원은 새정치연합과의 연대 문제와 관련, "연대에 대해
생각하지 않고 있다"며 "혁신을 거부한 세력과의 통합은 전혀 고려하고 있지 않다"
고 단언했다.

한국 선거·의회

12월 03일

· '48분 초과'…예산안 처리, 헌법 다시 어긴 국회   (연합뉴스 12. 03)
- 국회가 2016년도 예산안을 통과시킨 날짜는 3일 0시 48분으로, 헌법이 정한 예산
안의 법정 처리시한(12월 2일)을 48분 초과하고 말았다. 새정치연합 소속 이상민 법
제사법위원장은 2일 여야 원내지도부가 합의한 법안 5개에 대해, 국회법이 정한 숙
려기간을 거치지 않았다는 이유로 법사위 처리를 거부했다. 이와 동시에 새정치연
합 내부에서도 심야협상 결과에 대한 불만이 터져 나왔다. 새누리당에 양보한 법안
(국제의료사업지원법·관광진흥법)에 비해 야당이 얻어낸 법안(모자보건법·대리점거래공정화
법·전공의 수련환경 개선 및 지위 향상을 위한 법률)이 급이 맞지 않다며 "여당에 일방적으
로 끌려갔다"는 지적이 나왔다. 이처럼 본회의 개의가 지연될 조짐이 나타나자 새누
리당은 즉각 국회의장의 '직권상정' 카드를 집어 들었다. 그러나 정의화 국회의장은
여당의 직권상정 요청을 받아들이지 않았고, 심도 있는 법안 심사를 위해 오는 8일
을 심사기일로 지정하자는 방안을 제시했다. 이에 여당 지도부는 다시 '합의된 법안
을 오늘(2일) 반드시 본회의 처리돼야 한다'는 입장을 정 의장에게 거듭 전달했다. 한
편 새정치연합의 의총에서 협상 결과에 대한 소속 의원들의 불만이 터져 나오면서
본회의 개의를 늦추는 막판 요인이 되기도 했다. 결국 야당은 치열한 내부 토론 끝에
합의문의 표현을 '합의처리'에서 '합의한 후 처리'로 일부 수정하는 조건으로 5개 법
안과 예산안을 처리하기로 추인했다.

12월 04일

• 선거구획정에 '비례 전쟁'…여야, 축소 방식 놓고 충돌 (연합뉴스 12. 04)

— 내년 4월 총선에 적용할 선거구 획정에 대한 여야 논의가 교착 상태에 빠지고 있다. 현행 의원 정수 300석을 유지하면서 농어촌의 지역 대표성 확보를 위해 지역구 의석을 늘리고, 대신 비례대표를 줄인다는 데는 공감대를 이뤘지만 비례대표의 축소 방식을 놓고는 여야가 충돌했다. 새누리당은 비례대표 숫자를 순수하게 감축만 하면 된다고 주장하는 반면, 새정치연합은 지역구 의석수와 정당득표율을 비례대표에 연동하자고 맞서고 있다. 당초 지역구와 비례대표가 연동되는 '권역별 비례대표제' 도입을 요구했던 새정치연합은 새누리당 소속 이병석 국회 정치개혁특별위원장의 중재안을 마지노선으로 삼고 있다. '이병석 안(案)'은 정당득표율의 50%를 의석수에 반영토록 하는 게 골자다. 사표 방지 효과를 거둘 수 있고, 지역구 의원 배출을 못해도 정당득표율이 높은 군소 정당에게 유리하게 작용하는 제도다. 그러나 새누리당은 권역별 비례대표제든, '이병석안'이든 연동형 비례대표제를 도입해 추산하면 현 새누리당의 과반 의석이 붕괴되고, 특히 영남에서 새정치연합의 침투가 이뤄져 불리하다고 자체적으로 분석하고 있다.

12월 15일

• 여야 '선거구 담판' 실패…정개특위 성과 없이 폐점 (연합뉴스 12. 15)

— 여야 지도부가 국회 정치개혁특별위원회 활동 시한이자 내년 총선 예비후보자 등록 시작일인 15일 선거구 획정안을 놓고 막판 담판을 벌였지만, 합의 도출에 실패했다. 이에 따라 이날 본회의를 열어 선거구 획정안을 처리하겠다던 계획은 무산됐으며, 총선 출마 희망자들은 위헌 결정이 난 현행 선거구 체제하에서 일단 예비 후보자 등록을 시작했다. 여야는 획정안 합의 불발에 따라 이날 예정됐던 본회의도 열지 않기로 해 이미 두 차례 연장했던 정개특위 활동도 이날을 마지막으로 종료됐다. 만약 국회가 연말까지도 선거구를 획정하지 못하면 헌재 결정에 따라 내년 1월 1일부터 현행 선거구는 모두 무효가 되며, 예비후보들의 자격도 박탈돼 선거운동을 할 수 없는 초유의 사태를 맞게 된다.

12월 20일

• **여야 지도부, 선거구획정 · 쟁점법안 협상 또 결렬**　　　　　(연합뉴스 12. 20)

- 여야 지도부는 20일 제20대 총선 선거구 획정안과 쟁점 법안의 임시국회 처리 등
을 놓고 협상을 벌였으나 또다시 합의 도출에 실패했다. 노동개혁법과 관련, 새누리
당은 일괄 처리를 요구했으나 새정치민주연합은 기간제근로자법과 파견근로자법
을 제외하고 근로기준법, 고용보험법, 산재보험법을 분리 처리해야 한다고 맞섰다.

한국 여론

11월 30일

• **리얼미터 "야당 내홍에 당 지지율 하락…문(文) · 안(安)은 동반상승"**

　　　　　　　　　　　　　　　　　　　　　　　　　　　(연합뉴스 11. 30)

- 여론조사 전문업체인 리얼미터가 10월 23~27일까지 유·무선 전화면접·자동응
답 병행 방식으로 실시하여 30일 발표한 여론조사에 따르면, 차기 대선주자 지지도
에서 새누리당 김무성 대표가 19.8%로 22주 연속 1위를 유지했고, 새정치연합 문
재인 대표는 17.8%로 2위를 기록했으며 박원순 서울시장 13.5%, 안철수 전 대표
8.2%, 오세훈 전 서울시장 7.4%, 유승민 전 새누리당 원내대표 4.5% 등의 순이었다.
'문안박(문재인·안철수·박원순) 연대' 성사 불발로 당권을 놓고 경쟁하게 된 문 대표와
안 전 대표의 지지층이 각각 결집하면서 두 사람의 지지율이 동반 상승했다는 여론
조사 결과가 나왔다. 그러나 새정치연합 당 지지도는 전주보다 0.5% 포인트 하락한
26.3%를 기록하면서 2주 연속 하락한 것으로 조사됐다.

12월 14일

• **안철수 대선주자 지지율, 1년 4개월 만에 10%대 진입**　　　(연합뉴스 12. 14)

- 리얼미터가 12월 7~11일 실시한 여론조사에서 차기 대선주자 중 안철수 전 새정
치민주연합 공동대표의 지지율이 전주보다 1.8%포인트 오른 10.1%를 기록했다. 안
전 대표가 10%대 지지율을 얻은 것은 지난해 7월 말 이후 처음이다. 안 전 대표의 지
지율은 호남(13.9%→21.0%), 무당층(17.0%→21.8%)에서 큰 폭으로 올랐다. 이번 조사는

안 전 대표의 탈당 선언(13일) 이전에 실시된 것이다. 한편 박근혜 대통령의 국정수행 지지율은 전주보다 1.8% 포인트 하락해 46.0%로 나타났다. 리얼미터는 "박 대통령이 '총선 심판' 등 국회를 강도 높게 압박하며 야권 지지층의 반발을 불러일으켜 부정적 평가가 늘었다"고 설명했다. 정당 지지율은 새누리당이 지난주보다 0.6%포인트 하락해 42.3%를 기록했다. 새정치연합은 26.8%로 0.1%포인트 떨어졌다. 반면 정의당은 0.3%포인트 오른 6.6%를 기록했다.

12월 18일
• 갤럽 "야권 대선주자 지지도, 안철수 41%-문재인 33%"　　　　(연합뉴스 12. 18)

– 무소속 안철수 의원이 양자 대결 방식으로 실시된 차기 대선 야권후보 지지도(새누리당 지지층+무당층 포함)에서 새정치민주연합 문재인 대표를 상당 폭으로 따돌린 것으로 나타났다. 특히 야권의 텃밭인 호남에서는 안 의원에 대한 지지도가 문 대표의 거의 2배 가까이 달했다. 한국갤럽이 안 의원이 새정치연합을 탈당한 후인 지난 15~17일 실시해 18일 발표한 조사 결과에 따르면 '안 의원과 문 대표 중 차기 대선 야권후보로 누가 좋은지'를 묻는 설문에 안 의원은 41%를 기록, 33%의 문 대표를 8% 포인트 차이로 제쳤다. 안 의원의 탈당이 '잘한 일'이라는 응답은 44%, '잘못한 일'이라는 응답은 25%였으며, 호남에서는 '잘했다'가 35%, '잘못했다'가 32%였다.

12월 21일
• 리얼미터 "안철수 탈당에 당청 지지율 하락, 문재인·안철수 상승" (연합뉴스 12. 21)

– 여론조사기관 리얼미터는 지난 14~18일 실시한 여론조사 결과 안철수 의원의 새정치연합 탈당 여파와 쟁점법안을 둘러싼 여야 대치 등의 영향으로 여권의 당·청 지지율은 동반 하락한 반면 야권 지지율은 상승곡선을 그린 것으로 나타났다고 21일 밝혔다. 차기 대권주자 지지도 조사에서 안 의원의 지지율은 전주보다 3.4% 상승한 13.5%를 기록했다. 내년 총선 이전에 창당할 것으로 예상되는 정당을 포함한 '총선 정당 지지도'에서는 새누리당과 새정치연합이 현재 지지율보다 낮은 38.2%와 25.7%를 기록했으며, 안철수 신당은 16.3%로 조사됐다. 새누리당은 주로 부산·경남·울산과 경기·인천 지역에서 안철수 신당으로 지지층이 비교적 많이 유출된 것

으로 조사됐고, 새정치연합은 호남 지역의 유출 폭이 큰 것으로 나타났다.

7차(12월 말~2016년 1월 말)

김윤실

2016년 4월 총선을 앞두고 야권에 변화의 바람이 불고 있다. 제1야당인 새정치민주연합은 2015년 12월 28일 '더불어민주당'을 새 당명으로 결정했으며 이틀 뒤인 30일 당명의 약칭으로 '더민주'를 확정했다. 안철수 전 대표가 신당 창당을 위해 12월 13일 탈당을 선언한 이후 전·현직 국회의원들도 잇따라 탈당하였고, 특히 비주류의 좌장격인 김한길 의원이 1월 3일 탈당함에 따라 더민주의 분당 사태가 가속화되었다(연합뉴스 2016. 01. 03). 이러한 상황에서 문재인 대표는 위기를 해소할 방안으로 새로운 인재 영입에 공을 들이기 시작했다. 특히 과거 운동권이나 시민단체 출신의 외부 인사를 영입하는데 의존했던 것과 달리 전문가 영입에 초점을 맞추고 있어 대체로 좋은 평가를 받고 있다(연합뉴스 2016. 01. 14). 한편 더민주는 1월 14일 '경제민주화'의 상징으로 불리는 김종인 전 의원을 선거대책위원장으로 영입해 논란이 일기도 했다. 김 전 의원은 2012년 대선 당시 박근혜 대통령의 경제교사였고, 신당 창당을 추진 중인 안철수 의원의 정계입문 과정에서 멘토 역할을 했던 인물이기 때문이다(경향신문 2016. 01. 14).

안철수 의원이 추진하는 신당은 1월 10일 창당 발기인대회를 열고 당명으로 '국민의당'을 채택했으며 창당준비위원회를 발족했다(조선일보 2016. 01. 10). 더민주를 탈당한 대부분의 현직의원이 국민의당에 합류하고 있으며 주로 광주와 전남을 지역구로 하고 있어, 더민주의 호남 내 제1당의 지위가 흔들리고 있는 상황이다. 한편 국민의당은 창당준비위 발족을 이틀 앞둔 8일 호남 출신 고위직 인사 5명의 영입을 발표하였지만, 이들 가운데 3명이 비리 혐의에 연루된 전력이 있어 입당을 취소하고 안 의원이 공식 사과하는 등 논란이 일었다(연합뉴스 2016. 01. 08). 안 의원은 새정치연합을 탈당하기 이전부터 비리 혐의가 있는 인사를 공천에서 배제해야 한다는 혁신안을 주장해왔기에 더욱 비난을 받았다.

선거구 획정을 둘러싼 여야 간의 협상이 수차례 성과를 내지 못한 채 결렬되었고 결국 1월 1일 이후 현행 선거구가 법적 효력을 상실함에 따라 예비후보들도 자격이 박탈되는 사태에 이르렀다. 정의화 국회의장은 중앙선거관리위원회

산하 선거구획정위원회에 현행 지역구와 비례대표 의석비율(지역구 246석, 비례의원 54석)을 유지하는 기준으로 획정안을 마련할 것을 요청하였다(연합뉴스 2016. 01. 01). 하지만 여야 동수 추천으로 구성된 획정위이기에 위원간의 이견을 좁히지 못했고 이에 부담을 느낀 획정위의 김대년 위원장이 1월 8일 사퇴하기도 하였다. 이후 중앙선관위는 11일 '선거구 실종' 사태의 혼란을 최소화하기 위해 새로운 선거구 획정이 완료될 때 까지 기존의 선거구를 적용하여 예비 후보 등록의 신청을 받고 선거운동도 잠정적으로 허용하기로 결정하였다(조선일보 2016. 01. 11).

한국 정당

12월 23일

• 여야, 정당 후원회 부활 "불법 정치자금 형성에 악용 안돼"　　　(연합뉴스 12. 23)

‒ 여야는 23일 이른바 '차떼기' 사건 여파로 사라졌던 정당 후원회를 11년 만에 부활시킨 헌법재판소 결정에 대해, 헌재 결정은 존중하지만 불법 정치자금 형성에 악용되어서는 안 된다고 강조했다. 이날 헌재는 정당을 후원회 지정권자에서 제외한 정치자금법 제6조와 형사처벌 규정인 제45조 제1항을 재판관 8 대 1 의견으로 헌법 불합치 결정했다. 헌재는 오는 2017년 6월 30일을 개선입법 시한으로 정하고 그때까지 현행 규정을 적용토록 했다.

12월 28일

• 새정치민주연합, 새 당명 '더불어민주당'…안철수 흔적 지우기　　　(연합뉴스 12. 28)

‒ 새정치민주연합은 28일 '더불어민주당'을 새 당명으로 정했다. 새정치연합은 이날 오전 최고위원회와 당무위원회를 잇따라 열어 이같이 결정했다. 이에 따라 2014년 3월 26일 김한길 당시 대표의 민주당과 안철수 의원의 새정치연합이 합당해 탄생한 새정치민주연합이라는 당명은 불과 1년 9개월여 만에 역사 속으로 사라졌다. 새정치연합은 안 의원과의 합당 과정에서 사라진 '민주당'이라는 명칭을 회복하고 동시에 탈당한 안 의원의 '새정치'라는 흔적을 당명에서도 지우게 됐다. 앞서 새정치연

합은 공모 절차를 거쳐 접수한 3천 200개 당명 가운데 '희망민주당', '더불어민주당', '민주소나무당', '새정치민주당', '함께민주당'을 최종 5개 후보군으로 추렸으며, 최고위는 더불어민주당을 단일 후보로 당무위에 상정했다.

12월 28일

• 여당 "일본 정부 책임인정 진일보"…야당 "법적 책임 외면"　　　(연합뉴스 12. 28)

– 일본 정부가 28일 한일 외교장관 회담 합의에서 위안부 강제동원의 책임을 통감하고 사죄와 반성의 뜻을 밝힌 데 대해 여당은 진일보한 것이라고 환영했지만, 야당은 법적 책임을 외면했다며 비판의 날을 세웠다. 여당은 일본 정부의 책임을 인정했다는 점에 방점을 두고 의미를 부여했지만 야당은 합의안 문구에 법적 책임을 언급하지 않은 점을 지적하며 과거 '무라야마 담화' 수준에 미치지 못한다고 평가 절하했다.

01월 08일

• '비리인사 배제' 외친 안철수 신당, 영입 1호부터 '실축'　　　(연합뉴스 01. 08)

– 무소속 안철수 의원이 창당준비위 발족을 이틀 앞둔 8일 호남 출신 고위직 관료 5명을 입당 1호로 발표했지만, 영입 데뷔전부터 체면을 구겼다. 이들 가운데 3명이 비리 혐의 연루 전력 논란에 휘말리면서 영입 발표 2시간 50분 만에 입당 취소를 전격 발표한 것이다. 안 의원이 새정치민주연합 시절 내놓은 '안철수 혁신안'의 기준에 '스폰서 검사' 논란을 빚었던 한승철 전 대검 감찰부장과 김동신 전 국방장관, 허신행 전 농수산부 장관 등이 못 미친다는 지적이 나왔고, 안 의원이 이들의 입당 취소를 발표하고 공식 사과했다. 한편 어수선한 분위기 속에서 이날 발표한 당명 '국민의당'은 원외정당인 '한국국민당'과 비슷하다는 지적이 나오는 등 논란에 휩싸였다.

01월 14일

• 노동개혁 대치, 여 "기간제 뺄게"…야 "파견도 빼라"　　　(연합뉴스 01. 14)

– 새누리당은 4개월 가까이 일괄처리를 추진한 근로기준법, 고용보험법, 산업재해보상보험법(산재보험법), 기간제 및 단시간 근로자보호법(기간제법), 파견근로자보호법

(파견법) 등 노동개혁 5대 법안 중 기간제법은 제외하고 파견법을 포함한 나머지 4개 법안은 반드시 처리돼야 한다는 입장으로 한발 물러섰다. 기간제법은 35세 이상 기간제 근로자의 계약기간을 현행 2년에서 본인이 원할 경우 2년 연장할 수 있도록 하는 게 골자다. 파견법은 55세 이상 고령자와 고소득 관리·전문직, 주조·금형·용접 등 뿌리산업에 대해 파견을 허용하는 것이다. 그러나 더민주는 기간제법 제외를 환영하면서도 파견법 역시 제외돼야 한다는 강경한 태도를 고수하고 있다. 나머지 3개 법안만 분리 처리를 논의할 수 있다는 것이다. 문재인 대표는 "기간제법과 파견법은 비정규직을 양산하고 불법파견을 용인하는 법안"이라며 "노동자들의 고용 불안을 악화시키는 악법 중의 악법으로, 19대 국회를 통틀어 최악의 법안"이라고 강도 높게 비판했다.

01월 19일

• 문재인 사퇴, 탈당 흐름에 제동…야당 지형재편에도 영향   (연합뉴스 01. 19)
– 더불어민주당 문재인 대표는 19일 "선대위가 안정되는대로 빠른 시간 안에 당 대표직에서 물러나겠다"고 사퇴 의사를 밝혔다. 이러한 입장 발표는 어지럽게 분열된 야권의 지형 재편에도 영향을 미칠 것으로 전망된다. 문 대표의 사퇴는 신당세력과 비주류가 통합의 걸림돌이라고 주장해온 문 대표의 무대 퇴장을 의미하는 것이어서 야권이 이전보다 이합집산을 더 활발하게 벌일 공간을 확보했다고 볼 수 있다. 그러나 안철수 의원이 더민주와의 연대 불가론을 고수하면서 '국민의당' 창당을 가속화하고 있어 양측 간 세확산 경쟁이 뜨거워질 것으로 보인다. 더민주 내부적으로는 추가 탈당을 막는 효과가 기대된다. 추가 탈당이 예고된 인사는 박지원 전 원내대표, 김영록 이윤석 박혜자 이개호 의원 등 호남권 의원 5명이었다.

한국 선거·의회

01월 01일

• 사라진 선거구…정의화 의장 "지역 246·비례 54석안" 직권 상정 시도

(연합뉴스 01. 01)

– 정의화 국회의장과 새누리당 김무성·더불어민주당 문재인 대표 간 막판 협상도 무위로 끝나면서 현행 선거구 획정은 법적 효력을 상실했다. 이에 따라 현역 의원들은 의원직은 유지하되 자신이 대표할 지역이 사라지고, 정치 신인 역시 예비 후보등록이 불가능해지는 헌정 사상 초유의 사태에 직면했다. 정 의장은 1일 0시를 기해 중앙선거관리위원회 산하 선거구획정위원회에 현행 지역구와 비례대표 의석비율을 유지하되 일부 자치 시·군·구 분할을 허용하는 방식으로 내년 총선 선거구 획정의 기준을 제시하고, 오는 5일까지 획정안을 제출해 달라고 요청했다.

01월 05일

• 문재인 "선거연령 인하하면 쟁점법안 연계처리 가능"　　　　　(조선일보 01. 05)

– 더불어민주당 문재인 대표는 5일 선거구 획정과 관련, 선거연령 18세 인하 절충안을 이번 총선부터 적용하면 선거구 획정과 쟁점법안의 연계 처리를 검토하겠다고 밝혔다. 문 대표는 "김무성 대표는 어제 정의화 국회의장 주재 여야 지도부 회동에서 '쟁점법안을 통과시켜 주면 (선거연령 인하 방안을) 연계해서 처리하되, 이번 총선이 아닌 다음 선거부터 시행하는 것으로 합의할 수 있다'는 의사를 밝혔지만, 그건 지나치다"며 "만약 (선거연령 인하안을) 다른 법안과 연계한다면 이번 총선에서 바로 시행돼야 한다. 다음 선거부터 시행한다면 일체 법안과의 연계가 없어야 한다는 입장을 전했다"고 말했다. 그러나 김 대표는 쟁점법안과 이번 총선에서 선거 연령 인하 연계 처리는 불가능하다고 밝혔다. 김 대표는 이날 기자들과 만나 "이번 총선부터 선거 연령 변경이 가능한가"라는 질문에 "전혀 여지가 없다"고 일축했다. 김 대표는 "(전날) 정 의장은 다음 대선부터 선거 연령을 18세로 인하하는 선에서 지역구 253석 안(案)을 성사시키자고 주장했고, 나는 선거도 중요하지만 경제 관련 법, 노동 5법이 정말 시급하기 때문에 이것을 같이 처리하자고 제안했다"고 말했다.

01월 08일

• 김대년 선거구 획정위원장, '선거구 실종' 책임 전격 사퇴　　　　(연합뉴스 01. 08)

– 중앙선거관리위원회 산하 선거구획정위원회의 김대년 위원장이 8일 사퇴했다. 김 위원장은 올해 4·13 총선에 적용할 선거구 획정안이 국회 본회의 처리가 무산된

이날 오후 사퇴하기로 결정했다고 선관위 관계자들이 전했다. 2015년 7월 획정위원 장을 맡은 김 위원장은 헌정 사상 초유의 '선거구 실종' 사태를 맞게 된데 따른 부담 과 책임감으로 전격 사퇴를 결정한 것으로 알려졌다. 앞서 정의화 국회의장은 12월 임시국회 마지막 본회의가 열리는 이날을 심사기일로 지정한다는 방침 하에 현행 의석수 비율(지역구의원 246석·비례대표 54석)을 유지하는 선거구 획정 기준을 획정위에 제시하면서 획정안을 마련해 달라고 요청했지만, 여야 동수 추천으로 구성된 획정 위가 끝내 합의에 실패하면서 본회의 처리도 함께 무산됐다.

01월 11일

• 선관위, 선거구 획정 때까지 예비후보 등록·운동 허용　　　　(조선일보 01. 11)
- 중앙선거관리위원회는 11일 전체회의를 열고 선거구 소멸에 따른 혼란을 최소화 하기 위해 새로운 선거구가 획정될 때까지 기존의 선거구를 적용해 신규 예비 후보 자 등록 신청을 받고, 선거운동도 허용하기로 결정했다고 밝혔다. 이에 앞서 새누리 당과 더불어민주당은 이날 오후 국회에서 원내대표, 원내수석부대표, 정책위의장이 참여하는 '3+3 회동'을 갖고 선관위에 예비 후보자의 등록을 재개하고 선거운동을 할 수 있게 하도록 권고했다.

01월 18일

• 여당 '선진화법 개정' 착수…25일까지 본회의 표결 추진　　　　(연합뉴스 01. 18)
- 국회 운영위원회는 18일 새누리당 의원들만 참석한 가운데 전체회의를 열고, 국 회의장의 직권상정 요건을 완화하는 것을 골자로 한 국회법 개정안을 상정하는 등 국회선진화법 개정 절차에 착수했다. 특히 새누리당 의원들은 이날 국회법 개정안 을 상정한 직후 법안을 운영위와 법사위 논의를 거치지 않고 곧바로 국회 본회의에 올리기 위해 국회법 개정안을 부의하지 않기로 의결하는 '부결' 절차를 밟았다. 이는 본회의에 부의하지 않기로 한 법안에 대해 '7일 이내에 의원 30인 이상의 요구가 있 을 때에는 그 법안을 본회의에 부의해야 한다'고 규정한 국회법 87조를 활용해 국회 법 개정안을 관철하려는 조치다. 이날 상정된 국회법 개정안은 새누리당 권성동 의 원이 지난 11일 대표 발의한 것으로, 국회의장의 심사기간 지정 요건(직권상정)에 '재

적의원 과반수가 본회의 부의를 요구하는 경우'를 추가한 법안이다. 그러나 더불어민주당은 새누리당이 일방적으로 회의를 소집하고 안건을 변경하는 등 법적 절차를 제대로 거치지 않았다면서 국회법 개정안 상정 및 부결은 원천 무효라고 강력히 반발했다.

한국 여론

12월 31일

• 광주 · 전남 정당지지도 '안철수 신당'이 '더민주' 추월

(광주일보 12. 31, 연합뉴스 12. 31 재인용)

– 야권경쟁이 본격화된 광주·전남에서 '안철수 신당'이 더불어민주당의 정당 지지도를 추월했다는 여론조사 결과가 나왔다. 지난 12월 28~29일 광주일보와 리얼미터에서 광주 436명, 전남 624명 등 1천 60명을 대상으로 실시하여 31일 발표한 여론조사에 따르면 총선에서 어느 정당을 지지하겠느냐는 질문에 안철수 신당이 41.9%를 기록, 더민주의 지지율(29.4%)을 눌렀다. 천정배 의원이 창당 추진하는 국민회의는 5.2%, 정의당 4.9%, 새누리당 4.8% 등을 기록했으며 지지정당이 없다는 응답은 7.8%였다. 차기 대통령 적합도에서는 안철수 의원이 37.5%로 선두였으며 박원순 서울시장(22.4%), 문재인 더불어민주당 대표(17.3%), 김무성 새누리당 대표(6.7%) 등이 뒤를 이었다. 안 의원의 탈당에 대해서는 잘한 결정이라는 의견이 56.5%였으며 '신당 세력과 통합에 나서야 한다'는 응답은 59.9%였다.

01월 03일

• 현역 의원 다시 찍겠다 20%〈 다른 후보를 찍겠다 41% (경향신문 01. 03)

– 4·13 총선에서 현역 지역구 국회의원의 교체 여론이 압도적으로 높은 것으로 나타났다. '현역 의원 대신 다른 후보를 찍겠다'는 응답이 '다시 한번 찍어주겠다'는 응답보다 두 배 이상 많았다. 경향신문·한국리서치 신년 여론조사에서 '이번 총선에서 현 지역구 의원이 다시 출마하면 어떻게 하겠느냐'고 물어본 결과, '다시 찍어주겠다'는 응답은 19.6%에 불과했다. 반면 '다른 후보를 찍겠다'는 응답은 41.4%였다.

응답자 10명 중 4명이 현역 지역구 의원 교체를 원하고 있는 셈이다.

01월 07일

• 국민 65%, 누리과정 예산 정부가 지원해야 　　　　　　　　　(연합뉴스 01. 07)

– 정부와 일부 지방단체가 누리과정(만 3~5세 무상보육) 예산 부담을 둘러싸고 갈등을 벌이는 가운데 국민 10명 중 6명 이상 꼴로 중앙 정부가 누리과정 예산을 지원해야 한다고 생각하는 것으로 나타났다. 여론조사 전문기관 리얼미터는 누리과정 예산에 대해 설문조사한 결과 '중앙정부가 부족한 예산을 더 지원해야 한다'는 응답이 65.2%로 집계됐다고 7일 밝혔다. '시·도 교육청이 예산을 편성해야 한다'는 응답은 23.5%이었다.

01월 08일

• 안철수 신당 · 더민주, 지지율 20% 안팎 접전 　　　　　　　　(조선일보 01. 09)

– 한국갤럽이 지난 5~7일 실시해 8일 발표한 여론조사에 따르면 '총선에서 어느 당을 지지하겠는가'란 질문에 새누리당(35%)이 가장 많은 응답을 차지하였고 안철수 신당(21%)과 더불어민주당(19%) 순으로 뒤를 이었다. 모름·무응답은 22%였다. 특히 야당의 전통적 기반인 호남권에선 안철수 신당(41%)이 더민주(19%)를 두 배 이상 앞섰으며, 신당을 제외한 기존 정당의 지지율을 측정한 항목에선 새누리당 40%, 더민주 21%, 모름·무응답 32% 순이었다. 한편 박근혜 대통령의 직무수행에 대해선 '잘하고 있다' 40%, '잘못하고 있다' 53%였고, 한·일 위안부 문제 합의에 대해선 '잘못됐다' 54%, '잘됐다' 26%였다.

01월 15일

• '파죽지세' 안철수 신당 호남 지지율 균열 조짐 보이나 　　　　(연합뉴스 01. 15)

– 호남에서 탄탄대로를 달리던 안철수 의원 측 국민의당 지지도에 균열이 보이는 반면 더불어민주당은 인재영입 등으로 잃은 점수를 부분적이나마 만회해 가고 있다는 평가가 나온다. 15일 한국갤럽에 따르면 지난 12~14일 20대 총선 지지정당을 조사한 결과 새누리당은 36%, 더불어민주당 19%, 안철수 신당 19%, 정의당 3%, 천

정배 신당 1%, 없음·의견유보가 22%로 나타났다. 특히 광주·전라에서는 더민주가 32%, 국민의당이 30%를 기록했다. 근소한 차이였지만 연말연초 호남에서 국민의당이 더민주와 배 이상 격차를 벌렸던 다수 여론조사 결과와 비교하면 극적인 변화다.

8차(1월 말~2월 말)

김윤실

  20대 총선 선거일을 50일 앞둔 2월 23일, 여야는 선거구 획정을 위한 기준에 합의했다. 여야는 국회의원 정수를 현행대로 300명으로 유지하되 지역구 의원 수를 253명으로 7명 늘리고, 대신 비례대표 의원수를 47명으로 줄이기로 결정 했다. 이는 한 달 전인 1월 23일에도 원칙적으로 합의했던 내용지만 당시에는 선거구 획정을 경제활성화·노동법과 연계하여 처리해야 한다는 여당 입장과 합의된 선거구획정안을 담은 공직선거법 개정안을 먼저 처리하자는 야당 입장 이 맞서며 최종 합의에 이르지는 못했었다(연합뉴스 2016. 01. 23). 이후에도 양측의 협상은 제자리걸음하며 결렬을 반복했으며, 그 과정에서 여러 법안과 연계하여 논의하기도 하였다.

  여야는 기업활력제고특별법(원샷법)과 북한인권법을 1월 29일 본회의에서 처 리하기로 합의했지만 더불어민주당 내부에서 선거구 획정안도 함께 처리해야 한다고 반발하면서 무산됐다. 더민주는 여야가 두 법안에 합의할 당시 선거법 개정안을 함께 처리한다는 '이면 합의'가 있었다고 주장하였지만 새누리당은 부 인하였다(연합뉴스 2016. 01. 29). 이후 2월 4일에서야 원샷법은 국회 본회의를 통과 하였다. 또한 새누리당은 여야 간 의견 접근을 이룬 선거구 획정안과 북한인권 법에 더해 테러방지법도 처리에 합의해야 한다고 주장하였지만 더불어민주당 이 국가정보원의 정보 남용 우려를 들어 반대하면서 양측의 입장은 선거구 획 정기준 합의 전날까지도 대립하였다(연합뉴스 2016. 02. 20; 연합뉴스 2016. 02. 23). 결 국 2월 23일 테러방지법은 국회 본회의에 직권상정되었고 더불어민주당은 법안 처리를 막기 위해 무제한 토론(필리버스터·filibuster)을 시작하였다.

  안철수 의원이 주도하는 국민의당과 천정배 의원의 국민회의가 각자 독자창 당하기로 했던 기존 계획을 변경하여 '국민의당'이라는 당명으로 통합신당을 창 당 진행하기로 1월 25일 전격 합의했다. 더민주 문재인 대표와 정의당 심상정 대 표도 같은 날 국회에서 만나 총선에서의 연대에 원칙적으로 합의했다. 이후 문 대표는 1월 27일 대표직에서 물러났으며 비상대책위원장을 겸하는 김종인 선거

대책위원장에게 전권을 이양했다(연합뉴스 2016. 01. 28). 한편 정부가 2월 11일 북한의 4차 핵실험과 장거리 미사일 발사 등 잇따른 도발에 대응해 개성공단을 전면 중단하기로 결정하고 북한이 이에 대응해 개성공단의 남측 인원을 전원 추방하자 여야는 상반된 반응을 보였다. 새누리당은 북한 도발의 악순환을 끊기 위한 불가피한 조치라며 정부의 판단을 존중한다고 밝혔으며 공단 폐쇄의 근본적인 책임이 북한에 있다고 지적하였으나, 더민주와 국민의당은 박근혜 정부의 대북정책이 실패했다며 비판하는 동시에 남북 모두 상황을 악화시키는 강경한 행동을 중단해야 한다고 주장했다(연합뉴스 2016. 02. 11; 연합뉴스 2016. 02. 13).

한국 정당

01월 25일

• 야권 세력재편 급물살…더민주-안철수 신당 '장군멍군'　　　　　(연합뉴스 01. 25)

− 4·13 총선을 앞두고 신당 창당 움직임이 여러 갈래로 진행되면서 어지럽기만 하던 야권의 지형이 더불어민주당과, 안철수 의원이 주도하는 국민의당 양대 세력으로 재편되는 흐름이다. 국민의당은 25일 천정배 의원 중심의 국민회의와 통합에 전격 합의함으로써 호남 신당과와 결합하는 방식으로 주도권 회복에 나섰다. 국민의당과 국민회의는 이날부터 실무협상단을 꾸려 2월 2일 국민의당 중앙당 창당대회때 통합을 마무리할 것으로 보이며 다른 신당세력의 합류도 본격 추진될 것으로 예상된다. 반면 더민주 문재인 대표와 정의당 심상정 대표는 이날 별도로 회동해 총선 후보단일화 등을 위한 '범야권 전략협의체' 구성에 합의하는 등 반격을 가했다.

01월 27일

• 더민주 문재인 사퇴…'김종인 비대위 체제' 출범　　　　　　　(연합뉴스 01. 27)

− 더불어민주당 문재인 대표가 27일 대표직을 사퇴하고, 당 조직이 '김종인 비상대책위원회 체제'로 전격 전환된다. 더민주는 이날 최고위원회의를 열고 비대위 인선안을 의결, 중앙위원회 부의를 거쳐 김종인 선거대책위원장이 이끄는 비대위 구성 절차를 완료한다. 선대위에 이어 비대위 권한까지 모두 이임 받는 김 위원장은 두

조직을 축으로 총선 체제에 본격 돌입한다. 당초 문 대표는 4·13 총선까지 당을 진두지휘할 예정이었지만 당이 위기에 처하자 대표직을 내려놓으며 김종인 위원장을 구원투수로 긴급 투입했다. 전통적 지지기반인 호남에서 이른바 '반문(반문재인) 정서'가 커 "문 대표 얼굴만으로는 총선을 치르기 어렵다"는 당내 여론을 수용한 것이다.

02월 07일

• 여 "테러방지 · 북한인권법도 이참에"…야 "미사일과 별개"　　　　(연합뉴스 02. 07)

- 여권은 7일 북한의 장거리 미사일 발사를 계기로 국회에 계류 중인 테러방지법과 북한인권법의 입법에 속도를 내야 한다며 설 연휴 기간에라도 협상을 벌여 조속하게 법안을 처리하자며 고삐를 당기고 나선 반면 야권은 미사일 문제와 이들 두 법안의 처리는 별개라고 선을 그으며 입장차를 보였다. 박근혜 대통령이 이날 개최한 국가안전보장회의(National Security Council, NSC)에서 테러방지법의 즉각적 국회 통과를 주문하자 새누리당은 이에 적극 호응해 테러방지법과 북한인권법의 조속 처리를 촉구했다. 그러나 야권은 테러방지법 자체를 반대하지 않는다는 점을 강조하면서도 대통령의 법 통과 요청을 '국회에 대한 월권'으로 규정하고 법안 논의는 국회에 맡겨야 한다는 입장으로 맞섰다.

02월 11일

• 북한 조치에 여당 "책임은 북한에", 야당 "강대강 대결 상황악화"　　(연합뉴스 02. 11)

- 여야는 11일 정부의 개성공단 중단 결정에 대응해 북한이 개성공단을 군사통제구역으로 선포하고 남측 인원을 전원 추방한 데 대해 한목소리로 유감을 표했다. 그러나 새누리당은 이번 공단 폐쇄의 근본책임이 전적으로 북한에 있다고 지적한 반면, 야권은 남북 양측 모두 상황을 악화시키는 강경 행동을 중단해야 한다고 촉구해 온도 차를 보였다.

02월 16일

• 새누리당 김무성-이한구, '우선추천 · 100%국민경선' 놓고 격돌　　(연합뉴스 02. 16)

- 새누리당 공직후보자추천관리위 이한구 위원장이 16일 공천 룰을 발표하자 김무

성 대표가 반박하며 갈등이 재점화하는 양상이다. 이 위원장은 이날 소수자 배려 차원에서 광역 시도별로 1~3개 우선추천지를 선정하고, 후보 간 여론조사 경선 방식에 합의가 이뤄지지 않는 경우 '100% 국민경선'을 실시키로 했다고 밝혔다. 특히 우선추천지 선정은 김 대표가 정치생명까지 걸었던 상향식 공천과 배치되는 측면이 있고, 경선 비율 역시 후보별로 이해득실이 엇갈려 당내 논란을 예고했다. 김 대표는 기자들과 만나 '우선추천지 할당'에 대해 "오랜 기간 토론을 통해 만든 공천 룰에 벗어나는 일"이라면서 "공관위원들은 공천 룰 속에서만 활동할 수 있다"고 말했다.

한국 선거·의회

01월 23일

- 여야, '지역253+비례47' 선거구 원칙합의···노동법 연계 이견   (연합뉴스 01. 23)
– 여야 원내지도부는 23일 오후 국회에서 회동하고 20대 총선에 적용할 선거구 획정과 관련, 현행대로 국회의원 정수를 300명으로 유지하되 지역구를 253석으로 현재보다 7석 늘리고 대신 비례대표를 47석으로 줄이기로 원칙 합의했다. 그러나 노동법 및 경제활성화법을 선거구 획정과 연계하자는 새누리당 입장과, 다른 법안 처리와 연계시키지 말고 합의된 선거구 획정 내용을 공직선거법 개정안에 담아 처리하자는 더불어민주당 견해가 맞서고 있어 최종 합의에 이르지는 못했다.

01월 29일

- 선진화법 정의화 중재안, 새누리 "수용" 더민주 "검토"   (한겨레 01. 29)
– 새누리당이 국회선진화법과 관련해 정의화 국회의장이 제시한 중재안을 받아들이기로 했다. 더불어민주당도 검토하겠다는 입장이어서 일단 국회 운영위원회에서 선진화법 개정 논의가 진행될 것으로 보인다. 정 의장은 '안건 신속처리 제도'의 실효성을 높이는 중재안을 지난 25일 제시했고 28일 대표 발의했다. 중재안은 신속처리 안건 지정 요건을 재적 의원 '60%(3/5) 이상 찬성'에서 '50%(과반) 이상 찬성'으로 완화하고, 최장 330일 걸리는 심의기간을 75일로 대폭 단축하는 방안이다. 또한 남용을 막기 위해 '국민 안전이나 국가 재정·경제상의 위기가 명백히 우려되는 경우'

로 한정하도록 했다. 앞서 새누리당은 '재적 의원 과반'의 요구로도 직권상정이 가능하도록 하는 개정안을 내놓았지만 정 의장은 '다수당 독재 허용 법안'이라고 반대했다. 이종걸 더불어민주당 원내대표는 28일 "현재로선 받아들일 수 없지만, 운영위원회에서 심도 있게 검토하고 필요하면 대안도 내놓겠다"고 말했다.

01월 29일

• 원샷법 · 북한인권법 처리 무산…휴지조각 된 여야 합의　　　　　(연합뉴스 01. 29)

- 여야는 29일 국회 본회의를 열어 이날 처리키로 합의했던 기업활력제고특별법(원샷법)과 북한인권법 제정안을 처리할 계획이었지만, 막판 합의가 깨지면서 모두 무산됐다. 북한인권법은 법안의 목적에 대한 문구 조정에 실패해 최종 합의에 이르지 못했고, 원샷법은 법안 자체에는 합의했지만 더불어민주당이 입장을 바꿔 선거구 획정안을 담은 공직선거법 개정안을 함께 처리해야만 본회의에 응하겠다고 주장하면서 처리되지 못했다. 앞서 여야 원내대표는 지난 23일 회담에서 "29일 본회의를 열어 원샷법과 북한인권법을 처리하기로 합의했다"고 발표한 바 있다. 이와 관련, 더민주는 합의 당시 이 두 법안과 선거법 개정안도 함께 처리한다는 '이면 합의'가 있었다고 주장했지만 새누리당은 이를 부인하며 "일방적 합의 파기"라고 반박했다.

02월 04일

• 원샷법 국회 통과, 더민주 46명 이탈표…국민의당 전원찬성　　　(연합뉴스 02. 04)

- 야권 주도권 경쟁을 벌이는 더불어민주당과 국민의당이 4일 국회 본회의를 통과한 기업활력제고특별법(일명 원샷법) 표결을 두고 상반된 행보를 보였다. 원샷법에 대해 당내 논란이 끊이지 않았던 더민주에서는 21명이 반대하고 25명이 기권하는 등 총 46명이 원샷법에 대한 여야 합의를 이탈한 것으로 집계됐다. 반면 국민의당은 의총에서 원샷법 찬성 당론을 결정 후 일사불란하게 찬성표를 던지며 표결에 적극성을 보였다. 다만 재석수 223석에 찬성표가 174표에 달하면서 국민의당이 본회의 데뷔 무대에서 캐스팅보트(casting vote) 역할을 할 기회는 주어지지 않았다. 그럼에도 국민의당은 이번 표결 성사 자체를 제3당 효과라고 자평하고 향후 선거구 획정안을 담은 공직선거법에서도 역할을 행사하겠다고 밝혔다.

02월 23일

- **총선 50일 남기고 선거구 획정기준 합의…지역구253석 · 비례47석** (연합뉴스 02. 23)
- 제20대 총선 선거구를 구획하기 위한 기준이 선거일을 50일 남긴 23일 결정됐다. 국회의원 정수는 300석을 유지하되 지역구 숫자는 현행보다 7개 늘어난 253개, 비례대표 숫자는 그만큼 줄어든 47개로 각각 확정했다. 정의화 의장은 곧바로 이 기준을 중앙선관위원회 산하 선거구획정위원회에 보냈으며, 획정위가 이 기준에 따라 최대한 빨리 선거구 획정안을 성안해 25일 정오까지 국회로 보내달라고 요청했다. 여야 대표는 획정위가 25일 국회로 선거구 획정안을 보내오는 대로 국회 안전행정위원회를 소집해 획정안을 담은 공직선거법 개정안을 완성하고 법제사법위를 거쳐 26일 본회의에서 처리한다는 데에도 합의했다. 한편 더민주가 비례대표 의원 정수 축소의 조건으로 요구해온 석패율제 또는 권역별 비례대표제 도입, 지역구 선거 연령 하향 조정, 투표시간 연장 등은 새누리당의 거부로 무산됐다.

02월 23일

- **테러방지법 직권상정…더민주 '필리버스터'로 저지 시도** (경향신문 02. 23)
- 국가정보원에 테러위험인물의 출입국·금융거래·통신이용 정보를 수집할 수 있는 권한을 주는 내용 등이 포함된 '국민보호와 공공안전을 위한 테러방지법안'(테러방지법)이 23일 국회 본회의에 직권상정됐다. 테러방지법은 국정원의 과도한 권한 행사와 인권침해 등 악용 우려 때문에 15년간 국회 문턱을 넘지 못했다. 하지만 최근 북한의 4차 핵실험과 장거리 로켓 발사, 개성공단 폐쇄 등 한반도 위기 상황을 내세운 정부·여당의 강경 드라이브로 입법화하게 됐다. 여야는 정보수집 권한을 국정원에 둬야 한다는 새누리당과 국민안전처에 둬야 한다는 더불어민주당 입장이 맞서면서 법안 처리에 최종적으로 합의하지 못한 상태였다. 더민주는 테러방지법 처리를 막기 위해 오후 7시쯤부터 본회의장에서 김광진 의원을 시작으로 무제한 토론(필리버스터)을 벌였다. 여야 지도부가 전날 회동을 통해 이날 처리하기로 합의한 북한인권법과 다른 무쟁점 법안들은 테러방지법 직권상정 여파로 법제사법위원회 전체회의가 무산되면서 처리되지 못했다.

01월 22일

• "국회선진화법 고쳐야" 찬성 46%＞반대 39%　　　　　　　　(조선일보 01. 23)

– 한국갤럽이 지난 1월 19~21일 실시하여 22일 발표한 여론조사에서 국회선진화법을 바꿔야 한다는 의견이 유지해야 한다는 의견보다 높은 것으로 나타났다. 이 조사에서 '전체 국회의원 60% 이상이 동의해야만 쟁점 법안을 상정할 수 있는 국회선진화법'에 대해 '여야 합의가 안 되면 법안 처리가 어려워서 반대'(46%)가 '다수당의 일방적 법안 처리를 막을 수 있어서 찬성'(39%)에 비해 많았다. 갤럽의 지난해 5월 조사에선 국회선진화법에 대해 찬성(41%)과 반대(42%)가 비슷했지만 최근엔 반대가 늘어났다.

01월 25일

• 안철수 신당 계속 하락세…새누리 · 더민주는 동반상승　　　　(연합뉴스 01. 25)

– 여론조사기관 리얼미터가 1월 18~22일 조사하여 25일 발표한 조사 결과에 따르면 안철수 의원이 주도하는 '국민의당'의 지지도가 하락세를 보이고 있는 반면 새누리당과 더불어민주당 지지도는 동반 상승하는 것으로 나타났다. 새누리당은 전주 대비 3.1%포인트 상승한 39.2%, 더민주는 2.5%포인트 오른 25.0%를 기록했으나 국민의당은 17.1%로 3.6%포인트 하락했다. 특히 야권의 텃밭인 호남에서 국민의당이 우위는 지켰지만 추세는 하락으로 돌아섰다. 더민주의 지지도가 전주 대비 2.8%포인트 상승(20.9%→23.7%)한 반면 국민의당은 4.5%포인트 하락(37.9%→33.4%)했다.

02월 05일

• 광주 · 전남 '국민의당 42.9%, 더민주 28%' (광주일보 02. 05, 경향신문 02. 05 재인용)

– 광주·전남지역만을 대상으로 한 여론조사에서 국민의당이 더불어민주당을 10%포인트 이상 앞선다는 결과가 나왔다. 광주일보가 리얼미터에 의뢰해 5일 발표한 여론조사에 따르면 4·13 총선에서 지지할 정당으로 광주·전남지역민의 42.9%가 국민의당을 꼽았다. 더민주는 28%, 새누리당은 9%, 정의당은 2.8%를 기록했다. 이번

조사는 지난 2~3일 광주 446명, 전남 568명 등 성인 1014명을 대상으로 진행됐다. 더민주와 국민의당 중 어느 당이 호남 민심을 잘 대변할 것으로 보이느냐는 질문에는 48.9%가 국민의당을, 26.1%는 더민주를 선택했다.

02월 14일

• 국민 과반, 사드(THAAD) 배치 · 개성공단 전면중단에 찬성　　　　(연합뉴스 02. 14)

– 북한의 4차 핵실험 및 장거리 미사일 발사에 맞선 사드(Terminal High Altitude Area Defense missile, THAAD · 고고도미사일방어체계) 배치논의, 개성공단 가동 전면중단 등 정부의 초강경 대응에 국민의 절반 이상이 찬성하는 것으로 나타났다. 연합뉴스와 KBS가 여론조사기관인 코리아리서치에 의뢰해 14일 집계한 여론조사 결과에 따르면, 응답자의 67.1%는 "북한의 위협에 대비하기 위해 사드(THAAD)를 배치해야 한다"고 답변했다. 반면 "중국 등의 강경입장을 고려해 배치하지 말아야 한다"는 답변은 26.2%에 불과했다. 개성공단 가동 전면중단 조치에 대해선 "잘한 일"이라는 응답이 54.4%로, "현재처럼 가동해야 한다"는 답변(41.2%) 보다 높게 나왔다. 이번 여론조사는 지난 7일 북한이 장거리 미사일을 발사한 데 맞서 10일 정부가 개성공단 전면중단 결정을 내린 직후인 11~12일 이틀 동안 실시됐다.

02월 14일

• 호남, 더민주 · 국민의당 접전…나머지, 새누리 '독주'　　　　(연합뉴스 02. 14)

– 연합뉴스 · KBS와 코리아리서치 공동여론조사 결과 더불어민주당과 국민의당이 호남에서 접전을 벌이는 가운데 수도권 등 다른 지역에서는 새누리당의 정당 지지도가 더 높은 것으로 나타났다. 14일 발표된 이번 조사에서 4 · 13 국회의원 총선거의 지역구 선거에서 '어느 정당 후보자에게 투표할 생각이냐'는 질문에 응답자는 새누리당 40.9%, 더민주 23.1%, 국민의당 10.6%, 정의당 3.0%로 나타났다. 지역별로 보면 광주 · 전라에서 국민의당이 29.9%로 더민주(28.6%)를 오차 범위 내에서 앞서는 것으로 조사됐다.

9차(2월 말~3월 말)

김윤실

 2월 23일 정의화 국회의장의 직권으로 테러방지법이 본회의에 상정된 이후 9
일 동안 더불어민주당을 비롯한 야당 의원들은 무제한토론(필리버스터)을 통해 테
러방지법의 문제점을 지적하며 법안의 독소조항을 제거할 것을 새누리당에 요
구하였다. 하지만 20대 총선 선거구 획정안이 2월 28일 국회에 제출되었고, 선
거법 처리를 더 지연할 경우 여론의 역풍을 맞을 수 있다는 야당 안팎의 우려의
목소리가 있었다. 결국 야당의 무제한토론이 3월 2일 중단되었고 테러방지법뿐
만 아니라 북한인권법과 20대 총선 선거구 획정안이 담긴 공직선거법 등 무쟁
점 법안들이 국회 본회의에서 처리되었다(연합뉴스 2016. 03. 02).

 더불어민주당 김종인 비상대책위원회 대표는 3월 2일 국민의당에 야권 통합
을 제안했지만, 국민의당은 4일 심야 의원총회 끝에 이를 거부하기로 결정하였
다(연합뉴스 2016. 03. 05). 야권통합에 이어 당 차원의 연대도 거론되었지만 안철수
상임 공동대표는 단호하게 거부의사를 밝혔고, 천정배 공동대표와 김한길 상임
공동선거대책위원장은 새누리당의 과반의석 확보를 저지하기 위해서 야권연대
에 대한 논의가 필요하다는 입장 차이를 보였다. 결국 천 대표와 김 위원장이 동
시에 당무를 거부하고 나서면서 국민의당 지도부의 대립이 걷잡을 수 없이 극
한으로 치닫기도 하였다. 그러던 중 더불어민주당이 14일 야권연대를 검토하던
선거구에 자당 후보를 공천한 데 이어 천정배 공동대표도 나흘만인 15일 당 차
원의 연대 불가를 받아들이고 당무에 복귀함에 따라 야권통합에 이어 야권연대
도 사실상 공식적으로 무산되었다(연합뉴스 2016. 03. 15). 한편 김한길 의원이 11일
공동선대위원장직에서 물러난 데 이어 17일 야권연대의 성사 실패에 책임을 지
고 총선 불출마를 선언했다.

 20대 총선을 위한 여야의 공천 심사가 잡음 끝에 마무리되었다. 새누리당은
친박(친박근혜)계가 주도한 공천관리위원회의 공천 심사에 반발한 현역의원들
이 탈당 후 무소속 출마를 선언하였다. 후보 등록 첫날인 3월 24일에는 탈당한
의원들의 지역구에 새누리당 후보를 내는 공천장에 김무성 대표가 직인을 찍

지 않겠다고 '옥새 투쟁'을 벌여 논란이 일었다. 결국 새누리당은 이재오, 유승민 등의 지역구를 무공천하기로 절충하며 공천을 둘러싼 계파 갈등을 수습하였다. 한편 더불어민주당은 비례대표 2번에 이름을 올려 '셀프 공천'이라는 비판을 받은 김종인 대표가 사퇴 가능성을 시사하며 당무를 거부해 내홍을 겪었다. 문재인 전 대표의 설득과 비대위원들의 만류 끝에 김 대표는 결국 3월 23일 대표직 사퇴 의사를 철회했고 비례대표 2번 순위도 유지했다(연합뉴스 2016. 03. 26). 24~25일 이틀간의 총선 후보 등록이 완료된 후 여야는 본격적인 선거체제로 돌입했다.

한국 정당

02월 29일

• 더민주, 심야 진통 끝 필리버스터 출구 전략 극적 합의 　　　　　(연합뉴스 03. 01)
- 더불어민주당이 29일 테러방지법 수정을 요구하며 진행 중인 무제한 토론(필리버스터)의 중단을 결정하기까지 과정은 진통의 연속이었다. 당 지도부는 선거구 획정안을 담은 공직선거법 개정안을 처리할 수밖에 없지 않느냐는 현실론을 주장했으나, 원내지도부가 '빈손'으로 필리버스터를 마칠 수 없다고 맞서면서 아무 결론을 내지 못한 채 필리버스터가 이어질 상황이었다. 한치 앞을 내다볼 수 없던 논쟁은 김종인 대표가 "이념론 대신 경제론으로 전환해야 한다"고 설득에 나서면서 극적으로 매듭지어졌다.

03월 02일

• 더민주 '통합'제안 · 국민의당 '박지원 입당'…장군멍군 　　　　　(연합뉴스 03. 02)
- 더불어민주당이 2일 국민의당과의 '야권통합' 제안을 회심의 승부수로 던지자, 국민의당은 무소속 박지원 의원의 입당 카드로 반격하며 주도권 다툼에서 밀리지 않겠다는 전투의지를 드러냈다. 김종인 대표의 갑작스런 통합 제안에 국민의당은 수세에 몰리는 형국이었다. 통합 제안을 거부하면 야권분열의 책임론에 휘말릴 수 있고, 수용하면 '제3당론'을 외쳐온 정체성을 부정하는 진퇴양난의 상황이 될 수 있기

때문이다. 하지만 국민의당이 고(故) 김대중 전 대통령의 '영원한 비서실장'으로 통하는 박 의원의 입당을 성사시킴으로써 더민주의 통합론을 호남 적통론으로 되받아친 셈이 됐다. 한편 국민의당 안철수 대표가 김종인 대표의 제안에 대해 "의도가 의심스럽다"고 쏘아붙인 것과 달리 천정배 대표와 김한길 위원장은 "깊은 고민과 토론이 필요하다"며 여지를 뒀다. 특히 천 대표와 김 위원장은 약속이라도 한 듯 야권 분열이 새누리당의 과반의석 확보라는 어부지리(漁夫之利)로 이어져선 안 된다고 강조해 모종의 공감대를 형성한 것 아니냐는 관측을 낳았다.

03월 04일

• 국민의당, 야권통합 제안 거부   (동아일보 03. 05)

‒ 국민의당은 4일 의원총회와 최고위원회의를 잇달아 열어 토론한 끝에 더불어민주당 김종인 비상대책위원회 대표의 야권통합 제의를 거부하기로 했다. 그러나 야권통합 논란의 불씨가 꺼진 것은 아니라는 게 일반적인 관측이다. 더민주당은 '야권 분열 책임론'을 들고 국민의당을 더욱 압박할 것으로 보인다. 또한 안철수 상임공동 대표의 단호한 의지에 소속 의원들이 일단 동의했지만 김한길 상임공동선대위원장 등 상당수 의원이 통합을 원하고 있어 당 안팎에선 조만간 통합 논의가 다시 수면으로 부상할 것으로 보고 있다.

03월 11일

• 분당 위기 국민의당…안(安)·천(千)·김(金), '야권 연대' 극한대립 (연합뉴스 03. 11)

‒ 국민의당 지도부가 11일 총선 야권 연대 문제로 극한대립하면서 당이 창당 한 달여 만에 분당 위기를 맞았다. 연대 논의에 빗장을 걸어 잠근 안철수 상임 공동대표에 맞서 천정배 공동대표와 김한길 상임 공동선거대책위원장이 동시에 당무 거부에 돌입하면서 내홍이 걷잡을 수 없이 확대되는 양상이다. 특히 이날은 천 대표가 야권연대에 대한 입장을 밝히지 않으면 중대결심을 하겠다고 최후 통첩한 '디데이(D-day)'라는 점에서 일촉즉발의 전운이 고조되고 있다. 각자의 입장이 워낙 완강하고 총선 공천 문제, 감정의 골까지 얽히면서 타협점을 찾을 수 있을지조차 의문이라는 지적이다.

03월 15일

• 국민의당 파국 모면…안철수 · 천정배 화해 · 김한길 고립 (연합뉴스 03. 15)

— 야권 통합 또는 연대 문제를 놓고 분당의 위기까지 내몰렸던 국민의당이 15일 파국을 겨우 모면했다. 연대를 주장하며 당무를 거부했던 '공동창업자'인 천정배 공동대표가 이날 당무에 전격 복귀한 데 따른 것이다. 하지만 안철수 상임 공동대표와 천 대표가 화해하면서 '야권연대 최후통첩'을 던졌던 김한길 의원의 입지가 좁아져 창당 초기의 '삼두체제'는 회복하기 어려운 상태로 훼손됐다.

03월 16일

• 정호준, 국민의당 입당…국민의당, 원내교섭단체 구성 (한겨레 03. 16)

— 더불어민주당에서 낙천한 정호준 의원이 16일 국민의당에 입당했다. 이에 따라 국민의당은 원내교섭단체를 구성하게 됐다. 안철수 대표는 국민의당 창당에 앞선 비대위 시절, 정 의원에게 비서실장을 제안하기도 했으나, 당시에는 정 의원이 이를 거절하고 더민주 잔류를 선언한 바 있다. 정 의원의 합류로 국민의당 의석수가 20석으로 늘어 원내교섭단체를 구성하게 됐으며, 오는 28일 선거보조금 지급일까지 이 의석수를 유지할 경우 지급받는 보조금은 73억원 상당으로 46억원 가량 늘어나게 된다.

03월 23일

• 김종인 "고민 끝에 당 남기로" 대표직 유지…비례 2번 확정 (연합뉴스 03. 23)

— 더불어민주당 김종인 비상대책위원회 대표는 23일 "고민 고민 끝에 이 당에 남아야겠다는 생각을 했다"며 대표직 유지 의사를 밝혔다. 당은 김 대표의 비례대표 2번 배정을 확정했다. 이로써 지난 20일 비례대표 후보 선출방식을 둘러싼 갈등에서 촉발돼 김 대표의 사퇴론까지 번진 더민주의 내홍은 총선 후보등록일을 불과 하루 앞두고 어렵사리 봉합됐다. 그러나 김 대표는 친노(친노무현) 진영을 겨냥한 불편한 심경을 숨기지 않은 채 향후 당 정체성 변경에 나설 것임을 경고하는 등 갈등의 여지를 남겼다.

03월 24일

• '유승민 사태'에 "도넘은 치졸함"…야당 일제 비판 속 온도차　　　(연합뉴스 03. 24)

– 더불어민주당과 국민의당은 24일 새누리당이 유승민 의원의 공천 결정을 유보함으로써 유 의원이 결국 탈당을 선택하고 무소속 출마를 선언한 데 대해 한목소리로 '보복정치'라고 비판했다. 하지만 더민주가 유승민 의원을 옹호하면서 여권 내부 분란의 틈을 벌리는 데 집중한 반면 국민의당은 이번 사태를 계기로 여야를 싸잡아 비판하며 신당의 필요성을 부각하는 등 온도차도 드러났다.

한국 선거·의회

02월 28일

• 선거구획정위 출범 228일 만에 선거구 구역표 확정…분구16곳 · 통합9곳

(중앙일보 02. 28)

– 중앙선거관리위원회 산하 선거구획정위가 28일 지역구 253개로 하는 국회의원 지역 선거구 획정안 구역표를 확정했다. 2015년 7월 15일 획정위가 출범한지 228일 만이다. 여야 합의로 지역구를 7개 늘리기로 했지만, 인구 편차를 2대 1로 줄이라는 헌법재판소의 결정에 따라 분구되는 지역 16개, 통합되는 지역은 9개다. 박영수 선거구획정위원장은 이날 선거구획정안 발표 후 "충분한 논의 시간을 보장받지 못했다"며 "정당성과 안정성을 갖춘 선거구획정을 위해서는 반드시 획정기준의 조기 확정과 획정위원회의 진정한 독립이 전제되어야 한다는 사실을 절감해야 했다"고 말했다.

03월 02일

• 국회, 필리버스터 종료 후 야당 퇴장 속 테러방지법 의결　　　(연합뉴스 03. 02)

– 국회는 2일 밤 본회의를 열어 정부의 대(對)테러 창구를 일원화하고 사전 테러 대응 능력을 강화하는 내용의 테러방지법 제정안을 통과시켰다. 새누리당은 이날 야당 의원들이 퇴장한 가운데 법 제정안을 처리했다. 제정안은 재석 의원 157명 가운데 찬성 156표, 반대 1표로 가결됐다. 더불어민주당은 제정안 표결에 앞서 자신들의

요구를 반영한 수정안을 제출했지만 과반 미달로 부결되자 곧바로 전원 퇴장했고, 국민의당과 정의당 의원들도 함께 자리를 박차고 나갔으나 국민의당 김영환 의원만 남아 반대표를 던졌다. 제정안이 시행되면 국내의 정보 주무기관인 국가정보원은 테러 위험인물의 ▲개인정보·위치정보·통신이용 정보 수집 ▲출입국·금융거래 기록 추적 조회 ▲금융 거래 정지 등을 요청할 수 있게 된다. 야권은 국정원에 이 같은 권한을 주면 민간인 사찰을 포함한 정치 탄압에 악용될 수 있다며 반대해왔다. 제정안은 이 같은 우려에 대한 보완책으로 국정원이 조사·추적권을 행사할 때 국무총리에게 사전 또는 사후 보고하도록 했다.

03월 02일

• 북한인권법 · 선거법 본회의 처리 　　　　　　　　　　　　　(중앙일보 03. 03)

— 20대 총선 선거구획정안이 포함된 선거법 개정안과 북한인권법안 등이 2일 본회의를 통과했다. 선거법 개정안은 총선을 42일 남겨놓은 상황에서 국회 본회의 문턱을 넘었다. 선거 37일전 통과시켰던 지난 2004년 17대 총선 때의 기록은 면했지만 혼선은 불가피하다. 여야 모두 상향식 공천을 기반으로 후보를 정하기로 한 상태이기 때문이다. 당내 경선에 쓸 안심번호(암호화된 휴대전화 번호)도 법적효력을 갖게 됐지만 실무 적용을 위해선 시간이 필요하다. 2005년 발의된 북한인권법도 11년 만에 빛을 본다.

03월 17일

• 김한길 "야권연대 무산 책임" 불출마선언…탈당은 않기로 　　　(연합뉴스 03. 17)

— 국민의당 김한길 의원이 17일 야권연대 성사 실패에 책임을 지고 4·13 총선 불출마를 선언했다. 다만 김 의원은 탈당은 하지 않은 채 향후 행보에 고민 중인 분위기이다. 그는 지난 2일 더불어민주당 김종인 비상대책위 대표가 야권통합을 제안한 뒤 "깊은 고민과 뜨거운 토론이 필요하다"고 했으나 당내 논의에서 야권통합이 거부되고 야권연대마저 안철수 대표의 완강한 반대에 막히자 지난 11일 상임 공동선대위원장직에서 물러났다.

03월 25일

• 새누리, 유승민 · 이재오 지역 '무공천'　　　　　　　　　　　　(연합뉴스 03. 25)

－ 새누리당이 25일 김무성 대표 주재로 긴급 최고위원회의를 열어 유승민 의원이
낙천해 무소속 출마한 대구 동을, 이재오 의원이 낙천해 무소속 출마한 서울 은평을
에 총선 후보를 내지 않기로 했다. 이로써 유 의원과 이 의원은 사실상 유일 범여권
후보로 총선에 출마하게 됐다. 앞서 김 대표는 이재오 · 유승민 의원 등의 낙천에 반
발하며 전날 기자회견을 통해 '공천안 의결 불가' 방침을 선언하고서 부산으로 내려
갔다. 그러자 친박계 최고위원들은 김 대표를 설득하는 것과 동시에 김 대표를 대행
해 공천 결과를 추인할 방안을 모색했지만, 후보 등록 마감 시한이 다가오면서 결국
양측 모두 파국을 막기 위한 절충안을 찾자는데 의견이 모였다.

한국 여론

03월 03일

• 더불어민주당 대 국민의당 '호남 접전'…오차범위 내로 좁혀져 접전(경향신문 03. 03)

－ 4 · 13 총선을 앞두고 호남 지역에서의 야권 경쟁이 점점 치열해지고 있다. 더불어
민주당이 지난해 12월 4주차 이후 약 두 달 만에 처음으로 국민의당을 호남 지역 지
지율에서 역전했다는 여론조사 결과가 나왔다. 여론조사 전문업체인 리얼미터가 2월
29일과 3월 2일 이틀 동안 조사한 결과 정당별 지지율에서 새누리당이 45.0%로 지
난주에 비해 1.5%포인트 올라 1위를 차지했다. 더민주는 1.4%포인트 오른 28.1%로
뒤를 이었다. 국민의당은 11.0%로 1.1%포인트 하락했다. 정의당도 0.3% 포인트 소
폭 내려 4.4%를 기록했다. 특히 야권의 심장인 호남에서의 지지율 변화가 눈에 띄었
다. 호남 지역 조사 결과 더민주(33.7%)는 국민의당(33.4%)을 제쳤다.

03월 13일

• 여당 심판론 38.8%…야당 심판론 32.4%　　　　　　　　　　　　(한겨레 03. 13)

－ 4 · 13총선을 앞두고 박근혜 대통령과 새누리당은 특이하게도 '야당심판론'으로 맞
불을 놓았다. 국회선진화법 때문에 정부와 여당 마음대로 법안을 통과시킬 수 없게

된 정치적 환경을 역이용해 경제난의 책임을 야당에 뒤집어씌운 것이다. 〈한겨레〉가 한국리서치에 의뢰해 수도권 5곳(서울 영등포을·성북을, 경기 수원무·용인정·성남중원)의 유권자 각 500명씩을 대상으로 조사한 결과 실제로 '야당심판론'이 만만치 않게 작동하고 있는 것으로 드러났다. '경제를 위기에 빠트린 여당을 심판해야 한다'는 응답이 38.8%, '경제의 발목을 잡은 야당을 심판해야 한다'는 응답이 32.4%였다. 오차범위(±4.4%)를 고려하면 여당심판론과 야당심판론이 비슷하다고 볼 수 있다. 지지하는 정당에 따라 답변이 크게 엇갈렸다. 새누리당 지지자들은 63.8%가 야당심판론에 찬성했고 12.3%만 여당심판론에 찬성했다. 더불어민주당 지지자들은 77.0%가 여당심판론을, 8.3%가 야당심판론에 찬성했다. 국민의당 지지자들은 48.4%가 여당심판론, 21.9%가 야당심판론에 찬성했다.

03월 14일

• 더민주 지지율, 윤상현 파문에 쑥↑…정청래 탈락에 뚝↓ (동아일보 03. 14)

– 더불어민주당 지지율이 이틀 사이에 급등했다가 급락하는 보기 드문 현상을 보였다. 여론조사기관 리얼미터가 7일~11일 실시하여 14일 공개한 3월 둘째 주 조사 결과에 따르면, 새누리당 윤상현 의원의 막말 녹취록 파문이 일어난 9일 더불어민주당의 지지율은 31.6%까지 올랐다. 전날 보다 3.3%포인트 오른 수치다. 그러나 다음날인 10일 4.2%포인트 하락한 27.4%로 내려앉았다. 이날은 더민주 공천관리위원회가 정청래 의원의 컷오프(cutoff·공천배제)를 발표한 날이다. 한편 새누리당은 윤상현 의원의 막말 파문으로 타격을 받긴 했으나 안보 이슈의 영향으로 전주 대비 0.4%포인트 오른 44.1%의 지지율을 기록했다. 4주 연속 상승세다. 국민의당은 전주보다 0.4% 포인트 내린 11.1%를 기록했다. 국민의당은 야권연대 논의를 둘러싼 당내 분열 양상이 계속되면서 2주 연속 하락했다.

03월 25일

• 박 대통령 지지도 36%로 올 최저치…여당도 동반하락 (연합뉴스 03. 25)

– 박근혜 대통령의 지지도가 비교적 큰 폭으로 내리며 올해 들어 최저치를 기록한 가운데 새누리당도 동반 하락했다고 여론조사기관인 한국갤럽이 25일 밝혔다. 갤

럽이 지난 22~24일 조사한 결과에 따르면 박 대통령의 직무 수행에 대해 '잘하고 있다'고 평가한 응답자는 지난주보다 4%포인트 떨어진 36%로 집계됐다. 정당별 지지도에서 새누리당은 지난주보다 2%포인트 하락한 39%를 기록했고 더불어민주당은 21%로 1%포인트 올랐다. 국민의당은 8%로 보합을 나타냈고 정의당은 2%포인트 내린 5%에 머물렀다.

10차(3월 말~4월 말)

김윤실

16년 만에 여소야대(與小野大) 국회가 탄생하였다. 4월 13일에 실시된 20대 국회의원 선거에서 지역구와 비례대표를 합하여 총 300석 가운데 더불어민주당이 123석, 새누리당이 122석, 국민의당이 38석, 정의당이 6석, 그리고 무소속이 11석을 차지하였다. 253곳의 지역구 가운데 더민주 후보가 110곳, 새누리당 후보가 105곳, 국민의당 후보가 25곳, 정의당 후보가 2곳, 무소속 후보가 11곳에서 각각 당선되었다. 정당 투표에서는 새누리당이 33.5%, 더민주가 25.5%, 국민의당이 26.7%, 정의당이 7.2% 등의 투표율을 기록하였고, 이들 정당이 각각 17석, 13석, 13석, 4석의 비례대표 의석을 획득하였다. 이에 따라 과반 의석을 차지할 것으로 예상되던 새누리당 대신 더민주가 원내 제1당을 차지하였고, 뿐만 아니라 무소속을 제외한 야(野) 3당만 합치더라도 무려 167석에 달하면서 여소야대 국회가 구성되었다(연합뉴스 2016. 04. 14).

20대 국회의원 선거의 공식 선거운동은 3월 31일 본격적으로 시작되어 선거일 전날인 4월 12일 자정까지 13일간 진행되었다. 이번 총선의 최대 변수 중 하나였던 야권연대가 별다른 성과 없이 무산되면서 선거는 일여다야 구도로 치러졌다. 총선 투표용지가 인쇄되는 4월 4일을 전후로 야권단일화가 사실상 무산되는 국면에 접어들자 더민주와 국민의당은 야권분열에 대한 책임을 서로에게 미루며 신경전을 벌이기도 하였다. 더민주는 국민의당이 후보단일화를 거부해 야권 전체가 패배 위기에 놓였다며 책임론 공세를 펼치는 동시에 새누리당의 어부지리 승리를 막기 위해 제1야당인 자신들의 후보에 투표해달라고 유권자에게 직접 호소하였다(연합뉴스 2016. 04. 04). 국민의당은 야권을 분열시킨 책임이 더민주에 있다고 맞섰으며 더민주가 내세운 '사표 방지론'에는 '야당 교체론', '대안 야당론'으로 응수했다(연합뉴스 2016. 04. 04).

집권여당인 새누리당은 야권분열로 인한 유리한 선거구도였음에도 결국 과반 의석을 확보하지 못하고 야권에 참패하였다. 그동안 역대 국회에서 원내 제1당이 국회의장직을 가져가는 것이 관례였기 때문에 새누리당이 제2당으로 전락하자 국회의장단 선출 등 원(院) 구성을 둘러싼 새누리당 내 의견이 분분한 상황이다. 공천에 반발하여 탈당한 후 당선된 무소속 의원들을 복당시켜 제1당으로 회복함으로써 국회의장직을 사수하자는 입장과, 국회의장직을 포기하고 야권과의 상임위원장 배분 협상에서 실리를 챙기자는 입장으로 나뉘고 있다(연합뉴스 2016. 04. 19). 한편 야권 내부에서는 제1당인 더민주에서 의장직을 가져가는 대신 야당 몫의 국회부의장은 제3당인 국민의당에서 맡는 방안이 공감대를 얻고 있다(연합뉴스 2016. 04. 19).

03월 30일

• 김무성 "승패 관계없이 총선 뒤 당 대표직 사퇴"…조기 전대카드 승부수

(연합뉴스 03. 30)

– 새누리당 김무성 대표가 30일 4·13 총선 직후 선거의 승패와 관계없이 물러나겠다고 밝히면서 새누리당의 차기 당권을 결정하는 전당대회가 당초 계획된 7월보다 앞당겨 치러질 것으로 예상된다. 김 대표가 이날 꺼내든 '조기 전대 카드'에는 총선 공천 과정에서 빚어졌던 당의 분란, 즉 친박(친박근혜)계와 비박(비박근혜)계의 정면충돌을 최소화하겠다는 의지가 담긴 것으로 풀이된다. 친박계는 총선 직후 현 지도체제를 흔들겠다고 잔뜩 벼르는 상태다. 김 대표는 "공천 과정의 모든 문제를 책임지겠다"고 선제적으로 대응함으로써 예상되는 친박의 공세를 무력화하고 나선 것으로도 해석된다.

04월 08일

• 문재인의 '4·8 광주선언'…호남 되돌리려 '정치생명' 걸었다   (연합뉴스 04. 08)

– 더불어민주당 문재인 전 대표는 8일 호남의 심장부 광주에서 '4·8 광주선언'을 통해 정계은퇴 배수진을 치고 호남의 반전을 꾀하기 위한 막판 승부수를 던졌다. 국민의당과 치열한 주도권 경쟁 속에 더민주의 전통적 텃밭인 호남이 흔들리는 상황에서 문 전 대표가 당초 그의 광주행을 반대한 김종인 비상대책위 대표를 설득한 끝에

정치생명을 건 채 광주행에 오르는 정면 승부에 나선 것이다. 문 전 대표는 호남이 지지를 거둔다면 대선 불출마는 물론 정계은퇴까지 감수하겠다는 입장을 밝히면서 호남의 선택에 자신의 정치생명을 걸겠다는 극약처방을 내렸다. 그는 대선 패배, 당의 분열, 야권연대 실패 등 자신의 실책을 거론한 뒤 몸을 한껏 낮추며 용서를 구했다. 연설 중간 중간 목이 메기도 했고, 5·18 민주묘지에서는 무릎까지 꿇었다.

04월 11일

• 또 호남선 탄 문재인…더민주-국민의당 명운 건 '호남쟁탈전' (연합뉴스 04. 11)

− 더불어민주당과 국민의당은 총선을 불과 이틀 앞둔 11일 문재인 전 대표의 2차 호남 방문과 맞물려 호남 주도권을 쥐기 위해 명운을 건 '쟁탈전'을 벌였다. 호남의 지지에 정치생명을 연계시킨 문 전 대표는 지난 8~9일에 이어 이날 또다시 호남을 찾아 국민의당 우위인 민심의 반전을 위한 마지막 승부수를 띄웠다. 문 전 대표의 호남행은 1차 방문 결과가 나쁘지 않다는 판단에 따른 것이다. 반면 국민의당은 이미 대세가 기운데다 문 전 대표의 호남 방문이 진정성이 결여된 선거용에 불과하다고 비판하면서 영향력이 크지 않을 것이라고 평가 절하했다.

04월 14일

• 여당, 유승민·윤상현 등 탈당파 복당 '원칙적 허용'키로 (연합뉴스 04. 14)

− 새누리당은 14일 '대참패'로 끝난 20대 총선 이후 당 수습을 위해 비상대책위원회 체제로 전환했다. 김무성 대표를 비롯한 당 지도부가 총선 참패에 책임을 지고 일괄 사퇴하면서 원유철 원내대표를 비대위원장으로 추대했지만, 공동 선거대책위원장을 맡아 패배의 책임에서 자유롭지 않은 원 원내대표가 비대위원장을 맡는 게 과연 적절하냐는 의견이 당내에서 분출되며 진통을 겪고 있다. 한편 유승민·윤상현 의원 등 공천에서 배제돼 탈당한 뒤 이번 총선에서 무소속 출마한 인사들에 대해서는 원칙적으로 모두 복당을 허용하기로 했다. 새누리당은 이번 총선에서 122석을 얻어 더불어민주당(123석)에 제1당 자리를 내줬지만 이들 가운데 2명 이상 복당하면 다수당의 지위를 회복하게 된다.

04월 23일

• 야(野)2당 "청사진 내놔라" 구조조정 협공…여(與) "야당도 노력해야"

(연합뉴스 04. 23)

– 부실기업 구조조정 문제가 19대 국회의 '막판 화두'로 떠오른 가운데 이슈를 선점한 더불어민주당과 국민의당이 23일 새누리당과 정부에 압박 공세를 취했다. 두 야당은 정부와 새누리당이 구조조정 문제에 대한 청사진을 먼저 보여야 하고, 더 나아가 여당이 제안한 여야정 협의체가 원활히 가동되려면 대통령의 태도 변화도 선행돼야 한다고 주장했다. 이에 대해 새누리당은 더민주와 국민의당이 구조조정 이슈를 먼저 공론화한 데 대해 '차기 대선을 의식해 보수층의 표를 잡기 위한 정치적 제스처'라는 의구심을 갖고 있지만, 대외적으로는 일단 환영의 뜻을 표하며 여야정 협의체를 제안했다.

한국 선거 · 의회

04월 04일

• 물 건너 간 야권단일화…'3파전' 굳어지자 여야 전략 수정 　　(연합뉴스 04. 04)

– 20대 총선 투표용지 인쇄가 4일 전국적으로 시작되면서 야권이 추진해온 후보별 선거 연대도 사실상 무산됐다. 이에 따라 주요 선거 때마다 결과에 큰 영향을 미쳐온 야권 연대 변수가 사라지고 이번 총선은 본격적인 3파전 구도로 치러지게 됐다. 여야 각 당도 이 같은 선거 구도의 변화에 따라 총선 전략을 신속하게 전환하고 대비에 나섰다. 막판까지 소수 야당들과의 지역구별 연대라도 성사시키려 노력해온 더민주는 이날부터 국민의당을 향한 구애 활동을 접는 대신 '사표 방지론'을 앞세워 선거 구도를 국민의당과 정의당을 배제한 여당과의 '1 대 1 구도'로 전환하는 데 총력을 투입하기로 했다. 국민의당은 새누리당과 더민주를 싸잡아 비판하면서 틈바구니를 파고드는 전략을 더욱 강화했으며, 더민주의 '사표 방지론'에 '대안 야당론'으로 맞섰다. 새누리당은 가장 우려했던 야권 연대가 사실상 무산되자 내심 반색하면서도 막판 연대의 불씨가 다시 살아날 가능성을 경계했다.

04월 06일

• 새누리 · 더민주 '지역발전 물량공세'…국민의당 "공약(空約)" (연합뉴스 04. 06)

– 4·13 총선이 일주일 앞으로 다가온 6일 지역 경제 발전이 화두로 떠올랐다. 새누리당 김무성 대표가 전북과 충남 지역에 '예산 폭탄'을 약속하자, 더불어민주당 김종인 대표는 곧바로 삼성 미래차 산업의 광주 이전 공약을 전면에 세워 대응했다. 한 표가 아쉬운 경합 지역을 상대로 일종의 '물량 공세' 대결이 펼쳐진 형국이다. 새누리당은 국민의당에 대한 언급은 일절 내놓지 않은 채 더민주에 대한 이념 공세의 고삐를 바짝 쥐었고, 더민주는 김영삼 정부 당시 터졌던 외환위기를 거론해 새누리당의 양적완화 공약을 비판하며 여야 1대1 구도 형성에 주력했다. 국민의당은 선거 때마다 장밋빛 공약을 남발했던 구태를 걷어내자고 제안했다.

04월 13일

• 민심 떠난 새누리, 1당마저 내줬다…16년 만에 '여소야대' (연합뉴스 04. 14)

– 민심이 새누리당에 준엄한 심판을 내렸다. 13일에 치러진 20대 총선에서 집권여당인 새누리당이 충격의 참패를 당하며 원내 제1당의 자리마저 더불어민주당에 내줬다. 최대 접전지인 수도권에서 전체 의석(122석)의 3분의 1도 확보하지 못했고, '전통적 텃밭'인 영남권에서도 총 65곳 가운데 무려 17곳에서 야당과 무소속 후보에게 밀렸다. 반면 더불어민주당은 수도권에서 예상 밖으로 압승한 데 힘입어 당초 목표 의석을 훨씬 상회하는 이변을 일으키며 관례상 국회의장을 배출할 수 있는 최다 의석 정당이 됐다. 국민의당은 호남에서 압승을 거두는 '녹색돌풍'을 일으키며 교섭단체 구성을 훨씬 넘는 38석을 확보했으며, 특히 정당 득표율에서는 더민주를 제치고 2위를 기록하는 파란을 연출했다. 중앙선거관리위원회 최종 집계에 따르면 지역구와 비례대표를 합쳐 더민주가 123석, 새누리당이 122석, 국민의당이 38석, 정의당이 6석, 무소속이 11석 등인 것으로 나타났다.

04월 13일

• 4·13 국민의 심판…정당·후보 '교차투표' 수치로 드러났다 (조선일보 04. 15)

– 4·13 총선 출구조사 결과, 전국 253개 지역구 중 절반 이상인 137곳에서 정당투

표 1위 정당과 지역구 당선자를 배출한 정당이 일치하지 않는 현상이 발생한 것으로 나타났다. 비례대표 선정을 위한 정당투표와 지역구 후보자를 대상으로 하는 투표를 서로 다른 정당에 하는 이른바 '교차 투표' 효과가 확연히 드러난 것이다. 전국적으로 정당투표에서 새누리당이 1위를 했지만 더민주가 당선된 곳은 74곳이었고, 국민의당이 정당투표 1위를 했지만 더민주가 당선된 곳도 23곳에 달했다. 새누리당은 전국 186곳 지역구에서 정당투표 1위를 했지만 지역구 당선자는 105명이었고, 더민주는 지역구 당선자 110명을 냈지만 정당투표 1위는 전국적으로 13곳에 불과했다. 이런 교차 투표에는 비례대표는 국민의당을 찍으면서도 지역구 투표에서는 당선 가능성을 고려해 더민주를 선택함으로써 사표를 방지하겠다는 심리가 작용한 것으로 보인다.

04월 19일

• 여당, 국회의장 "사수해야", "포기하고 실리 챙겨야" 분분   (연합뉴스 04. 19)

- 4·13 총선에서 참패, 여당임에도 제2당으로 전락한 새누리당이 20대 국회 전반기 국회의장단 선출을 앞두고 국회의장 자리를 놓고 내부논란에 휘말렸다. 한쪽에선 가뜩이나 여소야대가 된 상황에서 국회의장직까지 야당에 내어주면 국회 운영에서 야당에 주도권을 완전히 넘겨주게 된다며 무소속 의원들을 복당시켜 제1당을 만든 뒤 국회의장직을 반드시 차지해야 한다며 '사수'를 주장하고 있다. 그러나 다른 한편에서는 무소속을 입당시켜 제1당 자리를 회복하더라도 더불어민주당과 국민의당이 연대할 경우 과반을 넘어 국회의장직을 내어줄 수밖에 없는 만큼 국회의장직은 포기하고 차라리 상임위원장 배분 협상 때 여당에 유리하도록 실리를 취하자는 목소리도 나온다. 역대 국회에서는 원내 제1당에서 입법기관 수장인 국회의장을 배출해왔는데 이는 법에 명시된 사안이 아니라 일종의 관례였다. 현행 국회법에는 의장·부의장 선거에 대해 '의장과 부의장은 국회에서 무기명투표로 선거하되 재적의원 과반수의 득표로 당선된다'고만 규정돼 있다.

04월 19일

• 야권, '의장은 더민주·야당 몫 부의장은 국민의당' 공감대   (연합뉴스 04. 19)

– 야권인 더불어민주당과 국민의당 내부에서 국회의장은 총선에서 제1당이 된 더민주에서 맡고, 대신 야당 몫 국회부의장을 제3당인 국민의당에서 맡도록 하는 방안에 대한 공감대가 퍼지고 있다. 더민주(123석)와 국민의당(38석) 두 야당의 의석을 합치면 과반수(161석)를 훌쩍 넘는다는 점에서 양당이 이 같은 방안에 대해 합의하면 새누리당이 반대하더라도 20대 국회 전반기 국회의장은 더민주 소속 의원이 선출될 것이 유력시된다. 더민주와 국민의당에서는 새누리당이 20대 국회 원구성 전에 탈당과 무소속 의원을 복당시켜 제1당 지위를 확보해 국회의장직을 요구할 가능성에 대해서도 반대 입장을 밝히고 있다. 또 이럴 경우 양당은 국회법 규정에 따라 국회의장을 본회의에서 무기명투표로 선출할 것을 주장하고 야권 단일후보를 내세워 투표로 이를 관철시킬 것으로 예상된다.

한국 여론

03월 28일
- 새누리당 · 더불어민주당, 공천 갈등 탓에 '텃밭 지지율' 크게 떨어져

(조선일보 03. 28)

– 새누리당과 더불어민주당 모두 공천을 놓고 계파 갈등을 보이면서 전통적인 강세 지역에서 지지율이 크게 떨어진 것으로 나타났다. 여론조사 전문 업체 리얼미터는 지난 21~25일 실시한 여론조사 결과를 28일 발표했다. 새누리당은 대구·경북 지지율이 1주일 만에 70%에서 56%로 떨어졌다. 부산·경남·울산 지지율도 같은 기간 52.8%에서 47.8%로 내려갔다. 이 기간에 더민주도 광주·전라 지지율이 34.8%에서 28.7%로, 대전·충청·세종 지지율이 31.7%에서 25.3%로 각각 하락했다. 반면 국민의당 지지율은 새누리당·더민주 지지율 하락에 따른 반사이익으로 수도권(10.9%→12.9%)과 광주·전라(36.3%→38.6%)에서 모두 상승했다.

04월 01일
- "공천파동에 지지정당 바뀌어" 25% (동아일보 04. 01)

– 국민의 절반가량이 4·13 총선 공천을 여야 모두 잘하지 못했다고 평가했다. 공천

과정으로 '지지 정당이나 후보가 달라지지 않았다'는 응답은 2012년 19대 총선 전 동아일보 창간 기념 여론조사 당시 74.3%와 비교해 이번엔 44.4%로 뚝 떨어졌다. 특히 다른 야당과는 달리 새누리당 지지층에서는 '공천을 잘했다'(36.9%)라는 평가보다 '잘한 정당이 없다'(43.7%)라는 응답이 더 많아 경고등이 켜졌다. 또한 공천 파동이 유권자들의 투표 의향에도 적지 않은 영향을 미친 것으로 나타났다. 23.4%는 '투표하러 가고 싶은 생각이 없어졌다'고 답했고, '지지 정당이나 후보에 대한 생각도 바뀌었다'(24.5%)는 응답까지 합하면 절반에 육박한다.

04월 07일

• **국민의당 지지도, 호남서 50% 돌파**   (연합뉴스 04. 07)

- 4·13 총선이 후반전으로 접어든 7일 국민의당의 호남 지지도가 50%를 돌파하며 더불어민주당과의 격차를 더욱 벌렸다는 여론조사 결과가 나왔다. 리얼미터가 지난 4~6일 조사해 이날 발표한 여론조사에서 새누리당 지지율은 34.4%로 지난주 보다 2.7%포인트 하락했다. 더민주는 1.1%포인트 오른 27.3%, 국민의당은 2.0%포인트 오른 16.8%였다. 수도권에서는 새누리당이 2.3%포인트 떨어진 33.1%, 더민주가 4.2%포인트 상승한 31.2%, 국민의당은 전주와 같은 13.7%, 정의당은 1.4%포인트 하락한 10.0%였다. 호남권에서는 더민주가 11.4%포인트 하락한 21.2%, 국민의당은 10.3%포인트 상승해 50.8%를 기록했다.

04월 25일

• **박 대통령 지지도 31.4%…대구·경북(TK)서도 부정적 평가 앞서**   (연합뉴스 04. 25)

- 박근혜 대통령의 정치적 기반인 대구·경북(TK)에서도 국정 운영에 대한 부정적 평가가 긍정적 평가를 앞서는 것으로 나타났다고 25일 여론조사 전문기관인 리얼미터가 밝혔다. 리얼미터가 지난 18~22일 유권자 2천 536명을 대상으로 한 전화 여론조사에 따르면, 박 대통령의 국정 수행 지지도는 취임 후 최저치였던 지난주보다도 0.1%포인트 하락한 31.4%로 나타났다. '국정수행을 잘못하고 있다'는 부정적 평가는 1.2% 포인트 상승한 63.5%로 지난주에 이어 최고치를 또 경신했다. 지역별로 보면 특히 대구·경북(TK)에서 '잘못한다' 49.2%, '잘한다' 46.6%를 기록, 부정적 평가가

우세한 것으로 나타났다. 정당 지지율은 더불어민주당이 지난주보다 1.1%포인트 상 승한 31.5%로, 새누리당(28.1%)을 오차 범위에서 앞서며 선두를 지켰다. 국민의당은 0.2%포인트 하락한 23.7%를, 정의당은 0.5%포인트 내린 8.5%를 각각 기록했다.

11차(4월 말~5월 말)

김윤실

새누리당은 5월 3일 정진석 당선인을, 더불어민주당은 5월 4일 우상호 의원을 각각 경선을 통해 새 원내대표로 선출했고, 국민의당은 4월 27일 박지원 의원을 원내대표로 합의 추대했다. 3당의 새 원내대표가 모두 선출되자 본격적인 20대 국회 원 구성 협상이 시작되었다. 최대 쟁점은 국회의장과 법제사법위원장 자리를 어느 정당에서 가져가느냐 하는 것이다. 20대 총선에서 원내 제1당이 된 더불어민주당은 국회의장과 법사위원장을 모두 갖겠다는 방침을 밝혀왔지만, 국민의당은 국회의장과 법사위원장을 서로 다른 당에서 맡아야 한다는 입장을 내세우며 반대했다(연합뉴스 2016. 05. 20). 관례에 따라 국회의장 자리는 제1당인 더민주, 법사위원장은 제2당인 새누리당이 가져가는 방안이 유력한 가운데 3당 간의 협상에 뚜렷한 진전이 없는 상황이다.

총선 참패로 지도부가 와해된 새누리당이 계파 갈등을 여과 없이 드러냈다. 차기 지도부 선출 전까지 비상대책위원회와 혁신위원회를 별도로 두는 '투 트랙 체제'로 당을 운영하기로 하고, 비대위원장에 중립 성향의 정진석 원내대표, 혁신위원장에 비박(비박근혜)계 김용태 의원을 각각 내정했지만 끝내 무산되었다(동아일보 2016. 05. 12; 연합뉴스 2016. 05. 17). 친박(친박근혜)계가 5월 17일 예정되었던 상임 전국위와 전국위 소집을 사실상 보이콧하여 비박계와 중립 성향으로 구성된 새누리당의 임시 지도부 출범을 저지했기 때문이다(연합뉴스 2016. 05. 17). 이에 김용태 의원은 즉각 혁신위원장직을 맡지 않겠다며 사퇴 의사를 밝히기도 하였다. 이후 새누리당은 4선 이상의 중진들이 모여 논의한 결과, 비대위와 혁신위를 통합한 '혁신형 비대위'를 통해 당 내홍을 수습하기로 의견을 모았다. 하지만 통합 비대위원장을 누가 맡을지에 대해서는 계파 간 의견 차이를 좁히지 못하고 있다.

박근혜 대통령과 여야 3당 원내대표 및 정책위의장이 5월 13일 청와대에서 회동했다. 이날 박 대통령은 소통 강화를 위해 3당 대표와 분기마다 정례회동을 하고 3당 정책위의장과 경제부총리가 참여하는 민생경제점검회의를 개최하기로 하였으며, 이에 대해 두 야당도 만족을 표시했다(중앙일보 2016. 05. 14). 한편 국가보훈처가 16일 '님을 위한 행진곡'의 5·18 민주화운동 기념곡 지정은 물론 현행 합창에서 제창 방식으로의 변경도 불가하다는 입장을 밝힌 것에 대해서는 두 야당이 강하게 비판하였다(연합뉴스 2016. 05. 16). 또한 상임위 차원의 청문회 개최 요건을 확대하여 법률안뿐만 아니라 사회 주요 현안에 까지 문턱을 낮추는 것을 골자로 한 국회법 개정안이 19대 국회 마지막 본회의에서 통과되었지만, 청와대가 '행정부 마비법'이라고 비판하고 나섰다. 새누리당은 20대 국회에서의 개정 추진 입장을 내놓았지만 야권은 국회를 무시하는 것이라며 반발하고 나섰다(연합뉴스 2016. 05. 20).

한국 정당

05월 07일

• 가습기 살균제 피해, 여 "진상규명이 우선", 야 "특위·청문회 개최해야"

(연합뉴스 05. 07)

− 여야는 7일 영국계 다국적기업 옥시레킷벤키저(Oxy Reckitt Benckiser·옥시)의 가습기 살균제 피해 사건과 관련, 철저한 진상규명과 피해자 보상 대책을 한목소리로 촉구했다. 특히 여야는 피해 보상을 위한 특별법 제정에 공감대를 이루고 있어 3당 지도부 협상이 시작되는 대로 관련 입법에 속도를 낼 전망이다. 다만 여당은 원인 조사와 책임자 처벌은 정부의 역할에 맡겨두고 우선 피해자 보상 및 재발방지 대책에 집중하자는 입장인 반면, 야당은 국회 차원의 진상규명 특위 설치 또는 청문회 개최도 요구하고 있어 마찰이 예상된다.

05월 09일

• 정진석 "20대 국회 원 구성 협상 전 탈당파 복당 안돼"   (연합뉴스 05. 09)

− 새누리당 정진석 원내대표는 9일 유승민 의원 등 이른바 '탈당파 당선인'들의 복당 문제와 관련, "20대 국회 원 구성 협상 전에 복당은 없다"고 말했다. 정 원내대표는 "국민이 지난 4월 13일에 내려주신 결론, 새로운 정치질서는 저희에게 제2당(지

위)을 준 것 아니냐"면서 "일단 그런 민의를 받드는 것이 옳다고 보고 원 구성 협상을 위해서 복당을 서두르는 편법을 쓰지 않을 것"이라고 강조했다. 20대 국회 개원을 앞두고 원 구성 협상에서 유리한 고지를 점하기 위해 일부 탈당 당선인을 복당시켜 제1당의 지위를 회복해야 한다는 당내 일각의 주장을 받아들이지 않겠다는 것이다.

05월 13일

• 박 대통령-3당 대표 '분기회동' · 여야정 민생회의…협치(協治) 본격화

(연합뉴스 05. 13)

- 박근혜 대통령과 여야 3당 대표 간 회동이 매 분기 정례적으로 열린다. 또한, 유일호 경제부총리와 여야 3당 정책위의장은 민생경제 현안 점검회의를 조속히 개최키로 했다. 박 대통령과 여야 3당 원내대표 및 정책위의장은 13일 청와대에서 회동을 하고 이같이 의견을 모았다. 박 대통령은 이날 회동에서 국민의당 박지원 원내대표의 소통 강화 건의에 분기별 당 대표 회동 정례화를 제안한 뒤 "필요하면 더 자주 할 수도 있다"고 말했다.

05월 16일

• '님을 위한 행진곡' 후폭풍…여 "유감" · 야 "보훈처장 해임안"   (연합뉴스 05. 16)
- 박근혜 대통령과 여야 3당 원내대표 간 청와대 회동 이후 화두로 떠올랐던 '협치'가 '님을 위한 행진곡' 논란으로 시험대에 올랐다. 더불어민주당과 국민의당은 행진곡의 5·18 민주화운동 기념곡 지정을 요청했지만, 국가보훈처가 16일 기념곡 지정은 물론 현행 합창에서 제창 방식으로의 변경도 불가하다는 입장을 밝혔기 때문이다. 당장 야권에서는 청와대 회동에서 공감한 협치 기조에 균열이 생길 수 있다고 강력 반발하며 박승춘 보훈처장에 대한 공동 해임촉구결의안을 추진했고, 집권 여당인 새누리당도 유감 표명과 동시에 재고를 요청했다. 그러나 여권에서는 해임안에 부정적인 기류가 강하고, 일각에서는 보훈처의 결정을 지지하는 목소리도 나온다.

05월 18일

• 안철수 '새누리 이탈세력 수용' 뜻, 새누리 분화 염두에 뒀나   (연합뉴스 05. 18)

– 국민의당 안철수 상임공동대표가 18일 광주에서 야당으로서의 정체성을 분명히 하며 호남 민심 끌어안기에 나서는 한편, 중도층으로의 외연 확대에 대한 의지도 내보였다. 5·18 광주민주화운동 기념행사 참석차 광주를 방문한 안 대표는 이날 "새누리당과의 연정은 없다"고 확실하게 선을 그었다. 총선 이후 국민의당 안팎에서 제기된 새누리당과의 연정 주장과 관련한 안 대표의 첫 공식 입장이었다. 그러면서도 안 대표는 "새누리당에서 합리적 보수주의 성향 인사가 온다면 받겠다"고 밝혔다. 새누리당이 비상대책위원회 및 혁신위원회 구성 무산으로 분당 가능성까지 거론되는 상황에서 새누리당 내 이탈세력을 받아들일 의향이 있음을 밝힌 것이다.

05월 20일

• 통합 비대위원장, 친박 "황우여" 비박은 "김형오"　　　　　(중앙일보 05. 21)

– 새누리당 중진들이 20일 '분당 위기' 돌파를 위해 머리를 맞댔지만 계파 간 뚜렷한 시각차를 드러냈다. 이날 정진석 원내대표 등 원내지도부와 중진 의원 연석회의에 참석한 4선 이상의 중진들은 우선 임시지도부 역할을 할 비상대책위원회와 혁신위원회를 통합하고 외부에서 혁신형 비대위원장을 영입하는 쪽으로 의견을 모았다고 복수의 참석자가 전했다. 하지만 두 시간 넘는 비공개 회의에서 위원장을 누구로 하느냐를 놓고 갑론을박을 벌였다. 친박계는 친박 색채의 인사가 위원장을 맡아야 한다며 황우여 전 대표를 내세웠다. 반면 비박계는 작심하고 쓴 소리를 내세울 인사가 필요하다며 최근 김형오 전 국회의장을 접촉한 것으로 확인됐다. 한편 더불어민주당은 정계개편을 '정치공학적인 권력 투쟁'이라며 거리 두기에 나섰다.

한국 선거·의회

05월 02일

• 여당, 국회개혁 10대 과제 추진…"세비 줄이고 정책 더 생산"　　(연합뉴스 05. 02)

– 새누리당이 20대 국회 개원을 앞두고 국회의 고질적인 병폐로 지목돼 온 10가지 문제점을 추려 이에 대한 개혁을 추진한다. 월 900만 원가량의 국회의원 세비 가운데 약 250만원을 삭감해 이를 재원으로 8급 정책 비서를 추가로 채용하고, 본회의나

상임위원회 회의에 절반 이상은 착석해야 회의 수당을 지급하는 등의 내용이 골자다. 개별 의원의 정책 생산성을 높이자는 취지다. 특히 국회의원의 대표적 특권으로 꼽혀온 불체포특권을 헌법에 위배되지 않는 방식으로 사실상 폐지하기 위해 체포동의안 처리 기간을 넘기면 이후 첫 본회의에 무조건 상정, 기명 표결에 부치도록 하는 내용도 포함됐다. 새누리당 조원진 원내수석부대표는 국회 사무처와 협의를 거쳐 이 같은 내용을 담은 관련 법 개정을 추진한다고 2일 밝혔다.

05월 04일

• 여야 3당 새 원내사령탑 확정   (연합뉴스 05. 04)

– 새누리당, 더불어민주당, 국민의당이 새 원내대표를 모두 선출함에 따라 20대 국회에서 원내 협상을 이끌 '3각 진용'이 구축됐다. 새누리당 정진석, 더민주 우상호, 국민의당 박지원 신임 원내대표는 오는 30일 새 국회 임기 시작에 앞서 이른 시일 내에 3자 회동을 열어 본격적인 협상에 착수할 전망이다. 4선의 정 원내대표는 청와대 정무수석과 국회 사무총장을 역임했고, 3선의 우 원내대표는 '86 운동권' 출신으로 개혁성향으로 분류되지만 합리적 이미지가 강점이다. 여기에 4선 박 원내대표는 문화부 장관에 대통령 비서실장까지 국정 경험이 풍부한 역전 노장이다.

05월 09일

• 20대 국회 '초당적 의석 배치' 가능성…여(與) 제안에 야(野) "논의가능"

(연합뉴스 05. 09)

– 새누리당 정진석 원내대표가 9일 국회 본회의장 의석을 소속 정당을 초월해 섞어 앉도록 배치하자고 제안함에 따라 20대 국회에서 여야 의원이 함께 앉아 있는 본회의 풍경을 볼 수 있을지 주목된다. 특히 이 같은 제안에 대해 더불어민주당과 제3당인 국민의당도 "논의해 볼 수 있다"며 가능성을 열어놓음에 따라 여야 3당의 논의 결과에 관심이 쏠리고 있다. 지금까지 국회 의석을 정당별로 배치해온 것은 국회법이 아닌 관행에 따른 것으로, 의장의 시선을 기준으로 원내 1당이 중앙을, 원내 2당이 왼쪽을, 나머지 정당이 오른쪽을 차지하도록 해왔다.

05월 10일

• 원구성 협상 본격화…더민주 국회의장, 새누리 법사위원장 유력　(연합뉴스 05. 10)
– 여야 3당 원내 지도부가 진용 구축을 완료하면서 20대 국회 원 구성 구성을 둘러
싼 3당 간 협상도 속도를 내기 시작했다. 특히 최대 쟁점인 국회의장과 법제사법위
원장 자리를 둘러싼 다툼은 20대 국회 원내 1당 자리를 확보한 더불어민주당이 국회
의장을, 집권 여당인 새누리당이 법사위원장을 가져가는 방안이 유력해졌다. 그동
안 더민주는 국회의장과 법사위원장을 모두 갖겠다는 방침을 밝혀왔지만, 집권 여
당인 새누리당은 국회의장을 더민주에서 맡는다면 안건 심사의 최종 관문인 법사위
원장은 내줄 수 없다고 맞서왔다. 이에 대해 국민의당은 국회의장과 법사위원장은
원내 1·2당이 나눠 가져야 한다는 견해를 공식화함으로써 사실상 논란을 끝냈다.

05월 19일

• 노동개혁 · 경제활성화 쟁점법안, 19대 국회서 결국 폐기　(연합뉴스 05. 19)
– 국회는 19일 이달 말로 임기가 끝나는 19대 국회의 마지막 본회의를 열고 계류 법
안을 처리했으나 노동개혁 및 경제활성화 관련 쟁점법안은 상정조차 하지 못했다.
이에 따라 박근혜 정부가 역점 추진한 파견법, 근로기준법, 산업재해보상보험법, 고
용보험법 등 노동 4법과 서비스산업발전기본법, 규제프리존특별법 등은 사실상 이
날부로 폐기됐다. 정부·여당은 오는 30일 출범하는 20대 국회에서 이들 법안을 다
시 추진한다는 방침이나 3당 체제의 여소야대 국회에서 야당의 반대에 맞서 조속 처
리하기는 쉽지 않을 것이라는 관측이 우세한 상태다.

05월 19일

• 여야 3당, 상임위 현행 18개 유지 · 원구성 시한 준수키로　(연합뉴스 05. 19)
– 새누리당 정진석 · 더불어민주당 우상호, 국민의당 박지원 원내대표는 19일 오후
국회에서 회담을 열어 다음 20대 국회에서도 현행 18개 상임위원회 숫자를 변동 없
이 유지하기로 합의했다. 현재 19대 국회는 전임 상임위 13개, 겸임 상임위 3개, 상
설특위 2개로 구성돼 있다. 3당 원내대표는 또 국회법에 규정된 국회의장단(6월 7일)
과 상임위원장(6월 9일) 선출 시한을 준수하기로 했다. 더민주와 국민의당은 교육문

화체육관광위원회를 교육위와 문화체육관광위로 분리하고 문광위에 여성가족위를 통합하는 방안과, 운영위원회와 윤리위원회를 통합하는 방안을 제안했다. 이에 대해 새누리당은 검토해보겠다 면서도 부정적인 태도를 보인 것으로 전해졌다.

05월 23일

• 국회법 공방 격화···여 "국정 마비" 야 "섣부른 판단"　　　　　　(연합뉴스 05. 23)

– 막바지에 달한 제19대 국회가 상임위 차원의 청문회 개최 요건을 확대한 국회법 개정안을 놓고 공방이 가열되고 있다. 새누리당은 법률안뿐 아니라 사회 주요 현안까지 청문회의 대상으로 삼은 이번 개정안이 행정부 견제 차원을 넘어 국정 마비를 초래한다고 우려하면서, 대통령의 거부권 행사 대상까지 될 수 있다는 완강한 반대를 나타내고 있다. 반면, 더불어민주당과 국민의당 등 야권은 국회의 권한을 강화함으로써 최근 가습기살균제 피해와 같은 사건에 대한 진상 조사가 가능해진다며 맞서고 있다.

한국 여론

05월 02일

• 전당대회 연기론 '시끌' 더민주 지지율 하락···호남서 10% 포인트 '뚝'

(경향신문 05. 02)

– 김종인 당 대표 추대론이냐, 전당대회 연기론이냐 등을 놓고 당내 논쟁을 벌이고 있는 더불어민주당의 당 지지율이 하락했다. 여론조사 전문기관인 리얼미터가 지난 4월 25~29일 실시한 여론조사 결과, 더민주 지지율은 지난주에 비하면 3.9%포인트 하락한 27.6%를 기록했다. 새누리당은 28.4%로 지난주에 비해 0.3%포인트 올라 1위 자리에 다시 올랐고, 국민의당은 1.2%포인트 오른 24.9%를 기록하며 상승세를 이어갔다. 4·13 총선 이후부터 차지했던 더민주의 1위 자리는 2주 만에 끝났으며, 특히 호남 지역의 하락이 눈에 띄었다. 더민주는 호남에서 10.6%포인트 하락한 27.6%를 기록해 국민의당(50.6%)과의 격차가 더 벌어진 것으로 집계됐다. 한편 박근혜 대통령의 국정수행에 대해선 긍정평가가 31.0%였다. 지난주에 비해 0.4%포인트

하락한 것이다. 취임 이후 최저치 기록을 또 다시 갈아치웠다.

05월 09일

• 국민의당, 호남 지지율 12.5% 포인트 급락 　　　　　　　　　(한겨레 05. 09)

－ 4·13 총선 직후 더불어민주당을 추월할 정도까지 치솟았던 국민의당 지지도가 최근 하락세를 보이고 있다. 특히 호남에서의 부진이 눈에 띈다. 여론조사기관 리얼미터가 지난 2~4일과 6일 실시한 전화 여론조사 결과를 보면 국민의당 지지도는 5월 첫째 주보다 3.1% 포인트 하락한 21.8%로 나타나 2% 포인트 오른 새누리당(30.4%)과 0.2% 포인트 오른 더민주(27.8%)와 대조를 이뤘다. 특히 지역별로 보면 광주·전라에서 전주 50.6%에서 38.1%로 내려앉는 등 하락세가 두드러져 6.9%포인트 오른 더민주(34.5%)와의 격차가 오차범위 안으로 좁혀졌다. 이는 지난 2~4일 실시하여 6일 발표된 한국갤럽 조사 결과와도 흐름을 같이한다. 갤럽 여론조사에서도 국민의당의 호남 지지율은 전주 48%에서 40%로 하락했다.

05월 16일

• 리얼미터 "여야 3당 지지율 동반하락…현안 해결능력 부족"　　　(연합뉴스 05. 16)

－ 지난주 여야 3당에 대한 여론의 지지율이 일제히 하락한 것으로 조사됐다고 여론조사 전문 업체 리얼미터가 16일 밝혔다. 리얼미터가 9~13일 실시한 전화 여론조사 결과에 따르면 새누리당과 더불어민주당, 국민의당의 지지율은 각각 29.8%, 27.7%, 20.1%를 기록했다. 새누리당은 전주보다 0.6%포인트 하락하며 이전 3주간 이어졌던 상승세를 마감했고, 더민주와 국민의당도 각각 0.1%포인트와 1.7%포인트 떨어졌다. 반면 '지지 정당이 없다'고 밝힌 응답자 비율이 11.8%로, 전주보다 2.9%포인트나 상승했다.

05월 20일

• 새누리당 지지율 29%… 박근혜 정부 들어 최저 　　　　　　　(동아일보 05. 21)

－ 새누리당의 지지율이 박근혜 정부가 출범한 2013년 2월 이후 가장 낮은 것으로 나타났다. 20일 한국갤럽에 따르면 새누리당의 지지율은 29%로 전주(31%)에 비해

2%포인트 떨어졌다. 4·13 총선에서 참패하고도 당 내홍이 심화된 결과로 풀이된
다. 이번 조사에선 새누리당을 지지하던 중도층의 이탈이 눈에 띈다. 중도층의 지지
율은 17%로 2주 전 같은 조사(26%)에 비해 9%포인트 떨어졌다. 반면 더불어민주당
은 올해 들어 가장 높은 26%를 기록했다. 국민의당은 21%로 지난 조사와 같았다.
박근혜 대통령의 지지율도 지난주보다 2%포인트 떨어진 30%로 새누리당과 동반
하락했다.

12차(5월 말~6월 말)

김윤실

20대 국회 원 구성을 둘러싼 여야 협상의 교착상태가 장기화되자 여야는 협상 파행의 책임을 놓고 지루한 공방을 이어나갔다. 애초 제1당인 더불어민주당에 국회의장직을 양보하는 듯했던 새누리당이 내부 반발로 국회의장직 사수로 입장을 선회하자, 두 야당은 5월 31일 여야 간에 합의가 없더라도 본회의 자유투표를 통해 국회의장을 선출할 수 있다는 가능성을 거론하였다(연합뉴스 2016. 06. 01). 아울러 더불어민주당은 원 구성 협상을 타개하기 위해 법사위원장직 포기를 선언하며 새누리당에도 상응하는 양보를 압박하였다(한겨레 2016. 06. 02). 새누리당은 두 야당이 의장 표결과 관련해 '야합'을 하고 있다며 사과 없이는 협상할 수 없다고 거부하였고, 더민주는 새누리당이 청와대의 지시를 받느라 강경태도로 바뀌어 원 구성 협상이 교착상태에 빠졌다며 '청와대 배후설'로 맞받았다(연합뉴스 2016. 06. 03).

이후 중단되었던 여야의 원 구성 협상은 6월 8일 오전 새누리당의 유력한 국회의장 후보였던 서청원 의원의 국회의장 경선 불출마 선언을 계기로 새누리당이 양보의사를 밝히면서 급물살을 타기 시작했다(연합뉴스 2016. 06. 08). 국회의장을 더민주에 양보하는 대신 운영·법사위원장을 달라는 새누리당의 제안을 국민의당이 지지하면서 더민주도 이를 수용키로 하였다(연합뉴스 2016. 06. 08). 여야 3당은 합의 다음날인 6월 9일 국회의장에 더민주 정세균 의원, 국회 부의장에 새누리당 심재철·국민의당 박주선 의원을 각각 선출한 데 이어 13일 상임위원장들을 선출하며 국회 지도부 구성을 완료했다(연합뉴스 2016. 06. 13). 20대 국회의 국회의장단과 상임위원장 선출의 법정시한이 6월 7일과 9일인 것을 감안하면 각각 이틀과 나흘 지각한 셈이지만, 1987년 개헌 이후 가장 신속하게 원 구성을 마쳤다는 점에서 긍정적인 평가를 받고 있다(연합뉴스 2016. 06. 08).

새누리당 혁신비상대책위원회는 6월 16일 무기명 표결을 통해 20대 총선 공천과정에서 탈당 후 무소속으로 당선된 7명 의원의 복당을 모두 허용하기로 결정했다. 이로써 원내 1당이 된 새누리당의 의석수는 더불어민주당보다 7석 많은 129석으로 늘어났다(연합뉴스 2016. 06. 23). 반면 더불어민주당은 이해찬 전 국무총리의 복당문제를 둘러싸고 분열하는 모습을 보이고 있다. 새누리당이 일괄 복당을 허용하기로 발표한 다음날인 17일 김종인 비상대책위 대표가 이해찬 전 총리의 복당과 관련해 당헌·당규에 따를 것이라며 부정적인 의견을 내비치자 당내 일각에서 김 대표에 대한 비판의 목소리가 터져 나왔다(연합뉴스 2016. 06. 17). 한편 새누리당은 8월 9일, 더민주는 8월 27일 차기 전당대회를 열어 신임 당 대표 등 새 지도부를 선출하기로 했다(연합뉴스 2016. 06. 13).

한국 정당

06월 03일

• 야당 '의장 자유투표' 한발 빼며 청와대 배후설로 대여공세　　　(연합뉴스 06. 03)

– 더불어민주당과 국민의당은 3일 교착상태에 빠진 20대 국회 원 구성 협상의 재개를 새누리당에 거듭 촉구했다. 새누리당이 야당의 '국회의장 자유투표' 추진 가능성 발언을 놓고 야당의 사과가 없으면 협상할 수 없다며 협상을 거부하는데 대해 협공을 펼친 것이다. 더민주는 국회의장을 맡는 대신 법제사법위원장을 양보하겠다는 전날 제안을 고수했으며, 협상에서 새누리당이 강경태도로 바뀐 데 대해 '청와대 배후설'을 제기하기도 했다. 우상호 원내대표는 "청와대가 배후에 있지 않고는 가능하지 않다"며 "여야 원내대표가 자율적으로 협상할 수 있도록 여당의 자율성을 보장해달라"고 말했다.

06월 16일

• '비박' 유승민 새누리 복당…친박 반발로 또 내홍　　　(연합뉴스 06. 16)

– 새누리당이 20대 총선 공천 과정에서 탈당해 무소속 당선된 7명의 의원에 대해 모두 복당을 허용하기로 했다. 이에 따라 이미 복당을 신청한 강길부·유승민·안상수·윤상현 의원 등 무소속 의원 4명의 복당을 곧바로 승인했다. 그러나 친박(친박근혜)계는 비박(비박근혜)계 유승민 의원의 복당 결정을 '비대위 쿠데타'로 규정하고 분당과 대통령 탈당까지 거론하며 강력히 반발했다. 비대위 출범 이후 안정되는 듯했

던 새누리당은 다시 내홍과 갈등에 휩싸였다. 이날 결정에 따라 새누리당 의석수는 현재 122석에서 126석으로 증가하여 122석의 더불어민주당을 제치고 명실상부한 원내 1당이 됐다. 아직 복당 신청서를 내지 않은 주호영·장제원·이철규 의원까지 복당하면 의석 수가 129석으로 늘어난다.

06월 17일

• 김종인, 이해찬 복당에 "당규에 따라"…"정무적 판단해야" 반발   (연합뉴스 06. 17)
– 더불어민주당 김종인 비상대책위 대표가 이해찬 전 국무총리의 복당 문제에 대해 부정적인 의견을 내비쳤다. 이에 맞서 친노(친노무현) 진영 인사들은 물론 당권 주자들도 조속히 이 전 총리를 복당시켜야 한다며 지도부를 압박하고 나서 당내 긴장감이 고조되고 있다. 김 대표는 17일 이 전 총리의 복당허용 여부에 대해 질문을 받자 "당헌·당규에 따라서 정하는 것"이라고 답했다. 당헌·당규에 따르면 탈당한 당원은 예외적인 경우를 제외하고는 1년 동안 복당을 하지 못하게 돼 있어, 이날 김 대표의 발언은 이 전 총리의 조기 복당에 대한 반대를 시사한 것으로 해석됐다.

06월 19일

• 더불어민주당 · 국민의당, 역사교과서 공조…국정화 금지법안 발의 (연합뉴스 06. 19)
– 더불어민주당과 국민의당 의원들이 19일 역사교과서 국정화를 금지하고 검정제로 회귀하는 법안을 제출했다. 4·13 총선으로 거야(巨野)가 된 두 야당이 정부의 중·고교 역사교과서 국정화를 저지하고 원점으로 돌리고자 공조를 본격화한 것이다. 법안 발의는 두 야당이 거론해왔지만, 구속력은 없는 국정교과서 폐지 결의안보다 강력한 것이다. 이는 역사교과서 국정화를 담은 정부 고시를 무력화하려는 시도여서 20대 국회에서 뜨거운 논쟁이 촉발될 전망이다. 두 당이 당론으로 채택할 가능성도 적지 않아 보인다.

06월 21일

• '김해공항 확장'에 여 "존중 수용" · 야 "결정과정 따질 것"   (연합뉴스 06. 21)
– 여야는 21일 정부가 영남권 신공항 건설 대신 김해공항 확장 결론을 내리자 여당

은 물론 야당까지도 일단 이번 결정 자체에 반대하지 않겠다는 반응을 보였다. 지역 갈등이 첨예해지고 국론 분열까지 나타나는 상황에서 나온 '절충형' 고육책을 거부하면 자칫 지역감정을 부추기고 또 다른 혼란을 야기한다는 책임론에 직면할 수 있다는 우려가 깔린 것으로 풀이된다. 새누리당과 정의당은 정부 결정을 가장 적극적으로 받아들였다. 더불어민주당과 국민의당은 소극적으로 수용 의사를 보였지만 신공항 사업 결정과정에서 지역갈등을 방치했다며 정책 결정과정을 점검하겠다는 입장도 강조했다.

한국 선거·의회

05월 31일

• 국회사무처 "'거부 국회법' 처리 여야 합의 따르기로"　　　　(연합뉴스 05. 31)

－ 국회는 정부가 재의요구안(거부권)을 행사한 국회법 개정안을 19대 국회 회기 종료와 함께 자동 폐기됐다고 해석할지 20대 국회에서 재의할 수 있다고 볼지에 대해 '선례도 없고 학설이 워낙 나뉘어서' 여야 간 합의에 따르기로 결정한 것으로 알려졌다. 정부는 5월 27일 국무회의를 통해 상시 청문회가 가능하도록 한 국회법 개정안에 대해 행정부에 대한 과잉 견제라며 거부권을 행사했다. 그러나 19대 국회 회기만료를 이틀 앞둔 시점에서 거부권을 행사한 것이어서 여야 간 극명한 입장차를 보였다. 새누리당은 19대 국회 회기 종료와 함께 국회법 개정안도 폐기된 것으로 봐야 한다고 주장했지만, 더불어민주당과 국민의당, 정의당은 야 3당이 공조해 20대 국회에서 본회의를 소집해 재의요구안에 대한 의결을 추진하겠다고 반발했다.

06월 07일

• 야 "국회의장 자유투표하자"…여 "의회독재 미련 버려야"　　　　(연합뉴스 06. 07)

－ 여야 3당은 원 구성 마감 법정 시한인 7일 본회의를 열어 국회의장단을 선출할 예정이었으나 새누리당과 더불어민주당이 의장직을 두고 대립하면서 협상 타결에 실패했고 이날 예정했던 본회의 개의와 국회의장단 선출이 무산됐다. 더민주와 국민의당은 협상에 진척이 없자 이날 국회의장 후보를 각 당이 내고 본회의에서 자유투

표로 선출하는 방안을 함께 추진하자는 방침으로 회귀했다. 더민주와 국민의당은 5월 31일 국회의장 후보를 각자 내고 표결로 뽑는 방안에 공조했고, 이에 새누리당이 "협상 분위기를 깨려는 야합"이라며 반발함에 따라 닷새 동안 협상이 중단되기도 했다.

06월 08일

• 20대 국회 원 구성 합의…국회의장은 더민주, 법사-운영위장은 새누리

(동아일보 06. 09)

− 20대 국회 전반기 원 구성 과정에서 여야가 극심한 갈등을 빚었던 국회의장직은 원내 제1당인 더불어민주당이 맡게 됐다. 국회 최다선(8선)인 새누리당 서청원 의원이 8일 불출마를 선언하면서 제1당이 된 더민주에 양보했기 때문이다. 국회부의장 2명은 새누리당과 국민의당이 1명씩 맡기로 했다. 새누리당과 더민주당, 국민의당은 원 구성의 법정 시한(7일)을 하루 넘긴 이날 원내대표 회동에서 국회의장단 및 18개 위원회(상임위 16개, 특별위 2개) 위원장 배분에 합의했다. 지난달 30일 20대 국회 임기가 시작된 지 9일 만이다. 18개 위원장은 새누리당 8개, 더민주당 8개, 국민의당 2개로 배분됐다. 새누리당은 청와대를 관할하는 운영위원회를 지켰고 본회의 처리의 마지막 관문으로 법안을 저지할 수 있는 법사위원장을 새롭게 확보했다. 더민주는 외교통일위원회와 예산결산특별위원회를 가져왔다. 국민의당은 교육문화체육관광위원회와 산업통상자원위원회를 확보했다.

06월 09일

• 20대 국회 정세균 의장 공식 선출…부의장에 심재철 · 박주선   (연합뉴스 06. 09)

− 더불어민주당 출신 6선 의원인 정세균(서울 종로) 의원이 9일 20대 국회 전반기 국회의장으로 공식 선출됐다. 정 의원은 이날 여야가 참석한 가운데 열린 국회 본회의에서 표결 결과 투표수 287표 중 274표를 얻어 국회의장에 당선됐다. 정 의원은 국회법에 따라 탈당해 무소속이 됐으며, 2018년 5월까지 의장직을 수행하게 된다. 야당 출신으로 국회의장에 선출된 것은 지난 2002년 16대 국회 당시 한나라당(새누리당의 전신) 출신 박관용 의장 이후 14년 만이다. 이와 함께 국회는 부의장에 5선의 새누

리당 심재철(경기 안양 동안을), 4선의 국민의당 박주선(광주 동구·남구을) 의원을 각각 선출함에 따라 임기 개시 열흘 만에 의장단 구성을 마무리했다.

06월 19일

- 20대 국회의원 10명중 8명꼴 "개헌 필요성 공감"　　　　　(연합뉴스 06. 19)

- 20대 국회의원 가운데 10명중 8~9명은 개헌 필요성에 공감하는 것으로 나타났다. 연합뉴스가 19일 국회의원 300명을 상대로 전수 조사를 벌인 결과 '현행 헌법을 개정할 필요성이 있다고 생각하십니까'라는 질문에 250명(83.3%)은 '그렇다'고 답한 것으로 조사됐다. 당별로 새누리당이 77.0%(126명 중 97명), 더불어민주당 86.9%(122명 중 106명), 국민의당 92.1%(38명 중 35명)이 개헌에 긍정적인 답변을 내놨다. 일단 개헌을 추진할 경우 필수적으로 수반될 권력구조 개편 방향에 대해 개헌 찬성 의원 중 '대통령 4년 중임제'를 선택한 의원은 46.8%(117명), 이원집정부제와 같은 분권형 대통령제를 선택한 의원은 24.4%(61명), 의원내각제를 고른 의원은 14.0%(35명)를 각각 기록했다.

06월 22일

- '3당 체제' 상임위 법안소위 23개…위원장 9대 10대 4　　　(연합뉴스 06. 22)

- 20대 국회가 복수부처 소관 상임위원회에는 복수 법안심사소위원회를 설치하기로 합의한 가운데 3당의 원내수석부대표는 최근 새누리당이 9개, 더불어민주당 10개, 국민의당 4개 법안소위의 위원장을 각각 맡기로 합의한 것으로 22일 알려졌다. 다만, 산업통상자원위도 상임위 내부에서 복수 법안소위 설치를 두고 여야가 협의하고 있어 총 법안소위 개수가 24개로 늘어날 가능성도 있다. 산업통상자원위에서 늘어나는 소위 위원장은 새누리당 몫이 될 가능성이 높다. 3당은 지난 8일 원 구성 합의를 하면서 여러 부처를 소관하는 상임위의 경우 법안심사소위원회를 복수로 설치하기로 합의했다. 이에 따라 교육문화체육관광·농림해양축산식품·환경노동·안전행정위원회에 복수의 법안심사소위를 설치하기로 했다. 구체적인 법안소위 분리 방안은 상임위 차원에서 협의한 다음 의결을 통해 결정된다.

05월 27일

• 갤럽 "국민 10명 중 6명, 20대 국회 여소야대, '잘된 일' 평가"　　　(조선일보 05. 27)

– 우리 국민 10명 중 6명은 20대 국회가 여소야대로 구성된 데 대해 '잘된 일'이라고 보는 것으로 나타났다고 여론조사 업체인 한국갤럽이 27일 밝혔다. 갤럽이 지난 24~26일 전화 여론조사를 벌인 결과, 응답자의 61%는 '잘된 일'이라고 답했고, '잘못된 일'이라는 답변은 15%에 불과했다. 특히 야당 지지층은 80% 이상이 '잘된 일'로 평가했다. 새누리당 지지층은 34%가 '잘된 일', 35%는 '잘못된 일'로 평가해 입장이 팽팽히 갈렸다. 정당 지지율은 새누리당이 30%로 전주 대비 1%포인트 상승하며 선두를 지켰지만, 최근 6주간 지지도 평균이 30%에 머물러 박근혜 정부 들어 최저 수준을 기록하고 있다. 더불어민주당 지지율은 26%로 2주 연속 올해 최고치를 기록했고, 국민의당은 전주 대비 4%포인트 하락한 17%를 기록했다.

05월 30일

• 리얼미터 "당청 지지율 3주 만에 반등…반기문 효과"　　　(연합뉴스 05. 30)

– 박근혜 대통령과 새누리당의 지지율이 최근 2주 연속 하락세를 마감하고 상승 반전한 것으로 조사됐다고 여론조사 전문업체 리얼미터가 30일 밝혔다. 리얼미터가 지난 23~27일 실시한 전화 여론조사 결과에 따르면 박 대통령의 국정 수행에 대한 긍정 평가는 전주보다 1.6%포인트 오른 33.9%로 집계됐다. 정당 지지율에서는 새누리당이 전주보다 1.7%포인트 오른 30.1%로, 역시 3주 만에 상승세로 돌아서며 더불어민주당을 제치고 한 주 만에 오차범위 내에서 1위 자리를 되찾았다. 더민주는 3.1%포인트나 급락한 26.4%에 그쳤고, 국민의당은 0.3%포인트 상승한 20.1%로 다시 20%대로 올라섰다. 리얼미터는 "박 대통령의 해외 순방 소식과 함께 반기문 유엔 사무총장의 대권 도전 관련 보도에 따른 지지층 재결집 등에 힘입어 대통령과 새누리당의 지지율이 동반 상승한 것으로 보인다"고 분석했다.

06월 17일

• 갤럽 "국민의당 지지도 15%⋯총선 이후 최저치"　　　　　　　(연합뉴스 06. 17)

− 최근 '총선 홍보비 리베이트 의혹'에 휩싸인 국민의당에 대한 여론 지지도가 지난 4·13 총선 이후 최저치로 떨어진 것으로 나타났다고 여론조사 전문업체 한국갤럽이 17일 밝혔다. 한국갤럽이 지난 14~16일 실시한 여론조사 결과에 따르면 국민의당 지지도는 15%로, 지난주보다 2%포인트 떨어졌다. 반면 새누리당은 전주보다 3%포인트 오른 32%, 더불어민주당은 1%포인트 오른 25%를 기록하며 각각 1,2위 자리를 지켰다. 국민의당 지지도는 총선 직후인 지난 4월 19~21일 25%를 기록, 24%의 더민주를 앞질렀으나 이후 하락세를 나타냈다.

06월 24일

• 갤럽 "대구·경북(TK)서 박 대통령 국정수행 부정평가↑⋯신공항 여파"

　　　　　　　　　　　　　　　　　　　　　　　　　　　(연합뉴스 06. 24)

− 여론조사 전문업체 한국갤럽이 지난 21~23일 실시하여 24일 발표한 여론조사 결과에 따르면 정부의 영남권 신공항 발표 여파로 박근혜 대통령의 국정 수행에 대한 대구·경북(TK) 지역의 부정평가율이 지난주(37%)보다 15%포인트 오른 52%로 나타났다. 긍정평가율은 37%로 부정평가율보다 낮았다. 대구·경북(TK) 지역의 대통령 직무 평가 추이를 살펴보면 3월에는 긍정률 60%에 부정률 32%, 4월은 긍정률 49%에 부정률 37%, 5월은 긍정률 44%에 부정률 40%로 부정적 평가율이 상승세를 보이고 있다. 전체적인 박 대통령의 국정 수행 부정평가률은 56%로 지난주보다 2%포인트 올랐다.

06월 25일

• "최저임금 1만 원·세월호특별법 개정" 1만 시민 '한 목소리'　　(한겨레 06. 25)

− 주말인 25일 서울 도심에서 노동·농민·시민단체들이 세월호 특별법 개정과 최저임금 1만원으로의 인상 등을 요구하는 대규모 집회를 열었다. 이날 오후 6시 30분 광화문광장에서는 경찰 추산 1천 500명이 참가한 가운데 '세월호 특별법 개정 촉구 범국민문화제'가 열렸다. 앞서 오후 3시 서울광장과 마로니에공원에서 각각 집회를

연 민주노총과 전국농민회총연맹은 행사를 마친 뒤 광화문광장까지 행진해 범국민
문화제에 합류했다. 노란 리본을 단 세월호 유가족과 시민들은 4·16세월호 참사 특
별조사위원회 종료 반대, 세월호의 온전한 인양 및 조사활동 기간을 인양 후 최소 1
년까지 보장 등을 골자로 한 세월호특별법 개정 등을 요구했다.

제2장
한국의 쟁점

오픈프라이머리와 공천개혁 진정성

김윤실

2015년 7월 13일 새누리당 김무성 대표는 20대 총선 공천부터 오픈프라이머리를 도입해 여야가 같은 날 동시에 경선을 치르자고 야당에 제안했다(동아일보 2015. 07. 14). 당시에 새정치민주연합은 검토 가능성을 시사했으나 열흘 후인 24일 공식적으로 반대 입장을 발표하였다. 새누리당은 오픈프라이머리를 야당에 제안할 당시 공천개혁을 통해 계파 갈등과 정당 분열의 악순환을 끊겠다는 제안 이유를 설명했었다. 그러나 새정치연합은 새누리당이 제안한 오픈프라이머리는 "경쟁을 가장한 독과점 체제로, 기득권 질서만 고착화될 것"이라고 비판했다(중앙일보 2015. 07. 27). 문재인 대표도 "오픈프라이머리의 취지에 반대하는 건 아니지만, 모든 정당, 모든 지역에 일률적으로 강제하는 것은 위헌이라고 생각한다"며 "제도의 수용 여부는 정당 자율에 맡기는 게 필요하다"고 말했다(한겨레 2015. 07. 24).

정당지도부의 선택으로 전략 공천하는 것보다 국민에게 공천권을 돌려주는 것이 개혁적인 방향임에는 틀림없다. 또한 오픈프라이머리는 국민들이 원하는 후보가 누구인지 정당과 소통할 수 있게 하는 제도라는 점에서 의미 있다. 하지만 상대 당의 약체 후보에게 표를 던지는 역선택의 우려, 경선 비용의 부담, 일반 국민의 저조한 참여율 등 도입을 주저하게 하는 요인들을 충분히 고려한 후 도입해야 할 것이다(중앙일보 2015. 07. 27; 한겨레 2015. 07. 24). 그리고 일부 지역 전략 공천을 통해 정치신인과 사회적 약자에게 기회를 주어야 한다는 새정치연합의 주장도 제도 도입에 앞서 논의되어야 할 부분이다. 여야의 주장과 취지는 사안을 바라보는 입장에 따라 모두 타당하고 일리가 있다. 때문에 오픈프라이머리를 둘러싼 현재 여야의 의견 충돌은 당리당략을 떠나 내린 결론이라는 전제하에 신중한 제도 도입을 위해 필요한 과정이며 옳은 방향이라 할 수 있다.

오픈프라이머리 도입을 통한 공천개혁은 정당이 공천권이라는 기득권을 포기하는 민주적인 절차로 보이지만 한편으로는 정당의 자율성과 책임성을 훼손하여 정당정치의 약화를 초래할지도 모르는 과정이다. 여당과 야당의 의견이 엇갈리는 가운데 국민들이 원하는 것은 진정성이라 생각한다. 정치권이 내년 총선에서의 승리만을 바라보기 보다는 진정 국가와 국민을 위하는 차원에서 경선 제도를 고민하기를 바라고 있다. 대의민주주의 하에서 정당 대표로서 선거에 출마할 후보를 결정하는 과정은 매우 중요하기 때문이다.

참고문헌

동아일보 2015.07.14.
중앙일보 2015.07.27.
한겨레 2015.07.24.

표류하는 선거구 획정과 선거제도 개편

김윤실

2016년에 치러질 20대 총선이 7개월여 앞으로 다가왔지만 선거구 획정 기준과 비례대표 의석수 등은 여전히 정해지지 않고 있다. 국회는 선거구획정위원회로부터 8월 13일까지 획정 기준을 결정해줄 것을 요청받았지만, 여야는 그 기한이 지나서야 부랴부랴 의원 정수를 300명으로 유지하기로 합의하였다. 이 합의마저도 국회 정개특위를 통과하지 못하고 표류하고 있는 상황이다(동아일보 2015. 08. 27). 새정치연합을 비롯한 야당의 경우 지역구도 완화와 표의 등가성 보장 등을 이유로 권역별 비례대표제 도입 등 비례대표 의석 확대를 주장해왔으나 새누리당은 의원정수 증원에 대한 반대 여론을 이유로 완강히 거부하였다(한겨레 2015. 07. 29). 이에 새정치연합은 8월 10일 권역별 비례대표제 도입을 추진하되 부정적인 새누리당의 시각과 여론을 감안해 의원 정수를 확대 없이 300명으로 유지하는 방안을 사실상 당론으로 채택하였고, 대신 지역구 확대와 비례대표 축소는 국민의 다양한 이해관계 대변과 전문가의 의회 진출이라는 비례대표 취지에 맞지 않다는 이유로 반대하는 기존 입장을 재확인하였다(연합뉴스 2015. 08. 10).

서로 간의 입장차이만을 확인하던 차에 새정치연합은 새누리당이 주장하는 오픈프라이머리와 자신들의 권역별 비례대표제를 한 테이블 위에서 논의하는 빅딜을 거듭 제안하였지만 이 역시 새누리당이 거절하였다. 권역별 비례대표제를 채택할 경우 의원 정수가 늘어날 수밖에 없는데 이는 국민정서상 수용되기 힘들고, 오픈프라이머리는 국민들에게 공천권을 돌려주는 공천 개혁으로서 다른 제도와 맞바꿀 수 없다고 새누리당은 거절 이유를 설명하였다. 이처럼 새누리당은 선거제도 개편보다 공천 개혁에 초점을 맞추고 오픈프라이머리 도입을 강력하게 주장하고 있지만 새정치연합은 권역별 비례대표제 도입 등 선거제도 개편에 집중하고 있어 여야 간 의견 차이를 본질적으로 좁히기 힘들어 보인다. 선거구 획정의 법정 처리 시한은 11월 13일이지만 선거가 제대로 치러지기 위해서는 총선 6개월 전인 10월까지는 선거구 획정 작업이 마무리 되어야 한다. 총선이 다가올수록 선거구 획정과 선거제도 논의는 시간에 쫓기게 되어 실질적인 제도 개편을 기대하기는 힘들 것이라는 전망이 나오고 있다(연합뉴스 2015. 07. 29). 재선여부와 당리당략에만 관심을 기울이거나 여야 간의 신경전을 벌일 것이 아니라 선거제도 개편을 통한 대의민주주의 강화와 정치 대표성 제고를 고민해야 할 때이다.

참고문헌

동아일보 2015.08.27.
한겨레 2015.07.29.
연합뉴스 2015.08.10.
연합뉴스 2015.07.29.

새정치연합의 계파 갈등과 신당 창당 움직임

김윤실

새정치민주연합은 지난 4·29 재·보궐선거에서 참패한 이후 친노와 비노 간의 계파 갈등이 본격적으로 가시화 되었고 문재인 대표의 리더십 부족을 지적하는 비주류의 목소리도 점차 거세졌다. 문 대표가 9월 9일 당 혁신위원회가 내놓은 공천 혁신안과 연계해 자신의 대표직 재신임 투표를 제안하면서 당내 갈등이 걷잡을 수 없이 악화되는 듯했으나, 당무위원회-의원총회 연석회의에서 문 대표에 대한 재신임을 확인하고 문 대표도 이를 받아들임으로써 분란은 일단락되었다. 하지만 비주류 측에서는 '셀프 재신임'이라며 평가 절하하는 입장도 있어 내홍이 완전히 해결된 것으로 보이지는 않는다(연합뉴스 2015. 09. 20).

새정치연합은 계파 갈등뿐만 아니라 신당 창당 움직임이라는 또 다른 난간에 부딪쳤다. 최근 당 혁신에 대한 비판을 연일 쏟아내며 문 대표와 각을 세우고 있는 안철수 전 공동대표는 공천 혁신안을 둘러싸고 당내 갈등이 극에 달했던 9월 9일 무소속 천정배 의원과 전격 회동하였다. 이 자리에서 안 전 대표는 천 의원이 추진 중인 신당에 합류할 것을 요청받기도 하였다(연합뉴스 2015. 09. 09; 한겨레 2015. 09. 11). 또한 박주선 의원이 22일 새정치연합 탈당과 신당 창당을 선언하고 나서자 이를 계기로 다른 의원들이 추가 탈당하는 것이 아니냐는 관측이 나오고 있다(연합뉴스 2015. 09. 22). 박주선 의원, 천정배 의원 이외에 박준영 전 전남지사도 신당 창당을 준비하고 있는데, 이들이 현재로서는 독자적으로 신당을 추진하더라도 이후에 통합할 가능성을 배제할 수 없다. 이러한 역동적인 신당 창당의 움직임은 새정치연합의 제1야당으로서의 자리를 위협하며 당 내부의 단합도 어렵게 만들고 있다.

총선을 몇 달 앞둔 시점에 불거진 공천을 둘러싼 당내 갈등은 새정치연합이 여전히 구태 정치에 머물러 있으며 당내 구성원 간의 소통과 연대 의식이 부족하다는 한계를 보여준다. 하지만 전 대표가 신당 세력으로부터 러브콜을 받고 현역의원이 탈당하면서 신당 추진을 발표하는 새정치연합의 현 상황은 오히려 구심력을 강화할 명분을 줄 수 있다고 생각된다. 연이은 선거 패배에서 벗어나 앞으로의 총선과 대선에서 승리하기 위해서는 현재의 위기를 내부 결속의 기회로 삼아야 한다.

참고문헌

연합뉴스 2015.09.20.
연합뉴스 2015.09.09.
한겨레 2015.09.11.
연합뉴스 2015.09.22.

역사교과서 국정화를 둘러싼 정당 입장과 여론

김윤실

최근 역사교과서 발행을 현행 검인정체제에서 국정체제로 전환하는 문제를 둘러싼 정치권 내에서의 논란이 사회적으로 커져가고 있다. 2014년 8월 새누리당 황우여 의원이 교육부 장관에 취임한 이후 정부는 역사교과서 국정화 방침을 밀어붙이기 시작했고, 2015년 10월 12일 중학교 '역사'와 고등학교 '한국사' 교과서를 국정으로 발행하는 내용을 행정예고하기에 이르렀다. 또한 다음날인 13일 국무회의에서 국정교과서 개발에 필요한 예산을 예비비로 의결하였으며, 해당 예산의 일부는 국사편찬위원회에 보내져 집행을 시작하는 등 국정교과서 전환 작업이 이미 본격화되었다(연합뉴스 2015. 10. 20).

역사교과서 국정화와 관련해 여당인 새누리당은 현행 검인정체제가 '국민 분열'을 조장하기 때문에 국가적 통일성을 위해 국정교과서가 필요하다는 입장인 반면 야당은 교과서 국정화가 시대착오적 발상이며 유신·군사정권 시절의 역사교육이 부활할 뿐만 아니라 친일파가 미화될 우려가 있다며 강하게 반발하고 있다(연합뉴스 2015. 10. 08). 특히 새정치연합 문재인 대표는 부산에서 진행되는 역사교과서 국정화 저지 서명운동에 직접 동참해 시민들에게 참여를 촉구하는 등 대국민여론전을 전국으로 확대하고 나섰다(연합뉴스 2015. 10. 16). 또한 야권은 새정치연합 문재인 대표, 정의당 심상정 대표, 무소속 천정배 의원이 국정화에 반대하는 '1천만 서명 시민 불복종 운동'을 함께 진행하기로 하는 등 다양한 공동대응에 합의하며 단결된 모습을 보이고 있다(연합뉴스 2015. 10. 19).

국정화 논란 이후 여권에 대한 지지율이 일관되게 뚜렷한 변화를 보이고 있지는 않다. 한 여론조사 결과에 따르면 20대 총선 공천을 둘러싼 당내 갈등 등으로 인해 하락하던 박근혜 대통령과 새누리당의 지지율은 국정화 논란이 증폭된 이후 보수층이 결집하여 반등세를 보인 것으로 나타났다(연합뉴스 2015. 10. 12). 다른 여론조사 결과에 따르면 논란 이후 여야의 정당지지도는 큰 영향을 받지 않았지만, 박 대통령에 대한 부정평가는 오히려 긍정평가를 앞질렀고 부정평가의 이유 가운데 '한국사 교과서 국정화'가 14%로 가장 큰 비중을 차지한 것으로 나타났다(연합뉴스 2015. 10. 16). 한편 역사교과서 국정화가 행정예고된 직후에는 찬반 여론이 팽팽한 것으로 조사되었지만 시간이 흐름에 따라 수도권, 30~40대 학부모, 무당파를 중심으로 반대여론이 빠르게 확산되고 있다는 분석도 있다(한겨레 2015. 10. 20).

국민통합을 위한 올바른 역사교과서로서 국정교과서가 필요하다고 정부와 여당은 설명하고 있지만, 진정한 사회 통합을 위한다면 개발단계에서부터 넓은 사회적 공론화가 필요하다. 역사교과서 국정화의 필요성에 대한 국민적 공감대가 충분히 형성된 이후에 전환 작업을 진행해도 늦지 않을 것이다. 시민과 소통하고 여론 수렴을 위해 노력하는 과정에서 한국 정당정치는 한 단계 더 발전할 수 있을 것이다.

참고문헌

연합뉴스 2015. 10. 20.
연합뉴스 2015. 10. 08.
연합뉴스 2015. 10. 16.
연합뉴스 2015. 10. 19.
연합뉴스 2015. 10. 12.
한겨레 2015. 10. 20.

국민과의 약속을 저버린 여야의 네 탓 공방

김윤실

지난 2000년 16대 총선부터 2012년 19대 총선까지 선거구획정위원회가 선거구 획정안을 국회의장에게 제출해야 하는 시한은 단 한 번도 지켜지지 않았다 (연합뉴스 2015. 11. 12). 이번 20대 총선 역시 마찬가지다. 애초에 국회는 2015년 8월 13일까지 획정 기준을 마련해 획정위에 전달했어야 했지만 세 달이 지난 현재까지도 여야 간의 협상은 거의 진전이 없는 상황이다. 획정위가 국회에 획정안을 제출하는 시한인 10월 13일, 국회에서 선거구 획정을 법정 처리하는 시한인 11월 13일 모두 별다른 결실을 맺지 못한 채 넘겼다. 여야는 11월 20일까지 선거구 획정 기준을 마련해 획정위에 제시하겠다고 약속했지만 이마저도 지키지 못했다.

선거구 획정을 둘러싼 여야 간의 의견 차이는 몇 달째 제자리를 맴돌고 있다. 새누리당은 헌법재판소의 선거구별 인구 편차 축소 결정에 따라 전체 지역구 수 증가가 불가피한 만큼 농어촌 지역구 감소를 최소화하기 위해 비례대표 의원 수를 줄이자고 주장하는 반면 새정치연합은 비례대표 의석 감소를 최소화하고 권역별 비례대표제 도입을 주장하고 있다(연합뉴스 2015. 11. 12). 하지만 새누리당은 새정치연합이 영남에서 얻을 수 있는 의석수보다 새누리당이 호남에서 얻을 수 있는 의석수가 더 적다고 판단하여 권역별 비례대표제 도입에 반대하고 있다(연합뉴스 2015. 11. 12). 여야는 선거구 획정안에 다른 쟁점 사안을 연계하거나 절충안을 제시하며 협상을 진행하기도 하였지만 이견을 좁히는데 실패하였다.

협상이 결렬될 때마다 여야는 책임을 상대방에 떠넘기기 바빴다. 새누리당은 야당이 수용할 수 없는 조건을 들고 나와 시간 끌기를 하고 있다고 주장했고, 새정치연합은 여당이 정치개혁에 대한 의지가 없다며 비난했다(연합뉴스 2015. 11. 20). 여야 대표간의 원색적인 비난도 오고 갔다. 새누리당 김무성 대표는 새정치연합 문재인 대표가 정치 경험이 없는 초선이라 협상이 어렵다고 비꼬았으며, 문 대표는 김 대표가 권한과 재량이 없고 제동을 당하는 것 같다며 비판했다(동아일보 2015. 11. 14). 여야가 쟁점을 둘러싼 합의와 파기를 반복한 사례는 어렵지 않게 찾을 수 있으며 정치권이 국민과의 약속을 저버리는 것도 오히려 일상적인 일로 여겨진다(연합뉴스 2015. 11. 20). 현역의원들과 정당 지도부들이 자신들의 유·불리를 따지며 서로를 탓하는 동안 국민들의 실망과 불신도 커져갈 것이다.

참고문헌

연합뉴스 2015.11.12.
연합뉴스 2015.11.20.
동아일보 2015.11.14.

|||||||||||||||||||||||||||||||||||||||||||||||||||||||||||||||||||||||||||||||||||||||||||||||||||

안철수 신당 창당 선언과 야권의 재편

김윤실

새정치연합의 공동창업주인 안철수 전 대표가 결국 새정치연합을 탈당하고 신당을 창당하겠다고 선언하였다. 2014년 3월 안 전 대표가 독자적으로 준비하던 신당 창당을 돌연 중단하는 대신 당시 제1야당이던 민주당과의 통합을 선택한지 1년 9개월만이다(연합뉴스 2015. 12. 13). 지난 2012년 대선 당시 안 전 대표가 전격적으로 후보 자리를 사퇴하고 문재인 대표를 단일 후보로서 지지하였지만 단일화 협상 과정에서 두 사람 사이의 갈등과 불신이 시작된 것으로 보인다(조선일보 2015. 12. 13). 최근 당내 혁신과 지도체제 구성을 두고 문 대표와 갈등을 빚던 안 전 대표는 혁신 전당대회를 개최하자는 제안이 거듭 받아들여지지 않자 이를 명분으로 탈당을 감행하였다(경향신문 2015. 12. 20).

하지만 두 사람이 서로의 생각을 주고받는 과정에서 직접 소통하거나 측근들이 물밑 접촉을 하지 않고 기자회견이나 언론 인터뷰 등을 통해 입장을 발표하는 방식을 취한 것이 오해와 분열의 실질적인 원인이 된 것으로 보인다(중앙일보 2015. 12. 19). 실제로 안 전 대표가 탈당을 공식 발표하기 전날인 12월 12일 밤 늦은 시각에 문재인 대표가 안 전 대표의 집을 찾아갔지만 안 전 대표가 만남을 거부해 40분간 기다린 끝에 악수만 하고 헤어지기도 하였다. 두 사람 사이의 불신의 골이 깊음을 보여주는 단면이다. 안 전 대표의 탈당과 신당 창당이 공식화된 이후 새정치연합의 내부 갈등도 점차 심화되어가고 있다. 새정치연합 내 비주류였던 문병호·유성엽·황주홍·김동철·임내현 의원 등이 안 의원에 이어 잇달아 탈당함으로써 야권은 새정치연합과 안철수 신당으로 분열된 채로 총선 체제에 돌입하게 되었다(경향신문 2015. 12. 20).

야권 내에서는 분열하면 필패한다는 위기감이 고조되고 있지만 한편으로는 안풍(安風)이 다시 거세지는 것이 아니냐는 예측도 있다. 안 전 대표가 탈당을 선언한 이후 실시된 한 여론조사에서 차기 대선의 야권 후보로서 안 전 대표에 대한 지지가 문 대표를 앞섰으며 특히 호남에서 안 전 대표에 대한 지지가 두 배 가까이 높았다(경향신문 2015. 12. 18). 안 전 대표의 지지율은 야당의 텃밭인 호남 지역에서 특히 큰 폭으로 오르고 있어 새정치연합의 지지층이 안철수 신당으로 유출되고 있는 것으로 평가된다(연합뉴스 2015. 12. 14; 연합뉴스 2015. 12. 21). 야권의 분열이 이미 엎질러진 물이라면 안철수 신당은 갈등의 원인이 아닌 통합의 시작이 되어야 한다. 현재로서는 유권자들이 신당에 대한 기대를 보이고 있지만 기성 정치권과 별 다를 것이 없다고 판단되면 민심은 무섭게 뒤돌아 설 것이다. 새정치연합 당내에서는 소통에 실패했지만 당 밖에서 유권자와의 소통에는 실패하지 않기를 기대한다.

참고문헌

연합뉴스 2015.12.13.
조선일보 2015.12.13.
경향신문 2015.12.20.
중앙일보 2015.12.19.
경향신문 2015.12.18.
연합뉴스 2015.12.14.
연합뉴스 2015.12.21.

국회선진화법 개정과 새누리당의 자가당착

김윤실

새누리당이 국회의장의 안건 직권상정 요건을 완화하는 내용의 국회법 개정안 처리에 착수하고 나섰다. 새누리당은 '국회선진화법'이라 불리던 현행 국회법을 '국회후진화법', '망국법'이라 비판하며 19대 국회 내에 반드시 개정하겠다는 방침을 당론으로 세웠다. 현행 국회법은 직권상정 요건을 천재지변, 전시·사변 또는 이에 준하는 국가비상사태, 그리고 의장이 각 교섭단체 대표(원내대표)와 합의하는 경우만으로 제한하고 있기 때문에 그동안 새누리당 내부에서는 야당이 협조하지 않으면 국회의장의 직권상정이 어려워 법안 처리의 발목을 잡는다는 비판이 제기되어왔다(연합뉴스 2016. 01. 18). 이에 1월 11일 새누리당 권성동 의원은 국회의장의 심사기간 지정 요건에 '재적의원 과반수가 본회의 부의를 요구하는 경우'를 추가하여 결과적으로 직권상정 요건을 완화하는 내용의 국회법 개정안을 대표 발의하였다(연합뉴스 2016. 01. 11).

이후 1월 18일 새누리당 의원들은 국회 운영위원회를 단독으로 열어 국회법 개정안을 상정한 직후 법안을 부의하지 않기로 의결하는 부결 절차를 진행하였다. 이는 상임위가 부결한 법안에 대해 본회의에 보고된 날로부터 7일 이내에 의원 30명 이상의 요구가 있을 경우 그 법안을 본회의에 부의할 수 있도록 한 국회법 87조를 활용한 것으로, 국회법 개정안을 운영위원회와 법제사법위원회에서 논의하지 않고 곧바로 본회의에 올리기 위한 우회 상정이라 할 수 있다(연합뉴스 2016. 01. 18). 새누리당은 개정안 강행 처리와 관련해 "절차적 문제는 없다"고 주장하고 있지만 야당인 더불어민주당은 '꼼수'라고 비판하며 맞서고 있다(동아일보 2016. 01. 20).

새누리당은 20대 총선의 선거구 획정안과 정부가 추진 중인 경제 및 노동개혁 관련 법안, 테러방지법, 북한인권법 등 주요 쟁점 법안의 효율적인 처리를 위해 국회법 개정안 처리에 나섰다고 할 수 있다(연합뉴스 2016. 01. 19). 하지만 오히려 새누리당의 독단적인 개정 절차에 반발한 더불어민주당이 쟁점 법안과 선거구 획정안 처리 방안을 논의하기 위한 회동을 거부하는 등 국회가 제대로 가동되지 못하고 개점휴업 사태가 장기화되고 있다. 2012년 5월 국회선진화법이 본회의를 통과할 당시 정의화 국회의장은 식물국회를 우려하며 강력히 반대했고 실제로 반대표를 던졌지만, 최근 개정안을 관철시키려는 여당의 행태와 관련해서는 "잘못된 법을 고치는 데 있어서 또 다른 잘못을 저질러서는 안 된다"며 부정적으로 평가했다(경향신문 2016. 01. 19; 연합뉴스 2016. 01. 19). 선진화법 자체의 문제를 떠나 정당이 처한 상황에 따라 입장을 쉽게 뒤집어 버리는 새누리당의 자기 모순적인 태도는 다시 한 번 국민들에게 실망감을 준다. 합의 정신에 어긋나는 신속함보다는 야당과 논의하고 여론을 살피는 신중함과 배려가 필요하다.

참고문헌

연합뉴스 2016.01.18.
연합뉴스 2016.01.11.
동아일보 2016.01.20.
연합뉴스 2016.01.19.
경향신문 2016.01.19.

선거구 획정을 둘러싼 여야 협상과 기득권 정치

김윤실

여야는 2016년 2월 23일 국회의원 정수를 현행대로 300명을 유지하되 지역구 의원수를 253명으로 7명 늘리는 대신 비례대표 의원수를 47명으로 줄이는 방향으로 20대 총선을 위한 선거구 획정 기준에 합의했다. 여야가 선거구 획정을 본격적으로 논의하기 시작한 2015년 여름 이후로 여야 협상이 별다른 성과 없이 결렬되는 경우가 대부분이었지만 지지부진한 과정에서도 진척은 있었다. 여야가 국회의원 정수를 현행 300명으로 유지하기로 합의한 것은 2015년 8월이었다. 그 당시 이미 국회가 획정 기준을 선거구획정위원회에 전달해야 하는 기한(8월 13일)이 지난 이후였지만 작은 성과라고 할 수 있었다.

이후 국회에서 선거구 획정을 법정 처리하는 시한(11월 13일)도 지켜지지 못했지만 여야 지도부는 자주 만나 의견을 주고받았다. 당시까지만 해도 여야는 선거구 획정과 선거제도 개혁에 논의를 집중하고 있었다. 특히 비례대표 의석수를 줄일 수 없다는 입장을 고수해왔던 야당이 법정 시한을 전후로 '비례대표 축소'까지 양보하는 방향으로 입장을 바꾸자 합의점을 찾기 쉬워진 듯 보였다. 여야는 지역구와 비례대표 의석을 각각 7석씩 늘리고 줄여 의원 정수 300명을 유지하는 방안을 논의하기 시작했다. 2015년 12월 이후에는 해당 방안에 공감하기에 이르렀고 2016년 1월 23일에는 원칙적으로 합의했음을 밝히기도 했다(연합뉴스 2016. 01. 23).

하지만 여야는 선거구 획정을 경제활성화 및 노동개혁법, 북한인권법, 테러방지법 등 여러 쟁점법안들과 연계하여 논의하였고 그 과정에서 매번 협상이 결렬되어 최종합의에 이르지 못했다. 선거구 획정에 대한 합의는 거의 완료된 상황에서 언제 어떤 법안과 함께 처리할지 여부를 두고 여야가 서로 유불리(有不利)를 따지기 시작한 것이다. 기득권의 오만과 나태로 선거구 획정이 늦어지는 사이 피해를 본 것은 정치 신인들이었다. 헌법재판소의 결정에 따라 1월 1일 이후 기존 선거구가 법적 효력을 상실하여 모두 무효화되는 무법 사태가 발생하였지만, 현역 의원들은 자신들이 대표할 지역구가 사라지더라도 의원으로서의 지위는 유지되었기 때문에 의정활동을 명목으로 선거운동을 계속할 수 있었다(연합뉴스 2015. 12. 31).

선관위가 혼란을 최소화하기 위해 새로운 선거구가 획정될 때까지 기존의 선거구를 적용해 예비 후보자 등록을 신청 받고 선거운동도 잠정적으로 허용하였지만(조선일보 2016. 01. 11), 선거구가 어떻게 획정될지도 모르는 상황에서 정치 신인들이 적극적인 선거운동을 진행하기란 쉽지 않았을 것이다. 정치 신인들이 유권자들에게 자신을 알릴 시간과 기회를 잃어버린 만큼 현역의원들은 기득권을 통해 유리한 고지를 선점할 수 있었고, 유권자는 후보자를 제대로 살펴보고 비교해볼 권리를 침해받았다(경향신문 2016. 02. 23). 또한 시간이 지남에 따라 선거구 협상이 본질에서 벗어나 기득권의 주고받기로 변질되었고 국민들은 또 다시 실망할 수밖에 없었다.

참고문헌

연합뉴스 2016.01.23.
연합뉴스 2015.12.31.
조선일보 2016.01.11.
경향신문 2016.02.23.

역대 최악 공천, 총선 격랑 속으로

김윤실

20대 총선을 위한 여야의 공천과정은 최악이라는 평가를 받고 있다. 우선 선거구 획정 작업이 대책 없이 늦어지면서 공천 작업은 본격적으로 시작하기 전부터 갈등이 예상되었다. 여야 모두 시간이 부족한 상황에서 서둘러 공천 심사를 마무리해야 했기 때문에 충분히 검증을 거쳐 국민의 기대에 부응하는 후보를 제시하는 것이 어려울 수밖에 없었다. 상향식 공천을 통해 공천권을 국민들에게 돌려주겠다고 주장해온 새누리당은 공천 지역구 250곳 가운데 141곳(56.4%)에서 경선을 하는데 그쳤다(동아일보 2016. 03. 24). 이 마저도 당초 추진했던 오픈프라이머리 대신 여론조사에 그치면서 역선택의 문제가 발생했고, 공천관리위원회가 여론조사 문항과 결과를 공개하지 않는 등 투명성이 낮아 여론조사 조작설이 돌기도 했다(중앙일보 2016. 03. 22). 뿐만 아니라 새누리당은 공천 살생부 파문에 이어 당내경선을 위한 사전여론조사 결과로 알려진 문건이 다량으로 유출됐다는 의혹이 제기되면서 논란이 일었다(연합뉴스 2016. 03. 03). 또한 친박계가 주도한 공천관리위원회의 심사 결과 비박(비박근혜)계 의원들이 잇따라 낙천하자 '공천 학살'이라는 비판이 일었고, 특히 유승민 의원의 공천 결정을 후보 등록 전날까지 유보함으로써 유 의원 스스로 탈당하도록 한 것과 관련해서는 '보복 정치'라는 비난을 피하기 어려웠다(연합뉴스 2016. 03. 24).

더불어민주당의 김종인 비상대책위 대표는 '탈(脫) 운동권'을 강조하며 친노(친노무현)계 핵심인 이해찬, 정청래 의원 등을 공천 배제 시키는 등 변화를 시도하였다(동아일보 2016. 03. 24). 하지만 김종인 대표의 '셀프 공천' 논란으로 변화의 의미가 퇴색되었고 비례대표 후보 순번 배정을 둘러싼 계파 갈등의 과정에서 김 대표가 모욕감을 느꼈다며 사퇴 가능성을 시사하는 등 한계를 보였다. 새정치를 외쳐왔던 국민의당 역시 야권연대를 둘러싼 갈등으로 삼두체제가 붕괴하였고, 공천에서 탈락한 후보의 지지자들이 당 회의장에 난입해 몸싸움을 벌이는 등 진통을 거듭했다. 정당들은 명확한 공천 기준을 제시하지 못할 뿐만 아니라 제대로 된 새 인물을 내놓지 못했고, 공천과정에서 유권자와 소통하기 보다는 당내 갈등을 고스란히 드러내며 유권자의 정치혐오와 분노를 가중시키기만 하였다. 대통령 임기 중후반에 치러지는 총선에서 대체로 야당은 '정권심판론'에 힘입어 유리한 고지를 선점하곤 한다. 하지만 이번 총선에서 야권은 당 차원의 연대에 실패하여 더불어민주당, 국민의당, 정의당 등으로 지지층이 분산되었고 민심과 괴리된 구태정치로 실망만 주고 있어 '야권심판론'의 역풍 가능성도 있다. 여야 모두 서로의 이익만을 앞세운 계파 갈등으로 내부 분열이라는 격랑에서 벗어나지 못하고 있어 아직은 선거 결과를 쉽사리 예측할 수 없는 상황이다.

참고문헌

동아일보 2016.03.24.
중앙일보 2016.03.22.
연합뉴스 2016.03.03.

연합뉴스 2016.03.24.

‖‖

민심과 변화의 바람을 보여준 20대 총선

김윤실

4월 13일 치러진 20대 총선에서 온전히 승리한 정당은 없었다. 집권여당인 새누리당은 과반 의석 차지에 실패하고 제1당 자리를 더불어민주당에 넘겨줬으며, 더민주도 국민의당에 텃밭인 호남을 빼앗겼다. 국민의당 역시 호남 지역구를 싹쓸이하며 야권 내 주도권 경쟁에서 유리한 고지를 점했지만 한편으로는 호남 이외 지역에서 선전하지 못함에 따라 '호남 자민련'에 그친 것이 아니냐는 지적이 있다. 이러한 총선 결과는 절묘한 국민들의 판단과 선택이었다. 압승이 예상됐던 새누리당에 참패를 안겨주며 여당으로서 오만하지 말 것을 지적했고 대통령과 정부를 포함한 여권 전체에 소통과 협력하라는 강한 메시지를 남겼다. 또한 호남의 맹주자리를 국민의당에 넘겨줌으로써 더민주에 안주하지 말라는 무거운 경고를 보냈다. 국민의당에는 대안정당으로서 기회와 희망을 주었지만 동시에 전국 정당으로 성장하기 위해서는 구체적인 새정치를 실현하고 정책 경쟁력을 갖출 것을 주문하였다.

20대 총선에서 유권자들은 성난 표심뿐만 아니라 변화의 바람도 보여주었다. 더민주가 영남에서 9석, 새누리당이 호남에서 2석을 차지하는 등 지역주의의 벽을 뛰어넘어 당선된 사례가 유난히 많았다. 특히 새누리당의 핵심 텃밭이라 할 수 있는 대구 수성갑에서 더민주 김부겸 후보가 62.3%라는 높은 득표율을 기록하며 승리한 것이 한국 정치에서 의미하는 바는 크다. 또한 2014년 보궐선거 당시 전남 순천·곡성지역에서 당선된 후 이번 총선을 통해 재선에 성공한 새누리당 이정현 의원 역시 지역주의 타파의 상징이 되었다. 한편 창당 2개월 만에 정당투표에서 제1야당인 더민주를 제친 국민의당의 약진은 새누리당의 완패만큼이나 예상 밖의 결과였지만, 이 역시 유권자들의 이유 있는 선택이었다. 정치권이 다양한 목소리를 제도권으로 수용하기 위해서는 명확하게 자신들만의 목소리를 낼 수 있는 영향력 있는 제3당의 존재가 필요하다고 유권자들은 판단한 것이다.

이러한 총선 결과를 두고 이변이라는 평가가 많지만, 지난 19대 국회의 구태정치를 보며 국민들은 이미 표로 심판해야 한다는 결심을 하고 있었을 것이라 생각한다. 정치권의 불통과 무능을 질타하고 변화와 견제를 선택할 준비가 되어있었던 것이다. 총선 이후 국민의당은 새누리당과 더민주 모두 과반 의석을 차지하지 못한 상황에서 적극적인 캐스팅보트 역할을 하며 20대 국회를 주도하겠다는 의지를 자신감 있게 피력했다(연합뉴스 2016. 04. 16). 하지만 실제로 국민의당이 제3당으로서의 존재감을 확실히 나타낼 수 있을지는 지켜봐야 할 문제이다. 만약 총선 결과로 나타난 민심의 의미를 국민의당이 오만하게 받아들이거나 무능하게 대처한다면 유권자들은 또 다시 투표를 통해 심판할 것이다. 기존 양당구도 하에서는 제대로 논의되지 못했던 민생문제를 진정성 있게 해결하려 노력할 때 비로소 정치권과 정당들은 유권자와 소통하며 민심을 얻을 수 있을 것이다.

참고문헌

연합뉴스 2016.04.16.

흔들리는 협치와 20대 국회

김윤실

20대 국회를 앞둔 5월 정치권에서 '협치'라는 단어가 유행하고 있다. 5월 13일 박근혜 대통령이 새누리당 정진석, 더불어민주당 우상호, 국민의당 박지원 원내대표와 여야 3당 정책위의장을 청와대로 초청한 회동에서 청와대와 국회 간 소통 강화의 필요성을 강조하며 3당 대표와의 분기별 회담 정례화를 제안했다(연합뉴스 2016. 05. 13). 국민의당 박지원 원내대표의 건의에 대한 대답이었지만 "필요하면 더 자주 할 수도 있다"고 덧붙이는 등 박 대통령은 소통에 적극적인 태도를 보였다(연합뉴스 2016. 05. 13). 이에 청와대 회동 직후 여야 정치권에서 '협치' 분위기가 조성되었지만 이는 그리 오래가지 못했다. 두 야당의 요청에도 불구하고 국가보훈처의 결정에 따라 '님을 위한 행진곡'이 5·18 민주화운동 기념곡으로 지정되지 못했고, 뿐만 아니라 현행 합창에서 제창 방식으로의 변경도 무산되었다(연합뉴스 2016. 05. 16). 이후 정치권의 협치는 여러 사안을 둘러싸고 흔들리기 시작했다.

청와대 회동의 결정에 따라 5월 20일에 열린 유일호 경제부총리 겸 기획재정부 장관과 3당의 정책위의장 간의 여야정 민생경제현안점검회의에서 공공기관 성과연봉제는 노사 합의로 진행되어야 함이 강조되었고, 이는 가장 이견이 없었던 사항으로 꼽히기도 했다(경향신문 2016. 05. 23). 하지만 불과 3일 만에 정부는 노사 합의가 없더라도 성과연봉제의 확대 도입을 예정대로 강행하겠다는 입장을 밝혔고, 야당은 여야정 합의를 위배하는 것이라며 강력하게 반발하고 나섰다(경향신문 2016. 05. 23). 또한 5월 19일 19대 국회의 마지막 본회의에서 통과된 국회법 개정안, 이른바 상시 청문회법을 둘러싼 정치권의 공방도 거세지고 있다. 법안이 작년(2015년) 7월 소관 상임위인 운영위원회와 법제사법위원회를 통화할 당시에는 논란 없이 가결되었지만(연합뉴스 2016. 05. 23), 현재 새누리당은 국정마비를 우려하며 개정 국회법에 완강히 반대하고 있다. 새누리당은 개정 국회법이 여야 간 충분한 협의 없이 처리되었다며 다시 논의해야 한다고 주장하고 있지만 야권에서는 새누리당의 뒤늦은 수습이 '뒷북'이라며 비난하고 있다.

박 대통령은 6월 7일까지 청문회법을 법률로 공포할지 아니면 거부권을 행사해 재의 요구를 할지 결정해야 한다(경향신문 2016. 05. 23). 앞서 '님을 위한 행진곡' 제창 무산과 성과연봉제 도입 문제로 "협치에 대한 신뢰가 깨졌다"는 반응이 나오는 상황이기에 청와대는 신중한 입장이다(경향신문 2016. 05. 23). 유권자에게 신뢰를 주는 정치를 하기 위해서는 정당 간의 신뢰 관계가 기본적으로 우선되어야 하며, 신뢰를 쌓기 위해서는 무엇보다 말과 행동의 앞과 뒤가 달라서는 안 될 것이다. 지난 5월 초 새누리당 정 원내대표는 국회 본회의장 의석을 소속 정당별로 배치하는 것이 아니라 섞어 앉자고 제안했다(연합뉴스 2016. 05. 09). 작은 아이디어일지라도 정당정치가 신뢰를 구축하고 협치로 나아가기 위한 좋은 시도라 생각한다.

참고문헌

연합뉴스 2016.05.13.
연합뉴스 2016.05.16.
경향신문 2016.05.23.
연합뉴스 2016.05.23.
연합뉴스 2016.05.09.

신공항 둘러싼 갈등 부추긴 정치권

김윤실

20대 총선 결과에서 영호남 지역주의 구도의 해소 가능성을 엿볼 수 있었지만, 최근 영남권 신공항을 둘러싸고 또 다른 지역 갈등이 고조되었다. 신공항을 부산의 가덕도와 경남의 밀양 가운데 어디에 지을지를 놓고 부산과 대구·경북·경남·울산 사이의 갈등이 폭발 직전까지 치달았다. 사회 내 이익을 집약하여 제도권 내에서 표출함으로써 갈등을 조정해야할 정당과 정치인들이 오히려 갈등을 부추겼다. 대구에 지역구를 둔 친박계 조원진 의원은 지난 3월 "박근혜 대통령이 대구에 선물 보따리를 준비하고 있다"면서 사실상 밀양이 신공항 입지로 굳어진 것처럼 발언하여 지역 갈등에 불을 지폈다(한겨레 2016. 06. 12). 또한 문재인 더불어민주당 전 대표는 6월 9일 부산 가덕도를 찾아 "객관적이고 공정하고 투명한 절차대로 용역이 진행된다면 부산시민이 바라는 대로 될 것"이라며 우회적으로 지지 입장을 나타내기도 했다(연합뉴스 2016. 06. 09).

1992년 부산시 도시기본계획에서 김해공항의 대안 필요성이 제기된 후 노무현 정부가 공식적인 검토에 착수했고 2007년 대선 당시 이명박 전 대통령이 신공항 건설을 공약했지만 2011년 경제성이 없다는 이유로 계획 자체가 백지화되었다(연합뉴스 2016. 06. 14). 하지만 이듬해인 2012년 대선에서 신공항 건설을 다시 대선 공약으로 꺼내든 것이 박근혜 대통령이었다. 신공항 건설이 재추진되자 5개 지방자치단체장들은 또다시 계획이 무산될 것을 우려해 과도한 유치 경쟁을 자제하고 결과에 승복하기로 약속했지만, 양측은 곧바로 서로 의혹을 제기하면서 진흙탕 싸움을 벌이기에 이르렀다(연합뉴스 2016. 06. 14). 이 과정에서 정치권의 과도한 개입은 갈등을 완화하기 보다는 오히려 격화시켰고, 특히 영남권에 지지기반으로 둔 새누리당의 경우 밀양이나 가덕도 가운데 어디로 결정이 되든 당이 둘로 쪼개질 위기에 있었기에 당내 신경전이 날로 치열해져갔다.

결국 6월 21일 정부는 신공항을 새로 건설하는 대신 기존의 김해공항을 확장하는 방향으로 결론을 내렸다. 영남권 의원들은 당혹함과 실망감을 감추지 못하며 반발하기도 했지만 전체적으로 여야에서는 무작정 반대 의견을 내기보다는 갈등의 확장을 막기 위해 조심스러운 반응을 내보였다. 지역갈등이 첨예하고 국론이 분열되고 있는 상황에서 정부의 결정을 거부하면 자칫 지역감정을 부추겨 사회 혼란을 야기한다는 비판을 피할 수 없었기 때문이다(연합뉴스 2016. 06. 21). 더민주는 "지역갈등과 비용 문제 등을 고려해 내린 중립적인 결정"이라고 평가했고, 평소 정부를 강도 높게 비판해온 정의당은 "박근혜 정부 아래서 이뤄진 가장 책임 있는 결정"이라고 높이 평가하기도 하였다(중앙일보 2016. 06. 22).
하지만 정부의 결정이 갈등의 폭발을 막았음에도 불구하고 애초에 표를 얻기
위한 선거용 공약으로 분열을 초래하고 역할을 제대로 하지 못해 갈등을 키운
것이 정치권임에는 변함이 없다.

참고문헌

한겨레 2016.06.12.
연합뉴스 2016.06.09.
연합뉴스 2016.06.14.
연합뉴스 2016.06.21.
중앙일보 2016.06.22.

이 책을 기획하고 쓴 사람들

윤종빈	명지대학교 정치외교학과 교수
정회옥	명지tt대학교 정치외교학과 교수
박경미	전북대학교 정치외교학과 교수
유성진	이화여자대학교 스크랜튼학부 교수
장승진	국민대학교 정치외교학과 교수
한의석	성신여자대학교 정치외교학과 교수
한정훈	서울대학교 국제대학원 교수
김윤실	명지대학교 정치외교학과 박사과정
김진주	명지대학교 정치외교학과 박사과정
김소정	명지대학교 정치외교학과 석사과정
김민석	명지대학교 정치외교학과 학부생
이송은	명지대학교 정치외교학과 학부생
손현지	명지대학교 정치외교학과 학부생
정하은	명지대학교 정치외교학과 학부생
김지환	명지대학교 정치외교학과 학부생
이지원	명지대학교 정치외교학과 학부생
조현희	명지대학교 정치외교학과 학부생